CURSO DE DIREITO EMPRESARIAL

3 FALÊNCIA E RECUPERAÇÃO DE EMPRESAS

www.editorasaraiva.com.br/direito
Visite nossa página

MARLON **TOMAZETTE**

CURSO DE DIREITO EMPRESARIAL

3 FALÊNCIA E RECUPERAÇÃO DE EMPRESAS

6ª edição
revista e atualizada
2018

saraiva jur

ISBN 978-85-472-2197-3

DADOS INTERNACIONAIS DE CATALOGAÇÃO NA PUBLICAÇÃO (CIP)
ANGÉLICA ILACQUA CRB-8/7057

Tomazette, Marlon

Curso de direito empresarial : falência e recuperação de empresas – volume 3 / Marlon Tomazette. – 6. ed. – São Paulo : Saraiva Educação, 2018.

1. Direito empresarial 2. Direito empresarial - Brasil 3. Empresas - Falência I. Título.

17-1111 CDU 34:338.93(81)

Índices para catálogo sistemático:

1. Brasil : Direito empresarial 34:338.93(81)
2. Direito empresarial : Brasil 34:338.93(81)

SOMOS EDUCAÇÃO | saraiva jur

Av. das Nações Unidas, 7.221, 1º andar, Setor B
Pinheiros – São Paulo – SP – CEP 05425-902

SAC
0800-0117875
De 2ª a 6ª, das 8h às 18h
www.editorasaraiva.com.br/contato

Vice-presidente Claudio Lensing
Diretora editorial Flávia Alves Bravin

Conselho editorial
Presidente Carlos Ragazzo
Consultor acadêmico Murilo Angeli Dias dos Santos

Gerência
Planejamento e novos projetos Renata Pascual Müller
Editorial Roberto Navarro

Edição Iris Ferrão

Produção editorial Ana Cristina Garcia (coord.)
Luciana Cordeiro Shirakawa
Rosana Peroni Fazolari

Arte e digital Mônica Landi (coord.)
Claudirene de Moura Santos Silva
Guilherme H. M. Salvador
Tiago Dela Rosa
Verônica Pivisan Reis

Planejamento e processos Clarissa Boraschi Maria (coord.)
Juliana Bojczuk Fermino
Kelli Priscila Pinto
Marília Cordeiro

Fernando Penteado
Tatiana dos Santos Romão

Novos projetos Laura Paraíso Buldrini Filogônio

Diagramação e revisão Microart Design Editorial

Comunicação e MKT Carolina Bastos
Elaine Cristina da Silva

Capa Daniel das Neves
Produção gráfica Marli Rampim
Impressão e acabamento Brasilform Editora e Ind. Gráfica

Data de fechamento da edição: 16-11-2017

Dúvidas? Acesse www.editorasaraiva.com.br/direito

CL 604213 CAE 622996

Dedico este livro à minha princesa Kênia, suave companheira, musa inspiradora, cujo sorriso é o melhor presente para o meu trabalho, com todo o amor do universo.

Ao meu filho Leonardo, presente de Deus que ilumina minha vida.

AGRADECIMENTOS

Agradeço em primeiro lugar a Deus, que nos dá a vida. Agradeço também a meus pais João Tomazette (*in memoriam*) e Maria de Lourdes Barbosa Tomazette, bem como aos meus irmãos (Neto, Bruno e Vânia) que me criaram, me permitiram estudar e me tornar um profissional do Direito.

Na minha vida acadêmica, foram determinantes alguns professores que me deram a certeza de que o estudo do Direito era o meu caminho. Por isso, agradeço aos professores Ronaldo Polletti, Paulo Laitano Távora, Lucas Rocha Furtado e Gilmar Ferreira Mendes, os quais, cada um a seu modo, me mostraram como o estudo do Direito pode ser bom.

Agradeço também aos meus colegas, professores de Direito Comercial, Lucinéia Possar, Marcelo Simões Reis, Marcelo Barreto Carlos Orlando, Marcelo Féres, Luiz Guerra, Daniel Amin, Edilson Enedino, Lílian Rose, Leonardo Boccorny, Raphael Borges, Felipe Fernandes, Luís Winckler, Miguel Roberto, Sidarta, Samira Otto, Gustavo Mourão e Neila Leal, que muito contribuíram para o amadurecimento das minhas ideias e para a compreensão de vários assuntos, seja nas conversas nas salas dos professores ou em bancas de monografia.

Merecem uma menção especial meus alunos do UniCeub e da Escola Superior do Ministério Público do Distrito Federal, responsáveis diretos por esta obra, com os quais mais aprendi que ensinei.

Agradeço também a toda a equipe da clínica de doenças renais de Brasília – CDRB e ao Instituto de Cardiologia do Distrito Federal – ICDF que me permitiram manter minhas atividades.

Por fim, agradeço à Kênia, que me dá alento para viver e para desenvolver qualquer atividade.

O Autor

SUMÁRIO

APRESENTAÇÃO

Este volume apresenta um estudo amplo e abrangente do direito das empresas em crise, desde as disposições gerais até as disposições específicas sobre recuperação judicial, recuperação extrajudicial, falência e regimes especiais de enfrentamento de crises, de acordo com as mais recentes alterações legislativas (em especial o CPC/2015) e os mais recentes precedentes sobre a matéria.

São estudadas neste trabalho as disposições gerais da Lei n. 11.101/2005, bem como a recuperação judicial, a falência e a recuperação extrajudicial. Além disso, o estudo abrange também os regimes especiais para certas atividades, como a intervenção, a liquidação extrajudicial e o regime de administração especial temporária, passando pelo estudo dos crimes falimentares.

A atividade empresarial enfrenta dificuldades naturais no seu exercício. Tais dificuldades podem acabar culminando em crises dos mais diversos tipos. As crises sempre afetam os interesses do exercente da atividade e, eventualmente, afetam também outros interesses (credores, fisco, trabalhadores, comunidade...). Em todo caso, o direito deve lidar com essas crises, disciplinando as tentativas de superá-las, bem como eventuais medidas liquidatórias que visam reduzir os efeitos negativos de tais crises sobre o mercado.

Em razão dos efeitos perniciosos que as crises da empresa podem gerar, o ordenamento jurídico brasileiro, por meio da Lei n. 11.101/2005, houve por bem admitir certos meios para superação da crise, em especial a recuperação judicial. Trata-se de uma medida genérica para solucionar a crise pela qual a empresa passa, nos termos do art. 47 da Lei n. 11.101/2005. Além disso, ela também serve para evitar que uma crise iminente se instaure sobre a atividade empresarial. O aumento considerável do número de pedidos de recuperação judicial nos últimos anos mostra a importância do tema que será tratado em todas as suas fases, desde o pedido de recuperação, passando pela decisão de processamento, chegando até a concessão e o cumprimento das medidas de recuperação. Do mesmo modo, é feito o tratamento da recuperação extrajudicial, uma vez que se trata de medida com o mesmo objetivo.

Tais meios de solução das crises não são garantias da sua superação, mas apenas tentativas de resolver os problemas. Contudo, a experiência nos mostra que, em muitos casos, a crise não poderá ser superada. Diante disso, não há outro caminho a não ser o da liquidação patrimonial, porquanto, se tal liquidação não ocorrer, a manutenção de uma empresa inviável no mercado pode gerar prejuízos ainda maiores. Neste particular, é essencial o estudo do processo de falência, desde a sua configuração (pressupostos), passando por seus efeitos, chegando até o procedimento de liquidação efetiva da massa falida. Também são estudados os crimes falimentares, pois sua previsão influencia diretamente a conduta dos envolvidos.

É mantida a estrutura básica do livro, que parte do estudo das crises das empresas, para apresentar as medidas jurídicas de enfrentamento das crises, seja em busca da manutenção da atividade – recuperação judicial e extrajudicial – seja em busca da liquidação da atividade que se mostra inviável – falência. Todo o texto foi atualizado com as referências do CPC/2015, que trata de questões processuais bem importantes para o regime do direito das empresas em crise, em especial sobre os recursos e sobre a competência jurisdicional. Também são incluídos os mais novos precedentes sobre a matéria que interpretam a legislação de maneira a compatibilizá-la com os princípios fundamentais da atividade econômica.

O Autor.

1 O DIREITO DAS EMPRESAS EM CRISE

1 A empresa em crise

A empresa representa, juridicamente, uma atividade econômica organizada para a produção ou circulação de bens ou serviços para o mercado. Ela representa a maior parte das atividades que fazem parte da economia moderna e delimita o âmbito de atuação do direito empresarial. Este, ao disciplinar a atividade empresarial e os diversos atos nos quais ela se concretiza, disciplina também a empresa em crise.

A atividade empresarial, como um todo, gera uma série de dificuldades para quem a exerce, seja na busca de novos mercados, seja na manutenção da clientela, em suma, nas exigências que a atividade impõe no dia a dia[1]. Essas dificuldades, naturais no exercício da empresa, podem acabar culminando em crises dos mais diversos tipos, que podem advir de fatores alheios ao empresário (sujeito que exerce a empresa), mas também podem se originar de características intrínsecas a sua atuação. Elas podem significar uma deterioração das condições econômicas da atividade, bem como uma dificuldade de ordem financeira para o seu prosseguimento.

As consequências que tais crises podem ter nos interesses do empresário, dos empregados, do fisco, da comunidade e dos credores geram um certo grau de preocupação, ensejando inclusive a existência de normas específicas sobre a empresa em crise. Para estudar essas normas, é oportuno conhecer os diversos tipos de crise pelos quais a empresa pode passar, bem como as respostas estatais e do mercado a essas crises.

2 Crise de rigidez

A crise de rigidez ocorre quando a atividade não se adapta ao ambiente externo, demonstrando uma incapacidade de reação em face de mudanças[2]. A evolução da economia moderna exige certa flexibilidade, cuja ausência pode representar problemas sérios para a atividade empresarial, inclusive a geração de novas crises.

---

1. PIMENTA, Eduardo Goulart. *Recuperação de empresas*. São Paulo: IOB, 2006, p. 70.

2. GARELLA, Mario. *Il concordato stragiudiziale*: strategie e metodi per il risanamento dell'impresa. Napoli: Sistema Editororiali, 2003, p. 9.

Ela tem origem normalmente em causas externas ao empresário, especialmente a evolução tecnológica, como no caso em que ele põe no mercado novos produtos ou procedimentos, tornando obsoletos os já existentes em abundância. Além disso, também podem gerar tal crise a rápida mudança de hábitos e gostos (dificuldade de adaptação tendo em vista a ausência de elasticidade da produção), a globalização (mudança de plantas de produção...), a mudança dos custos do trabalho e das matérias-primas (petróleo, guerras, terrorismo...), a concorrência e a ineficiência do sistema fiscal[3].

3 Crise de eficiência

De outro lado, as crises de eficiência se manifestam quando uma ou mais áreas da gestão empresarial operam com rendimentos que não são compatíveis com a sua potencialidade[4], isto é, rendem menos do que poderiam render. Esse déficit no rendimento esperado, a princípio, não gera maiores problemas, mas pode conduzir a outras crises também, dependendo do tamanho do déficit e do planejamento realizado.

Tal crise normalmente tem origem em causas internas. Entre as causas internas dessa crise está a escassa capacidade de inovação, a qual impede a adequação da produção às expectativas dos clientes. Além disso, ela pode advir de problemas nas relações com terceiros clientes, fornecedores, instituições de crédito, o que pode atrapalhar o fluxo de entrada e saída de mercadorias.

Há também a possibilidade de tal crise advir de conflitos pessoais entre sócios, entre administradores ou entre uns e outros, gerando danos econômicos à atividade. Também é possível que ela advenha da escassez de pessoal qualificado (primeira causa de ineficiência produtiva, administrativa e econômica), tamanho da empresa (impede uma rápida mudança para acompanhar as condições da demanda), desequilíbrio financeiro e carência do sistema informativo (não permitem decisões em tempo adequado)[5].

4 Crise econômica

A crise econômica é "a retração considerável nos negócios desenvolvidos"[6] pelo titular da empresa. Em outras palavras, a atividade tem rendimentos menores do que seus custos, isto é, trabalha no prejuízo. Ela, a princípio, só interessa ao próprio empresário, porém, seus desdobramentos podem gerar outras crises que afetam outros sujeitos. Assim sendo, a princípio, tal crise não ensejaria, por si só, respostas do Estado ou do mer-

---

3. GARELLA, Mario. *Il concordato stragiudiziale*: strategie e metodi per il risanamento dell'impresa. Napoli: Sistema Editororiali, 2003, p. 10-11.

4. Idem, p. 9.

5. Idem, p. 12-17.

6. COELHO, Fábio Ulhoa. *Curso de direito comercial*. 8. ed. São Paulo: Saraiva, 2008, v. 3, p. 231.

cado[7], contudo, seus desdobramentos são preocupantes e, por isso, o mercado e nosso ordenamento jurídico já oferecem respostas a essa crise.

5 Crise financeira

A crise financeira é "a constante incapacidade de a empresa fazer frente às próprias dívidas, com os recursos financeiros à disposição"[8]. Trata-se de uma crise de liquidez[9], que inviabiliza o pagamento dos compromissos do dia a dia. Tal crise já é mais preocupante, na medida em que a empresa em crise financeira tem dificuldade de manter os contratos com fornecedores e com o sistema de crédito, atingindo terceiros que circundam a atividade. Tal crise é a que gera mais preocupação no âmbito do direito empresarial, tendo em vista que a tutela do crédito é a justificação fundamental desse ramo do Direito[10].

6 Crise patrimonial

Por fim, há a crise patrimonial, que representa o patrimônio insuficiente para arcar com as dívidas, vale dizer, "a insuficiência de bens no ativo para atender a satisfação do passivo"[11], isto é, trata-se da insolvência, em seu sentido mais econômico. Tal crise não é necessariamente perniciosa, na medida em que pode decorrer de grandes investimentos realizados para expansão de um parque industrial, cujos resultados podem ser mais que suficientes para restabelecer o equilíbrio patrimonial. Apesar disso, tal crise pode gerar algumas preocupações, na medida em que pode aumentar o risco de crédito.

7 Solução das crises

As crises sempre afetam os interesses do exercente da atividade, mas nem todas afetam outros interesses (credores, fisco, trabalhadores, comunidade...). Aquelas que afetam apenas os interesses do empresário não ensejam maiores preocupações do ordenamento jurídico, uma vez que devem ser solucionadas internamente. De outro lado,

---

7. GUGLIELMUCCI, Lino. *Lezioni di diritto fallimentare*. 3. ed. Torino: Giappichelli, 2004, p. 7.

8. GARELLA, Mario. *Il concordato stragiudiziale*: strategie e metodi per il risanamento dell'impresa. Napoli: Sistema Editoriali, 2003, p. 19, tradução livre de "la perdurante incapacità dell'impresa di far fronte ai propri impegni con le ordinarie risorse finanziarie a disposizione".

9. COELHO, Fábio Ulhoa. *Curso de direito comercial*. 8. ed. São Paulo: Saraiva, 2008, v. 3, p. 231.

10. AULETTA, Giuseppe. L'impresa dal Codice di Commercio del 1882 al Codice Civile del 1942. *1882-1982 Cento anni dal Codice di Commercio*. Milano: Giuffrè, 1984, p. 81.

11. COELHO, Fábio Ulhoa. *Curso de direito comercial*. 8. ed. São Paulo: Saraiva, 2008, v. 3, p. 232.

aquelas que podem afetar interesses de terceiros ensejam grande preocupação do mercado e do aparato estatal.

As crises de rigidez e de ineficiência, embora relevantes, não chegam a suscitar, por si só, uma resposta do mercado ou uma resposta estatal para a crise. Nesses casos, a solução depende normalmente do próprio empresário, que deverá agir para inibir os resultados dessa atuação. Todavia, caso elas não sejam solucionadas, podem gerar novas crises, as quais, por afetarem mais envolvidos, exigem respostas do mercado ou estatais.

As outras crises são capazes de afetar mais interesses e, por isso, ensejam uma preocupação maior. Essas crises são a econômica, a financeira e a patrimonial, que podem existir isoladamente ou em conjunto na empresa. Cada qual tem um conteúdo, mas há com grande frequência a presença de mais de uma dessas crises.

As crises econômicas, financeiras e patrimoniais são mais preocupantes, na medida em que podem representar a inadimplência e o aumento do risco dos credores, bem como a redução de empregos. Em outras palavras, elas podem prejudicar empregados, credores, comunidade e fisco que estão ligados à atividade desempenhada, não afetando apenas o próprio empresário. Em razão disso, há uma grande preocupação tanto do mercado quanto do Estado, havendo inclusive uma série de respostas colocadas à disposição pelo nosso ordenamento jurídico.

A grande preocupação do direito empresarial é com a crise financeira, pois ela afeta diretamente o mercado de crédito, que é fundamental para o exercício das atividades empresariais. Embora, claramente, haja uma preocupação maior com a cessação de pagamentos, é certo que as crises financeira e patrimonial não podem ser ignoradas, pelos potenciais efeitos lesivos que elas podem gerar. Assim, o ordenamento jurídico também se preocupa diretamente com a crise econômica, expressamente citada no art. 47 da Lei n. 11.101/2005, e indiretamente com a crise patrimonial, dados os efeitos perniciosos que podem decorrer dessa situação, como a redução da concessão de crédito e o aumento do risco.

7.1 Solução de mercado

Pelos efeitos perniciosos que as crises econômicas, financeiras e patrimoniais podem gerar, há a tendência de se buscar soluções para essas crises. Tais soluções, a princípio, deveriam decorrer da própria atuação do mercado, isto é, sem a intervenção estatal.

A princípio, as respostas à crise podem advir de amplos acordos realizados entre o devedor em crise e seus credores. Além disso, é bem frequente que, diante de uma dessas crises, empreendedores ou investidores enxerguem na empresa em crise uma alternativa de investimento atraente[12]. Tal investimento pode se dar de diversas formas, como a aquisição de ativos, o trespasse de estabelecimento, a incorporação de sociedade, a aquisição de controle, entre outros mecanismos. Com esses investimentos, há uma boa

---

12. COELHO, Fábio Ulhoa. *Curso de direito comercial*. 8. ed. São Paulo: Saraiva, 2008, v. 3, p. 234.

chance de que a crise seja superada, restabelecendo-se o bom andamento dos negócios. Tais soluções do mercado são regidas pelas normas inerentes ao negócio realizado, não havendo um tratamento especial por se tratar de uma forma de superação da crise da empresa.

A solução de mercado é a forma natural de superação das crises, mas depende da atuação das forças do mercado e também da possibilidade econômica de realização dos investimentos. Em certos casos, o empresário, que passa pela crise, se recusa a permitir o ingresso de novos investidores, o que inviabiliza a solução do mercado. Apesar disso, não se pode afirmar que as crises que não encontram solução no mercado são insuperáveis. Diante da impossibilidade da solução do mercado, o aparato estatal oferece novas respostas a tais crises.

7.2 Soluções estatais

Como visto, as crises da empresa são perniciosas para a própria economia de um país e, por isso, o próprio aparato estatal deve fornecer meios de superação dessas crises, para proteger a própria economia do país. Tais soluções estatais, a princípio, terão lugar apenas na impossibilidade de uso das soluções do mercado[13].

Para superar as crises pelas quais passa a empresa, o ordenamento jurídico brasileiro fornece duas soluções gerais: a recuperação judicial e a recuperação extrajudicial. Em ambas as soluções gerais, há a atuação do Poder Judiciário, não como sujeito responsável pela reestruturação da atividade, mas como um sujeito que vai acompanhar a aplicação dos procedimentos legalmente previstos[14].

A recuperação judicial, por definição legal, tem por objetivo

> (...) viabilizar a superação da situação de crise econômico-financeira do devedor, a fim de permitir a manutenção da fonte produtora, do emprego dos trabalhadores e dos interesses dos credores, promovendo, assim, a preservação da empresa, sua função social e o estímulo à atividade econômica (Lei n. 11.101/2005 – art. 47).

Ela consiste em "uma série de atos praticados sob supervisão judicial e destinados a reestruturar e manter em funcionamento a empresa em dificuldades econômico-financeiras temporárias"[15].

A recuperação extrajudicial também tem o mesmo objetivo, mas atua de forma distinta, com menor intervenção do aparato jurisdicional. Aqui não existe uma regulamentação tão detalhada, dando-se uma margem de liberdade maior para o empresário e

---

13. COELHO, Fábio Ulhoa. *Curso de direito comercial*. 8. ed. São Paulo: Saraiva, 2008, v. 3, p. 236.

14. PIMENTA, Eduardo Goulart. *Recuperação de empresas*. São Paulo: IOB, 2006, p. 68.

15. Idem, ibidem.

os sujeitos interessados na solução dessa crise. O papel do Poder Judiciário aqui não é essencial e, quando ele é chamado, sua atuação é eminentemente homologatória.

Além dessas soluções gerais, há soluções específicas para certos ramos, como o sistema financeiro nacional, as seguradoras e os planos de saúde. Tais atividades possuem um caráter mais estratégico para a economia do país e, por isso, recebem uma fiscalização especial do poder público. Tais atividades não podem ser tratadas de forma simples, vale dizer, há um interesse público maior que justifica um tratamento diferenciado. O Estado intervém fortemente em tais setores, a fim de assegurar suas políticas relativas ao setor, além de resguardar o bom funcionamento de atividades tão importantes para o país.

Dentro dessa fiscalização estatal mais ampla, se encontram certos mecanismos de solução de crises conduzidos pelo Poder Executivo. Rubens Requião afirma que, "em vista dessa importância, seja pela sua natureza, seja pela sua dimensão, veio a perceber-se que, em caso de seu insucesso econômico e financeiro, a sua ruína não constituía simples problema de ordem privada. Suas repercussões funestas no meio social econômico não poderiam deixar desatento e desinteressado o Estado"[16].

Assim, para atividades como as das instituições financeiras e equiparadas, das seguradoras, das sociedades de capitalização, das entidades de previdência privada e das operadoras de planos de saúde, há soluções específicas para a crise. Tais soluções, embora sejam diferenciadas entre as diversas atividades, podem ser resumidas à ideia da intervenção estatal (Lei n. 6.024/74, Lei n. 9.656/98 e Decreto-lei n. 73/66) para tentar superar a crise. Além disso, no caso das instituições financeiras, há também a possibilidade do chamado regime de administração especial temporária (RAET), regido pelo Decreto-lei n. 2.321/87.

8 Empresas não recuperáveis

Tais meios de solução das crises não são garantias da sua superação, mas apenas tentativas de resolver os problemas. Contudo, a experiência nos mostra que, em muitos casos, a crise não poderá ser superada. Diante disso, não há outro caminho a não ser o da liquidação patrimonial, porquanto, se tal liquidação não ocorrer, a manutenção de uma empresa inviável no mercado pode gerar prejuízos ainda maiores.

Fábio Ulhoa Coelho afirma, com razão, que "quando o aparato estatal é utilizado para garantir a permanência de empresas insolventes inviáveis, opera-se uma inversão inaceitável: o risco da atividade empresarial transfere-se do empresário para os seus credores"[17]. Não há como negar que a manutenção dessas empresas inviáveis gera mais efeitos perniciosos do que sua liquidação patrimonial, a qual, portanto, representará o melhor caminho a ser seguido.

16. REQUIÃO, Rubens. *Curso de direito falimentar.* 14. ed. São Paulo: Saraiva, 1995, v. 2, p. 199-200.

17. COELHO, Fábio Ulhoa. *Curso de direito comercial.* 8. ed. São Paulo: Saraiva, 2008, v. 3, p. 238.

A liquidação patrimonial total ordinária pode ocorrer por iniciativa do próprio empresário ou dos sócios da sociedade empresária. Nesse caso, instaura-se um procedimento tendente ao encerramento das atividades empresariais, com a devida baixa no registro. Para as sociedades, tal procedimento é regido pelas normas societárias (Código Civil e Lei n. 6.404/76) e, quando houver conflitos entre sócios, pelo procedimento comum do Novo Código de Processo Civil.

Além da liquidação ordinária, cuja realização é muitas vezes evitada pelo empresário, há a possibilidade da liquidação forçada, imposta pelo Poder Judiciário ou pelo Poder Executivo. Mesmo nas atividades não empresárias, há tal possibilidade por meio da insolvência civil.

A forma padrão para a liquidação patrimonial forçada é a falência, que representa, em última análise, um processo de execução coletiva contra o devedor empresário. A falência, "ao promover o afastamento do devedor de suas atividades, visa a preservar e otimizar a utilização produtiva dos bens, ativos e recursos produtivos, inclusive os intangíveis, da empresa" (Lei n. 11.101/2005 – art. 75). Ora, por se tratar de um procedimento de execução coletiva, seu objetivo final é o pagamento de todos os credores e, por isso, "nada mais natural que este se faça otimizando os bens, ativos, recursos produtivos e os intangíveis, mercê seu melhor aproveitamento"[18].

Além do regime geral da falência, as mesmas atividades que ensejam maior preocupação estatal (instituições financeiras e equiparados, seguradoras, sociedades de capitalização, entidades de previdência privada e operadoras de planos de saúde) possuem um regime próprio de liquidação patrimonial, denominado liquidação extrajudicial (Lei n. 6.024/74, Decreto-lei n. 73/66 e Lei n. 9.656/98). Mais uma vez o regime especial se justifica pela importância de tais atividades para a economia do país como um todo.

9 O direito das empresas em crise

As tentativas estatais de solução das crises da empresa, bem como as formas de liquidação patrimonial forçada, são disciplinadas pelo direito empresarial, uma vez que circundam a empresa (atividade), cerne desse ramo do direito. Dentro do direito empresarial, porém, há um ramo mais específico que se preocupa com tais institutos. Esse ramo mais específico é normalmente chamado de direito falimentar ou de direito concursal. Todavia, dada a sua evolução, preferimos o uso da expressão *direito da empresa em crise*, para denotar seu objeto específico: as respostas do ordenamento jurídico às crises da empresa.

Esse ramo do direito empresarial possui quatro objetivos fundamentais[19]:

---

18. PENTEADO, Mauro Rodrigues. In: SOUZA JÚNIOR, Francisco Sátiro de; PITOMBO, Antônio Sérgio de A. de Moraes (Coord.). *Comentários à lei de recuperação de empresas e falência*. São Paulo: Revista dos Tribunais, 2005, p. 76.

19. GUYON, Yves. *Droit des affaires*. 2. ed. Paris: Economica, 1988, t. 2, p. 7.

- prevenir as crises;
- recuperar as empresas em crise;
- liquidar as empresas não recuperáveis; e
- punir os sujeitos culpados em tais crises.

Tais objetivos denotam que não se trata de um direito que regula apenas a falência ou outros concursos de credores. O moderno direito das empresas em crise preocupa-se essencialmente com o valor da empresa em funcionamento, isto é, com a manutenção da atividade, em vez de dar primazia aos interesses dos credores[20]. Não há mais uma visão liquidatária nesse ramo do Direito, buscando-se, sempre que possível, a manutenção da atividade[21]. Embora não haja a previsão específica nesse sentido, acreditamos que o direito da empresa em crise também pode ser usado para prevenir as crises, cujos efeitos podem ser perniciosos.

20. LOBO, Jorge. *Direito concursal.* 2. ed. Rio de Janeiro: Forense, 1998, p. 8.

21. PIMENTA, Eduardo Goulart. *Recuperação de empresas.* São Paulo: IOB, 2006, p. 61.

2 DISPOSIÇÕES GERAIS DA FALÊNCIA, DA RECUPERAÇÃO JUDICIAL E DA RECUPERAÇÃO EXTRAJUDICIAL

1 Introdução

Em razão dos efeitos perniciosos que as crises da empresa podem gerar, nosso ordenamento jurídico houve por bem criar diversos institutos para tentar superar as crises ou para liquidar o que não é passível de recuperação. Entre esses institutos, os mais importantes são aqueles que têm o maior âmbito de aplicação, isto é, aqueles que se aplicam a um número maior de situações. Nesta situação, estão a falência, a recuperação judicial e a recuperação extrajudicial, todas disciplinadas pela Lei n. 11.101/2005.

Esta Lei veio para substituir a antiga legislação brasileira sobre as empresas em crise, alterando a orientação predominante para a busca da recuperação das empresas em vez da busca da sua liquidação. Nesta legislação, há disposições gerais aplicáveis aos três institutos, disposições comuns à falência e à recuperação judicial e disposições específicas para cada um deles. Dentro dessa organização, vale a pena destacar, inicialmente, as disposições gerais da Lei n. 11.101/2005.

2 Âmbito de incidência da falência, da recuperação judicial e da recuperação extrajudicial

A falência, a recuperação judicial e a recuperação extrajudicial são institutos gerais do direito das empresas em crise. A generalidade desses institutos significa uma aplicação mais ampla do que a dos regimes especiais (intervenção, regime de administração especial temporária e liquidação extrajudicial), mas não uma aplicação indiscriminada.

Em Portugal, o regime da insolvência e da recuperação de empresas é bem mais amplo, abrangendo inclusive pessoas físicas não profissionais e entidades sem fins econômicos[1]. Do mesmo modo, na França[2] e na Espanha[3], os regimes concursais já podem ser estendidos a não empresários.

---

1. MENEZES LEITÃO, Luís Manuel Teles de. *Código da insolvência e da recuperação de empresas anotado*. 3. ed. Coimbra: Almedina, 2006, p. 46.

2. JANTIN, Michel; LE CANNU, Paul. *Droit commercial*: entreprises en difficulté. 7. ed. Paris: Dalloz, 2007, p. 148.

3. PULGAR EZQUERRA, Juana. La personalidad jurídica de las sociedades como criterio de sumetimiento al concurso de acreedores. In: GRACIA, Juan Ignácio Peinado. *Estudios de derecho concursal*. Madri: Marcial Pons, 2006, p. 212.

A falência, a recuperação judicial e a recuperação extrajudicial possuem um âmbito de incidência definido pela Lei n. 11.101/2005. Nos termos do art. 1º da referida Lei, estão sujeitos à falência, à recuperação judicial e à recuperação extrajudicial os empresários e as sociedades empresárias. No Brasil, só são submetidos a esta disciplina os sujeitos que exercem atividade econômica que se enquadre como empresa, isto é, atividade econômica organizada para a produção ou circulação de bens ou serviços para o mercado.

Carlos Alberto Farracha de Castro assevera que a Constituição Federal elenca como princípios a livre iniciativa e a valorização do trabalho humano, sem distinguir atividades empresárias e não empresárias, logo, não há motivo para tal distinção de tratamento da insolvência[4]. Apesar disso, nosso legislador manteve a distinção entre os regimes, daí ser necessário analisar a incidência específica da Lei n. 11.101/2005.

Quando a lei se reporta a empresário, deve-se entender uma referência ao empresário individual, que é a pessoa física que exerce a empresa em seu próprio nome, assumindo todo o risco da atividade. É a própria pessoa física que será o titular da atividade. Ainda que lhe seja atribuído um CNPJ próprio, distinto do seu CPF, não há distinção entre a pessoa física em si e o empresário individual. Com a Lei n. 12.441/2011 também devem ser abrangidas as Empresas Individuais de Responsabilidade Limitada (EIRELIs) que são uma pessoa jurídica criada como centro autônomo de direitos e obrigações para o exercício individual da atividade empresarial. Independentemente da natureza, o fato é que EIRELI poderá ser usada para exercer atividade empresarial e, por isso, se enquadra no conceito de empresário.

Ao lado do exercício individual da empresa, é cada vez mais comum a utilização de sociedades para tal mister, especialmente pela união de esforços e/ou capitais que é possível nas sociedades. Atividades maiores dificilmente podem ser exercidas individualmente, sendo frequente e muito útil a formação de sociedades. Havendo a formação de sociedades, elas é que assumirão a condição de empresário, na medida em que as obrigações e o risco da empresa serão da sociedade.

Tais sujeitos, empresário individual, EIRELI e sociedade empresária, são espécies do gênero empresário e delimitam o âmbito de incidência da falência, da recuperação judicial e da recuperação extrajudicial, os quais não se aplicam a todos indistintamente, mas apenas a eles. A importância desses sujeitos no cenário econômico justifica o tratamento diferenciado e a criação de tais institutos. Para entender a quem se aplica a falência, a recuperação judicial e a recuperação extrajudicial, é fundamental identificar quem se enquadra ou não no conceito de empresário.

---

4. CASTRO, Carlos Alberto Farracha de. *Fundamentos do direito falimentar*. 2. ed. Curitiba: Juruá, 2006, p. 72.

2.1 Conceito de empresário

A empresa é uma atividade e, como tal, deve ter um sujeito que a exerça, o titular da atividade, denominado de empresário. Este é, portanto, quem exerce profissionalmente atividade econômica organizada para a produção ou a circulação de bens ou serviços (conceito do Código Civil de 2002, art. 966 – no mesmo sentido do art. 2.082 – Código Civil italiano), vale dizer, o empresário é o sujeito de direito que exerce a empresa. Dentro desse conceito, temos três realidades: os empresários individuais (pessoas físicas), EIRELI e as sociedades empresárias (pessoas jurídicas ou não). Apesar das diferenças que existem entre as três realidades, todas se inserem no mesmo conceito e, por isso, falaremos genericamente de empresário, abrangendo todas elas.

A configuração desse sujeito exercente da empresa pressupõe uma série de requisitos cumulativos, em relação aos quais há alguma divergência de tratamento na doutrina. Sempre se reconhece a condição de sujeito de direito, mas nem sempre há unanimidade no tratamento dos demais elementos que irão qualificá-lo como empresário.

Asquini, além da condição de sujeito de direito, destaca a atividade econômica organizada, a finalidade de produção para o comércio de bens e serviços e a profissionalidade[5]. Giampaolo dalle Vedove, Francesco Ferrara Junior e Francesco Galgano não destoam da orientação de Asquini, destacando a organização, a economicidade da atividade e a profissionalidade[6]. Paulo Sérgio Restiffe indica como elementos dos empresários: o binômio produção-intermediação, a organização e a profissionalidade[7].

Remo Franceschelli indica como elementos do empresário a produção para o mercado, a organização e o fato de o empresário suportar o risco do empreendimento, como elementos essenciais do conceito[8]. Tullio Ascarelli destaca os elementos do próprio conceito legal, a atividade econômica organizada, exercida profissionalmente e dirigida à produção ou circulação de bens ou serviços[9]. Haroldo Malheiros Duclerc Verçosa indica como requisitos do empresário: (a) o exercício de uma atividade; (b) a natureza econômica da atividade; (c) a organização da atividade; (d) a profissionalidade; e (e) a finalidade de produção ou troca de bens ou serviços[10].

---

5. ASQUINI, Alberto. Profili dell'impresa. *Rivista di Diritto Commerciale*, v. XLI – Parte I, 1943, p. 7-9.

6. VEDOVE, Giampaolo dalle. *Nozioni di diritto d'impresa*. Padova: CEDAM, 2000, p. 16-18; FERRARA JUNIOR, Francesco; CORSI, Francesco. *Gli imprenditori e le società*. 11. ed. Milano: Giuffrè, 1999, p. 32-40; GALGANO, Francesco. *Diritto civile e commerciale*. 3. ed. Padova: CEDAM, 1999, v. 3, t. 1, p. 17-30.

7. RESTIFFE, Paulo Sérgio. *Recuperação de empresas*. Barueri: Manole, 2008, p. 165-166.

8. FRANSCESCHELLI, Remo. *Corso di diritto commerciale*. Milano: Giuffrè, 1944. p. 35.

9. ASCARELLI, Tullio. *Corso di diritto commerciale*: introduzione e teoria dell'impresa. 3. ed. Milano: Giuffrè, 1962, p. 146.

10. VERÇOSA, Haroldo Malheiros Duclerc. Das pessoas sujeitas e não sujeitas aos regimes de recuperação de empresas e ao da falência. In: PAIVA, Luiz Fernando Valente de (Coord.). *Direito falimentar e a nova lei de falências e recuperação de empresas*. São Paulo: Quartier Latin, 2005, p. 66.

A nosso ver, tal divergência é mais de organização que de conteúdo, e por isso, seguiremos a orientação de todos, tratando como elementos característicos da condição de empresário:

a) a atividade;
b) a economicidade;
c) a organização;
d) a profissionalidade;
e) produção ou circulação de bens ou serviços;
f) o direcionamento ao mercado;
g) assunção do risco.

2.1.1 Atividade

O empresário é o sujeito de direito que exerce a empresa, a qual é uma atividade, isto é, um conjunto de atos destinados a uma finalidade comum[11]. Não basta um ato isolado, é necessária uma sequência de atos dirigidos a uma mesma finalidade[12], para configurar a empresa.

2.1.2 Economicidade

O empresário, enquanto sujeito de direitos que exerce a empresa, desenvolve sempre atividades econômicas, entendidas aqui como atividades voltadas para a produção de novas riquezas. Estas podem advir da criação de novos bens, ou mesmo do aumento do valor dos bens existentes[13].

Francesco Galgano entende que a economicidade envolve a idoneidade abstrata da atividade em cobrir os seus custos[14], vale dizer, basta que a atividade se desenvolva de modo suficiente para não gerar prejuízos. Tal concepção não significa que a atividade não possa gerar prejuízos, mas que abstratamente não se dirija a isso, ela deve ser desenvolvida ao menos para evitar os prejuízos. Nas palavras do próprio Galgano, "o

11. ASCARELLI, Tullio. *Corso di diritto commerciale*: introduzione e teoria dell'impresa. 3. ed. Milano: Giuffrè, 1962, p. 146.

12. AULETTA, Giuseppe. L'impresa dal Codice di Commercio del 1882 al Codice Civile del 1942, p. 82.

13. FERRARA JUNIOR, Francesco; CORSI, Francesco. *Gli imprenditori e le società*. 11. ed. Milano: Giuffrè, 1999, p. 33.

14. GALGANO, Francesco. *Diritto civile e commerciale*. 3. ed. Padova: CEDAM, 1999, v. 3, t. I, p. 24; VEDOVE, Giampaolo dalle. *Nozioni di diritto d'impresa*. Padova: CEDAM, 2000, p. 18.

capital investido na atividade produtiva deve, pelo menos, reproduzir-se ao final do ciclo produtivo"[15].

2.1.3 A organização

Não basta o exercício de uma atividade econômica para a qualificação de uma pessoa como "empresário", é essencial também que este seja o responsável pela organização dos fatores da produção para o bom exercício da atividade. E essa organização deve ser de fundamental importância, assumindo prevalência sobre a atividade pessoal do sujeito[16]. A organização nada mais é do que a colocação dos meios necessários, coordenados entre si, para a realização de determinado fim[17].

A organização pode ser do trabalho alheio, de bens e de um e outro juntos. Normalmente a organização não significa a presença de habilidades técnicas ligadas à atividade fim, mas sim uma qualidade de iniciativa, de decisão, capacidade de escolha de homens e bens, intuição, entre outros dados[18].

Essa organização pode se limitar à escolha de pessoas que, por determinada remuneração, coordenam, organizam e dirigem a atividade[19], isto é, a organização a cargo do empresário pode significar simplesmente a escolha de pessoas para efetivamente organizar os fatores da produção. Ainda assim, temos uma organização essencial na atividade, para diferenciar o empresário dos trabalhadores autônomos e das sociedades simples. Sem essa organização há apenas trabalho autônomo e não empresa[20].

Mesmo no caso do pequeno empresário essa organização assume um papel prevalente, na medida em que há preponderantemente uma consideração objetiva dos frutos da atividade e não das qualificações pessoais do sujeito[21]. Ainda que a figura pessoal desempenhe um papel importante, no caso do empresário, a organização é que assume papel primordial.

A título exemplificativo, quando se contrata um advogado, normalmente não se considera objetivamente o resultado que a atuação do advogado pode ter, mas as suas qualidades pessoais que poderão permitir um bom resultado ao cliente. Nesse caso, não

---

15. GALGANO, Francesco. *Diritto civile e commerciale.* 3. ed. Padova: CEDAM, 1999, v. 3, t. I, p. 25, tradução livre de "*Il capitale investito* nella *atività poduttiva deve, quanto meno, riprodursi al termine del ciclo produtivo*".

16. ASCARELLI, Tullio. *Corso di diritto commerciale*: introduzione e teoria dell'impresa. 3. ed. Milano: Giuffrè, 1962, p. 181; DE CUPIS, Adriano. *Istituzioni di diritto privato.* Milano: Giuffrè, 1978, v. 3, p. 134.

17. VALERI, Giuseppe. *Manuale di diritto commerciale.* Firenze: Carlo Cya, 1950, v. 1, p. 14.

18. FRANSCESCHELLI, Remo. *Corso di diritto commerciale.* Milano: Giuffrè, 1944, p. 30.

19. Idem, p. 31.

20. OPPO, Giorgio. *Principi.* Torino: Giappichelli, 2001, p. 56.

21. ASCARELLI, Tullio. *Corso di diritto commerciale*: introduzione e teoria dell'impresa. 3. ed. Milano: Giuffrè, 1962, p. 180.

se pode dizer que o advogado seja um empresário, na medida em que a organização assume um papel secundário em relação à atividade pessoal do profissional.

Similar é a situação com médicos que não exercem suas atividades em uma grande estrutura; a atividade pessoal do médico é que será o fator preponderante para a atividade e não a organização que esse faz. Se a atividade pessoal prevalece sobre a organização, não há que se falar em empresário.

Por outro lado, vejamos uma loja de departamentos. Nesta, é essencial que haja uma boa disposição de mercadorias e bons empregados. Não há que se cogitar de prevalência da atividade pessoal, mas sim da organização. Esta assume papel preponderante, caracterizando a presença de um empresário.

2.1.4 Profissionalidade

Só é empresário quem exerce a empresa de modo profissional. Tal expressão não deve ser entendida com os contornos que assume na linguagem corrente, porquanto não se refere a uma condição pessoal, mas à estabilidade e habitualidade da atividade exercida[22].

Não se trata de uma qualidade do sujeito exercente, mas de uma qualidade do modo como se exerce a atividade, ou seja, a profissionalidade não depende da intenção do empresário, bastando que no mundo exterior a atividade se apresente objetivamente com um caráter estável[23]. Não se exige o caráter continuado, mas apenas uma habitualidade, tanto que atividades de temporada (ex.: hospedagem) também podem caracterizar uma empresa, mesmo em face das interrupções impostas pela natureza da atividade[24].

2.1.5 Produção ou circulação de bens ou serviços

A atividade desempenhada pelo empresário deve abranger a produção ou circulação de bens ou serviços para o mercado. Na produção temos a transformação de matéria-prima, na circulação temos a intermediação na negociação de bens. No que tange aos serviços, temos toda "atividade em favor de terceiros apta a satisfazer uma necessidade qualquer, desde que não consistente na simples troca de bens"[25], eles não podem ser objeto de detenção, mas de fruição.

---

22. GALGANO, Francesco. *Diritto civile e commerciale.* 3. ed. Padova: CEDAM, 1999. v. 3, t. I, p. 17.

23. FERRARA JÚNIOR, Francesco; CORSI, Francesco. *Gli imprenditori e le società.* 11. ed. Milano: Giuffrè, 1999. p. 41.

24. JAEGER, Pier Giusto; DENOZZA, Francesco. *Appunti di diritto commerciale.* 5. ed. Milano: Giuffrè, 2000, p. 17.

25. VEDOVE, Giampaolo dalle. *Nozioni di diritto d'impresa.* Padova: CEDAM, 2000, p. 13-14.

2.1.6 Direcionamento ao mercado

Também é essencial na caracterização de um empresário que sua atividade seja voltada à satisfação de necessidades alheias. O empresário deve desenvolver atividade de produção ou circulação de bens ou serviços para o mercado, e não para si próprio.

Assim, não é empresário o prestador de serviços que realiza tais serviços em proveito próprio. Já aquele que presta serviços profissionais a terceiros se caracterizaria como um empresário, porquanto sua atividade está dirigida para o mercado e não para a satisfação das suas próprias necessidades.

2.1.7 Assunção do risco

Remo Franceschelli destaca como o elemento preponderante da condição de empresário a assunção do risco, um risco peculiar[26].

Nas atividades econômicas em geral, todos assumem riscos. O investidor retira capital de seu patrimônio e o liga a determinadas atividades. Com essa conduta ele assume o risco de perder o valor investido. Esse risco é previamente definido e pode ser extremamente reduzido de acordo com a situação, na medida em que pode ser garantido por alguém, o qual será demandado no caso de prejuízo. O empregado assume riscos em relação a sua capacidade de trabalho e o risco de não receber salários pelos serviços prestados[27]. No primeiro risco, há um seguro social, que, bem ou mal, o protege de tais riscos. Em relação ao segundo risco, o empresário o garante, ele é responsável pelo pagamento dos salários, podendo ser demandado por isso.

O empresário, por sua vez, assume o risco total da empresa. Não há uma prévia definição dos riscos, eles são incertos e ilimitados. Ademais, o risco da atividade não é garantido por ninguém[28]. Se houver uma crise no ramo de atuação do empresário, e este tiver prejuízo pela falta de demanda, ele não terá a quem recorrer. A remuneração do empresário está sujeita a elementos imponderáveis que podem fugir das previsões deste e, nessa situação, o risco é dele, não há a quem recorrer.

2.2 Não abrangidos pelo conceito de empresário

O art. 966, parágrafo único, do Código Civil de 2002 afirma que não são empresários aqueles que exercem profissão intelectual, de natureza científica, literária ou artística, ainda que com o concurso de auxiliares ou colaboradores. Embora tais atividades também sejam econômicas, isto é, também produzam novas riquezas, é certo que seu tratamen-

---

26. FRANSCESCHELLI, Remo. *Corso di diritto commerciale.* Milano: Giuffrè, 1944, p. 43.

27. Idem, p. 43.

28. Idem, p. 44-45.

to não deve ser dado pelo direito empresarial e, consequentemente, não se pode falar em aplicação da Lei n. 11.101/2005.

Essa exclusão decorre do papel secundário que a organização assume nessas atividades[29] e não apenas de um caráter histórico e sociológico[30]. Nas atividades não empresariais, o essencial é a atividade pessoal, o que não se coaduna com o conceito de empresário. As atividades intelectuais são prestadas de forma pessoal e, mesmo com a concorrência de auxiliares, há uma relação de confiança com quem desenvolve a atividade[31]. Não há como negar a organização que hoje permeia as atividades intelectuais, mas é certo que essa organização não assume papel preponderante, ainda que se recorra ao uso de auxiliares, o personalismo prevalece, no sentido da assunção pessoal do resultado da atividade.

Em função disso, chegou-se ao Enunciado 194 da III Jornada de Direito Civil promovida pelo CJF, que afirma que "Os profissionais liberais não são considerados empresários, salvo se a organização dos fatores da produção for mais importante que a atividade pessoal desenvolvida".

Entretanto, o próprio art. 966, parágrafo único, do Código Civil afirma que aqueles que exercem profissão de natureza intelectual, científica, literária ou artística serão empresários, se o exercício da profissão constituir elemento de empresa, isto é, se o exercício dessas atividades for parte de uma atividade maior, na qual sobressai a organização[32]. Neste caso, a natureza pessoal do exercício da atividade cede espaço a uma atividade maior de natureza empresarial, é exercida a atividade intelectual, mas ela é apenas um elemento dentro da atividade empresarial exercida[33].

Um dos critérios que podem ser usados para verificar a predominância da organização é a padronização e objetivação da atividade[34]. Quanto mais padronizada for a atividade, mais clara fica a condição secundária da atividade intelectual. Outrossim, para o consumidor há uma certa fungibilidade na atividade prestada, isto é, não interessa o prestador, mas apenas o serviço em si.

---

29. DE CUPIS, Adriano. *Istituzioni di diritto privato*. Milano: Giuffrè, 1978, v. 3, p. 134.

30. Nesse sentido: JAEGER, Pier Giusto; DENOZZA, Francesco. *Appunti di diritto commerciale*. 5. ed. Milano: Giuffrè, 2000, p. 24.

31. VEDOVE, Giampaolo dalle. *Nozioni di diritto d'impresa*. Padova: CEDAM, 2000, p. 20.

32. Idem, p. 28; VERÇOSA, Haroldo Malheiros Duclerc. Das pessoas sujeitas e não sujeitas aos regimes de recuperação de empresas e ao da falência. In: PAIVA, Luiz Fernando Valente de (Coord.). *Direito falimentar e a nova lei de falências e recuperação de empresas*. São Paulo: Quartier Latin, 2005, p. 88.

33. Enunciado 195 da III Jornada de Direito Civil do CJF: "A expressão 'elemento de empresa' demanda interpretação econômica, devendo ser analisada sob a égide da absorção da atividade intelectual, de natureza científica, literária ou artística, como um dos fatores da organização empresarial."

34. VERÇOSA, Haroldo Malheiros Duclerc. Das pessoas sujeitas e não sujeitas aos regimes de recuperação de empresas e ao da falência. In: PAIVA, Luiz Fernando Valente de (Coord.). *Direito falimentar e a nova lei de falências e recuperação de empresas*. São Paulo: Quartier Latin, 2005, p. 93.

O Superior Tribunal de Justiça já afirmou a natureza empresarial de uma sociedade de médicos que desempenhava atividade de análise laboratorial, afirmando que a atividade desempenhada no caso concreto possuía nítido caráter empresarial e não pessoal[35]. Tal orientação reforça a importância da organização para a configuração ou não de um sujeito como empresário.

2.3 *Situações especiais*

Pelo exposto, vê-se que, para definir alguém como empresário ou não, o fundamental é analisar a atividade exercida por ele. Tal afirmação é o que se depreende do *caput* e do parágrafo único do art. 966 do Código Civil. Todavia, há certas situações especiais também definidas pela Lei n. 11.101/2005, nas quais a condição de empresário ou de não empresário não dependerá exclusivamente da atividade desenvolvida.

2.3.1 Sociedades por ações

Com o Código Civil de 2002 surge uma nova distinção das sociedades, qual seja, entre sociedades empresárias e sociedades simples. Ambas exercem atividades econômicas, mas diferenciam-se pela natureza da atividade exercida, conforme já mencionado. Todavia, em certos casos, a forma utilizada é determinante, como no caso das sociedades por ações.

As sociedades anônimas e comandita por ações são sempre empresárias, não importa a atividade exercida por elas (CC – art. 982, parágrafo único). A organização e o elemento pessoal passam a não ter relevância. A forma irá determinar a natureza empresarial de tais sociedades. Em razão dessa natureza, elas estão sujeitas à falência, à recuperação judicial e à recuperação extrajudicial.

2.3.2 Empresários rurais

A princípio, as atividades rurais voltadas para o mercado são dotadas de um mínimo de organização, podendo ser enquadradas como empresa. Logo, os exercentes de tais atividades podem ser denominados empresários rurais. Todavia, as atividades rurais sempre foram dotadas de um regime diferenciado no direito brasileiro, tendo em vista a própria condição de boa parte dos sujeitos envolvidos. Diferente não foi a orientação do Código Civil.

---

35. STJ – 2ª Turma – REsp 555.624/PB, Relator Ministro Franciulli Neto, *DJ* de 27-9-2004.

Os empresários rurais – sejam pessoas físicas, sejam sociedades que desempenham tal atividade – podem se sujeitar ao regime empresarial ou não, dependendo de uma opção do próprio empresário, de acordo com o seu registro.

Em relação às atividades empresariais rurais, não há obrigatoriedade do registro na junta comercial (CC – art. 971), mas uma faculdade, em virtude do verbo *poder*, que consta do citado dispositivo[36]. Em função disso, o empresário rural que se registrar no registro de empresas (junta comercial) estará sujeito ao regime empresarial e o que não se registrar ficará sujeito ao regime civil. Desse modo, o empresário rural que está registrado na junta comercial está sujeito à falência, à recuperação judicial e à recuperação extrajudicial[37]. De outro lado, aquele que não estiver registrado na junta não se submete a esse regime.

2.3.3 Sociedade cooperativa

Assim como as sociedades por ações, as sociedades cooperativas possuem sua natureza definida pela lei, independentemente da atividade exercida. As cooperativas são sempre sociedades simples, independentemente da atividade exercida (CC – art. 982, parágrafo único). Em razão disso, elas não se sujeitam à falência, à recuperação judicial ou à recuperação extrajudicial.

2.3.4 Sociedade em conta de participação

A sociedade em conta de participação é uma sociedade oculta[38], que não aparece perante terceiros, sendo desprovida de personalidade jurídica. O que a caracteriza é a existência de dois tipos de sócio, quais sejam, o sócio ostensivo, que aparece e assume toda responsabilidade perante terceiros, e o sócio participante (também denominado sócio oculto), que não aparece perante terceiros e só tem responsabilidade perante o ostensivo, nos termos do ajuste entre eles.

O sócio ostensivo, que pode ser um empresário individual ou uma sociedade, é aquele que exercerá a atividade em seu próprio nome, vinculando-se e assumindo toda

---

36. Em sentido contrário: negando a facultatividade do registro, NEGRÃO, Ricardo. *Manual de direito comercial e de empresa*. 3. ed. São Paulo: Saraiva, 2003, v. 1, p. 185.

37. CAMPINHO, Sérgio. *Falência e recuperação de empresa*: o novo regime de insolvência empresarial. Rio de Janeiro: Renovar, 2006, p. 9; TOLEDO, Paulo F. C. Salles de. In: ABRÃO, Carlos Henrique; TOLEDO, Paulo F. C. Salles de (Coord.). *Comentários à lei de recuperação de empresas e falência*. São Paulo: Saraiva, 2005, p. 3; PROENÇA, José Marcelo Martins. Disposições preliminares: aplicação da legislação, competência e intervenção do Ministério Público. In: MACHADO, Rubens Approbato (Coord.). *Comentários à nova lei de falência e recuperação de empresas*. São Paulo: Quartier Latin, 2005, p. 66.

38. ESCARRA, Jean; ESCARRA, Edouard; RAULT, Jean. *Traité théorique et pratique de droit commercial*. Paris: Sirey, 1950, p. 540.

a responsabilidade perante terceiros. A sociedade em conta de participação não firmará contratos. Quem firmará os contratos necessários para o exercício da atividade é o sócio ostensivo, usando tão somente seu próprio crédito[39], seu próprio nome. Quando ele age, não age como um administrador de uma sociedade, mas como um empresário, seja ele individual, seja uma sociedade.

De outro lado, há o sócio participante, que não aparece perante terceiros, não assumindo qualquer responsabilidade perante o público, daí a denominação como sócio oculto. A responsabilidade dele é apenas perante o sócio ostensivo, nos termos combinados entre os dois[40].

Pelo exposto, vê-se que a sociedade em conta de participação não é enquadrada como empresária, porquanto ela não exerce qualquer atividade. Assim sendo, a sociedade em conta de participação não está sujeita à falência, à recuperação judicial e à recuperação extrajudicial. Quem exerce atividade é o sócio ostensivo e, por isso, ele sim pode ser um empresário e nessa condição estará sujeito a estes regimes[41]. Do mesmo modo, o sócio oculto, caso seja um empresário, também estará sujeito a esses regimes, por sua eventual atividade e não pela condição de sócio oculto.

2.3.5 Empresários irregulares

Os empresários irregulares são aqueles que não cumprem suas obrigações decorrentes do regime jurídico empresarial, especialmente o registro na junta comercial. Assim, são irregulares os empresários individuais e as sociedades empresárias não registradas (sociedades em comum). Da mesma forma, são irregulares aqueles empresários que são impedidos de exercer a atividade empresarial (servidores públicos federais, membros da magistratura e do ministério público, militares da ativa e falidos), mas mesmo assim o fazem. Apesar da irregularidade, eles se inserem no conceito de empresário e, por isso, a eles se aplica a Lei n. 11.101/2005, uma vez que o art. 1º da referida Lei não exige o exercício regular da atividade para a sua incidência.

Todavia, tal afirmação não é totalmente correta, porquanto para a recuperação judicial e para a recuperação extrajudicial um dos requisitos é o exercício regular da atividade há pelo menos 2 anos (Lei n. 11.101/2005 – art. 48). Logo, não há como cogitar de aplicação da recuperação de empresas aos empresários irregulares.

---

39. CARVALHO DE MENDONÇA, J. X. *Tratado de direito comercial brasileiro.* Atualizado por Ruymar de Lima Nucci. Campinas: Bookseller, 2001, v. 2, t. 3, p. 262.

40. Idem, p. 262.

41. PENTEADO, Mauro Rodrigues. In: SOUZA JÚNIOR, Francisco Sátiro de; PITOMBO, Antônio Sérgio de A. de Moraes (Coord.). *Comentários à lei de recuperação de empresas e falência.* São Paulo: Revista dos Tribunais, 2005, p. 96; PERIN JÚNIOR, Écio. *Curso de direito falimentar e recuperação de empresas.* 3. ed. São Paulo: Método, 2006, p. 92.

No que tange à falência, efetivamente não se exige a regularidade e, por isso, os empresários irregulares estão sujeitos à falência[42]. Em tais situações, é possível até a autofalência, porquanto a lei exigiria apenas um devedor em crise que não cumpre as condições para a recuperação judicial[43]. Ademais, quando a lei exige a prova da condição de empresário para autofalência, ela requer a juntada de "contrato social ou estatuto em vigor ou, se não houver, a indicação de todos os sócios, seus endereços e a relação de seus bens pessoais" (Lei n. 11.101/2005 – art. 105, IV). Ora, se a própria Lei admite expressamente a ausência de contrato social em uma sociedade que requer autofalência, está admitindo o pedido de autofalência por empresários irregulares[44].

3 Exclusões

Nos termos do art. 1º da Lei n. 11.101/2005, os empresários estão sujeitos à falência, à recuperação judicial e à recuperação extrajudicial. Todavia, a própria lei faz certas exclusões, vale dizer, certas pessoas, embora sejam empresárias, não são sujeitas integralmente à Lei n. 11.101/2005. Tais exclusões se justificariam pela importância estratégica de certas atividades para a economia.

O art. 2º da Lei n. 11.101/2005 afasta alguns sujeitos da sua própria incidência e, consequentemente, dos procedimentos regidos por ela. Todavia, nem sempre essa exclusão é absoluta, vale dizer, em alguns casos, os excluídos podem se submeter ao menos à falência. Em outras palavras, temos casos de exclusão absoluta e casos de exclusão relativa[45].

Nos casos de exclusão absoluta, o empresário excluído está afastado completamente dos procedimentos previstos na Lei n. 11.101/2005. Não haverá espaço para a falência, para a recuperação ou para a recuperação extrajudicial, mas apenas para procedimentos específicos para a solução das crises. Assim, a título exemplificativo, estão as empresas públicas que prestam serviços públicos[46], as quais, em nenhuma hipótese, poderão falir ou pedir recuperação judicial e extrajudicial.

De outro lado, na exclusão relativa, o afastamento dos regimes da Lei n. 11.101/2005 não é completo. Também há procedimentos especiais para os relativamente excluídos,

---

42. PENTEADO, Mauro Rodrigues. In: SOUZA JÚNIOR, Francisco Sátiro de; PITOMBO, Antônio Sérgio de A. de Moraes (Coord.). *Comentários à lei de recuperação de empresas e falência*. São Paulo: Revista dos Tribunais, 2005, p. 96.

43. PERIN JÚNIOR, Écio. *Curso de direito falimentar e recuperação de empresas*. 3. ed. São Paulo: Método, 2006, p. 93.

44. FRANCO, Vera Helena de Mello. In: SOUZA JÚNIOR, Francisco Sátiro de; PITOMBO, Antônio Sérgio de A. de Moraes (Coord.). *Comentários à lei de recuperação de empresas e falência*. São Paulo: Revista dos Tribunais, 2005, p. 96.

45. NEGRÃO, Ricardo. *Manual de direito comercial e de empresa*. 2. ed. São Paulo: Saraiva, 2007, v. 3, p. 35-37.

46. Há uma controvérsia sobre o assunto que mais adiante será explicada.

mas a legislação que rege tais procedimentos admite a submissão desses sujeitos, ao menos, à falência. Essa legislação especial é ressalvada pelo art. 197 da Lei n. 11.101/2005 e, mantendo-se em vigor, permite a aplicação da falência a tais entes, mas não admite a submissão de empresários ao regime da insolvência civil[47].

Para melhor entender essa dicotomia das exclusões, é oportuno analisar cada uma delas.

3.1 Empresas públicas e sociedades de economia mista

A primeira hipótese de exclusão envolve as empresas estatais, isto é, as empresas públicas e as sociedades de economia mista. Nos termos do art. 2º, I, da Lei n. 11.101/2005, *os institutos regulados por esse diploma legislativo não se aplicam àquelas entidades da administração pública.*

As empresas públicas são "pessoas jurídicas de direito privado, integrantes da Administração Indireta do Estado, criadas por autorização legal, sob qualquer forma jurídica adequada a sua natureza, para que o governo exerça atividades gerais de caráter econômico ou, em certas situações, execute a prestação de serviços públicos"[48]. São sociedades de capital exclusivamente público que servirão para cumprir certas funções estatais. A título exemplificativo, podemos citar a CEF, a EMBRAPA e a CONAB.

O ilustre Prof. Gabriel de Britto Campos conceitua a sociedade de economia mista como

> (...) integrante da Administração Pública indireta, dotada de personalidade de Direito Privado, criada após a autorização por Lei específica, com patrimônio próprio e capital misto (público e privado), organizada sob a forma de sociedade anônima, sendo a maioria do capital com direito a voto pertencente ao Estado ou à entidade da Administração indireta, destinada ao desempenho de atividade econômica ou prestação de serviços públicos[49].

Ao contrário das empresas públicas, nas sociedades de economia mista há uma conjugação de capital público e privado, com o controle da entidade nas mãos do poder público. Como exemplos de sociedades de economia mista temos a Petrobras, a Eletrobras e a Companhia Energética de Brasília (CEB).

Embora possuam distinções, ambas têm em comum a criação por autorização legal e o fato de representarem meios de atuação estatal para a prestação de serviços públicos

---

47. COELHO, Fábio Ulhoa. *Curso de direito comercial.* 8. ed. São Paulo: Saraiva, 2008, v. 3, p. 248.

48. CARVALHO FILHO, José dos Santos. *Manual de direito administrativo.* 15. ed. Rio de Janeiro: Lumen Juris, 2006, p. 404.

49. CAMPOS, Gabriel de Britto. *Curso de direito administrativo.* Brasília: Fortium, 2006, p. 114.

ou para a exploração de atividades econômicas. Por representarem um braço do aparato estatal é que tais entidades foram excluídas da falência, da recuperação judicial e da recuperação extrajudicial. Todavia, tal exclusão é objeto de grandes controvérsias, desde a época em que constava do art. 242 da Lei n. 6.404/76, hoje já revogado.

José Edwaldo Tavares Borba afirma que tal regra é inconstitucional, na medida em que deveria ser aplicado a tais entidades o mesmo regime das sociedades privadas, nos termos do art. 173, § 1º, da Constituição Federal[50]. No mesmo sentido, Haroldo Malheiros Verçosa sustenta a inconstitucionalidade do art. 2º, I, da Lei n. 11.101/2005, ressaltando ainda a responsabilidade subsidiária do Estado em razão do princípio da moralidade administrativa[51]. Em razão do mesmo princípio, ele sustenta ainda a impossibilidade do uso da recuperação para as empresas estatais. Em relação às sociedades de economia mista, Écio Perin Júnior também reconhece a possibilidade de falência para tais entidades, sem qualquer restrição[52].

De outro lado, há quem sustente que estamos diante de uma hipótese de exclusão absoluta sem qualquer violação constitucional[53]. Modesto Carvalhosa, por sua vez, sustenta, desde o art. 242 da Lei n. 6.404/76, a constitucionalidade de tal exclusão, tendo em vista o interesse público primário envolvido, bem como a posição dos administradores de tais companhias[54]. Na mesma linha de entendimento, sustenta-se a responsabilidade do controlador pelas obrigações da empresa estatal, o que justificaria a não submissão à falência[55].

Para Lucas Rocha Furtado, a falência não é uma obrigação mercantil e, por isso, não haveria a obrigação de submissão das empresas estatais à falência. Ele assevera que "a

---

50. BORBA, José Edwaldo Tavares. *Direito societário*. 8 ed. Rio de Janeiro: Renovar, 2003, p. 507.

51. VERÇOSA, Haroldo Malheiros Duclerc. Das pessoas sujeitas e não sujeitas aos regimes de recuperação de empresas e ao da falência. In: PAIVA, Luiz Fernando Valente de (Coord.). *Direito falimentar e a nova lei de falências e recuperação de empresas*. São Paulo: Quartier Latin, 2005, p. 102-103.

52. PERIN JÚNIOR, Écio. *Curso de direito falimentar e recuperação de empresas*. 3. ed. São Paulo: Método, 2006, p. 77.

53. MAMEDE, Gladston. *Direito empresarial brasileiro*: falência e recuperação de empresas. São Paulo: Atlas, 2006, v. 4, p. 42; PACHECO, José da Silva. *Processo de recuperação judicial, extrajudicial e falência*. 2. ed. Rio de Janeiro: Forense, 2007, p. 21; FAZZIO JÚNIOR, Waldo. *Nova lei de falência e recuperação de empresas*. São Paulo: Atlas, 2005, p. 52-54; NEGRÃO, Ricardo. *Manual de direito comercial e de empresa*. 2. ed. São Paulo: Saraiva, 2007, v. 3, p. 35-36; COELHO, Fábio Ulhoa. *Curso de direito comercial*. 8. ed. São Paulo: Saraiva, 2008, v. 3, p. 248; CAMPINHO, Sérgio. *Falência e recuperação de empresa:* o novo regime de insolvência empresarial. Rio de Janeiro: Renovar, 2006, p. 24; HENTZ, Luiz Antonio Soares. *Manual de falência e recuperação de empresas*. São Paulo: Juarez de Oliveira, 2005, p. 15; FURTADO, Lucas Rocha. *Curso de direito administrativo*. Belo Horizonte: Fórum, 2007, p. 220.

54. CARVALHOSA, Modesto. *Comentários à lei de sociedades anônimas*. 4. ed. São Paulo: Saraiva, 2009, v. 4, t. 1, p. 430.

55. COELHO, Fábio Ulhoa. *Curso de direito comercial*. 8. ed. São Paulo: Saraiva, 2008, v. 3, p. 248; CAMPINHO, Sérgio. *Falência e recuperação de empresa:* o novo regime de insolvência empresarial. Rio de Janeiro: Renovar, 2006, p. 24. Em sentido contrário, quanto a responsabilização: CARVALHOSA, Modesto. *Comentários à lei de sociedades anônimas*. 4. ed. São Paulo: Saraiva, 2009, v. 4, t. 1, p. 430.

regra contida na mencionada Lei n. 11.101/2005 é perfeitamente constitucional. Se a criação da empresa estatal decorre de Lei específica, que lhe autoriza a instituição, somente outra Lei poderá determinar sua extinção"[56].

Apesar do brilhantismo de seus defensores, acreditamos que ambas as interpretações não sejam as mais corretas. A nosso ver, as empresas estatais que prestam serviços públicos estão excluídas do regime da Lei n. 11.101/2005, sem qualquer inconstitucionalidade. Todavia, para as exploradoras de atividade econômica, não haveria a possibilidade dessa discriminação[57].

Sob a ótica do direito administrativo e da Constituição Federal, há que se diferenciar, entre as empresas estatais, as exploradoras de atividade econômica e as prestadoras de serviços públicos. As primeiras estão sujeitas ao mesmo regime das entidades de direito privado (CF –art. 173, § 1º), já as últimas estão sujeitas ao regime próprio do direito público[58] (CF – art. 175). Tal diferenciação é fundamental, na medida em que para as últimas é possível fazer uma discriminação em relação ao regime privado.

O ilustre Prof. Gabriel de Britto Campos assevera, a nosso ver com razão, que "quando provocado, o Judiciário provavelmente declarará a inconstitucionalidade do inciso I do art. 2º, da Lei n. 11.101/05, relativamente às empresas públicas e sociedades de economia mista exploradoras de atividades econômicas"[59]. No mesmo sentido, José dos Santos Carvalho Filho afirma que "se o Estado se despiu da sua potestade para atuar no campo econômico, não deveria ser merecedor da benesse de estarem as pessoas que criou para esse fim excluídas do processo falimentar"[60].

Ora, para as prestadoras de serviço público, a própria continuidade dos serviços públicos pode justificar a não submissão aos termos da Lei n. 11.101/2005, sem qualquer violação constitucional, dada a aplicação do art. 175 da Constituição Federal. De outro lado, as exploradoras de atividade econômica não possuem uma justificativa viável para

---

56. FURTADO, Lucas Rocha. *Curso de direito administrativo*. Belo Horizonte: Fórum, 2007, p. 220.

57. MEYER, José Alexandre Corrêa. A sociedade de economia mista e sua exclusão da nova lei de falências. In: SANTOS, Paulo Penalva (Coord.). *A nova lei de falências e de recuperação de empresas – Lei n. 11.101/2005*. Rio de Janeiro: Forense, 2006, p. 28-29; CARVALHO FILHO, José dos Santos. *Manual de direito administrativo*. 15. ed. Rio de Janeiro: Lumen Juris, 2006, p. 420; CAMPOS, Gabriel de Britto. *Curso de direito administrativo*. Brasília: Fortium, 2006, p. 128; DI PIETRO, Maria Sylvia Zanella. *Direito administrativo*. 20. ed. São Paulo: Atlas, 2007, p. 428-429; GASPARINI, Diógenes. *Direito administrativo*. 13. ed. São Paulo: Saraiva, 2008, p. 440; MELLO, Celso Antônio Bandeira de. *Curso de direito administrativo*. 21. ed. São Paulo: Malheiros, 2006, p. 198; RIBEIRO, Renato Ventura. O regime da insolvência das empresas estatais. In: CASTRO, Rodrigo R. Monteiro de; ARAGÃO, Leandro Santos (Coord.). *Direito societário e a nova lei de falências e recuperação de empresas*. São Paulo: Quartier Latin, 2006, p. 126.

58. MELLO, Celso Antônio Bandeira de. *Curso de direito administrativo*. 21. ed. São Paulo: Malheiros, 2006, p. 206. Essa diferenciação tem sido feita pelo Supremo Tribunal Federal, a propósito: ADIn 1552/DF, Relator Ministro Carlos Velloso, *DJ* de 17-4-1998, e RE 172816/ RJ, Relator Ministro Paulo Brossard, *DJ* de 13-5-1994.

59. CAMPOS, Gabriel de Britto. *Curso de direito administrativo*. Brasília: Fortium, 2006, p. 128.

60. CARVALHO FILHO, José dos Santos. *Manual de direito administrativo*. 15. ed. Rio de Janeiro: Lumen Juris, 2006, p. 420.

a discriminação e, mais que isso, há mandamento constitucional que impede tal discriminação.

E não se diga que a criação por autorização legal impediria a falência, porquanto esta é apenas uma forma de liquidação e não necessariamente de extinção das sociedades. Após a falência, cessam seus efeitos e é possível a continuação das atividades, desde que haja novos investimentos. Da mesma forma, o argumento de que a falência não é uma obrigação comercial não permite a discriminação. O texto da Constituição é claro ao determinar a submissão ao "regime jurídico próprio das empresas privadas", dentro do qual se insere a falência para todos aqueles que se enquadrem como empresários, como é o caso das empresas públicas e sociedades de economia mista.

Portanto, pode-se concluir que as empresas públicas e sociedades de economia mista prestadoras de serviço público estão absolutamente excluídas da Lei n. 11.101/2005. Já as que exploram atividade econômica estão sujeitas aos seus termos, numa interpretação conforme o art. 173, § 1º, II, da Constituição Federal.

3.2 Instituições financeiras

Outro caso de exclusão dos regimes da Lei n. 11.101/2005 é o das instituições financeiras e entidades a elas equiparadas. Conforme veremos, tal caso é um caso de exclusão relativa[61] e não de exclusão absoluta.

As instituições financeiras são legalmente conceituadas como "as pessoas jurídicas públicas ou privadas, que tenham como atividade principal ou acessória a coleta, intermediação ou aplicação de recursos financeiros próprios ou de terceiros, em moeda nacional ou estrangeira, e a custódia de valor de propriedade de terceiros" (Lei n. 4.595/64 – art. 17). Em outras palavras, são entidades que se dedicam profissionalmente a operações de crédito[62], isto é, a negociação do crédito é sua atividade principal[63]. São instituições financeiras os bancos, as distribuidoras e corretoras de títulos e valores mobiliários, as casas de câmbio, as operadoras de *leasing* e as administradoras de consórcio (Lei n. 11.795/2008 – art. 39).

---

61. COELHO, Fábio Ulhoa. *Curso de direito comercial*. 8. ed. São Paulo: Saraiva, 2008, v. 3, p. 250; NEGRÃO, Ricardo. *Manual de direito comercial e de empresa*. 2. ed. São Paulo: Saraiva, 2007, v. 3, p. 37; VERÇOSA, Haroldo Malheiros Duclerc. Das pessoas sujeitas e não sujeitas aos regimes de recuperação de empresas e ao da falência. In: PAIVA, Luiz Fernando Valente de (Coord.). *Direito falimentar e a nova lei de falências e recuperação de empresas*. São Paulo: Quartier Latin, 2005, p. 104-105; PERIN JÚNIOR, Écio. *Curso de direito falimentar e recuperação de empresas*. 3. ed. São Paulo: Método, 2006, p. 80; FAZZIO JÚNIOR, Waldo. *Nova lei de falência e recuperação de empresas*. São Paulo: Atlas, 2005, p. 54; TOLEDO, Paulo F. C. Salles de. In: ABRÃO, Carlos Henrique; TOLEDO, Paulo F. C. Salles de. (Coord.). *Comentários à lei de recuperação de empresas e falência*. São Paulo: Saraiva, 2005, p. 6.

62. MESSINEO, Francesco. *Manuale di diritto civile e commerciale*. 9 ed. Milano: Giuffrè, 1972, v. 5.

63. ABRÃO, Nelson. *Direito bancário*. 10. ed. São Paulo: Saraiva, 2007, p. 17.

Pela importância do crédito para a economia, o Estado passou a dar uma atenção maior a tais instituições, especialmente para suas eventuais crises. Rubens Requião afirma que "em vista dessa importância, seja pela sua natureza, seja pela sua dimensão, veio a perceber-se que, em caso de seu insucesso econômico e financeiro, a sua ruína não constituía simples problema de ordem privada. Suas repercussões funestas no meio social econômico não poderiam deixar desatento e desinteressado o Estado"[64]. Em razão disso, foram criados regimes especiais para as instituições financeiras em crise, a saber, a intervenção (Lei n. 6.024/74), a liquidação extrajudicial (Lei n. 6.024/74) e o Regime de Administração Especial Temporária (RAET) (Decreto-lei n. 2.321/87).

A exclusão determinada pelo art. 2º, II, da Lei n. 11.101/2005 aliada à existência desses regimes especiais poderia levar à conclusão de que as instituições financeiras não se submetem à falência, à recuperação judicial e à recuperação extrajudicial. Todavia, a própria Lei n. 11.101/2005, em seu art. 197, ressalta a manutenção das leis que tratam dos regimes especiais aplicáveis às instituições financeiras, com a aplicação subsidiária da lei de falências e recuperação de empresas. Nos termos das leis especiais, vê-se que a exclusão das instituições financeiras é relativa e não absoluta.

A Lei n. 6.024/74 e o Decreto-lei n. 2.321/87 nunca permitiram que as instituições financeiras tivessem acesso à concordata e, por isso, elas não têm acesso à recuperação judicial e à recuperação extrajudicial, prevalecendo os regimes especiais de solução das crises das empresas[65]. No entanto, a legislação especial não veda a falência, ao contrário, até prevê expressamente a sua possibilidade.

No exercício normal da sua atividade, as instituições financeiras se sujeitam à falência como qualquer empresário, isto é, podem ser feitos pedidos de falência por quaisquer legitimados e, se preenchidos os pressupostos da Lei n. 11.101/2005, pode ser decretada a falência. No entanto, uma vez decretado algum dos regimes especiais (intervenção, liquidação extrajudicial e RAET) pelo Banco Central, elas não podem mais vir a falir em razão de pedido de credor, mas apenas em razão de pedido do interventor ou do liquidante, em todo caso, com autorização do Banco Central[66].

Se o Banco Central, em sua função fiscalizadora, não quis decretar nenhum dos regimes especiais, há um claro sinal de que aquela instituição financeira não merece esforços de recuperação por parte do Estado. Neste caso, pode ser decretada a falência normalmente, porquanto o regime geral só pode ser afastado naquelas situações em que os efeitos danosos da quebra da instituição financeira justifiquem tal diferenciação.

Todavia, se foi decretado algum dos regimes especiais, há claramente a intenção estatal de proteger aquela entidade e, por isso, não se pode permitir o pedido de falência

64. REQUIÃO, Rubens. *Curso de direito falimentar.* 14. ed. São Paulo: Saraiva, 1995, v. 2, p. 199-200.

65. VERÇOSA, Haroldo Malheiros Duclerc. Das pessoas sujeitas e não sujeitas aos regimes de recuperação de empresas e ao da falência. In: PAIVA, Luiz Fernando Valente de (Coord.). *Direito falimentar e a nova lei de falências e recuperação de empresas.* São Paulo: Quartier Latin, 2005, p. 108; CAMPINHO, Sérgio. *Falência e recuperação de empresa:* o novo regime de insolvência empresarial. Rio de Janeiro: Renovar, 2006, p. 27.

66. COELHO, Fábio Ulhoa. *Curso de direito comercial.* 8. ed. São Paulo: Saraiva, 2008, v. 3, p. 250.

por qualquer pessoa. Em tais casos, cabe ao próprio Estado verificar a viabilidade de manutenção do regime especial ou a submissão ao regime falimentar. Na intervenção, poderá ser autorizado o pedido de falência, quando o seu ativo não for suficiente para cobrir sequer metade do valor dos créditos quirografários, quando julgada inconveniente a liquidação extrajudicial e quando a complexidade dos negócios da instituição ou a gravidade dos fatos apurados aconselharem a medida (Lei n. 6.024/74 – art. 12, *d*).

Na liquidação extrajudicial, tal pedido poderá ser autorizado, quando o seu ativo não for suficiente para cobrir pelo menos a metade do valor dos créditos quirografários, ou quando houver fundados indícios de crimes falimentares. Durante o Regime de Administração Especial Temporária (RAET) não há possibilidade de pedido de falência, em nenhuma hipótese. Todavia, tal regime pode conduzir à liquidação extrajudicial e, nesse caso, a falência é possível nas condições já mencionadas.

Portanto, as instituições financeiras estão excluídas completamente da recuperação judicial e da recuperação extrajudicial, mas se sujeitam normalmente à falência, quando no exercício regular das atividades. Caso seja decretado algum dos regimes especiais, o pedido de falência só poderá ser feito pelo interventor ou pelo liquidante, nas hipóteses especificamente indicadas pela legislação, em todo caso com autorização do Banco Central.

3.3 Seguradoras

As seguradoras possuem uma situação similar àquela das instituições financeiras, estando excluídas relativamente da Lei n. 11.101/2005, em razão do mercado específico em que atuam e do nível elevado de risco que acarretam para terceiros[67].

Como é intuitivo, a atuação das seguradoras deve ser capaz de dar segurança aos segurados que contratam um seguro. As eventuais crises das seguradoras quebrariam essa confiança e, por isso, inviabilizariam a atuação no mercado de seguros, cuja importância para a economia do país também é reconhecida. Em razão disso, o Estado tem um acompanhamento mais próximo das atividades das seguradoras, criando regimes especiais para suas crises (Decreto-Lei n. 73/66). Tais regimes especiais permitem a submissão das seguradoras eventualmente à falência, mas nunca à recuperação judicial ou extrajudicial.

No caso de insuficiência de cobertura das reservas técnicas ou de má situação econômico-financeira da Sociedade Seguradora, a Superintendência de Seguros Privados (SUSEP) poderá determinar uma intervenção ou medidas especiais de fiscalização. No caso de insucesso dessas medidas, a SUSEP encaminhará ao Conselho Nacional de Seguros Privados (CNSP) proposta de cassação da autorização para funcionamento das sociedades seguradoras. Caso seja acatada a proposta, ou caso seja decidida em assembleia a cessação das atividades da seguradora, deverá ser promovida a liquidação das segura-

67. VERÇOSA, Haroldo Malheiros Duclerc. Das pessoas sujeitas e não sujeitas aos regimes de recuperação de empresas e ao da falência. In: PAIVA, Luiz Fernando Valente de (Coord.). *Direito falimentar e a nova lei de falências e recuperação de empresas.* São Paulo: Quartier Latin, 2005, p. 111.

doras voluntariamente ou pela própria SUSEP. Admite-se também o regime de administração especial temporária (Lei n. 10.190/2001 – art. 3º, parágrafo único) e a intervenção.

Esses regimes especiais e a própria determinação do art. 2º, II, da Lei n. 11.101/2005 afastam, a princípio, as seguradoras da falência, da recuperação judicial e da recuperação extrajudicial. Todavia, a própria legislação admite que seja feito pedido de falência se, no curso da liquidação, ficar constatado que o ativo não é suficiente para o pagamento de pelo menos metade dos credores quirografários, ou quando houver fundados indícios da ocorrência de crime falimentar (Decreto-lei n. 73/66 – art. 26). Em nenhum caso, porém, será admitida a incidência da recuperação judicial ou extrajudicial.

Haroldo Malheiros Verçosa entende que no caso de omissão da SUSEP seria possível o pedido de falência pelos credores[68]. A nosso ver, contudo, a legislação especial deve prevalecer, não admitindo o pedido de falência pelos credores, mas apenas pelo liquidante e na situação especificamente indicada pela legislação[69]. A própria exclusão pela Lei n. 11.101/2005 corrobora esse entendimento de que a falência não é possível na forma tradicional, mas apenas na forma da legislação especial.

Portanto, as seguradoras estão excluídas completamente da recuperação judicial e da recuperação extrajudicial, mas podem se sujeitar à falência nas condições mencionadas.

3.4 Sociedades de capitalização

Outra hipótese de exclusão relativa[70] envolve as chamadas sociedades de capitalização. Sua atividade consiste essencialmente na celebração de contratos, nos quais "ajustam as partes que uma delas se compromete a entregar uma prestação pecuniária mensal durante certo tempo para a outra, a qual, por seu turno, fica obrigada a pagar, no vencimento da estipulação ou em momento anterior, o total das prestações efetuadas, acrescido de juros e correção monetária"[71]. Eventualmente, o pagamento poderá ser realizado de forma antecipada no caso de sorteios. Mais uma vez a confiança se mostra determinante para que tal atividade funcione bem e, para tanto, há uma fiscalização mais próxima do Estado.

A supervisão estatal sobre as sociedades de capitalização se dá desde a sua constituição e permanece durante todo o seu funcionamento[72]. Compete à SUSEP a fiscalização

---

68. VERÇOSA, Haroldo Malheiros Duclerc. Das pessoas sujeitas e não sujeitas aos regimes de recuperação de empresas e ao da falência. In: PAIVA, Luiz Fernando Valente de (Coord.). *Direito falimentar e a nova lei de falências e recuperação de empresas.* São Paulo: Quartier Latin, 2005, p. 112.

69. COELHO, Fábio Ulhoa. *Curso de direito comercial.* 8. ed. São Paulo: Saraiva, 2008, v. 3, p. 249.

70. TOLEDO, Paulo F. C. Salles de. In: ABRÃO, Carlos Henrique; TOLEDO, Paulo F. C. Salles de. (Coord.). *Comentários à lei de recuperação de empresas e falência.* São Paulo: Saraiva, 2005, p. 9; NEGRÃO, Ricardo. *Manual de direito comercial e de empresa.* 2. ed. São Paulo: Saraiva, 2007, v. 3, p. 39.

71. RIZZARDO, Arnaldo. *Contratos.* 7. ed. Rio de Janeiro: Forense, 2007, p. 1393.

72. CAVALCANTI, Flávio de Queiroz Bezerra. *Títulos de capitalização.* São Paulo: MP, 2007, p. 64.

da constituição, organização e funcionamento das sociedades de capitalização. Por meio de remissão expressa do Decreto-lei n. 261/67 ao Decreto-lei n. 73/66, o regime de fiscalização das sociedades de capitalização é exatamente o mesmo das seguradoras, abrangendo inclusive as medidas especiais de fiscalização, a intervenção e a liquidação extrajudicial.

Dentro desses regimes especiais exclui-se completamente a recuperação judicial ou extrajudicial, mas admite-se que seja pedida a falência em um caso específico, a saber: quando no curso da liquidação ficar constatado que o ativo não é suficiente para o pagamento de pelo menos a metade dos credores quirografários, ou quando houver fundados indícios da ocorrência de crime falimentar (Decreto-lei n. 73/66 – art. 26).

3.5 Operadoras de planos de saúde

Mais um caso de exclusão relativa envolve as operadoras de planos privados de assistência à saúde. Tais entidades se dedicam à

> (...) prestação continuada de serviços ou cobertura de custos assistenciais a preço pré ou pós-estabelecido, por prazo indeterminado, com a finalidade de garantir, sem limite financeiro, a assistência à saúde, pela faculdade de acesso e atendimento por profissionais ou serviços de saúde, livremente escolhidos, integrantes ou não de rede credenciada, contratada ou referenciada, visando a assistência médica, hospitalar e odontológica, a ser paga integral ou parcialmente às expensas da operadora contratada, mediante reembolso ou pagamento direto ao prestador, por conta e ordem do consumidor (Lei n. 9.656/98 – art. 1º, I).

A importância do atendimento à saúde da população justifica uma fiscalização mais próxima do Estado, a qual é realizada pela Agência Nacional de Saúde (ANS). A quebra da qualidade ou da continuidade de tais serviços pode causar prejuízos enormes, como a perda de vidas e, por isso, há essa fiscalização. Assim, sempre que detectadas nas operadoras de planos de saúde insuficiência das garantias do equilíbrio financeiro, anormalidades econômico-financeiras ou administrativas graves que coloquem em risco a continuidade ou a qualidade do atendimento à saúde, a ANS poderá determinar a alienação da carteira, o regime de direção fiscal ou técnica, por prazo não superior a trezentos e sessenta e cinco dias, ou a liquidação extrajudicial, conforme a gravidade do caso (Lei n. 9.656/98 – art. 24).

A existência desses regimes especiais afasta, a princípio, a incidência dos regimes gerais previstos na Lei n. 11.101/2005. De fato, não se admite em nenhum caso a recuperação judicial ou a recuperação extrajudicial. Todavia, a própria Lei n. 9.656/98 admite a possibilidade da falência das operadoras de planos de saúde, em um caso específico. Assim como nas seguradoras e nas sociedades de capitalização, não se admite o pedido de falência na forma geral, mas apenas no caso a seguir especificado.

Poderá haver falência das operadoras de planos de saúde, desde que durante o curso da liquidação extrajudicial seja constatado que o ativo da liquidanda não é suficiente para o pagamento de pelo menos metade dos créditos quirografários, ou que o ativo realizável[73] da massa liquidanda não é suficiente, sequer, para o pagamento das despesas administrativas e operacionais inerentes ao regular processamento da liquidação extrajudicial ou que há fundados indícios de crimes falimentares (Lei n. 9.656/98 – art. 23). Nestes casos, a ANS autorizará o liquidante a requerer a falência.

Ressalte-se que as operadoras de plano de saúde nem sempre são empresárias e, não sendo empresárias, não podem falir nem nos casos mencionados. Caso não se trate de uma sociedade empresária, os casos mencionados poderão ensejar o pedido de insolvência civil.

3.6 *Entidades de previdência complementar*

Outra hipótese de exclusão, a ser analisada, envolve as entidades de previdência complementar. Elas se destinam essencialmente a executar planos de benefício de caráter previdenciário, nos termos da Lei Complementar n. 109/2001, a fim de complementar ou possibilitar uma renda àqueles que contribuíram. Tais entidades se subdividem em abertas, quando acessíveis ao público em geral, ou fechadas, quando seu acesso é mais restrito.

Nas entidades fechadas os planos são acessíveis somente aos empregados de uma empresa ou grupo de empresas e aos servidores da União, dos Estados, do Distrito Federal e dos Municípios, ou aos associados ou membros de pessoas jurídicas de caráter profissional, classista ou setorial. Estas devem ser organizadas sob a forma de fundação ou associação (Lei Complementar n. 109/2001 – art. 31, § 1º)[74]. Em nenhuma das duas formas pode se configurar um empresário ou uma sociedade empresária. Assim sendo, as entidades fechadas de previdência complementar sequer entram no âmbito de incidência da Lei n. 11.101/2005. Apesar disso, a Lei Complementar n. 109/2001, em seu art. 47, diz expressamente que tais entidades estão absolutamente excluídas da falência e da recuperação judicial ou extrajudicial, submetendo-se apenas à intervenção ou à liquidação extrajudicial. Em todo caso, sua fiscalização é realizada pela Superintendência Nacional de Previdência Complementar (PREVIC), admitindo-se a intervenção, a liquidação extrajudicial e inclusive a administração especial de planos de benefício (Lei n. 12.154/2009).

Já as entidades abertas são constituídas exclusivamente sob a forma de sociedade anônima (Lei Complementar n. 109/2001 – art. 36), logo, são sempre empresárias. Apesar disso, o art. 2º, II, da Lei n. 11.101/2005 determina sua exclusão da falência, da recu-

---

73. Por ativo realizável deve-se entender "todo ativo que possa ser convertido em moeda corrente em prazo compatível para o pagamento das despesas administrativas e operacionais da massa liquidanda" (Lei n. 9.656/98 – art. 23, § 2º).

74. O dispositivo fala na forma de fundação ou sociedade civil sem fins lucrativos, o que temos interpretado como associação.

peração judicial e da recuperação extrajudicial. Tal exclusão se justifica mais uma vez pela necessidade de fiscalização mais próxima, que é realizada por meio da atuação da SUSEP, sendo possíveis a intervenção e a liquidação extrajudicial.

Haroldo Malheiros critica tal orientação da lei, mas conclui tratar-se de um caso de exclusão absoluta[75]. Todavia, ousamos discordar desse entendimento, a nosso ver trata-se de hipótese de exclusão relativa[76], dada a determinação da aplicação da legislação relativa à intervenção e liquidação das instituições financeiras (Lei Complementar n. 109/2001 – art. 62).

Diante dessa remissão expressa, as entidades abertas seguirão o mesmo regime das instituições financeiras, isto é, não estão sujeitas, em nenhuma hipótese, à recuperação judicial ou extrajudicial, mas poderão falir normalmente, no exercício regular das suas atividades. Caso seja decretado algum dos regimes especiais, o pedido de falência só poderá ser feito pelo interventor ou pelo liquidante, nas hipóteses especificamente indicadas para as instituições financeiras.

3.7 Concessionárias de energia elétrica

Outra hipótese de exclusão refere-se às concessionárias de energia elétrica. Tal situação não está no texto da Lei n. 11.101/2005, mas na Lei n. 12.767/2012 que afasta a recuperação judicial e a extrajudicial para as concessionárias de energia elétrica, enquanto durar a concessão (art. 18). Não há qualquer regra nova sobre a submissão a falência, de modo que tais concessionárias se submetem normalmente ao processo de falência, salvo se forem excluídas por outro motivo (ex.: empresas públicas e sociedades de economia mista). Trata-se, portanto, de uma exclusão relativa diferente das hipóteses anteriores, mas ainda assim uma exclusão relativa.

A exclusão das concessionárias do regime de recuperação judicial e extrajudicial não afasta as tentativas de superação das crises nesses casos. Tais tentativas existem, nos termos da citada Lei n. 12.767/2012, sendo conduzidas pela Agência Nacional de Energia Elétrica (ANEEL), no prazo de um ano prorrogável por até mais dois anos, com o título de "intervenção para adequação do serviço de energia elétrica".

---

75. VERÇOSA, Haroldo Malheiros Duclerc. Das pessoas sujeitas e não sujeitas aos regimes de recuperação de empresas e ao da falência. In: PAIVA, Luiz Fernando Valente de (Coord.). *Direito falimentar e a nova lei de falências e recuperação de empresas*. São Paulo: Quartier Latin, 2005, p. 113.

76. NEGRÃO, Ricardo. *Manual de direito comercial e de empresa*. 2. ed. São Paulo: Saraiva, 2007, v. 3, p. 45; PENTEADO, Mauro Rodrigues. In: SOUZA JÚNIOR, Francisco Sátiro de; PITOMBO, Antônio Sérgio de A. de Moraes (Coord.). *Comentários à lei de recuperação de empresas e falência*. São Paulo: Revista dos Tribunais, 2005, p. 96.

4 Juízo competente

Além do âmbito de incidência comum, a falência, a recuperação judicial e a recuperação extrajudicial também têm em comum a definição do juízo competente para conhecer dos respectivos pedidos.

O art. 3º da Lei n. 11.101/2005 diz que "é competente para homologar o plano de recuperação extrajudicial, deferir a recuperação judicial ou decretar a falência o juízo do local do principal estabelecimento do devedor ou da filial de empresa que tenha sede fora do Brasil". Diante de tal dispositivo, vemos que há uma dupla regra de competência: o local da filial no país para empresários estrangeiros e o local do principal estabelecimento para os empresários brasileiros.

No direito francês, o foro é definido pela sede das sociedades ou pelo endereço declarado pelas pessoas físicas, afastadas quaisquer transferências fictícias[77]. Na Argentina, em relação aos empresários, opta-se pela sede da administração dos negócios, ou, na falta desta indicação, pelo local do principal estabelecimento, ou ainda pelo juiz que ficar prevento[78]. No direito italiano, o foro competente é o do local da sede principal da empresa[79].

4.1 Principal estabelecimento

A quase totalidade dos pedidos de falência, de recuperação judicial e de homologação de recuperação extrajudicial é realizada por empresários brasileiros, isto é, empresários constituídos de acordo com as leis brasileiras e com sede no país. Para tais pedidos, formulados pelos empresários brasileiros, o foro competente é o do local do principal estabelecimento.

Caso o empresário exerça a atividade em um único local, o principal estabelecimento será o próprio lugar do exercício da atividade. Todavia, caso a atividade seja exercida em diversas localidades, surge a dúvida sobre qual seria o principal estabelecimento. A Lei não dá parâmetros claros para essa definição, gerando, assim, uma série de opiniões.

Gladston Mamede afirma que não há uma solução única para identificar o principal estabelecimento, devendo-se analisar caso a caso qual será o mais importante para o empresário[80]. No regime da lei anterior que tinha o mesmo dispositivo, Jorge Pereira Andrade preferia entender o principal estabelecimento como a sede contratual, na medida em que

---

77. JANTIN, Michel; LE CANNU, Paul. *Droit commercial:* entreprises en difficulté. 7. ed. Paris: Dalloz, 2007, p. 196-197.

78. BAS, Francisco Junyent; SANDOVAL, Carlos A. Molina. *Ley de concursos y quiebras comentada.* Buenos Aires: Depalma, 2003, v. 1, p. 62-65.

79. FIALE, Aldo. *Diritto fallimentare.* 11. ed. Napoli: Simone, 2003, p. 70.

80. MAMEDE, Gladston. *Direito empresarial brasileiro*: falência e recuperação de empresas. São Paulo: Atlas, 2006, v. 4, p. 57.

em tal lugar se encontraria o empresário para a citação[81]. Silva Pacheco, já no regime atual, também reconhece como juízo competente aquele da sede contratual, afirmando que "principal estabelecimento é aquele constante do respectivo registro"[82]. Júlio Kahan Mandel critica a redação da Lei e afirma que o melhor seria definir a competência pela sede contratual no ano anterior ao pedido, o que dificultaria eventuais fraudes[83].

Afastando a ideia da sede como principal estabelecimento[84], alguns autores entendem que o principal estabelecimento é aquele de mais importância econômica[85], o de maior movimento, o que permitiria a captação de mais bens na falência, para a satisfação do maior número possível de credores. Para Oscar Barreto Filho, o principal estabelecimento é "aquele em que o comerciante exerce maior atividade mercantil e que, portanto, é mais expressivo em termos patrimoniais"[86]. De modo similar, Fábio Ulhoa Coelho afirma que o principal estabelecimento é "o mais importante do ponto de vista econômico"[87].

O STJ afirma que

> (...) nos termos do art. 3º da Lei n. 11.101/2005, o foro competente para o processamento da recuperação judicial e a decretação de falência é aquele onde se situe

---

81. ANDRADE, Jorge Pereira. *Manual de falências e concordatas.* 5. ed. São Paulo: Atlas, 1996, p. 73.

82. PACHECO, José da Silva. *Processo de recuperação judicial, extrajudicial e falência.* 2. ed. Rio de Janeiro: Forense, 2007, p. 32.

83. MANDEL, Júlio Kahan. Das disposições comuns. In: PAIVA, Luiz Fernando Valente de (Coord.). *Direito falimentar e a nova lei de falências e recuperação de empresas.* São Paulo: Quartier Latin, 2005, p. 122-124.

84. STJ – REsp 1006093/DF, Rel. Ministro ANTONIO CARLOS FERREIRA, QUARTA TURMA, julgado em 20-5-2014, *DJe* 16-10-2014.

85. TOLEDO, Paulo F. C. Salles de. In: ABRÃO, Carlos Henrique; TOLEDO, Paulo F. C. Salles de (Coord.). *Comentários à lei de recuperação de empresas e falência.* São Paulo: Saraiva, 2005, p. 11; SALOMÃO, Luis Felipe. A nova lei de recuperação de empresas: a declaração judicial da falência e a quebra requerida pelo próprio devedor (Lei n. 11.101, de 9 de fevereiro de 2005). In: SANTOS, Paulo Penalva (Coord.). *A nova lei de falências e de recuperação de empresas:* Lei n. 11.101/2005. Rio de Janeiro: Forense, 2006, p. 196; PIMENTA, Eduardo Goulart. *Recuperação de empresas.* São Paulo: IOB, 2006, p. 96; CAMPOS BATALHA, Wilson de Souza; RODRIGUES NETTO, Nelson; RODRIGUES NETTO, Sílvia Maria Labate Batalha. *Comentários à lei de recuperação judicial de empresas e falência.* 4. ed. São Paulo: LTr, 2007, p. 46; PROENÇA, José Marcelo Martins. Disposições preliminares: aplicação da legislação, competência e intervenção do Ministério Público. In: MACHADO, Rubens Approbato (Coord.). *Comentários à nova lei de falência e recuperação de empresas.* São Paulo: Quartier Latin, 2005, p. 67; PENTEADO, Mauro Rodrigues. In: SOUZA JÚNIOR, Francisco Sátiro de; PITOMBO, Antônio Sérgio de A. de Moraes (Coord.). *Comentários à lei de recuperação de empresas e falência.* São Paulo: Revista dos Tribunais, 2005, p. 122; SZTAJN, Rachel; FRANCO, Vera Helena de Mello. *Falência e recuperação da empresa em crise.* São Paulo: Campus, 2008, p. 27; PERIN JÚNIOR, Écio. *Curso de direito falimentar e recuperação de empresas.* 3. ed. São Paulo: Método, 2006, p. 115; FAZZIO JÚNIOR, Waldo. *Nova lei de falência e recuperação de empresas.* São Paulo: Atlas, 2005, p. 70 s; TJPR – 17ª C.Cível em Com. Int. – CC 0395308-4 – Foro Regional de Campina Grande do Sul da Região Metropolitana de Curitiba – Rel.: Des. Gamaliel Seme Scaff – Unânime – J. 27-6-2007; TJRJ – DÉCIMA SEXTA CÂMARA CÍVEL – AG 2007.002.25340 – DES. CHERUBIN HELCIAS SCHWARTZ – Julgamento: 19-2-2008.

86. BARRETO FILHO, Oscar. *Teoria do estabelecimento comercial.* São Paulo: Max Limonad, 1969, p. 145-146.

87. COELHO, Fábio Ulhoa. *Curso de direito comercial.* 8. ed. São Paulo: Saraiva, 2008, v. 3, p. 261.

> o principal estabelecimento da sociedade, assim considerado o local onde haja o maior volume de negócios, ou seja, o local mais importante da atividade empresária sob o ponto de vista econômico[88].

Neste precedente, a sociedade tinha sua atividade principal em Cabo de Santo Agostinho/PE, embora o sócio responsável por boa parte das decisões ficava em São Paulo, firmando-se a competência para Cabo de Santo Agostinho/PE.

De outro lado, há quem sustente que o principal estabelecimento não tem a ver com a importância econômica, mas com o comando administrativo dos negócios[89], permitindo uma fiscalização mais próxima dos atos de gestão do devedor. Ele seria o local onde a sua atividade se mantém centralizada, daí irradiando a direção de todos os seus negócios e o governo de todas as suas operações profissionais. Em outras palavras, "o local onde se fixa a chefia da empresa, onde efetivamente atua o empresário no governo ou no comando de seus negócios, de onde emanam as ordens e instruções, em que se procedem as operações comerciais e financeiras de maior vulto e em massa, onde se encontre a contabilidade geral"[90]. Em síntese, o principal estabelecimento é "o local onde o devedor comanda, dirige, administra seus negócios, ou seja, a sede da administração"[91].

Na jurisprudência, a orientação na lei anterior, que possuía praticamente a mesma redação, era no sentido de reconhecer como principal estabelecimento a sede administrativa, isto é, o local do comando dos negócios[92]. Em um caso importante, envolvendo o pedido de Concordata das Fazendas Reunidas Boi Gordo S.A., o STJ deparou com um

---

88. STJ – AgInt no CC 147.714/SP, Rel. Ministro LUIS FELIPE SALOMÃO, SEGUNDA SEÇÃO, julgado em 22-2-2017, DJe 07-3-2017.

89. SIMIONATO, Frederico A. Monte. *Tratado de direito falimentar*. Rio de Janeiro: Forense, 2008, p. 44; HENTZ, Luiz Antonio Soares. *Manual de falência e recuperação de empresas*. São Paulo: Juarez de Oliveira, 2005, p. 18; NEGRÃO, Ricardo. *Manual de direito comercial e de empresa*. 2. ed. São Paulo: Saraiva, 2007, v. 3, p. 291; CAMPINHO, Sérgio. *Falência e recuperação de empresa*: o novo regime de insolvência empresarial. Rio de Janeiro: Renovar, 2006, p. 32; DE LUCCA, Newton. In: DE LUCCA, Newton; SIMÃO FILHO, Adalberto (Coord.). *Comentários à nova lei de recuperação de empresas e de falências*. São Paulo: Quartier Latin, 2005, p. 98; LOBATO, Moacyr. *Falência e recuperação*. Belo Horizonte: Del Rey, 2007, p. 40; OLIVEIRA, Celso Marcelo de. *Comentários à nova lei de falências*. São Paulo: IOB, 2005, p. 108; VALVERDE, Trajano de Miranda. *Comentários à lei de falências*. 4. ed. Rio de Janeiro: Forense Universitária, 1999, v. 1, p. 138; FIALE, Aldo. *Diritto fallimentare*. 11. ed. Napoli: Simone, 2003, p. 71; VASCONCELOS, Ronaldo. *Direito processual falimentar*. São Paulo: Quartier Latin, 2008, p. 143; SOUZA, Bernardo Pimentel. *Direito processual empresarial*. Salvador: JusPodivm, 2008, p. 179; GUERRA, Luiz Antonio. *Falências e recuperações de empresas*: crises econômico-financeiras. Comentários à Lei de Recuperações e de falências. Brasília: Guerra Editora, 2011, v. 1, p. 217.

90. REQUIÃO, Rubens. *Curso de direito falimentar*. 17. ed. São Paulo: Saraiva, 1998, v. 1, p. 93.

91. ALMEIDA, Amador Paes de. *Curso de falência e recuperação de empresas*. 21. ed. São Paulo: Saraiva, 2005, p. 68.

92. STJ – 2ª Seção – CC 21775/DF, Relator Ministro Bueno de Souza, *DJ* de 4-6-2001; STJ – 2ª Seção – CC 21899/MG, Relator Ministro Sálvio de Figueiredo Teixeira, *DJ* de 8-9-1998; TJDF – 20070020070813AGI, Relator JOSÉ DIVINO DE OLIVEIRA, 6ª Turma Cível, julgado em 8-8-2007, *DJ* 30-8-2007, p. 106; TJRS – Conflito de Competência n. 70022965081, Quinta Câmara Cível, Relator: Leo Lima, Julgado em 27-8-2008.

conflito de competência entre a justiça da comarca de Comodoro – MT, onde a atividade pecuária era exercida pelo devedor, e a justiça de São Paulo, de onde emanava o comando administrativo da sociedade. Solucionando o conflito, o STJ decidiu pela competência da justiça paulista, reconhecendo como principal estabelecimento o centro administrativo[93]. Em 2012, o STJ dá um sinal de mudança de interpretação afirmando que

> A competência para apreciar pedido de recuperação judicial de grupo de empresas com sedes em comarcas distintas, caso existente pedido anterior de falência ajuizado em face de uma delas, é a do local em que se encontra o principal estabelecimento da empresa contra a qual foi ajuizada a falência, ainda que esse pedido tenha sido apresentado em local diverso[94].

A nosso ver, por mais impreciso que seja o termo, é aconselhável interpretá-lo para se chegar a uma definição do que venha a ser o principal estabelecimento. Também não acreditamos que a sede contratual ou estatutária seja a melhor interpretação para o principal estabelecimento, na medida em que, se a Lei quisesse falar da sede, usaria esse termo mais presente na legislação. Ademais, tal interpretação permitiria que sujeitos de má-fé afastassem o foro competente, inviabilizando a atuação mais próxima dos credores no processo e, com isso, desvirtuando o funcionamento dos processos referentes às crises da empresa[95].

Afastada a ideia da sede do registro como principal estabelecimento, restam duas interpretações possíveis: o local de maior volume econômico e o local do comando administrativo. Acreditamos que a melhor interpretação é a que enquadra o principal estabelecimento como o de maior volume econômico.

O local de maior movimentação econômica é provavelmente o local onde serão realizados mais negócios e onde o devedor terá mais bens. Em razão disso, em prol da efetividade dos processos de falência e recuperação judicial ou extrajudicial, esse deve ser o foro competente. Na falência, tal foro permitirá a melhor e mais ágil arrecadação de bens para o pagamento dos credores. Na recuperação judicial ou extrajudicial, o maior volume de credores estaria centralizado nesse lugar e, por isso, poderia se manifestar no processo.

No caso de encerramento das atividades, ainda será possível o pedido de falência, mas não será possível aferir qual é o principal estabelecimento. Em razão disso, o foro

---

93. STJ – CC 36.349/SP, Rel. Ministro Fernando Gonçalves, Segunda Seção, julgado em 22-10-2003, *DJ* 10-11-2003, p. 151.

94. CC 116743/MG, Rel. Ministro Raul Araújo, Rel. p/ Acórdão Ministro Luis Felipe Salomão, Segunda Seção, julgado em 10-10-2012, *DJe* 17-12-2012.

95. BEZERRA FILHO, Manoel Justino. *Lei de recuperação de empresas e falências comentada*. 4. ed. São Paulo: Revista dos Tribunais, 2007, p. 56.

competente deverá ser o da última sede constante do registro, na medida em que esta seja uma fonte segura para fixar a competência[96].

4.2 Filial de empresários estrangeiros

Normalmente, a atividade empresarial é exercida no Brasil por empresários que tenham sede no país. Todavia, nada impede que haja o exercício de tal atividade por empresários estrangeiros, isto é, com sede fora do país, desde que haja autorização do Poder Executivo (CC – art. 1.134). Tal autorização é um tanto quanto burocrática e, por isso, em muitos casos, prefere-se constituir uma sociedade com sede no Brasil e de acordo com as leis brasileiras, de modo que teremos uma sociedade brasileira e não uma sociedade estrangeira exercendo a atividade.

Embora seja mais comum a constituição da sociedade brasileira, nada impede que o empresário estrangeiro opte pela autorização para funcionamento aqui. Nesse caso, obtida a autorização, o empresário deverá proceder a uma série de publicações e ao respectivo registro na junta comercial do local onde exercerá tais atividades, no qual deverão constar o nome, objeto, duração e sede da sociedade no estrangeiro; o lugar da sucursal, filial ou agência no país; a data e o número do decreto de autorização; o capital destinado às operações no país; e o nome do representante permanente no país (CC – art. 1.136, § 2º).

Realizado todo o procedimento necessário, o empresário estrangeiro passará a operar no país, exercendo suas atividades. Em relação aos atos praticados no país, o empresário estará sujeito à jurisdição de nossos tribunais (CC – art. 1.137), inclusive para eventuais pedidos de falência, de recuperação judicial ou de homologação do plano de recuperação extrajudicial.

Entre os diversos juízes brasileiros, o competente para tais pedidos será aquele do local da filial do empresário estrangeiro. Nada mais lógico, pois é neste local que ele vem exercendo a atividade. Havendo mais de uma filial, deve-se buscar aquela mais importante, isto é, a principal filial[97].

Tal previsão afasta a competência de juízos internacionais, inclusive para os eventuais empresários estrangeiros que atuem aqui. Todos os atos aqui praticados não sofrerão os efeitos de decisões estrangeiras. A sentença estrangeira só produzirá efeitos aqui se for homologada[98] pelo STJ e este já definiu que é "incabível a homologação da sentença estrangeira que obsta a instauração ou o prosseguimento de qualquer ação executiva con-

---

96. CAMPINHO, Sérgio. *Falência e recuperação de empresa*: o novo regime de insolvência empresarial. Rio de Janeiro: Renovar, 2006, p. 37; STJ – CC 29712/SP, Rel. Ministro Ari Pargendler, Segunda Seção, julgado em 23-8-2000, *DJ* 25-9-2000, p. 62.

97. CAMPINHO, Sérgio. *Falência e recuperação de empresa*: o novo regime de insolvência empresarial. Rio de Janeiro: Renovar, 2006, p. 41.

98. PENALVA SANTOS, J. A. A falência no direito internacional e o Mercosul. In: SANTOS, Paulo Penalva (Coord.). *A nova lei de falências e de recuperação de empresas*: Lei 11.101/2005. Rio de Janeiro: Forense, 2006, p. 553.

tra o falido, restringindo a jurisdição brasileira, sob pena de ofensa à soberania nacional"[99]. No mesmo sentido, o próprio STJ havia definido a competência exclusiva da justiça brasileira para a decretação da falência de quem quer que atue no país, afirmando expressamente que é "incabível a homologação de sentença estrangeira para os fins pretendidos pelo requerente, uma vez que a declaração de falência é de competência exclusiva da justiça brasileira, sob pena de ofensa à soberania nacional e à ordem pública"[100].

Tal visão, embora perfeitamente justificável diante do nosso aparato legislativo, é contrária à inserção do país na economia internacional. Silvio Javier Battello[101] afirma que o Brasil deveria se inserir melhor no sistema globalizado, inclusive no que tange às normas sobre insolvência internacional, aproveitando as decisões internacionais que podem agilizar o processo de insolvência, permitir a adoção de medidas coordenadas de recuperação empresarial, beneficiando os próprios credores nacionais em outros procedimentos de insolvência.

4.3 Natureza da competência

Os dois critérios para fixação da competência, indicados pelo art. 3º da Lei n. 11.101/2005, levam em conta aspectos territoriais – principal estabelecimento e filial do empresário estrangeiro. Em razão disso, seria factível concluir que se trata de uma hipótese de competência territorial e, por conseguinte, de competência relativa. Luiz Antonio Guerra reconhece tratar-se de uma hipótese de competência territorial relativa, mas que se tornaria absoluta a partir do trânsito em julgado da sentença homologatória da recuperação judicial, da sentença que decreta a falência ou da decisão de processamento da recuperação judicial[102]. Gladston Mamede fala que não há na legislação falimentar qualquer dispositivo que permita a conclusão de tratar-se de competência absoluta, uma vez que o dispositivo fala na competência do juízo do local, ou seja, uma competência territorial[103]. Apesar disso, ele reconhece a existência de orientação no STJ no sentido de se tratar de competência absoluta, o que, para ele, só se justifica para afastar a possibilidade de conluio e fraude processual.

---

99. STJ – SEC 1.735/EX, Rel. Ministro Arnaldo Esteves Lima, Corte Especial, julgado em 12-5-2011, *DJe* 3-6-2011.

100. STJ – SEC 1.734/PT, Rel. Ministro Fernando Gonçalves, Rel. p/ Acórdão Ministro Felix Fischer, Corte Especial, julgado em 15-9-2010, *DJe* 16-2-2011.

101. CAMPANA, Paulo Fernando. *Falência Transnacional. GEP – Grupo de Estudos Preparatórios do Congresso de Direito.* Disponível em: <www.congressodireitocomercial.org.br/site/images/stories/pdfs/gep6.pdf>. Acesso em: 22 jun. 2011.

102. GUERRA, Luiz Antonio. *Falências e recuperações de empresas*: crises econômico-financeiras. Comentários à Lei de Recuperações e de falências. Brasília: Guerra Editora, 2011, p. 207-209. v. 1.

103. MAMEDE, Gladston. *Direito empresarial brasileiro*: falência e recuperação de empresas. São Paulo: Atlas, 2006, v. 4, p. 55.

Com efeito, o STJ já afirmou que a competência para pedidos de falência é absoluta[104]. Não se trataria de uma competência territorial, mas de uma competência em razão da matéria específica. Assim, a incompetência poderia ser reconhecida de ofício e não dependeria de exceção para ser alegada. Ademais, não seria possível a prorrogação da competência.

A nosso ver, efetivamente trata-se não apenas de uma hipótese de competência absoluta[105], mas de uma hipótese de competência territorial absoluta[106]. Normalmente, a competência territorial é relativa, no entanto, tal regra tem exceções, isto é, há casos de competência territorial absoluta, como o foro da situação do imóvel (CPC/2015 – art. 47)[107].

O que justifica a competência como absoluta ou relativa são os interesses envolvidos. Quando a fixação da competência envolver interesses exclusivamente privados, estaremos diante de competência relativa. De outro lado, se a fixação da competência envolver um interesse público, estaremos diante de competência absoluta. No caso da Lei n. 11.101/2005, estamos claramente em uma hipótese de interesse público para a fixação da competência, na medida em que há um interesse maior para a solução das crises da empresa. Por isso, a competência para tais processos é absoluta.

5 Intervenção do Ministério Público

Além da determinação do âmbito de incidência e do juízo competente, também fazia parte das disposições gerais da Lei n. 11.101/2005 a disciplina sobre a intervenção do Ministério Público nos processos de falência e recuperação judicial. Nos termos do projeto original, a intervenção do Ministério Público era obrigatória em todas as fases dos processos de falência e recuperação judicial e em todas as ações em que a massa falida fosse parte. Todavia, tal dispositivo (art. 4º) foi vetado pelo Presidente da República. As razões do veto são assim expostas:

> O dispositivo reproduz a atual lei de Falências – Decreto-lei n. 7.661, de 21 de junho de 1945, que obriga a intervenção do *Parquet* não apenas no processo falimentar, mas também em todas as ações que envolvam a massa falida, ainda que irrelevan-

---

104. STJ – CC 37.736/SP, Rel. Ministra Nancy Andrighi, Segunda Seção, julgado em 11-6-2003, *DJ* 16-8-2004, p. 130.

105. CAMPINHO, Sérgio. *Falência e recuperação de empresa*: o novo regime de insolvência empresarial. Rio de Janeiro: Renovar, 2006, p. 36; VASCONCELOS, Ronaldo. *Direito processual falimentar*. São Paulo: Quartier Latin, 2008, p. 141; SOUZA, Bernardo Pimentel. *Direito processual empresarial*. Salvador: JusPodivm, 2008, p. 179; GRANDA, Piedad González. In: DOMÍNGUES, Valentín Cortés et al. *Derecho procesal concursal*. Madrid: Marcial Pons, 2008, p. 102; GUGLIELMUCCI, Lino. *Lezioni di diritto fallimentare*. 3. ed. Torino: Giappichelli, 2004, p. 41.

106. RESTIFFE, Paulo Sérgio. *Recuperação de empresas*. Barueri: Manole, 2008, p. 99.

107. STJ – REsp 660.094/SP, Rel. Ministra Nancy Andrighi, Terceira Turma, julgado em 25-9-2007, *DJ* 8-10-2007, p. 261.

> tes, *e. g.* execuções fiscais, ações de cobrança, mesmo as de pequeno valor, reclamatórias trabalhistas etc., sobrecarregando a instituição e reduzindo sua importância institucional.
>
> Importante ressaltar que no autógrafo da nova lei de Falências enviado ao Presidente da República são previstas hipóteses, absolutamente razoáveis, de intervenção obrigatória do Ministério Público, além daquelas de natureza penal.
>
> [...]
>
> Pode-se destacar que o Ministério Público é intimado da decretação de falência e do deferimento do processamento da recuperação judicial, ficando claro que sua atuação ocorrerá *pari passu* ao andamento do feito. Ademais, o projeto de Lei não afasta as disposições dos arts. 82 e 83 do Código de Processo Civil, os quais preveem a possibilidade de o Ministério Público intervir em qualquer processo, no qual entenda haver interesse público, e, neste processo específico, requerer o que entender de direito.

Nas razões do veto, vê-se que a intenção foi limitar a atuação do *Parquet* às hipóteses previstas expressamente na Lei n. 11.101/2005. Dentro dessa orientação, a intervenção do Ministério Público ocorrerá nos seguintes casos:

- possibilidade de impugnação de créditos (art. 8º);
- pedido de exclusão, reclassificação ou retificação de crédito já incluído no quadro geral de credores (art. 19);
- conhecimento do relatório do administrador judicial, caso haja a imputação de
- alguma responsabilidade penal (art. 22, § 4º);
- requerimento de substituição do administrador judicial (art. 30, § 2º);
- comunicação do despacho que defere o processamento da recuperação judicial (art. 52, V);
- interposição de recurso contra decisão que concede a recuperação judicial (art. 59, § 2º);
- comunicação da decretação da falência (art. 100, XIII);
- recebimento de informações do falido (art. 104, VI);
- propositura da ação revocatória (art. 132);
- intimação em qualquer modalidade de alienação de bens (art. 142, § 7º);
- impugnação à arrematação de bens (art. 143);
- manifestação sobre as contas do administrador judicial (art. 154, § 3º);
- titularidade da ação penal (art. 184).

Efetivamente, há um grande número de hipóteses de atuação do Ministério Público envolvendo as principais questões dos processos de falência e recuperação judicial. Todavia, essas várias hipóteses não significam a intervenção em todas as situações. A principal mudança decorrente do citado veto foi a desnecessidade de oitiva do Ministério Público nos pedidos de falência. Tal situação acabou gerando uma controvérsia.

Pela aplicação subsidiária do Código de Processo Civil, há alguns julgados reconhecendo a obrigatoriedade da intervenção do Ministério Público, sob pena de nulidade de todo o processo. O fundamento seria o interesse público presente em todos os processos da Lei n. 11.101/2005, o que justificaria a intervenção do MP[108].

Márcio Souza Guimarães reconhece até a existência de fundamento constitucional para tal intervenção, tendo em vista a presença de interesses difusos, coletivos e individuais homogêneos nos processos de falência e recuperação judicial[109]. Alécio Silveira Nogueira afirma que

> [...] há interesse público suficiente a determinar a intervenção do Ministério Público nos procedimentos de falência, recuperação judicial e recuperação extrajudicial; esse interesse consiste basicamente na fiscalização da lisura e igualdade do concurso creditório, não se confundindo com a repercussão econômica da quebra ou com os interesses específicos dos credores trabalhistas ou fiscais[110].

Bernardo Pimentel sustenta a necessidade da oitiva do Ministério Público em todas as fases dos processos, inclusive no pedido de falência, uma vez que há um interesse público em jogo. Ele afirma, porém, que a ausência de intimação não acarretaria nulidade, em razão do veto ao art. 4º da Lei n. 11.101/2005[111].

De outro lado, há aqueles que afirmam que a intervenção do MP só se dará nos casos legalmente previstos[112], não havendo necessidade de intimação do MP na fase pré-falimentar, por exemplo. Os defensores dessa linha de interpretação asseveram a exis-

---

108. TJDF – 20070110093123APC, Relator Luciano Vasconcellos, 5ª Turma Cível, julgado em 7-2-2008, *DJ* 12-2-2008, p. 1885; TJDF – 20070020033292AGI, Relator Teófilo Caetano, 2ª Turma Cível, julgado em 27-6-2007, *DJ* 23-8-2007, p. 94; TJDF – 20060020116320AGI, Relator Leila Arlanch, 4ª Turma Cível, julgado em 31-1-2007, *DJ* 6-9-2007, p. 131; TJDF – 20050110632200APC, Relator Vasquez Cruxên, 3ª Turma Cível, julgado em 25-6-2008, *DJ* 29-7-2008, p. 25; TJMG – 1.0074.07.034538-9/001, Desembargadora Maria Elza, j. em 6-12-2007, *DJ* 19-12-2007. PROENÇA, José Marcelo Martins. Disposições preliminares: aplicação da legislação, competência e intervenção do Ministério Público. In: MACHADO, Rubens Approbato (Coord.). *Comentários à nova lei de falência e recuperação de empresas.* São Paulo: Quartier Latin, 2005, p. 72.

109. GUIMARÃES, Márcio Souza. O Ministério Público no novo sistema de insolvência empresarial. A habilitação e a impugnação de créditos. In: SANTOS, Paulo Penalva (Coord.). *A nova lei de falências e de recuperação de empresas:* Lei n. 11.101/2005. Rio de Janeiro: Forense, 2006, p. 45-56.

110. NOGUEIRA, Alécio Silveira. Intervenção do Ministério Público segundo a nova lei de falências. Disponível em: <http://www.mp.rs.gov.br/civel/doutrina/id347.htm>. Acesso em: 24 dez. 2008.

111. SOUZA, Bernardo Pimentel. *Direito processual empresarial.* Salvador: JusPodivm, 2008, p. 214.

112. COELHO, Fábio Ulhoa. *Comentários à nova lei de falências e recuperação de empresas.* São Paulo: Saraiva, 2005, p. 30; DE LUCCA, Newton. In: DE LUCCA, Newton; SIMÃO FILHO, Adalberto. *Comentários à nova lei de recuperação de empresas e falências.* São Paulo: Quartier Latin, 2005, p. 101; CAMPINHO, Sérgio. *Falência e recuperação de empresa*: o novo regime de insolvência empresarial. Rio de Janeiro: Renovar, 2006, p. 47; SIMIONATO, Frederico A. Monte. *Tratado de direito falimentar.* Rio de Janeiro: Forense, 2008, p. 49;

tência de interesses exclusivamente privados nos processos. No mesmo sentido, existem julgados que reconhecem a desnecessidade de intervenção do MP em todas as fases do processo[113]. A ideia aqui é evitar uma morosidade indesejável, permitindo sua intervenção apenas nos casos em que o interesse público efetivamente esteja presente. O STJ, em questão decidida ainda sob a égide da lei anterior, afirmou que, não havendo previsão expressa, o Ministério Público só precisa ser intimado nos casos legalmente previstos[114], opinião mantida no primeiro julgado sobre a nova lei[115]. No mesmo sentido, Luiz Antonio Guerra afirma que é obrigatória a intervenção em todas as fases, uma vez que os processos da referida lei têm uma feição pública, pois "têm reflexos diretos no mercado de atuação do empresário ou da sociedade empresária"[116].

Analisando o texto da Lei n. 11.101/2005, a conclusão mais factível é aquela de que a intervenção do Ministério Público só ocorrerá nos casos legalmente previstos. Todavia, o art. 189 da referida Lei determina a aplicação subsidiária do Código de Processo Civil aos processos ali previstos. Em razão disso, aplica-se o disposto no art. 178, I, do CPC/2015, que determina a intervenção obrigatória do Ministério Público nos casos em que houver interesse público ou social. Ora, nos processos de falência e de recuperação judicial, há claramente um interesse público/social envolvido, valc dizer, o interesse na tutela do crédito. Como será visto, há uma função social da empresa que justifica um acompanhamento mais próximo dos processos de falência e recuperação judicial e, desse modo, justifica-se a intervenção do Ministério Público.

Dentro dessa linha de entendimento, é essencial a intimação do ministério para se manifestar nos processos de falência e de recuperação extrajudicial. Mesmo na recuperação extrajudicial tem-se entendido a existência de um interesse social, consistente na tutela da função social da empresa[117]. Tal intervenção não deverá significar a remessa dos

---

MAMEDE, Gladston. *Direito empresarial brasileiro*: falência e recuperação de empresas. São Paulo: Atlas, 2006, v. 59.

113. TJDF – 20070020017611AGI, Relator Vera Andrighi, 1ª Turma Cível, julgado em 25-4-2007, *DJ* 19-6-2007, p. 135; TJDF – 20060020065270AGI, Relator Jesuíno Rissato, 6ª Turma Cível, julgado em 31-1-2007, *DJ* 21-6-2007, p. 123; TJDF – 20070020023721AGI, Relator Editte Patrício, 3ª Turma Cível, julgado em 4-7-2007, *DJ* 28-3-2008, p. 84; TJPR – 17ª C.Cível – AC 0498168-4 – Cascavel – Rel.: Des. Stewalt Camargo Filho – Unânime – j. 13-8-2008; TJMG – Agravo de Instrumento n. 1.0024.07.686850-4/001 – 7ª Câmara Cível – Relatora p/ acórdão Desembargadora Heloísa Combat, j. em 25-11-2008, publicado em 19-12-2008.

114. STJ – REsp 867.128/SP, Rel. Ministra Nancy Andrighi, Terceira Turma, julgado em 1º-10-2009, *DJe* 18-11-2009.

115. STJ-REsp 1.094.500/DF, Rel. Ministra Nancy Andrighi, Terceira Turma, julgado em 16-9-2010, *DJe* 20-10-2010. No mesmo sentido: REsp 996.264/DF, Rel. Ministro Sidnei Beneti, Terceira Turma, julgado em 19-8-2010, *DJe* 3-12-2010; REsp 1.230.431/SP, Rel. Ministra Nancy Andrighi, Terceira Turma, julgado em 18-10-2011, *DJe* 18-11-2011; AgRg no Ag 1328934/GO, Rel. Ministro Marco Buzzi, Quarta Turma, julgado em 4-11-2014, DJe 14-11-2014.

116. GUERRA, Luiz Antonio. *Falências e recuperações de empresas*: crises econômico-financeiras. Comentários à Lei de Recuperações e de falências. Brasília: Guerra Editora, 2011, p. 255. v. 1.

117. PROENÇA, José Marcelo Martins. Disposições preliminares: aplicação da legislação, competência e intervenção do Ministério Público. In: MACHADO, Rubens Approbato (Coord.). *Comentários à nova lei de*

autos ao Ministério Público em todo e em qualquer momento do processo, sob pena de violar o princípio da celeridade. A intervenção deverá ocorrer nos momentos essenciais, nos quais a tutela do interesse público justifique a participação do Ministério Público, embora a opinião majoritária seja pela intervenção apenas nos casos legais.

falência e recuperação de empresas. São Paulo: Quartier Latin, 2005, p. 72; PENTEADO, Mauro Rodrigues. In: SOUZA JÚNIOR, Francisco Sátiro de; PITOMBO, Antônio Sérgio de A. de Moraes (Coord.). *Comentários à lei de recuperação de empresas e falência*. São Paulo: Revista dos Tribunais, 2005, p. 125.

3 RECUPERAÇÃO JUDICIAL: NOÇÕES GERAIS

Após o estudo das disposições gerais aplicáveis à falência, à recuperação judicial e à recuperação extrajudicial, deve-se passar à análise desses institutos individualmente. Começaremos pelo estudo da recuperação judicial, que representa a medida mais ampla de superação das crises da empresa.

1 Definição

Em razão dos efeitos perniciosos que as crises da empresa podem gerar, nosso ordenamento jurídico, por meio da Lei n. 11.101/2005, houve por bem criar a recuperação judicial. Trata-se de uma medida genérica para solucionar a crise pela qual a empresa passa, nos termos do art. 47 da Lei n. 11.101/2005. Além disso, ela também serve para evitar que uma crise iminente se instaure sobre a atividade empresarial.

Paulo Sérgio Restiffe, por entender que a recuperação possui uma natureza processual, afirma que ela é a "pretensão posta em juízo (ajuizada) – no exercício do direito de ação, portanto – de natureza privatística empresarial, cujo objetivo é atingir, extraordinariamente, a extinção das obrigações, com a superação da crise econômico-financeira, cabendo ao Estado entregar a prestação jurisdicional, que consiste, em caso de procedência do pedido, no estabelecimento do estado de recuperação empresarial, ou em caso de improcedência, no eventual estabelecimento do estado de falido"[1].

De outro lado, Eduardo Goulart Pimenta afirma que a recuperação judicial representa "uma série de atos praticados sob supervisão judicial e destinados a reestruturar e manter em funcionamento a empresa em dificuldades econômico-financeiras temporárias"[2]. Sérgio Campinho, por sua vez, afirma que a recuperação judicial é o

> [...] somatório de providências de ordem econômico-financeira, econômico-produtiva, organizacional e jurídica, por meio das quais a capacidade produtiva de uma empresa possa, da melhor forma, ser reestruturada e aproveitada, alcançando uma rentabilidade autossustentável, superando, com isto, a situação de crise econômico-financeira em que se encontra seu titular – o empresário –, per-

1. RESTIFFE, Paulo Sérgio. *Recuperação de empresas.* Barueri: Manole, 2008, p. 47.
2. PIMENTA, Eduardo Goulart. *Recuperação de empresas.* São Paulo: IOB, 2006, p. 68.

mitindo a manutenção da fonte produtora, do emprego e a composição dos interesses dos credores[3].

Todos os conceitos apresentados possuem seus méritos e, em certa medida, até se complementam, podendo-se afirmar em termos sintéticos que a recuperação é um conjunto de atos, cuja prática depende de concessão judicial, com o objetivo de superar as crises de empresas viáveis. Assim, podemos estabelecer os elementos essenciais da recuperação judicial: (a) série de atos; (b) consentimento dos credores; (c) concessão judicial; (d) superação da crise; e (e) manutenção das empresas viáveis.

1.1 Série de atos

As medidas de reestruturação podem ser as mais diversas, daí se falar em uma série de atos na recuperação e não apenas em um ato específico. As crises que justificam a adoção da recuperação judicial dificilmente serão superadas por um ato qualquer. Normalmente, são necessários diversos atos para possibilitar a recuperação, como mudanças nas relações com os credores (novação das obrigações), até a alteração do padrão para a gestão interna da atividade.

1.2 Consentimento dos credores

O conjunto de atos a ser praticado pelo devedor na recuperação judicial não depende exclusivamente da sua vontade. Para que ele possa praticar tais atos, há a necessidade do consentimento dos credores. Não se exige o consentimento de todos os credores, mas uma manifestação suficientemente representativa (Lei n. 11.101/2005 – arts. 45 e 58) para vincular a massa de credores como um todo. O conjunto de credores é tratado como uma comunhão para todos os efeitos, na recuperação judicial[4].

1.3 Concessão judicial

Mesmo com o consentimento dos credores, é essencial a concessão judicial para a prática dos atos da recuperação. Diz-se que ela é judicial justamente porque só pode ser concedida judicialmente e, para tanto, ela pressupõe o exercício do direito de ação. Exercido o direito de ação e atendidos os requisitos impostos pela Lei n. 11.101/2005, o Poder Judiciário irá conceder a recuperação, permitindo a prática dos atos necessários à supe-

---

3. CAMPINHO, Sérgio. *Falência e recuperação de empresa*: o novo regime de insolvência empresarial. Rio de Janeiro: Renovar, 2006, p. 10-11.

4. PORFIRIO CARPIO, Leopoldo José. *La junta de acreedores*. Madrid: Civitas, 2008, p. 42-43.

ração da crise. A intervenção do Poder Judiciário é essencial para realizar o controle formal da recuperação[5].

Apesar da importância da sua intervenção, não é o Poder Judiciário que irá recuperar a empresa, ele apenas irá verificar o cumprimento das condições legalmente estabelecidas. Não cabe a ele proceder diretamente à reestruturação da empresa, mas apenas supervisionar as medidas de reestruturação[6]. Mesmo após a concessão da recuperação, o Poder Judiciário manterá apenas uma supervisão do devedor, a qual será mais próxima apenas por um período determinado de tempo, chamado período de observação.

1.4 Superação da crise

A concessão da recuperação judicial permitirá a prática de uma série de atos, os quais terão por objetivo primordial a superação das crises, reestruturando e mantendo a empresa em funcionamento. A superação da crise deve permitir que a atividade continue, de modo a não prejudicar os interesses que circundam a empresa.

1.5 Manutenção de empresas viáveis

Apenas as empresas viáveis são capazes de justificar os sacrifícios que terão que ser realizados pelos credores na recuperação judicial. Os credores só realizarão tais sacrifícios para proteger interesses mais relevantes[7]. Em outras palavras, os credores irão analisar os valores em jogo, ponderando os ônus da manutenção da atividade e os ônus do encerramento da atividade. Se os últimos forem maiores, há maiores motivos para a recuperação e, por conseguinte, para algum sacrifício dos credores.

Assim, a recuperação judicial só pode ser usada para empresas viáveis[8], uma vez que seu uso para empresas inviáveis subverteria a ordem normal das coisas, passando aos credores o risco da atividade. A viabilidade significa que a recuperação será capaz de restabelecer o curso normal das coisas, retornando o risco da atividade ao seu titular. Se mesmo com a recuperação não for possível restabelecer essa normalidade, fica claro que a empresa não se mostra mais viável, devendo ser promovida a sua liquidação. Portanto, a viabilidade deve ser demonstrada no processo para que se possa conceder a recuperação judicial.

5. ABRÃO, Carlos Henrique. O papel do Poder Judiciário na aplicação da Lei n. 11.101/05. In: OLIVEIRA, Fátima Bayma de (Org.). *Recuperação de empresas*. São Paulo: Pearson Prentice Hall, 2006, p. 52.

6. PIMENTA, Eduardo Goulart. *Recuperação de empresas*. São Paulo: IOB, 2006, p. 68.

7. LARENZ, Karl. *Metodología de la ciencia del derecho*. Tradução e revisão de Marcelino Rodríguez Molinero. Barcelona: Ariel, 1994, p. 400.

8. PIMENTA, Eduardo Goulart. *Recuperação de empresas*. São Paulo: IOB, 2006, p. 71.

Fábio Ulhoa Coelho aponta uma série de vetores para apurar a viabilidade econômica da empresa, a saber: (a) a importância social; (b) mão de obra e tecnologia empregada; (c) volume do ativo e passivo; (d) idade da empresa; e (e) porte econômico[9]. Nenhum desses vetores é suficiente, por si só, para aferir a viabilidade da empresa, servindo apenas de referência para a apuração.

Analisar a importância social significa verificar a importância que aquela atividade possui na economia local, regional ou nacional. A ideia é que, quanto mais relevante for a empresa, mais importante será buscar a superação da crise e a manutenção da atividade. O maior número de interesses circundando a empresa justifica maiores esforços na busca da recuperação, pois o encerramento de uma empresa socialmente importante gera muitos ônus.

Para reconhecer a viabilidade da empresa, deve-se analisar ainda a mão de obra e a tecnologia que são usadas, uma vez que os dois são fatores essenciais na economia moderna. Para recuperar a empresa em crise, podem ser necessários ajustes na mão de obra com demissões ou contratações de pessoal mais especializado. De outro lado, a recuperação também pode ensejar uma atualização tecnológica. Os ônus decorrentes desses ajustes devem ser sopesados com os ônus da extinção da atividade, prevalecendo sempre o que causar menos prejuízo. Se as mudanças necessárias forem tão grandes que se mostrem economicamente inviáveis, não se justificará a recuperação.

Outro vetor extremamente relevante na análise da viabilidade da empresa é a comparação entre o ativo e o passivo, isto é, entre o patrimônio e as dívidas. Quanto maior for a defasagem, menos viável se mostra a atividade. Ressalte-se, porém, que tal análise deverá ser feita caso a caso, tendo em vista as especificidades de diversas atividades.

Por fim, são vetores da viabilidade a idade da empresa e o seu porte econômico. Quanto mais antiga a empresa, mais forte se mostra sua viabilidade, tendo em vista que ela já se manteve por algum tempo em funcionamento. De outro lado, quanto maior o porte da empresa, maiores serão os prejuízos do seu encerramento e, por isso, maiores devem ser os esforços para a manutenção. Ademais, empresas de grande porte se mostram com maiores possibilidades de restabelecimento da normalidade.

2 Objetivos

Pelos contornos da recuperação judicial, fica claro que seu objetivo final é a superação da crise econômico-financeira pela qual passa o devedor empresário. A finalidade imediata é, portanto, afastar a crise, contudo, nada impede que o instituto seja utilizado para prevenir uma crise que se mostre iminente[10]. Embora o texto da Lei não pareça ter esse objetivo, a lógica impõe que se reconheça essa possibilidade, pois não há dúvida de

9. COELHO, Fábio Ulhoa. *Curso de direito comercial*. 8. ed. São Paulo: Saraiva, 2008, v. 3, p. 383-385.

10. QUEIROZ, Jorge. Prevenção de crises e recuperação de empresas. In: OLIVEIRA, Fátima Bayma de (Org.). *Recuperação de empresas*. São Paulo: Pearson Prentice Hall, 2006, p. 13.

que se a crise é evitável, é muito melhor impedi-la de começar do que deixá-la acontecer, para só então solucioná-la. Portanto, o objetivo mais amplo da recuperação é a superação ou a prevenção das crises da empresa.

Dentro desse objetivo mais amplo, se inserem os objetivos mais específicos indicados no art. 47 da Lei n. 11.101/2005, quais sejam: (a) a manutenção da fonte produtora; (b) a manutenção dos empregos dos trabalhadores; e (c) a preservação dos interesses dos credores. Tais objetivos específicos nem sempre poderão ser atingidos cumulativamente, daí acreditarmos que há uma ordem entre eles[11].

Sem dúvida, o primeiro objetivo específico da recuperação judicial é a manutenção da fonte produtora, isto é, a manutenção da empresa (atividade) em funcionamento. Não se busca aqui salvar o sujeito, mas salvar a atividade que ele exercia[12], pois é ao redor dessa atividade (empresa) que circundam os interesses de credores, fisco, comunidade e trabalhadores. É mais importante que a atividade se mantenha funcionando, ainda que com outro titular, pois sua manutenção permitirá a geração de novos empregos, a geração de riquezas e o atendimento às necessidades da comunidade.

Uma vez obtida a manutenção da atividade, ainda que com outro sujeito, devem-se buscar os demais objetivos. Vale dizer, o primeiro objetivo específico prevalece sobre os demais, é ele que deve pautar todas as medidas da recuperação judicial. A manutenção da fonte produtora é essencial, os demais objetivos específicos são secundários. A prevalência da manutenção da atividade sobre os demais interesses pode ser vislumbrada nas decisões do Superior Tribunal de Justiça, que impedem a continuação das execuções trabalhistas contra o devedor em recuperação[13].

O segundo objetivo específico é a manutenção dos empregos dos trabalhadores. Nem sempre isso é possível, pois, por vezes, a crise já gerou tantos problemas que o número de postos de trabalho terá que diminuir, para se manter a atividade. Ressalte-se, mais uma vez, que o primeiro fim da recuperação judicial é a manutenção da atividade. Atingido esse primeiro objetivo específico, aí sim se deve tentar manter os empregos dos trabalhadores.

O terceiro objetivo específico é a preservação dos interesses dos credores. Apesar da necessidade da sua manifestação, é certo que os interesses individuais dos credores cedem espaço à manutenção da fonte produtora e à manutenção dos empregos dos trabalhadores. Vale dizer, se há duas medidas possíveis, uma favorecendo os credores e outra favorecendo a manutenção do emprego, é essa segunda que deverá prevalecer.

---

11. MAMEDE, Gladston. *Direito empresarial brasileiro*: falência e recuperação de empresas. São Paulo: Atlas, 2006, v. 4, p. 183.

12. NEGRÃO, Ricardo. *Manual de direito comercial e de empresa*. 2. ed. São Paulo: Saraiva, 2007, v. 3, p. 125.

13. STJ – CC 90.504/SP, Rel. Ministro Fernando Gonçalves, Segunda Seção, julgado em 25-6-2008, *DJe* 1º-7-2008.

3 A teoria dos jogos e a recuperação judicial

Colocar os interesses dos credores em terceiro lugar pode parecer uma contradição, uma vez que a recuperação judicial dependerá da concordância expressa ou tácita deles. Seria difícil imaginar que os credores prejudicados em detrimento dos demais objetivos fossem efetivamente concordar com a recuperação. Todavia, não há tal contradição, pois a realidade econômica impõe essa ordem de preferência entre os objetivos. A explicação do comportamento dos agentes econômicos nessas situações de crise da empresa pode ser feita de forma bastante ilustrativa por meio da aplicação da teoria dos jogos[14].

A teoria dos jogos tenta modelar as interações entre os grupos de interesse, quando estes agem de forma estratégica, isto é, como se fosse um jogo, levando em conta a conduta dos outros[15]. Tal teoria lida justamente com essas situações nas quais a estratégia é importante[16]. As interações ocorrem nas mais diversas situações, e especialmente nas situações da empresa em crise. Os conflitos serão constantes, uma vez que cada grupo de interesses (fisco, credores, fornecedores, trabalhadores...) tentará proteger o seu interesse, mas a solução tenderá a ser a mais eficiente para todos, diante da racionalidade econômica esperada em relação aos agentes.

À luz dessa teoria, podemos entender o comportamento dos diversos grupos de interesse em uma recuperação judicial. Para entender a conduta dos agentes ligados a uma empresa em crise devemos identificar o jogo, os jogadores, as estratégias possíveis e os ganhos esperados para cada estratégia[17].

O jogo é a situação de crise econômico-financeira de uma empresa viável, no qual há diversos grupos de interesse. Esses diversos grupos, como os empregados, os fornecedores e outros, são os jogadores, que terão a possibilidade de apoiar ou não o plano de recuperação apresentado (estratégias)[18]. Os ganhos esperados para cada estratégia são os proveitos que cada grupo terá com a recuperação, no caso de apoio ao plano ou, com a falência, no caso de rejeição.

Para os fornecedores, a aprovação do plano é uma estratégia que pode gerar ganhos pela manutenção da atividade e, consequentemente, a formalização de novos contratos.

---

14. PIMENTA, Eduardo Goulart. *Recuperação de empresas.* São Paulo: IOB, 2006, p. 78; BAIRD, Douglas G.; GERTNER, Robert H.; PICKER, Randal C. *Game theory and the Law.* Cambridge: Harvard University Press, 2002, p. 232-237.

15. POSNER, Richard. *Economic analysis of law.* 5. ed. Boston: Little, Brown and Company, 1998, p. 21; SADDI, Jairo; PINHEIRO, Armando Castelar. *Direito, economia e mercados.* Rio de Janeiro: Elsevier, 2005, p. 167.

16. COOTER, Robert; ULEN, Thomas. *Law and economics.* 3. ed. Berkeley: Addison-Wesley, 2000, p. 35; BAIRD, Douglas G.; GERTNER, Robert H.; PICKER, Randal C. *Game theory and the law.* Cambridge: Harvard University Press, 2002, p. 1.

17. COOTER, Robert; ULEN, Thomas. *Law and economics.* 3. ed. Berkeley: Addison-Wesley, 2000, p. 35; PIMENTA, Eduardo Goulart. *Recuperação de empresas.* São Paulo: IOB, 2006, p. 79; SADDI, Jairo; PINHEIRO, Armando Castelar. *Direito, economia e mercados.* Rio de Janeiro: Elsevier, 2005, p. 158.

18. PIMENTA, Eduardo Goulart. *Recuperação de empresas.* São Paulo: IOB, 2006, p. 79.

Da mesma forma, os empregados apoiarão o plano para a manutenção dos empregos e dos ganhos decorrentes desses serviços. A não aprovação do plano irá gerar a convolação da recuperação em falência e poderá gerar o pagamento integral dos créditos dos fornecedores e empregados, a depender do ativo do devedor, sem a manutenção da atividade.

A grande ideia da recuperação é convencer os grupos de interesse de que os ganhos serão maiores no futuro com a manutenção da atividade. O empresário deverá convencer seus credores (fornecedores, empregados...) de que é melhor abrir mão de algo nesse momento, para posteriormente haver ganhos maiores[19]. A decisão de cada jogador nesses casos dependerá diretamente do grau de informação que eles tenham sobre o jogo, para que possam tomar a decisão que seja a mais eficiente sob o seu ponto de vista. Cabe à legislação incentivar os jogadores para que eles tenham colaboração mútua e apoiem a melhor estratégia para todos[20].

4 Princípios

Para atingir os seus objetivos e incentivar a adoção das estratégias pelos grupos de interesse, a recuperação judicial deve obediência a uma série de princípios, que deverão pautar a interpretação da Lei n. 11.101/2005, bem como a própria atuação do Poder Judiciário nos processos de recuperação. Para os fins do presente trabalho, os princípios serão considerados como aquelas normas apresentadas de forma enunciativa, cujo conteúdo está ligado a um valor ou fim a ser atingido e que se coloca acima e antes da premissa maior nos eventuais silogismos jurídicos que digam respeito à conduta e à sanção[21].

Para Neil MacCormick, "formular os princípios de um sistema jurídico com o qual, a pessoa está comprometida envolve uma tentativa de lhe dar coerência em termos de um conjunto de normas gerais que expressam valores justificatórios e explanatórios do sistema"[22]. Para ele, "o princípio determina a faixa legítima de considerações justificatórias. Ele não produz, nem pode ser apresentado como se produzisse, uma resposta conclusiva"[23]. Assim, os princípios permitiriam justificações, na falta de outras considerações em sentido contrário. A menor força dos princípios como premissas de argumentação prática significa maior amplitude justificativa[24].

19. PIMENTA, Eduardo Goulart. *Recuperação de empresas*. São Paulo: IOB, 2006, p. 81.

20. Idem, p. 84.

21. FREITAS FILHO, Roberto. *Intervenção judicial nos contratos e aplicação dos princípios e das cláusulas gerais*: o caso do *leasing*. Porto Alegre: Sergio Antonio Fabris, 2009, p. 309.

22. MACCORMICK, Neil. *Argumentação jurídica e teoria do direito*. Tradução de Waldéa Barcelos. São Paulo: Martins Fontes, 2006, p. 198.

23. Idem, p. 230.

24. ATIENZA, Manuel; MANERO, Juan Ruiz. *Las piezas del derecho*: teoría de los enunciados jurídicos. Barcelona: Ariel, 1996, p. 21.

Mesmo na perspectiva mais tradicional, é preferível o uso da expressão *princípios*, dada a própria ideia essencial de que os princípios "são normas que ordenam que algo seja realizado na maior medida possível, dentro das possibilidades jurídicas e reais existentes"[25]. Os princípios representam, portanto, normas gerais com alto grau de abstração que podem ser cumpridas em diferentes graus. Além disso, quando os princípios entram em conflito com outros princípios, não se eliminam, mas se adaptam e convivem[26]. De forma similar, para Dworkin, os princípios representariam uma razão que "conduz o argumento em uma certa direção, mas [ainda assim] necessita[m] de uma decisão particular"[27] e possuiriam a dimensão do peso ou importância, ausente nas regras.

A enumeração dos princípios da recuperação judicial é objeto de grandes divergências na doutrina.

De forma genérica, falando da Lei como um todo e não apenas da recuperação, Elenise Peruzzo dos Santos indica como princípios a igualdade entre os credores, a celeridade, a publicidade, a preservação da empresa, a viabilidade e a maximização do valor dos ativos do falido[28]. Também de forma genérica, Waldo Fazzio Júnior elenca como princípios do regime da insolvência do agente econômico a viabilidade da empresa, a relevância dos interesses dos credores, a publicidade dos procedimentos, a *par conditio creditorum*, a maximização de ativos e a preservação da empresa[29].

Especificamente para a recuperação judicial, Jorge Lobo afirma que se aplicam os princípios da conservação e função social da empresa, da dignidade da pessoa humana e valorização do trabalho e da segurança jurídica e da efetividade do direito[30]. De outro lado, Paulo Sérgio Restiffe reconhece como princípios da recuperação a igualdade entre os credores, a lealdade, a impossibilidade de imposição de sacrifício maior aos credores, a preservação da empresa, o tratamento jurídico diferenciado para microempresas e empresas de pequeno porte e o próprio princípio da recuperação de empresas, além de outros princípios processuais[31]. Carlos Eduardo Quadros Domingos, por sua vez, aponta os princípios da preservação da empresa, da função social, da participação ativa dos

---

25. ALEXY, Robert. *Teoría de los derechos fundamentales*. Tradução de Ernesto Garzón Valdés. Madrid: Centro de Estudios Políticos y Constitucionales, 1993, p. 86, tradução livre de "son normas que ordenan que algo sea realizado en la mayor medida posible, dentro de las posibilidades jurídicas y reales existentes".

26. Idem, p. 89.

27. DWORKIN, Ronald. *Levando os direitos a sério*. Tradução de Nelson Boeira. São Paulo: Martins Fontes, 2002, p. 41.

28. SANTOS, Elenise Peruzzo dos. Os princípios clássicos e atuais da lei de falências e recuperação de empresas. In: BATTELO, Sílvio Javier. *Principais controvérsias na nova lei de falências*. Porto Alegre: Fabris, 2008, p. 13-36.

29. FAZZIO JÚNIOR, Waldo. *Nova lei de falência e recuperação de empresas*. São Paulo: Atlas, 2005, p. 30-35.

30. LOBO, Jorge. In: TOLEDO, Paulo F. C. S. de; ABRÃO, Carlos Henrique (Coord.). *Comentários à lei de recuperação de empresas e falência*. São Paulo: Saraiva, 2005, p. 110.

31. RESTIFFE, Paulo Sérgio. *Recuperação de empresas*. Barueri: Manole, 2008, p. 2-9.

credores, *da par conditio creditorum*, da proteção ao trabalhador e da publicidade[32]. Alexandre Alves Lazzarini menciona os princípios da preservação da empresa e da transparência[33].

Apesar da diversidade na enumeração dos princípios pela doutrina, podemos elencar como princípios fundamentais da recuperação judicial: (a) a função social da empresa; e (b) a preservação da empresa.

4.1 Função social da empresa

A Constituição Federal de 1988, em seu art. 5º, XXII, assegura a todos como direito fundamental o direito de propriedade. Com tal dispositivo, a Constituição garante o "direito de apropriação, o direito de aquisição dos bens ou, mais amplamente, de direitos patrimoniais pelos particulares"[34]. Dentro dessa ideia, a todos os particulares é assegurada também a propriedade dos meios de produção[35] e consequentemente o exercício de atividades econômicas empresariais.

Ocorre que a própria Constituição Federal impõe uma limitação a esse direito, asseverando que "a propriedade atenderá a sua função social" (CF/88 – art. 5º, XXIII). León Duguit[36] chega a afirmar que o direito positivo não protege o direito subjetivo do proprietário, mas garante ao possuidor da riqueza o direito de cumprir sua função social. A ideia a prevalecer é a de uma propriedade-função e não de um direito absoluto de propriedade.

A expressão *função social* traz a ideia de um dever de agir no interesse de outrem[37]. A partir dessa condicionante, o direito à propriedade passa a ser um poder-dever de exercer a propriedade vinculada a uma finalidade[38]. Esta é coletiva e não individual, conforme se depreende da expressão *função social* usada pelo texto constitucional. Assim sendo, não há uma liberdade absoluta no direito de propriedade e, por conseguinte, no

---

32. DOMINGOS, Carlos Eduardo Quadros. *As fases da recuperação judicial*. Curitiba: J. M. Livraria Jurídica, 2009, p. 77-85.

33. LAZZARINI, Alexandre Alves. Reflexões sobre a recuperação judicial de empresas. In: DE LUCCA, Newton; DOMINGUES, Alessandra de Azevedo (Coord.). *Direito recuperacional*. São Paulo: Quartier Latin, 2009, p. 124.

34. MIRANDA, Jorge. *Manual de direito constitucional*. 2. ed. Coimbra: Coimbra, 1998, t. IV, p. 466.

35. GRAU, Eros Roberto. *A ordem econômica na Constituição de 1988*. 4. ed. São Paulo: Malheiros, 1998, p. 254.

36. DUGUIT, León. *Las transformaciones del derecho público y privado*. Tradução de Adolfo Posada, Ramón Jaén e Carlos G. Posada. Granada: Comares, 2007, p. 216.

37. SZTAJN, Rachel; FRANCO, Vera Helena de Mello. *Falência e recuperação da empresa em crise*. São Paulo: Campus, 2008, p. 279.

38. GRAU, Eros Roberto. *A ordem econômica na Constituição de 1988*. 4. ed. São Paulo: Malheiros, 1998, p. 255; BERCOVICI, Gilberto. A Constituição de 1988 e a função social da propriedade. *Revista de Direito Privado*, n. 7, jul./set. 2001, p. 77.

exercício das atividades empresariais. Há sempre uma função social a ser cumprida, a qual ganha especial relevo na recuperação judicial, sendo expressamente mencionada no art. 47 da Lei n. 11.101/2005.

Pela função social que lhe é inerente, a atividade empresarial não pode ser desenvolvida apenas para o proveito do seu titular, isto é, ela tem uma função maior. Não interessam apenas os desejos do empresário individual, do titular da EIRELI ou dos sócios da sociedade empresária, vale dizer, é fundamental que a empresa seja exercida em atenção aos demais interesses que a circundam, como o interesse dos empregados, do fisco e da comunidade[39].

Na recuperação judicial, tal princípio servirá de base para a tomada de decisões e para a interpretação da vontade dos credores e do devedor. Em outras palavras, ao se trabalhar em uma recuperação judicial deve-se sempre ter em mente a sua função social. Se a empresa puder exercer muito bem sua função social, há uma justificativa para mais esforços no sentido da sua recuperação. Reitere-se que a recuperação é da atividade e não do seu titular.

4.2 Preservação da empresa

Como corolário da função social da empresa surgiu o princípio da preservação da empresa[40], o qual é, sem dúvida, o mais importante na interpretação da recuperação judicial. Trata-se de um princípio porque decorre de uma das finalidades da recuperação judicial[41] e é o princípio mais importante, porque dele decorre o objetivo principal do instituto da recuperação judicial. Outrossim, sua consagração está presente ao longo de diversos dispositivos da Lei n. 11.101/2005, que denotam a intenção de manutenção da atividade.

Tal princípio tem sua origem no princípio da garantia do desenvolvimento nacional, previsto nos arts. 3º, II, 23, X, 170, VII e VIII, 174, *caput* e § 1º, e 192 da Constituição Federal[42]. A ideia da preservação da empresa envolve a separação entre a sorte da empresa (atividade) e a sorte do seu titular (empresário individual ou sociedade), bem como da sorte dos sócios e dirigentes da sociedade[43]. A recuperação judicial não se preocupa em

---

39. ARNOLDI, Paulo Roberto Colombo; RIBEIRO, Ademar. A revolução do empresariado. *Revista de Direito Privado*, n. 9, jan./mar. 2002, p. 219.

40. CARVALHO, William Eustáquio de. Apontamentos sobre o princípio da preservação da empresa. In: CARVALHO, William Eustáquio de; CASTRO, Moema A. S. de. *Direito falimentar contemporâneo*. Porto Alegre: Sérgio Antônio Fabris, 2008, p. 175.

41. DÍAZ, Marta Zabaleta. *El principio de conservación de la empresa en la ley concursal*. Madri: Civitas, 2006, p. 33.

42. RESTIFFE, Paulo Sérgio. *Recuperação de empresas*. Barueri: Manole, 2008, p. 4.

43. SANTOS, Elenise Peruzzo dos. Os princípios clássicos e atuais da lei de falências e recuperação de empresas. In: BATTELO, Sílvio Javier. *Principais controvérsias na nova lei de falências*. Porto Alegre: Fabris, 2008, p. 27; CARVALHO, William Eustáquio de. Apontamentos sobre o princípio da preservação da empre-

salvar o empresário (individual ou sociedade), mas sim em manter a atividade em funcionamento. A empresa (atividade) é mais importante que o interesse individual do empresário, dos sócios e dos dirigentes da sociedade empresária. Não importa se estes terão ou não prejuízos, o fundamental é manter a atividade funcionando, pois isso permitirá a proteção de mais interesses (fisco, comunidade, fornecedores, empregados...). Não se descarta a manutenção da atividade com o mesmo titular, mas a preferência é a manutenção da atividade em si, independentemente de quem seja o titular[44].

Além da separação entre a sorte da empresa e do empresário, o princípio da preservação da empresa significa que o propósito liquidatório deve ficar em segundo plano[45]. Se a empresa for viável, todos os esforços devem ser realizados para que ela se preserve. Essa é a regra geral da atual legislação. Mesmo no regime anterior, o Superior Tribunal de Justiça já vinha afastando a prevalência do intuito liquidatório, asseverando que a falência não deveria servir de coação para o recebimento de dívidas pelos credores[46], sendo cabível apenas para empresas inviáveis. O interesse individual na liquidação não se justifica, devendo ceder lugar ao interesse coletivo da manutenção da atividade.

O Superior Tribunal de Justiça já reconheceu a importância desse princípio na própria aplicação da lei, ao determinar que uma ação continuasse suspensa mesmo após o prazo de 180 dias, definido no art. 6º, § 4º, da Lei n. 11.101/2005[47]. A aplicação literal da lei conduziria ao restabelecimento do processo, com a possibilidade de todas as medidas a ele inerentes, o que, porém, inviabilizaria a superação da crise. Assim, o princípio da preservação da empresa vem para temperar o rigor da lei, em prol do interesse maior da superação das crises.

No caso, tratava-se de uma ação possessória, ajuizada pela INFRAERO contra a VASP, para a retomada de área utilizada pela devedora, então em recuperação. A respeito dela o STJ decidiu que

> [...] o destino do patrimônio da empresa-ré em processo de recuperação judicial não pode ser atingido por decisões prolatadas por juízo diverso daquele da Recuperação, sob pena de prejudicar o funcionamento do estabelecimento, comprome-

---

sa. In: CARVALHO, William Eustáquio de; CASTRO, Moema A. S. de. *Direito falimentar contemporâneo.* Porto Alegre: Sérgio Antônio Fabris, 2008, p. 182.

44. DÍAZ, Marta Zabaleta. *El principio de conservación de la empresa en la ley concursal.* Madri: Civitas, 2006, p. 39.

45. CARVALHO, William Eustáquio de. Apontamentos sobre o princípio da preservação da empresa. In: CARVALHO, William Eustáquio de; CASTRO, Moema A. S. de. *Direito falimentar contemporâneo.* Porto Alegre: Sérgio Antônio Fabris, 2008, p. 188.

46. STJ – REsp 399.644/SP, Rel. Ministro Castro Filho, Terceira Turma, julgado em 30-4-2002, *DJ* 17-6-2002, p. 259; STJ – REsp 725.128/TO, Rel. Ministro João Otávio De Noronha, Quarta Turma, julgado em 20-5-2008, *DJe* 9-6-2008.

47. STJ – AgInt nos EDcl no REsp 1323788/DF, Rel. Ministro Raul Araújo, Quarta Turma, julgado em 22-11-2016, DJe 12-12-2016.

tendo o sucesso de seu plano de recuperação, ainda que ultrapassado o prazo legal de suspensão constante do § 4º do art. 6º, da Lei n. 11.101/05, sob pena de violar o princípio da continuidade da empresa[48].

O individual não pode ser mais importante que o coletivo e, por isso, sempre que possível deve-se buscar a preservação da empresa, ainda que em detrimento de um credor.

5 Natureza

Definidos os contornos e os objetivos do instituto, bem como seus princípios, pode-se definir a natureza jurídica da recuperação.

5.1 Ato complexo

Jorge Lobo[49] afirma que a natureza da recuperação judicial é de um ato complexo. Não se trata aqui do ato complexo definido por Ascarelli como aquele no qual "as partes apresentam-se animadas por idêntico interesse; encontram-se, por assim dizer, do mesmo lado; justamente por isso, o ato complexo está sujeito a uma disciplina diversa daquela dos contratos"[50]. Na concepção de Jorge Lobo, a expressão *ato complexo* significa que a recuperação envolve um ato coletivo processual, um favor legal e uma obrigação *ex lege*, que visam a proteger a atividade empresarial e todos os interesses que a circundam (fisco, trabalhadores e comunidade).

Haveria um ato coletivo processual na medida em que as vontades do devedor e dos seus credores andariam lado a lado (paralelas), no mesmo sentido, formando uma única vontade. Haveria um ato processual praticado em conjunto pelo devedor e por seus credores, não havendo um cruzamento das vontades. Estas seriam paralelas e se fundiriam formando uma única vontade, a de recuperar a empresa.

Além disso, a recuperação seria também um favor legal, na medida em que permite que o devedor, obedecidos os requisitos legais, obtenha o saneamento da empresa. Por fim, seria uma obrigação *ex lege*, na medida em que representaria uma novação de todos os créditos, que passa a ter uma nova condição.

Apesar de plausível, ousamos discordar desse entendimento, porquanto não conseguimos vislumbrar vontades paralelas na recuperação. A nosso ver, as vontades de credor

---

48. STJ – CC 79.170/SP, Rel. Ministro Castro Meira, Primeira Seção, julgado em 10-9-2008, *DJe* 19-9-2008.

49. LOBO, Jorge. In: ABRÃO, Carlos Henrique; TOLEDO, Paulo F. C. Salles de. (Coord.). *Comentários à lei de recuperação de empresas e falência*. São Paulo: Saraiva, 2005, p. 105.

50. ASCARELLI, Tullio. *Problemas das sociedades anônimas e direito comparado*. 2. ed. São Paulo: Saraiva, 1969, p. 258.

e devedor se cruzam e, por vez, até se opõem, como se vê da experiência nas assembleias de credores. Outrossim, não conseguimos também visualizar o favor legal ou a obrigação *ex lege*, porquanto há a necessidade da manifestação favorável, expressa ou tácita, dos credores.

5.2 *Natureza processual*

Paulo Sérgio Restiffe reconhece na recuperação judicial uma natureza processual contenciosa, mantendo-se, para ele, a mesma natureza da concordata[51]. Na recuperação haveria a entrega de uma prestação jurisdicional[52] pelo Estado ao empresário devedor. Essa prestação jurisdicional seria a solução de uma lide entre o devedor e seus credores, daí dizer-se que a recuperação judicial seria contenciosa. No mesmo sentido, Waldo Fazzio Júnior assevera que a recuperação judicial seria uma ação constitutiva positiva com o objetivo de superar a crise econômico-financeira pela qual passa o devedor[53].

Embora não haja como negar a importância das regras processuais para os procedimentos da Lei n. 11.101/2005, ousamos discordar da sua natureza processual. Jorge Lobo afirma que não há natureza processual na recuperação porquanto não há citação para responder, mas para opinar, o juiz não decide uma lide, não há revelia, produção de provas, audiência de conciliação, instrução e julgamento e sucumbência[54].

Além disso, não há um direito subjetivo à recuperação, uma vez que ela dependerá da concordância expressa ou tácita dos credores. Tal concordância não pode ser entendida como um mero requisito para o exercício, porquanto se trata de manifestação pura e simples dos credores, não havendo limites legais a tal manifestação.

5.3 *Natureza contratual*

Para boa parte da doutrina, a recuperação é um negócio jurídico privado realizado sob supervisão judicial[55], isto é, há uma natureza contratual na recuperação judicial. De

---

51. RESTIFFE, Paulo Sérgio. *Recuperação de empresas*. Barueri: Manole, 2008, p. 43-45.

52. PAJARDI, Piero. *Manuale di diritto fallimentare*. 6. ed. Milano: Giuffrè, 2002, p. 663.

53. FAZZIO JÚNIOR, Waldo. *Nova lei de falência e recuperação de empresas*. São Paulo: Atlas, 2005, p. 128-129.

54. LOBO, Jorge. Recuperação judicial da empresa. In: OLIVEIRA, Fátima Bayma de (Org.). *Recuperação de empresas*. São Paulo: Pearson Prentice Hall, 2006, p. 22.

55. PENTEADO, Mauro Rodrigues. In: SOUZA JÚNIOR, Francisco Sátiro de; PITOMBO, Antônio Sérgio de A. de Moraes (Coord.). *Comentários à lei de recuperação de empresas e falência*. São Paulo: Revista dos Tribunais, 2005, p. 84; ALMEIDA, Amador Paes de. *Curso de falência e recuperação de empresa*. 21. ed. São Paulo: Saraiva, 2005, p. 299; MARZAGÃO, Lídia Valéria. A recuperação judicial. In: MACHADO, Rubens Approbato (Coord.). *Comentários à lei de falências e recuperação de empresas*. São Paulo: Quartier Latin, 2005, p. 92; CAMPINHO, Sérgio. *Falência e recuperação de empresa*: o novo regime de insolvência empresa-

modo similar, Rachel Sztajn e Vera Helena de Mello Franco afirmam que o plano "é um negócio de cooperação celebrado entre devedor e credores, homologado pelo juiz"[56], assemelhando-se a um contrato plurilateral.

Com efeito, o aspecto contratual se sobressai na recuperação judicial, na medida em que ela representa um grande acordo entre o devedor e seus credores. Há, indubitavelmente, um encontro de vontades entre tais sujeitos reforçando a natureza contratual. Não são vontades paralelas, mas vontades que se cruzam, vale dizer, há uma oposição de interesses[57] que entram em acordo para recuperar a empresa.

Jorge Lobo[58] critica a natureza contratual na recuperação, asseverando que ela obriga os credores ausentes e que, por isso, não haveria o acordo de vontades. Além disso, ele sustenta que a recuperação renova as obrigações dos credores mesmo contra sua vontade. Por fim, ele também assevera que a suspensão das ações e execuções em curso, bem como a possibilidade de concessão da recuperação, mesmo que não aprovada em todas as classes, afastaria a natureza contratual.

E não se diga que a possibilidade da concessão da recuperação, mesmo com a oposição de alguns credores, afastaria o acordo de vontades, porquanto, de qualquer forma, haverá o acordo entre a vontade dos credores e a vontade do devedor. Para todos os efeitos, a vontade dos credores pode decorrer da concordância tácita com o plano, ou da deliberação da maioria em uma assembleia. A fim de simplificar a atuação da recuperação, a lei permite que se considere a vontade dos credores em conjunto (massa de credores)[59], ainda que algum deles individualmente possua certas divergências. O conjunto de credores é tratado como uma comunhão para todos os efeitos, na recuperação judicial[60].

Outrossim, a atuação judicial também não desconfigura a natureza contratual da recuperação, na medida em que se trata de simples supervisão. O Poder Judiciário não impõe a recuperação, ele só poderá concedê-la caso se chegue ao acordo entre os credores. Portanto, a recuperação judicial é um acordo de vontades entre o devedor em crise e seus credores, que se manifestam em conjunto, por meio da assembleia de credores, uma vez que possuem uma comunhão de interesses.

---

rial. Rio de Janeiro: Renovar, 2006, p. 123; VILLANI, Gian Piero. In: DI PEPE, Giorgio Schiano (Coord.). *Il diritto fallimentare riformato*. Padova: CEDAM, 2007, p. 491.

56. SZTAJN, Rachel; FRANCO, Vera Helena de Mello. *Falência e recuperação da empresa em crise*. São Paulo: Campus, 2008, p. 234.

57. QUEIROZ, Jorge. Prevenção de crises e recuperação de empresas. In: OLIVEIRA, Fátima Bayma de (Org.). *Recuperação de empresas*. São Paulo: Pearson Prentice Hall, 2006, p. 15.

58. LOBO, Jorge. Recuperação judicial da empresa. In: OLIVEIRA, Fátima Bayma de (Org.). *Recuperação de empresas*. São Paulo: Pearson Prentice Hall, 2006, p. 21.

59. CAMPINHO, Sérgio. *Falência e recuperação de empresa*: o novo regime de insolvência empresarial. Rio de Janeiro: Renovar, 2006, p. 13.

60. PORFIRIO CARPIO, Leopoldo José. *La junta de acreedores*. Madrid: Civitas, 2008, p. 42-43.

5.4 *Natureza dicotômica*

Outra teoria afirma uma natureza dicotômica da recuperação judicial, na medida em que haveria duas possibilidades de concessão pelo juiz. Na primeira modalidade, concedida a partir do consentimento da massa de credores na forma do art. 45 da Lei n. 11.101/2005, haveria a natureza contratual na recuperação judicial, em razão do encontro de vontades. De outro lado, o juiz também teria a possibilidade de conceder a recuperação judicial na forma do art. 58, § 1º, da Lei n. 11.101/2005, sem o consentimento da maioria das classes de credores, o que traria a natureza mandamental[61] para a recuperação judicial. A nosso ver, mesmo nessa segunda hipótese, haveria uma natureza contratual, pois ainda se exige o consentimento da maioria de todos os credores.

61. DOMINGOS, Carlos Eduardo Quadros. *As fases da recuperação judicial*. Curitiba: J. M. Livraria Jurídica, 2009, p. 75.

4 REQUERIMENTO DA RECUPERAÇÃO JUDICIAL

1 O pedido de recuperação judicial

Qualquer que seja a natureza da recuperação judicial, não há dúvida de que sua concessão dependa da intervenção do Poder Judiciário. Tal intervenção, que não pode ocorrer de ofício, dependerá de provocação dos interessados por meio de uma ação. O exercício dessa ação é condição imprescindível para se obter a solução da crise empresarial. Ela representará, em última análise, o pedido de recuperação judicial.

Trata-se de uma ação predominantemente constitutiva positiva[1], na medida em que ela visará a ajustar a situação jurídica do devedor em crise, isto é, caso o pedido seja acolhido, ela irá modificar as relações jurídicas do devedor. Mesmo aqueles que, como nós, reconhecem um acordo na recuperação judicial vislumbram nesse pedido uma ação constitutiva positiva, no sentido de que, uma vez concluído o acordo, haverá a modificação da situação jurídica do devedor.

Essa ação será ajuizada perante o juízo do principal estabelecimento do devedor em crise e seguirá um rito especial constante da Lei n. 11.101/2005. Inicialmente, é fundamental identificar as condições necessárias para se propor a ação, bem como as peculiaridades referentes à legitimidade e à petição inicial e sua instrução. A propositura da ação e o despacho do juiz que defere o processamento da recuperação judicial integram a chamada fase postulatória[2].

2 Requisitos específicos

A princípio, a recuperação judicial aplica-se aos empresários e sociedades empresárias em geral. Todavia, a própria Lei n. 11.101/2005, em seu art. 2º, exclui algumas pessoas dos efeitos da lei como um todo e, consequentemente, da recuperação judicial.

Assim, não podem requerer recuperação judicial as empresas públicas, as sociedades de economia mista, as instituições financeiras, as cooperativas de crédito, as administradoras de consórcio, as entidades de previdência complementar, as sociedades operadoras de planos de assistência à saúde, as seguradoras, as sociedades de capitalização e outras

---

1. RESTIFFE, Paulo Sérgio. *Recuperação de empresas*. Barueri: Manole, 2008, p. 62.
2. COELHO, Fábio Ulhoa. *Curso de direito comercial*. 8. ed. São Paulo: Saraiva, 2008, v. 3, p. 406.

entidades legalmente equiparadas às anteriores. Além disso, todos os impedidos de pedir concordata pela legislação especial ficam impedidos de lançar mão da recuperação judicial (art. 198 da Lei n. 11.101/2005), ressalvadas as empresas de aviação comercial que, embora impedidas de pedir concordata, estão expressamente autorizadas a lançar mão da recuperação judicial e extrajudicial (art. 199 da Lei n. 11.101/2005).

Pelo exposto, vê-se que os empresários que não se enquadrem nas exclusões são abrangidos pela recuperação judicial. Todavia, para que esses empresários possam formular o pedido de recuperação, eles deverão cumprir uma série de requisitos específicos. Tais requisitos são exigidos como sinais de que o pedido de recuperação é sério e poderá ter viabilidade para efetivamente atingir sua finalidade, no sentido da recuperação da empresa.

Na reforma de 2006 do direito falimentar italiano, passaram a ser exigidos apenas dois requisitos: a condição de empresário e o estado de crise, sem maiores especificações[3]. No Brasil, de forma similar ao regime anterior na Itália, são exigidos diversos requisitos específicos e cumulativos[4] para o pedido de recuperação judicial, a saber:

1. Exercício regular das atividades há mais de dois anos.
2. Não ser falido ou, se falido, que suas obrigações já tenham sido extintas.
3. Não ter obtido recuperação judicial há menos de 5 anos.
4. Não ter obtido recuperação judicial, com base em plano especial, há menos de 5 anos.
5. Não ter sido condenado por crime falimentar, nem ter como sócio controlador ou administrador pessoa condenada por crime falimentar.

2.1 Exercício regular da atividade há mais de dois anos

O primeiro requisito específico para que o empresário possa ter sua recuperação judicial requerida é o exercício regular da atividade empresarial há mais de dois anos. Tal exercício será comprovado mediante certidão da junta comercial, que pode ser elidida por prova em contrário[5]. Analisando esse requisito, podemos ver que ele é composto de

3. CAFFI, Mario. In: DI PEPE, Giorgio Schiano (Coord.). *Il diritto fallimentare riformato*. Padova: CEDAM, 2007, p. 608-609; PERUGINI, Gian Mario; MASSEI, Umberto. *La riforma della legge falimentare*. Napoli: Simone, 2006, p. 242.

4. SZTAJN, Rachel. In: SOUZA JÚNIOR, Francisco Sátiro de; PITOMBO, Antônio Sérgio de A. de Moraes (Coord.). *Comentários à lei de recuperação de empresas e falência*. São Paulo: Revista dos Tribunais, 2005, p. 224.

5. NEGRÃO, Ricardo. *Manual de direito comercial e de empresa*. 2. ed. São Paulo: Saraiva, 2007, v. 3, p. 127.

três elementos: o exercício da atividade, a regularidade desse exercício e a permanência da atividade há pelo menos dois anos.

Inicialmente o empresário deve estar no exercício da atividade, isto é, não pode estar parado. A recuperação judicial visa a preservar a empresa que está em funcionamento e não a reativar empresários inativos. Aqueles que não estão mais em funcionamento não justificam a intervenção estatal por meio da recuperação judicial. Sem o exercício da atividade não há empresa, se não há empresa não há o que preservar[6].

Além do exercício efetivo da atividade, exige-se que tal exercício seja regular, isto é, exige-se que o empresário não seja impedido e cumpra as obrigações legais impostas a ele, no que tange a sua constituição e funcionamento[7]. Não se pode premiar ou proteger empresários irregulares, isto é, que não cumpram suas obrigações[8]. Assim, é essencial para o pedido de recuperação judicial que o empresário esteja regularmente registrado, que mantenha sua escrituração contábil regular[9] e que elabore as demonstrações contábeis exigidas pela legislação. Em outras palavras, o empresário deve atender as obrigações decorrentes do regime jurídico empresarial[10], que lhe é imposto para gozar de certos benefícios, como o acesso à recuperação judicial.

Em razão da necessidade da regularidade do exercício da empresa é que as sociedades em comum e os empresários individuais de fato não têm acesso à recuperação judicial. Tais sujeitos, embora sejam empresários, a princípio abrangidos pela recuperação, não conseguem preencher o requisito do exercício regular da atividade, na medida em que eles não são sequer registrados na junta comercial. Desse modo, incentiva-se o exercício regular e formal da atividade, pois sem ele a recuperação judicial é inacessível. Exige-se mais, isto é, exige-se que o exercício regular seja na mesma atividade ou em atividade correlata àquela que se pretende recuperar. O STJ afirma que "para o processamento da recuperação judicial, a Lei, em seu art. 48, não exige somente a regularidade no exercício da atividade, mas também o exercício por mais de dois anos, devendo-se entender tratar-se da prática, no lapso temporal, da mesma atividade (ou de correlata) que se pretende recuperar"[11].

Esse exercício regular da atividade deve ocorrer há mais de dois anos, para que se possa pedir a recuperação judicial. Tal prazo tem por objetivo aferir a seriedade do exercício da empresa, a sua relevância para a economia e especialmente a viabilidade da sua continuação. Apenas em relação a empresas sérias, relevantes e viáveis é que se justifica

---

6. TJSP – Câmara Especial de Falências e Recuperações Judiciais, AG 5767934900, Relator Desembargador Romeu Rícupero, *DJ* de 11-9-2008.

7. PIMENTA, Eduardo Goulart. *Recuperação de empresas*. São Paulo: IOB, 2006, p. 91.

8. Para os pequenos empresários, considera-se a receita bruta, no ano-calendário anterior, de até R$ 81.000,00 (oitenta e um mil reais) – Lei Complementar n. 123/06 –Art. 68.

9. GUGLIELMUCCI, Lino. *Lezioni di diritto fallimentare*. 3. ed. Torino: Giappichelli, 2004, p. 366.

10. FRANSCESCHELLI, Remo. *Corso di diritto commerciale*. Milano: Giuffrè, 1944, p. 169.

11. STJ – REsp 1478001/ES, Rel. Ministro Raul Araújo, Quarta Turma, julgado em 10-11-2015, DJe 19-11-2015.

o sacrifício dos credores em uma recuperação judicial. Uma empresa exercida há menos de dois anos ainda não possui relevância para a economia que justifique a recuperação[12].

Ademais, o exercício da empresa há menos de dois anos com necessidade de uso da recuperação judicial é uma atividade inviável, sob o ponto de vista da legislação[13].

2.2 Não ser falido

Além do exercício regular da atividade há mais de dois anos, é essencial também que o devedor não seja falido ou, se for falido, que já tenha suas obrigações extintas. A nosso ver, trata-se de requisito redundante, na medida em que o falido é inabilitado para o exercício da atividade empresarial pelo menos até a extinção das suas obrigações (Lei n. 11.101/2005 – art. 102). Ora, se ele é impedido de exercer a atividade empresarial enquanto falido, não conseguirá preencher o primeiro requisito, que é o exercício regular da atividade.

Apesar dessa redundância, acreditamos que o legislador quis impor tal requisito para afastar a possibilidade de uma recuperação judicial para suspender os efeitos da falência, como era possível na concordata. A recuperação judicial pode ser requerida até no prazo da defesa, mas nunca após a decretação da falência, pois, a partir desse momento, a solução da crise será a liquidação patrimonial e não a manutenção da atividade. A recuperação judicial é sempre um procedimento prévio em relação à falência[14].

Deve-se sempre buscar a recuperação, mas não se pode postergá-la indefinidamente. Se o devedor, passando pela crise, não pediu a recuperação, nem mesmo no prazo da defesa de um pedido de falência, não se deve mais permiti-la. Por isso, esse requisito é imposto.

Se o falido já tiver suas obrigações extintas, ou seja, se ele já resolveu as obrigações que ensejaram a falência, nada impede que ele busque a recuperação para sua nova atividade, desde que cumpra os demais requisitos exigidos.

2.3 Não ter obtido outra recuperação judicial

Outro requisito para pleitear a recuperação é a não obtenção de outra recuperação judicial tradicional ou especial nos últimos cinco anos. Não se pode permitir que o empresário use reiteradamente a recuperação judicial para superar suas crises. Ele pode e

---

12. COELHO, Fábio Ulhoa. *Curso de direito comercial*. 8. ed. São Paulo: Saraiva, 2008, v. 3, p. 407.

13. SZTAJN, Rachel; FRANCO, Vera Helena de Mello. *Falência e recuperação da empresa em crise*. São Paulo: Campus, 2008, p. 235; PIMENTA, Eduardo Goulart. *Recuperação de empresas*. São Paulo: IOB, 2006, p. 91; SIMIONATO, Frederico A. Monte. *Tratado de direito falimentar*. Rio de Janeiro: Forense, 2008, p. 132.

14. CAMPINHO, Sérgio. *Falência e recuperação de empresa*: o novo regime de insolvência empresarial. Rio de Janeiro: Renovar, 2006, p. 123.

deve usar a recuperação, mas ela não pode servir como uma forma de transferência permanente dos riscos da sua atividade para os seus credores. O uso da recuperação judicial em mais momentos próximos denota a incompetência do empresário em gerir aquele negócio e, por isso, afasta a possibilidade de nova recuperação[15].

A recuperação não pode ser uma regra na vida do empresário, ou seja, não pode haver uma indústria da recuperação judicial[16]. Ela deve ser uma exceção[17], aplicável apenas eventualmente, quando o mercado não consegue solucionar as crises. Mesmo nesses casos, a recuperação não pode ser uma prática reiterada, sob pena de desvirtuamento dos riscos do negócio.

Embora a recuperação não deva ser usada reiteradamente, é possível que o mesmo devedor goze de mais de uma recuperação judicial, desde que atenda aos limites temporais de cinco anos para a recuperação judicial ordinária e para a concedida com base em um plano especial de recuperação para microempresas e empresas de pequeno porte. Os limites temporais são impostos para afastar a indústria da recuperação, sem impedir completamente um novo acesso à recuperação. Os prazos serão contados sempre do dia da concessão da recuperação por ato judicial, isto é, entre este dia e o novo pedido devem ter decorrido cinco anos pelo menos, para que possa ser realizado o novo pedido de recuperação.

Especificamente em relação ao prazo da concessão da recuperação judicial com base no plano especial, houve uma redução do prazo pela Lei Complementar n. 147/2014, de 8 anos para 5 anos. A redução se deu para não penalizar aqueles que lançam mão da recuperação judicial especial.

2.4 Ausência de condenação por crime falimentar

Por fim, é requisito do pedido de recuperação judicial a ausência de condenação por crime falimentar (Lei n. 11.101/2005 – arts. 168 a 178). No direito italiano anterior, a ausência de condenação deveria abranger crimes falimentares, contra o patrimônio, contra a fé pública, contra a economia popular, a indústria e o comércio[18]. No Brasil, impõe-se apenas a não condenação por crime falimentar.

Cumpre ressaltar que tal requisito é exigido para o pedido de recuperação judicial, logo, a condenação posterior ao pedido não tem o condão de impedir o seu regular pro-

---

15. COELHO, Fábio Ulhoa. *Curso de direito comercial*. 8. ed. São Paulo: Saraiva, 2008, v. 3, p. 409; CAMPOS BATALHA, Wilson de Souza; RODRIGUES NETTO, Nelson; RODRIGUES NETTO, Sílvia Maria Labate Batalha. *Comentários à lei de recuperação judicial de empresas e falência*. 4. ed. São Paulo: LTr, 2007, p. 93.

16. SZTAJN, Rachel; FRANCO, Vera Helena de Mello. *Falência e recuperação da empresa em crise*. São Paulo: Campus, 2008, p. 235.

17. MAMEDE, Gladston. *Direito empresarial brasileiro*: falência e recuperação de empresas. São Paulo: Atlas, 2006, v. 4, p. 186.

18. GUGLIELMUCCI, Lino. *Lezioni di diritto fallimentare*. 3. ed. Torino: Giappichelli, 2004, p. 366.

cessamento. A ideia é permitir o acesso à recuperação apenas para devedores de boa-fé, isto é, apenas sujeitos de idoneidade presumida poderão requerer a recuperação judicial.

Esse impedimento, decorrente da condenação por crime falimentar, só passa a existir a partir do trânsito em julgado da sentença condenatória, tendo em vista a presunção de inocência do art. 5º, LVII, da Constituição Federal[19]. O simples recebimento da denúncia ou a condenação ainda pendente de recurso não configuram o impedimento. Em todo caso, ele não será perpétuo, vale dizer, só há impedimento até a extinção da punibilidade ou a reabilitação penal.

No caso de empresário individual, tal requisito é exigido em relação ao próprio empresário pessoa física. Nada mais lógico que verificar, ao menos presumidamente, a idoneidade desse empresário. Ele será, em regra, o responsável pela condução da empresa durante o período de recuperação e, por isso, deve ser uma pessoa confiável. Havendo a condenação definitiva por crime falimentar, aquele sujeito já demonstrou não ser digno de confiança em relação aos credores e, por isso, não lhe é dada a oportunidade da recuperação judicial.

Já nas sociedades empresárias, o requisito é exigido em relação aos seus administradores (diretores ou membros do conselho de administração) e em relação aos sócios controladores. Os primeiros são os presentantes[20], os órgãos da sociedade, responsáveis por sua atuação mais direta no mundo concreto. Já os últimos são os sócios ou acionistas que têm o poder de dirigir as atividades sociais[21]. O impedimento aqui é dirigido expressamente a esses sujeitos, não abrangendo o controle externo[22], isto é, o controle exercido por pessoas que não são sócias ou acionistas, usando um meio alheio ao exercício do direito de voto[23]. A ideia se repete, no sentido de evitar o acesso de pessoas inidôneas à recuperação.

No que tange às sociedades, há um grande retrocesso da lei, na medida em que ela faz uma confusão entre a pessoa jurídica e seus sócios controladores ou seus administradores[24]. Se a pessoa jurídica cumpre os requisitos, não se deve impedir a recuperação,

---

19. MAMEDE, Gladston. *Direito empresarial brasileiro*: falência e recuperação de empresas. São Paulo: Atlas, 2006, v. 4, p. 187.

20. MIRANDA, Francisco Antônio Pontes de. *Tratado de direito privado*. Campinas: Bookseler, 1999, v. 1, p. 482-483; COELHO, Fábio Ulhoa. *Curso de direito comercial*. São Paulo: Saraiva, 1999, v. 2, p. 429.

21. CARVALHOSA, Modesto. *Comentários à Lei de Sociedades Anônimas*. São Paulo: Saraiva, 1997, v. 2, p. 429.

22. SZTAJN, Rachel. In: SOUZA JÚNIOR, Francisco Sátiro de; PITOMBO, Antônio Sérgio de A. de Moraes (Coord.). *Comentários à lei de recuperação de empresas e falência*. São Paulo: Revista dos Tribunais, 2005, p. 224.

23. CARVALHOSA, Modesto. *Comentários à Lei de Sociedades Anônimas*. São Paulo: Saraiva, 1997, v. 2, p. 435.

24. LOBO, Jorge. In: SOUZA JÚNIOR, Francisco Sátiro de; PITOMBO, Antônio Sérgio de A. de Moraes (Coord.). *Comentários à lei de recuperação de empresas e falência*. São Paulo: Revista dos Tribunais, 2005, p. 114-115; CAMPINHO, Sérgio. *Falência e recuperação de empresa*: o novo regime de insolvência empresarial. Rio de Janeiro: Renovar, 2006, p. 130.

pois é ela que se sujeitará a tal procedimento e não os seus sócios[25]. Ora, apenas sociedades personificadas podem pedir a recuperação e, nessas sociedades, há uma clara distinção entre a pessoa jurídica e os sócios ou administradores. A personalidade separa os sujeitos, isto é, "com o nascimento dela, surge um novo centro de referência de interesses e relações jurídicas; se tem um sujeito jurídico a mais, o qual tem capacidade de direito, capacidade de querer e agir, vontade e responsabilidade patrimonial própria"[26].

Confundir esses sujeitos é ignorar a realidade da pessoa jurídica. Se os administradores falham, eles devem ser afastados, mas não se deve vedar o acesso da pessoa jurídica à recuperação. Neste particular, há mais atenção para a punição do que para a recuperação. Para compatibilizar a função social da empresa com esta exigência, a sociedade empresária, ao requerer a recuperação, deverá prever a substituição dos administradores ou a alienação do controle societário, afastando o impedimento[27].

3 Legitimidade ativa

Cumpridos os requisitos específicos, poderá ser requerida a recuperação judicial do empresário que não se enquadre nas exclusões. Tal requerimento, normalmente, é feito pelo próprio empresário. No entanto, além dele, também têm legitimidade para requerer a recuperação os herdeiros, o cônjuge sobrevivente, o inventariante e o sócio remanescente. Não há, portanto, previsão de legitimidade para credores e para o Ministério Público na legislação brasileira, como é admitido no direito francês[28] e no direito português[29].

No caso da EIRELI, pela aplicação das regras atinentes às sociedades limitadas, tal requisito será verificado em relação à pessoa do titular e a eventuais administradores.

3.1 O próprio empresário

Obviamente, o maior interessado na recuperação é o próprio devedor e, por isso, ele mesmo tem a legitimidade primária para o ajuizamento do pedido de recuperação judi-

25. DE FERRA, Giampaolo. *Manuale di diritto fallimentare*. 3. ed. Milano: Giuffrè, 2002, p. 349.

26. MESSINEO, Francesco. *Manuale di diritto civile e commerciale*. Milano: Giuffrè, 1957, v. 1, p. 278, tradução livre de "Con la nascita di essa, sorge un nuovo termine di riferimento di interessi e di rapporti giuridici; si ha un soggeto giuridico di più, il quale ha capacità di diritti, capacità di volere e di agire, volontà e responsabilità patrimoniale propria".

27. NEGRÃO, Ricardo. *Manual de direito comercial e de empresa*. 2. ed. São Paulo: Saraiva, 2007, v. 3, p. 131.

28. JANTIN, Michel; LE CANNU, Paul. *Droit commercial*: entreprises en difficulté. 7. ed. Paris: Dalloz, 2007, p. 190-192.

29. MENEZES LEITÃO, Luís Manuel Teles de. *Código da insolvência e da recuperação de empresas anotado*. 3. ed. Coimbra: Almedina, 2006, p. 60.

cial. Embora a recuperação seja da atividade (empresa) e não do sujeito, é óbvio que o titular da atividade (empresário) é o legitimado para formular tal pedido.

Caso seja um empresário individual, trata-se de uma simples decisão da própria pessoa física. Ele, por si só, verificando o cumprimento dos requisitos, poderá requerer a recuperação judicial, que terá o seu regular processamento. Não há poderes para os prepostos realizarem tal requerimento, sendo essencial a decisão do próprio empresário, que poderá até ser representado, mas em uma representação convencional, por procuração.

No caso das sociedades empresárias, o requerimento da recuperação judicial será formulado pelos administradores, bem como nas EIRELIs. Todavia, não se trata de um ato de gestão ordinária, cuja decisão compete exclusivamente a eles. O requerimento dependerá de prévia manifestação da vontade da sociedade pelos sócios ou acionistas.

Nas limitadas, a vontade social poderá ser expressada em reunião, assembleia ou em manifestação por escrito de todos os sócios. Em todo caso, o pedido só será possível se contar com a deliberação favorável de sócios que representem mais da metade do capital social (CC – art. 1.071, VIII c. c. 1.076, II). Nas sociedades anônimas, a deliberação deverá ser tomada em assembleia geral (Lei n. 6.404/76 – art. 122, IX) e será considerada aprovada pela maioria dos votos presentes. Em ambos os casos, os dispositivos legais se referem à concordata, mas acreditamos que a sua razão de ser permite a aplicação na recuperação judicial[30]. Nas sociedades em nome coletivo e em comandita simples, a decisão deverá decorrer da maioria absoluta dos votos computados de acordo com o capital social (CC – arts. 1.010, 1.040 e 1.046)[31].

Em caso de urgência, o administrador poderá fazer sozinho o pedido de recuperação judicial, desde que obtenha a concordância do acionista controlador, convocando-se a assembleia geral imediatamente. No caso das limitadas, tal pedido dependerá da concordância de sócios que representem mais da metade do capital social. Essa urgência poderá ocorrer especialmente no caso de pedidos de falência, quando o devedor tem o prazo de dez dias para requerer a recuperação judicial.

Nas EIRELIs o pedido será feito pelo próprio titular ou pelo administrador com autorização do titular, dada a aplicação das regras atinentes às sociedades limitadas.

3.2 *Herdeiros, cônjuge e inventariante*

Além do próprio empresário, a Lei n. 11.101/2005, em seu art. 48, parágrafo único, admite a legitimação extraordinária dos herdeiros, do cônjuge sobrevivente e do inventariante. Obviamente, essa legitimidade é assegurada em relação ao espólio do empresá-

30. PIMENTA, Eduardo Goulart. *Recuperação de empresas*. São Paulo: IOB, 2006, p. 101.

31. CAMPINHO, Sérgio. *Falência e recuperação de empresa*: o novo regime de insolvência empresarial. Rio de Janeiro: Renovar, 2006, p. 134.

rio individual. Neste caso, o próprio empresário não terá como realizar o pedido, admitindo-se que esses outros sujeitos realizem o pedido. Tal hipótese não possui a tendência de ser muito utilizada, na medida em que o cônjuge, os herdeiros e o inventariante dificilmente correrão o risco da decretação da falência, no caso de não ser acolhido o pedido de recuperação judicial[32].

3.3 Sócio remanescente

A Lei n. 11.101/2005, também no art. 48, parágrafo único, reconhece a legitimidade para o sócio remanescente, sem especificar o conteúdo dessa expressão.

Rachel Sztajn afirma que a legitimidade seria atribuída aos sócios, quando não fosse possível aos demais sócios fazer o pedido[33]. Fábio Ulhoa Coelho, por sua vez, entende como sócio remanescente o sócio dissidente, isto é, o sócio minoritário, que restou vencido na deliberação sobre o pedido de recuperação judicial[34]. Ele afirma, porém, que o juiz deverá verificar a existência ou não de abuso por parte dos controladores, para determinar o processamento do feito. Ousamos discordar de tais opiniões, na medida em que assegurar aos minoritários tais poderes é desvirtuar o poder de controle nas sociedades. Os minoritários possuem direitos, mas não podem comandar a sociedade em detrimento dos controladores.

Outros autores[35], a nosso ver com razão, sustentam que a hipótese de legitimação do sócio remanescente se refere aos casos de unipessoalidade temporária da sociedade. Se a sociedade tinha dois sócios e passou a ter um só, temporariamente, esse sócio poderá realizar o requerimento da recuperação judicial, ainda que sozinho não tivesse votos suficientes para aprovar a deliberação ou para realizar o requerimento. Nesses casos, protege-se a manutenção da empresa, dando a esse sócio remanescente a chance de obter a recuperação judicial para a sociedade de que faz parte. O sócio remanescente agirá em nome da sociedade, visando à preservação da atividade. Tal interpretação se coaduna com os princípios inerentes à recuperação judicial, sem desvirtuar o poder de controle inerente às sociedades.

---

32. SIMIONATO, Frederico A. Monte. *Tratado de direito falimentar*. Rio de Janeiro: Forense, 2008, p. 132.

33. SZTAJN, Rachel. In: SOUZA JÚNIOR, Francisco Sátiro de; PITOMBO, Antônio Sérgio de A. de Moraes (Coord.). *Comentários à lei de recuperação de empresas e falência*. São Paulo: Revista dos Tribunais, 2005, p. 225.

34. COELHO, Fábio Ulhoa. *Curso de direito comercial*. 8. ed. São Paulo: Saraiva, 2008, v. 3, p. 409.

35. NEGRÃO, Ricardo. *Manual de direito comercial e de empresa*. 2. ed. São Paulo: Saraiva, 2007, v. 3, p. 132-133; CAMPINHO, Sérgio. *Falência e recuperação de empresa*: o novo regime de insolvência empresarial. Rio de Janeiro: Renovar, 2006, p. 126; SIMIONATO, Frederico A. Monte. *Tratado de direito falimentar*. Rio de Janeiro: Forense, 2008, p. 133; ANDREY, Marcos. In: DE LUCCA, Newton; SIMÃO FILHO, Adalberto (Coord.). *Comentários à nova lei de recuperação de empresas e de falências*. São Paulo: Quartier Latin, 2005, p. 221.

4 Credores abrangidos

Os legitimados acima indicados poderão ingressar com o pedido de recuperação. Tal pedido, embora seja uma ação, não se enquadra confortavelmente na estrutura do processo tradicional. Há um autor, um juízo competente, mas não há propriamente réus[36], não havendo que se cogitar sequer da citação[37].

Apesar disso, pode-se falar em uma legitimidade passiva, na medida em que o devedor lança mão do pedido de recuperação judicial em face dos seus credores. Para os que, como nós, entendem que a recuperação é um acordo, os credores representam o outro polo do acordo. Em outras palavras, embora não sejam réus, os credores do empresário são sujeitos à recuperação judicial.

A princípio, sujeitam-se à recuperação judicial todos os créditos existentes à data do pedido, ainda que não vencidos (Lei n. 11.101/2005 – art. 49). A aferição da existência ou não do crédito na data do pedido levará em conta o fato gerador[38] do crédito, isto é, a data da fonte da obrigação. Assim, serão levadas em conta as datas de emissão de títulos de crédito, de conclusão dos contratos e da prestação de serviços pelos empregados. Os créditos posteriores ao pedido também têm sua importância, mas os titulares desses créditos não são sujeitos à recuperação judicial.

Assim, créditos trabalhistas referentes a serviços prestados antes da distribuição do pedido também se submetem à recuperação, uma vez que a obrigação já nasceu[39]. Mesmo créditos em execução, com penhora já realizada se submetem ao processo de recuperação judicial, por serem existentes e ainda não extintos[40]. Para o STJ, os honorários advocatícios referentes à cobrança dos créditos, mesmo se fixados posteriormente também ser incluídos na recuperação judicial[41]. Ousamos discordar desse entendimento, tendo em vista a autonomia do crédito dos honorários, cuja data da efetiva constituição é que deve ser considerada.

Embora sejam sujeitos à recuperação, tais créditos mantêm suas condições originais, salvo se condição diversa decorrer da aprovação do plano de recuperação judicial. Outrossim, os credores, mesmo sujeitos à recuperação, manterão seus direitos e privilégios em relação a eventuais codevedores das obrigações.

---

36. MAMEDE, Gladston. *Direito empresarial brasileiro*: falência e recuperação de empresas. São Paulo: Atlas, 2006, v. 4, p. 193.

37. Em sentido contrário: RESTIFFE, Paulo Sérgio. *Recuperação de empresas.* Barueri: Manole, 2008, p. 138.

38. JANTIN, Michel; LE CANNU, Paul. *Droit commercial*: entreprises en difficulté. 7. ed. Paris: Dalloz, 2007, p. 238.

39. STJ – REsp 1634046/RS, Rel. Ministra Nancy Andrighi, Rel. p/ Acórdão Ministro Marco Aurélio Bellizze, Terceira Turma, julgado em 25-4-2017, DJe 18-5-2017.

40. STJ – REsp 1635608/SP, Rel. Ministra Nancy Andrighi, Terceira Turma, julgado em 10-11-2016, DJe 14-11-2016.

41. STJ – REsp 1443750/RS, Rel. Ministro MARCO AURÉLIO BELLIZZE, Rel. p/ Acórdão Ministro RICARDO VILLAS BÔAS CUEVA, TERCEIRA TURMA, julgado em 20-10-2016, DJe 6-12-2016.

De outro lado, créditos constituídos após a distribuição do pedido não se submetem ao processo de recuperação judicial[42], assim como os créditos já extintos. Nesse particular, os créditos em execução com penhora regular, ainda não foram extintos e se submetem à recuperação judicial. Todavia, nos casos de créditos em execução com depósito judicial, reconhece-se a extinção da obrigação[43] e, por conseguinte, sua não submissão à recuperação judicial, pois "não há como se admitir que o credor já satisfeito se sujeite aos efeitos da recuperação judicial"[44].

Ao contrário do regime da concordata, a recuperação não se limita a uma classe de credores, abrangendo todas as classes de credores previstas no art. 83 da Lei n. 11.101/2005, exceto os credores fiscais. Discute-se se dentro das classes previstas no art. 83, seria possível a criação de subclasses. O TJSP entendeu que seria possível, afirmando que "não há ilegalidade no tratamento desigual aos credores de uma mesma classe, na medida das suas desigualdades, considerando que estes, de fato, ostentam situações diferentes no plano material, podendo os mesmos pactuarem livremente quanto à incidência ou não de juros e correção monetária"[45].

Parte da doutrina caminha no mesmo sentido, afirmando que "o plano de recuperação judicial que estabelece condições de pagamento diferenciadas a credores de mesma classe é válido, desde que a distinção esteja fundamentada em um ou mais critérios objetivos de discriminação entre os créditos"[46]. Seriam critérios objetivos para a criação de subclasses: "i) o tipo de relação que deu origem ao crédito, (ii) a existência de garantias, (iii) a relevância social do adimplemento de determinadas dívidas, (iv) o valor individual dos créditos, e (v) as condições de pagamento dos créditos"[47]. Acreditamos que tal opinião é realmente a correta, mas há que se ter muito cuidado nessa criação das subclasses, especialmente com os critérios de distinção e a diferença de tratamento entre as subclasses.

4.1 Créditos inexigíveis

Pela situação de crise inerente ao devedor que pede a recuperação judicial, certos créditos passam a ser inexigíveis e, por isso, não são abrangidos pela recuperação. O art.

42. STJ – AgRg nos EDcl no CC 136.571/MG, Rel. Ministro MARCO AURÉLIO BELLIZZE, SEGUNDA SEÇÃO, julgado em 24-5-2017, DJe 31-5-2017

43. "Na fase de execução, o depósito judicial do montante (integral ou parcial) da condenação extingue a obrigação do devedor, nos limites da quantia depositada". STJ – REsp 1348640/RS, Rel. Ministro PAULO DE TARSO SANSEVERINO, CORTE ESPECIAL, julgado em 7-5-2014, DJe 21-5-2014

44. CANTO, Jorge Luiz Lopes do. Os efeitos preponderantes do depósito judicial frente aos créditos sujeitos à recuperação judicial. *Revista de Direito Recuperacional e Empresa*, v. 3, jan.-mar. 2017.

45. TJSP – Agravo de Instrumento 0136462-81.2011.8.26.0000, Desembargador Elliot Akel, Câmara Reservada à Falência e Recuperação, 18-10-2011

46. CORBO, Wallace; GARCIA, Rodrigo Saraiva Porto; SILVA, Jorge Luis da Costa. A criação de subclasses e a possibilidade de tratamento diferenciado entre credores na recuperação judicial. *Revista dos Tribunais*, v. 980, jun. 2017, p. 285.

47. Idem, p. 293.

5º da Lei n. 11.101/2005 afirma que não são exigidas do devedor e, consequentemente, não são abrangidas pela recuperação as obrigações a título gratuito e as despesas que os credores fizerem para tomar parte na recuperação judicial, salvo as custas judiciais decorrentes de litígio com o devedor.

No que tange às obrigações a título gratuito, a inexigibilidade é óbvia. Se o devedor está passando por uma crise, não é razoável obrigá-lo a arcar com obrigações que não lhe deem uma contrapartida. Obrigações que simplesmente diminuirão seu patrimônio, sem um retorno, não poderão ser exigidas, sob pena de prejuízo injustificável para toda a massa de credores. Por não serem sequer exigíveis, tais créditos não participam do processo de recuperação judicial. Assim, doações e outras obrigações a título gratuito não farão parte do processo, mesmo que sejam anteriores.

Nesse particular, questão da maior relevância é o enquadramento da fiança prestada pelo devedor em recuperação judicial ou mesmo na falência entre os créditos inexigíveis. Com efeito, boa parte da doutrina contratualista[48] encaixa a fiança como um exemplo de contrato gratuito. O mesmo entendimento tem sido adotado pela jurisprudência do TJDFT[49].

Ocorre que nas relações empresariais, a questão já não é tão simples assim, tendo em vista a onerosidade inerente a tais contratos. Além disso, especialmente nos contratos de fiança prestados a outros integrantes do grupo empresarial, o benefício para o grupo é evidente, pela diminuição de encargos e facilitação ao crédito. Assim, em razão disso, há decisões que reconhecem a exigibilidade da fiança prestada dentro do grupo empresarial, dada a onerosidade inerente a tal garantia nesta situação[50]. Nesse sentido, o TJSP já reconheceu a onerosidade em uma fiança prestada por uma integrante de um grupo empresarial em favor de outra, afirmando que há uma comunhão de interesses comerciais que afastaria a gratuidade da operação[51].

A nosso ver, apesar da controvérsia, é possível analisar nos casos concretos a onerosidade da fiança, especialmente dentro de grupos empresariais, isto é, só devem ser consideradas gratuitas as fianças de mero favor. Qualquer fiança em que demonstrada alguma contraprestação, ainda que intangível, será considerada onerosa e, consequentemente, será exigível na recuperação judicial e na falência.

---

48. PEREIRA, Caio Mario da Silva. *Instituições de direito civil.* 15. ed. Rio de Janeiro: Forense, 2011, v. III, p. 454.

49. TJDFT – Acórdão n. 598805, 20120020062246AGI, Relator: SÉRGIO ROCHA, 2ª Turma Cível, Data de Julgamento: 27-6-2012, Publicado no *DJE:* 29-6-2012, p. 121.

50. AYOUB, Luiz Roberto; CAVALLI, Cássio. *A construção jurisprudencial da recuperação judicial de empresas.* Rio de Janeiro: Forense, 2013, p. 85.

51. TJSP – AI 555.255.4/4-00, Câmara Reservada à Falência e Recuperação, Rel. Desembargador Romeu Ricupero, j. 30-7-2008; TJDFT – Acórdão n. 511457, 20110020017196AGI, Relator: ESDRAS NEVES, 1ª Turma Cível, Data de Julgamento: 2-6-2011, Publicado no *DJE*: 21-6-2011, p. 48.

Da mesma forma, as despesas judiciais e extrajudiciais[52] que os credores tiveram para tomar parte do processo não são exigíveis. Tais custos devem ser arcados pelo credor, não se podendo pedir o ressarcimento ao devedor. Por isso, tais créditos também não são abrangidos pela recuperação judicial. Assim, os custos decorrentes da contratação de um advogado ou de um contador, para poder se manifestar no processo de recuperação, serão de responsabilidade exclusiva do credor[53]. Da mesma forma as eventuais despesas extrajudiciais de realização de um protesto.

Ressalte-se, porém, que as custas dos processos entre devedor e credor, em que o devedor seja vencido, permanecerão exigíveis. A título exemplificativo, as despesas inerentes a uma ação de indenização movida pelo credor contra o devedor, em que este tenha sido vencido, permanecem exigíveis. Dessa forma, são exigíveis as custas dos atos do processo, mas também a diária de testemunhas e a remuneração de peritos e assistentes técnicos[54], bem como os honorários de sucumbência[55].

Diferentemente da legislação anterior, são exigíveis e, consequentemente, se sujeitam à recuperação os créditos referentes a multas e a pensões alimentícias. Especificamente, no que tange às pensões, o silêncio da Lei n. 11.101/2005 deve ser interpretado como a não repetição da orientação do revogado Decreto-lei n. 7.661/45, ou seja, tais obrigações passam a ser exigíveis, apesar das críticas[56]. Aqui, estamos falando não só das pensões decorrentes de vínculos familiares, mas também daquelas decorrentes de atos ilícitos. A condição de crise do devedor pode ensejar a redução ou a extinção da obrigação de pagar a pensão, mas apenas para o futuro. Os créditos de pensão alimentícia já existentes serão exigíveis e se sujeitam à recuperação[57].

4.2 *Créditos excluídos da recuperação*

Além dos créditos inexigíveis, outros créditos, mesmo anteriores ao pedido, não se sujeitarão à recuperação judicial, por expressa disposição legal.

---

52. MAMEDE, Gladston. *Direito empresarial brasileiro*: falência e recuperação de empresas. São Paulo: Atlas, 2006, v. 4, p. 69.

53. COELHO, Fábio Ulhoa. *Comentários à nova lei de falências e recuperação de empresas*. São Paulo: Saraiva, 2005, p. 35.

54. CAMPINHO, Sérgio. *Falência e recuperação de empresa*: o novo regime de insolvência empresarial. Rio de Janeiro: Renovar, 2006, p. 143.

55. MAMEDE, Gladston. *Direito empresarial brasileiro*: falência e recuperação de empresas. São Paulo: Atlas, 2006, v. 4, p. 70; VALVERDE, Trajano de Miranda. *Comentários à Lei de falências*. 4. ed. Rio de Janeiro: Forense Universitária, 1999, p. 210.

56. COELHO, Fábio Ulhoa. *Comentários à nova lei de falências e recuperação de empresas*. São Paulo: Saraiva, 2005, p. 34.

57. MAMEDE, Gladston. *Direito empresarial brasileiro*: falência e recuperação de empresas. São Paulo: Atlas, 2006, v. 4, p. 71; TOLEDO, Paulo F. C. Salles de. In: ABRÃO, Carlos Henrique; TOLEDO, Paulo F. C. Salles de. (Coord.). *Comentários à lei de recuperação de empresas e falência*. São Paulo: Saraiva, 2005, p. 13.

4.2.1 Créditos fiscais

Os créditos de natureza tributária não se submetem aos efeitos da recuperação judicial[58], não havendo nem suspensão das execuções fiscais em curso (Lei n. 11.101/2005 – art. 6º, § 7º), ressalvada a hipótese de parcelamento especial. A exclusão aqui decorre do art. 187 do Código Tribunal Nacional, que afirma que o crédito fiscal não é sujeito a concurso de credores ou à recuperação judicial. Pelo princípio da legalidade e pela indisponibilidade do interesse público, não se admite negociação sobre os créditos fiscais e, por isso, não há como incluí-los no processo de recuperação.

Apesar disso, o fisco deve colaborar ou, ao menos, não atrapalhar a recuperação judicial. Nesse sentido, a Lei n. 11.101/2005 determinou que "as Fazendas Públicas e o Instituto Nacional do Seguro Social – INSS poderão deferir, nos termos da legislação específica, parcelamento de seus créditos, em sede de recuperação judicial, de acordo com os parâmetros estabelecidos na Lei n. 5.172, de 25 de outubro de 1966 – Código Tributário Nacional" (art. 68). Além disso, definiu-se que os devedores enquadrados como microempresas e empresas de pequeno porte farão jus a prazos 20% (vinte por cento) superiores àqueles regularmente concedidos aos demais devedores.

Atualmente, na órbita federal tal parcelamento está disciplinado no art. 10-A da Lei n. 10.522/2002, na redação dada pela Lei n. 13.043/2014. No âmbito dos Estados, já existe o Convênio n. 59/2012 do CONFAZ, que autoriza o parcelamento do ICMS, mas depende de leis locais para implementação.

4.2.2 Credores proprietários

Pela falta de interesse em eventual negociação, a lei também determina a exclusão dos chamados credores proprietários, referidos no art. 49, § 3º, da Lei n. 11.101/2005, a saber: credor titular da posição de proprietário fiduciário de bens móveis ou imóveis, de arrendador mercantil, de proprietário ou promitente vendedor de imóvel cujos respectivos contratos contenham cláusula de irrevogabilidade ou irretratabilidade, inclusive em incorporações imobiliárias, ou de proprietário em contrato de venda com reserva de domínio. Tal previsão vem limitando bastante a eficácia da recuperação judicial, uma vez que boa parte dos credores em certas atividades se reveste dessas características e, por isso, é chamada de trava bancária[59], na medida em que beneficia especialmente os bancos.

---

58. SZTAJN, Rachel; FRANCO, Vera Helena de Mello. *Falência e recuperação da empresa em crise*. São Paulo: Campus, 2008, p. 236; MAMEDE, Gladston. *Direito empresarial brasileiro*: falência e recuperação de empresas. São Paulo: Atlas, 2006, v. 4, p. 199; LOBO, Jorge. In: ABRÃO, Carlos Henrique; TOLEDO, Paulo F. C. Salles de. (Coord.). *Comentários à lei de recuperação de empresas e falência*. São Paulo: Saraiva, 2005, p. 116.

59. COELHO, Fábio Ulhoa. A trava bancária. *Revista do Advogado*, n. 105, ano XXIX, set. 2009, p. 62-63.

Embora acreditemos que tal distinção não se justifica e chega a violar a própria ideia da preservação da empresa, temos que reconhecer que o judiciário vem caminhando em outro sentido. Em uma pesquisa realizada pela Fundação Getulio Vargas (FGV), os pesquisadores levantaram o tema nos 27 Tribunais de Justiça do país, e viram que há 90 processos sobre a questão nas Cortes, tendo como parte 37 diferentes instituições financeiras. Do total de julgamentos, os tribunais foram favoráveis aos bancos em 53 casos, excluindo-os da recuperação judicial. Em apenas 13 decisões, a trava bancária foi liberada[60]. Na jurisprudência mais recente do STJ, ficou pacificado o entendimento de que tal exclusão é perfeitamente legítima, na medida em que não haveria hierarquia dentro do texto da Lei n. 11.101/2005 e, por isso, a norma seria perfeitamente aplicável[61].

4.2.2.1 Alienação fiduciária em garantia

Assim, não são abrangidos pela recuperação os créditos do titular da posição de proprietário fiduciário de bens móveis ou imóveis. A alienação fiduciária em garantia ocorre quando o devedor transmite ao credor a propriedade de um bem, sob a condição resolutiva do pagamento da obrigação garantida, reservando-se a posse direta. Em outras palavras, o devedor aliena para o credor um bem, que ele adquiriu ou que já constava do seu patrimônio, em garantia de determinada obrigação. Caso a obrigação seja paga, a propriedade plena retornará ao devedor. Caso a obrigação não seja paga, o credor poderá fazer recair os seus direitos sobre o bem, dado em garantia, que está na sua propriedade.

Para os fins da recuperação judicial, o TJRJ tem afirmado que o proprietário fiduciário seria apenas aquele do Código Civil, sendo os demais credores com garantia real[62]. Todavia, atualmente, podemos falar em três tipos de alienação fiduciária: comum, especial e de imóveis[63]. A primeira é disciplinada pelo Código Civil (arts. 1.361 a 1.368) e terá por objeto qualquer bem móvel infungível. A segunda é a regida pela Lei n. 4.728/65 e pelo Decreto-lei n. 911/69, podendo abranger bens móveis fungíveis ou infungíveis, limitando-se, contudo, a garantia de operações realizadas no âmbito do mercado finan-

---

60. Disponível em: <http://www.stj.myclipp.inf.br/default.asp?smenu=noticias&dtlh=141291&iABA=Not%EDcias&exp=>. Acesso em: 13 out. 2010.

61. STJ – AgRg no REsp 1326851/MT, Rel. Ministro SIDNEI BENETI, TERCEIRA TURMA, julgado em 19-11-2013, *DJe* 3-12-2013; REsp 1263500/ES, Rel. Ministra MARIA ISABEL GALLOTTI, QUARTA TURMA, julgado em 5-2-2013, *DJe* 12-4-2013; REsp 1279525/PA, Rel. Ministro RICARDO VILLAS BÔAS CUEVA, TERCEIRA TURMA, julgado em 7-3-2013, *DJe* 13-3-2013; STJ – REsp 1549529/SP, Rel. Ministro MARCO AURÉLIO BELLIZZE, TERCEIRA TURMA, julgado em 18-10-2016, DJe 28-10-2016; STJ – AgInt no REsp 1475258/MS, Rel. Ministro PAULO DE TARSO SANSEVERINO, TERCEIRA TURMA, julgado em 7-3-2017, DJe 20-3-2017.

62. TJRJ – SEGUNDA CÂMARA CÍVEL – 0020343-03.2009.8.19.0000 (2009.002.02081) – AGRAVO DE INSTRUMENTO – Relator DES. ALEXANDRE CAMARA – Julgamento: 25-3-2009.

63. MARIANI, Irineu. *Contratos empresariais*. Porto Alegre: Livraria do Advogado, 2007, p. 46.

ceiro e de capitais, bem como em garantia de créditos fiscais e previdenciários. Por fim, a alienação fiduciária de imóveis é regida pela Lei n. 9.514/97, podendo ser utilizada em qualquer operação. Também estará inserida dentro do conceito de propriedade fiduciária, a cessão fiduciária de direitos creditórios[64].

Em tais situações, o próprio credor, normalmente uma instituição financeira, se protege em face de eventuais problemas do devedor. Em razão disso, afasta-se a incidência da recuperação judicial, prevalecendo os direitos de propriedade sobre a coisa e as condições contratuais, observada a legislação respectiva. Em tese, haveria a redução dos juros decorrentes de tais obrigações pela diminuição do risco[65].

Todavia, em razão do princípio da preservação da empresa, tais credores não podem exercer seus direitos para retirar do estabelecimento do devedor bens essenciais ao exercício da atividade, no prazo de 180 dias após o deferimento do processamento do pedido de recuperação. Em última análise, os credores em tais situações estão protegidos, mas não a ponto de inviabilizar a própria recuperação da empresa. Não prevalecem nem mesmo cláusulas resolutórias expressas[66].

Em algumas hipóteses excepcionais, o credor da alienação fiduciária pode se sujeitar a recuperação judicial. Em primeiro lugar, quando não houver o registro dos contratos de constituição da garantia fiduciária perante o Ofício de Registro de Títulos e Documentos ou Detran, pois só o registro constituiria a propriedade fiduciária[67]. Em segundo lugar, se o valor dos bens garantidores foi inferior ao valor total do débito, caso em que "a dívida fiduciária até o valor do(s) bem(ns) está fora dos efeitos do procedimento recuperacional, ao passo que o valor excedente ficará obrigatoriamente sujeito, incluído na classe dos credores quirografários"[68]. Também haveria submissão à recuperação judicial, se não houve a especificação do objeto da cessão fiduciária, isto é, se existem apenas menções genéricas ao que constitui a garantia[69].

---

64. STJ – REsp 1202918/SP, Rel. Ministro RICARDO VILLAS BÔAS CUEVA, TERCEIRA TURMA, julgado em 7-3-2013, *DJe* 10-4-2013.

65. SANTOS, Elenise Peruzzo dos. Reflexos da lei de falências e recuperação de empresas nas relações com as instituições financeiras. In: BATTELO, Sílvio Javier. *Principais controvérsias na nova lei de falências.* Porto Alegre: Fabris, 2008, p. 107.

66. CAMPOS BATALHA, Wilson de Souza; RODRIGUES NETTO, Nelson; RODRIGUES NETTO, Sílvia Maria Labate Batalha. *Comentários à Lei de recuperação judicial de empresas e falência.* 4. ed. São Paulo: LTr, 2007, p. 94.

67. TJPR. 17.ª CC. AI n.º 1.268.201-2. Rel. Luis Sérgio Swiech. Julg. 18.03.2015.

68. SHIRAI, Rodrigo. Hipóteses excepcionais de sujeição de operações garantidas por alienação fiduciária à recuperação judicial. *Crise Econômica e Soluções Jurídicas*, n. 59, Dez/2015.

69. FARIA, Mauro Teixeira de. Liberação de recebíveis por conta do desatendimento do requisito de especialização do bem objeto da garantia fiduciária. Sujeição do crédito garantido aos efeitos da recuperação judicial. *Revista de Direito Bancário e do Mercado de Capitais*, v. 75, jan./mar. 2017, p. 87; TJSP. Agravo de Instrumento 2205499-25.2015.8.26.0000. Relator: Des. Pereira Calças. 1ª Câmara Reservada de Direito Empresarial. Julgamento em 29.01.2016.

4.2.2.2 Arrendador mercantil

Em situação similar à da alienação fiduciária está o arrendador mercantil, vale dizer, o credor do *leasing*. Neste contrato, "uma pessoa jurídica arrenda a uma pessoa física ou jurídica, por tempo determinado, um bem comprado pela primeira de acordo com as indicações da segunda, cabendo ao arrendatário a opção de adquirir o bem arrendado findo o contrato, mediante o pagamento de um preço residual"[70]. Há aqui algo muito similar a uma locação com opção de compra do bem locado.

Para diminuir os custos deste contrato, afastou-se o arrendador da recuperação judicial, permitindo-se que ele mantenha os direitos decorrentes do contrato. Por não se submeter à recuperação, em tese, os riscos do arrendador são menores e, por isso, os custos deveriam ser menores, facilitando o seu uso pelos mais diversos empresários. Todavia, aqui também, esse credor não pode retirar do estabelecimento do devedor bens essenciais ao exercício da atividade, no prazo de 180 dias após o deferimento do processamento do pedido de recuperação, prevalecendo a preservação da empresa em detrimento dos credores. O TJSP já negou ao arrendador o direito de tirar computadores do estabelecimento do devedor, pelo prazo de 180 dias, por considerá-los essenciais à atividade[71].

No caso do *leasing* de aeronaves ou suas partes, o art. 199, § 1º, da Lei n. 11.101/2005 determina que "em nenhuma hipótese ficará suspenso o exercício de direitos derivados de contratos de locação, arrendamento mercantil ou de qualquer outra modalidade de arrendamento de aeronaves ou de suas partes". Em outras palavras, nas locações ou arrendamentos de aeronaves ou suas partes a inadimplência do devedor permitiria ao arrendador retirar os bens da posse do devedor, mesmo que fossem bens essenciais para a sua atividade. Trata-se de regra casuística e pouco justificável em razão do princípio da preservação da empresa. Apesar disso, o TJSP já determinou a aplicação literal de tal dispositivo, permitindo a retomada de aeronaves em relação a empresários em recuperação judicial[72]. De outro lado, o TJRJ afastou tal regra, privilegiando, a nosso ver com razão, a função social e a preservação da empresa[73].

4.2.2.3 Proprietário em contrato de venda com reserva de domínio

Outra exclusão se refere ao proprietário em contrato de venda com reserva de domínio, ou seja, o credor dos contratos de compra e venda com reserva de domínio não se sujeita à recuperação judicial. Neste contrato, o que se tem é "uma compra e venda de

---

70. MARTINS, Fran. *Contratos e obrigações comerciais*. 15. ed. Rio de Janeiro: Forense, 2000, p. 449.

71. TJSP – 28ª Câmara – AG 1062639500 – Relator Desembargador Neves Amorim, j. em 24-10-2006.

72. TJSP – 26ª Câmara – AG 1119044500 – Relator Desembargador Vianna Cotrim, j. em 30-7-2007.

73. TJRJ – 4ª Câmara Cível – AG 2005.002.23836 – Relator Desembargador Reinaldo p. Alberto filho, j. em 22-11-2005.

coisa móvel, em que se subordina a efetiva transferência da propriedade ao pagamento integral do preço"[74]. O comprador já passa a ter a posse direta do bem, mas a transferência da propriedade fica sujeita a uma condição suspensiva. Assim, o credor se resguarda de eventuais problemas com o devedor, na medida em que ele poderá reaver a coisa.

Mesmo que o comprador peça a recuperação judicial, os direitos do credor do contrato são mantidos. Repete-se aqui a mesma orientação da alienação fiduciária em garantia e do arrendamento mercantil. Se o devedor está na posse, mas ainda não adquiriu a propriedade do bem, os direitos do credor são mantidos inalterados. Diminuem-se os riscos e, consequentemente, os custos de tais aquisições.

Ressalte-se, porém, que o credor não poderá retirar do estabelecimento do devedor bens de capital essenciais à continuação da atividade, pelo prazo de 180 dias após o despacho de processamento da recuperação. Protege-se o credor, mas não a ponto de inviabilizar a preservação da empresa.

4.2.2.4 Proprietário ou promitente vendedor de imóveis

Também não é abrangido pela recuperação judicial o credor dos contratos de compra e venda de imóveis ou de promessa de compra e venda de imóveis, desde que haja cláusula de irrevogabilidade ou irretratabilidade, inclusive em incorporações imobiliárias. A presença dessas cláusulas acaba assegurando um direito real sobre o imóvel, permitindo que o adquirente ou promissário comprador pleiteie a adjudicação compulsória[75].

Em razão desse direito real, o proprietário ou promitente vendedor do imóvel não tem como alterar as condições do contrato. Por isso, a Lei n. 11.101/2005 optou por impedir que o adquirente ou promissário comprador tivesse o poder de alterar as condições desses contratos em razão de uma recuperação judicial. Os direitos do proprietário ou promitente vendedor de imóveis não são afetados pela recuperação judicial, mantendo-se todas as condições anteriores. Mantém-se a segurança nessa relação.

Aqui também o credor possui um único limite. Ele não poderá retirar do estabelecimento do devedor bens de capital essenciais para a continuação da sua atividade, durante os 180 dias de suspensão posteriores ao despacho de processamento da recuperação. Trata-se de uma clara aplicação do princípio da preservação da empresa.

4.2.2.5 Credor de adiantamento de contrato de câmbio

Por fim, não são abrangidos pela recuperação judicial os créditos referentes a adiantamento de contrato de câmbio para exportação (Lei n. 11.101/2005 – art. 86, II). Por

---

74. GAGLIANO, Pablo Stolze; PAMPLONA FILHO, Rodolfo. *Novo curso de direito civil*. São Paulo: Saraiva, 2008, v. IV, t. 2, p. 66.

75. PIMENTA, Eduardo Goulart. *Recuperação de empresas*. São Paulo: IOB, 2006, p. 122.

meio dos contratos de câmbio, em geral, o que se realiza é a troca de moedas no espaço, vale dizer, recebe-se moeda estrangeira e entrega-se moeda nacional. No adiantamento de contrato de câmbio para exportação, há um pagamento antecipado[76], isto é, entrega-se a moeda nacional antes de se receber a moeda estrangeira.

Nesse caso, o exportador vendeu mercadorias no exterior e possui um crédito a receber em moeda estrangeira. Todavia, tais valores só serão recebidos no futuro. Assim, ele pede para a instituição financeira uma antecipação, ou seja, ele pede o pagamento em moeda nacional antes da entrega da moeda estrangeira. Tal contrato é essencial no comércio internacional, pois permite a mais pronta e ágil circulação das riquezas.

Para dar segurança ao credor de tais contratos, permitindo que ele realize o pagamento antecipado sem preocupações, afasta-se tal crédito da recuperação judicial e da própria falência.

5 Juízo competente

Embora não se vislumbre a estrutura processual tradicional, podemos visualizar, na recuperação judicial, seja como acordo, seja como ação, a existência de dois polos: o polo do devedor e o polo dos credores. Para se firmar a relação entre esses polos, é essencial a intervenção de um terceiro imparcial, o juiz. Ele será o responsável pela condução do processo, embora não seja o responsável direto pela recuperação da empresa.

Entre os diversos juízes, dotados do poder jurisdicional, a Lei define como competente para apreciar o pedido de recuperação o juízo do principal estabelecimento do devedor ou o da filial no caso de empresário que tenha sede fora do país. Por principal estabelecimento, acreditamos que deveria ser entendido o de maior volume econômico[77], mas a jurisprudência do STJ vem se firmando no sentido do principal estabelecimento ser a sede da administração do devedor[78]. Em todo caso, esse juiz é absolutamente competente para conhecer e conduzir o processo de recuperação judicial.

6 Petição inicial

A atuação do juiz no processo de recuperação dependerá da provocação de algum dos legitimados ativos. Tal provocação se dará por meio do ajuizamento do pedido de recuperação. Esse ajuizamento será feito por meio de uma petição inicial, que representa o instrumento necessário para a constituição de desenvolvimento do processo,

---

76. SALOMÃO NETO, Eduardo. *Direito bancário*. São Paulo: Atlas, 2007, p. 320.

77. BARRETO FILHO, Oscar. *Teoria do estabelecimento comercial*. São Paulo: Max Limonad, 1969, p. 145-146; COELHO, Fábio Ulhoa. *Curso de direito comercial*. 8. ed. São Paulo: Saraiva, 2008, v. 3, p. 261.

78. STJ – 2ª Seção – CC 21775/DF, Relator Ministro Bueno de Souza, *DJ* de 4-6-2001; STJ – 2ª Seção – CC 21899/MG, Relator Ministro Sálvio de Figueiredo Teixeira, *DJ* de 8-9-1998.

bem como para a delimitação da extensão em que se efetivará no julgamento pelo magistrado[79].

6.1 *Requisitos formais e estruturais*

Como toda petição inicial, a exordial da recuperação judicial precisa atender aos requisitos formais e estruturais impostos pela legislação processual. Os requisitos formais são os inerentes a todos os atos processuais, como a forma escrita, o uso do vernáculo e a assinatura de advogado[80]. Já os requisitos estruturais são aqueles que devem constar do texto da própria petição inicial, sendo previstos no art. 319 do CPC/2015. São requisitos estruturais: a indicação do juízo competente, a qualificação das partes, a causa de pedir, o pedido, o valor da causa, as provas e a opção do autor pela realização ou não de audiência de conciliação ou de mediação.

O primeiro requisito estrutural é o endereçamento da petição inicial ao juízo competente, do local do principal estabelecimento ou da filial do empresário que tenha sede fora do país. Além de identificar o juiz, a petição inicial também deverá qualificar as partes do processo. O autor é o próprio devedor, que deverá ser completamente qualificado. Embora não haja propriamente réus na ação, é essencial qualificar os credores abrangidos, admitindo-se que sua qualificação venha em documento separado e não na própria inicial[81].

Outro requisito estrutural da inicial é a causa de pedir, isto é, os fatos e os fundamentos jurídicos do pedido. Na ação de recuperação judicial, a causa de pedir próxima (fundamentos de fato) é a viabilidade da empresa[82] e o afastamento da ruína econômica da atividade. Já a causa de pedir remota (fundamento de direito) é a criação do estado jurídico de recuperação judicial, como forma de superar a crise[83].

Também é requisito da petição o pedido, isto é, o que se pretende com a ação imediata (a providência jurisdicional) e mediatamente (o bem da vida pretendido). Na recuperação judicial, o que se pretende é a sentença constitutiva do estado de recuperação judicial e a consequente recuperação econômica da empresa[84]. Pede-se, em última análise, a solução da crise empresarial. Além disso, é essencial que conste da petição o valor da causa, que será apurado por estimativa nos pedidos de recuperação judicial, não possuindo maior relevância.

---

79. CALMON DE PASSOS, J. J. *Comentários ao Código de Processo Civil*. 8. ed. Rio de Janeiro: Forense, 1998, v. III, p. 154.

80. RESTIFFE, Paulo Sérgio. *Recuperação de empresas*. Barueri: Manole, 2008, p. 115.

81. Idem, p. 116.

82. LOBO, Jorge. In: ABRÃO, Carlos Henrique; TOLEDO, Paulo F. C. Salles de (Coord.). *Comentários à lei de recuperação de empresas e falência*. São Paulo: Saraiva, 2005, p. 131.

83. RESTIFFE, Paulo Sérgio. *Recuperação de empresas*. Barueri: Manole, 2008, p. 118.

84. Idem, ibidem.

O art. 319 do CPC/2015 impõe ainda como requisitos estruturais da petição inicial a indicação das provas a serem produzidas e a opção do autor pela realização ou não de audiência de conciliação ou de mediação.

A nosso ver, porém, tais requisitos não se aplicam à recuperação judicial, pois não há espaço para dilação probatória no processo de recuperação. Todas as provas são documentais e deverão instruir a própria inicial. Além disso, não visualizamos a realização de audiência de conciliação nesse processo, tendo em vista o procedimento próprio para celebração do acordo. Ademais, a exigência de requerimento de citação do réu que não se repete no CPC/2015 já não era aplicável, tendo em vista a natureza do pedido de recuperação judicial.

6.2 Instrução

Além de cumprir todos os requisitos gerais, a petição inicial da recuperação deverá ser acompanhada dos documentos essenciais à propositura da ação. No caso da recuperação judicial, além daqueles documentos gerais para todas as ações (procuração, custas...), é essencial que a inicial da recuperação seja instruída com os documentos do art. 51 da Lei n. 11.101/2005. Podemos sintetizar os documentos a serem juntados em algumas ideias: as causas da situação patrimonial e os motivos da crise econômico-financeira, a documentação contábil, os documentos do registro empresarial, as certidões de protesto e as relações descritivas[85].

Tal dispositivo é objeto de acertadas críticas, na medida em que deixa de exigir a juntada de documentos que comprovem os requisitos do art. 48 da Lei n. 11.101/2005, como a não obtenção de outra recuperação há menos de cinco anos ou a ausência de condenação por crime falimentar[86]. Sequer são exigidas declarações pessoais no sentido do cumprimento desses requisitos.

6.2.1 As causas da situação patrimonial e os motivos da crise econômico-financeira

Inicialmente, cabe ao devedor expor detalhadamente as causas da situação patrimonial e os motivos da crise econômico-financeira. Trata-se, em última análise, da exposição dos motivos da crise e das suas consequências sobre o patrimônio do devedor. Devem ser apontadas as causas concretas da crise, não sendo suficientes meras alegações genéricas[87]. Deve-se indicar quais fatos especificamente acarretaram a crise e quais são os reflexos dessa crise sobre o patrimônio do devedor.

---

85. NEGRÃO, Ricardo. *Manual de direito comercial e de empresa*. 2. ed. São Paulo: Saraiva, 2007, v. 3, p. 163.

86. Idem, p. 168.

87. PACHECO, José da Silva. *Processo de recuperação judicial, extrajudicial e falência*. 2. ed. Rio de Janeiro: Forense, 2007, p. 146.

São exemplos dessas causas[88]: divergências entre sócios, falecimento de sócio controlador, problemas na sucessão, falta de capacidade técnica dos administradores, capital insuficiente para a atividade, multas e outras sanções, problemas no fornecimento de matéria-prima, crise de tecnologia, variação cambial extrema, problemas no acesso ao crédito, aumento da concorrência, aumento de encargos, aumento de juros, aumento de tributos, política monetária e fiscal, entre outros.

Tais indicações são fundamentais para se aferir quais medidas devem ser tomadas para superar a crise, bem como o próprio interesse de agir do empresário[89]. Ademais, sem o adequado diagnóstico, a crise não será superada. Elas devem ser elaboradas pelo próprio devedor ou a pedido dele, sendo aconselhável o recurso a profissionais especializados[90]. Em todo caso, deve-se ter um grande cuidado tendo em vista as eventuais repercussões penais das declarações firmadas.

Nos termos do art. 51, I, da Lei n. 11.101/2005, as causas da situação patrimonial e os motivos da crise econômico-financeira precisam instruir a petição inicial, vale dizer, elas devem constar em um documento separado instruindo a petição[91]. Apesar disso, nada impede que tais dados constem da própria petição inicial[92], porquanto há uma grande proximidade de tais indicações com a própria causa de pedir. Rachel Sztajn afirma inclusive não haver sentido na juntada em separado, pois haveria apenas uma repetição da petição inicial[93]. A nosso ver, ambas as formas devem ser admitidas, dada a própria instrumentalidade das formas.

6.2.2 Documentação contábil

Também devem ser anexadas à inicial da recuperação as demonstrações contábeis dos três últimos exercícios, a fim de apontar a realidade dos negócios daquele devedor. Como a lei exige o exercício regular da atividade há mais de dois anos apenas, pode ser que as demonstrações abranjam apenas dois exercícios. A ideia aqui é permitir que os credores tenham a ciência exata da situação do empresário, para poder se manifestar. A própria viabilidade da empresa poderá ser melhor aferida à luz desses elementos.

Além das demonstrações contábeis dos últimos três exercícios, exige-se a apresentação de demonstrações levantadas especificamente para a instrução do pedido de recu-

---

88. PIMENTA, Eduardo Goulart. *Recuperação de empresas*. São Paulo: IOB, 2006, p. 103-104.

89. MAMEDE, Gladston. *Direito empresarial brasileiro*: falência e recuperação de empresas. São Paulo: Atlas, 2006, v. 4, p. 206.

90. LOBO, Jorge. In: ABRÃO, Carlos Henrique; TOLEDO, Paulo F. C. Salles de. (Coord.). *Comentários à lei de recuperação de empresas e falência*. São Paulo: Saraiva, 2005, p. 132.

91. COELHO, Fábio Ulhoa. *Curso de direito comercial*. 8. ed. São Paulo: Saraiva, 2008, v. 3, p. 410.

92. NEGRÃO, Ricardo. *Manual de direito comercial e de empresa*. 2. ed. São Paulo: Saraiva, 2007, v. 3, p. 163.

93. SZTAJN, Rachel. In: SOUZA JÚNIOR, Francisco Sátiro de; PITOMBO, Antônio Sérgio de A. de Moraes (Coord.). *Comentários à lei de recuperação de empresas e falência*. São Paulo: Revista dos Tribunais, 2005, p. 249.

peração judicial: (a) balanço patrimonial; (b) demonstração de resultados acumulados; (c) demonstração do resultado desde o último exercício social; e (d) relatório gerencial de fluxo de caixa e sua projeção. Nada impede a juntada de outros documentos contábeis para melhor informar os credores[94]. Para microempresas e empresas de pequeno porte, pode ser apresentada a escrituração simplificada que lhe é permitida.

O balanço patrimonial servirá para apresentar a realidade patrimonial do empresário, vale dizer, ele fará uma comparação entre o ativo e o passivo em determinada data. Tal demonstração deverá ser apresentada em relação aos três últimos exercícios, ou dois últimos, conforme o caso, para aferir o comportamento do patrimônio do devedor que passa pela crise. Não se trata de uma indicação definitiva, mas a queda do patrimônio em patamares muito elevados pode significar a inviabilidade da continuação da empresa. Além disso, deverá ser levantado um balanço especificamente para instruir o pedido de recuperação.

A demonstração de resultados acumulados dos três últimos exercícios, ou dos dois últimos conforme o caso, tem por objetivo comparar os custos e as receitas da atividade em tal período. A ideia é demonstrar a tendência da atividade, isto é, deve-se demonstrar, no acumulado, se a atividade gerou lucros ou trabalhou no prejuízo. Essa tendência também é um indicador muito útil para aferir a viabilidade da recuperação da empresa.

Além dos resultados acumulados, deve ser apresentado também o resultado do exercício até o momento próximo ao do pedido, pois seria inviável exigir que tal demonstração fosse levantada até o dia do pedido[95]. Deve-se demonstrar se naquele exercício, no qual se faz o pedido de recuperação, a atividade está dando lucros ou prejuízos. Não se trata da demonstração do resultado de todo o exercício, mas apenas do resultado até àquele momento. Trata-se da situação atual do negócio, sob a ótica de receitas e despesas. A demonstração deve atingir as últimas semanas anteriores ao pedido, não devendo haver um período superior a 30 dias não demonstrado.

Por fim, é essencial apresentar um relatório do fluxo de caixa e sua previsão, isto é, deve-se apresentar a entrada de recursos para o empresário nos últimos três anos e a previsão para os próximos exercícios. A quantidade de dinheiro que entra e sai do negócio e que tende a entrar e sair no futuro é um grande referencial para os credores que querem receber seus créditos, ou que querem manter negócios com aquele devedor.

Fábio Ulhoa Coelho afirma que o importante é tão somente a previsão de fluxo futuro, pois o passado não terá mais qualquer importância[96]. Simionato, a nosso ver com razão, entende que os fluxos passados e futuros são extremamente relevantes para aferir a viabilidade da empresa[97]. Em todo caso, a previsão para o futuro é a mais importante,

---

94. SZTAJN, Rachel. In: SOUZA JÚNIOR, Francisco Sátiro de; PITOMBO, Antônio Sérgio de A. de Moraes (Coord.). *Comentários à lei de recuperação de empresas e falência*. São Paulo: Revista dos Tribunais, 2005, p. 253.

95. MAMEDE, Gladston. *Direito empresarial brasileiro*: falência e recuperação de empresas. São Paulo: Atlas, 2006, v. 4, p. 209.

96. COELHO, Fábio Ulhoa. *Curso de direito comercial*. 8. ed. São Paulo: Saraiva, 2008, v. 3, p. 412.

97. SIMIONATO, Frederico A. Monte. *Tratado de direito falimentar*. Rio de Janeiro: Forense, 2008, p. 159.

mas há uma grande falta de certeza em tais previsões[98], o que retira um pouco da confiabilidade do relatório.

Além das demonstrações que serão entregues, os livros obrigatórios e demais relatórios auxiliares permanecerão à disposição do juízo, do administrador judicial e, mediante autorização judicial, de qualquer interessado (Lei n. 11.101/2005 – art. 51, § 1º). A escrituração tem duas funções: organizar os negócios, servir de prova da atividade para terceiros[99] e especificamente para o fisco. Os livros atendem tanto ao interesse do empresário, no sentido da organização das suas atividades, quanto ao interesse público no sentido da fiscalização dessas atividades[100]. Por vezes, serão necessários esclarecimentos aos sujeitos que atuam na recuperação, os quais só poderão ser obtidos nesses documentos. Assim, é fundamental que eles fiquem à disposição, podendo o juiz eventualmente determinar o depósito desses documentos ou das suas cópias em cartório.

6.2.3 Documentos do registro do comércio

A documentação contábil juntada, bem como a colocação dos livros à disposição do juízo, serve também para demonstrar a regularidade da atividade do empresário. Todavia, tal regularidade precisa ser completada pela prova da regularidade do registro daquele empresário na junta comercial, isto é, devem ser juntados a certidão de regularidade do devedor no Registro Público de Empresas, o ato constitutivo atualizado e as atas de nomeação dos atuais administradores.

A certidão do registro do comércio é fundamental para demonstrar a existência do registro naquele momento, bem como a data desse registro, tendo em vista a necessidade do exercício regular da atividade há mais de dois anos (Lei n. 11.101/2005 – art. 48). Trata-se de uma certidão simplificada, mas dotada de fé pública, que fará presumir o exercício da atividade de forma regular no período ali indicado. Tal certidão, contudo, poderá ser elidida por prova em contrário.

No caso de sociedades, é essencial também a juntada do ato constitutivo atualizado, permitindo a identificação dos sócios e sua responsabilidade pelas obrigações sociais[101]. Ressalte-se que, nas sociedades anônimas, o ato constitutivo não será suficiente para identificar os acionistas, os quais serão aferidos, em regra, à luz dos livros do devedor.

---

98. SZTAJN, Rachel. In: SOUZA JÚNIOR, Francisco Sátiro de; PITOMBO, Antônio Sérgio de A. de Moraes (Coord.). *Comentários à lei de recuperação de empresas e falência*. São Paulo: Revista dos Tribunais, 2005, p. 253.

99. GALGANO, Francesco. *Diritto civile e commerciale*. 3. ed. Padova: CEDAM, 1999, v. 3, t. 1, p. 136; CARVALHOSA, Modesto. *Comentários ao Código Civil*. São Paulo: Saraiva, 2003, v. 13, p. 776.

100. RIPERT, Georges; ROBLOT, René. *Traité élémentaire de droit commercial*. 5. ed. Paris: Librairie Générale de Droit e Jurisprudence, 1963, v. 1, p. 207.

101. PIMENTA, Eduardo Goulart. *Recuperação de empresas*. São Paulo: IOB, 2006, p. 111.

Tal exigência já decorreria do próprio ajuizamento da ação pela pessoa jurídica. Nas sociedades por ações e nas demais, cuja nomeação dos administradores se dê em ato separado, também é essencial a juntada dos instrumentos de nomeação dos administradores, a fim de aferir a sua legitimidade para praticar atos pela sociedade.

6.2.4 Certidões dos cartórios de protestos

Outros documentos a serem juntados pelo requerente da recuperação judicial são as certidões dos cartórios de protesto dos locais onde o devedor exerça a atividade. Nestas certidões, constarão os eventuais protestos realizados em face do devedor, demonstrando a existência de obrigações não pagas por ele. Caso o devedor tenha ciência de protestos realizados fora da sua área de atuação, pela boa-fé objetiva, também deverá apresentar as certidões respectivas[102].

A existência de protestos atestados em tais certidões não é impedimento para recuperação judicial, isto é, não se exige uma certidão negativa[103], como ocorria na antiga concordata. A exigência legal é a juntada da certidão, qualquer que seja o seu conteúdo. Trata-se apenas de uma informação para que os credores e demais interessados no processo possam aferir a existência de dificuldades de liquidez[104]. Ademais, no caso da eventual falência do devedor, tal certidão servirá para fixar o termo legal[105].

6.2.5 Relação de credores

Para superar a crise, o devedor sempre precisa ajustar as relações com seus credores e, por isso, é fundamental que esses credores sejam identificados pelo próprio devedor, por meio de uma relação que irá instruir a petição inicial. Há a obrigação da juntada da relação nominal completa dos credores, inclusive aqueles por obrigação de fazer ou de dar, com a indicação do endereço de cada um, a natureza, a classificação e o valor atua-

102. MAMEDE, Gladston. *Direito empresarial brasileiro*: falência e recuperação de empresas. São Paulo: Atlas, 2006, v. 4, p. 225.

103. BEZERRA FILHO, Manoel Justino. *Lei de recuperação de empresas e falências comentada*. 4. ed. São Paulo: Revista dos Tribunais, 2007, p. 157; SZTAJN, Rachel. In: SOUZA JÚNIOR, Francisco Sátiro de; PITOMBO, Antônio Sérgio de A. de Moraes (Coord.). *Comentários à lei de recuperação de empresas e falência*. São Paulo: Revista dos Tribunais, 2005, p. 255; MAMEDE, Gladston. *Direito empresarial brasileiro*: falência e recuperação de empresas. São Paulo: Atlas, 2006, v. 4, p. 224; ANDREY, Marcos. In: DE LUCCA, Newton; SIMÃO FILHO, Adalberto (Coord.). *Comentários à nova lei de recuperação de empresas e de falências*. São Paulo: Quartier Latin, 2005, p. 279.

104. SZTAJN, Rachel. In: SOUZA JÚNIOR, Francisco Sátiro de; PITOMBO, Antônio Sérgio de A. de Moraes (Coord.). *Comentários à lei de recuperação de empresas e falência*. São Paulo: Revista dos Tribunais, 2005, p. 255.

105. SIMIONATO, Frederico A. Monte. *Tratado de direito falimentar*. Rio de Janeiro: Forense, 2008, p. 165.

lizado do crédito, discriminando sua origem, o regime dos respectivos vencimentos e a indicação dos registros contábeis de cada transação pendente.

Trata-se de uma relação nominal, ou seja, ordenada pelo nome do credor e não pelas obrigações[106], simplificando o trâmite do processo. Nela, os credores deverão ser devidamente qualificados e também deverão constar a natureza, a classificação (quirografário, garantia real...), o valor e o vencimento das obrigações. Há também a necessidade de se descrever a origem de cada crédito, indicando-se o negócio jurídico que fundamenta aquela obrigação. Em todo caso, o devedor deverá indicar os registros contábeis de cada uma das operações, a fim de evitar registros forjados[107].

A relação deverá abranger todos os credores, inclusive os não sujeitos à recuperação judicial[108], como os fiscais e os por obrigações de fazer. A indicação dos credores por obrigação de fazer se justifica apenas em razão dos eventuais ônus que terão que ser suportados pelo devedor para cumprir essa obrigação. As obrigações de dar são efetivamente as mais importantes, para se aferir a crise e a possibilidade de sua superação. Deverá ser feita uma separação entre os credores sujeitos e os não sujeitos à recuperação, para facilitar o andamento do processo.

No caso de obrigações incertas, se já houver uma ação em trâmite, tal indicação constará da lista de ações judiciais e não na relação de credores, salvo se já houver parcela incontroversa. No caso da existência da obrigação ser reconhecida, mas existir uma discussão sobre o seu valor, o devedor deverá incluir o crédito na lista pelo valor que estima ser devido, fazendo uma nota sobre a possibilidade de alteração desse valor. Não havendo ações em trâmite, não haverá o relacionamento de tal crédito, na medida em que o próprio devedor o nega[109].

Seja como acordo, seja como ação, os credores precisam ser identificados para poderem ter a chance de se manifestar e também para se aferir a viabilidade de continuação daquela atividade. Tal identificação fornecida pelo próprio devedor não é definitiva, mas é essencial para o bom andamento do processo. Reforçando essa importância, a Lei impõe o afastamento do devedor, no caso de simulação ou omissão de créditos nessa lista, salvo se houver relevante razão de direito ou decisão judicial para amparar tal conduta (Lei n. 11.101/2005 – art. 64, IV, *d*).

---

106. MAMEDE, Gladston. *Direito empresarial brasileiro*: falência e recuperação de empresas. São Paulo: Atlas, 2006, v. 4, p. 214.

107. SZTAJN, Rachel. In: SOUZA JÚNIOR, Francisco Sátiro de; PITOMBO, Antônio Sérgio de A. de Moraes (Coord.). *Comentários à lei de recuperação de empresas e falência*. São Paulo: Revista dos Tribunais, 2005, p. 253.

108. ANDREY, Marcos. In: DE LUCCA, Newton; SIMÃO FILHO, Adalberto (Coord.). *Comentários à nova lei de recuperação de empresas e de falências*. São Paulo: Quartier Latin, 2005, p. 278; BEZERRA FILHO, Manoel Justino. *Lei de recuperação de empresas e falências comentada*. 4. ed. São Paulo: Revista dos Tribunais, 2007, p. 154.

109. MAMEDE, Gladston. *Direito empresarial brasileiro*: falência e recuperação de empresas. São Paulo: Atlas, 2006, v. 4, p. 214.

6.2.6 Relação de empregados e seus créditos

Outro documento essencial é a relação integral dos empregados, em que constem as respectivas funções, salários, indenizações e outras parcelas a que têm direito, com o correspondente mês de competência e a discriminação dos valores pendentes de pagamento. Todos devem saber quantos empregados trabalham com o devedor, quais são as respectivas remunerações, bem como o que deixou de ser pago e está pendente. Não se incluem nessa lista os trabalhadores terceirizados, nem os prestadores de serviço de caráter autônomo[110]. Ela se restringe aos empregados, em relação aos quais o registro e o acompanhamento são mais formais.

Trata-se de informação importantíssima para se apurar a realidade do devedor no que diz respeito aos seus colaboradores, inclusive os créditos pendentes. Em todo caso, os créditos pendentes dos empregados também deverão constar da lista de credores, para que se realize o procedimento de verificação de créditos. A lista de credores é publicada e, por isso, os créditos dos trabalhadores também deverão constar dela, uma vez que a lista de empregados não é objeto de publicação.

6.2.7 Relação de bens dos administradores e dos controladores

Para que possam analisar a real situação do devedor, os credores devem conhecer o seu patrimônio, o que será apurado por meio da documentação contábil. Todavia, no caso de sociedade, a Lei exige a apresentação da relação de bens dos administradores e dos controladores. Tal exigência só é justificável no caso de sociedades com sócios de responsabilidade ilimitada[111] e, nesse caso, não bastaria a relação do controlador, mas de todos os sócios. Na grande maioria das sociedades, essa exigência não faz sentido[112].

Fábio Ulhoa afirma que essa relação será fornecida com o intuito de aferir a viabilidade da outorga de garantias pelos controladores ou administradores[113]. Todavia, tal possibilidade dependerá do plano de recuperação que ainda não é apresentado nesse momento. Assim, efetivamente não há muito sentido nessa apresentação, além de haver um desvirtuamento da autonomia patrimonial.

---

110. SZTAJN, Rachel. In: SOUZA JÚNIOR, Francisco Sátiro de; PITOMBO, Antônio Sérgio de A. de Moraes (Coord.). *Comentários à lei de recuperação de empresas e falência*. São Paulo: Revista dos Tribunais, 2005, p. 253; MAMEDE, Gladston. *Direito empresarial brasileiro*: falência e recuperação de empresas. São Paulo: Atlas, 2006, v. 4, p. 216-217.

111. NEGRÃO, Ricardo. *Manual de direito comercial e de empresa*. 2. ed. São Paulo: Saraiva, 2007, v. 3, p. 168.

112. LOBO, Jorge. In: ABRÃO, Carlos Henrique; TOLEDO, Paulo F. C. Salles de. (Coord.). *Comentários à lei de recuperação de empresas e falência*. São Paulo: Saraiva, 2005, p. 132; MAMEDE, Gladston. *Direito empresarial brasileiro*: falência e recuperação de empresas. São Paulo: Atlas, 2006, v. 4, p. 219; CAMPOS BATALHA, Wilson de Souza; RODRIGUES NETTO, Nelson; RODRIGUES NETTO, Sílvia Maria Labate Batalha. *Comentários à Lei de recuperação judicial de empresas e falência*. 4. ed. São Paulo: LTr, 2007, p. 100.

113. COELHO, Fábio Ulhoa. *Curso de direito comercial*. 8. ed. São Paulo: Saraiva, 2008, v. 3, p. 413.

Há aqui uma confusão entre o empresário e seus controladores ou administradores. Por mais relevância que tenham para a atividade, os administradores e controladores não se confundem com a sociedade. Logo, não há sentido na juntada de documentos referentes a eles. Na verdade, tal relação de bens pode causar uma impressão equivocada nos credores, confundindo a sorte da empresa e a sorte dos seus administradores ou controladores.

Rachel Sztajn afirma que tal intromissão aumenta os custos de transação, não sendo razoável a exigência da apresentação da relação de bens sem a apuração de motivos para a eventual desconsideração da personalidade jurídica[114]. Gladston Mamede chega a dizer que tal exigência é inconstitucional, na medida em que violaria a dignidade da pessoa humana (CF/88 –art. 1º, III) e a inviolabilidade da vida privada (CF/88 – art. 5º, X)[115].

Frederico Simionato elogia tal obrigação e entende que ela é efetivamente um requisito para o processamento da recuperação. Ele afirma que a proteção do interesse social que circunda a empresa justificaria a necessidade de apresentação dessa relação. Afirma ainda que tal relação é importante para aferir a eventual responsabilidade desses administradores ou controladores[116]. No mesmo sentido, José da Silva Pacheco e Leonardo Guimarães não veem problemas em tal imposição[117].

Com efeito, a realidade nos mostra muitos casos de desconsideração da personalidade jurídica de sociedades em crise, responsabilizando controladores e administradores. Todavia, a desconsideração é uma medida excepcional e, por isso, não pode ser presumida. Ademais, a eventual responsabilização de sócios ou administradores dependerá da comprovação dos requisitos para a desconsideração, não podendo ser aferida de plano.

Desse modo, como os administradores e controladores não são nem partes do processo de recuperação, a recusa na apresentação desses documentos não poderá gerar consequências negativas para a sociedade. Fábio Ulhoa Coelho chega a afirmar, a nosso ver com razão, que tais informações são protegidas pela inviolabilidade da vida privada (CF/88 – art. 5º, X) e, por isso, poderia haver a substituição de tais informações por declaração dos controladores ou administradores no sentido de que irão manter os dados em sigilo[118]. Não chegamos a considerar inconstitucional tal exigência, mas não vemos possibilidade dela afetar o trâmite regular da recuperação judicial, seja pela distinção entre sociedade, controladores e administradores, seja pela inviolabilidade da vida privada.

---

114. SZTAJN, Rachel. In: SOUZA JÚNIOR, Francisco Sátiro de; PITOMBO, Antônio Sérgio de A. de Moraes (Coord.). *Comentários à lei de recuperação de empresas e falência*. São Paulo: Revista dos Tribunais, 2005, p. 254.

115. MAMEDE, Gladston. *Direito empresarial brasileiro*: falência e recuperação de empresas. São Paulo: Atlas, 2006, v. 4, p. 220-222.

116. SIMIONATO, Frederico A. Monte. *Tratado de direito falimentar*. Rio de Janeiro: Forense, 2008, p. 162-165.

117. PACHECO, José da Silva. *Processo de recuperação judicial, extrajudicial e falência*. 2. ed. Rio de Janeiro: Forense, 2007, p. 147; GUIMARÃES, Leonardo. Documentos a serem acostados, obrigatoriamente, à petição inicial da recuperação judicial. In: CARVALHO, William Eustáquio de; CASTRO, Moema A. S. de. *Direito falimentar contemporâneo*. Porto Alegre: Sérgio Antônio Fabris, 2008, p. 253.

118. COELHO, Fábio Ulhoa. *Curso de direito comercial*. 8. ed. São Paulo: Saraiva, 2008, v. 3, p. 413-414.

6.2.8 Relação de processos

Outro documento exigido para o pedido de recuperação judicial é a relação de processos em que o devedor seja parte com a estimativa dos valores envolvidos. Trata-se mais uma vez de dar aos credores o mais completo conhecimento sobre a situação por que passa o devedor. Em tal relação, deverá haver uma estimativa dos valores em discussão para dar a melhor informação possível aos credores. A ideia que se repete aqui é a da maior transparência possível para que o acordo seja concluído[119].

Como a Lei não especifica, devem ser apresentadas todas as ações em que o devedor é parte, como autor, réu ou litisconsorte[120], a fim de dar a melhor perspectiva sobre a situação do devedor. Mesmo ações sem reflexos econômicos deverão constar da lista. A princípio, a relação não precisa trazer a relação de litígios objeto de arbitragem, mas acreditamos ser aconselhável sua apresentação também, pela boa-fé objetiva[121].

6.2.9 Contas bancárias e aplicações

Por derradeiro, devem ser juntados os extratos de contas bancárias e relação de aplicações financeiras do devedor. Não há definição de período para apresentação desses extratos, exige-se apenas a posição atual[122]. Assim, não cabe a interpretação no sentido da exibição da movimentação da conta em período mais longo, sendo aconselhável e razoável a abrangência dos últimos 30 dias[123], facultando-se a determinação pelo juiz da apresentação de extratos referentes a períodos. Efetivamente, aqui não há grandes acréscimos, no entanto, o objetivo é trazer o maior número possível de informações, especificamente sobre o montante dos ativos financeiros do devedor.

7 Análise da petição inicial pelo juiz

Ajuizada a ação de recuperação judicial, o juiz deverá verificar inicialmente a legitimidade do requerente, o cumprimento dos requisitos, a regularidade da petição, bem como a regularidade da documentação juntada. Não se trata da imediata concessão da recuperação, mas de uma análise prévia que visa a colocar o devedor no processo. Nessa fase inicial, não há previsão de oitiva obrigatória do Ministério Público, o que, porém,

---

119. SIMIONATO, Frederico A. Monte. *Tratado de direito falimentar*. Rio de Janeiro: Forense, 2008, p. 165.

120. FAZZIO JÚNIOR, Waldo. *Nova lei de falência e recuperação de empresas*. São Paulo: Atlas, 2005, p. 164.

121. MAMEDE, Gladston. *Direito empresarial brasileiro*: falência e recuperação de empresas. São Paulo: Atlas, 2006, v. 4, p. 225.

122. SIMIONATO, Frederico A. Monte. *Tratado de direito falimentar*. Rio de Janeiro: Forense, 2008, p. 164; COELHO, Fábio Ulhoa. *Curso de direito comercial*. 8. ed. São Paulo: Saraiva, 2008, v. 3, p. 414.

123. MAMEDE, Gladston. *Direito empresarial brasileiro*: falência e recuperação de empresas. São Paulo: Atlas, 2006, v. 4, p. 224.

não impede a sua intervenção, quando o juiz entender por bem ouvi-lo. A nosso ver, porém, o interesse público só estará presente a partir da decisão que determinar o processamento e, por isso, só nesse momento deverá o juiz intimar o Ministério Público.

Havendo irregularidade na inicial ou na documentação apresentada, o juiz deverá determinar a emenda à petição inicial[124], nos termos do art. 321 do CPC/2015, aplicável à recuperação em razão da remissão expressa do art. 189 da Lei n. 11.101/2005. A determinação será para que o requerente sane as irregularidades que impedem o processamento do feito. Mesmo no que tange aos documentos apresentados, o caso é de emenda à inicial e não de indeferimento de plano[125]. O prazo para tal emenda será de 15 dias, admitindo eventualmente prorrogações[126], pelas peculiaridades do caso. Essa possibilidade de emenda já foi reconhecida pelo STJ no que tange à concordata[127] e deve ser mantida no que tange à recuperação judicial.

Sidnei Beneti afirma que, pela urgência do processo de recuperação judicial, poderia ser deferido o processamento de imediato em conjunto com a determinação do saneamento dos vícios[128]. A nosso ver, porém, não é possível o processamento regular do feito, enquanto a petição e a documentação não estiverem em termos. O art. 52 da Lei n. 11.101/2005 dispõe que o despacho de processamento é proferido quando estiver em termos. Não estando adequada a documentação, é caso de determinação da emenda à inicial, sem a possibilidade de determinação simultânea do processamento.

Determinada a emenda e não sanados os vícios, o caminho para o juiz é o indeferimento da petição inicial. Neste caso, não há que se cogitar de decretação da falência, mas apenas de indeferimento da inicial[129], permitindo ao devedor a renovação do pedido. Não há falência em tal situação, porquanto a previsão legal de convolação em falência (Lei n. 11.101/2005 – art. 73) não abrange a hipótese de falhas na petição inicial ou na sua instrução.

Estando em termos a petição inicial e a documentação, o juiz deverá deferir o processamento da recuperação judicial, fazendo com que o devedor ingresse no processo. A

---

124. CAMPINHO, Sérgio. *Falência e recuperação de empresa*: o novo regime de insolvência empresarial. Rio de Janeiro: Renovar, 2006, p. 132; PACHECO, José da Silva. *Processo de recuperação judicial, extrajudicial e falência*. 2. ed. Rio de Janeiro: Forense, 2007, p. 149; MAMEDE, Gladston. *Direito empresarial brasileiro*: falência e recuperação de empresas. São Paulo: Atlas, 2006, v. 4, p. 226.

125. STJ – REsp 912.790/PR, Rel. Ministra DENISE ARRUDA, PRIMEIRA TURMA, julgado em 20-3-2007, *DJ* 19-4-2007, p. 257.

126. STJ – REsp 871.661/RS, Rel. Ministra NANCY ANDRIGHI, TERCEIRA TURMA, julgado em 17-5-2007, *DJ* 11-6-2007, p. 313

127. STJ – REsp 459827/SP, Rel. Ministro CARLOS ALBERTO MENEZES DIREITO, TERCEIRA TURMA, julgado em 17-6-2003, *DJ* 1-9-2003, p. 280.

128. BENETI, Sidnei Agostinho. O processo da recuperação judicial. In: PAIVA, Luiz Fernando Valente de (Coord.). *Direito falimentar e a nova lei de falências e recuperação de empresas*. São Paulo: Quartier Latin, 2005, p. 235.

129. LOBO, Jorge. In: TOLEDO, Paulo F. C. S. de; ABRÃO, Carlos Henrique (Coord.). *Comentários à lei de recuperação de empresas e falência*. São Paulo: Saraiva, 2005, p. 134; NEGRÃO, Ricardo. *Manual de direito comercial e de empresa*. 2. ed. São Paulo: Saraiva, 2007, v. 3, p. 170.

recuperação ainda não foi concedida, mas a partir desse momento o devedor já está no processo e sofre todos os efeitos decorrentes dessa condição.

8 Efeitos do ajuizamento do pedido

O simples ajuizamento da ação de recuperação judicial não coloca o devedor no processo de recuperação, o que dependerá da atuação do juiz. Apesar disso, o simples ajuizamento da ação já trará um efeito para o devedor, isto é, a simples distribuição da inicial já modificará a situação jurídica do devedor. A partir do ajuizamento, o devedor não poderá alienar ou onerar bens ou direitos de seu ativo não circulante, salvo evidente utilidade reconhecida pelo juiz, depois de ouvido o Comitê de credores, com exceção daqueles previamente relacionados no plano de recuperação judicial (Lei n. 11.101/2005 – art. 66). A menção a ativo permanente hoje deve ser interpretada como ativo não circulante, tendo em vista a alteração realizada na legislação das sociedades.

Com tal medida, restringe-se o poder de disponibilidade do devedor, em prol do bom andamento do processo. Não haverá prejuízo para os negócios, pois o ativo não circulante representa algo que dificilmente se poderá traduzir em dinheiro à mão. Os bens que integram o ativo não circulante costumam ter um valor elevado e a sua negociação não é parte do dia a dia do empresário.

9 Desistência

Realizado o pedido de recuperação judicial, o devedor pode se arrepender e, nesses casos, ele costuma ter a intenção de desistir do pedido. Enquanto o juiz ainda não determinou o processamento da recuperação, o devedor poderá efetuar a desistência, sem qualquer impedimento. Todavia, se já foi determinado o processamento, a desistência só será possível com a concordância da assembleia geral de credores (Lei n. 11.101/2005 – art. 52, § 4º).

Como o deferimento do processamento já produzirá efeitos sobre a órbita dos credores, não se pode permitir a desistência sem o seu consentimento. Possibilitar a desistência a todo momento seria permitir que empresários oportunistas se aproveitassem dos efeitos do processamento, em detrimento dos credores. A desistência representa uma nova estratégia para o devedor em crise e, por isso, os credores devem analisar tal estratégia[130]. A manifestação dos credores sobre o pedido de desistência não pode ser arbitrária, isto é, a eventual oposição deve ser fundamentada[131], sob pena de configurar um abuso de direito.

---

130. SZTAJN, Rachel. In: SOUZA JÚNIOR, Francisco Sátiro de; PITOMBO, Antônio Sérgio de A. de Moraes (Coord.). *Comentários à lei de recuperação de empresas e falência*. São Paulo: Revista dos Tribunais, 2005, p. 224.

131. LOBO, Jorge. In: TOLEDO, Paulo F. C. S. de; ABRÃO, Carlos Henrique (Coord.). *Comentários à lei de recuperação de empresas e falência*. São Paulo: Saraiva, 2005, p. 138.

5 DECISÃO DE PROCESSAMENTO DA RECUPERAÇÃO JUDICIAL

1 O processamento da recuperação judicial

Estando em termos a petição inicial e a documentação apresentada pelo devedor, o juiz deverá deferir o processamento da recuperação judicial, fazendo com que o devedor ingresse no processo. A recuperação ainda não foi concedida, mas a partir desse momento o devedor já está no processo e sofre todos os efeitos decorrentes dessa condição.

Sidnei Beneti afirma que, pela urgência do processo de recuperação judicial, poderia ser deferido o processamento da recuperação de imediato com a determinação simultânea do saneamento dos vícios[1]. A nosso ver, porém, não é possível o processamento regular do feito, enquanto a petição e a documentação não estiverem em termos. O art. 52 da Lei n. 11.101/2005 dispõe que o despacho de processamento é proferido quando a documentação estiver em termos. Não estando adequada a documentação, é caso de determinação da emenda à inicial, sem a possibilidade de determinação simultânea do processamento.

Ausentes ou supridos os vícios, o juiz determinará o processamento da recuperação. Trata-se de decisão de caráter objetivo acerca do preenchimento dos requisitos legais, não cabendo ao juiz verificar a viabilidade ou não da recuperação[2]. Reitere-se, porém, que tal ato não representa a concessão da recuperação, mas apenas a efetiva instauração do processo, cujo trâmite irá produzir uma série de efeitos para que o devedor possa negociar e firmar o acordo com seus credores.

2 Natureza do ato judicial que determina o processamento

O processamento da recuperação judicial não é automático, isto é, não decorre do simples ajuizamento da ação. Ele dependerá de uma análise do juiz, ainda que em sede de cognição sumária, no sentido de verificar o cumprimento dos requisitos formais do

---

1. BENETI, Sidnei Agostinho. O processo da recuperação judicial. In: PAIVA, Luiz Fernando Valente de (Coord.). *Direito falimentar e a nova lei de falências e recuperação de empresas*. São Paulo: Quartier Latin, 2005, p. 235.

2. ANDREY, Marcos. In: DE LUCCA, Newton; SIMÃO FILHO, Adalberto (Coord.). *Comentários à nova lei de recuperação de empresas e de falências*. São Paulo: Quartier Latin, 2005, p. 281.

pedido de recuperação (requisitos legais, petição inicial e documentação). Cumpridas todas as determinações legais, o juiz deverá determinar o processamento da recuperação.

O ato do juiz que determina o processamento da recuperação ainda não a concede, mas produzirá uma série de efeitos sobre a situação do devedor, para permitir que haja a negociação do acordo de recuperação. Em outras palavras, o ato do juiz que determina o processamento da recuperação judicial apenas coloca o devedor em uma situação especial de negociação. A condição especial desse ato produz efeitos sobre o devedor, mas não representa ainda a concessão da recuperação, gera algumas dúvidas quanto a sua natureza.

Alguns autores afirmam que se trata de um despacho de mero expediente[3], uma vez que apenas determina o processamento do feito. Embora haja um conteúdo decisório, tal ato judicial tem seus contornos definidos e limitados por lei. Dentro dessa ideia, o despacho seria irrecorrível como todos os despachos de mero expediente. Tal orientação foi acolhida pelo STJ no que tange à concordata, ao afirmar que "é irrecorrível o ato judicial que apenas manda processar a concordata preventiva" (STJ – Súmula 264), o que provavelmente será mantido em relação à recuperação judicial.

Outros autores afirmam que se trata de uma decisão interlocutória[4], uma vez que decide questões que afetam diretamente o devedor e seus credores. Dentro dessa ideia, essa decisão representaria uma espécie de antecipação do provimento definitivo[5] e, por isso, ensejaria o recurso de agravo de instrumento. O STJ, na fundamentação de determinado acórdão, chegou a afirmar que "os recursos questionando a condição de sociedade empresária da requerente do benefício, bem como a ausência de certidão de sua regularidade junto ao Registro Público de Empresas devem ser tirados contra a decisão que defere o processamento da recuperação judicial"[6]. Na doutrina, o Enunciado 52 da I Jornada de Direito Comercial também concluiu pela recorribilidade de tal decisão, por meio de agravo.

A nosso ver, efetivamente trata-se de uma decisão interlocutória porquanto cabe ao juiz decidir, ao menos em sede de cognição sumária, o cumprimento dos requisitos

3. CAMPINHO, Sérgio. *Falência e recuperação de empresa*: o novo regime de insolvência empresarial. Rio de Janeiro: Renovar, 2006, p. 136; ANDREY, Marcos. In: DE LUCCA, Newton; SIMÃO FILHO, Adalberto (Coord.). *Comentários à nova lei de recuperação de empresas e de falências*. São Paulo: Quartier Latin, 2005, p. 281; LOBATO, Moacyr. *Falência e recuperação*. Belo Horizonte: Del Rey, 2007, p. 108.

4. NEGRÃO, Ricardo. *Manual de direito comercial e de empresa*. 2. ed. São Paulo: Saraiva, 2007, v. 3, p. 170; CAMPOS BATALHA, Wilson de Souza; RODRIGUES NETTO, Nelson; RODRIGUES NETTO, Sílvia Maria Labate Batalha. *Comentários à Lei de recuperação judicial de empresas e falência*. 4. ed. São Paulo: LTr, 2007, p. 102; PACHECO, José da Silva. *Processo de recuperação judicial, extrajudicial e falência*. 2. ed. Rio de Janeiro: Forense, 2007, p. 150; SOUZA, Bernardo Pimentel. *Direito processual empresarial*. Salvador: JusPodivm, 2008, p. 181; LOBO, Jorge. *Direito concursal*. 2. ed. Rio de Janeiro: Forense, 1998, p. 85.

5. MIRANDA, Pontes de. *Tratado de direito privado*. Campinas: Bookseller, 2004, v. XXX, p. 108; RESTIFFE, Paulo Sérgio. *Recuperação de empresas*. Barueri: Manole, 2008, p. 223.

6. STJ – REsp 1004910/RJ, Rel. Ministro FERNANDO GONÇALVES, QUARTA TURMA, julgado em 18-3-2008, *DJe* 4-8-2008.

do pedido. Outrossim, tal decisão produz uma série de efeitos, inclusive quanto aos credores, como a suspensão das ações e execuções em curso. Em razão disso, acreditamos que tal decisão seria agravável. Contudo, por se tratar de decisão baseada em uma cognição sumária, ela não será definitiva, podendo ser revista a qualquer momento pelo próprio juiz.

3 Conteúdo e efeitos da decisão

Seja como despacho de mero expediente, seja como decisão interlocutória, o ato judicial que defere o processamento da recuperação tem como conteúdo fundamental o ingresso do devedor no processo para que sejam possíveis a negociação e a conclusão do acordo de recuperação. Ocorre que, além de deferir o processamento, a decisão do juiz deverá conter uma série de outras determinações, consoante consta do art. 52 da Lei n. 11.101/2005. Ademais, tal decisão produzirá automaticamente alguns efeitos definidos pela legislação.

Assim, além de deferir o processamento, o juiz nomeará o administrador judicial; determinará a dispensa da apresentação de certidões negativas, para que o devedor exerça suas atividades, exceto para contratação com o Poder Público ou para recebimento de benefícios fiscais; ordenará a suspensão de todas as ações e execuções em curso; determinará ao devedor a apresentação de contas mensais; e ordenará a intimação do Ministério Público e das fazendas públicas, onde o devedor tiver estabelecimento. Todos esses elementos constarão obrigatoriamente da decisão. O melhor seria que boa parte deles, exceto a nomeação do administrador judicial, que dependerá de escolha, já decorresse automaticamente da Lei, mas preferiu o legislador determinar que constassem obrigatoriamente da decisão de processamento.

Além do que constará expressamente na decisão que defere o processamento, há alguns efeitos produzidos por tal decisão, independentemente de determinação específica. Assim, ela terá o condão de suspender a prescrição temporariamente (Lei n. 11.101/2005 – art. 6º) e condicionar o pedido de desistência à concordância dos credores (art. 52, § 4º). Ademais, os credores passarão a ter oportunidade de se manifestar no processo, requerendo a convocação da assembleia para a constituição do comitê de credores. Por fim, essa decisão dará início ao procedimento de verificação de créditos, no qual serão identificados os credores do devedor que poderão se manifestar.

3.1 Nomeação do administrador judicial

Já na decisão que defere o processamento da recuperação judicial, o juiz deverá nomear o administrador judicial, para atuar no processo, não para substituir o devedor na gestão do seu patrimônio, mas basicamente para fiscalizá-lo, uma vez que, em regra, o devedor e seus administradores são mantidos, ressalvadas as hipóteses do art. 64 da Lei n. 11.101/2005. No caso do afastamento do devedor, o administrador judicial assumirá a gestão dos negócios, enquanto não for nomeado o gestor pela assembleia de credores. Esse administrador judicial é o grande auxiliar do juiz na condução do processo de recuperação e, por isso, sua nomeação é fundamental, desde que o devedor entra nesse processo. Todos os elementos referentes à nomeação e atuação desse administrador serão mais bem estudados em outro ponto.

3.2 *Dispensa de certidões*

Outro elemento obrigatório da decisão que defere o processamento é a dispensa da apresentação de certidões negativas de débitos tributários para que o devedor exerça suas atividades, facilitando assim o saneamento da atividade.

Pela burocracia reinante no nosso sistema, em diversas situações o sujeito precisa apresentar certidões negativas de débitos tributários ou ao menos certidões positivas com efeitos de negativas. Tal exigência é feita, por exemplo, para alienação de certos bens. Ora, é notório que os devedores em crise costumam possuir tributos em atraso e, por isso, não possuem tais certidões. Manter a exigência das certidões para o exercício regular da atividade seria inviabilizar a continuação e, consequentemente, a recuperação da empresa. Portanto, nada mais óbvio do que determinar essa dispensa desde a decisão de processamento, permitindo, por exemplo, que o devedor aliene imóveis sem apresentar certidões negativas de débitos tributários.

A dispensa das certidões é genérica, mas possui duas exceções expressamente estabelecidas: a contratação com o poder público e o recebimento de incentivos ou benefícios fiscais ou creditícios. Nestes casos, a certidão negativa de débitos tributários ou a certidão positiva com efeitos de negativa continuarão sendo necessárias. O estabelecimento expresso dessas exceções visa a proteger o poder público e privilegiar o crédito fiscal, afastando novamente a incidência da recuperação judicial sobre o fisco.

Trata-se de exceção injustificável[7], pois pode inviabilizar a continuação da empresa, por exemplo, quando os contratos administrativos representam uma parcela essencial da receita do empresário. O poder público deve cooperar com a recuperação da empresa, pois isso beneficiará todos os que a circundam. Mesmo sem submissão dos créditos fiscais à recuperação, a colaboração do poder público é esperada. Apesar dos problemas, as exceções existem e devem ser aplicadas.

Assim, os devedores em recuperação judicial poderão receber incentivos ou benefícios fiscais ou creditícios e poderão também contratar com o poder público, desde que possuam certidões negativas de débitos tributários ou certidões positivas com efeitos de negativa. Desse modo, não se pode exigir uma certidão negativa de recuperação judicial para a qualificação econômico-financeira de um licitante, como era exigido em relação à concordata (Lei n. 8.666/93 – art. 31, II), pois há expressamente a possibilidade de contratação desde que o devedor possua as certidões.

---

7. PIMENTA, Eduardo Goulart. *Recuperação de empresas*. São Paulo: IOB, 2006, p. 112-113.

3.3 Suspensão de ações e execuções

Também constará obrigatoriamente da decisão que defere o processamento da recuperação judicial a determinação da suspensão das ações e execuções contra o devedor, a chamada *automatic stay* do direito americano[8]. Tal suspensão visa a dar algum fôlego[9] para que ele possa concentrar seus esforços na negociação do plano de recuperação. A medida visa a beneficiar somente o próprio devedor; havendo outros réus nas ações ou execuções, os processos continuarão em relação a estes[10]. A ideia é manter a situação econômico-financeira do devedor, enquanto ele tenta se reorganizar[11].

Como o objetivo é resguardar o devedor que pediu a recuperação judicial, eventuais codevedores solidários ou mesmo sócios atingidos pela desconsideração da personalidade jurídica não se beneficiam de tal suspensão. O art. 49, § 1º, da Lei n. 11.101/2005, o qual prevê que "os credores do devedor em recuperação judicial conservam seus direitos e privilégios contra os coobrigados, fiadores e obrigados de regresso" que, por isso, não podem se beneficiar dessa suspensão[12].

Nos processos contra o próprio devedor, os atos já praticados nos processos serão mantidos, mas novos atos não poderão ser praticados, salvo os urgentes (CPC/2015 – art. 314). Assim, sem a movimentação de processos, não ocorrerão penhoras, sequestros, arrestos ou atos de expropriação dos bens do devedor e, dessa forma, ele poderá ter um início tranquilo de recuperação[13]. Mesmo as novas ações eventualmente ajuizadas também serão suspensas, uma vez que a lei fala em ações e execuções contra o devedor (Lei n. 11.101/2005 – art. 6º) e não apenas em ações e execuções em curso. O objetivo é assegurar ao devedor o controle dos seus ativos[14].

Além de dar fôlego ao devedor, a suspensão em questão visa a resguardar a própria atuação dos juízes, na medida em que a recuperação poderá alterar as condições das obrigações do devedor. Ora, se as condições são alteradas, pode ocorrer que uma obrigação passe a ser exigível apenas no futuro e, por isso, não possa ser executada. Assim, permitir o trâmite de tal execução seria inócuo. Justamente por isso, as ações referentes a relações

---

8. EPSTEIN, David G. *Bankruptcy and related law in a nutshell*. 6. ed. St. Paul: West Group, 2002, p. 149; TABB, Charles Jordan. *The law of bankruptcy*. New York: Foundation Press, 1997, p. 146.

9. CAMPINHO, Sérgio. *Falência e recuperação de empresa*: o novo regime de insolvência empresarial. Rio de Janeiro: Renovar, 2006, p. 143.

10. EPSTEIN, David G. *Bankruptcy and related law in a nutshell*. 6. ed. St. Paul: West Group, 2002, p. 152; TABB, Charles Jordan. *The law of bankruptcy*. New York: Foundation Press, 1997, p. 170.

11. PIMENTA, Eduardo Goulart. *Recuperação de empresas*. São Paulo: IOB, 2006, p. 127; BAIRD, Douglas G. *Elements of bankruptcy*. 4. ed. New York: Foundation Press, 2006, p. 207.

12. STJ – AgRg nos EDcl no REsp 1280036/SP, Rel. Ministro SIDNEI BENETI, TERCEIRA TURMA, julgado em 20-8-2013, *DJe* 5-9-2013; AgRg no EREsp 1095352/SP, Rel. Ministro LUIS FELIPE SALOMÃO, SEGUNDA SEÇÃO, julgado em 22-5-2013, *DJe* 24-5-2013; AgRg no CC 116.173/AL, Rel. Ministro PAULO DE TARSO SANSEVERINO, SEGUNDA SEÇÃO, julgado em 10-4-2013, *DJe* 15-4-2013.

13. TABB, Charles Jordan. *The law of bankruptcy*. New York: Foundation Press, 1997, p. 146.

14. BAIRD, Douglas G. *Elements of bankruptcy*. 4. ed. New York: Foundation Press, 2006, p. 208.

jurídicas posteriores não são atingidas pela suspensão[15], pois, como os créditos posteriores ao pedido de recuperação não se sujeitam a ela, não há risco de alteração das suas condições.

Ademais, a suspensão também impedirá a quebra da igualdade entre os credores, pois, se não houvesse a suspensão, alguns receberiam o valor do seu crédito e outros não, sem se levar em contra a prioridade dada a cada credor. Com a suspensão, impede-se esse tratamento desigual e passa a ser possível formar uma massa de credores, que se manifestarão de forma conjunta sobre o plano de recuperação judicial. Ora, se as ações não podem prosseguir, obviamente os credores não podem exigir do devedor o pagamento das obrigações anteriores à recuperação, como expressamente estabelecido no direito francês[16].

O interesse do devedor em tal suspensão é patente e, por isso, a Lei diz que compete a ele comunicar aos respectivos juízos o deferimento do processamento da recuperação judicial e a consequente suspensão das ações. Essa comunicação deverá ser acompanhada da prova da publicação da decisão que defere o processamento da recuperação, porquanto é dessa publicação que se contará a suspensão. Apesar da necessidade de comunicação, é claro que a suspensão produz efeitos desde o deferimento do processamento da recuperação, pois a comunicação não é constitutiva da suspensão[17]. A eventual demora na comunicação do devedor pode ensejar no máximo sua responsabilização por perdas e danos. No direito americano, a suspensão começa no dia do ajuizamento e, mesmo que não seja comunicada, já produz efeitos a partir desse dia[18]. Registre-se, porém, que tal suspensão não afasta as inscrições em cadastros de inadimplentes, pois a dívida ainda existe, ainda é exigível, mas apenas tem sua execução suspensa (Enunciado 54 da I Jornada de Direito Comercial).

Em todo caso, a suspensão abrange apenas as ações e execuções contra o próprio devedor. Terceiros garantidores, sócios ou quaisquer outros codevedores não são atingidos pela suspensão que se limita ao próprio devedor, nos termos da Súmula 581 do STJ. Outrossim, é importante ressaltar que haverá a suspensão e não a extinção da execução que eventualmente poderá prosseguir após o encerramento do processo[19].

3.3.1 Prazo

A proteção dada ao devedor não pode significar um sacrifício desarrazoado para os credores e, por isso, a suspensão não pode ser permanente. Ela será limitada a no máxi-

---

15. MAMEDE, Gladston. *Direito empresarial brasileiro*: falência e recuperação de empresas. São Paulo: Atlas, 2006, v. 4, p. 85.

16. JANTIN, Michel; LE CANNU, Paul. *Droit commercial*: entreprises en difficulté. 7. ed. Paris: Dalloz, 2007, p. 250.

17. ANDREY, Marcos; DE LUCCA, Newton; SIMÃO FILHO, Adalberto (Coord.). *Comentários à nova lei de recuperação de empresas e de falências*. São Paulo: Quartier Latin, 2005, p. 285.

18. TABB, Charles Jordan. *The law of bankruptcy*. New York: Foundation Press, 1997, p. 147.

19. STJ – REsp 1571107/DF, Rel. Ministro PAULO DE TARSO SANSEVERINO, TERCEIRA TURMA, julgado em 13-12-2016, DJe 3-2-2017.

mo 180 dias, contados da publicação da decisão que defere o processamento. Dentro desse prazo, em tese, já deve ter sido concluída a fase deliberativa, concedendo-se a recuperação ou decretando-se a falência, vale dizer, dentro de tal prazo o devedor já deve solucionar suas relações com os credores. Caso a situação do devedor seja solucionada antes dos 180 dias, pela aprovação do plano de recuperação, cessa a suspensão das ações e execuções.

Todavia, nem sempre a solução da situação do devedor ocorrerá dentro dos 180 dias; apesar disso, tal prazo é improrrogável, ou seja, a suspensão não pode ultrapassá-lo em nenhuma hipótese. Mesmo que a negociação dure mais tempo, a suspensão ficará restrita aos 180 dias. Apenas a título exemplificativo, no caso da BRA, a decisão que deferiu o processamento foi proferida em 30-11-2007, mas o plano de recuperação só foi aprovado em 29-8-2008, ou seja, após o prazo de 180 dias. Apesar disso, a suspensão durou apenas 180 dias e as ações voltaram a correr a partir do termo final do prazo, independentemente de nova determinação judicial. Em casos excepcionais, a jurisprudência[20] tem admitido a extensão desse prazo, em prol do princípio da preservação da empresa. A propósito, o STJ já afirmou que: "Em homenagem ao princípio da continuidade da sociedade empresarial, o simples decurso do prazo de 180 (cento e oitenta) dias entre o deferimento e a aprovação do plano de recuperação judicial não enseja retomada das execuções individuais quando à pessoa jurídica, ou seus sócios e administradores, não se atribui a causa da demora"[21].

3.3.2 Exceções

A suspensão das ações e execuções é estabelecida de forma genérica, abrangendo ações e execuções em face do devedor (Lei n. 11.101/2005 – art. 6º). Em face dessa regra, seria factível concluir que todas as ações são suspensas. Todavia, a própria lei estabelece algumas exceções, isto é, define ações e execuções que não serão suspensas pelo deferimento do processamento da recuperação judicial.

3.3.2.1 Ações que demandem quantias ilíquidas

A primeira exceção envolve as ações que demandam quantias ilíquidas (Lei n. 11.101/2005 – art. 6º, § 1º), inclusive as reclamações trabalhistas. A expressão usada pela lei não é muito clara e deve ser interpretada como abrangendo as ações de conhecimen-

20. STJ – CC 79.170/SP, Rel. Ministro CASTRO MEIRA, PRIMEIRA SEÇÃO, julgado em 10-9-2008, *DJe* 19-9-2008.

21. STJ – REsp 1.193.480/SP, Rel. Ministro ALDIR PASSARINHO JUNIOR, QUARTA TURMA, julgado em 5-10-2010, *DJe* 18-10-2010. No mesmo sentido: STJ – AgRg no CC 101.628/SP, Rel. Ministro JOÃO OTÁVIO DE NORONHA, SEGUNDA SEÇÃO, julgado em 25-5-2011, *DJe* 1º-6-2011.

to, nas quais se discute a existência ou o valor de certos créditos[22]. Nesses casos, a relação de débito e crédito ainda não está constituída definitivamente[23] e, por isso, não há maiores riscos para o empresário de saída de bens do seu patrimônio. O máximo que poderá ocorrer é a reserva de valores, determinada pelo juiz responsável por tais ações.

Em outras palavras, o trâmite normal dessas ações não põe em risco a recuperação da empresa e, por isso, elas podem prosseguir. Todavia, elas não devem prosseguir até o pagamento, mas apenas até a definição do valor devido. Ora, a partir da definição final do valor, pode ser iniciada a fase de execução, na qual podem ocorrer atos de apreensão e expropriação, os quais devem ser evitados para que o devedor possa se reorganizar. Portanto, as ações que demandem quantia ilíquida não são suspensas, podendo prosseguir até a eventual definição do valor devido. Nesse sentido, o STJ afirmou que "tratando-se, portanto, de demanda cujos pedidos são ilíquidos, a ação de conhecimento deverá prosseguir perante o juízo na qual foi proposta, após o qual, sendo determinado o valor do crédito, deverá ser habilitado no quadro geral de credores da sociedade em recuperação judicial"[24].

3.3.2.2 Execuções fiscais

Outra exceção abrange as execuções fiscais (Lei n. 11.101/2005 – art. 6º, § 7º). A ideia aqui é manter os créditos fiscais afastados dos efeitos da recuperação judicial, como determina o art. 187 do Código Tributário Nacional. Ocorre que as execuções fiscais não abrangem apenas créditos de natureza tributária, mas também créditos não tributários, como multas, indenizações e outros. Assim, o prosseguimento das execuções fiscais beneficia não apenas os créditos tributários, mas todos os créditos do poder público que sejam inscritos em dívida ativa e estejam em fase de execução, mesmo que não gozem de maiores privilégios, como o caso das multas.

Por outro lado, o prosseguimento das execuções fiscais pode inviabilizar a continuação da empresa[25], uma vez que pode acarretar a penhora e a expropriação de bens essenciais para a atividade desenvolvida pelo devedor. Para contornar esse problema, a própria Lei estabelece a possibilidade de um parcelamento especial para empresários em recuperação judicial (Lei n. 11.101/2005 – art. 68).

Atualmente, tal parcelamento está previsto no art. 10-A da Lei n. 10.522/2002, para os devedores que requereram a recuperação judicial ou já tiveram deferimento para o processamento da recuperação especial. Tal instituto permite o parcelamento

---

22. MAMEDE, Gladston. *Direito empresarial brasileiro*: falência e recuperação de empresas. São Paulo: Atlas, 2006, v. 4, p. 76.

23. PIMENTA, Eduardo Goulart. *Recuperação de empresas*. São Paulo: IOB, 2006, p. 128.

24. STJ – REsp 1447918/SP, Rel. Ministro LUIS FELIPE SALOMÃO, QUARTA TURMA, julgado em 7-4-2016, DJe 16-5-2016.

25. SIMIONATO, Frederico A. Monte. *Tratado de direito falimentar*. Rio de Janeiro: Forense, 2008, p. 56.

dos débitos federais constituídos ou não, inscritos ou não em Dívida Ativa da União, mesmo que discutidos judicialmente ou em fase de execução fiscal já ajuizada, ressalvados exclusivamente os débitos incluídos em parcelamentos regidos por outras leis. Ressalte-se, porém, que é possível a desistência dos parcelamentos anteriores, para a adesão a esse parcelamento. Além disso, no caso de discussão judicial ou administrativa do débito, o devedor deve desistir da sua impugnação para que o parcelamento seja concedido, mas não se exige a concessão de garantia para o deferimento do parcelamento.

Não poderão ser parcelados débitos relativos a valores recebidos pelos agentes arrecadadores não recolhidos aos cofres públicos; tributos devidos no registro da Declaração de Importação; incentivos fiscais devidos ao Fundo de Investimento do Nordeste – FINOR, Fundo de Investimento da Amazônia – FINAM e Fundo de Recuperação do Estado do Espírito Santo – FUNRES; pagamento mensal por estimativa do Imposto sobre a Renda da Pessoa Jurídica – IRPJ e da Contribuição Social sobre o Lucro Líquido – CSLL, na forma do art. 2º da Lei n. 9.430, de 27 de dezembro de 1996; recolhimento mensal obrigatório da pessoa física relativo a rendimentos de que trata o art. 8º da Lei n. 7.713, de 22 de dezembro de 1988; tributos devidos por pessoa jurídica com falência decretada ou por pessoa física com insolvência civil decretada; e créditos tributários devidos na forma do art. 4º da Lei n. 10.931, de 2 de agosto de 2004, pela incorporadora optante do Regime Especial Tributário do Patrimônio de Afetação.

O parcelamento será de até 84 (oitenta e quatro) parcelas mensais e consecutivas, sendo calculada cada parcela em termos percentuais sobre o valor total da dívida consolidada, nos seguintes termos: da 1ª à 12ª prestação: 0,666% (seiscentos e sessenta e seis milésimos por cento); da 13ª à 24ª prestação: 1% (um por cento); da 25ª à 83ª prestação: 1,333% (um inteiro e trezentos e trinta e três milésimos por cento); e 84ª prestação: saldo devedor remanescente. O valor de cada prestação será acrescido de juros equivalentes à taxa SELIC para títulos federais, acumulada mensalmente, calculados a partir do mês subsequente ao da consolidação até o mês anterior ao do pagamento, e de 1% (um por cento) relativamente ao mês em que o pagamento estiver sendo efetuado. O parcelamento terá sua formalização condicionada ao prévio pagamento da primeira prestação, conforme o montante do débito e o prazo solicitado.

A não concessão da recuperação judicial, o atraso de três parcelas, consecutivas ou não, e o atraso da última parcela são motivos para automática rescisão do parcelamento com a remessa do débito para inscrição em Dívida Ativa da União ou prosseguimento da execução fiscal.

Em relação ao ICMS, já existe o Convênio n. 59/2012 – CONFAZ, que autoriza a concessão de parcelamento pelos Estados dos débitos referentes a tal tributo em no máximo 84 parcelas. O parcelamento das dívidas relativas ao ICMS somente poderá ser requerido após o deferimento, devidamente comprovado, do processamento da recuperação judicial. O convênio também estabeleceu as causas de rescisão do parcelamento: não concessão da recuperação judicial, decretação da falência, atraso de duas parcelas consecutivas ou não, e o não pagamento da última parcela.

A maior parte da disciplina desse parcelamento ficou para as respectivas legislações estaduais ou distritais, sobre os atos necessários à implementação do parcelamento, inclusive quanto à forma de consolidação dos débitos, à atualização das parcelas e ao limite máximo de parcelas.

Enquanto não existia o parcelamento especial, o STJ reconheceu que as execuções fiscais podem prosseguir, mas os atos de expropriação ficam suspensos pelo prazo de 180 dias, a fim de que a função social da empresa seja protegida[26]. Com a criação do parcelamento, as execuções fiscais dos respectivos entes deverão prosseguir normalmente, mantendo-se a orientação do STJ onde ainda não foi criado o parcelamento.

De toda forma, acredita-se que os princípios da função social e da preservação da empresa ainda podem justificar nos casos concretos restrições de atos de apreensão ou de expropriação no âmbito das execuções fiscais[27]. Assim, mesmo nas execuções fiscais, os atos de apreensão e expropriação devem ser submetidos ao juízo da recuperação[28].

3.3.2.3 Ações dos outros credores não sujeitos à recuperação

Também não são suspensas as ações dos credores titulares da posição de proprietário fiduciário de bens móveis ou imóveis, de arrendador mercantil, de proprietário ou promitente vendedor de imóvel, cujos respectivos contratos contenham cláusula de irrevogabilidade ou irretratabilidade, inclusive em incorporações imobiliárias, ou de proprietário em contrato de venda com reserva de domínio (Lei n. 11.101/2005 – art. 49, § 3º). Na mesma situação encontram-se os credores de adiantamentos de contratos de câmbio (Lei n. 11.101/2005 – art. 86, II). Tais credores, por não serem sujeitos à recuperação judicial, mantêm integralmente seus direitos, inclusive no que tange ao ajuizamento e prosseguimento das ações.

A lei quis proteger tais credores, afastando-os dos efeitos da recuperação, reduzindo seus riscos, para que o custo de suas atividades fosse mais baixo. Não estando sujeitos aos efeitos da recuperação, é natural que suas ações não sejam suspensas pela decisão que defere o processamento. Todavia, em razão do princípio da preservação da empresa, tais credores não podem exercer seus direitos para retirar do estabelecimento do devedor bens essenciais ao exercício da atividade, no prazo de 180 dias após o deferimento do processamento do pedido de recuperação. Em última análise, os credores em tais situações

---

26. STJ – AgRg no CC 81922/RJ, Rel. Ministro ARI PARGENDLER, SEGUNDA SEÇÃO, julgado em 9-5-2007, *DJ* 4-6-2007, p. 294.

27. STJ – AgRg no CC 136.130/SP, Rel. Ministro RAUL ARAÚJO, Rel. p/ Acórdão Ministro ANTONIO CARLOS FERREIRA, SEGUNDA SEÇÃO, julgado em 13-5-2015, *DJe* 22-6-2015; STJ – AgInt no CC 140.021/MT, Rel. Ministro JOÃO OTÁVIO DE NORONHA, SEGUNDA SEÇÃO, julgado em 10-8-2016, DJe 22-8-2016; STJ – AgInt no CC 123.834/SP, Rel. Ministro RICARDO VILLAS BÔAS CUEVA, SEGUNDA SEÇÃO, julgado em 24-5-2017, DJe 29-5-2017.

28. STJ – AgInt no CC 123.834/SP, Rel. Ministro RICARDO VILLAS BÔAS CUEVA, SEGUNDA SEÇÃO, julgado em 24-5-2017, DJe 29-5-2017.

estão protegidos, mas não a ponto de inviabilizar a própria recuperação da empresa. A competência para apreciar se o bem pode ou não ser retirado do estabelecimento do devedor é do juízo da recuperação judicial[29].

Com a Lei n. 13.043/2014 foi inserido o art. 6º-A no Decreto-lei n. 911/1969, que afirma que "o pedido de recuperação judicial ou extrajudicial pelo devedor nos termos da Lei n. 11.101, de 9 de fevereiro de 2005, não impede a distribuição e a busca e apreensão do bem". Tal disposição não deve ser interpretada de forma a derrogar a parte final do art. 49, § 3º, da Lei n. 11.101/2005, isto é, as ações de busca e apreensão de bens alienados fiduciariamente não são suspensas pela recuperação judicial, mas o proprietário fiduciário não poderá retirar do estabelecimento do devedor os bens essenciais a sua atividade. Não há uma contradição entre os dispositivos, mas uma complementaridade. Os princípios da recuperação judicial já impedem a retirada de bens essenciais à continuação da atividade do devedor, sob pena de inviabilizar a superação da crise.

No caso do *leasing* de aeronaves ou suas partes, o art. 199 da Lei n. 11.101/2005 determina que "em nenhuma hipótese ficará suspenso o exercício de direitos derivados de contratos", ou seja, em caso de inadimplência o arrendador poderia retirar os bens da posse do devedor, mesmo que fossem bens essenciais para a sua atividade. Trata-se de regra casuística e pouco justificável em razão do princípio da preservação da empresa. Apesar disso, o TJSP já determinou a aplicação expressa de tal dispositivo, permitindo a retomada de aeronaves em relação a empresários em recuperação judicial[30]. De outro lado, o TJRJ afastou tal regra, privilegiando, a nosso ver com razão, a função social e a preservação da empresa[31].

3.3.2.4 Ações sem efeitos patrimoniais econômicos

Além das exceções expressamente previstas na Lei n. 11.101/2005, podemos afirmar que também não serão suspensas aquelas ações sem efeitos patrimoniais econômicos[32], como a nunciação de obra nova e a investigação de paternidade sem pedido condenatório. Ora, o processo de recuperação judicial visa a regularizar a situação patrimonial do devedor em crise, logo, ações que não possuam reflexos patrimoniais não precisam ser afetadas pelo processamento da recuperação. O trâmite natural de tais ações não afetará o *status* do devedor e, por isso, não há necessidade da suspensão.

---

29. STJ – CC 110.392/SP, Rel. Ministro RAUL ARAÚJO, SEGUNDA SEÇÃO, julgado em 24-11-2010, *DJe* 22-3-2011; STJ – CC 121.207/BA, Rel. Ministro RICARDO VILLAS BÔAS CUEVA, SEGUNDA SEÇÃO, julgado em 8-3-2017, DJe 13-3-2017.

30. TJSP – 26ª Câmara – AG 1.119.044.500 – Relator Desembargador Vianna Cotrim, j. em 30-7-2007.

31. TJRJ – 4ª Câmara Cível – AG 2005.002.23836 – Relator Desembargador REINALDO P. ALBERTO FILHO, j. em 22-11-2005.

32. MAMEDE, Gladston. *Direito empresarial brasileiro*: falência e recuperação de empresas. São Paulo: Atlas, 2006, v. 4, p. 83.

3.4 Contas mensais

A decisão que defere o processamento da recuperação também determinará que o devedor apresente em juízo contas demonstrativas mensais, enquanto perdurar a recuperação judicial. Trata-se de medida que visa a assegurar maior fiscalização sobre a atuação do devedor, durante todo o processo, para evitar atos de dilapidação do patrimônio ou de quebra da igualdade entre os credores[33]. Desde o processamento até a extinção do processo de recuperação judicial, o Poder Judiciário irá fiscalizar a atuação do devedor e tal fiscalização é feita especialmente à luz das contas mensais que serão apresentadas em juízo. A veracidade das informações prestadas nestas contas será aferida pela comparação com o relatório mensal das atividades do devedor, a ser apresentado pelo administrador judicial (Lei n. 11.101/2005 – art. 22, II, *c*).

A lei silencia sobre a forma e a estrutura das contas mensais, deixando uma lacuna perigosa. Apesar disso, deve-se interpretar o dispositivo da melhor maneira, sendo possível concluir que essas contas demonstrativas serão apresentadas sob a forma de balancetes mensais, com especial atenção para as receitas e despesas do período, com as respectivas origens[34]. Não basta a apresentação dos dados do livro-diário, mas também não é necessária uma prestação de contas mais profunda, pela própria periodicidade da sua apresentação. Devem ser prestadas informações que permitam a verificação da atividade.

O não cumprimento dessa obrigação ensejará automaticamente a destituição dos administradores (Lei n. 11.101/2005 – art. 52, IV). A nosso ver, a apresentação de contas com dados falsos também importará a destituição dos administradores. Não há margem de liberdade para o juiz, isto é, não apresentadas as contas, a destituição dos administradores é obrigatória.

A menção a administradores aplica-se perfeitamente às sociedades empresárias, mas não serve bem para o empresário individual. No caso destes, não vemos possibilidade de punição, porquanto não há como destituir o próprio devedor. O afastamento excepcional, previsto no art. 64 da Lei n. 11.101/2005, não abrange a não apresentação das contas e, por isso, não se pode cogitar de tal providência no caso. Ademais, o uso da expressão *destituição* denota tratar-se de providência distinta daquela prevista no art. 64 da Lei n. 11.101/2005.

3.5 Intimação do Ministério Público e das fazendas públicas

A decisão que defere o processamento da recuperação judicial também deverá determinar a intimação do Ministério Público e das fazendas públicas federais, estaduais e

33. SZTAJN, Rachel. In: SOUZA JÚNIOR, Francisco Sátiro de; PITOMBO, Antônio Sérgio de A. de Moraes (Coord.). *Comentários à lei de recuperação de empresas e falência*. São Paulo: Revista dos Tribunais, 2005, p. 260.

34. MAMEDE, Gladston. *Direito empresarial brasileiro*: falência e recuperação de empresas. São Paulo: Atlas, 2006, v. 4, p. 229.

municipais, onde o devedor exerce suas atividades. Em relação ao Ministério Público, a intimação visa a lhe dar ciência do feito, permitindo sua atuação no processo. No que tange às fazendas públicas, a intenção é dar conhecimento da situação especial daquele devedor que ingressou com o pedido de recuperação. As fazendas públicas não têm muito o que fazer a não ser conceder o parcelamento especial a pedido do devedor, quando for criado tal parcelamento.

3.6 Suspensão da prescrição

Além de tudo o que constará expressamente do seu teor, a decisão que defere o processamento da recuperação judicial também suspenderá o curso da prescrição em face do devedor (Lei n. 11.101/2005 – art. 6º), não abrangendo a prescrição para o exercício dos direitos pelo devedor[35]. No período de suspensão, os prazos param de correr, voltando a correr do ponto em que parou, independentemente de determinação judicial. O prazo máximo da suspensão é de 180 dias, podendo ser encerrada anteriormente pela aprovação do plano de recuperação judicial.

A intenção, aqui também, é dar fôlego ao devedor para que ele possa se reorganizar e obter a recuperação. Como a prescrição estará suspensa, não haverá maior preocupação dos credores em propor ações ou tomar medidas para interromper a prescrição. Dessa forma, o devedor não precisará se preocupar em se defender de tantas ações nesse período. Nada impede que os credores promovam ações contra o devedor no período de suspensão, mas já não haverá a necessidade de propor as ações nesse período, pois a prescrição não se consumará nesse intervalo.

3.7 Força atrativa do juízo recuperacional

A princípio, não há qualquer dispositivo que crie uma unidade para o juízo recuperacional, isto é, não existe um dispositivo específico que fixe a competência do juízo da recuperação judicial para os processos que envolvam os interesses das recuperandas. Todavia, à luz dos princípios e dos objetivos da recuperação judicial, a jurisprudência do STJ vem reconhecendo a competência do juízo da recuperação judicial para qualquer medida que possa afetar o patrimônio das empresas recuperandas, dada sua universalidade e indivisibilidade. Registre-se, que tal força atrativa só se dá a partir da decisão de processamento da recuperação[36] e perdura até o encerramento do processo[37].

---

35. MAMEDE, Gladston. *Direito empresarial brasileiro*: falência e recuperação de empresas. São Paulo: Atlas, 2006, v. 4, p. 73.

36. STJ – AgRg no CC 117.216/DF, Rel. Ministra NANCY ANDRIGHI, SEGUNDA SEÇÃO, julgado em 12-6-2013, *DJe* 17-6-2013.

37. STJ – AgInt no CC 144.511/SP, Rel. Ministro RICARDO VILLAS BÔAS CUEVA, SEGUNDA SEÇÃO, julgado em 26-4-2017, DJe 2-5-2017

Sobre o tema, o Ministro Castro Meira, assim se pronunciou:

> No caso, o destino do patrimônio da empresa-ré em processo de recuperação judicial não pode ser atingido por decisões prolatadas por juízo diverso daquele da Recuperação, sob pena de prejudicar o funcionamento do estabelecimento, comprometendo o sucesso de seu plano de recuperação, ainda que ultrapassado o prazo legal de suspensão constante do § 4º do art. 6º, da Lei n. 11.101/05, sob pena de violar o princípio da continuidade da empresa[38].

No mesmo sentido, o Ministro Luis Felipe Salomão, afirmou que

> [...] se encontra sedimentada no âmbito da Segunda Seção desta Corte, que reconhece ser o Juízo onde se processa a recuperação judicial o competente para julgar as causas em que estejam envolvidos interesses e bens da empresa recuperanda, inclusive para o prosseguimento dos atos de execução, ainda que o crédito seja anterior ao deferimento da recuperação judicial, devendo, portanto, se submeter ao plano, sob pena de inviabilizar a recuperação[39].

O próprio STF afirmou que:

> Destarte, instala-se no processo de falência o denominado juízo universal, que atrai todas as ações que possam afetar o patrimônio da empresa em processo de quebra ou de recuperação judicial. Cuida-se, em suma, do juízo competente para conhecer e julgar todas as demandas que exijam uma decisão uniforme e vinculação *erga omnes*[40].

Essa força atrativa, porém, não é a mesma da falência. Ela deve ser interpretada de forma mais restrita, isto é, o juízo recuperacional será competente para decidir sobre os temas que possam afetar o patrimônio das recuperações e não quaisquer ações.

Assim, matérias de conhecimento, inclusive trabalhistas, continuam a ser decididas pelo juízo original, cabendo ao juízo da recuperação apenas as medidas que afetem o patrimônio do devedor. Mais uma vez, o STJ afirma que: "Uma vez deferido o processa-

---

38. STJ – CC 79.170/SP, Rel. Ministro CASTRO MEIRA, PRIMEIRA SEÇÃO, julgado em 10-9-2008, *DJe* 19-9-2008.

39. STJ – CC 106.768/RJ, Rel. Ministro LUIS FELIPE SALOMÃO, SEGUNDA SEÇÃO, julgado em 23-9--2009, *DJe* 2-10-2009. No mesmo sentido, STJ – AgRg nos EDcl no CC 99.548/SP, Rel. Ministro SIDNEI BENETI, SEGUNDA SEÇÃO, julgado em 23-2-2011, *DJe* 10-3-2011.

40. STF – RE 583.955, Relator(a): Min. RICARDO LEWANDOWSKI, Tribunal Pleno, julgado em 28-5--2009, REPERCUSSÃO GERAL – MÉRITO *DJe*-162 DIVULG. 27-8-2009 PUBLIC. 28-8-2009 EMENT. VOL-02371-09 PP-01.716 *RTJ* VOL-00212- PP-00570.

mento da recuperação judicial, ao Juízo Laboral compete tão somente a análise da matéria referente à relação de trabalho, vedada a alienação ou disponibilização do ativo em ação cautelar ou reclamação trabalhista"[41].

De modo similar, as ações de despejo não se submetem ao juízo da recuperação judicial[42]. Créditos posteriores ao pedido de recuperação judicial também não se submetem ao processo, mas "o controle dos atos de constrição patrimonial relativos aos créditos extraconcursais deve prosseguir no Juízo universal"[43]. Do mesmo modo, em relação a débitos consumidores, mesmo diante de sua proteção constitucional, pois "viola o juízo atrativo da recuperação a ordem de penhora *on line* decretada pelo julgador titular do juizado especial, pois a inserção da proteção do consumidor como direito fundamental não é capaz de blindá-lo dos efeitos do processo de reestruturação financeira do fornecedor"[44]. Em todos esses casos, as ações não são atraídas, mas atos de penhora e expropriação de bens do devedor deverão ser submetidos ao juízo da recuperação.

Mesmo para executivos fiscais, a Segunda Seção do STJ tem reconhecido a força atrativa do juízo da recuperação. Nesse sentido:

> Apesar de a execução fiscal não se suspender em face do deferimento do pedido de recuperação judicial (art. 6º, § 7º, da LF n. 11.101/05, art. 187 do CTN e art. 29 da LF n. 6.830/80), submetem-se ao crivo do juízo universal os atos de alienação voltados contra o patrimônio social das sociedades empresárias em recuperação, em homenagem ao princípio da preservação da empresa[45].

No mesmo sentido, afirmou-se que:

> Embora a execução fiscal, em si, não se suspenda, são vedados atos judiciais que reduzam o patrimônio da empresa em recuperação judicial, enquanto for mantida essa condição. Isso porque a interpretação literal do art. 6º, § 7º, da Lei 11.101/05 inibiria o cumprimento do plano de recuperação judicial previamente aprovado e homologado, tendo em vista o prosseguimento dos atos de constrição do patrimônio da empresa em dificuldades financeiras[46].

---

41. STJ – CC 112.799/DF, Rel. Ministro LUIS FELIPE SALOMÃO, SEGUNDA SEÇÃO, julgado em 14-3-2011, *DJe* 22-3-2011.

42. STJ – CC 148.803/RJ, Rel. Ministra NANCY ANDRIGHI, SEGUNDA SEÇÃO, julgado em 26-4-2017, DJe 2-5-2017.

43. STJ – AgRg nos EDcl no CC 136.571/MG, Rel. Ministro MARCO AURÉLIO BELLIZZE, SEGUNDA SEÇÃO, julgado em 24-5-2017, DJe 31-5-2017.

44. STJ – REsp 1598130/RJ, Rel. Ministro RICARDO VILLAS BÔAS CUEVA, TERCEIRA TURMA, julgado em 7-3-2017, DJe 14-3-2017.

45. STJ – CC 114.987/SP, Rel. Ministro PAULO DE TARSO SANSEVERINO, SEGUNDA SEÇÃO, julgado em 14-3-2011, *DJe* 23-3-2011.

46. STJ – CC 116.213/DF, Rel. Ministra NANCY ANDRIGHI, SEGUNDA SEÇÃO, julgado em 28-9-2011, *DJe* 5-10-2011.

Porém, a Primeira Seção já decidiu que:

> Deve, portanto, ser prestigiada a solução que preserve a harmonia e vigência da legislação federal, de sorte que, a menos que o crédito fiscal seja extinto ou tenha a exigibilidade suspensa, a Execução Fiscal terá regular processamento, mantendo-se plenamente respeitadas as faculdades e liberdade de atuação do Juízo por ela responsável[47].

A nosso ver, a orientação da Segunda Seção do STJ nesse caso é a que melhor se coaduna com os princípios inerentes à recuperação judicial. Permitir o prosseguimento puro e simples da execução pode inviabilizar a recuperação e, por isso, deve-se ter cuidado nessa continuação. Ora, se as fazendas públicas possuem o dever legal de cooperar com a recuperação, criando um parcelamento especial, e ainda não o fizeram, sua colaboração deve ser obtida de outra forma. Tal opinião está consagrada na Súmula 480 do STJ que afirma que "O juízo da recuperação judicial não é competente para decidir sobre a constrição de bens não abrangidos pelo plano de recuperação da empresa". Logo, *a contrario sensu*, se o bem está abrangido pelo plano de recuperação, a competência será do juízo falimentar.

Mesmo já havendo penhora anterior, prevalece a força atrativa do juízo da recuperação, que passa a ser competente para decidir sobre todos os bens abrangidos pelo processo[48]. O STJ já afirmou que "Consoante o posicionamento firmado pela Colenda Segunda Seção do STJ, o destino do patrimônio da empresa em processo de soerguimento judicial ou falimentar, como no presente caso, não pode ser atingido por decisões prolatadas por juízo diverso daquele da recuperação ou da falência"[49].

4 Publicidade

Deferido o processamento do pedido de recuperação judicial, deve ser dada ampla ciência de tal situação. Em razão disso, a Lei determina a publicação de um edital na imprensa oficial (Lei n. 11.101/2005 – art. 52, § 1º). Tal edital conterá o resumo do pedido do devedor e da decisão que deferiu o processamento da recuperação judicial. Além disso, o edital conterá a lista nominal de credores, com valor e classificação, apresentada pelo devedor, assinalando-se expressamente o prazo de 15 dias para habilitação dos credores não incluídos na lista e para apresentação de divergências por aqueles incluídos.

---

47. STJ – AgRg no CC 112.646/DF, Rel. Ministro HERMAN BENJAMIN, PRIMEIRA SEÇÃO, julgado em 11-5-2011, *DJe* 17-5-2011.

48. STJ – REsp 1635332/RJ, Rel. Ministra NANCY ANDRIGHI, TERCEIRA TURMA, julgado em 17-11-2016, DJe 21-11-2016.

49. STJ – CC 137.178/MG, Rel. Ministro MARCO BUZZI, SEGUNDA SEÇÃO, julgado em 28-9-2016, DJe 19-10-2016.

Tal publicação também deve advertir sobre o prazo de 30 dias para oposição ao plano de recuperação judicial, por parte dos credores, nos termos do art. 55 da Lei n. 11.101/2005. No que tange a este prazo, não haveria necessidade da menção, porquanto o termo inicial dos 30 dias não é a publicação da decisão concessiva do processamento. O termo inicial para apresentação de oposições será a publicação do quadro provisório de credores (Lei n. 11.101/2005 – art. 7º, § 2º) ou do aviso sobre o recebimento do plano de recuperação em juízo (Lei n. 11.101/2005 – art. 53, parágrafo único).

Jorge Lobo afirma que, após tal publicação, os credores sujeitos à recuperação terão um prazo de 15 dias para apresentar contestação ao pedido de recuperação, que uma vez acolhida determinará a suspensão dos efeitos do despacho concessivo, sem acarretar a decretação da falência[50]. A nosso ver, não há previsão legal para tal contestação, havendo exclusivamente a possibilidade de oposição ao plano de recuperação, nos termos do art. 55 da Lei n. 11.101/2005.

Além do edital, o juiz determinará à junta comercial que proceda à anotação do deferimento do processamento da recuperação no registro referente ao empresário, para que todos tenham ciência dessa situação. Outrossim, o próprio empresário passará a atuar com o nome seguido da expressão *em recuperação*, de modo que qualquer pessoa que contratar com o devedor terá ciência da sua situação (Lei n. 11.101/2005 – art. 69).

---

50. LOBO, Jorge. In: TOLEDO, Paulo F. C. S. de; ABRÃO, Carlos Henrique (Coord.). *Comentários à lei de recuperação de empresas e falência*. São Paulo: Saraiva, 2005, p. 133.

6 ADMINISTRADOR JUDICIAL

1 Noções gerais

Ao requerer a recuperação judicial, o devedor reconhece que está em crise, que tem dificuldades para honrar suas obrigações. Deferindo-se o processamento da recuperação judicial, o devedor passa a gozar de uma série de benefícios para poder negociar um acordo com seus credores. Em contrapartida a esses benefícios, ele passará a ter sua atuação fiscalizada. Não se afasta o devedor ou os administradores das sociedades, salvo nos casos do art. 64 da Lei n. 11.101/2005, mas se fiscaliza sua atuação. Cabe ao administrador judicial realizar essa fiscalização de forma mais efetiva, desde o momento em que é deferido o processamento da recuperação judicial.

Afastando-se a dualidade do regime anterior, a figura do administrador judicial também é prevista para os processos de falência. O devedor que tem sua falência decretada demonstra não ter condições de honrar suas obrigações, seja pela impontualidade injustificada, seja pela execução frustrada ou ainda pelos atos de falência (Lei n. 11.101/2005 – art. 94). Em função disso – sendo o objetivo da falência, em última análise, a segurança do crédito[1] –, nada mais lógico do que afastar o devedor da gestão da empresa, a fim de "otimizar a utilização produtiva dos bens, ativos e recursos produtivos, inclusive os intangíveis" (Lei n. 11.101/2005 – art. 75), buscando o pagamento do maior número possível de credores.

Manter o devedor na gestão seria proteger e dar novas chances a quem não se mostrou capaz de gerir adequadamente e, por isso, nomeia-se o administrador judicial na falência, com a grande preocupação de se tratar de pessoa idônea e capaz de conduzir a bom termo o processo, impondo-se também sua imparcialidade em relação ao devedor, na medida em que ele deverá atuar também no sentido de apurar a responsabilidade do devedor e, eventualmente, dos sócios e dos administradores da sociedade falida.

Não existem mais as antigas figuras do síndico na falência e do comissário na concordata. Ambas foram substituídas pela noção mais geral de administrador judicial, que atuará nos dois tipos de processo.

---

1. REQUIÃO, Rubens. *Curso de direito falimentar*. 17. ed. São Paulo: Saraiva, 1998, v. 1, p. 27; COELHO, Fábio Ulhoa. *Curso de direito comercial*. São Paulo: Saraiva, 2000, v. 3, p. 223; PERIN JÚNIOR, Écio. *Curso de direito falimentar*. São Paulo: Método, 2002, p. 28-30.

Na França, há também um administrador judicial que atua como auxiliar do juiz[2]. Na Itália, há a figura do curador em moldes similares ao administrador judicial[3]. Em Portugal, também há uma figura similar denominada administrador da insolvência, o qual, porém, pode ser escolhido pelos credores[4]. Já na Espanha, há um regime diferenciado, sendo a administração concursal composta por três membros[5].

2 Natureza

Pelas principais funções exercidas pelo administrador judicial, fiscalização do devedor em recuperação e administração da massa falida, é correto afirmar que sua atuação beneficia especialmente os credores envolvidos em tais processos. Em razão disso, chegou-se a afirmar que o administrador cumpriria o papel de representante dos credores[6]. A própria expressão *síndico* – etimologicamente, significa advogado da coisa comum – reforçava tal conclusão. Outros afirmavam que ele é um representante dos credores e do devedor, dada a proteção dos interesses deste último. Umberto Navarrini afirmava que em alguns atos ele representaria os credores, em outros o devedor e em outros representaria ambos[7]. Umberto Pipia fala que haveria uma representação da massa falida, não dos credores nem dos devedores[8].

Todavia, tais opiniões estão superadas, pois não há representação nos atos praticados pelo administrador judicial. Ele não recebe poderes de credores ou devedores para se manifestar. Sua investidura é originária e não em razão de uma representação. A própria terminologia utilizada tenta transparecer que o administrador judicial não é um representante dos credores. Hoje, não há qualquer dúvida de que o administrador judicial é "um agente auxiliar da justiça, criado a bem do interesse público e para a consecução dos fins do processo falimentar"[9], vale dizer, ele é um órgão auxiliar do juízo[10]. Diz-se órgão

---

2. JANTIN, Michel; LE CANNU, Paul. *Droit commercial*: entreprises en difficulté. 7. ed. Paris: Dalloz, 2007, p. 304.

3. PROTO, Cesare. In: DI PEPE, Giorgio Schiano (Coord.). *Il diritto fallimentare riformato*. Padova: CEDAM, 2007, p. 108.

4. MENEZES LEITÃO, Luís Manuel Teles de. *Código da insolvência e da recuperação de empresas anotado*. 3. ed. Coimbra: Almedina, 2006, p. 95.

5. NUÑEZ LOZANO, Pablo Luis. Consideraciones sobre la profesionalidad de administración concursal. In: GRACIA, Juan Ignácio Peinado. *Estudios de derecho concursal*. Madri: Marcial Pons, 2006, p. 118.

6. LÉH, Tibor Nicolas. *La faillite das le droit européen continental*. Paris: Marcel Giard, 1932, p. 95.

7. NAVARRINI, Umberto. *Il falimento*. Torino: Fratelli Bocca, 1926, p. 80.

8. PIPIA, Umberto. *Del fallimento*. Torino: UTET, 1931, p. 275.

9. CAMPINHO, Sérgio. *Falência e recuperação de empresa*: o novo regime de insolvência empresarial. Rio de Janeiro: Renovar, 2006, p. 56.

10. PROVINCIALI, Renzo. *Manuale di diritto fallimentare*. 3 ed. Milano: Giuffrè, 1955, v. 1, p. 356; JANTIN, Michel; LE CANNU, Paul. *Droit commercial*: entreprises en difficulté. 7. ed. Paris: Dalloz, 2007, p. 304; PERIN JÚNIOR, Écio. O administrador judicial e o comitê de credores. In: PAIVA, Luiz Fernando Valente de

do processo em contraposição às partes (devedor e credores), sendo os órgãos os instrumentos pelos quais o processo se desenvolve[11].

Ele será o principal braço de atuação do juiz nos processos de falência e recuperação judicial. Cabe a ele trazer ao juiz os subsídios necessários para o melhor andamento dos processos de falência e recuperação judicial[12]. Em razão disso, pode-se afirmar que ele exerce um *munus* público[13], sendo enquadrado como funcionário público para fins penais (CP – art. 327).

3 A escolha do administrador judicial

Por se tratar de um agente auxiliar do juiz, o administrador judicial deve ser escolhido por este, entre pessoas da sua confiança. Há uma boa margem de liberdade para o juiz, admitindo-se que seja pessoa física ou pessoa jurídica. Não é mais necessária a nomeação entre os maiores credores, como ocorria no regime anterior, embora o juiz ainda possa indicar credores para tal encargo. Contudo, a lei dá alguns parâmetros e impõe alguns limites a essa escolha.

3.1 Preferência por qualificação técnica

Pelas funções que o administrador terá que desempenhar, inicialmente, a Lei buscou dar preferência a sujeitos que possuam alguma qualificação técnica. No caso de nomeação de pessoas físicas, há uma preferência por advogados, economistas, administradores de empresas ou contadores, que decorre da própria natureza das funções de administrador judicial. Ele irá administrar a massa falida ou fiscalizar a gestão do devedor em recuperação, logo, ele deve saber o que pode e o que não pode ser feito em tais casos. Os conhecimentos técnicos de tais profissões permitem, em tese, o melhor desempenho das

---

(Coord.). *Direito falimentar e a nova lei de falências e recuperação de empresas.* São Paulo: Quartier Latin, 2005, p. 173; PAJARDI, Piero. *Manuale di diritto fallimentare.* 6. ed. Milano: Giuffrè, 2002, p. 187; SATTA, Salvatore. Istituzioni di diritto fallimentare. 3. ed. Roma: Foro Italiano, 1949, p. 85; NEGRÃO, Ricardo. *Manual de direito comercial e de empresa.* 2. ed. São Paulo: Saraiva, 2007, v. 3, p. 76; CAMPINHO, Sérgio. *Falência e recuperação de empresa*: o novo regime de insolvência empresarial. Rio de Janeiro: Renovar, 2006, p. 56; VERÇOSA, Haroldo Malheiros Duclerc. In: SOUZA JÚNIOR, Francisco Sátiro de; PITOMBO, Antônio Sérgio de A. de Moraes (Coord.). *Comentários à lei de recuperação de empresas e falência.* São Paulo: Revista dos Tribunais, 2005, p. 165.

11. BEZERRA FILHO, Manoel Justino. *Lei de recuperação de empresas e falências comentada.* 4. ed. São Paulo: Revista dos Tribunais, 2007, p. 92.

12. MONTEIRO JÚNIOR, Ney Caminha. O administrador judicial e a fiscalização do plano de recuperação. In: BATTELO, Sílvio Javier. *Principais controvérsias na nova lei de falências.* Porto Alegre: Fabris, 2008, p. 157.

13. RESTIFFE, Paulo Sérgio. *Recuperação de empresas.* Barueri: Manole, 2008, p. 328; PROVINCIALI, Renzo. *Manuale di diritto fallimentare.* 3. ed. Milano: Giuffrè, 1955, v. 1, p. 358.

funções[14]. Todavia, nada garante que o desempenho seja adequado. O melhor seria exigir experiência em relação a empresas em crise[15].

Ressalte-se, porém, que se trata de simples preferência, isto é, não é essencial que o administrador judicial seja advogado, contador, economista ou administrador de empresas, porém, deve-se tratar sempre de um profissional idôneo. A realidade do local, a disponibilidade e interesses dos profissionais é que irão determinar a escolha do juiz. Em outros países, há um regime profissional específico para os administradores judiciais, como na França[16] e em Portugal[17].

Da mesma forma, para as pessoas jurídicas exige-se, além da regularidade, a especialização na mesma atividade do devedor, na reestruturação de empresas ou em alguma dessas áreas do conhecimento (Direito, Economia, Contabilidade e Administração de empresas)[18]. Não há a obrigação de ser uma pessoa jurídica especializada em recuperação judicial, pois é difícil, mesmo em grandes centros econômicos, criar pessoas jurídicas que tenham esse fim específico. Assim, pessoas jurídicas especializadas em auditorias ou consultorias empresariais são as mais indicadas para assumir tal posição. Em todo caso, no termo da posse da pessoa jurídica deverá ser qualificado o profissional responsável pela condução do processo, o qual deverá atender aos requisitos de idoneidade impostos ao administrador judicial[19]. A substituição desse profissional dependerá de autorização do juiz.

3.2 *Idoneidade*

Além da preferência por alguém dotado de qualificação técnica, a legislação exige que o administrador judicial seja uma pessoa idônea, sem, contudo, explicar o que vem a ser essa idoneidade.

---

14. MAMEDE, Gladston. *Direito empresarial brasileiro*: falência e recuperação de empresas. São Paulo: Atlas, 2006, v. 4, p. 93.

15. MANGE, Renata. O administrador judicial, o gestor judicial e o comitê de credores na Lei n. 11.101/05. In: SANTOS, Paulo Penalva (Coord.). *A nova lei de falências e de recuperação de empresas – Lei n. 11.101/2005*. Rio de Janeiro: Forense, 2006, p. 66.

16. JANTIN, Michel; LE CANNU, Paul. *Droit commercial*: entreprises en difficulté. 7. ed. Paris: Dalloz, 2007, p. 299.

17. MENEZES LEITÃO, Luís Manuel Teles de. *Código da insolvência e da recuperação de empresas anotado*. 3. ed. Coimbra: Almedina, 2006, p. 94.

18. GONÇALVES NETO, Alfredo de Assis. Administração da falência, realização do ativo e pagamento dos credores. In: SANTOS, Paulo Penalva (Coord.). *A nova lei de falências e de recuperação de empresas – Lei n. 11.101/2005*. Rio de Janeiro: Forense, 2006, p. 251; MAMEDE, Gladston. *Direito empresarial brasileiro*: falência e recuperação de empresas. São Paulo: Atlas, 2006, v. 4, p. 95.

19. MAMEDE, Gladston. *Direito empresarial brasileiro*: falência e recuperação de empresas. São Paulo: Atlas, 2006, v. 4, p. 95.

Alguns autores afirmam que essa idoneidade deve ser moral e financeira[20], tendo em vista a função a ser exercida e a eventual responsabilidade pelos danos causados. Apesar da ausência de menção expressa, a necessidade da idoneidade financeira decorreria implicitamente da responsabilidade do administrador judicial pelos danos causados.

Outros, porém, veem tal idoneidade apenas sob o aspecto moral, dado o silêncio da Lei e a falta de influência do aspecto financeiro sobre o exercício das funções[21]. A nosso ver, efetivamente trata-se apenas de idoneidade moral, pois este é o sentido da expressão. A idoneidade financeira que constava expressamente do revogado Decreto-lei n. 7.661/45 (art. 60) não pode mais ser exigida, por ausência de previsão legal.

3.3 Imparcialidade

Para garantir o bom exercício das suas funções, a lei impõe certo grau de imparcialidade na sua escolha, isto é, proíbe também a nomeação como administrador judicial de pessoas que tenham relação de parentesco ou afinidade até o 3º (terceiro) grau com o devedor, seus administradores, controladores ou representantes legais ou deles for amigo, inimigo ou dependente. Também se trata de impedimento similar ao que havia na Lei anterior, contudo, melhor detalhado, na medida em que agora se refere expressamente também aos administradores e controladores da sociedade, além do próprio devedor e dos seus representantes legais. Há por outro lado uma imprecisão terminológica na medida em que a afinidade é uma das espécies de parentesco, nos termos do art. 1.595, § 1º, do Código Civil de 2002, e não uma forma diferente de relação familiar.

Nesse impedimento, incluem-se os parentes até o terceiro grau (pais, avós, bisavós, filhos, netos, irmãos, tios, sobrinhos, sogros, cunhados), bem como todos os dependentes economicamente (incluídos os empregados) e as pessoas que mantenham laços de amizade ou inimizade com o devedor, com os administradores da sociedade empresária, com os sócios ou acionistas controladores ou com os seus representantes legais. Não há extensão desses impedimentos a quem mantenha tais laços com o sócio não controlador, que não exerça função de administração.

Quem tem laços familiares, afetivos ou de dependência com o devedor, seus administradores, controladores ou representantes legais não tem condições de fiscalizar a

---

20. PACHECO, José da Silva. *Processo de recuperação judicial, extrajudicial e falência*. 2. ed. Rio de Janeiro: Forense, 2007, p. 69; PIMENTA, Eduardo Goulart. *Recuperação de empresas*. São Paulo: IOB, 2006, p. 170; TOLEDO, Paulo F. C. Salles de. In: ABRÃO, Carlos Henrique; TOLEDO, Paulo F. C. Salles de. (Coord.). *Comentários à lei de recuperação de empresas e falência*. São Paulo: Saraiva, 2005, p. 47; CAMPINHO, Sérgio. *Falência e recuperação de empresa:* o novo regime de insolvência empresarial. Rio de Janeiro: Renovar, 2006, p. 57; CAMPOS BATALHA, Wilson de Souza; RODRIGUES NETTO, Nelson; RODRIGUES NETTO, Sílvia Maria Labate Batalha. *Comentários à lei de recuperação judicial de empresas e falência*. 4. ed. São Paulo: LTr, 2007, p. 68.

21. MAMEDE, Gladston. *Direito empresarial brasileiro*: falência e recuperação de empresas. São Paulo: Atlas, 2006, v. 4, p. 91.

atuação dessas pessoas nem de apurar as responsabilidades, mostrando-se incompatível com a função de administrador judicial. A possibilidade de influência na atuação dessas pessoas é extremamente grande e, por isso, a lei presume que elas não têm a imparcialidade necessária para exercer a função.

No caso de o administrador judicial ser uma pessoa jurídica, deve-se aferir a existência dos mesmos impedimentos para os administradores, controladores ou representantes legais da pessoa jurídica nomeada como administradora, bem como em relação àquele que será indicado como responsável pela condução do processo, nos termos do art. 21, parágrafo único, da Lei n. 11.101/2005. Embora tais impedimentos não sejam decorrência do texto expresso da Lei, a finalidade buscada pela imposição de tais impedimentos só será atendida se eles forem estendidos para tais situações também[22].

Os impedimentos citados envolvem apenas as pessoas próximas – parentes, amigos, inimigos, dependentes – ao devedor, ao seu representante legal, bem como aos seus controladores ou administradores. Não há nenhuma menção expressa ao cônjuge desses sujeitos, mas não há dúvida de que o impedimento também se estende a estes. Também não há nenhuma menção a pessoas próximas dos sócios minoritários. A princípio, como as proibições devem ser interpretadas restritivamente, não haveria nenhum óbice para a nomeação de tais pessoas. Todavia, não é recomendável que haja proximidade do administrador judicial com nenhum sócio, na medida em que pode haver uma influência do sócio minoritário na atuação do administrador judicial, o que lhe retiraria sua imparcialidade e sua credibilidade. Sempre pairaria sobre o administrador judicial nomeado, nesses casos, uma aura de desconfiança, na medida em que ele poderia estar sujeito a influências, decorrentes dessa sua relação com o minoritário.

De outro lado, é certo que o minoritário deve ser protegido nas suas relações dentro da sociedade, mas tal proteção ao minoritário não deve ser exagerada. Não se pode, sob o pretexto de proteger o minoritário, garantir a ele mais direitos do que àqueles por sua condição. Em outras palavras, não é possível dar ao minoritário direitos que lhe assegurem o controle da sociedade. Uma medida de tal tipo acabaria por subverter a lógica de poder dentro da sociedade e, por isso, não seria de modo algum recomendável permitir a nomeação de pessoas próximas aos minoritários para o cargo de administrador judicial.

3.4 *Confiabilidade*

Além da imparcialidade, idoneidade e da preferência por alguma qualificação técnica, a Lei impõe alguns impedimentos a serem observados na nomeação do administrador judicial, especialmente para resguardar de forma mais específica sua confiabilidade para a função.

Nos termos do art. 30 da Lei n. 11.101/2005, não podem servir como administrador judicial as pessoas que, nos últimos 5 (cinco) anos, no exercício do cargo de administra-

22. CAMPINHO, Sérgio. *Falência e recuperação de empresa*: o novo regime de insolvência empresarial. Rio de Janeiro: Renovar, 2006, p. 59.

dor judicial ou de membro do Comitê em falência ou recuperação judicial anterior, foram destituídas, deixaram de prestar contas dentro dos prazos legais ou tiveram a prestação de contas desaprovada. Trata-se de impedimento similar ao que havia no regime da lei anterior, apenas com a limitação temporal dos últimos 5 anos, para evitar que o impedimento perdure por toda a vida da pessoa, como uma espécie de pena perpétua, vedada pela Constituição Federal de 1988[23].

A ideia é a de assegurar a confiabilidade do administrador judicial, porquanto quem já exerceu esse mister e não o exerceu bem não mostra a idoneidade suficiente para tal função. Quem foi destituído, não prestou contas no prazo ou teve as contas desaprovadas não se mostra uma pessoa digna de confiança para exercer o papel que a Lei atribui ao administrador judicial. Se já falhou uma vez, tudo indica que possa vir a falhar de novo, não sendo por isso aconselhável sua nomeação.

Nos primeiros anos de vigência da Lei n. 11.101/2005, numa interpretação teleológica, tal impedimento deve abranger também os síndicos e comissários que, nos últimos 5 anos, foram destituídos, não prestaram contas no prazo ou as tiveram rejeitadas, porquanto em tal situação também resta demonstrada a mesma inidoneidade para o exercício da função de administrador judicial[24].

4 Nomeação

Com os parâmetros acima citados, o juiz escolherá o administrador judicial e fará sua nomeação. Na recuperação judicial, o administrador judicial exercerá suas funções a partir do deferimento do seu processamento, pois, desde o ingresso no processo, o devedor deverá ser fiscalizado. No caso da falência, o administrador judicial exercerá suas funções desde a decretação, pois é nesse momento que o devedor será privado da gestão de seus bens. Assim sendo, o juiz deve nomeá-lo na sentença que decreta a falência ou na decisão que defere o processamento da recuperação judicial. Eventualmente admite-se a nomeação em outro ato do juiz, especialmente quando o administrador nomeado não aceita o encargo ou deixa de exercer a função.

5 Reclamação contra a nomeação

No regime da Lei n. 11.101/2005, mantém-se a previsão de uma reclamação contra a nomeação do administrador judicial ou dos membros do comitê de credores, nomeados

---

23. TOLEDO, Paulo F. C. Salles de. In: TOLEDO, Paulo F. C. Salles de; ABRÃO, Carlos Henrique (Coord.). *Comentários à lei de recuperação de empresas e falência*. São Paulo: Saraiva, 2005, p. 78.

24. Idem, ibidem; VERÇOSA, Haroldo Malheiros Duclerc. In: SOUZA JÚNIOR, Francisco Sátiro de; PITOMBO, Antônio Sérgio de A. de Moraes (Coord.). *Comentários à lei de recuperação de empresas e falência*. São Paulo: Revista dos Tribunais, 2005, p. 184.

em desobediência à lei. A legitimidade para tal reclamação agora está expressamente atribuída ao devedor, aos credores e ao Ministério Público, detalhando-se mais a previsão do regime anterior, que se referia a qualquer interessado.

Ao contrário do regime anterior que previa um prazo de 48 horas para tal reclamação, a nosso ver não preclusivo, a Lei n. 11.101/2005 não prevê prazo específico, de modo que não há mais dúvida de que pode ser feita a qualquer tempo. Embora sem previsão expressa, acreditamos que deva ocorrer a oitiva do administrador ou dos membros do comitê sobre tal reclamação antes da decisão do juiz.

Neste caso, não se discute a mera conveniência e oportunidade de se manter aquele administrador para o processo, mas se discute a regularidade da nomeação. Uma eventual irregularidade tem uma conotação extremamente negativa na condução do processo e, por isso, há grande interesse em se evitar o afastamento por esse motivo. Assim sendo, o administrador judicial tem particular interesse nessa decisão, que pode afetar seus interesses econômicos ou não e, por isso, deve ser ouvido. Trata-se da necessária observância dos princípios da ampla defesa e do contraditório, estatuídos na Constituição Federal de 1988.

5.1 Ampla defesa e contraditório

Nelson Nery Júnior afirma que "por contraditório deve entender-se de um lado, a necessidade de dar-se conhecimento da existência da ação e de todos os atos do processo às partes, e, de outro, a possibilidade de as partes reagirem aos atos que lhe sejam desfavoráveis"[25]. No mesmo sentido, Vicente Greco Filho afirma que

> O contraditório se efetiva assegurando-se os seguintes elementos: a) o conhecimento da demanda por meio de ato formal de citação; b) a oportunidade, em prazo razoável, de se contrariar o pedido inicial; c) a oportunidade de produzir prova e se manifestar sobre a prova produzida pelo adversário; d) a oportunidade de estar presente a todos os atos processuais orais, fazendo consignar as observações que desejar; e) a oportunidade de recorrer da decisão desfavorável[26].

A ampla defesa significa que se deve dar a todos a mais ampla possibilidade de defesa e, como bem ressaltado por Rui Portanova, "não é uma generosidade, mas um interesse público. Para além de uma garantia constitucional de qualquer país, o direito de defender-se é essencial a todo e qualquer Estado que se pretenda minimamente democrático"[27].

---

25. NERY JÚNIOR, Nelson. *Princípios do processo civil da Constituição Federal.* 5. ed. São Paulo: Revista dos Tribunais, 1999, p. 129-130.

26. GRECO FILHO, Vicente. *Direito processual civil Brasileiro.* 11. ed. São Paulo: Saraiva, 1996, v. 2, p. 90.

27. PORTANOVA, Rui. *Princípios do processo civil.* 4. ed. Porto Alegre: Livraria do Advogado, 2001, p. 125.

Ora, a ampla defesa e o contraditório se aplicam a todos os processos judiciais e administrativos, não havendo nenhuma razão para que ela seja afastada nesse processo em que se questiona a nomeação dos administradores ou membros do comitê. Trata-se também de uma decisão de caráter contencioso, que só pode ser proferida com a garantia desses princípios. Diante disso, não há dúvida de que o administrador judicial e os membros do comitê de credores cuja nomeação é impugnada devem ter chance de se manifestar em tal situação.

5.2 *Decisão*

Após se garantir essa manifestação, foi mantida a previsão de que o juiz deva decidir a reclamação em 24 horas. Trata-se de prazo impróprio e de cumprimento inviável, na realidade do nosso Poder Judiciário, que serve apenas para demonstrar a urgência em se decidir tal matéria, evitando a atuação de uma pessoa nomeada sem condições legais, seja para administrador judicial, seja como membro do comitê de credores.

Trata-se de um prazo impróprio, cujo descumprimento, a princípio, não gera maiores consequências. Todavia, se houver o transcurso de um prazo longo, permitindo ao administrador judicial que pratique atos decisivos no curso dos processos, deve haver uma chance de se reagir contra tal omissão. Em tese, seria possível a impetração de mandado de segurança contra o ato judicial omissivo[28], o que nem sempre é visto com bons olhos.

A impetração do mandado de segurança nesses casos deve ter o cuidado de demonstrar os danos que estão sendo causados pela omissão judicial, a fim de não desvirtuar o uso do mandado de segurança contra ato judicial. Consoante reiterada jurisprudência, o mandado de segurança contra ato judicial pressupõe hipóteses excepcionais como decisões teratológicas, manifestamente ilegais ou com abuso de poder que sejam capazes de produzir danos irreparáveis ou de difícil reparação[29].

Caso chegue a ensejar a impetração do mandado de segurança, a conduta do juiz pode denotar certo interesse em favorecer o administrador que já foi nomeado. Nesse caso, pode haver a configuração de uma parcialidade do juiz, a qual não pode ser admitida. Assim, caso se demonstre a parcialidade do juiz, pode-se apresentar uma exceção para o reconhecimento da sua suspeição. Todavia, ressalte-se que não é a simples demora na decisão que enseja a suspeição, deve-se demonstrar a parcialidade do juiz para afastá-lo da condução do processo.

Da decisão do juiz, acolhendo ou rejeitando a reclamação, o recurso cabível é o recurso de agravo de instrumento, nos termos dos arts. 1.015 e seguintes do Novo Código

28. TJDF – 20040020057047MSG, Relator GETULIO PINHEIRO, Conselho Especial, julgado em 20-9-2005, *DJ* 8-11-2005, p. 84.

29. STJ – 1ª Turma – RMS 17.219/AC, Relatora Ministra Denise Arruda, *DJ* de 7-11-2006; STJ – 3ª Turma – RMS 20467/RS, Relator Ministro Castro Filho, *DJ* de 7-11-2005.

de Processo Civil, uma vez que se trata de decisão interlocutória, sujeita ao regime recursal geral do Código de Processo Civil, por força do art. 189 da Lei n. 11.101/2005.

5.3 Acolhimento da reclamação

Acolhida a reclamação, a Lei afirma expressamente que o administrador judicial será substituído (Lei n. 11.101/2005 – art. 30, § 2º). Apesar de a Lei falar expressamente em substituição do administrador judicial, nesse caso, Haroldo Malheiros Duclerc Verçosa entende tratar-se de verdadeira hipótese de destituição, isto é, de penalidade, uma vez que a nomeação não se revestiu das formalidades legais, não ensejando nenhum tipo de pagamento ao administrador judicial[30]. Similar é o entendimento de Écio Perin Júnior, que afirma o caráter sancionatório dessa situação, afirmando que inclusive gerará o impedimento previsto no *caput* do art. 30 da Lei n. 11.101/2005[31].

Contra tal interpretação, pode-se afirmar que há uma clara distinção entre as hipóteses de substituição e destituição. A primeira não é uma sanção imposta ao administrador, justificando-se em função da melhor administração da falência ou da continuidade do processo falimentar. Já a segunda é uma pena imposta ao administrador que não cumpriu bem as suas funções ou passou a ter interesse conflitante com sua função[32].

Diante dessa distinção e da literalidade do art. 30, § 2º, da Lei n. 11.101/2005, Ricardo Negrão, Sérgio Campinho e Luiz Tzirulnik tratam tal hipótese como substituição[33], de modo que o administrador judicial substituído faria jus à remuneração proporcional, nos termos do art. 24, § 3º, da Lei n. 11.101/2005.

Apesar de a Lei n. 11.101/2005 não primar pela precisão terminológica, a nosso ver, trata-se de hipótese de substituição e não de destituição, de modo que o administrador substituído, nesse caso, faria jus à remuneração proporcional. Em primeiro lugar, pela natureza do ato, uma vez que não se trata de sanção por qualquer atitude do administrador judicial, mas sim de troca do administrador em função do melhor andamento do processo. Diversamente, se fez algo de errado, deve ser destituído, para que não possa servir como administrador judicial ou membro de comitê de credores pelo prazo de 5 anos.

---

30. VERÇOSA, Haroldo Malheiros Duclerc. In: SOUZA JÚNIOR, Francisco Sátiro de; PITOMBO, Antônio Sérgio de A. de Moraes (Coord.). *Comentários à lei de recuperação de empresas e falência*. São Paulo: Revista dos Tribunais, 2005, p. 184.

31. PERIN JÚNIOR, Écio. O administrador judicial e o comitê de credores. In: PAIVA, Luiz Fernando Valente de (Coord.). *Direito falimentar e a nova lei de falências e recuperação de empresas*. São Paulo: Quartier Latin, 2005, p. 179.

32. COELHO, Fábio Ulhoa. *Comentários à nova lei de falências e recuperação de empresas*. São Paulo: Saraiva, 2005, p. 67.

33. NEGRÃO, Ricardo. *Aspectos objetivos da lei de recuperação de empresas de falências*. São Paulo: Saraiva, 2005, p. 103; CAMPINHO, Sérgio. *Falência e recuperação de empresa*: o novo regime de insolvência empresarial. Rio de Janeiro: Renovar, 2006, p. 63; TZIRULNIK, Luiz. *Direito falimentar*. 7. ed. São Paulo: Revista dos Tribunais, 2005, p. 86.

Além disso, o texto da Lei é expresso ao prever as hipóteses de destituição no art. 31, afirmando que ela será cabível nos casos de desobediência aos preceitos da lei, descumprimento de deveres, omissão, negligência ou prática de ato lesivo às atividades do devedor ou a terceiros. A desobediência a que se refere o dispositivo deve ser aquela praticada pelo administrador no exercício de sua função, reforçando a ideia de sanção na destituição.

Por fim, é certo que seria injusto retirar o direito à remuneração do administrador que exerceu suas funções. Se ele trabalhou corretamente, deve receber pelo seu trabalho. O art. 24, §§ 3º e 4º, da Lei n. 11.101/2005 fala expressamente que o administrador não terá direito à remuneração se for destituído por desídia, culpa, dolo ou descumprimento das obrigações ou se renunciar sem motivo, uma vez que sua função representa um múnus público ou, ainda, quando tiver suas contas desaprovadas. Nenhuma das hipóteses se enquadra na substituição prevista no art. 30, § 2º. Ademais, comparando-se com a legislação anterior, vê-se que, ao contrário da Lei atual, no revogado Decreto-lei n. 7.661/45 previa-se expressamente (art. 67, § 4º) que aquele que fosse nomeado contra as disposições da lei perderia a remuneração. Logo, na nova lei, essa não é uma das hipóteses de perda da remuneração.

6 Investidura do administrador judicial

Com ou sem reclamação, a nomeação do administrador judicial é essencial para o andamento dos processos de falência e recuperação judicial e, por isso, deve ocorrer na sentença que decreta a falência (art. 99, IX, da Lei n. 11.101/2005) ou no despacho que defere o processamento da recuperação judicial (art. 52, I, da Lei n. 11.101/2005). Todavia, a nomeação não é suficiente para o exercício de suas funções, vale dizer, é essencial que ocorra sua investidura no cargo, por meio da assinatura de um termo de compromisso.

Para tal investidura, deve haver a intimação pessoal do administrador judicial nomeado para, em 48 (quarenta e oito) horas, assinar, na sede do juízo, o termo de compromisso de bem e fielmente desempenhar o cargo e assumir todas as responsabilidades a ele inerentes. A intimação é pessoal e independe da publicação da decisão que decretou a falência ou deferiu o processamento da recuperação judicial. A diferença em relação ao regime anterior é o prazo de 48 horas e não mais de 24 horas. De qualquer forma, deve haver alguma margem de discricionariedade para o juiz relevar esse prazo[34], desde que haja uma justificativa para a não obediência ao prazo.

Não havendo a assinatura do termo de compromisso no prazo estipulado, presume-se a recusa, cabendo ao juiz nomear novo administrador. Corretamente, a Lei n. 11.101/2005 não fala em substituição do administrador judicial, como se falava no revo-

---

34. CAMPINHO, Sérgio. *Falência e recuperação de empresa*: o novo regime de insolvência empresarial. Rio de Janeiro: Renovar, 2006, p. 58.

gado Decreto-lei n. 7.661/45, porquanto nesse caso não chegou a haver a investidura no cargo, isto é, ninguém chegou a ocupar o cargo.

Havendo a investidura, o administrador permanecerá no cargo até o encerramento dos processos de falência ou recuperação judicial. Eventualmente, ele poderá sair do cargo antes do fim do processo, nos casos de substituição ou destituição.

7 Competência

Investido no cargo, o administrador judicial passará a exercer as funções que lhe cabem nos processos de falência e de recuperação judicial. Na falência, suas funções serão basicamente a administração e a liquidação da massa falida. Na recuperação judicial, suas funções consistem essencialmente na fiscalização do devedor. Em ambos os casos, as funções básicas não esgotam a competência do administrador judicial, que é bem mais ampla, abrangendo atos administrativos e judiciais[35].

Embora os processos de falência e recuperação judicial tenham finalidades bem distintas, há competências do administrador que são aplicáveis a ambos. Em outras palavras, há atos que o administrador judicial irá praticar tanto na falência quanto na recuperação. Além das atribuições comuns, existem algumas atribuições específicas para a falência e outras específicas para a recuperação judicial.

7.1 Atribuições ligadas à verificação de créditos

Entre as atribuições comuns aos dois processos estão aquelas ligadas ao procedimento de verificação de créditos, que também é comum. Tal procedimento visa a identificar os credores nos processos de falência e de recuperação judicial, seja para identificar quais credores serão pagos, seja para identificar quais credores poderão se manifestar sobre o plano de recuperação judicial.

Para a identificação mais efetiva da massa de credores, o administrador judicial deverá proceder ao envio de correspondência aos credores constantes da lista apresentada pelo devedor, comunicando o pedido de recuperação judicial ou a decretação da falência e informando a natureza, o valor e a classificação do crédito. Trata-se aqui de uma cientificação dos credores, para que eles possam tomar as medidas necessárias à defesa dos seus interesses[36], especialmente no que tange à própria qualificação do seu

---

35. CAMPINHO, Sérgio. *Falência e recuperação de empresa*: o novo regime de insolvência empresarial. Rio de Janeiro: Renovar, 2006, p. 60; NEGRÃO, Ricardo. *Manual de direito comercial e de empresa*. 2. ed. São Paulo: Saraiva, 2007, v. 3, p. 77.

36. VERÇOSA, Haroldo Malheiros Duclerc. In: SOUZA JÚNIOR, Francisco Sátiro de; PITOMBO, Antônio Sérgio de A. de Moraes (Coord.). *Comentários à lei de recuperação de empresas e falência*. São Paulo: Revista dos Tribunais, 2005, p. 169.

crédito. Aqui devem ser notificados inclusive os credores trabalhistas, uma vez que eles irão participar dos processos de falência ou de recuperação judicial[37].

Também relacionado à verificação de créditos está o fornecimento de extratos dos livros do devedor, como forma de prova para habilitações e impugnações de créditos. Os livros do devedor fazem prova contra ele, mesmo que não estejam regularmente escriturados e, por isso, os credores podem precisar de extratos dos livros para demonstrar a existência, o valor ou a classificação do seu crédito. Registre-se que serão fornecidos meros extratos naquilo que interessar ao credor.

Além da comunicação e do fornecimento de extratos dos livros, o administrador judicial também tem como competência a elaboração de um quadro provisório de credores (relação de credores) à luz da lista fornecida pelo devedor e das habilitações e divergências apresentadas tempestivamente pelos credores constantes da lista. Neste particular, compete-lhe também o exame da escrituração do devedor, para a elaboração desse quadro.

Tal relação devidamente publicada poderá ser objeto de impugnações. Nestas, caberá ao administrador emitir parecer, no prazo de 5 (cinco) dias, devendo juntar à sua manifestação o laudo elaborado pelo profissional ou empresa especializada, se for o caso, e todas as informações existentes nos livros fiscais e demais documentos do devedor acerca do crédito, constante ou não da relação de credores, objeto da impugnação. Neste ponto, o administrador judicial acabará defendendo a própria relação de credores elaborada por ele.

À luz da relação de credores, das decisões das impugnações e habilitações retardatárias e dos créditos, cuja inclusão é automática, será consolidado pelo administrador o quadro geral de credores, que representa uma relação definitiva dos credores sujeitos aos processos. Todavia, mesmo o quadro geral de credores pode ser modificado. O administrador judicial, o Comitê, qualquer credor ou o representante do Ministério Público poderá, até o encerramento da recuperação judicial ou da falência, pedir a exclusão, outra classificação ou a retificação de qualquer crédito, nos casos de descoberta de falsidade, dolo, simulação, fraude, erro essencial ou, ainda, documentos ignorados na época do julgamento do crédito ou da inclusão no quadro geral de credores, observado, no que couber, o procedimento comum previsto no Novo Código de Processo Civil.

7.2 Prestação e recebimento de informações

Também se insere nas atribuições comuns aos dois processos a prestação de informações aos credores interessados, com presteza. Embora não seja um representante dos credores, o administrador judicial deve prestar informações a eles. Obviamente, as solicitações devem ser fundamentadas e devem guardar relação com os interesses

---

37. MAMEDE, Gladston. *Direito empresarial brasileiro*: falência e recuperação de empresas. São Paulo: Atlas, 2006, v. 4, p. 99.

envolvidos no processo. Solicitações despropositadas ou abusivas não precisam ser respondidas. Ademais, o administrador só deve responder aos credores que demonstrarem um interesse jurídico na informação solicitada, pois a Lei menciona expressamente credores interessados[38].

Em contrapartida, o administrador também tem competência para exigir do devedor, dos administradores da sociedade devedora ou dos credores informações para o bom andamento do processo. Aqui também os pedidos de informação devem ser fundamentados e devem guardar relação com a atuação no processo de falência ou de recuperação judicial. Em todo caso, a prestação das informações ao administrador é um dever[39] imposto pela legislação, que fala em competência para exigir a prestação de informações. Não sendo prestadas as informações, haverá intimação para o comparecimento em juízo e prestação de depoimento na presença do administrador, sob pena de configuração do crime de desobediência. No caso da recuperação judicial, tal recusa pode significar o afastamento do devedor ou dos seus administradores (Lei n. 11.101/2005 – art. 64).

7.3 Atribuições relacionadas à assembleia geral de credores

Tanto na falência quanto na recuperação judicial, os credores podem ter que manifestar a sua vontade. Tal manifestação será operacionalizada por meio de uma assembleia geral. Para a realização dessa assembleia, deve haver uma convocação que é feita pelo juiz a pedido do administrador judicial. Veja-se que não é o administrador quem convoca a assembleia, ele apenas requer ao juiz a convocação, nos casos previstos em Lei ou quando entender necessária a manifestação dos credores. Não se trata de uma competência exclusiva, pois os credores que representem pelo menos 25% dos créditos de cada classe também poderão requerer a convocação.

Além do requerimento de convocação, compete ao administrador judicial, com pelo menos 10 dias de antecedência, o recebimento da relação de associados sindicalizados que serão representados pelo sindicado na assembleia (Lei n. 11.101/2005 – art. 37, § 6º, I). Da mesma forma, competirá a ele o recebimento, até 24 horas antes da assembleia, dos documentos que comprovem os poderes do procurador que irá comparecer a tal reunião. Neste caso, a entrega da procuração poderá ser substituída pela indicação da folha dos autos onde se encontra o referido instrumento.

Outrossim, compete ainda ao administrador judicial a presidência da assembleia de credores, dirigindo os trabalhos (Lei n. 11.101/2005 – art. 37). Nas deliberações

38. MAMEDE, Gladston. *Direito empresarial brasileiro*: falência e recuperação de empresas. São Paulo: Atlas, 2006, v. 4, p. 101.

39. BEZERRA FILHO, Manoel Justino. *Lei de recuperação de empresas e falências comentada*. 4. ed. São Paulo: Revista dos Tribunais, 2007, p. 93; VERÇOSA, Haroldo Malheiros Duclerc. In: SOUZA JÚNIOR, Francisco Sátiro de; PITOMBO, Antônio Sérgio de A. de Moraes (Coord.). *Comentários à lei de recuperação de empresas e falência*. São Paulo: Revista dos Tribunais, 2005, p. 170; MAMEDE, Gladston. *Direito empresarial brasileiro*: falência e recuperação de empresas. São Paulo: Atlas, 2006, v. 4, p. 103.

sobre o afastamento do administrador judicial ou em outras em que haja incompatibilidade deste, a assembleia será presidida pelo credor presente que seja titular do maior crédito.

7.4 Atribuições ligadas ao comitê de credores

Além da assembleia, que representa a manifestação da vontade dos credores, estes podem ser representados nos processos de falência e recuperação judicial. Trata-se, porém, de órgão facultativo, cujo funcionamento dependerá de deliberação dos credores. Caso exista o comitê de credores, cabe ao administrador judicial ou, na incompatibilidade deste, ao juiz, a solução do eventual impasse entre os membros, isto é, cabe ao administrador judicial desempatar a votação (Lei n. 11.101/05 – art. 27, § 2º). Caso não exista comitê de credores, caberá ao administrador ou, na incompatibilidade deste, ao juiz, o exercício das suas funções (Lei n. 11.101/2005 – art. 28).

7.5 Contratação de auxiliares

O exercício das funções do administrador judicial é bem complexo e, por vezes, há a necessidade de um auxílio de profissionais especializados. Tal auxílio deverá ser contratado pelo administrador judicial, com autorização judicial e, obviamente, deverá ser justificado.

7.6 Fiscalização do devedor em recuperação judicial e gestão provisória dos negócios

Além das funções comuns aos processos de falência e recuperação judicial, há funções específicas para cada um desses processos. Na recuperação judicial, essas funções específicas são voltadas especialmente à fiscalização da atividade do devedor que, em regra, não é afastado da gestão da empresa.

Assim, na recuperação judicial compete ao administrador judicial a fiscalização das atividades do devedor e do cumprimento do plano de recuperação judicial. Desde a decisão que deferiu o processamento até o encerramento da recuperação judicial, a atuação do devedor será acompanhada de perto pelo administrador judicial. Dá-se a chance de recuperação, mas impõe-se uma fiscalização das atividades do devedor.

Dentro dessa fiscalização, o administrador judicial irá apresentar, para juntada aos autos, o relatório mensal das atividades do devedor, no qual será possível apurar a regularidade da conduta do devedor. Além disso, o administrador irá apresentar também um relatório específico sobre o cumprimento do plano de recuperação, no prazo de 15 dias após a decisão de encerramento da recuperação. A nosso ver, este último relatório deveria ser apresentado antes do encerramento do processo.

A fiscalização mais próxima poderá ensejar inclusive a decretação da falência do devedor que não cumpre as obrigações assumidas no plano de recuperação judicial. Tal decretação poderá ocorrer até de ofício, mas nada impede que os interessados venham a provocar o juiz. Há inclusive o dever de o administrador judicial requerer essa convolação em falência, enquanto não for encerrado o processo, reforçando mais ainda a ideia de que o relatório de cumprimento deveria ser apresentado antes do encerramento. A apresentação posterior será útil apenas para definir quais obrigações devem ser cumpridas após o encerramento do processo[40].

Além de toda a fiscalização, o administrador judicial poderá provisoriamente gerir os negócios do devedor, nos casos de afastamento deste ou de seus administradores. Tal gestão é provisória, pois só ocorrerá enquanto não houver a deliberação da assembleia sobre a nomeação do gestor judicial. Havendo a nomeação e a aceitação do gestor nomeado, cessam os poderes de gestão do administrador judicial.

7.7 Administração e liquidação da massa falida

Na falência, a função fiscalizatória do administrador judicial perde importância, cedendo espaço à função liquidatória. Neste tipo de processo, o objetivo primordial é o pagamento do maior número possível de credores, logo, deve-se buscar a maximização dos ativos do devedor, para sua venda e posterior pagamento dos credores. Assim, as funções específicas do administrador judicial no processo de falência se voltam à busca, apreensão, administração e alienação dos bens do devedor, bem como ao pagamento dos credores.

Na busca, cabe ao administrador judicial arrecadar e guardar os bens e documentos do devedor, elaborando o auto de arrecadação, nos termos dos arts. 108 e 110 da Lei n. 11.101/2005. Igualmente, compete a ele a avaliação desses bens arrecadados, podendo inclusive contratar, com autorização judicial, avaliadores, preferencialmente oficiais, quando for necessário para a avaliação dos bens. Além disso, remir (em benefício da massa e mediante autorização judicial) bens empenhados, penhorados ou legalmente retidos, a fim de ampliar a massa falida. Em relação aos bens imóveis, o administrador judicial, no prazo de 15 (quinze) dias após a sua arrecadação, exibirá as certidões de registro, extraídas posteriormente à decretação da falência, com todas as indicações que nele constarem. Na busca de novos bens, o administrador judicial deve diligenciar a cobrança de dívidas, dando as respectivas quitações.

No que tange à administração da massa falida, o administrador judicial será responsável pelos atos praticados em relação a esse conjunto patrimonial. Assim, compete a ele relacionar os processos e assumir a representação judicial da massa falida; receber e abrir a correspondência dirigida ao devedor, entregando a ele o que não for assunto de inte-

40. BEZERRA FILHO, Manoel Justino. *Lei de recuperação de empresas e falências comentada*. 4. ed. São Paulo: Revista dos Tribunais, 2007, p. 96.

resse da massa; praticar todos os atos conservatórios de direitos e ações; representar a massa falida em juízo, contratando, se necessário, advogado, cujos honorários serão previamente ajustados e aprovados pelo comitê de credores; requerer todas as medidas e diligências que forem necessárias para o cumprimento da Lei, a proteção da massa ou a eficiência da administração. Na falência do espólio, ficará suspenso o processo de inventário, cabendo ao administrador judicial a realização de atos pendentes em relação aos direitos e obrigações da massa falida.

Cabe-lhe, ainda, a administração da empresa falida, no caso de continuação provisória dos negócios (Lei n. 11.101/2005 – art. 99, XI). Também se insere na sua competência a celebração de contratos referentes aos bens da massa, para produzir mais renda (Lei n. 11.101/2005 – art. 114). Há também a competência para se manifestar sobre a continuação ou não dos contratos firmados pelo falido, sobre os quais não haja regra específica (Lei n. 11.101/2005 – arts. 117 e 118). Há ainda a competência para transigir sobre obrigações e direitos da massa falida e para conceder abatimentos de dívidas; em ambos os casos há necessidade de autorização judicial e de oitiva do comitê de credores e do devedor no prazo comum de dois dias (Lei n. 11.101/2005 – art. 22, § 3º).

No que tange à liquidação, compete ao administrador judicial a prática de todos os atos necessários à liquidação do ativo e pagamento dos credores. Assim, cabe-lhe proceder às publicações necessárias, bem como à venda dos bens, na forma determinada pelo juiz, que o ouvirá previamente (Lei n. 11.101/2005 – art. 145, § 3º). Neste particular, é possível inclusive que ele proponha formas alternativas de alienação dos bens (Lei n. 11.101/2005 – art. 144). Em relação aos bens perecíveis, deterioráveis ou sujeitos à considerável desvalorização ou de conservação arriscada ou dispendiosa, compete ao administrador requerer ao juiz a sua venda antecipada. Na venda por meio de pregão, cabe ao administrador judicial proceder à cobrança de eventual diferença decorrente da ausência do ofertante da maior proposta, sem que seja dado lance igual ou superior ao valor por ele ofertado.

Vendidos os bens, o administrador deverá proceder ao pagamento obedecendo à ordem de preferência legal. Eventualmente, ele poderá realizar pagamentos antecipados, cuja realização seja indispensável à administração da falência (Lei n. 11.101/2005 – art. 150).

7.8 Abertura de correspondências

Na administração da massa falida, cabe ao administrador inclusive a abertura das correspondências dirigidas ao devedor, entregando a ele o que não for assunto de interesse da massa. A intenção da Lei, neste caso, é assegurar ao administrador judicial o maior número possível de informações. As correspondências dirigidas ao devedor podem conter informações essenciais e, por isso, o administrador deve ter conhecimento delas. A nosso ver, tal poder do administrador judicial abrange inclusive correspondências eletrônicas[41], tendo em vista a propagação do uso do *e-mail*. A fim de resguardar o sigilo nas comunicações, assegurado constitucionalmente (CF/88 – art. 5º, XII), o próprio dispositivo restringe a competência do administrador judicial, determinando a entrega ao devedor das correspondências que não forem de interesse da massa falida.

Gladston Mamede afirma que, caso se trate de um empresário individual, não devem ser abertas as correspondências, pois não se sabe quais são as relativas à atividade empresarial e quais são pessoais, pois todas são dirigidas à pessoa física[42]. No caso das pessoas jurídicas, as correspondências dirigidas a elas poderiam ser abertas, o mesmo não se aplicaria às correspondências dirigidas aos administradores pessoas físicas.

Paulo Fernando C. Salles de Toledo, a nosso ver com razão, assevera que se as correspondências foram dirigidas ao endereço de funcionamento da empresa, elas presumidamente não têm caráter pessoal e, por isso, podem ser abertas pelo administrador judicial[43]. Caso ele abra alguma correspondência pessoal, deverá encaminhá-la ao devedor imediatamente. Portanto, não há inconstitucionalidade nessa competência do administrador judicial[44].

7.9 Investigação dos atos do falido

Em complementação à busca normal dos bens do falido, cabe ao administrador judicial a investigação dos atos praticados por este antes da falência. Tal investigação é uma obrigação, isto é, o administrador deverá proceder a uma auditoria dos atos praticados pelo falido, examinando sua escrituração e apresentando, no prazo de 40 (quarenta) dias, contados da assinatura do termo de compromisso, prorrogáveis por igual período, relatório sobre as causas e circunstâncias que conduziram à situação de falência, no qual apontará a responsabilidade civil e penal dos envolvidos. Outrossim, o administrador deverá permitir aos credores a realização da mesma investigação, informando, por meio de publicação no órgão oficial, o lugar e a hora em que os credores terão acesso aos livros e documentos do falido.

Como consectário dessa auditoria, cabe ao administrador, sem exclusividade, a propositura de ação revocatória ou o pedido de ineficácia de bens do falido. Tal legitimação é extremamente importante para que novos bens venham a integrar a massa falida, aumentando o número de credores a serem pagos.

---

41. SIMIONATO, Frederico A. Monte. *Tratado de direito falimentar*. Rio de Janeiro: Forense, 2008, p. 474.

42. MAMEDE, Gladston. *Direito empresarial brasileiro*: falência e recuperação de empresas. São Paulo: Atlas, 2006, v. 4, p. 114-115.

43. TOLEDO, Paulo F. C. Salles de. In: TOLEDO, Paulo F. C. Salles de; ABRÃO, Carlos Henrique (Coord.). *Comentários à lei de recuperação de empresas e falência*. São Paulo: Saraiva, 2005, p. 56.

44. SZTAJN, Rachel; FRANCO, Vera Helena de Mello. *Falência e recuperação da empresa em crise*. São Paulo: Campus, 2008, p. 64.

7.10 Prestações de contas e relatórios da administração

Pela própria finalidade da falência, o administrador judicial irá movimentar recursos que não lhe pertencem, cujo destino será o pagamento dos credores. Assim sendo, ele deve prestar contas da sua gestão. Inicialmente, ele deverá apresentar ao juiz, para juntada aos autos, até o 10º (décimo) dia do mês seguinte ao vencido, conta demonstrativa da administração, que especifique com clareza a receita e a despesa. Não se trata exatamente de uma prestação de contas, mas da informação constante sobre a situação da falência.

Embora não haja propriamente uma prestação de contas mensal, há a necessidade de uma prestação de contas formal, que será inclusive autuada em apartado. Essa prestação de contas deverá ocorrer, normalmente, no final do processo, 30 dias após o último pagamento realizado, apresentando tudo o que foi obtido e tudo o que foi pago. Havendo impugnação ou parecer contrário do Ministério Público, ele deverá se manifestar sobre a oposição apresentada. Aprovadas tais contas, o administrador elaborará, até 10 dias após a aprovação, um relatório final que servirá de base para o juiz encerrar o processo de falência.

Na recuperação judicial, também há a necessidade de uma prestação final de contas, no prazo de 30 dias após o encerramento do processo. Há também a necessidade de apresentação de um relatório final sobre o cumprimento do plano de recuperação, no prazo de 15 dias, contados também do encerramento da recuperação.

Nos casos de substituição, destituição ou renúncia ao cargo, o administrador deverá prestar contas da sua gestão. Nesta situação, ele deve entregar ao seu substituto todos os bens e documentos da massa em seu poder, sob pena de responsabilidade. A eventual desobediência a esses prazos obrigará o administrador judicial a prestar contas no prazo de 5 dias, após a sua intimação, sob pena de configuração do crime de desobediência.

7.11 Manifestações e ação penal subsidiária

Por fim, é oportuno mencionar a competência do administrador judicial para se manifestar em diversas situações nos processos de falência e recuperação judicial, bem como nos eventuais incidentes decorrentes desses processos. Tais manifestações representam em sua maioria pareceres que servirão de referência para a decisão a ser tomada pelo juiz. Vale dizer, tais manifestações são meramente opinativas e não vinculativas.

Além das hipóteses já mencionadas, o administrador judicial deverá ser ouvido, antes da decisão judicial sobre o pedido do devedor para aumento de despesas ou contratação de empregados, no caso de recuperação com base em plano especial para microempresas e empresas de pequeno porte. De modo similar, cabe ao administrador se manifestar, no prazo de 5 dias, sobre o pedido de restituição em relação a bens que entraram para a massa falida ou estavam em poder do falido no dia da decretação da falência.

Por derradeiro, o administrador judicial possui competência para o oferecimento de ação penal subsidiária, no caso de omissão do Ministério Público. Tal poder deverá ser exercido no prazo decadencial de 6 meses, após o decurso do prazo para o Ministério Público.

8 Remuneração

Por todo o trabalho que lhe é atribuído, o administrador judicial faz jus a uma remuneração, sem natureza salarial[45], dada a ausência de vínculo empregatício. O valor e a forma de pagamento desta remuneração serão fixados pelo juiz atentando à capacidade de pagamento do devedor, ao grau de complexidade do trabalho e aos valores praticados no mercado para o desempenho de atividades semelhantes. Em outras palavras, não se trata de um valor aleatório, mas de um valor atento à realidade do devedor (capacidade de pagamento) e do mercado.

A princípio, há uma margem de liberdade nessa definição, mas o valor não poderá ultrapassar 5% do valor dos créditos submetidos à recuperação judicial ou 5% do valor dos bens vendidos na falência (Lei n. 11.101/2005 – art. 24). Originalmente, não havia qualquer distinção dessa remuneração em relação ao enquadramento do devedor, como microempresa ou empresa de pequeno porte. Com a Lei Complementar n. 147/2014, passa a existir um teto diferenciado para tais devedores que será de 2% (dois por cento) dos créditos abrangidos na recuperação judicial ou dos bens abrangidos no caso da falência, no caso de microempresas e empresas de pequeno porte. Trata-se de uma salutar medida de redução dos custos desses processos, em prol da manutenção da atividade (na recuperação judicial) e da maximização dos ativos na falência.

Apesar dessa discricionariedade, a fixação da remuneração pelo juiz poderá ser objeto de agravo de instrumento, por qualquer interessado (devedor, credores, MP...) com o intuito de alterar a fixação. No caso da recuperação judicial da VARIG, o juiz havia fixado o valor em 0,2% dos créditos submetidos à recuperação, o que representaria R$ 9,6 milhões, considerando-se o passivo na recuperação de R$ 4,8 bilhões. Em razão de recurso de agravo de instrumento, o TJRJ reduziu a remuneração para dois centésimos por cento (0,02%) do passivo[46]. Posteriormente, houve substituição do administrador judicial e nova fixação de remuneração pelo juiz.

Qualquer que seja o valor fixado pelo juiz, a remuneração não será paga pelos cofres públicos. No caso da recuperação judicial, o próprio devedor é o responsável pelo pagamento. Na falência, a massa falida é a responsável pelo pagamento, enquadrando-se tal crédito inclusive como extraconcursal (Lei n. 11.101/2005 – art. 84), ou seja, tal crédito será pago com prioridade sobre os créditos devidos pelo falido.

---

45. FAZZIO JÚNIOR, Waldo. *Nova lei de falência e recuperação de empresas*. São Paulo: Atlas, 2005, p. 333.

46. TJRJ – 4ª Câmara Cível – AG 2005.002.25685, DES. JAIR PONTES DE ALMEIDA, Julgamento em 3-10-2006.

No que tange ao tempo do pagamento, há uma boa margem de liberdade, podendo este ser mensal, bimestral ou semestral. A legislação traz apenas uma limitação no que tange ao final do pagamento, determinando que uma parte seja paga apenas após o cumprimento das funções de administrador judicial (Lei n. 11.101/2005 – art. 24, § 2º).

O dispositivo que determina essa limitação temporal diz expressamente que 40% da remuneração do administrador judicial só será paga após o cumprimento das providências dos arts. 154 e 155 da Lei n. 11.101/2005. Haroldo Malheiros Verçosa entende que os 40% devem ser divididos pelo juiz em duas parcelas, sendo uma paga após a conclusão da realização do ativo e pagamento dos credores e a outra paga após a apresentação do relatório final pelo administrador com suas contas aprovadas[47]. A nosso ver, porém, não há possibilidade dessa divisão, ou seja, os 40% finais deverão ser pagos ao término de todas as providências dos arts. 154 e 155[48]. Dessa forma, apenas após a conclusão da realização do ativo, pagamento dos credores e apresentação do relatório final pelo administrador com suas contas aprovadas, será efetuado o pagamento. A conjunção aditiva *e* nos leva a crer que todas as providências mencionadas devem estar concluídas.

A menção expressa a artigos que se referem à falência pode levar à conclusão de que não há reserva de valores no caso de recuperação judicial[49]. Todavia, o art. 63, I, da Lei n. 11.101/2005 dispõe que o pagamento do saldo de honorários ao administrador judicial será determinado pelo juiz na sentença de encerramento da recuperação judicial, estabelecendo ainda que só poderá haver a quitação dessa obrigação mediante prestação de contas, no prazo de 30 (trinta) dias, e aprovação do relatório sobre o cumprimento do plano de recuperação. Portanto, a nosso ver, também haveria uma reserva de valores para pagamento ao final do processo de recuperação judicial.

Desse modo, na recuperação judicial, o saldo de honorários, a nosso ver os mesmos 40%, só pode ser pago após a prestação de contas e a aprovação do relatório circunstanciado sobre o cumprimento do plano de recuperação judicial. A prestação de contas deverá ser apresentada no prazo de 30 dias, contados do encerramento da recuperação. O relatório circunstanciado deve ser apresentado no prazo de 15 dias, contados do encerramento da recuperação.

9 Substituição

Uma vez nomeado, o administrador judicial deverá desempenhar suas funções até o fim dos processos de recuperação judicial ou falência. Todavia, em certos casos, o ad-

---

47. VERÇOSA, Haroldo Malheiros Duclerc. In: SOUZA JÚNIOR, Francisco Sátiro de; PITOMBO, Antônio Sérgio de A. de Moraes (Coord.). *Comentários à lei de recuperação de empresas e falência*. São Paulo: Revista dos Tribunais, 2005, p. 178.

48. LOBATO, Moacyr. *Falência e recuperação*. Belo Horizonte: Del Rey, 2007, p. 73; NEGRÃO, Ricardo. *Manual de direito comercial e de empresa*. 2. ed. São Paulo: Saraiva, 2007, v. 3, p. 89; SIMIONATO, Frederico A. Monte. *Tratado de direito falimentar*. Rio de Janeiro: Forense, 2008, p. 78.

49. TOLEDO, Paulo F. C. Salles de. In: TOLEDO, Paulo F. C. Salles de; ABRÃO, Carlos Henrique (Coord.). *Comentários à lei de recuperação de empresas e falência*. São Paulo: Saraiva, 2005, p. 65.

ministrador judicial não continuará no cargo até o final desses processos. Nesses casos, nós temos a saída do administrador judicial, que poderá ser uma substituição ou uma destituição, conforme veremos.

A substituição é uma imposição diante do caso concreto, independentemente de qualquer falha do administrador judicial. São casos de substituição: a renúncia, o falecimento, a declaração de interdição, a decretação da falência e o pedido de recuperação judicial pelo administrador nomeado[50]. Podemos citar ainda a perda da confiança[51] como motivo para substituição. Por fim, a conveniência do processo também pode justificar a substituição do administrador judicial por alguém mais especializado. Nos casos de não aceitação do cargo, ou de não assinatura do termo de compromisso no prazo, não há propriamente substituição, como defendem Ricardo Negrão e Paulo Sérgio Restiffe[52], pois não houve entrada no cargo.

Em qualquer dos casos, a decisão é do juiz, não sendo atribuído aos credores, ao devedor ou ao Ministério Público o poder de afastar o administrador nomeado. Apesar disso, nada impede que estes solicitem ao juiz a substituição, especialmente no caso de conveniência do processo. Caso o juiz indefira a substituição, poderá ser interposto o recurso de agravo de instrumento. Caso ele determine a substituição, não é cabível qualquer recurso[53], porquanto "não há direito subjetivo à nomeação ou à conservação do cargo"[54], cabendo ao juiz escolher alguém da sua confiança.

9.1 Prestação de contas

Ao ser substituído, o administrador judicial deixará de exercer todas as competências que lhe eram atribuídas. Assim, ele deixará de fiscalizar o devedor na recuperação judicial e deixará de administrar a massa falida. Em todo caso, ele deverá dar ciência a todos os interessados do que já foi realizado.

Na recuperação judicial, o administrador substituído irá apresentar, para juntada aos autos, o relatório mensal das atividades do devedor até o momento. Além disso, acreditamos que ele deverá apresentar um relatório parcial sobre o cumprimento do plano de recuperação e uma prestação de contas.

Na falência, o administrador substituído também deverá prestar contas da sua gestão. Nesta situação, ele deve entregar ao seu substituto todos os bens e documentos da

---

50. RESTIFFE, Paulo Sérgio. *Recuperação de empresas.* Barueri: Manole, 2008, p. 329.

51. TJRJ – 20ª Câmara Cível – AG 2008.002.25277, DES. ODETE KNAACK DE SOUZA – Julgamento: 15-10-2008.

52. NEGRÃO, Ricardo. *Manual de direito comercial e de empresa.* 2. ed. São Paulo: Saraiva, 2007, v. 3, p. 87; RESTIFFE, Paulo Sérgio. *Recuperação de empresas.* Barueri: Manole, 2008, p. 329.

53. MAMEDE, Gladston. *Direito empresarial brasileiro*: falência e recuperação de empresas. São Paulo: Atlas, 2006, v. 4, p. 97.

54. PROVINCIALI, Renzo. *Manuale di diritto fallimentare.* 3. ed. Milano: Giuffrè, 1955, v. 1, p. 358, tradução livre de "Non ha alcuno diritto soggetivo alla nomina o alla conservazione dell'ufficio".

massa em seu poder, sob pena de responsabilidade. A eventual desobediência a esses prazos obrigará o administrador judicial a prestar contas no prazo de 5 dias, após a sua intimação, sob pena de configuração do crime de desobediência. Em todo caso, ele deverá entregar ao seu substituto todos os bens e documentos da massa falida que estejam em seu poder.

Em todo caso, a prestação de contas deverá ocorrer no prazo de 30 dias, na medida em que a menção a administrador substituído no art. 31, § 2º, da Lei n. 11.101/2005 representa um equívoco de redação, devendo ser interpretado para os casos de destituição, tendo em vista a matéria tratada no artigo. Tal interpretação não significa que o administrador substituído na falência não tenha que prestar contas, pois há expressamente o dever de prestar contas também nos casos de substituição, nos termos do art. 22, III, *r*, da Lei n. 11.101/2005. Todavia, nesses casos, o prazo será de 30 dias, fixado no *caput* do art. 154 da Lei n. 11.101/2005, e não de 10 dias. A maior parte da doutrina entende, porém, que o prazo para prestação de contas na substituição é de 10 dias[55].

9.2 Remuneração

A princípio, o administrador substituído fará jus à remuneração proporcional aos serviços desempenhados. A Lei n. 11.101/2005 (art. 24, § 3º), contudo, afirma que, se a substituição ocorre em razão de renúncia sem relevante razão de direito, não haverá direito à remuneração, nem mesmo proporcional. Dessa forma, apenas na renúncia justificada haveria direito à remuneração proporcional[56]. A renúncia imotivada representaria "um desrespeito à Justiça e à coletividade de credores"[57]. Fábio Ulhoa Coelho chega a afirmar que a renúncia injustificada é uma hipótese de destituição do administrador judicial[58]. Dentro dessa linha de interpretação, seria o caso inclusive de devolução dos valores já recebidos[59].

Gladston Mamede afirma que tal dispositivo é inconstitucional porquanto inviabilizaria a renúncia imotivada, em afronta à inviolabilidade da intimidade e à liberdade de expressão (CF/88 – art. 5º, IV e XIII). Ele assevera ainda que a não atribuição de remuneração neste caso também seria inconstitucional por desconsiderar o valor social do

---

55. RESTIFFE, Paulo Sérgio. *Recuperação de empresas.* Barueri: Manole, 2008, p. 333; NEGRÃO, Ricardo. *Manual de direito comercial e de empresa.* 2. ed. São Paulo: Saraiva, 2007, v. 3, p. 92; CAMPINHO, Sérgio. *Falência e recuperação de empresa*: o novo regime de insolvência empresarial. Rio de Janeiro: Renovar, 2006, p. 69.

56. PACHECO, José da Silva. *Processo de recuperação judicial, extrajudicial e falência.* 2. ed. Rio de Janeiro: Forense, 2007, p. 77.

57. TOLEDO, Paulo F. C. Salles de. In: TOLEDO, Paulo F. C. Salles de; ABRÃO, Carlos Henrique (Coord.). *Comentários à lei de recuperação de empresas e falência.* São Paulo: Saraiva, 2005, p. 66.

58. COELHO, Fábio Ulhoa. *Curso de direito comercial.* 8. ed. São Paulo: Saraiva, 2008, v. 3, p. 275.

59. CAMPINHO, Sérgio. *Falência e recuperação de empresa*: o novo regime de insolvência empresarial. Rio de Janeiro: Renovar, 2006, p. 68.

trabalho (CF/88 – art. 1º, IV) e o próprio direito de propriedade e sua função social (CF/88 – art. 5º, XXII e XXIII)[60]. Sem falar em inconstitucionalidade, Alfredo de Assis Gonçalves Neto também considera excessiva tal sanção, especialmente porque as obrigações do administrador judicial são obrigações de meio e não de resultado[61].

A nosso ver, a renúncia imotivada se insere na liberdade do administrador judicial, configurando uma hipótese de substituição e não de destituição. Neste caso, acreditamos, porém, que a remuneração não será devida pela própria determinação legal nesse sentido (Lei n. 11.101/2005 – art. 24, § 3º). Não vislumbramos qualquer inconstitucionalidade nesse dispositivo, mas apenas a intenção de evitar aventuras no exercício do cargo de administrador judicial. Trata-se de um múnus e um ônus[62] que devem ser devidamente cumpridos, para que haja a contraprestação. Não se retira a liberdade de renúncia, apenas se retira a remuneração daquele que assumiu o cargo e renunciou sem motivo.

10 Destituição

Além da substituição, é possível o afastamento do administrador judicial por meio da destituição, a qual tem, porém, um caráter sancionatório. A ideia aqui é punir o administrador judicial que não cumpriu adequadamente as suas funções, protegendo-se o bom andamento do processo.

10.1 Hipóteses de destituição

Nos termos do art. 31 da Lei n. 11.101/2005, a destituição será cabível nos casos de desobediência aos preceitos da Lei, descumprimento de deveres, omissão, negligência ou prática de ato lesivo às atividades do devedor ou a terceiros.

Quando se fala em desobediência aos preceitos da Lei de modo genérico, é certo que o objetivo é manter o administrador judicial vinculado aos estritos comandos legais, cominando-lhe a pena de destituição para qualquer descumprimento, inclusive de eventuais prazos. Assim, se ele não elaborar o quadro provisório de credores, no prazo assinalado no art. 7º, § 2º, da Lei n. 11.101/2005, isso já será motivo para a destituição. Todavia, a não apresentação de relatórios ou da prestação de contas só enseja a destituição se o administrador for intimado para cumprir tais providências no prazo de 5 dias e não o faz (Lei n. 11.101/2005 – art. 23).

---

60. MAMEDE, Gladston. *Direito empresarial brasileiro*: falência e recuperação de empresas. São Paulo: Atlas, 2006, v. 4, p. 124-125.

61. GONÇALVES NETO, Alfredo de Assis. Administração da falência, realização do ativo e pagamento dos credores. In: SANTOS, Paulo Penalva (Coord.). *A nova lei de falências e de recuperação de empresas*: Lei n. 11.101/2005. Rio de Janeiro: Forense, 2006, p. 252.

62. PROVINCIALI, Renzo. *Manuale di diritto fallimentare*. 3. ed. Milano: Giuffrè, 1955, v. 1, p. 358.

Também se coloca como motivo para a destituição o descumprimento dos deveres legais, em especial aqueles previstos no art. 22 da Lei n. 11.101/2005. O administrador judicial tem um rol de deveres tanto na falência, quanto na recuperação judicial, que deve ser cumprido estritamente para que o processo chegue a seu final, a bom termo. O descumprimento desses deveres é reputado como uma falta grave capaz de ensejar a destituição do administrador judicial. A desaprovação das contas é um sinal de que não houve o cumprimento desses deveres, ensejando da mesma forma a destituição do administrador judicial.

Por fim, em decorrência da importância da função e de todos os interesses envolvidos, a Lei reputa como motivo para a destituição a omissão, negligência ou prática de ato lesivo às atividades do devedor ou a terceiros. Trata-se de uma punição pela conduta desleal, seja ela omissiva ou comissiva, sem prejuízo da eventual responsabilização pelos danos causados. Quem causa danos não se mostra apto ao exercício da função de administrador judicial e deve ser destituído.

10.2 Decisão judicial

Ocorrendo alguma das hipóteses, a destituição será determinada motivadamente pelo juiz, de ofício ou a requerimento fundamentado de qualquer interessado (credores, Ministério Público, devedor...). A decisão será sempre do juiz, não sendo atribuído aos credores poder para determinar a saída do administrador, pois o dispositivo que atribuía essa faculdade (Lei n. 11.101/2005 – art. 35, I, *c*, e II, *a*) foi vetado. No máximo, os credores poderão provocar o juiz para decidir a respeito.

Com ou sem iniciativa dos credores, o juiz deverá ouvir previamente o administrador judicial[63], garantindo-se a ampla defesa e o contraditório. Paulo Sérgio Restiffe recomenda que o incidente de destituição siga o mesmo trâmite da arguição de impedimento ou de suspeição[64]. Garantindo-se a ampla defesa e o contraditório, o juiz deverá decidir pela destituição ou continuação do administrador. Decidindo-se pela destituição, o juiz deverá imediatamente nomear o novo administrador, intimando pessoalmente[65] o administrador destituído do seu afastamento do cargo.

Qualquer que seja a decisão proferida pelo juiz, ela será passível do recurso de agravo de instrumento por representar a decisão de uma questão incidental ao processo.

---

63. TOLEDO, Paulo F. C. Salles de. In: TOLEDO, Paulo F. C. Salles de; ABRÃO, Carlos Henrique (Coord.). *Comentários à lei de recuperação de empresas e falência*. São Paulo: Saraiva, 2005, p. 80; VERÇOSA, Haroldo Malheiros Duclerc. In: SOUZA JÚNIOR, Francisco Sátiro de; PITOMBO, Antônio Sérgio de A. de Moraes (Coord.). *Comentários à lei de recuperação de empresas e falência*. São Paulo: Revista dos Tribunais, 2005, p. 185; CAMPOS BATALHA, Wilson de Souza; RODRIGUES NETTO, Nelson; RODRIGUES NETTO, Sílvia Maria Labate Batalha. *Comentários à Lei de recuperação judicial de empresas e falência*. 4. ed. São Paulo: LTr, 2007, p. 78.

64. RESTIFFE, Paulo Sérgio. *Recuperação de empresas*. Barueri: Manole, 2008, p. 329.

65. SZTAJN, Rachel; FRANCO, Vera Helena de Mello. *Falência e recuperação da empresa em crise*. São Paulo: Campus, 2008, p. 61.

Gladston Mamede afirma que só seria cabível o recurso de agravo de instrumento no caso de manutenção do administrador judicial no cargo, pois no caso de destituição haveria a quebra da confiança do juiz[66] e, por isso, o juiz não manteria o administrador de qualquer forma. Para ele, eventuais ilegalidades só poderão ser questionadas pela via do mandado de segurança.

De fato, essa será a realidade, vale dizer, se o juiz se convenceu de alguma das hipóteses de destituição, ele não confiará mais no administrador e de qualquer forma ele não permanecerá no cargo. Apesar disso, é certo que a negativa da remuneração e a criação de um impedimento para processos futuros podem representar interesse recursal para o administrador judicial interpor o agravo de instrumento[67], ao menos para alterar seu afastamento para uma substituição.

10.3 Prestação de contas

Determinada essa destituição em um processo de falência, o administrador judicial deve prestar contas, em autos apartados, no prazo de 10 dias, contados da intimação da destituição, na forma do art. 154 da Lei n. 11.101/2005. Tal prestação de contas tem por objetivo já fixar as eventuais responsabilidades do administrador destituído e determinar a indisponibilidade ou sequestro de bens para a satisfação de eventual indenização.

A menção a administrador substituído no dispositivo legal (Lei n. 11.101/2005 – art. 31) representa um equívoco de redação, devendo ser interpretado abarcando também os casos de destituição, tendo em vista a matéria tratada em tal artigo da lei[68].

10.4 Remuneração

Por sua própria natureza, a destituição retira do administrador judicial o direito à remuneração (Lei n. 11.101/2005 – art. 24, § 3º), gerando inclusive a obrigação de devolver os valores eventualmente recebidos[69]. Neste caso, o administrador não executou bem o seu mister e tem que ser penalizado por isso. A melhor penalidade é a não remuneração pelo trabalho desempenhado.

Gladston Mamede afirma que a retirada da remuneração do administrador só se justificaria como uma espécie de retenção de valores para eventual responsabilização do administrador judicial pelos danos causados. Não havendo danos, ou sendo os danos

---

66. MAMEDE, Gladston. *Direito empresarial brasileiro*: falência e recuperação de empresas. São Paulo: Atlas, 2006, v. 4, p. 97.

67. RESTIFFE, Paulo Sérgio. *Recuperação de empresas*. Barueri: Manole, 2008, p. 330.

68. BEZERRA FILHO, Manoel Justino. *Lei de recuperação de empresas e falências comentada*. 4. ed. São Paulo: Revista dos Tribunais, 2007, p. 113.

69. TOLEDO, Paulo F. C. Salles de. In: TOLEDO, Paulo F. C. Salles de; ABRÃO, Carlos Henrique (Coord.). *Comentários à lei de recuperação de empresas e falência*. São Paulo: Saraiva, 2005, p. 65.

menores que o valor da remuneração, não se deve cogitar de perda da remuneração. Ele afirma que essa perda seria inconstitucional, por violar os valores sociais do trabalho e o direito de propriedade[70].

A nosso ver, a perda da remuneração é uma penalidade pela falha no exercício da função de administrador judicial. Ela não guarda relação com eventual indenização devida pelo administrador judicial. Trata-se apenas e tão somente de uma punição, perfeitamente constitucional, aplicável ao administrador faltoso.

11 Responsabilidade civil

Pela competência que possui, é certo que atos do administrador judicial podem causar danos à massa falida, ao devedor ou aos credores. Se agiu com dolo ou culpa, ele deverá ser responsabilizado por tais prejuízos. A Lei n. 11.101/2005, portanto, pressupõe para a responsabilização do administrador judicial sua conduta dolosa ou culposa, o dano e, por decorrência lógica, o nexo de causalidade entre o dano e a conduta.

Trata-se de uma responsabilidade subjetiva do tipo clássico, como ocorre na Espanha[71], que obedece aos mesmos princípios da responsabilidade dos mandatários[72]. Por não se falar mais em infração às disposições legais, não há margem para se cogitar de responsabilidade subjetiva com inversão do ônus da prova ou mesmo objetiva. Para responsabilizar o administrador judicial, é essencial provar que ele agiu com dolo ou culpa.

11.1 Ação de responsabilidade

A princípio, a responsabilidade do administrador judicial já deve ser fixada na própria sentença que rejeitar as contas do administrador judicial na falência (Lei n. 11.101/2005 – art. 154, § 5º), uma vez que a prática de atos lesivos não deveria autorizar a aprovação das contas. Todavia, mesmo que não seja fixada neste momento, ou que ainda não tenha ocorrido a prestação de contas, é viável o ajuizamento de uma ação para fixar a responsabilidade do administrador judicial.

Na falência, Renzo Provinciali e Fábio Ulhoa Coelho entendem que a legitimidade para a propositura da ação é, a princípio, exclusiva da massa falida por meio do novo administrador judicial[73], que representaria todos os interesses envolvidos no processo.

---

70. MAMEDE, Gladston. *Direito empresarial brasileiro*: falência e recuperação de empresas. São Paulo: Atlas, 2006, v. 4, p. 125.

71. BUITRAGO, Ramón Blanco. Notas sobre la responsabilidad de los administradores concursales. In: GRACIA, Juan Ignácio Peinado. *Estudios de derecho concursal*. Madri: Marcial Pons, 2006, p. 52.

72. GUYON, Yves. *Droit des affaires*. 2. ed. Paris: Economica, 1988, t. 2, p. 183.

73. PROVINCIALI, Renzo. *Manuale di diritto fallimentare*. 3. ed. Milano: Giuffrè, 1955, v. 1, p. 369; COELHO, Fábio Ulhoa. *Comentários à nova lei de falências e recuperação de empresas*. São Paulo: Saraiva, 2005, p. 83.

Enquanto corre o processo, nenhum credor teria legitimidade para a propositura dessa ação, podendo, no máximo, requerer a destituição do administrador judicial. Após o encerramento do processo, qualquer credor interessado teria a legitimidade para a propositura, desde que houvesse requerido a destituição do administrador judicial[74].

Ousamos discordar desse entendimento, para reconhecer a legitimidade primária de cada um daqueles que sofreram o dano[75], separando-se os danos causados à massa falida ou à coletividade de credores daqueles danos causados individualmente[76]. No caso de danos à massa falida ou ao conjunto de credores, a legitimidade para a ação será da massa falida, por meio do novo administrador judicial, enquanto o processo de falência estiver em curso. Após o encerramento do processo, qualquer credor ou mesmo o devedor poderá ajuizar tal ação. Acreditamos que seria aconselhável assegurar a legitimidade ao credor ou devedor mesmo antes do encerramento do processo, no entanto, nosso atual regime impõe a conclusão da legitimidade dos credores apenas após o fim do processo.

Já no caso de danos causados aos credores individualmente, eles é que terão legitimidade para propor a ação em face do administrador judicial, mesmo ao longo do processo, independentemente de qualquer pedido de destituição do administrador judicial. Se os credores sofreram os danos, eles é que podem pleitear a reparação desses danos. E não se diga que não é possível isolar o seu interesse do da comunhão de credores, porquanto a responsabilização aqui será do administrador judicial isoladamente e não da massa falida, uma vez que nesses casos ele não está agindo como órgão da falência. Trata-se de responsabilização do administrador por ato próprio e não de responsabilização da massa falida.

11.2 Responsabilidade por omissão

Também no caso de omissão, o administrador judicial pode ser responsabilizado civilmente pelos danos a que sua omissão der causa. Se ele descumpre os seus deveres, ele está agindo com culpa e, se ele causar dano com essa conduta culposa, ele deve ser responsabilizado, pela regra geral do art. 186 do Código Civil. A responsabilidade por omissão ganha especial relevância, tendo em vista as obrigações do administrador de impulsionar o processo e praticar os atos necessários à satisfação dos credores[77].

Tome-se o exemplo do art. 22, II, *a*, da Lei n. 11.101/2005, que estabelece que o administrador judicial tem o dever de fiscalizar as atividades do devedor, no processo de

---

74. COELHO, Fábio Ulhoa. *Comentários à nova lei de falências e recuperação de empresas*. São Paulo: Saraiva, 2005, p. 83.

75. CAMPINHO, Sérgio. *Falência e recuperação de empresa*: o novo regime de insolvência empresarial. Rio de Janeiro: Renovar, 2006, p. 69.

76. PROTO, Cesare. In: DI PEPE, Giorgio Schiano (Coord.). *Il diritto fallimentare riformato*. Padova: CEDAM, 2007, p. 121.

77. BUITRAGO, Ramón Blanco. Notas sobre la responsabilidad de los administradores concursales. In: GRACIA, Juan Ignácio Peinado. *Estudios de derecho concursal*. Madri: Marcial Pons, 2006, p. 48.

recuperação judicial. Nesse caso, se ele não fiscalizar adequadamente e o devedor acabar praticando atos, como a desativação de lojas, o desvio de estoque e dinheiro, em prejuízo dos credores, poderá haver a responsabilização civil do administrador judicial.

Atente-se, contudo, que para haver a responsabilização é fundamental que haja um nexo de causalidade entre a conduta (ação ou omissão) do administrador judicial e o dano causado. Sem esse nexo, não se pode cogitar da responsabilização.

O nexo de causalidade demonstrará a capacidade que as omissões do administrador têm de causarem o prejuízo. Elas devem ser necessárias e adequadas para gerar o resultado dano[78]. A capacidade de causar os danos é aferida pela inevitabilidade constante do efeito, isto é, a causa considera-se adequada quando o fato (omissão) é apto para produzir o dano causado, de tal modo que seria possível evitar o dano, afastando aquele fato[79]. Assim, se não houvesse omissão, não haveria o dano.

Especialmente nesse dever de fiscalização, há que se demonstrar que a fiscalização seria eficiente para evitar o resultado danoso. No caso da Coroa Brastel, o STJ entendeu que não havia a responsabilidade do Banco Central pela omissão na fiscalização, pois o resultado danoso não seria evitado pela fiscalização. "A mera omissão na fiscalização, ainda que existente, não levaria ao infeliz, mas não imprevisível desate do Grupo Coroa-Brastel, dado o alto risco especulativo com que atuava"[80].

Há que se ressaltar que o dever de fiscalização é uma obrigação de meio e não de resultado. Assim sendo, não basta demonstrar o prejuízo num processo de recuperação judicial, é fundamental demonstrar que o administrador judicial não cumpriu adequadamente seus deveres e, em razão disso, houve o dano. Apenas com essa demonstração é que pode haver a responsabilização do administrador por omissão.

---

78. CAVALIERI FILHO, Sérgio. *Programa de responsabilidade civil*. 2. ed. São Paulo: Malheiros, 2000, p. 51.
79. GOMES, Orlando. *Obrigações*. 12. ed. Rio de Janeiro: Forense, 1999, p. 274.
80. STJ – 2ª Turma – REsp 44500/MG, Relator p/ acórdão Ministro Franciulli Neto, *DJ* de 9-9-2002.

7 MANIFESTAÇÃO E REPRESENTAÇÃO DOS CREDORES

1 Os credores na falência e na recuperação judicial

Modernamente, o direito empresarial encontra sua justificação não na tutela do empresário, mas na tutela do crédito e da circulação de bens ou serviços[1]. Dentro dessa ideia, um dos pilares fundamentais do direito empresarial é justamente a proteção ao crédito[2]. O direito das empresas em crise e, mais especificamente, os processos de falência e de recuperação judicial levam em conta tal proteção ao crédito.

Para resguardar essa proteção, é natural que se assegure aos credores a chance de participar ativamente dos processos de falência e recuperação judicial. Não há dúvida de que os credores são os principais interessados nesses processos e, por isso, eles devem ter a oportunidade de participar. Esta participação poderá ocorrer diretamente ou por meio de representantes. A proteção oferecida aos credores é um dos fatores determinantes na fixação das taxas de juros e no tamanho do mercado de crédito[3].

Ressalte-se, desde já, que o administrador judicial não é órgão responsável pela participação dos credores. Ele não é um representante dos credores, ele não defende os interesses dos credores. Por isso, a participação dos credores não se dá por meio do administrador judicial, mas por meio da assembleia e do comitê de credores.

2 Assembleia geral de credores

Nos processos de falência e de recuperação judicial os credores têm interesses comuns, como a busca do maior número possível de bens, mas também há interesses divergentes, pois cada credor quer receber primeiro ou quer ter melhores condições para seu crédito[4]. Ocorre que, nesses processos, não podem prevalecer os interesses

---

1. AULETTA, Giuseppe. L'impresa dal Codice di Commercio del 1882 al Codice Civile del 1942. *1882--1982 Cento Anni dal Codice di Commercio.* Milano: Giuffrè, 1984, p. 81.

2. SALANDRA, Vittorio. *Curso de derecho mercantil.* Tradução de Jorge Barrera Graf. México: Jus, 1949, p. 10.

3. SADDI, Jairo. Assembleia de credores: um ano de experiência da nova lei de falências. Uma avaliação. *Revista de Direito Bancário e Mercado de Capitais,* ano 10, n. 36, abr./jun. 2007, p. 220.

4. COELHO, Fábio Ulhoa. *Curso de direito comercial.* 8. ed. São Paulo: Saraiva, 2008, v. 3, p. 279.

individuais, devendo ser buscada a solução que melhor atenda aos interesses do conjunto de credores.

Para atender aos interesses da coletividade, deve haver uma integração de todos os credores, formando uma comunhão[5], de forma que haja uma vontade coletiva e não diversas vontades individuais. Essa vontade coletiva será manifestada por meio da assembleia geral de credores. Ela representa a reunião dos credores para deliberar sobre matérias do seu interesse, nos processos de falência e de recuperação judicial. Em outras palavras, a assembleia é o órgão[6] de deliberação desses processos, vale dizer, ela é "o órgão colegiado deliberativo máximo entre aqueles que possuem crédito perante a empresa em recuperação judicial ou em processo de execução concursal de falência"[7]. Tal órgão é facultativo na medida em que nem sempre será necessária essa manifestação dos credores[8].

2.1 Participantes

Como o próprio nome diz, a assembleia será composta pelos credores sujeitos ao processo, à luz do quadro geral de credores, ou na sua falta, na relação elaborada pelo administrador judicial, ou, na falta desta, na lista apresentada pelo devedor. Mesmo fora dessas relações, também poderão votar os credores que estejam habilitados na data da realização da assembleia ou que tenham créditos admitidos ou alterados por decisão judicial, inclusive os que tenham obtido reserva de importâncias. Não há, a princípio, uma exclusão pela classe de credores, como ocorre na Espanha em relação aos créditos subordinados[9].

Como uma espécie de punição, a lei afirma que os credores retardatários não poderão votar na recuperação judicial, ressalvados os titulares de créditos decorrentes da legislação do trabalho. Na falência, vale a mesma regra para os credores retardatários, salvo se já houver sido homologado o quadro geral de credores com a sua inclusão. Não há motivo claro para tal distinção. Ademais, o próprio texto da Lei nos

---

5. PORFIRIO CARPIO, Leopoldo José. *La junta de acreedores*. Madrid: Civitas, 2008, p. 42-43; FRANÇA, Erasmo Valladão A. e N. In: SOUZA JÚNIOR, Francisco Sátiro de; PITOMBO, Antônio Sérgio de A. de Moraes (Coord.). *Comentários à lei de recuperação de empresas e falência*. São Paulo: Revista dos Tribunais, 2005, p. 188.

6. PORFIRIO CARPIO, Leopoldo José. *La junta de acreedores*. Madrid: Civitas, 2008, p. 71; RESTIFFE, Paulo Sérgio. *Recuperação de empresas*. Barueri: Manole, 2008, p. 339.

7. SADDI, Jairo. Assembleia de credores: um ano de experiência da nova lei de falências. Uma avaliação. *Revista de Direito Bancário e Mercado de Capitais*, ano 10, n. 36, abr./jun. 2007, p. 216.

8. RESTIFFE, Paulo Sérgio. *Recuperação de empresas*. Barueri: Manole, 2008, p. 338. Em sentido contrário: MILANI, Mario Sérgio. *Lei de recuperação judicial, recuperação extrajudicial e falência comentada*. São Paulo: Malheiros, 2011, p. 169, para quem a assembleia é obrigatória, salvo não na ausência de objeção ao plano de recuperação.

9. PORFIRIO CARPIO, Leopoldo José. *La junta de acreedores*. Madrid: Civitas, 2008, p. 310.

permite afirmar que os retardatários incluídos no quadro geral de credores votarão tanto na falência quanto na recuperação judicial, pois todos os arrolados no quadro têm direito de voto (Lei n. 11.101/2005 – art. 39)[10]. Além dos retardatários, não votam os credores fiscais, porquanto não se submetem a concurso de credores, nos termos do art. 187 do CTN.

Especificamente na falência, não votam os credores de pedido de restituição em dinheiro e os credores extraconcursais[11]. Além disso, na recuperação judicial não participarão da assembleia os credores excluídos da recuperação, a saber, os credores titulares da posição de proprietário fiduciário de bens móveis ou imóveis, de arrendador mercantil, de proprietário ou promitente vendedor de imóvel cujos respectivos contratos contenham cláusula de irrevogabilidade ou irretratabilidade, inclusive em incorporações imobiliárias, ou de proprietário em contrato de venda com reserva de domínio (Lei n. 11.101/2005 – art. 49, § 3º). Na mesma situação encontram-se os credores de adiantamentos de contratos de câmbio (Lei n. 11.101/2005 – art. 86, II). Ainda na recuperação judicial, não se submeterão ao processo aqueles credores cujos créditos não sejam alterados pelas condições do plano de recuperação, no entanto, a não participação deles dependerá da apresentação do plano.

Os credores que participam do processo podem, eventualmente, ser representados na assembleia. Para tanto, exige-se que o representante do credor apresente ao administrador judicial a prova de sua condição de representante, ou indique as folhas dos autos do processo onde está essa condição, até 24 horas antes da data marcada para a realização da assembleia (art. 37, § 4º, da Lei n. 11.101/2005). Trata-se de medida muito interessante que permitirá a presença de muitos advogados na assembleia. Em nenhum caso, os credores fiscais participarão da assembleia, tendo em vista a exclusão do seu crédito dos processos de falência e de recuperação judicial.

No caso de credores detentores de créditos trabalhistas, poderá haver a representação pelo respectivo sindicato, na ausência de atuação direta do empregado (art. 37, § 5º, da Lei n. 11.101/2005). O sindicato, para exercer tal mister, deverá apresentar ao administrador judicial, até 10 dias antes da assembleia, a relação dos associados que pretende representar (art. 37, § 6º, da Lei n. 11.101/2005). No caso de empregado filiado a mais de um sindicato, o próprio trabalhador deverá esclarecer qual sindicato o representará, até 24 horas antes da assembleia.

Também podem participar da assembleia (art. 43 da Lei n. 11.101/2005), mas sem direito a voto, os sócios do devedor, bem como as sociedades coligadas, controladoras, controladas ou as que tenham sócio ou acionista com participação superior a 10% (dez por cento) do capital social do devedor ou em que o devedor ou algum de seus sócios detenham participação superior a 10% (dez por cento) do capital social, e também o

---

10. NEGRÃO, Ricardo. *Manual de direito comercial e de empresa*. 2. ed. São Paulo: Saraiva, 2007, v. 3, p. 112; CAMPINHO, Sérgio. *Falência e recuperação de empresa*: o novo regime de insolvência empresarial. Rio de Janeiro: Renovar, 2006, p. 85.

11. NEGRÃO, Ricardo. *Manual de direito comercial e de empresa*. 2. ed. São Paulo: Saraiva, 2007, v. 3, p. 111.

cônjuge ou parente, consanguíneo ou afim, colateral até o 2º (segundo) grau, ascendente ou descendente do devedor, de administrador, do sócio controlador, de membro dos conselhos consultivo, fiscal ou semelhantes da sociedade devedora e à sociedade em que qualquer dessas pessoas exerça essas funções. Todos estes participarão dos debates, mas não entrarão no cômputo dos quóruns de instalação e deliberação.

2.2 Competência

Como órgão de deliberação, a assembleia tem a competência de expressar a vontade da massa de credores, isto é, a vontade coletiva interpretada como vontade unitária do grupo[12], vinculando inclusive os credores ausentes. Neste particular, usa-se uma técnica muito similar às assembleias gerais das sociedades anônimas, na qual a vontade da maioria prevalecerá representando a vontade unitária do grupo. Assim, quando for necessária a vontade do grupo, deverá ser convocada e realizada a assembleia geral de credores (Lei n. 11.101/2005 – art. 35).

Na recuperação judicial, a assembleia de credores tem competência para deliberar sobre o pedido de desistência do devedor, formulado após a decisão que deferiu o processamento da recuperação (Lei n. 11.101/2005 – art. 52, § 4º). Tal desistência só é possível se os credores concordarem. Assim, o que a assembleia fará nesse caso é manifestar a concordância ou discordância sobre a desistência. Há algo muito similar à concordância do réu (massa de credores) com a desistência. Além disso, há a atribuição para deliberar sobre o nome do gestor judicial no caso de afastamento do devedor.

Também a assembleia de credores terá competência para deliberar sobre a escolha do gestor judicial nos casos de afastamento do devedor (Lei n. 11.101/2005 – art. 65). Ainda na recuperação judicial, a assembleia tem competência para deliberar sobre a aprovação ou rejeição do plano de recuperação. Trata-se da vontade da massa de credores necessária para firmar o acordo, que é a recuperação judicial. Ressalte-se, porém, que pode haver uma aprovação tácita do plano, quando os credores não apresentam qualquer oposição no prazo legal. Neste caso, dispensa-se a realização formal da assembleia geral de credores, pois a vontade da massa já foi tacitamente manifestada.

Vale a pena destacar que a assembleia tem competência apenas para aprovar ou rejeitar o plano de recuperação, não podendo impor modificações. O máximo que os credores podem fazer é propor alterações ao plano. Quando o art. 35 da Lei n. 11.101/2005 fala em competência para deliberar sobre a modificação do plano, deve-se entender a competência para propor essas alterações.

Na falência, a assembleia de credores tem competência para deliberar sobre a adoção de formas alternativas de realização do ativo, nos termos do art. 145 da Lei n. 11.101/2005. Em outras palavras, os credores podem decidir por uma forma distinta de alienação dos bens do falido. Neste caso, a decisão dos credores é impositiva, desde que seja atendido

12. PORFIRIO CARPIO, Leopoldo José. *La junta de acreedores*. Madrid: Civitas, 2008, p. 53.

o quórum de deliberação, isto é, se contar com o voto favorável de credores que representem 2/3 (dois terços) dos créditos presentes à assembleia.

Tanto na falência, quanto na recuperação judicial, a assembleia de credores tem competência para deliberar sobre a constituição do comitê de credores, bem como sobre a escolha e substituição dos seus membros. Em última análise, a assembleia terá competência para indicar os representantes dos credores que atuarão de forma mais constante. Por derradeiro, também em ambos os processos, atribui-se à assembleia a competência para deliberar sobre qualquer matéria que possa afetar os interesses dos credores. Trata-se de uma cláusula geral que visa a assegurar a participação dos credores sempre que for possível[13].

2.3 Convocação

Para que a assembleia possa deliberar sobre os assuntos da sua competência, é essencial que haja a regular e adequada convocação, entendida como chamamento dos credores para deliberar[14]. A vontade manifestada deve ser a mais expressiva possível, logo, deve representar a vontade do maior número possível de credores. Por isso, exige-se esse chamamento formal para participação na assembleia. Sem a convocação válida, não haverá a possibilidade de realização da assembleia. Acreditamos que tais formalidades são dispensáveis no caso de comparecimento de todos os credores, por aplicação analógica do regime societário[15].

A convocação formal da assembleia será sempre feita pelo juiz, embora fosse recomendável atribuir essa iniciativa ao administrador judicial. O juiz convocará a assembleia de ofício ou mediante requerimento do Comitê de Credores, do Administrador Judicial ou de credores que representem pelo menos 25% dos créditos de determinada classe (Lei n. 11.101/2005 – art. 36). O eventual requerimento para a convocação da assembleia deverá ser fundamentado pelo interessado. Em todo caso, caberá ao juiz a decisão pela convocação ou não da assembleia. No caso de indeferimento do pedido de convocação, acreditamos que poderá ser interposto o recurso de agravo de instrumento.

Determinada pelo juiz a convocação, será publicado um edital na imprensa oficial e em jornal de grande circulação com antecedência mínima de 15 dias para a primeira convocação (Lei n. 11.101/2005 – art. 36). No mesmo instrumento, já poderá ser prevista a data da segunda convocação, que não poderá ser realizada menos de 5 dias depois da primeira. Além dessa publicação, o edital de convocação deverá ser afixado na sede e nas filiais do devedor.

---

13. ANDRADE, Ronaldo Alves de. In: DE LUCCA, Newton; SIMÃO FILHO, Adalberto (Coord.). *Comentários à nova lei de recuperação de empresas e de falências.* São Paulo: Quartier Latin, 2005, p. 180.

14. PORFIRIO CARPIO, Leopoldo José. *La junta de acreedores.* Madrid: Civitas, 2008, p. 164.

15. PIMENTA, Eduardo Goulart. *Recuperação de empresas.* São Paulo: IOB, 2006, p. 151.

No instrumento da convocação deverá constar a relação de matérias a serem tratadas, o local, a data e a hora da assembleia, bem como o local onde pode ser obtida cópia do plano de recuperação judicial a ser submetido à assembleia, se for o caso. Tais informações são essenciais para que o credor saiba onde e quando será realizada a assembleia, bem como para saber se as matérias a serem tratadas são do interesse.

As despesas da convocação correrão por conta da massa falida ou do devedor, salvo quando a convocação decorrer de requerimento do comitê de credores ou dos próprios credores, que arcarão com as despesas dessa convocação (Lei n. 11.101/2005 – art. 36, § 3º). Neste último caso, impõe-se aos credores esse ônus para evitar convocações desnecessárias.

2.4 *Instalação*

Regularmente convocada, a assembleia só poderá deliberar se houver um número mínimo de credores presentes (quórum de instalação). Haverá a instalação da assembleia, em primeira convocação, com a presença de credores que representem mais da metade dos créditos de cada classe, computados pelo valor e não por cabeça (Lei n. 11.101/2005 – art. 37, § 2º). Para tanto, serão levados em conta os valores constantes do quadro geral de credores, ou, na sua falta, na relação elaborada pelo administrador, ou, na falta desta, na lista apresentada pelo devedor. Em segunda convocação, a assembleia poderá ser instalada com qualquer número de credores.

A nosso ver, salvo nos casos de constituição e eleição do comitê, as classes aqui são aquelas mencionadas no art. 41 da Lei n. 11.101/2005: I – titulares de créditos derivados da legislação do trabalho ou decorrentes de acidentes de trabalho; II – titulares de créditos com garantia real; III – titulares de créditos quirografários, com privilégio especial, com privilégio geral ou subordinados. Para verificar o cumprimento dessa exigência, deve existir uma lista de presença a ser assinada pelos credores ou por seus representantes. Tal lista será encerrada no momento da instalação, vale dizer, a partir desse momento os credores que chegarem não serão computados para a instalação ou mesmo para a deliberação[16].

Instalada a assembleia, ela será presidida pelo administrador judicial e secretariada por um dos credores presentes escolhido pelo administrador (Lei n. 11.101/2005 – art. 37). No caso de destituição ou substituição do administrador judicial, ou em qualquer caso de incompatibilidade deste, a assembleia será presidida pelo credor presente que seja titular do maior crédito.

---

16. BEZERRA FILHO, Manoel Justino. *Lei de recuperação de empresas e falências comentada*. 4. ed. São Paulo: Revista dos Tribunais, 2007, p. 122; MAMEDE, Gladston. *Direito empresarial brasileiro*: falência e recuperação de empresas. São Paulo: Atlas, 2006, v. 4, p. 130; ANDRADE, Ronaldo Alves de. In: DE LUCCA, Newton; SIMÃO FILHO, Adalberto (Coord.). *Comentários à nova lei de recuperação de empresas e de falências*. São Paulo: Quartier Latin, 2005, p. 186.

2.5 Deliberações

Regularmente instalada, a assembleia deverá discutir e deliberar as matérias da ordem do dia.

As deliberações da assembleia são tomadas por votos não secretos[17], levando em conta o valor dos créditos e não o número de credores, salvo no que tange à aprovação do plano de recuperação judicial. O valor do crédito funcionará como uma medida do poder dos credores, de modo similar às quotas ou ações de sociedade. Em relação aos créditos em moeda estrangeira, a conversão será feita pelo câmbio da véspera da realização da assembleia na recuperação. Na falência, a conversão será feita pelo câmbio do dia da decretação. Em todo caso, a deliberação tomada vinculará inclusive os credores ausentes.

Do que for deliberado na assembleia, será lavrada ata que conterá o nome dos presentes e as assinaturas do presidente, do devedor e de 2 (dois) membros de cada uma das classes votantes, e que será entregue ao juiz, juntamente com a lista de presença, no prazo de 48 (quarenta e oito) horas (Lei n. 11.101/2005 – art. 37, § 7º).

2.5.1 Plenário

As deliberações podem ocorrer em instâncias distintas, a saber: plenário e classes de credores. O plenário é a manifestação conjunta de todos os credores sem a divisão em classes. A regra geral é a deliberação nesse conjunto (plenário). No plenário da assembleia, as deliberações serão aprovadas pelo voto dos credores que representem a maioria dos créditos presente à assembleia geral, levando-se em conta o valor dos créditos (Lei n. 11.101/2005 – art. 38). No caso de realização alternativa do ativo na falência, a deliberação depende de aprovação de credores que representem dois terços dos créditos presentes na assembleia (Lei n. 11.101/2005 – art. 46).

2.5.2 Classes para apreciação do plano de recuperação judicial

Além da deliberação pelo plenário, certas matérias exigem a divisão dos credores em grupos[18]. Embora a ideia seja interessante, há alguns problemas nessa divisão, na medida em que são reunidos na mesma classe pessoas com interesses bem distintos[19]. Apesar disso, a Lei impõe a deliberação em classes em duas situações: escolha do comitê de credores e aprovação do plano de recuperação judicial.

---

17. PERIN JÚNIOR, Écio. *Curso de direito falimentar e recuperação de empresas.* 3. ed. São Paulo: Método, 2006, p. 243.

18. COELHO, Fábio Ulhoa. *Curso de direito comercial.* 8. ed. São Paulo: Saraiva, 2008, v. 3, p. 397.

19. SADDI, Jairo. Assembleia de credores: um ano de experiência da nova lei de falências. Uma avaliação. *Revista de Direito Bancário e Mercado de Capitais*, ano 10, n. 36, abr./jun. 2007, p. 221.

Na assembleia para apreciação do plano de recuperação judicial, a votação será dividida em quatro classes: I – titulares de créditos derivados da legislação do trabalho ou decorrentes de acidentes de trabalho; II – titulares de créditos com garantia real; III – titulares de créditos quirografários, com privilégio especial, com privilégio geral ou subordinados; IV – titulares de créditos enquadrados como microempresa ou empresa de pequeno porte (Lei n. 11.101/2005 – art. 41).

Na classe I, estão abrangidos não apenas os créditos decorrentes das relações de emprego, mas de toda e qualquer relação de trabalho (autônomos, trabalhadores eventuais, avulsos ou temporários)[20], que votarão com a integralidade do seu crédito. Na classe II, encontram-se os credores garantidos por penhor ou hipoteca, que votarão nesta classe até o valor do bem dado em garantia. Na classe III, além dos credores já indicados também entram os credores com garantia real na parte em que excede ao valor do bem dado em garantia. Na classe IV, encontram-se todos os credores que estejam enquadrados como microempresa ou empresa de pequeno porte, independentemente da origem do crédito.

Nessa situação, haverá uma forma diferente de cômputo dos votos. Nas classes I e IV, a proposta deverá ser aprovada pela maioria simples dos credores presentes, independentemente do valor de seu crédito. Nas classes II e III, a proposta deverá ser aprovada por credores que representem mais da metade do valor total dos créditos presentes à assembleia e, cumulativamente, pela maioria simples dos credores presentes. Eventualmente, admite-se uma aprovação alternativa do plano desde que se obtenha de forma cumulativa: (a) o voto favorável de credores que representem mais da metade do valor de todos os créditos presentes à assembleia, independentemente de classes; (b) a aprovação da maioria das classes de credores na forma acima indicada; caso haja somente 2 (duas) classes com credores votantes, a aprovação de pelo menos 1 (uma) delas; e (c) na classe que o houver rejeitado, o voto favorável de mais de 1/3 (um terço) dos credores, computado na forma acima indicada.

2.5.3 Classes para constituição e eleição do comitê de credores

Para fins de escolha dos membros do Comitê de Credores, as deliberações também serão tomadas separadamente em classes. Para este fim, serão quatro as classes votantes: (a) credores derivados da legislação do trabalho; (b) credores com direitos reais de garantia e privilégios especiais; (c) credores quirografários e com privilégio geral; (d) 1 (um) representante indicado pela classe de credores representantes de microempresas e empresas de pequeno porte, com 2 (dois) suplentes (Lei n. 11.101/2005 – art. 26). Esta divisão é diferente da divisão feita para a votação do plano de recuperação judicial, o que acreditamos ser uma falha da legislação.

---

20. Nesse sentido: SADDI, Jairo. Assembleia de credores: um ano de experiência da nova lei de falências. Uma avaliação. *Revista de Direito Bancário e Mercado de Capitais,* ano 10, n. 36, abr./jun. 2007, p. 218.

Em razão da falha apontada, Manoel Justino Bezerra Filho afirma que nas deliberações de constituição e eleição do comitê deverão ser levadas em contas as mesmas classes do art. 41, sob pena de privar da representação os credores de acidente de trabalho e os credores subordinados[21]. Outros autores, a nosso ver com razão, mantêm a divisão das classes[22], especialmente por força do art. 44 da Lei n. 11.101/2005, que diz que, na votação para o comitê, somente cada classe poderá votar.

De qualquer forma, a votação será feita separadamente em cada classe, levando em conta apenas o valor do crédito e não o número de credores. Será dispensada a realização formal da assembleia, nos casos de nomeação ou substituição dos membros, se houver requerimento subscrito por credores que representem a maioria dos créditos de uma classe indicando o nome do representante (Lei n. 11.101/2005 – art. 26, § 2º).

2.5.4 Discussões e alterações no quadro de credores

Qualquer que seja a instância deliberativa, serão levados em conta os valores constantes do quadro geral de credores ou, na sua falta, na relação elaborada pelo administrador judicial, ou, na falta desta, na lista apresentada pelo devedor. Mesmo em caso de impugnação, o credor impugnado terá o direito de voto proporcional ao valor então constante do processo. Eventualmente poderá ser concedida uma tutela antecipada no processo de impugnação, para que o crédito não seja considerado ou seja considerado de outra forma[23].

Por questões de segurança jurídica, qualquer alteração posterior nos créditos (exclusão, redução do valor...) não afeta a deliberação tomada, não ensejando sua invalidação (Lei n. 11.101/2005 – art. 39, § 2º). Ronaldo Alves de Andrade chega a considerar tal regra inaplicável[24]. Frederico Simionato chega a afirmar que a "Lei n. 11.101, neste passo, é, com certeza, uma Lei medíocre e sem precedentes"[25]. Manoel Justino Bezerra Filho, embora a critique, afirma a plena aplicabilidade de tal regra[26]. Embora seja criticável, acreditamos que tal regra é aplicável, por não incorrer em qualquer afronta ao texto da

---

21. BEZERRA FILHO, Manoel Justino. *Lei de recuperação de empresas e falências comentada*. 4. ed. São Paulo: Revista dos Tribunais, 2007, p. 128.

22. FRANÇA, Erasmo Valladão A. e N. In: SOUZA JÚNIOR, Francisco Sátiro de; PITOMBO, Antônio Sérgio de A. de Moraes (Coord.). *Comentários à lei de recuperação de empresas e falência*. São Paulo: Revista dos Tribunais, 2005, p. 212; CAMPINHO, Sérgio. *Falência e recuperação de empresa:* o novo regime de insolvência empresarial. Rio de Janeiro: Renovar, 2006, p. 91-92.

23. MAMEDE, Gladston. *Direito empresarial brasileiro*: falência e recuperação de empresas. São Paulo: Atlas, 2006, v. 4, p. 134.

24. ANDRADE, Ronaldo Alves de. In: DE LUCCA, Newton; SIMÃO FILHO, Adalberto (Coord.). *Comentários à nova lei de recuperação de empresas e de falências*. São Paulo: Quartier Latin, 2005, p. 190.

25. SIMIONATO, Frederico A. Monte. *Tratado de direito falimentar*. Rio de Janeiro: Forense, 2008, p. 104.

26. BEZERRA FILHO, Manoel Justino. *Lei de recuperação de empresas e falências comentada*. 4. ed. São Paulo: Revista dos Tribunais, 2007, p. 126-127.

Constituição Federal. A alteração no quadro de credores poderá ensejar no máximo a responsabilização pelos danos causados.

Outrossim, não poderá ser deferido provimento liminar, de caráter cautelar ou antecipatório dos efeitos da tutela, para a suspensão ou adiamento da assembleia-geral de credores em razão de pendência de discussão acerca da existência, da quantificação ou da classificação de créditos (Lei n. 11.101/2005 – art. 40). Outros motivos podem eventualmente autorizar a suspensão ou o adiamento da assembleia[27].

Jairo Saddi, Frederico Simionato, Manoel Justino Bezerro Filho, Ronaldo Alves de Andrade e Maria Odete Duque Bertasi consideram inconstitucional o disposto no art. 40, por violação ao art. 5º, XXXV, da Constituição Federal, que assegura o acesso à justiça[28]. De outro lado, Gladston Mamede afirma que tal regra é necessária para assegurar a efetividade e a celeridade dos processos, não impedindo o questionamento da existência, valor ou classificação dos créditos[29]. Erasmo Valladão França também afirma não haver qualquer problema no dispositivo, reiterando a possibilidade de decisão sobre o crédito[30]. O valor que se tutela aqui é a garantia do curso contínuo e célere dos processos de falência e recuperação judicial[31].

A nosso ver, a razão está com estes últimos, pois não se veda o acesso ao Poder Judiciário, mas apenas impõem-se limites às decisões liminares, para não postergar demasiadamente as deliberações da assembleia. Nada impede que sejam impostos limites à concessão de liminares ou tutelas antecipadas[32], desde que não se afete o núcleo essencial do acesso à justiça.

---

27. CAMPOS BATALHA, Wilson de Souza; RODRIGUES NETTO, Nelson; RODRIGUES NETTO, Sílvia Maria Labate Batalha. *Comentários à Lei de recuperação judicial de empresas e falência.* 4. ed. São Paulo: LTr, 2007, p. 88.

28. BEZERRA FILHO, Manoel Justino. *Lei de recuperação de empresas e falências comentada.* 4. ed. São Paulo: Revista dos Tribunais, 2007, p. 126-127; BERTASI, Maria Odete Duque. Administrador judicial, comitê e assembleia de credores na Lei de Recuperação de Empresas e Falência. In: MACHADO, Rubens Approbato (Coord.). *Comentários à nova lei de falência e recuperação de empresas.* São Paulo: Quartier Latin, 2005, p. 149; SIMIONATO, Frederico A. Monte. *Tratado de direito falimentar.* Rio de Janeiro: Forense, 2008, p. 105; ANDRADE, Ronaldo Alves de. In: DE LUCCA, Newton; SIMÃO FILHO, Adalberto (Coord.). *Comentários à nova lei de recuperação de empresas e de falências.* São Paulo: Quartier Latin, 2005, p. 192; SADDI, Jairo. Suspensão e invalidação da assembleia de credores na nova lei de falências. In: CASTRO, Rodrigo R. Monteiro de; ARAGÃO, Leandro Santos (Coord.). *Direito societário e a nova lei de falências e recuperação de empresas.* São Paulo: Quartier Latin, 2006, p. 39.

29. MAMEDE, Gladston. *Direito empresarial brasileiro*: falência e recuperação de empresas. São Paulo: Atlas, 2006, v. 4, p. 135. No mesmo sentido: PACHECO, José da Silva. *Processo de recuperação judicial, extrajudicial e falência.* 2. ed. Rio de Janeiro: Forense, 2007, p. 100.

30. FRANÇA, Erasmo Valladão A. e N. In: SOUZA JÚNIOR, Francisco Sátiro de; PITOMBO, Antônio Sérgio de A. de Moraes (Coord.). *Comentários à lei de recuperação de empresas e falência.* São Paulo: Revista dos Tribunais, 2005, p. 211.

31. CAMPINHO, Sérgio. *Falência e recuperação de empresa:* o novo regime de insolvência empresarial. Rio de Janeiro: Renovar, 2006, p. 79.

32. STF – ADC 4 MC, Relator(a): Min. SYDNEY SANCHES, Tribunal Pleno, julgado em 11-2-1998, *DJ* 21-5-1999, p. 2, EMENT., v. 1951-01, p. 1.

2.6 Invalidades

Embora não seja possível invalidar a assembleia pela existência de decisões posteriores acerca da existência, valor ou classificação de crédito, é possível que ela seja invalidada por outros motivos[33]. Nestes casos, a invalidação da deliberação da assembleia não prejudicará os direitos de terceiros de boa-fé, como, por exemplo, os adquirentes de bens alienados em razão da deliberação. Os eventuais prejuízos da deliberação anulada serão de responsabilidade dos credores que a aprovarem, agindo com dolo ou culpa (Lei n. 11.101/2005 – art. 39, § 3º).

Caso existam vícios na assembleia, como a irregularidade da convocação ou da instalação, a invalidade atingirá todas as deliberações tomadas. Neste caso, Erasmo Valladão França entende tratar-se de hipótese de anulabilidade, pela aplicação analógica do art. 286 da Lei n. 6.404/76[34]. Assim sendo, a deliberação tomada em uma assembleia irregularmente convocada ou instalada poderá ser convalidada pelo decurso de prazo de dois anos, contados da juntada da ata da deliberação ao processo. Dentro desse prazo, os credores que não participaram da deliberação têm legitimidade ativa para propor a ação de anulação em face da massa falida ou dos próprios credores no caso de recuperação judicial. Neste último caso, o devedor deverá integrar o feito como litisconsorte necessário.

No caso de vício no voto (erro, dolo, fraude...) a deliberação só será invalidada se o voto eivado de vícios foi determinante para a sua aprovação. Nestes casos, os vícios podem ser de nulidade ou de anulabilidade, seguindo-se o regime geral do Código Civil inerente ao vício invocado.

Por fim, caso os vícios ocorram com a deliberação (infração à lei), a invalidade atingirá apenas a deliberação viciada e não outras que tenham sido tomadas na mesma assembleia. Neste caso, também estamos diante de anulabilidade[35], sujeita ao prazo decadencial de dois anos da juntada aos autos da ata da assembleia (CC – art. 179).

3 Comitê de credores

A assembleia é o órgão próprio para manifestação dos credores. Todavia, a realização de uma assembleia para o acompanhamento diário dos processos é muito gravosa e vai de encontro aos princípios da celeridade e da economia processual. Em função disso,

---

33. FRANÇA, Erasmo Valladão A. e N. In: SOUZA JÚNIOR, Francisco Sátiro de; PITOMBO, Antônio Sérgio de A. de Moraes (Coord.). *Comentários à lei de recuperação de empresas e falência*. São Paulo: Revista dos Tribunais, 2005, p. 190-194.

34. FRANÇA, Erasmo Valladão A. e N. In: SOUZA JÚNIOR, Francisco Sátiro de; PITOMBO, Antônio Sérgio de A. de Moraes (Coord.). *Comentários à lei de recuperação de empresas e falência*. São Paulo: Revista dos Tribunais, 2005, p. 194.

35. FRANÇA, Erasmo Valladão A. e N. In: SOUZA JÚNIOR, Francisco Sátiro de; PITOMBO, Antônio Sérgio de A. de Moraes (Coord.). *Comentários à lei de recuperação de empresas e falência*. São Paulo: Revista dos Tribunais, 2005, p. 194.

surge a possibilidade de se constituir um comitê de credores, isto é, um órgão intermediário de representação constante dos interesses dos credores nos processos de falência e recuperação judicial.

Com o comitê, a massa de credores terá seus interesses acompanhados mais de perto por sujeitos indicados para representar esses interesses. Tal comitê terá uma função eminentemente consultiva[36], manifestando os interesses dos credores em diversos atos dos processos, mas ele terá também uma função de controle[37], funcionando como um órgão supervisor e fiscalizador da atuação deste e do próprio devedor. Há uma grande semelhança com o Conselho de Administração das sociedades anônimas, tanto nas funções quanto na atuação efetiva do comitê. Luiz Antonio Guerra afirma que a finalidade maior do comitê é "fiscalizar os atos realizados pelo administrador judicial e garantir a transparência e eficiência à administração a ser empreendida na recuperação ou na falência"[38].

3.1 Composição

Como o próprio nome demonstra, o comitê é um órgão colegiado de representação dos credores. Nesta condição, ele deve ser composto por membros que representem os diversos credores abrangidos pelos processos de recuperação judicial e falência. Para assegurar a representatividade da maior parte dos credores, a Lei prevê a seguinte composição para o comitê (Lei n. 11.101/2005 – art. 26):

- 1 representante dos credores trabalhistas, com dois suplentes;
- 1 representante dos credores com direitos reais de garantia ou privilégios especiais e dois suplentes;
- 1 representante indicado pelos credores com privilégio geral e pelos quirografários com dois suplentes.
- 1 representante indicado pela classe de credores representantes de microempresas e empresas de pequeno porte, com 2 (dois) suplentes.

A forma como a Lei realiza essa divisão é objeto de acertadas críticas, pois cria uma divisão diferente dos credores em relação àquela prevista para a assembleia de credores (Lei n. 11.101/2005 – art. 41). Outrossim, o texto da Lei exclui a representação de credores por acidente de trabalho e credores subordinados.

Em razão dos problemas apontados, parte da doutrina[39] afirma que não deve ser aplicado o art. 26 da Lei n. 11.101/2005 na sua literalidade, isto é, as classes a serem

---

36. BLUM, Brian B. *Bankruptcy and debtor/creditor*. 4. ed. New York: Aspen, 2006, p. 114.

37. PAJARDI, Piero. *Manuale di diritto fallimentare*. 6. ed. Milano: Giuffrè, 2002, p. 213.

38. GUERRA, Luiz Antonio. *Falências e recuperações de empresas*: crises econômico-financeiras. Comentários à Lei de Recuperações e de falências. Brasília: Guerra Editora, 2011, p. 541, v. 1.

39. BEZERRA FILHO, Manoel Justino. *Lei de recuperação de empresas e falências comentada*. 4. ed. São Paulo: Revista dos Tribunais, 2007, p. 128; CAMPOS BATALHA, Wilson de Souza; RODRIGUES NETTO,

representadas no comitê serão as mesmas classes previstas pelo art. 41 da Lei n. 11.101/2005 para a assembleia geral (I – credores trabalhistas e de acidente de trabalho; II – credores com garantia real; III – credores com privilégio especial, com privilégio geral, quirografários e subordinados; e IV – credores representantes de microempresas e empresas de pequeno porte). Dentro dessa linha, o principal argumento é que a não aplicação do art. 41 privaria da representação os credores de acidente de trabalho e os credores subordinados.

Embora efetivamente seja criticável o texto da Lei n. 11.101/2005, ousamos afirmar que tal interpretação não é a melhor. Afirmar que as classes de credores serão aquelas constantes do art. 41 da Lei n. 11.101/2005 é negar vigência ao disposto no art. 26 da mesma Lei. Como a Lei não contém palavras inúteis, por mais equivocada que seja, acreditamos que deverá prevalecer o teor do art. 26 na composição do comitê de credores[40]. O máximo que pode ocorrer é o preenchimento das lacunas, isto é, pela aplicação do art. 41 podem-se incluir os credores por acidente de trabalho juntamente com os trabalhistas e os subordinados juntamente com os quirografários e com privilégio geral, resguardando assim a igualdade entre os credores[41].

3.2 *Constituição*

Ao contrário do administrador judicial, que é obrigatório, o comitê de credores é um órgão, cujo funcionamento não é essencial para o andamento dos processos de falências e de recuperação judicial e, por isso, sua constituição será facultativa. Apenas em grandes processos, haverá interesse e utilidade no funcionamento desse órgão. Além disso, ele só terá valor se os credores tiverem uma postura proativa no processo[42].

Por se tratar de um órgão de representação dos credores, ficou a cargo destes a decisão pela constituição ou não do comitê. Em nenhuma hipótese, o juiz tem o poder de

---

Nelson; RODRIGUES NETTO, Sílvia Maria Labate Batalha. *Comentários à Lei de recuperação judicial de empresas e falência*. 4. ed. São Paulo: LTr, 2007, p. 74; SZTAJN, Rachel; FRANCO, Vera Helena de Mello. *Falência e recuperação da empresa em crise*. São Paulo: Campus, 2008, p. 70; TOLEDO, Paulo F. C. Salles de. In: ABRÃO, Carlos Henrique; TOLEDO, Paulo F. C. Salles de (Coord.). *Comentários à lei de recuperação de empresas e falência*. São Paulo: Saraiva, 2005, p. 69.

40. FRANÇA, Erasmo Valladão A. e N. In: SOUZA JÚNIOR, Francisco Sátiro de; PITOMBO, Antônio Sérgio de A. de Moraes (Coord.). *Comentários à lei de recuperação de empresas e falência*. São Paulo: Revista dos Tribunais, 2005, p. 212; CAMPINHO, Sérgio. *Falência e recuperação de empresa*: o novo regime de insolvência empresarial. Rio de Janeiro: Renovar, 2006, p. 91-92; NEGRÃO, Ricardo. *Manual de direito comercial e de empresa*. 2. ed. São Paulo: Saraiva, 2007, v. 3, p. 100; BAPTISTA, Ezio Carlos S. In: DE LUCCA, Newton; SIMÃO FILHO, Adalberto (Coord.). *Comentários à nova lei de recuperação de empresas e de falências*. São Paulo: Quartier Latin, 2005, p. 166. MILANI, Mario Sérgio. *Lei de recuperação judicial, recuperação extrajudicial e falência comentada*. São Paulo: Malheiros, 2011, p. 153.

41. NEGRÃO, Ricardo. *Manual de direito comercial e de empresa*. 2. ed. São Paulo: Saraiva, 2007, v. 3, p. 98, PURIFICAÇÃO, Carlos Alberto da. *Recuperação de empresa e falência comentada*. São Paulo: Atlas, 2011, p. 82.

42. BLUM, Brian B. *Bankruptcy and debtor/creditor*. 4. ed. New York: Aspen, 2006, p. 115.

determinar a constituição do comitê de credores. Ao contrário do afirmado por Fábio Ulhoa Coelho[43], na falência, a constituição do comitê não poderá ser determinada pelo juiz, na sentença que decreta a quebra. O máximo que o juiz poderá fazer é determinar a convocação da assembleia-geral de credores para a constituição de Comitê de Credores, podendo ainda autorizar a manutenção do Comitê eventualmente em funcionamento na recuperação judicial quando da decretação da falência (Lei n. 11.101/2005 – art. 99, XII). Da mesma forma, o administrador judicial poderá no máximo requerer a convocação de uma assembleia para deliberar sobre a constituição do comitê (Lei n. 11.101/2005 – arts. 22, I, *g*, e 35, II, *b*).

Para a constituição do comitê é necessária a deliberação de qualquer das classes de credores presentes na assembleia-geral (Lei n. 11.101/2005 – art. 26). Como vimos, a divisão das classes aqui será a seguinte: (a) credores derivados da legislação do trabalho; (b) credores com direitos reais de garantia ou privilégios especiais; (c) credores quirografários e com privilégio geral; e (d) credores enquadrados como microempresas e empresas de pequeno porte. Esta divisão é diferente da divisão feita para a votação do plano de recuperação judicial, o que acreditamos ser uma falha da legislação, mas que deverá prevalecer[44], sob pena de tornar inútil o próprio texto da Lei.

De qualquer forma, a votação será feita separadamente em cada classe, levando em conta apenas o valor do crédito e não o número de credores. Há quem entenda que pode ser dispensada a realização formal da assembleia, desde que haja deliberação escrita de credores que representem mais da metade de uma classe[45]. A nosso ver, porém, em nenhuma hipótese é dispensada a realização formal da assembleia para a deliberação sobre a constituição do comitê de credores.

A lei dispensa a realização formal da assembleia apenas para a nomeação ou substituição dos membros, se houver requerimento subscrito por credores que representem a maioria dos créditos de uma classe indicando o nome do representante (Lei n. 11.101/2005 – art. 26, § 2º). Não há dispensa para a constituição do comitê.

Convocada a assembleia, ela deverá deliberar sobre a constituição ou não do comitê. Pelo teor literal da legislação, bastaria a deliberação em uma das classes[46], o que inclu-

43. COELHO, Fábio Ulhoa. *Comentários à nova lei de falências e recuperação de empresas*. São Paulo: Saraiva, 2005, p. 73.

44. FRANÇA, Erasmo Valladão A. e N. In: SOUZA JÚNIOR, Francisco Sátiro de; PITOMBO, Antônio Sérgio de A. de Moraes (Coord.). *Comentários à lei de recuperação de empresas e falência*. São Paulo: Revista dos Tribunais, 2005, p. 212; CAMPINHO, Sérgio. *Falência e recuperação de empresa*: o novo regime de insolvência empresarial. Rio de Janeiro: Renovar, 2006, p. 91-92; NEGRÃO, Ricardo. *Manual de direito comercial e de empresa*. 2. ed. São Paulo: Saraiva, 2007, v. 3, p. 100. Em sentido contrário: BEZERRA FILHO, Manoel Justino. *Lei de recuperação de empresas e falências comentada*. 4. ed. São Paulo: Revista dos Tribunais, 2007, p. 128.

45. SZTAJN, Rachel; FRANCO, Vera Helena de Mello. *Falência e recuperação da empresa em crise*. São Paulo: Campus, 2008, p. 70.

46. COELHO, Fábio Ulhoa. *Comentários à nova lei de falências e recuperação de empresas*. São Paulo: Saraiva, 2005, p. 73.

sive seria reforçado pela possibilidade expressa de funcionamento do comitê sem a totalidade de seus membros.

Todavia, a nosso ver, tal conclusão acabaria significando a possibilidade de um comitê de um único membro, o que não faz sentido. Assim, a deliberação para a constituição do comitê de credores deverá ser tomada em pelo menos duas[47] das classes do art. 26, sob pena de se inviabilizar o funcionamento desse órgão. Outrossim, permitir que o comitê funcione por deliberação de apenas uma das classes é impor a vontade dessa classe à maioria dos credores, desvirtuando a prevalência do interesse da massa de credores em face do interesse individual destes.

3.3 Eleição dos membros

Para que o comitê exerça suas competências, é essencial que ocorra a eleição dos seus membros, o que, a princípio, acontecerá na própria assembleia que deliberar a constituição. Cada uma das classes, previstas no art. 26, elegerá um membro titular e dois suplentes, sendo aconselhável inclusive a indicação de uma ordem entre os suplentes, para não haver dúvidas. De qualquer modo, a votação será feita separadamente em cada classe, levando em conta apenas o valor do crédito e não o número de credores. Será dispensada a realização formal da assembleia para a nomeação ou substituição dos membros, se houver requerimento subscrito por credores que representem a maioria dos créditos de uma classe indicando o nome do representante (Lei n. 11.101/2005 – art. 26, § 2º). Em nenhuma hipótese será obstado o funcionamento do comitê pela inércia de alguma das classes.

Seja na assembleia, seja em requerimento, os credores, a princípio, possuem uma boa margem de liberdade na escolha dos seus representantes. Eles não precisam ser credores ou possuir qualquer conhecimento técnico específico, embora a capacidade técnica seja recomendável. Embora não recomendável, não vemos sequer impedimento de uma mesma pessoa representar mais de uma classe de credores[48]. A única imposição legal é que o membro não incorra nos impedimentos do art. 30 da Lei n. 11.101/2005.

A princípio, o comitê de credores tem poderes de iniciativa, de fiscalização e consultivos[49]. Diante dessas atribuições, é fundamental que os membros do comitê de credores também sejam pessoas idôneas para exercer tal mister, sob pena de se tornar inútil e totalmente ineficaz a sua atuação. Diante disso, a Lei optou por impor os mesmos impedimentos colocados para o administrador judicial. Assim, não podem ser parentes

---

47. NEGRÃO, Ricardo. *Manual de direito comercial e de empresa*. 2. ed. São Paulo: Saraiva, 2007, v. 3, p. 98; PURIFICAÇÃO, Carlos Alberto da. *Recuperação de empresa e falência comentada*. São Paulo: Atlas, 2011, p. 82.

48. Em sentido contrário: SZTAJN, Rachel; FRANCO, Vera Helena de Mello. *Falência e recuperação da empresa em crise*. São Paulo: Campus, 2008, p. 70.

49. RICCI, Edoardo F. *Lezioni sul fallimento*. 2. ed. Milano: Giuffrè, 1997, p. 334-335; GUGLIELMUCCI, Lino. *Lezioni di diritto fallimentare*. 3. ed. Torino: Giappichelli, 2004, p. 91.

até o 3º grau, amigos, inimigos ou dependentes do falido dos administradores, controladores ou representantes legais da sociedade falida, nem podem ser pessoas que ocuparam cargo de administrador judicial ou membro de comitê de credores nos últimos 5 anos que foram destituídas, deixaram de prestar contas ou tiveram as contas desaprovadas, pelos motivos já expostos.

A princípio, poderia ser considerada exagerada essa preocupação, na medida em que os membros do comitê são escolhidos pelos credores, que são os maiores interessados no bom andamento dos procedimentos concursais. Todavia, pela competência que lhe é atribuída, é importante garantir também a idoneidade e a imparcialidade de seus membros. Em razão disso, há também a previsão de uma reclamação contra a nomeação dos membros do comitê de credores que forem nomeados em desobediência à Lei, idêntica àquela prevista em relação ao administrador judicial.

3.4 Investidura e funcionamento do comitê

Apesar de serem eleitos e escolhidos pelos credores da respectiva classe (art. 44 da Lei n. 11.101/2005), é certo que a nomeação dos membros do comitê é um ato do juiz, a quem compete verificar a ausência dos impedimentos legais. Uma vez nomeados pelo juiz, os membros do comitê serão intimados pessoalmente para, em quarenta e oito horas, assinar o termo de compromisso de bem e fielmente desempenhar suas funções e assumir todas as responsabilidades a ele inerentes.

A lei não prevê especificamente as consequências para a não assinatura pelos membros do comitê de credores do termo de compromisso no prazo de quarenta e oito horas, referindo-se apenas à nomeação de substituto para o administrador judicial. Nesse caso, entendemos que a falta de assinatura do termo de compromisso no prazo deve ser entendida como recusa do encargo, competindo ao juiz aplicar, por analogia, o art. 31, § 1º, da Lei n. 11.101/2005, e chamar o suplente para recompor o órgão[50].

Ocorrendo a investidura dos membros, reitere-se que não há necessidade de investidura de todos eles, o comitê poderá começar a exercer suas funções, cabendo aos próprios membros do Comitê a indicação do seu presidente (Lei n. 11.101/2005 – art. 26, § 3º). No exercício dessas funções, o comitê atua como órgão colegiado, ou seja, toma suas decisões por maioria. Caso não seja possível a obtenção de maioria em deliberação do Comitê, o impasse será resolvido pelo administrador judicial ou, na incompatibilidade deste, pelo juiz. Em todo caso, as decisões serão consignadas em livro de atas, rubricado pelo juízo, que ficará à disposição do administrador judicial, dos credores e do devedor.

A princípio, o comitê funcionará na sua composição completa com quatro membros. Todavia, é oportuno esclarecer que nem sempre haverá a representação de todas as clas-

---

50. TOLEDO, Paulo F. C. Salles de. In: TOLEDO, Paulo F. C. Salles de; ABRÃO, Carlos Henrique (Coord.). *Comentários à lei de recuperação de empresas e falência*. São Paulo: Saraiva, 2005, p. 83.

ses no comitê. A própria Lei admite expressamente o funcionamento do comitê de credores com número inferior ao total previsto (Lei n. 11.101/2005 – art. 26, § 1º). A ideia aqui é não impedir o funcionamento desse órgão, em razão da inércia de uma das classes.

Em razão desse dispositivo, a maioria da doutrina admite a constituição do comitê mesmo com apenas um membro[51]. Acreditamos, porém, que esse número inferior ao previsto seja de dois membros no mínimo[52], pois não haveria sentido num comitê com um único membro, em especial porque a Lei fala que as decisões do comitê serão tomadas por maioria. Ademais, com um único membro o comitê perderia sua função de órgão de representação da massa de credores e não de uma única classe.

3.5 Competência

De modo similar aos conselhos de administração, o comitê de credores é facultativo, mas, uma vez deliberada sua instalação, ele desempenha papel fundamental no curso dos processos de falência e recuperação judicial. Sua instauração, além de representar uma forma mais eficiente de representação dos credores no processo, tenta dar maior agilidade e segurança ao processo, tendo em vista os poderes de fiscalização, de consulta e de iniciativa atribuídos a este órgão.

Tanto na falência quanto na recuperação, o comitê de credores tem uma competência consultiva, isto é, ele deve ser ouvido em diversos momentos do processo, como por exemplo, nas impugnações de créditos (Lei n. 11.101/2005 – art. 12). Haverá atos específicos em cada um desses processos, nos quais será necessária a oitiva do comitê, como uma espécie de manifestação da vontade dos credores sobre o ato.

Além da função consultiva, o comitê desempenhará também uma função fiscalizadora nos processos de falência e recuperação judicial. Como a atuação do administrador judicial é a mais relevante para os credores em ambos os processos, é claro que eles têm interesse em acompanhar tal atuação. Esse acompanhamento poderá ser feito pelo comitê de credores que irá fiscalizar as atividades e examinar as contas do administrador

---

51. BEZERRA FILHO, Manoel Justino. *Nova lei de recuperação e falências comentada*. 3. ed. São Paulo: Revista dos Tribunais, 2005, p. 102; CAMPINHO, Sérgio. *Falência e recuperação de empresa*: o novo regime de insolvência empresarial. Rio de Janeiro: Renovar, 2006, p. 92; TZIRULNIK, Luiz. *Direito falimentar*. 7. ed. São Paulo: Revista dos Tribunais, 2005, p. 90; CAMPOS BATALHA, Wilson de Souza; RODRIGUES NETTO, Nelson; RODRIGUES NETTO, Sílvia Maria Labate Batalha. *Comentários à Lei de recuperação judicial de empresas e falência*. 4. ed. São Paulo: LTr, 2007, p. 75; COELHO, Fábio Ulhoa. *Comentários à nova lei de falências e recuperação de empresas*. São Paulo: Saraiva, 2005, p. 74; ALMEIDA, Amador Paes de. *Curso de falência e recuperação de empresas*. 21. ed. São Paulo: Saraiva, 2005, p. 209; VERÇOSA, Haroldo Malheiros Duclerc. In: SOUZA JÚNIOR, Francisco Sátiro de; PITOMBO, Antônio Sérgio de A. de Moraes (Coord.). *Comentários à lei de recuperação de empresas e falência*. São Paulo: Revista dos Tribunais, 2005, p. 180.

52. NEGRÃO, Ricardo. *Manual de direito comercial e de empresa*. 2. ed. São Paulo: Saraiva, 2007, v. 3, p. 100; PIMENTA, Eduardo Goulart. *Recuperação de empresas*. São Paulo: IOB, 2006, p. 163; TOLEDO, Paulo F. C. Salles de. In: ABRÃO, Carlos Henrique; TOLEDO, Paulo F. C. Salles de. (Coord.). *Comentários à lei de recuperação de empresas e falência*. São Paulo: Saraiva, 2005, p. 69.

judicial. Reforça-se a relevância da atuação dos credores nesses processos, permitindo-lhes inclusive fiscalizar um órgão auxiliar do juízo[53]. Tal fiscalização será realizada ao longo de todo o processo[54] de falência ou recuperação, culminando com a análise final das contas do administrador.

Há ainda a competência para agir nos processos de falência e recuperação. Especificamente, compete ao comitê apurar e emitir parecer sobre quaisquer reclamações dos interessados. Outrossim, o comitê poderá apresentar impugnações à relação de credores elaborada pelo administrador judicial, se entender que há algum problema quanto à existência, ao valor ou à classificação de crédito constante dessa relação. Dentro da mesma ideia, permite-se ao comitê pedir a exclusão, outra classificação ou a retificação de qualquer crédito, nos casos de descoberta de falsidade, dolo, simulação, fraude, erro essencial ou, ainda, documentos ignorados na época do julgamento do crédito ou da inclusão no quadro geral de credores.

O comitê de credores possui também uma competência genérica para a defesa dos interesses dos credores e do bom andamento do processo. Dentro dessa ideia, caberá ao comitê de credores zelar pelo bom andamento do processo e pelo cumprimento da Lei; comunicar ao juiz, caso detecte violação dos direitos ou prejuízo aos interesses dos credores; e requerer a convocação da assembleia de credores. De nada adiantaria o poder fiscalizador se não houvesse a possibilidade de iniciativa contra atos ilícitos ou inadequados[55].

Especificamente na recuperação judicial, o comitê, além das competências já citadas, terá o poder de fiscalizar a administração das atividades do devedor, apresentando, a cada 30 (trinta) dias, relatório de sua situação. Dentro da mesma ideia, o comitê também tem competência para fiscalizar a execução do plano de recuperação judicial pelo devedor. No caso de afastamento do devedor, caberá ao comitê o poder de requerer ao juiz medidas de efeito patrimonial, em especial a autorização para a alienação de bens do ativo permanente, a constituição de ônus reais e outras garantias, bem como atos de endividamento necessários à continuação da atividade empresarial durante o período que antecede a aprovação do plano de recuperação judicial.

Na recuperação judicial, há ainda a competência para requerer informações ao devedor, que tem o dever de prestá-las, sob pena de afastamento (Lei n. 11.101/2005 – art. 64, V). Obviamente, as solicitações do comitê devem ser fundamentadas e devem dizer respeito ao exercício das suas funções no processo. Também na recuperação, há a competência consultiva sobre a alienação ou oneração de bens do ativo permanente do devedor, com exceção daqueles previamente relacionados no plano de recuperação judicial

53. TOLEDO, Paulo F. C. Salles de. In: TOLEDO, Paulo F. C. Salles de; ABRÃO, Carlos Henrique (Coord.). *Comentários à lei de recuperação de empresas e falência*. São Paulo: Saraiva, 2005, p. 71.

54. MAMEDE, Gladston. *Direito empresarial brasileiro*: falência e recuperação de empresas. São Paulo: Atlas, 2006, v. 4, p. 144.

55. Idem, p. 145.

(art. 66). Na recuperação especial para microempresas e empresas de pequeno porte, o comitê deverá ser ouvido nos pedidos do devedor para aumentar despesas ou contratar empregados (art. 71, IV).

Embora não haja, no art. 27 da Lei n. 11.101/2005, a previsão de competências específicas ao comitê na falência, é certo que, ao longo da Lei, há a atribuição de poderes específicos. Assim, caberá ao comitê aprovar os honorários dos advogados contratados pelo administrador judicial para representar a massa falida (art. 22, III, *n*). De modo similar, o comitê tem competência consultiva sobre os pedidos do administrador para transigir sobre obrigações e direitos da massa falida e conceder abatimento de dívidas, ainda que sejam consideradas de difícil recebimento (art. 22, § 3º).

O comitê tem ainda competência para se manifestar sobre o pedido de restituição (art. 87, § 1º); sobre a autorização para os credores, de forma individual ou coletiva, em razão dos custos e no interesse da massa falida; para adquirir ou adjudicar, de imediato, os bens arrecadados, pelo valor da avaliação, atendida a regra de classificação e preferência entre eles (art. 111); sobre a alienação antecipada de bens perecíveis, deterioráveis, sujeitos à considerável desvalorização ou que sejam de conservação arriscada ou dispendiosa, após a arrecadação e a avaliação (art. 113); sobre a restituição de coisa móvel comprada pelo devedor com reserva de domínio do vendedor se não for continuar a execução do contrato (art. 119, IV); e sobre a forma de alienação da massa falida (art. 142).

Além de simples consultas, o comitê também tem competência para autorizar a prática de certos atos pelo administrador judicial. Nestes casos, a competência é efetivamente para autorizar o auto e não apenas para se manifestar sobre o ato, ou seja, sem a autorização tais atos não poderão ser praticados. Desse modo, dependerão de autorização do administrador judicial a alienação ou oneração de bens do falido, ressalvados os bens cuja venda faça parte das atividades normais do devedor se autorizada a continuação provisória (art. 99, VI); a locação ou a celebração de outro contrato referente aos bens da massa falida (art. 114); e a continuação de contratos unilaterais ou bilaterais do falido, se o cumprimento reduzir ou evitar o aumento do passivo da massa falida ou for necessário à manutenção e preservação de seus ativos (arts. 117 e 118). Há ainda a possibilidade de o comitê requerer uma modalidade alternativa de realização do ativo (art. 144).

Fábio Ulhoa Coelho assevera que o comitê ainda teria competência para a elaboração de um plano alternativo de recuperação judicial[56], a ser submetido à assembleia geral de credores. A nosso ver, porém, tal competência não existe, na medida em que não há previsão legal nesse sentido. O projeto abarcava tal competência, que acabou não sendo incorporada ao texto definitivo da lei. Ademais, a competência para a elaboração do plano de recuperação judicial é atribuída exclusivamente ao próprio devedor, permitindo-se aos credores apenas a proposição de alterações.

Apesar da importância das suas atribuições, o comitê não é um órgão obrigatório e, por isso, sua competência é atribuída subsidiariamente (Lei n. 11.101/2005 – art. 28)

56. COELHO, Fábio Ulhoa. *Curso de direito comercial*. 8. ed. São Paulo: Saraiva, 2008, v. 3, p. 402.

ao administrador judicial e, na incompatibilidade deste (como no caso de fiscalização do administrador judicial), ao juiz. Ressalte-se, porém, que a atuação do juiz na eventual substituição do comitê se limitará à tomada de decisões[57].

3.6 *Remuneração*

Pelo exercício das suas funções, os membros do comitê não receberão qualquer remuneração custeada pela massa falida ou pelo devedor. Todavia, admite-se o ressarcimento de despesas que sejam feitas para o exercício de sua competência. Pela situação de crise não serão impostos ônus ao devedor, cabendo ao credor arcar com as despesas de funcionamento desse. Tal ônus inviabilizará, em muitos casos, a constituição do comitê.

3.7 *Substituição e destituição dos membros*

Nomeados e investidos em suas funções, os membros do comitê exercerão suas funções, a princípio, por prazo indeterminado. Todavia, não há um direito ao cargo, isto é, os credores podem deliberar pela substituição do membro eleito, seja na assembleia, seja por simples requerimento subscrito por credores que representem a maioria dos créditos de uma classe. Se eles representam os credores, obviamente os credores poderão optar por sua substituição.

Além da substituição, é possível que haja a destituição de membros do comitê de credores. Neste caso, estamos diante de situação idêntica à prevista para o administrador judicial, isto é, a destituição dos membros do comitê tem um caráter de penalidade e deverá ser aplicada pelo juiz.

A importância do enquadramento da saída do membro como destituição reside na criação do impedimento para atuar como administrador judicial ou membro do comitê. Assim, a destituição é medida excepcional que só poderá ocorrer nos casos de desobediência aos preceitos da Lei, descumprimento de deveres, omissão, negligência ou prática de ato lesivo às atividades do devedor ou a terceiros. As razões são as mesmas aplicáveis ao administrador judicial. Quem incorre nessas condutas não se mostra apto a exercer a função de membro do comitê de credores, em especial pela competência que lhes é atribuída.

Nesses casos, o juiz pode, de ofício ou a requerimento de qualquer interessado, determinar a destituição do membro do comitê de credores, sendo sempre aconselhável ouvi-lo previamente, para se assegurar a ampla defesa e o contraditório. Na decisão que determinar a destituição, o juiz convocará os suplentes para recompor o comitê, sendo cabível a interposição do recurso de agravo de instrumento.

---

57. PACHECO, José da Silva. *Processo de recuperação judicial, extrajudicial e falência*. 2. ed. Rio de Janeiro: Forense, 2007, p. 83.

3.8 Responsabilidade civil

Apesar de ser um órgão facultativo, é certo que a atuação comissiva ou omissiva do comitê de credores pode gerar danos à massa falida, ao devedor ou mesmo aos credores. Se tal dano for decorrente de dolo ou culpa e restar configurado o nexo de causalidade entre ele e a conduta do comitê, os membros do comitê deverão ser responsabilizados pelos prejuízos causados. Trata-se da mesma regra existente para o administrador judicial, isto é, trata-se de responsabilidade civil subjetiva clássica.

Como o comitê de credores é um órgão colegiado, a atuação do órgão gera a responsabilidade de todos os seus membros, solidariamente. Caso algum membro tenha orientação divergente da orientação da maioria, deverá fazer consignar em ata sua divergência, para se exonerar da responsabilidade. Não havendo a consignação da divergência em ata, ele endossa a deliberação e será responsabilizado pelos eventuais prejuízos decorrentes desta. Trata-se de regra similar à existente para os administradores das sociedades anônimas, no art. 158, § 1º, da Lei n. 6.404/76.

Embora a solidariedade não possa ser presumida, é certo que a regra da exoneração da responsabilidade apenas no caso de consignação de divergência em ata demonstra que todos os membros do comitê são responsáveis pelos prejuízos causados, salvo se consignarem sua divergência. Se todos são responsáveis pelos danos causados, por força do art. 942 do Código Civil, há que se estabelecer a solidariedade entre eles, na medida em que todos são causadores do dano.

8 VERIFICAÇÃO DE CRÉDITOS

1 Identificação dos credores nos processos de falência e recuperação judicial

A possibilidade de realização da assembleia de credores e de instituição do comitê de credores, tanto na falência como na recuperação judicial, demonstra a necessidade de identificação dos credores do devedor falido ou em recuperação judicial. Mais que isso, na falência, tal identificação é importante especialmente para saber quem deverá receber e em que ordem. Na recuperação judicial, a identificação é fundamental para identificar quem fará parte do acordo e, consequentemente, para saber quem poderá se manifestar sobre o plano de recuperação judicial.

Apesar das distinções entre os processos de falência e recuperação judicial, o procedimento de identificação dos créditos é comum a ambos, pois os dois processos têm o caráter concursal, isto é, os dois processos abrangem a universalidade dos credores. As eventuais diferenças existirão apenas no começo do procedimento de verificação de crédito, pois em muitos casos não é o devedor que iniciará o processo de falência, ao contrário do que ocorre na recuperação judicial.

O procedimento estabelecido pela Lei n. 11.101/2005 tenta primar pela celeridade e pela economia processual, estabelecendo-se boa parte do procedimento conduzido pelo administrador judicial. A atuação judicial contenciosa no procedimento é eventual, isto é, na medida do possível o juiz apenas homologará as relações de credores do devedor ou do administrador judicial. Em síntese, pode-se afirmar que o procedimento de verificação de créditos é composto de uma fase administrativa obrigatória e de uma fase contenciosa eventual, formada por ações incidentais[1]. Na Argentina, o procedimento por inteiro é contencioso, representando um verdadeiro processo de conhecimento[2].

2 Fase administrativa

Na falência e na recuperação judicial, o procedimento de verificação de créditos possui necessariamente uma fase administrativa, a qual, como o próprio nome denota, é

1. CAMPINHO, Sérgio. *Falência e recuperação de empresa*: o novo regime de insolvência empresarial. 3. ed. Rio de Janeiro: Renovar, 2008, p. 99.

2. DI TULLIO, José Antonio. *Teoría y práctica de la verificación de créditos*. Buenos Aires: Lexis Nexis, 2006, p. 1.

conduzida pelo administrador judicial, que poderá contar com o auxílio de profissionais especializados. Ele, a princípio, tem condições para agir de forma mais ágil que o juiz, pois este não se dedica a apenas um processo. A ideia aqui é agilizar o procedimento, impondo apenas eventualmente a intervenção do juiz nas ações incidentais que porventura surgirem. Ademais, se os envolvidos no processo não quiserem criar qualquer litígio, não há necessidade de manifestação decisória do juiz.

Essa fase administrativa é "o conjunto de atos não judiciais destinados à apuração, pelo administrador judicial, do passivo do devedor"[3]. Ela terá início com a publicação da lista de credores fornecida pelo próprio devedor, tanto na recuperação judicial quanto na falência. Tal publicação ocorrerá juntamente com a decisão que defere o processamento da recuperação judicial ou com a decisão que decreta a falência, admitindo-se excepcionalmente que ela seja publicada posteriormente.

Com essa publicação, os credores ausentes da lista terão o prazo de quinze dias para apresentarem habilitações de crédito (Lei n. 11.101/2005 – art. 7º, § 1º). Os credores que já constarem da lista terão o mesmo prazo para apresentar eventuais divergências quanto ao valor ou classificação do seu crédito. Diante da lista apresentada pelo devedor, das habilitações, das divergências e dos documentos do devedor, o administrador judicial irá elaborar uma relação de credores. Essa relação de credores deve ser publicada em até 45 dias contados do término do prazo para habilitação dos credores. Neste momento, encerra-se a fase administrativa.

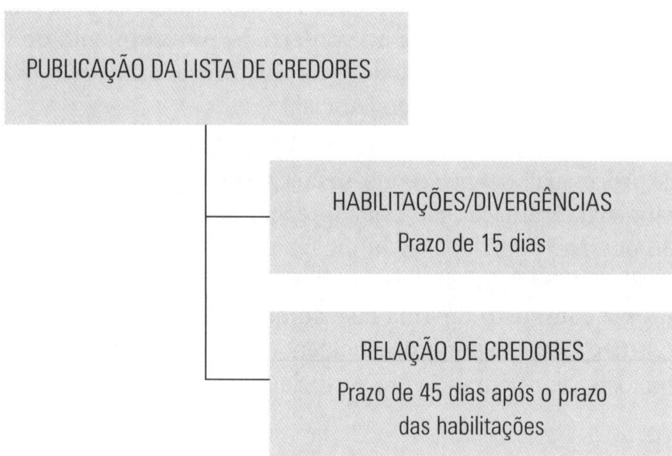

2.1 Lista de credores

Como visto, a fase administrativa da verificação de créditos terá início com a publicação da lista de credores, que é uma relação nominal dos credores, indicando endereço,

3. ALTEMANI, Renato Lisboa; SILVA, Ricardo Alexandre da. *Manual de verificação e habilitação de créditos na Lei de Falências e recuperação de empresas*. São Paulo: Quartier Latin, 2006, p. 77.

importância, natureza e classificação dos respectivos créditos. Tal lista deverá ser elaborada e apresentada pelo próprio devedor, tanto no processo de falência, quanto no processo de recuperação judicial. Ninguém melhor do que o próprio devedor para apresentar a relação dos seus credores. A lista de credores é um documento unilateral e, por isso, não pode ser considerada definitiva, configurando apenas o ponto de partida para identificação dos credores.

Na recuperação judicial, tal lista deverá ser apresentada juntamente com a petição inicial, sendo um dos documentos essenciais à propositura da ação (Lei n. 11.101/2005 – art. 51). Sem a apresentação da lista, o juiz irá deferir o processamento da recuperação judicial. Na falência requerida pelo próprio devedor, tal documento também é essencial à propositura da ação (Lei n. 11.101/2005 – art. 105, II).

Todavia, na falência requerida por terceiros, o devedor não é o autor da ação e não possui o dever de apresentar essa lista com a eventual defesa apresentada. De qualquer modo, será ônus do devedor tal apresentação sob pena de configuração do crime de desobediência. Na hipótese da falência requerida por terceiros, caso a lista não conste dos autos, o juiz deverá determinar, na própria sentença de decretação da falência, que o falido a apresente no prazo máximo de 5 dias, sob pena de desobediência (Lei n. 11.101/2005 – art. 99, III). Acreditamos ser recomendável que o juiz exija tal documento, mesmo antes da decretação, a fim de assegurar maior celeridade ao processo. No caso de recusa da apresentação, mesmo com a configuração da desobediência, tal lista deverá ser apresentada para que tenha início o procedimento da verificação de créditos. Neste caso, acreditamos que o próprio administrador judicial deverá elaborá-la. Em qualquer caso, a lista deverá ser publicada para que a fase administrativa da verificação de créditos, efetivamente, se inicie.

Na recuperação judicial, tal publicação deverá ocorrer na imprensa oficial (Lei n. 11.101/2005 – 52, § 1º) por meio de edital que conterá, além da lista de credores, o resumo do pedido e da decisão que defere o processamento da recuperação judicial, bem como a advertência acerca dos prazos de habilitação e de eventual oposição ao plano de recuperação. Renato Lisboa Altemani e Ricardo Alexandre da Silva chegam a mencionar a existência de dois editais, um com o inteiro teor da decisão que defere o processamento e outro apenas com os itens acima mencionados[4]. A nosso ver, contudo, há apenas um edital, aquele mencionado no art. 52, § 1º, não havendo previsão de outro edital com o inteiro teor da decisão que defere o processamento.

Na falência, não há regra específica e, por isso, entende-se pela aplicação do art. 191 da Lei n. 11.101/2005, que determina a publicação na imprensa oficial e em jornal de grande circulação, se a massa falida comportar[5]. Neste caso, a publicação será feita por meio de um edital que conterá a íntegra da decisão e a relação dos credores (Lei n.

4. ALTEMANI, Renato Lisboa; SILVA, Ricardo Alexandre da. *Manual de verificação e habilitação de créditos na Lei de Falências e recuperação de empresas*. São Paulo: Quartier Latin, 2006, p. 84-85.

5. CAMPINHO, Sérgio. *Falência e recuperação de empresa*: o novo regime de insolvência empresarial. 3. ed. Rio de Janeiro: Renovar, 2008, p. 102.

11.101/2005 – art. 99, parágrafo único). Tal edital não se confunde com a própria publicação da sentença que ocorre antes, até para fins de recurso e produção de efeitos. A necessidade de outro edital vai ao encontro da possibilidade de a relação de credores não constar dos autos, permitindo a publicação dessa lista posteriormente à própria sentença.

Uma vez publicada a lista, os credores terão ciência dos créditos que o devedor já reconheceu, com os respectivos valores e classificações. Além da publicação, o próprio administrador judicial deverá enviar correspondência a todos os credores constantes da lista, com a informação da natureza, o valor e a classificação atribuídos aos seus créditos (Lei n. 11.101/2005 – art. 22, I, *a*). Há com essas duas comunicações uma espécie de chamamento dos credores a participar dos processos[6].

Obviamente, os credores poderão discordar dos dados constantes da lista e, em razão disso, podem pretender modificações nessa relação de credores. Inicialmente, tais modificações devem ser requeridas ao próprio administrador judicial, por meio das habilitações e divergências, a serem apresentadas no prazo de 15 dias, a contar da publicação da lista no órgão oficial, mesmo que haja publicações em jornal de grande circulação[7].

2.2 Habilitações

Pela própria visão unilateral que pauta sua elaboração, a lista de credores não é imune a discussões. Pessoas que não constam da lista podem entender que possuem a condição de credoras e, por isso, devam participar do processo. A princípio, tais pessoas deverão requerer ao próprio administrador judicial sua inclusão, por meio das chamadas habilitações de crédito, a serem apresentadas no prazo de 15 dias a contar da publicação da lista de credores, admitindo-se habilitação fora desse prazo pela via contenciosa, apenas. Apesar do silêncio da lei, é recomendável que as habilitações sejam protocoladas no cartório responsável pelo andamento do processo[8].

Cada credor deverá fazer a habilitação dos seus créditos, podendo reunir mais de um crédito seu no mesmo pedido. Não se admite que vários credores distintos façam uma única habilitação, ressalvado o caso das debêntures. Neste caso, a habilitação para todos os credores será feita pelo agente fiduciário dos debenturistas (Lei n. 6.404/76 – art. 68, § 2º, *d* e *e*).

Atualmente, as habilitações de crédito, apresentadas tempestivamente, dirigem-se ao administrador judicial e não ao juiz, denotando que elas não possuem natureza de

6. NEGRÃO, Ricardo. *Manual de direito comercial e de empresa*. 2. ed. São Paulo: Saraiva, 2007, v. 3, p. 51.

7. CAMPINHO, Sérgio. *Falência e recuperação de empresa*: o novo regime de insolvência empresarial. 3. ed. Rio de Janeiro: Renovar, 2008, p. 102.

8. ALTEMANI, Renato Lisboa; SILVA, Ricardo Alexandre da. *Manual de verificação e habilitação de créditos na Lei de Falências e recuperação de empresas*. São Paulo: Quartier Latin, 2006, p. 81; NEGRÃO, Ricardo. *Manual de direito comercial e de empresa*. 2. ed. São Paulo: Saraiva, 2007, v. 3, p. 55.

ação, como sustentam alguns autores[9], mas de simples requerimento administrativo[10]. Assim, não há necessidade de cumprimento dos requisitos do art. 319 do CPC/2015 ou de recolhimento de custas processuais. Apesar de não ter natureza de ação, Ricardo Negrão entende que a habilitação deve ser assinada por advogado, entendendo tratar-se de postulação perante o Poder Judiciário[11]. A nosso ver, porém, a habilitação dispensa a representação por advogados[12], podendo ser apresentada pelo próprio credor, pois se trata de simples requerimento dirigido ao administrador judicial e não de postulação judicial.

Com ou sem advogado, tais habilitações deverão especificar (Lei n. 11.101/2005 – art. 9º):

I – o nome, o endereço do credor e o endereço em que receberá a comunicação de qualquer ato do processo;

II – o valor do crédito, atualizado até a data da decretação da falência ou do pedido de recuperação judicial, sua origem e classificação;

III – os documentos comprobatórios do crédito e a indicação das demais provas a serem produzidas;

IV – a indicação da garantia prestada pelo devedor, se houver, e o respectivo instrumento;

V – a especificação do objeto da garantia que estiver na posse do credor.

A qualificação do próprio credor é essencial para que se saiba de quem se trata e onde pode ser encontrado para ter ciência dos atos do processo. Caso haja representação por advogado, normalmente as comunicações serão realizadas a este, que terá o conhecimento necessário para as eventuais medidas de interesse do credor.

Na qualificação do crédito, exige-se inicialmente a especificação do valor do crédito atualizado até a data da decretação da falência ou do pedido de recuperação judicial, acreditamos que deveria ser até a data da decisão que defere o processamento, pois, em alguns casos, ela poderá demorar. Nessa atualização deverão ser incluídos os eventuais juros devidos até a data em questão, pois isso dará uma ideia mais realista dos créditos existentes. Tal valor será uma referência para o processo, mas não um valor definitivo

---

9. CAMPOS BATALHA, Wilson de Souza; RODRIGUES NETTO, Nelson; RODRIGUES NETTO, Sílvia Maria Labate Batalha. *Comentários à lei de recuperação judicial de empresas e falência*. 4. ed. São Paulo: LTr, 2007, p. 58.

10. BEZERRA FILHO, Manoel Justino. *Lei de recuperação de empresas e falências comentada*. 4. ed. São Paulo: Revista dos Tribunais, 2007, p. 76; LOBATO, Moacyr. *Falência e recuperação*. Belo Horizonte: Del Rey, 2007, p. 48.

11. NEGRÃO, Ricardo. *Manual de direito comercial e de empresa*. 2. ed. São Paulo: Saraiva, 2007, v. 3, p. 55.

12. CAMPINHO, Sérgio. *Falência e recuperação de empresa*: o novo regime de insolvência empresarial. 3. ed. Rio de Janeiro: Renovar, 2008, p. 102; MAMEDE, Gladston. *Direito empresarial brasileiro*: falência e recuperação de empresas. São Paulo: Atlas, 2006, v. 4, p. 157; BEZERRA FILHO, Manoel Justino. *Lei de recuperação de empresas e falências comentada*. 4. ed. São Paulo: Revista dos Tribunais, 2007, p. 76.

para o eventual pagamento, pois na recuperação judicial continuam a incidir os juros e a correção e na falência continua a incidir a correção até o efetivo pagamento[13].

No caso de moeda estrangeira, os créditos deverão ser convertidos para a moeda nacional. Na falência, o câmbio a ser considerado é o do dia da decretação da quebra. Na recuperação judicial, a variação cambial só será afastada na recuperação judicial, com o consentimento do credor. Apesar disso, é recomendável a conversão pelo câmbio do dia do pedido de recuperação. Ressalte-se que para fins exclusivos de votação em assembleia geral, o crédito em moeda estrangeira será convertido para moeda nacional pelo câmbio da véspera da data de realização da assembleia (Lei n. 11.101/2005 – art. 38, parágrafo único).

Além disso, exige-se a indicação da própria origem da obrigação, mesmo que se trate de um título de crédito, excepcionando o princípio da abstração apenas na apresentação da habilitação, não afastando, porém, a proteção decorrente desse princípio[14]. A ideia aqui é dar segurança à massa de credores, reduzindo o número de fraudes, ou seja, tenta-se dar mais transparência aos créditos. A indicação concreta da origem da dívida permitirá a melhor análise da sua realidade, afastando boa parte das eventuais fraudes. Compete ao credor apenas declinar essa origem na habilitação, não sendo essencial sua comprovação de imediato[15].

Exige-se também a apresentação dos documentos comprobatórios da existência do crédito, no original ou por cópias autenticadas se estiverem juntados em outro processo (Lei n. 11.101/2005 – art. 9º, parágrafo único). Tais provas poderão ser inclusive extratos dos livros do devedor fornecidos pelo administrador judicial (Lei n. 11.101/2005 – art. 22, I, *c*). A ausência das provas documentais, a princípio, deverá gerar o indeferimento da habilitação, mas é sustentável que tais provas documentais sejam juntadas logo após o pedido, desde que haja um justo motivo para essa apresentação posterior. Apesar de a legislação processual assegurar expressamente o mesmo valor probatório às cópias autenticadas, salvo quando for impugnada a existência do documento, não vemos a possibilidade da dispensa geral do original[16] pelo teor literal da legislação. Assim, acreditamos que sempre será necessário o original, salvo se ele estiver em outro processo.

Ademais, a informalidade pode permitir que o administrador judicial reconheça a existência do crédito por outros meios. A própria legislação prevê que a habilitação indique as eventuais provas a serem produzidas, as quais se limitarão ao exame da

13. REsp 72.706/SP, Rel. Ministro BARROS MONTEIRO, QUARTA TURMA, julgado em 5-10-2000, *DJ* 27-11-2000, p. 164.

14. BRINCAS, Paulo Marcondes; DE LUCCA, Newton; SIMÃO FILHO, Adalberto (Coord.). *Comentários à nova Lei de recuperação de empresas e de falências*. São Paulo: Quartier Latin, 2005, p. 137.

15. CAMPINHO, Sérgio. *Falência e recuperação de empresa*: o novo regime de insolvência empresarial. 3. ed. Rio de Janeiro: Renovar, 2008, p. 103.

16. COLOMBO, Giuliano; COSTA, Patrícia Barbi. Da verificação e da habilitação de créditos. In: PAIVA, Luiz Fernando Valente de (Coord.). *Direito falimentar e a nova lei de falências e recuperação de empresas*. São Paulo: Quartier Latin, 2005, p. 144.

documentação do devedor, não sendo atribuído ao administrador o poder de ouvir testemunhas[17].

Há também a necessidade de indicação das eventuais garantias existentes, como o respectivo instrumento. Caso o objeto da garantia esteja na posse do credor, tal fato também deverá ser comunicado, para a eventual tomada de medidas. Na falência, o bem deverá ser arrecadado. Na recuperação judicial, o bem, a princípio, permanecerá na posse do devedor, até que haja alguma definição sobre o seu destino com a aprovação do plano de recuperação judicial.

Apresentada a habilitação, o administrador judicial irá examiná-la, podendo inclusive exigir esclarecimentos dos credores, do devedor ou seus administradores (Lei n. 11.101/2005 – art. 22, I, *d*). Em todo caso, a prestação das informações ao administrador é um dever[18] imposto pela legislação, que fala em competência para exigir a prestação de informações. Não sendo prestadas as informações, haverá intimação para o comparecimento em juízo e prestação de depoimento na presença do administrador, sob pena de configuração do crime de desobediência. No caso da recuperação judicial, tal recusa pode significar o afastamento do devedor ou dos seus administradores (Lei n. 11.101/2005 – art. 64).

Com ou sem esclarecimentos, o administrador judicial deverá analisar o pedido de habilitação. Não há previsão de uma resposta específica para cada habilitação, cabendo ao administrador judicial responder conjuntamente todas as habilitações e divergências com a elaboração da relação de credores[19].

2.3 Divergências

As discussões em relação à lista apresentada não se limitarão às pessoas não constantes da lista. Mesmo aqueles que constam da lista poderão discordar do valor ou da classificação do seu crédito. Mais uma vez, as divergências serão dirigidas ao administrador judicial, não configurando uma ação, mas um simples requerimento administrativo. Pelas mesmas razões já expostas, acreditamos que, por sua natureza, dispensa-se a representação por advogado.

---

17. NEGRÃO, Ricardo. *Manual de direito comercial e de empresa*. 2. ed. São Paulo: Saraiva, 2007, v. 3, p. 59; BRINCAS, Paulo Marcondes; DE LUCCA, Newton; SIMÃO FILHO, Adalberto (Coord.). *Comentários à nova Lei de recuperação de empresas e de falências*. São Paulo: Quartier Latin, 2005, p. 139. Em sentido contrário: MAMEDE, Gladston. *Direito empresarial brasileiro*: falência e recuperação de empresas. São Paulo: Atlas, 2006, v. 4, p. 159.

18. BEZERRA FILHO, Manoel Justino. *Lei de recuperação de empresas e falências comentada*. 4. ed. São Paulo: Revista dos Tribunais, 2007, p. 93; VERÇOSA, Haroldo Malheiros Duclerc. In: SOUZA JÚNIOR, Francisco Sátiro de; PITOMBO, Antônio Sérgio de A. de Moraes (Coord.). *Comentários à lei de recuperação de empresas e falência*. São Paulo: Revista dos Tribunais, 2005, p. 170; MAMEDE, Gladston. *Direito empresarial brasileiro*: falência e recuperação de empresas. São Paulo: Atlas, 2006, v. 4, p. 103.

19. ALTEMANI, Renato Lisboa; SILVA, Ricardo Alexandre da. *Manual de verificação e habilitação de créditos na lei de falências e recuperação de empresas*. São Paulo: Quartier Latin, 2006, p. 79-80.

Nas divergências, o prazo também é de 15 dias contados da publicação da lista de credores. Diante da falta de previsão específica, entende-se que nenhuma divergência poderá ser indeferida por defeito de forma, cabendo ao administrador judicial a análise de todas as divergências apresentadas[20], desde que sejam tempestivas. A própria natureza administrativa do requerimento justifica a flexibilização das formalidades, permitindo a busca da maior verdade possível no que tange à identificação dos credores. Também nas divergências, pode-se entender que o administrador terá o poder de exigir esclarecimentos dos credores, do devedor ou seus administradores para a melhor decisão.

2.4 Relação de credores

Diante da lista apresentada pelo devedor, dos seus documentos, das habilitações e divergências apresentadas pelos credores, o administrador judicial irá elaborar uma relação de credores. Registre-se que na elaboração de tal lista, ele terá ampla liberdade, podendo incluir créditos que sequer foram habilitados e alterar créditos que não foram objeto de divergência. A análise a ser feita aqui é ampla e, por isso, permite-se que ele elabore a relação com base em toda a documentação que lhe foi apresentada. É papel do administrador judicial verificar a legitimidade, o valor e a classificação dos créditos submetidos ao processo[21] e, em razão disso, elaborar a relação de credores.

Não há que se cogitar nessa fase de oitiva dos credores, para assegurar a ampla defesa e o contraditório. Não há propriamente um processo até este momento[22]. Neste momento, estamos diante apenas de um procedimento administrativo, que não impedirá questionamentos posteriores, a serem analisados pelo juiz. Nestes questionamentos, sim, deverá haver a atenção aos princípios da ampla defesa e do contraditório.

Elaborada a relação, o administrador judicial deverá providenciar sua publicação em até 45 dias contados do término do prazo para habilitação dos credores (Lei n. 11.101/2005 – art. 7º, § 2º), ou seja, em até 60 dias do edital com a lista de credores. Com essa publicação, o administrador judicial deverá indicar um local, um horário e o prazo em que as pessoas terão acesso aos documentos que embasaram essa decisão. Esse acesso visa a assegurar a possibilidade de questionamento da relação apresentada. Não havendo nenhum questionamento, o juiz homologará, como quadro geral de credores, a relação dos credores, dispensada nova publicação (Lei n. 11.101/2005 – art. 14).

---

20. ALTEMANI, Renato Lisboa; SILVA, Ricardo Alexandre da. *Manual de verificação e habilitação de créditos na lei de falências e recuperação de empresas*. São Paulo: Quartier Latin, 2006, p. 89.

21. DI TULLIO, José Antonio. *Teoría y práctica de la verificación de créditos*. Buenos Aires: Lexis Nexis, 2006, p. 37; MAMEDE, Gladston. *Direito empresarial brasileiro*: falência e recuperação de empresas. São Paulo: Atlas, 2006, v. 4, p. 160.

22. BEZERRA FILHO, Manoel Justino. *Lei de recuperação de empresas e falências comentada*. 4. ed. São Paulo: Revista dos Tribunais, 2007, p. 72.

3 Impugnações contra créditos que constam da relação

A relação elaborada pelo administrador judicial representa sua visão sobre o rol de credores que, a princípio, estará submetido aos processos de falência ou de recuperação judicial. Todavia, essa relação não é definitiva, podendo ensejar questionamentos, por meio das chamadas impugnações. Trata-se, em última análise, de ações incidentais, na medida em que são dirigidas ao juiz, mas estão subordinadas ao processo de falência ou recuperação judicial. Por sua natureza, não há qualquer dúvida da necessidade de representação por advogados[23]. Nessas ações, há sem dúvida a preponderância da eficácia declaratória, uma vez que visa a solucionar uma crise de certeza sobre a existência, valor ou classificação do crédito.

3.1 Prazo

A Lei n. 11.101/2005, em seu art. 8º, estabelece um prazo de 10 dias, contados da publicação da relação de credores, para apresentação de impugnação. Tal prazo pode ter ou não importância, a depender do objetivo da impugnação.

Para os créditos que constam da relação, a impugnação é a oportunidade própria para excluí-los ou alterar seu valor ou classificação. Não havendo impugnação nesse prazo, o juiz deverá determinar a inclusão do crédito no quadro geral de credores, nas condições constantes da relação. O juiz não tem poderes para reanalisar o crédito, sem que haja qualquer impugnação. Apenas neste caso, o juiz irá avaliar efetivamente as condições do crédito constante da relação de credores.

Parte da doutrina admite expressamente a apresentação de impugnação retardatária, limitando-a, porém, aos pedidos para majoração do valor ou ascensão da classificação do crédito[24]. Para eles, tal possibilidade se justifica, pois a relação elaborada pelo credor não poderia ter efeito constitutivo do crédito e, por isso, formaria coisa julgada sem decisão judicial. Não haveria, contudo, legitimidade do devedor, dos seus sócios ou acionistas, do MP e do Comitê para essa impugnação retardatária.

Ousamos discordar desse entendimento, porquanto o prazo em questão efetivamente é preclusivo para todos os legitimados. A nosso ver, a impugnação retardatária, qualquer que seja o seu objeto, não poderá ser processada. É comum no Direito o estabelecimento de prazos fatais para o exercício de atos processuais, inclusive para o ajuizamento de ações.

---

23. ALTEMANI, Renato Lisboa; SILVA, Ricardo Alexandre da. *Manual de verificação e habilitação de créditos na lei de falências e recuperação de empresas*. São Paulo: Quartier Latin, 2006, p. 176.

24. ALTEMANI, Renato Lisboa; SILVA, Ricardo Alexandre da. *Manual de verificação e habilitação de créditos na lei de falências e recuperação de empresas*. São Paulo: Quartier Latin, 2006, p. 180; CAMPINHO, Sérgio. *Falência e recuperação de empresa*: o novo regime de insolvência empresarial. 3. ed. Rio de Janeiro: Renovar, 2008, p. 116; NEGRÃO, Ricardo. *Manual de direito comercial e de empresa*. 2. ed. São Paulo: Saraiva, 2007, v. 3, p. 69-70; COELHO, Fábio Ulhoa. *Comentários à nova lei de falências e recuperação de empresas*. São Paulo: Saraiva, 2005, p. 49.

Por mais curto que seja, não há como afastar a interpretação de que o prazo para apresentação da impugnação é peremptório. A exiguidade do prazo é apenas uma tentativa de agilizar esse processo, em atenção aos princípios da celeridade e da economia processual.

3.2 Legitimidade

Há uma legitimidade ampla para esse questionamento da relação elaborada pelo administrador judicial. As impugnações podem ser apresentadas pelo Comitê de Credores, pelo Ministério Público, pelo devedor, pelos sócios ou acionistas do devedor ou por qualquer credor. Obviamente, todos os legitimados deverão demonstrar seu interesse na impugnação.

3.2.1 Ministério Público

O Ministério Público, como fiscal da lei, tem interesse na adequada formação da massa de credores, seja para o pagamento, seja para a deliberação sobre o plano de recuperação judicial. Em ambos os casos, a intenção do Ministério Público é resguardar a lisura de todo o procedimento, a fim de proteger o interesse público maior no sentido de solucionar a situação da crise. Neste ponto, vale ressaltar que a legitimidade para o MP no caso é expressa, não havendo qualquer discussão sobre sua intervenção.

3.2.2 Comitê de Credores

Quando for instituído o Comitê de Credores, ele, como órgão colegiado que é, deve defender os interesses da massa de credores e não interesses individuais. Assim, sua legitimidade também é ampla para questionar os créditos presentes da relação elaborada pelo administrador judicial. Mais uma vez busca-se resguardar a lisura do procedimento de verificação dos créditos.

3.2.3 Devedor ou seus sócios

Também está legitimado para apresentar impugnações o próprio devedor, pelo seu interesse no processo. Tanto na falência, quanto na recuperação judicial, o devedor tem interesse em representar sua efetiva relação de credores, pois ela afetará a aprovação do plano ou os pagamentos a serem efetuados. Entretanto, ressalte-se que o interesse é apenas para excluir, reduzir o valor ou alterar a classificação de créditos, não havendo interesses para pretensão no sentido de majorar os créditos constantes da lista[25].

---

25. ALTEMANI, Renato Lisboa; SILVA, Ricardo Alexandre da. *Manual de verificação e habilitação de créditos na lei de falências e recuperação de empresas*. São Paulo: Quartier Latin, 2006, p. 172.

A mesma legitimidade atribuída ao devedor foi estendida aos seus sócios ou acionistas. Estes, embora não sejam titulares de interesse pessoal direto, possuem um interesse direto na melhor solução da situação do devedor, pois tal solução pode afetar seus direitos, na condição de sócios ou acionistas. Dentro dos mesmos limites mencionados para o devedor, seus sócios ou acionistas poderão apresentar impugnações. Registre-se que apesar do uso da conjunção "ou", a legitimidade do devedor não exclui a legitimidade dos sócios. Estes têm direitos autônomos em relação ao devedor, podendo apresentar impugnações, mesmo contra a intenção do devedor[26].

3.2.4 Qualquer credor

Todos os legitimados podem questionar a existência, classificação ou valor dos créditos constantes da relação elaborada pelo administrador judicial. Especificamente para os credores, a amplitude da impugnação é maior. Eles poderão, assim como os demais legitimados, impugnar créditos de terceiros quanto ao valor, existência ou classificação. Além disso, eles podem pedir sua inclusão no quadro de credores ou ainda questionar o valor ou classificação do seu próprio crédito, casos em que não haverá um credor impugnado. Neste caso, chamaremos essa de impugnação a favor do crédito, tratando-a em tópico à parte.

3.3 Objeto

Todos os legitimados podem apresentar as impugnações contra a relação elaborada pelo administrador judicial, manifestando-se contra a legitimidade, o valor ou a classificação de créditos ali presentes. Em síntese, as impugnações são ações incidentais que visam a mudar a relação de credores pela exclusão de um crédito constante da relação ou pela alteração do valor ou classificação dos créditos ali presentes. Em última análise, elas representam ações que questionam as decisões tomadas pelo administrador judicial sobre os créditos. Mesmo os créditos amparados em decisão judicial podem ser objeto de questionamento, desde que não se viole a coisa julgada[27], questionando-se sua classificação ou apontando os mesmos motivos que ensejariam a impugnação do cumprimento de sentença.

3.4 Competência

Os diversos legitimados deverão ajuizar suas impugnações dirigindo-as a um juiz, pois se trata de uma ação e não de um simples requerimento administrativo. Em regra,

---

26. GUERREIRO, José Alexandre Tavares. In: SOUZA JÚNIOR, Francisco Sátiro de; PITOMBO, Antônio Sérgio de A. de Moraes (Coord.). *Comentários à lei de recuperação de empresas e falência*. São Paulo: Revista dos Tribunais, 2005, p. 150.

27. ALTEMANI, Renato Lisboa; SILVA, Ricardo Alexandre da. *Manual de verificação e habilitação de créditos na lei de falências e recuperação de empresas*. São Paulo: Quartier Latin, 2006, p. 185.

o juiz competente para o conhecimento e julgamento das impugnações é o próprio juiz do processo de falência ou de recuperação judicial, uma vez que a impugnação é uma ação incidental a esses processos. Haveria na hipótese uma distribuição por dependência.

No caso de a impugnação versar sobre créditos trabalhistas, a competência para o julgamento da impugnação será da justiça do trabalho (Lei n. 11.101/2005 – art. 6º, § 2º) para o processamento e julgamento da impugnação. Nesse caso, como vai se discutir uma questão oriunda de uma relação de trabalho, a competência é constitucionalmente assegurada à justiça especializada do trabalho (CF/88 – art. 114). Caso a impugnação desses créditos seja apresentada junto ao juiz da falência ou da recuperação judicial, deverá haver a remessa dos autos à justiça do trabalho.

Ricardo Negrão[28] possui uma opinião distinta. Não havendo decisão definitiva da justiça do trabalho, o credor trabalhista pode usar a fase administrativa do procedimento de verificação de crédito e, se houver, depois dessa fase, alguma impugnação, há duas situações distintas. Se a impugnação é feita por terceiros, não se trataria de uma ação derivada da relação de trabalho e, por isso, a competência seria da justiça comum. De outro lado, se a impugnação fosse realizada pelo próprio credor trabalhista, a questão seria derivada da relação de trabalho e, por isso, seria de competência da justiça especializada do trabalho.

A nosso ver, porém, qualquer que seja a impugnação, ela será uma ação que envolve a relação de trabalho e, por isso, atrai a competência da justiça especializada do trabalho. Não há dúvida de que a fase administrativa poderá ser feita normalmente junto ao administrador judicial. Todavia, a partir do momento em que é ajuizada uma ação, a competência passa a ser da justiça do trabalho[29], mesmo quando ajuizada por terceiros.

3.5 *Petição inicial*

Como ação que é, a impugnação deverá atender aos requisitos formais e estruturais impostos pela legislação processual. Os requisitos formais são os inerentes a todos os atos processuais, como a forma escrita, o uso do vernáculo e a assinatura de advogado[30]. Já os requisitos estruturais são aqueles que devem constar do texto da própria petição inicial,

---

28. NEGRÃO, Ricardo. *Manual de direito comercial e de empresa*. 2. ed. São Paulo: Saraiva, 2007, v. 3, p. 61. No mesmo sentido: PACHECO, José da Silva. *Processo de recuperação judicial, extrajudicial e falência*. 2. ed. Rio de Janeiro: Forense, 2007, p. 44.

29. PENTEADO, Mauro Rodrigues. In: SOUZA JÚNIOR, Francisco Sátiro de; PITOMBO, Antônio Sérgio de A. de Moraes (Coord.). *Comentários à lei de recuperação de empresas e falência*. São Paulo: Revista dos Tribunais, 2005, p. 139; CAMPINHO, Sérgio. *Falência e recuperação de empresa*: o novo regime de insolvência empresarial. 3. ed. Rio de Janeiro: Renovar, 2008, p. 113; CAMPOS BATALHA, Wilson de Souza; RODRIGUES NETTO, Nelson; RODRIGUES NETTO, Sílvia Maria Labate Batalha. *Comentários à lei de recuperação judicial de empresas e falência*. 4. ed. São Paulo: LTr, 2007, p. 51; TOLEDO, Paulo F. C. Salles de. In: ABRÃO, Carlos Henrique; TOLEDO, Paulo F. C. Salles de (Coord.). *Comentários à lei de recuperação de empresas e falência*. São Paulo: Saraiva, 2005, p. 19.

30. RESTIFFE, Paulo Sérgio. *Recuperação de empresas*. Barueri: Manole, 2008, p. 115.

sendo previstos no art. 319 do CPC/2015. São requisitos estruturais: a indicação do juízo competente, a qualificação das partes, a causa de pedir, o pedido, o valor da causa e as provas.

A petição inicial deverá qualificar sempre os sujeitos da relação processual: juiz, autor e réu. O juízo competente será normalmente o juízo da falência ou da recuperação judicial. As partes a se qualificarem são o autor da impugnação e o credor impugnado, dispensando-se a qualificação do credor se o mesmo for o impugnante.

Além dos sujeitos, a petição deve qualificar os outros elementos da ação: causa de pedir e o pedido. A causa de pedir envolve os fundamentos de fato e de direito inerentes à pretensão deduzida na impugnação, podendo consistir nos mais diversos motivos. O pedido é a providência jurisdicional que se pretende, seja a inclusão, a exclusão ou a alteração do valor ou classificação do crédito.

Há ainda a necessidade de especificação das provas que se pretende produzir, ou ao menos o requerimento para a produção dessas provas. O valor da causa é o benefício econômico que se obterá no caso de acolhimento da pretensão, devendo ser feita uma estimativa quando não houver a quantificação exata desse benefício econômico (exemplo: alteração apenas da classificação do crédito).

Por fim, com o CPC/2015, não é necessário o pedido de citação do credor impugnado, uma vez que se trata de providência que deve ser determinada de ofício pelo próprio juiz. O CPC/2015 substituiu tal requisito pela indicação da opção do autor pela realização ou não de audiência de conciliação ou de mediação que acreditamos não se aplicar neste particular, tendo em vista os interesses envolvidos no processo que vão além do interesse do credor e do devedor.

3.6 Procedimento

Cada impugnação terá uma autuação, mas as várias impugnações para o mesmo crédito serão autuadas conjuntamente. Em todo caso, há um procedimento especial a ser seguido, previsto nos arts. 13 a 15 da Lei n. 11.101/2005.

Apresentada a impugnação, os credores cujos créditos foram impugnados serão citados para contestar a impugnação no prazo de 5 dias, devendo juntar os documentos e indicar as provas que pretendam produzir. A nosso ver, a intimação aqui deverá ser pessoal, pois se trata na verdade de uma citação para contestar a impugnação apresentada. A ideia aqui é assegurar o contraditório, permitindo que o credor impugnado defenda seu crédito.

Passado o prazo da contestação, o devedor e o comitê, se houver, serão intimados para se manifestarem sobre a impugnação, no prazo comum de 5 dias. A manifestação do devedor representa uma das mais importantes informações a serem levadas em conta, porquanto ele, em tese, é quem melhor conhece suas obrigações. O Comitê será ouvido nesta fase, como uma espécie de órgão consultivo para auxiliar a decisão do juiz. Mesmo que eles sejam os impugnantes, é recomendável sua oitiva, como uma espécie de réplica à contestação apresentada.

Findo este último prazo, o administrador judicial será intimado para emitir parecer, no prazo de 5 dias, acompanhado de laudo elaborado por profissional ou sociedade especializada, se for o caso, e de todas as informações constantes dos livros do devedor sobre aquele crédito. Em suma, o administrador irá dizer se mantém ou não sua opinião sobre a situação objeto da impugnação. Exige-se aqui a intervenção de profissional especializado, para assegurar a maior idoneidade das informações a serem colocadas à disposição do juiz. Tal intervenção não se confunde com a eventual prova pericial que pode vir a ser produzida.

Apesar do silêncio da legislação, acreditamos pelas razões já expostas que deve haver também uma oportunidade de manifestação pelo Ministério Público, dada sua função de fiscal da lei e defensor do interesse social nesse procedimento. Não há sentido em permitir que ele apresente impugnação, mas não se manifeste sobre as impugnações apresentadas por terceiros. Assim, é recomendável também a oitiva do Ministério Público[31].

Após todo esse procedimento, os autos serão conclusos ao juiz, que determinará a inclusão dos créditos não impugnados, na forma constante da relação de credores elaborada pelo administrador judicial, e julgará as impugnações que estiverem devidamente esclarecidas e fixará as questões processuais pendentes e determinará as provas a serem produzidas nas demais impugnações (Lei n. 11.101/2005 – art. 15). Nos casos em que houver produção de provas, é recomendável que o juiz ouça novamente ao menos o impugnante e o credor impugnado, julgando ao final o pedido.

Nas falências, o juiz deverá determinar, independentemente de requerimento, reserva de valor, para satisfação dos créditos impugnados, uma vez que podem ser efetuados pagamentos, antes do julgamento das impugnações[32]. As eventuais impugnações parciais não impedem o pagamento da parte incontroversa.

3.7 Decisão

Com ou sem produção de provas, caberá ao juiz decidir a impugnação, mantendo, excluindo ou alterando o crédito constante da relação de credores. Pela própria natureza incidental da impugnação, acreditamos que o juiz ficará restrito na sua decisão ao pedido formulado, não podendo analisar o crédito por sua própria conta[33]. De qualquer modo,

---

31. NEGRÃO, Ricardo. *Manual de direito comercial e de empresa.* 2. ed. São Paulo: Saraiva, 2007, v. 3, p. 61; GUIMARÃES, Márcio Souza. O Ministério Público no novo sistema de insolvência empresarial. A habilitação e a impugnação de créditos. In: SANTOS, Paulo Penalva (Coord.). *A nova lei de falências e de recuperação de empresas:* Lei 11.101/2005. Rio de Janeiro: Forense, 2006, p. 59; TOLEDO, Paulo F. C. Salles de. In: ABRÃO, Carlos Henrique; TOLEDO, Paulo F. C. Salles de (Coord.). *Comentários à lei de recuperação de empresas e falência.* São Paulo: Saraiva, 2005, p. 33.

32. CAMPINHO, Sérgio. *Falência e recuperação de empresa*: o novo regime de insolvência empresarial. 3. ed. Rio de Janeiro: Renovar, 2008, p. 106.

33. GUERREIRO, José Alexandre Tavares. In: SOUZA JÚNIOR, Francisco Sátiro de; PITOMBO, Antônio Sérgio de A. de Moraes (Coord.). *Comentários à lei de recuperação de empresas e falência.* São Paulo: Revista dos Tribunais, 2005, p. 156.

tal decisão será uma sentença[34] e não uma decisão interlocutória[35], porquanto apreciará o mérito da ação de impugnação (CPC/2015 – art. 487, I). O próprio art. 18, parágrafo único, da Lei n. 11.101/2005 reconhece tratar-se de sentença, que decide uma ação incidental e não apenas uma questão incidental no processo.

Na sentença que julgar a impugnação haverá a condenação ao pagamento dos honorários advocatícios desde que tenha ocorrido alguma controvérsia[36] na ação. Não se cogita aqui de meras despesas que os credores tiveram para fazer parte do processo, as quais são inexigíveis (Lei n. 11.101/2005 – art. 5º), mas, ônus decorrentes da derrota numa lide. Trata-se da aplicação objetiva do art. 85 do CPC/2015, a qual já era reconhecida no regime anterior pela jurisprudência[37].

3.8 Recurso

Da decisão sobre a impugnação, o recurso cabível é o recurso de agravo (Lei n. 11.101/2005 – art. 17).

Na justiça comum, deve ser usado o agravo de instrumento[38], com prazo de 15 dias úteis. A nosso ver, deveria ser admissível o recurso de apelação, pois se trata de sentença e não há qualquer necessidade de continuação do processo da impugnação. Apesar disso, estabeleceu-se como recurso o agravo de instrumento, que poderá ter efeito suspensivo, o qual, porém, só poderá dizer respeito ao exercício do direito de voto na assembleia geral de credores (Lei n. 11.101/2005 – art. 17, parágrafo único).

Na justiça do trabalho, não há que se cogitar do agravo de instrumento, pois seu cabimento é restrito às decisões denegatórias de recurso. Há quem sustente o cabimento de recurso ordinário, por se tratar do recurso comum às decisões de mérito em primeiro grau[39]. A nosso ver, porém, será o agravo de petição o recurso cabível, por ser o

---

34. MAMEDE, Gladston. *Direito empresarial brasileiro*: falência e recuperação de empresas. São Paulo: Atlas, 2006, v. 4, p. 169; CAMPINHO, Sérgio. *Falência e recuperação de empresa*: o novo regime de insolvência empresarial. 3. ed. Rio de Janeiro: Renovar, 2008, p. 107; VASCONCELOS, Ronaldo. *Direito processual falimentar*. São Paulo: Quartier Latin, 2008, p. 258.

35. ALTEMANI, Renato Lisboa; SILVA, Ricardo Alexandre da. *Manual de verificação e habilitação de créditos na lei de falências e recuperação de empresas*. São Paulo: Quartier Latin, 2006, p. 193; SOUZA, Bernardo Pimentel. *Direito processual empresarial*. Salvador: JusPodivm, 2008, p. 157.

36. CAMPINHO, Sérgio. *Falência e recuperação de empresa*: o novo regime de insolvência empresarial. 3. ed. Rio de Janeiro: Renovar, 2008, p. 108.

37. STJ – REsp 505.697/RS, Rel. Ministro ALDIR PASSARINHO JUNIOR, QUARTA TURMA, julgado em 5-6-2007, *DJ* 24-9-2007 p. 311.

38. CAMPINHO, Sérgio. *Falência e recuperação de empresa*: o novo regime de insolvência empresarial. 3. ed. Rio de Janeiro: Renovar, 2008, p. 107; NEGRÃO, Ricardo. *Manual de direito comercial e de empresa*. 2. ed. São Paulo: Saraiva, 2007, v. 3, p. 63.

39. ALTEMANI, Renato Lisboa; SILVA, Ricardo Alexandre da. *Manual de verificação e habilitação de créditos na lei de falências e recuperação de empresas*. São Paulo: Quartier Latin, 2006, p. 197.

recurso cabível em face de decisões nos embargos à execução[40], o que muito se assemelha à decisão das impugnações. Assim, da decisão da impugnação na justiça do trabalho deverá ser interposto agravo de petição, no prazo de 8 dias.

3.9 *Desistência*

Até a decisão da impugnação pelo juiz, o impugnante poderá desistir da ação, arcando com as eventuais custas e honorários advocatícios devidos[41]. Dada a ausência de regra específica, deve-se entender que se o impugnante não tem mais interesse na impugnação, é perfeitamente factível o pedido de desistência, desde que ele arque com os ônus decorrentes do seu pedido. Não há que se cogitar de eventual assunção da impugnação por outros legitimados, uma vez que eles tiveram a oportunidade de apresentar suas próprias impugnações.

4 Impugnações a favor do crédito (reclamações do credor)

As impugnações em geral se dirigem a créditos de terceiros, pleiteando a exclusão, o rebaixamento da classificação ou a redução do valor incluído na relação de credores. Contudo, não há dúvida de que o credor poderá apresentar impugnação em relação ao seu próprio crédito. Trata-se do mesmo tipo de ação, a qual obedecerá ao mesmo prazo, porém, ela terá o objetivo de ver incluído o crédito no quadro de credores, melhorar a classificação do crédito ou aumentar o seu valor.

4.1 *Impugnação para inclusão do crédito*

Com efeito, a impugnação ajuizada pelo credor para ver incluído seu próprio crédito no quadro de credores é inegável (Lei n. 11.101/2005 – art. 8º). Todavia, essa possibilidade limita-se à hipótese do crédito constante da lista fornecida pelo devedor, mas excluído pelo administrador judicial, ou à hipótese de habilitação tempestiva não acolhida[42]. A impugnação não é um substituto da habilitação tempestiva dirigida ao adminis-

---

40. TRT 2ª Região – 3ª Turma – Agravo de Instrumento em Agravo de Petição 00621-2004-004-02-01-2, Relatora Desembargadora Maria de Lourdes Antonio, julgado em 12-12-2008, publicação 20-1-2009.

41. COLOMBO, Giuliano; COSTA, Patrícia Barbi. Da verificação e da habilitação de créditos. In: PAIVA, Luiz Fernando Valente de (Coord.). *Direito falimentar e a nova lei de falências e recuperação de empresas*. São Paulo: Quartier Latin, 2005, p. 153.

42. CAMPINHO, Sérgio. *Falência e recuperação de empresa*: o novo regime de insolvência empresarial. 3. ed. Rio de Janeiro: Renovar, 2008, p. 105; BRINCAS, Paulo Marcondes. In: DE LUCCA, Newton; SIMÃO FILHO, Adalberto (Coord.). *Comentários à nova lei de recuperação de empresas e de falências*. São Paulo: Quartier Latin, 2005, p. 135; CAMPOS BATALHA, Wilson de Souza; RODRIGUES NETTO, Nelson; RODRIGUES NETTO, Sílvia Maria Labate Batalha. *Comentários à lei de recuperação judicial de empresas e fa-*

trador judicial ou da habilitação retardatária. Ela servirá apenas para questionar eventuais decisões do administrador judicial ao elaborar a relação de credores e só poderá ser feita pelos credores diligentes.

O próprio texto do art. 10 da Lei n. 11.101/2005 não deixa dúvida de que, se o credor não apresentou habilitação tempestiva junto ao administrador, deverá lançar mão da habilitação retardatária e não da impugnação. Esta deverá ser usada por aquele que usou a habilitação tempestiva ou que não precisava usar da habilitação, porque seu crédito já constava da lista fornecida pelo devedor. Nesses casos, a impugnação irá questionar, em última análise, a decisão do administrador judicial em relação a esse credor e não a simples omissão da relação de credores.

A distinção aqui não é meramente teórica, pois os credores que foram diligentes na fase administrativa não devem sofrer as penalidades que são impostas ao credor que apresenta habilitação retardatária (exemplo: ausência de voto). Por isso, permite-se que esses credores diligentes e apenas eles usem a impugnação. Obviamente, caso seja apresentada impugnação para inclusão do crédito fora das hipóteses admitidas, o juiz deverá recebê-la e processá-la como habilitação retardatária.

4.2 Impugnação quanto ao valor ou classificação do crédito

Além de pedir sua inclusão, o credor pode impugnar o valor ou a classificação atribuída a seu próprio crédito. Se o credor não apresentar a impugnação, no prazo de 10 dias, ele manifesta sua concordância com o valor e a classificação determinados pelo administrador judicial, não lhe cabendo novo questionamento.

Manoel Justino Bezerra Filho, Bernardo Pimentel e Fábio Ulhoa Coelho afirmam que essa impugnação em relação ao próprio crédito só será possível se o credor apresentou sua divergência tempestivamente. Os credores que já constam da lista são intimados pessoalmente para apresentar suas divergências e, não o fazendo, haveria preclusão da matéria da discordância[43].

Ousamos discordar desse entendimento, pois entendemos que a natureza administrativa da divergência não pode ter o condão de inibir o acesso ao Judiciário por meio da impugnação, vale dizer, o uso ou não da instância administrativa não pode limitar ou impedir o acesso ao Judiciário. A situação aqui é distinta da impugnação para inclusão do crédito, pois não se admitindo a impugnação, o credor ainda teria a habilitação retardatária, o que não ocorreria nesta situação. Não é cabível o uso da habilitação retardatária, para

---

lência. 4. ed. São Paulo: LTr, 2007, p. 57; BEZERRA FILHO, Manoel Justino. *Lei de recuperação de empresas e falências comentada*. 4. ed. São Paulo: Revista dos Tribunais, 2007, p. 74.

43. SOUZA, Bernardo Pimentel. *Direito processual empresarial*. Salvador: JusPodivm, 2008, p. 154; COELHO, Fábio Ulhoa. *Comentários à nova lei de falências e recuperação de empresas*. São Paulo: Saraiva, 2005, p. 45; BEZERRA FILHO, Manoel Justino. *Lei de recuperação de empresas e falências comentada*. 4. ed. São Paulo: Revista dos Tribunais, 2007, p. 74.

majorar o valor do crédito[44]. Assim, a nosso ver, mesmo sem apresentação de divergências, é possível a impugnação quanto ao valor ou classificação do próprio crédito.

4.3 Competência, procedimento e decisão

Em regra, o juiz competente para o conhecimento e julgamento das impugnações é o próprio juiz do processo de falência ou de recuperação judicial, uma vez que a impugnação é uma ação incidental a esses processos. Haveria na hipótese uma distribuição por dependência. Contudo, no caso de a impugnação versar sobre créditos trabalhistas, a competência para o julgamento da impugnação será da justiça do trabalho (Lei n. 11.101/2005 – art. 6º, § 2º) para o processamento e julgamento da impugnação.

Ajuizada a ação de impugnação em relação ao próprio crédito, ela deverá obedecer ao procedimento previsto nos arts. 13 a 15 da Lei n. 11.101/2005, com as devidas adaptações. Obviamente, como é o próprio credor que apresenta a impugnação para incluir o seu crédito, ou para alterar o seu valor ou classificação, não haverá necessidade de citação dele para contestar o pedido. Neste caso, acreditamos na necessidade de se substituir a citação do credor pela oitiva do administrador judicial e não pela citação do devedor, como sustentam Renato Lisboa Altemani e Ricardo Alexandre da Silva[45].

Independentemente de quem seja citado, deverão ter oportunidade de se manifestar nessa impugnação o devedor, o comitê de credores e o administrador judicial. A nosso ver, também se faz necessária a oitiva do representante do Ministério Público, pelos motivos já expostos.

Após todas as oportunidades de manifestação, poderá haver a produção de provas, e com ou sem produção de provas os autos serão conclusos ao juiz. A decisão do juiz, nesse caso, é uma sentença[46], e não uma decisão interlocutória[47], porquanto apreciará o mérito da ação de impugnação (CPC/2015 – art. 487, I). O próprio art. 18, parágrafo único, da Lei n. 11.101/2005 reconhece tratar-se de sentença, que decide uma ação incidental, e não apenas uma questão incidental no processo. Nessa sentença, haverá a condenação ao pagamento dos honorários advocatícios desde que tenha ocorrido alguma controvérsia[48] na ação.

---

44. STJ – REsp 472388/MG, Rel. Ministro CARLOS ALBERTO MENEZES DIREITO, TERCEIRA TURMA, julgado em 17-6-2003, *DJ* 25-8-2003, p. 302.

45. ALTEMANI, Renato Lisboa; SILVA, Ricardo Alexandre da. *Manual de verificação e habilitação de créditos na lei de falências e recuperação de empresas*. São Paulo: Quartier Latin, 2006, p. 183.

46. MAMEDE, Gladston. *Direito empresarial brasileiro*: falência e recuperação de empresas. São Paulo: Atlas, 2006, v. 4, p. 169; CAMPINHO, Sérgio. *Falência e recuperação de empresa*: o novo regime de insolvência empresarial. 3. ed. Rio de Janeiro: Renovar, 2008, p. 107; VASCONCELOS, Ronaldo. *Direito processual falimentar*. São Paulo: Quartier Latin, 2008, p. 258.

47. ALTEMANI, Renato Lisboa; SILVA, Ricardo Alexandre da. *Manual de verificação e habilitação de créditos na lei de falências e recuperação de empresas*. São Paulo: Quartier Latin, 2006, p. 193; SOUZA, Bernardo Pimentel. *Direito processual empresarial*. Salvador: JusPodivm, 2008, p. 157.

48. CAMPINHO, Sérgio. *Falência e recuperação de empresa*: o novo regime de insolvência empresarial. 3. ed. Rio de Janeiro: Renovar, 2008, p. 108.

Da decisão sobre a impugnação, o recurso cabível é o recurso de agravo (Lei n. 11.101/2005 – art. 17). Na justiça comum, deve ser usado o agravo de instrumento[49], com prazo de 15 dias úteis. Na justiça do trabalho, há quem sustente o cabimento de recurso ordinário, por se tratar do recurso comum as decisões de mérito em primeiro grau[50]. A nosso ver, porém, será o agravo de petição o recurso cabível, por ser o recurso cabível em face de decisões nos embargos à execução[51], o que muito se assemelha à decisão das impugnações.

5 Habilitações retardatárias

Além da impugnação, outra ação incidental possível no procedimento de verificação de crédito é a chamada habilitação retardatária, a qual representa o pedido do credor de admissão ao processo, feito após o prazo de 15 dias, assinalado para habilitação junto ao administrador judicial. Trata-se de ação incidental dirigida ao juiz da falência ou da recuperação judicial, buscando o reconhecimento da sua condição de credor para participação nesses processos.

Como visto, o procedimento de verificação de créditos se inicia com a publicação da lista de credores, fornecida pelo próprio devedor. Os credores que não constam desta lista têm o prazo de 15 dias para apresentarem habilitação junto ao administrador judicial, só havendo intervenção judicial no caso de uma eventual impugnação. Todavia, nem sempre os credores que não constam da lista têm a ciência da não inclusão do seu crédito com tempo suficiente para providenciar a habilitação junto ao administrador judicial e, por isso, abre-se a possibilidade de uma nova tentativa de inclusão, a partir de então, tratada como habilitação retardatária.

Essa habilitação retardatária tem natureza de ação, sendo dirigida ao juiz por meio de petição, assinada por advogado, com recolhimento de custas, ocorrendo distribuição por dependência ao processo de falência ou de recuperação judicial. Obviamente, para os créditos trabalhistas a competência será da própria justiça especializada do trabalho. Em qualquer caso, a petição deverá atender, além dos requisitos gerais de qualquer petição inicial (CPC/2015 – art. 319), os requisitos específicos para a habilitação (Lei n. 11.101/2005 – art. 9º)[52].

---

49. CAMPINHO, Sérgio. *Falência e recuperação de empresa*: o novo regime de insolvência empresarial. 3. ed. Rio de Janeiro: Renovar, 2008, p. 107; NEGRÃO, Ricardo. *Manual de direito comercial e de empresa*. 2. ed. São Paulo: Saraiva, 2007, v. 3, p. 63.

50. ALTEMANI, Renato Lisboa; SILVA, Ricardo Alexandre da. *Manual de verificação e habilitação de créditos na lei de falências e recuperação de empresas*. São Paulo: Quartier Latin, 2006, p. 197.

51. TRT 2ª Região – 3ª Turma – Agravo de Instrumento em Agravo de Petição 00621-2004-004-02-01-2, Relatora Desembargadora Maria de Lourdes Antonio, julgado em 12-12-2008, publicação 20-1-2009.

52. MAMEDE, Gladston. *Direito empresarial brasileiro*: falência e recuperação de empresas. São Paulo: Atlas, 2006, v. 4, p. 172; ALTEMANI, Renato Lisboa; SILVA, Ricardo Alexandre da. *Manual de verificação e habilitação de créditos na lei de falências e recuperação de empresas*. São Paulo: Quartier Latin, 2006, p. 125-133.

Sendo ajuizada até a homologação do quadro geral de credores, a habilitação retardatária será processada pelo mesmo rito das impugnações de crédito (Lei n. 11.101/2005 – art. 10), valendo aqui as mesmas orientações firmadas para as impugnações, especialmente no que tange ao procedimento, à decisão, à desistência e ao recurso cabível. Posteriormente à homologação do quadro de credores, ainda é possível a habilitação retardatária por meio de ação de procedimento comum.

Embora se reconheça a possibilidade de apresentação das habilitações retardatárias, o credor que deixa de obedecer ao prazo da habilitação junto ao administrador judicial passa a ter algumas restrições.

Como uma espécie de punição, a lei afirma que os credores retardatários não poderão votar na recuperação judicial, ressalvados os titulares de créditos decorrentes da legislação do trabalho. Na falência, vale a mesma regra para os credores retardatários, salvo se já houver sido homologado o quadro geral de credores com a sua inclusão.

Não há motivo claro para tal distinção entre a falência e a recuperação judicial. Ademais, o próprio texto da lei nos permite afirmar que os retardatários incluídos no quadro geral de credores votarão tanto na falência quanto na recuperação judicial, pois todos os arrolados no quadro têm direito de voto (Lei n. 11.101/2005 – art. 39)[53].

Igualmente como punição, os credores retardatários perdem o direito aos pagamentos já efetuados na falência, pois o processo não pode esperar. Assim que for possível, o administrador judicial já deve iniciar o pagamento dos credores e, enquanto não for incluído no quadro, o credor retardatário não poderá receber esses pagamentos, ressalvada a possibilidade de reserva de valores. Da mesma forma, afasta-se o pagamento dos acessórios (correção e juros, se for o caso) entre o fim do prazo para habilitação junto ao administrador judicial e a data do pedido de habilitação retardatária. Todavia, o STJ afirma que "dentre as consequências da habilitação retardatária não se encontra a perda do direito de preferência no rateio de ativos"[54], ou seja, se um credor trabalhista faz habilitação retardatária, depois do pagamento de toda a classe trabalhista, ele ingressa no quadro de credores com a mesma preferência, devendo ser pago com prioridade sobre os outros credores.

6 Créditos fiscais

O procedimento padrão para a verificação de créditos é composto da fase administrativa e das ações incidentais já mencionadas. A princípio, todos os credores se subme-

---

53. NEGRÃO, Ricardo. *Manual de direito comercial e de empresa*. 2. ed. São Paulo: Saraiva, 2007, v. 3, p. 112; CAMPINHO, Sérgio. *Falência e recuperação de empresa*: o novo regime de insolvência empresarial. Rio de Janeiro: Renovar, 2006, p. 85; MAMEDE, Gladston. *Direito empresarial brasileiro*: falência e recuperação de empresas. São Paulo: Atlas, 2006, v. 4, p. 174; TOLEDO, Paulo F. C. Salles de. In: ABRÃO, Carlos Henrique; TOLEDO, Paulo F. C. Salles de (Coord.). *Comentários à lei de recuperação de empresas e falência*. São Paulo: Saraiva, 2005, p. 30.

54. STJ – REsp 1627459/DF, Rel. Ministro PAULO DE TARSO SANSEVERINO, TERCEIRA TURMA, julgado em 6-12-2016, DJe 14-3-2017.

tem a esse procedimento, com vistas a sua inclusão no processo de falência ou recuperação judicial. Todavia, certos credores possuem uma situação peculiar, entre os quais os titulares de créditos fiscais.

Inicialmente, cumpre destacar que os credores fiscais não participam do processo de recuperação judicial e, consequentemente, do procedimento de verificação de créditos, porquanto não há possibilidade de negociação sobre seus créditos. Restou prevista apenas a possibilidade de um parcelamento especial para os empresários em recuperação judicial, a depender de lei especial nesse sentido. Já na falência, como não há negociação, mas apenas pagamento dos créditos, os credores fiscais entram no processo apenas para receber o que for de direito, sem possibilidade de participação nas assembleias de credores.

Pela presunção de liquidez e certeza inerente aos créditos fiscais, não há necessidade de submissão ao procedimento de verificação de créditos[55] (CTN – art. 187), diferentemente do direito argentino[56]. Apesar disso, tais créditos devem ser comunicados ao juiz e incluídos no quadro geral de credores. Todavia, não poderão ser objeto de impugnação, podendo ser questionados por meio de ações próprias no juízo competente para a cobrança de tais créditos. Apesar da não submissão ao procedimento da verificação de créditos, os credores fiscais se submeterão à ordem de preferência para o pagamento na falência, não podendo desvirtuar a ordem legalmente estabelecida[57]. Caberia ao juízo falimentar apenas a classificação do crédito tributário no quadro geral dos credores, não lhe cabendo discutir a existência ou o valor do crédito. Nesse sentido, o STJ já afirmou que "são inconfundíveis a competência para classificação dos créditos, na Ação Falimentar, e para a definição do *an debeatur* e do *quantum debeatur* em matéria tributária. Ao definir o montante do crédito da Fazenda Pública, o juízo falimentar usurpou competência privativa do juízo da Execução Fiscal (art. 187 do CTN e art. 29 da Lei 6.830/1980)"[58].

Apesar de o CTN afirmar que tais créditos não precisam se submeter à verificação de créditos, a jurisprudência vem reconhecendo que a Fazenda Pública pode escolher entre o ajuizamento da execução fiscal e a habilitação de seu crédito na falência, caso em

---

55. COLOMBO, Giuliano; COSTA, Patrícia Barbi. Da verificação e da habilitação de créditos. In: PAIVA, Luiz Fernando Valente de (Coord.). *Direito falimentar e a nova lei de falências e recuperação de empresas*. São Paulo: Quartier Latin, 2005, p. 163; CAMPINHO, Sérgio. *Falência e recuperação de empresa*: o novo regime de insolvência empresarial. 3. ed. Rio de Janeiro: Renovar, 2008, p. 109-110; ALMEIDA, Amador Paes de. *Curso de falência e recuperação de empresas*. 25. ed. São Paulo: Saraiva, 2009, p. 247; ALTEMANI, Renato Lisboa; SILVA, Ricardo Alexandre da. *Manual de verificação e habilitação de créditos na lei de falências e recuperação de empresas*. São Paulo: Quartier Latin, 2006, p. 102; PERIN JÚNIOR, Écio. *Curso de direito falimentar e recuperação de empresas*. 3. ed. São Paulo: Método, 2006, p. 167.

56. DI TULLIO, José Antonio. *Teoría y práctica de la verificación de créditos*. Buenos Aires: Lexis Nexis, 2006, p. 364.

57. LOPES, Bráulio Lisboa. *Aspectos tributários da falência e da recuperação de empresas*. São Paulo: Quartier Latin, 2008, p. 118.

58. STJ – CC 110.465/CE, Rel. Ministro HERMAN BENJAMIN, PRIMEIRA SEÇÃO, julgado em 25-8-2010, *DJe* 1º-2-2011.

que a competência para eventual impugnação será do juízo falimentar[59]. Nessa linha de entendimento, a opção por um caminho implica renúncia ao outro, isto é, se o fisco ajuizar a execução fiscal, não pode se habilitar, ou se usar a habilitação, não poderá ajuizar execução fiscal.

A nosso ver, porém, não há opção, pois o art. 187 do CTN e o art. 5º da Lei n. 6.830/80 dizem que o crédito fiscal não se submete a habilitação na falência, não deixando margem à conclusão de uma eventual opção[60]. Mesmo que exista a opção, o fisco provavelmente não optará pelo procedimento de verificação de crédito.

7 Créditos trabalhistas

Diferentemente dos créditos fiscais, os créditos trabalhistas, a princípio, estão sujeitos ao procedimento de verificação dos créditos, podendo inclusive apresentar habilitações ou divergências (Lei n. 11.101/2005 – art. 6º, § 2º). Caso não constem da lista fornecida pelo devedor, os credores trabalhistas podem pedir sua inclusão por meio de habilitação dirigida ao administrador judicial. De outro lado, se constarem da lista, mas não concordarem com o valor ou classificação atribuída a seu crédito, eles poderão apresentar divergências, também dirigidas ao administrador judicial.

Caso não se obedeça ao prazo das habilitações, ou caso o crédito não seja reconhecido na fase administrativa ou ainda se houver algum questionamento quanto a sua existência, valor ou classificação, surge a possibilidade das chamadas ações incidentais (impugnações e habilitações retardatárias). Estas ações também se aplicam aos créditos trabalhistas. Todavia, no caso delas, o juízo da falência ou da recuperação judicial não será competente para apreciar a ação[61], que deverá ser julgada pela justiça especializada do trabalho.

Ricardo Negrão[62] possui uma opinião distinta. Se a impugnação é feita por terceiros, não se trataria de uma derivada da relação de trabalho e, por isso, a competência seria da justiça comum. De outro lado, se a impugnação fosse realizada pelo próprio credor trabalhista, a questão seria derivada da relação de trabalho e, por isso, seria de competência da justiça especializada do trabalho. A nosso ver, porém, qualquer que seja a ação, ela

---

59. STJ – AgRg no Ag 713.217/RS, Rel. Ministro VASCO DELLA GIUSTINA (DESEMBARGADOR CONVOCADO DO TJ/RS), TERCEIRA TURMA, julgado em 19-11-2009, *DJe* 1º-12-2009; TJDF – 20080020016479AGI, Relator NATANAEL CAETANO, 1ª Turma Cível, julgado em 30-4-2008, *DJ* 5-5-2008, p. 51; REsp 874.065/RS, Rel. Ministro ANTONIO CARLOS FERREIRA, QUARTA TURMA, julgado em 17-11-2011, *DJe* 25-11-2011.

60. REQUIÃO, Rubens. *Curso de direito falimentar.* 17. ed. São Paulo: Saraiva, 1998, v. 1, p. 309.

61. REQUIÃO, Rubens. *Curso de direito falimentar.* 17. ed. São Paulo: Saraiva, 1998, v. 1, p. 317; ABRÃO, Nelson. *Curso de direito falimentar.* 4. ed. São Paulo: Revista dos Tribunais, 1993, p. 164; ALMEIDA, Amador Paes de. *Curso de falência e concordata.* 18. ed. São Paulo: Saraiva, 2000, p. 293.

62. NEGRÃO, Ricardo. *Manual de direito comercial e de empresa.* 2. ed. São Paulo: Saraiva, 2007, v. 3, p. 61. No mesmo sentido: PACHECO, José da Silva. *Processo de recuperação judicial, extrajudicial e falência.* 2. ed. Rio de Janeiro: Forense, 2007, p. 44.

será uma ação que envolve a relação de trabalho e, por isso, atrai a competência da justiça especializada do trabalho.

Apesar da submissão ao procedimento de verificação de créditos, é certo que o credor trabalhista não está impedido de promover a competente reclamação trabalhista para reconhecer o valor do seu crédito. Neste caso, se o crédito trabalhista e o seu valor já foram reconhecidos pela justiça especializada do trabalho, ele será incluído diretamente no quadro geral de credores. No curso dessas reclamações, o juiz do trabalho pode determinar, de ofício ou a requerimento, a reserva de valores que entender devidos.

8 Ações em trâmite

De modo similar aos créditos trabalhistas, os créditos cuja existência e valor sejam reconhecidos judicialmente não precisarão se submeter ao procedimento da verificação de créditos, pois a eventual submissão poderia violar a coisa julgada. A própria Lei n. 11.101/2005 expressamente afirma que as ações que demandem quantia ilíquida prosseguirão normalmente após a decretação da falência com o administrador judicial (Lei n. 11.101/2005 – art. 6º, § 1º). A mesma lei prevê que, nesses casos, poderá ser determinada a reserva do valor do crédito, o qual, uma vez liquidado, será incluído na classe própria (art. 6º, § 3º). O caráter impositivo da determinação legal – "será incluído na classe própria" – demonstra que nesta hipótese não há a necessidade do procedimento de verificação dos créditos.

9 Consolidação do quadro geral de credores

Ao final de todo o procedimento de verificação de créditos, caberá ao administrador judicial a consolidação do quadro geral de credores, isto é, da relação completa dos credores submetidos aos processos de falência ou de recuperação judicial. Para tanto, ele levará em conta os créditos não impugnados que constavam da relação de credores; as decisões do juiz nas impugnações e habilitações retardatárias; as comunicações dos créditos fiscais; e as decisões judiciais que reconhecerem a existência, o valor e a classificação de outros créditos (trabalhistas ou não).

O quadro geral de credores será assinado pelo juiz e pelo administrador judicial, devendo mencionar a importância e a classificação de cada crédito na data do requerimento da recuperação judicial ou da decretação da falência. Tal quadro será juntado aos autos e, após ser devidamente homologado, será publicado no órgão oficial, no prazo de 5 (cinco) dias, contado da data da sentença que houver julgado as impugnações. Embora tente ser o mais definitivo possível, esse quadro poderá ainda sofrer alterações até o final do processo de falência ou de recuperação judicial.

10 Alterações do quadro geral de credores

Mesmo após a homologação do quadro geral de credores, poderá haver a inclusão de novos créditos, bem como alterações ou exclusões de créditos constantes no quadro. Tais mudanças, embora excepcionais, são muito importantes para evitar injustiças ou fraudes nos processos.

10.1 Inclusão no quadro geral de credores

Enquanto não for encerrado o processo de falência ou de recuperação judicial, é possível a inclusão de novos créditos no quadro geral de credores. Aqueles que não constam do quadro, mesmo após a sua homologação, podem requerer ao juiz da falência em ação própria, de procedimento comum, a inclusão no quadro geral de credores (Lei n. 11.101/2005 – art. 10, § 6º).

A ideia aqui é exatamente a mesma da habilitação retardatária, isto é, uma ação para admissão do credor ao processo de falência ou recuperação judicial, com os mesmos requisitos daquela, mas ajuizada após a homologação do quadro geral de credores. A inicial aqui deverá obedecer aos requisitos do art. 319 do CPC/2015, mas também aos requisitos do art. 9º da Lei n. 11.101/2005, específicos para a habilitação. A única mudança efetiva é o procedimento a ser seguido, que passa a ser o ordinário.

Tal mudança é relevante, na medida em que, no procedimento comum, não há a previsão de oitiva de tantos interessados, como ocorreria na habilitação retardatária. Como a ação aqui é ajuizada pelo credor, o recomendável é que seja citado o próprio devedor ou a massa falida para eventual contestação. Em todo caso, pode ser recomendável a oitiva dos demais interessados, especialmente o administrador judicial e o Ministério Público, para permitir a melhor decisão possível ao juiz. Por fim, ressalte-se que a decisão proferida pelo juiz será uma sentença e, pela falta de previsão específica, impugnável por meio de apelação.

10.2 Retificação do quadro geral de credores

Além da inclusão de novos créditos, é possível também o ajuizamento de uma ação para a retificação do quadro geral de credores no que tange a existência, classificação ou valor do crédito ali constante. Tal ação também é denominada de ação revisional[63] ou de ação rescisória[64], uma vez que ela visa a revisar o quadro geral ou rescindir a decisão que permitiu que o crédito fosse incluído naquelas condições. A ideia aqui é muito similar à ideia da impugnação, porém, mais restrita e com possibilidade de ajuizamento apenas após a homologação do quadro geral de credores.

10.2.1 Legitimidade ativa

A ação de retificação poderá ser ajuizada pelo administrador judicial, pelo Comitê, pelo Ministério Público ou por qualquer credor habilitado[65]. Em comparação com a impugnação de créditos, abre-se a possibilidade de legitimidade para o administrador judicial, como órgão auxiliar do juízo para promover a retificação. De outro lado, afasta-se a legitimidade do devedor e dos seus sócios, como no direito italiano[66], sob o fundamento de que os motivos que ensejam a eventual retificação decorrerão de uma conduta indevida do devedor e, por isso, não haveria sentido em legitimá-lo para a ação.

10.2.2 Fundamentos

Qualquer um dos legitimados poderá promover ação de retificação com o objetivo de excluir ou alterar o valor ou a classificação de um crédito já constante do quadro-geral de credores. Para atingir tal mister, contudo, não basta apontar algum equívoco no quadro, sendo essencial provar um fato excepcional – falsidade, fraude, dolo, simulação, erro essencial ou documentos ignorados à época –, denotando uma certa semelhança com a ação rescisória. A limitação dos fundamentos para a retificação visa a proteger a segurança jurídica, evitando discussões intermináveis sobre os créditos submetidos ao processo.

O primeiro fundamento possível para a retificação é a falsidade, entendida aqui como o uso de documentos falsos que permitiram a inclusão do crédito no quadro, ou que permitiriam sua inclusão por valor ou em classe diversa da efetivamente devida. Permite-se, nesse caso, a retificação, para assegurar a prevalência da verdade real na apuração do passivo do devedor, evitando pagamentos indevidos ou votos indevidos nos processos de falência ou de recuperação judicial.

Outro fundamento é a fraude, aqui entendida como o artifício malicioso para prejudicar terceiros, isto é, "a distorção intencional da verdade com o intuito de prejudicar

---

63. ALTEMANI, Renato Lisboa; SILVA, Ricardo Alexandre da. *Manual de verificação e habilitação de créditos na lei de falências e recuperação de empresas*. São Paulo: Quartier Latin, 2006, p. 205; VASCONCELOS, Ronaldo. *Direito processual falimentar*. São Paulo: Quartier Latin, 2008, p. 277.

64. SIMIONATO, Frederico A. Monte. *Tratado de direito falimentar*. Rio de Janeiro: Forense, 2008, p. 66.

65. ALTEMANI, Renato Lisboa; SILVA, Ricardo Alexandre da. *Manual de verificação e habilitação de créditos na lei de falências e recuperação de empresas*. São Paulo: Quartier Latin, 2006, p. 215.

66. PAJARDI, Piero. *Manuale di diritto fallimentare*. 6. ed. Milano: Giuffrè, 2002, p. 485.

terceiros"[67]. Não se trata apenas da fraude contra credores, mas de qualquer artifício malicioso usado para prejudicar terceiros, mesmo sem que haja um concílio fraudulento entre o devedor e algum dos seus credores. Mais uma vez, a ideia aqui é privilegiar a boa-fé objetiva, impedindo o uso de artifícios na definição da massa passiva do devedor.

Também é fundamento para a retificação o erro essencial, entendido como a falsa noção da realidade que influencia a formação da vontade, sendo essencial por ter influência determinante sobre a formação do negócio jurídico, isto é, sem ele o negócio jurídico não se formaria. Em outras palavras, o erro consiste "numa representação inexacta ou na ignorância de uma qualquer circunstância de facto ou de direito que foi determinante na decisão de efectuar o negócio"[68].

O Código Civil (art. 139) usa a expressão *erro substancial*, especificando que ele será substancial quando interessa à natureza do negócio, ao objeto principal da declaração, ou a alguma das qualidades a ele essenciais; ou quando concerne à identidade ou à qualidade essencial da pessoa a quem se refira a declaração de vontade, desde que tenha influído nesta de modo relevante; ou, sendo de direito e não implicando recusa à aplicação da lei, for o motivo único ou principal do negócio jurídico. Ocorrendo esse tipo de erro é que será possível a retificação.

Outro fundamento para a retificação do quadro de credores é o dolo que representa o artifício malicioso que induz alguém à prática de um ato que de outra maneira não seria realizado, causando prejuízo. Em síntese: "trata-se de um erro determinado por certo comportamento da outra parte"[69]. O dolo induz a própria pessoa que dele é vítima a praticar o ato[70], ao passo que na fraude não há intervenção da parte prejudicada. A prova nesses casos é muito difícil, mas, sendo realizada, deve-se retificar o quadro de credores.

Ainda nos fundamentos para a retificação, encontra-se a simulação, entendida como "a declaração enganosa da vontade visando a produzir efeito diverso do ostensivamente indicado"[71], ou seja, o intencional desacordo entre a vontade interna e a vontade declarada. Neste caso, há a participação do devedor no intuito de prejudicar os demais credores, simulando a realização de um negócio (exemplo: compra e venda) que não ocorreu na realidade, mas que tornaria o sujeito credor submetido ao processo.

Por derradeiro, também é fundamento para a retificação a existência de novos documentos ignorados à época da inclusão do crédito. Busca-se mais uma vez fazer prevalecer a realidade dos fatos relativos aos credores. Documentos que já existam à época da

---

67. SILVA, Alexandre Couto. *Aplicação da desconsideração da personalidade jurídica no direito brasileiro*. São Paulo: LTR, 1999, p. 36.

68. PINTO, Carlos Alberto da Mota. *Teoria geral do direito civil*. 3. ed. Coimbra: Almedina, 1999, p. 505.

69. PINTO, Carlos Alberto da Mota. *Teoria geral do direito civil*. 3. ed. Coimbra: Almedina, 1999, p. 518.

70. LARENZ, Karl. *Derecho civil*: parte general. Tradução e notas de Miguel Izquierdo y Macías-Picavea. Madri: Editoriales de Derecho Reunidas, 1978, p. 544.

71. BEVILAQUA, Clóvis. *Teoria geral do direito civil*. Campinas: RED, 1999, p. 294.

verificação, mas que só sejam trazidos posteriormente a conhecimento, devem ensejar adequações no quadro de credores, para que ele possa refletir da melhor maneira possível a realidade.

10.2.3 Competência

Como algum dos fundamentos acima mencionados, a ação de retificação poderá ser proposta no juízo da falência ou da recuperação judicial, salvo no caso de créditos trabalhistas ou créditos reconhecidos em outro juízo. Nestes casos, a ação de retificação correrá no juízo trabalhista ou naquele que originalmente reconheceu o crédito (Lei n. 11.101/2005 – art. 19, § 1º).

Gladston Mamede afirma que a competência será a do juízo de primeiro grau se o crédito não foi objeto de sentença, mas se o crédito cuja retificação se pretende foi objeto de sentença, a competência seria do respectivo tribunal e não do juízo de primeiro grau[72]. Apesar da semelhança com a ação rescisória, não se deve cogitar de competência originária do tribunal, mesmo que se queira rescindir crédito fundado em sentença, porquanto a lei é clara ao determinar o julgamento pelo "juízo da falência ou da recuperação", ou seja, juízo de primeiro grau.

10.2.4 Procedimento

Ajuizada a ação de retificação perante o competente juiz, ela seguirá o procedimento comum (Lei n. 11.101/2005 – art. 19) e não o rito especial aplicável à impugnação. Apesar da menção expressa ao procedimento comum, o uso da expressão *no que couber* leva alguns autores a reconhecerem a possibilidade de adoção do mesmo rito das impugnações[73], com os mesmos prazos e as mesmas oportunidades de manifestação para os interessados.

A nosso ver, porém, se a intenção fosse usar o procedimento das impugnações, a lei teria sido expressa nesse sentido, como fez em relação às habilitações retardatárias (Lei n. 11.101/2005 – art. 10, § 5º). Dessa forma, entendemos que deverá ser citado o credor que titulariza o crédito cuja retificação se pretende, para contestar no prazo de 15 dias[74], com possibilidade de réplica para o autor da ação. Em todo caso, recomenda-se a oitiva do administrador judicial e do Ministério Público, para a melhor informação possível chegar ao juiz.

---

72. MAMEDE, Gladston. *Direito empresarial brasileiro*: falência e recuperação de empresas. São Paulo: Atlas, 2006, v. 4, p. 179.

73. ALTEMANI, Renato Lisboa; SILVA, Ricardo Alexandre da. *Manual de verificação e habilitação de créditos na lei de falências e recuperação de empresas*. São Paulo: Quartier Latin, 2006, p. 230.

74. VASCONCELOS, Ronaldo. *Direito processual falimentar*. São Paulo: Quartier Latin, 2008, p. 278.

10.2.5 Decisão

Após o regular processamento, a decisão a ser proferida pelo juiz é uma sentença[75], porquanto decide uma ação incidental e não apenas uma questão incidental. Não há como se visualizar uma decisão interlocutória[76] no caso, pois estamos claramente diante de uma ação, com todos os seus elementos. Nessa condição, estará sujeita ao recurso de apelação[77], pela falta de previsão específica de outro recurso e pela desnecessidade de continuação do processo.

A depender do fundamento utilizado, a decisão no processo de retificação pode anular, declarar a nulidade ou mesmo manter intacto o negócio que deu origem ao crédito[78]. Isso porque nem sempre o fundamento dirá respeito ao negócio subjacente, afetando por vezes a própria habilitação. Assim, no caso de simulação será declarada a nulidade do negócio jurídico. Já no caso de erro, será decretada a sua anulação. Nos demais casos, é possível que o vício ocorra após o negócio e, por isso, o acolhimento do pedido de retificação não interferirá na higidez do negócio[79].

10.2.6 Pagamento do crédito questionado

Proposta a ação de retificação, o pagamento ao titular do crédito por ela atingido somente poderá ser realizado mediante a prestação de caução no mesmo valor do crédito questionado. Não há necessidade de uma ação autônoma para prestar a caução, isto é, ela poderá ser realizada nos autos do processo principal. A intenção é evitar um pagamento indevido, cuja reversibilidade seria muito difícil. De qualquer modo, acreditamos que o juiz poderia dispensar a caução se entender que a ação de retificação não possui maiores fundamentos[80].

11 Credores particulares do sócio de responsabilidade ilimitada

Na hipótese pouco provável de falência ou recuperação judicial de uma sociedade que possua sócios de responsabilidade ilimitada (nome coletivo, comandita simples e

75. TOLEDO, Paulo F. C. Salles de. In: ABRÃO, Carlos Henrique; TOLEDO, Paulo F. C. Salles de (Coord.). *Comentários à lei de recuperação de empresas e falência*. São Paulo: Saraiva, 2005, p. 43; MIRANDA, Pontes de. *Tratado de direito privado*. Campinas: Bookseller, 2004, v. 29, p. 269.

76. ALTEMANI, Renato Lisboa; SILVA, Ricardo Alexandre da. *Manual de verificação e habilitação de créditos na lei de falências e recuperação de empresas*. São Paulo: Quartier Latin, 2006, p. 238.

77. VASCONCELOS, Ronaldo. *Direito processual falimentar*. São Paulo: Quartier Latin, 2008, p. 285.

78. ALTEMANI, Renato Lisboa; SILVA, Ricardo Alexandre da. *Manual de verificação e habilitação de créditos na lei de falências e recuperação de empresas*. São Paulo: Quartier Latin, 2006, p. 211.

79. VASCONCELOS, Ronaldo. *Direito processual falimentar*. São Paulo: Quartier Latin, 2008, p. 280.

80. ALTEMANI, Renato Lisboa; SILVA, Ricardo Alexandre da. *Manual de verificação e habilitação de créditos na lei de falências e recuperação de empresas*. São Paulo: Quartier Latin, 2006, p. 242.

comandita por ações), também deverá ocorrer a verificação dos créditos referentes aos sócios. Nesse caso, o procedimento será exatamente o mesmo (Lei n. 11.101/2005 – art. 20), havendo apenas a consolidação de um quadro de credores específico para cada sócio de responsabilidade ilimitada.

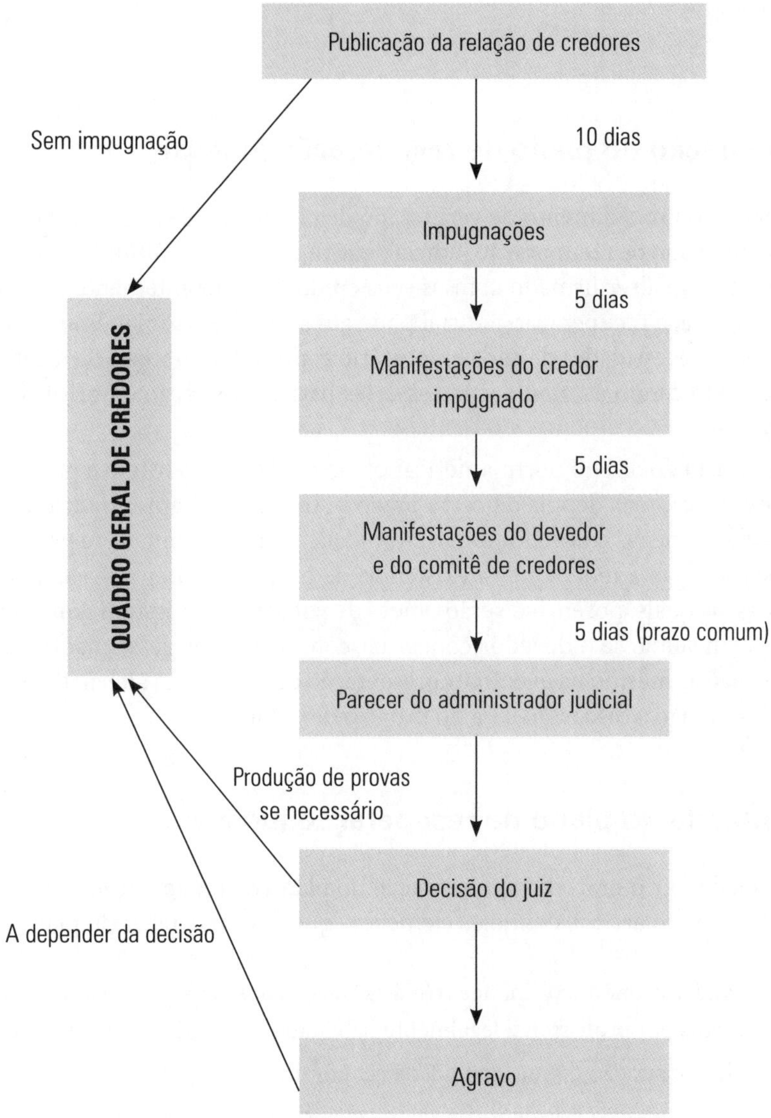

9 PLANO DE RECUPERAÇÃO JUDICIAL

1 Elaboração do plano de recuperação judicial

Ao longo do procedimento de verificação de créditos, o devedor deverá elaborar e apresentar um plano de recuperação judicial, que representa em última análise a proposta inicial de acordo a ser firmado com os seus credores. Diferentemente do que ocorria com a concordata, a recuperação judicial pode atuar de diversas maneiras, sendo muito mais flexível às necessidades de cada empresário e, por isso, é necessária a apresentação de um plano indicando as medidas necessárias para a superação da crise econômico-financeira.

Ao contrário do direito norte-americano[1], no qual o devedor tem a princípio a legitimidade exclusiva, mas depois de certo prazo outros podem apresentar um plano, no direito brasileiro apenas o devedor tem legitimidade para apresentar essa proposta. Fábio Ulhoa Coelho chega a mencionar a existência de propostas alternativas, apresentadas por credores, as quais, porém, só serão objeto de votação se contarem com a aprovação do devedor, em suma, se o devedor concordar com os termos desse plano alternativo[2]. Em última análise, mesmo na eventual apresentação desses planos alternativos, a decisão para levá-los ou não à discussão será do próprio devedor.

2 Conteúdo do plano de recuperação judicial

Além de definir o prazo de apresentação do plano de recuperação judicial, a Lei n. 11.101/2005, em seu art. 53, define os elementos que devem constar do plano, a saber:

- laudos econômico-financeiro e de avaliação dos bens e ativos do devedor, subscritos por profissional legalmente habilitado ou entidade especializada;
- demonstração de sua viabilidade econômica; e
- discriminação pormenorizada dos meios de recuperação a serem empregados e seu resumo.

---

1. ALDERMAN JR., Myles H. *Business reorganizations*. Denver: Outskirts Press, 2006, p. 65-66.

2. COELHO, Fábio Ulhoa. *Comentários à nova lei de falências e recuperação de empresas*. São Paulo: Saraiva, 2005, p. 162.

A apresentação de um plano de recuperação judicial incompleto equivale a sua não apresentação e, por isso, conduzirá à falência[3]. Assim, é fundamental conhecer os elementos essenciais do plano.

2.1 Laudos econômico-financeiro e de avaliação de bens

Obviamente, o projeto apresentado pelo devedor deverá expor a sua atual situação econômico-financeira e a situação dos seus ativos, para que todos tenham a ciência do seu real estado. Essa demonstração do atual estágio do devedor será feita por intermédio de dois laudos[4], um laudo econômico-financeiro e um laudo de avaliação de bens e ativos do devedor, feitos por profissionais especializados. A ideia aqui é apresentar a real situação do devedor, para que os credores possam analisar a viabilidade ou não da recuperação.

O laudo de avaliação de bens e ativos será a representação, com preços de mercado, dos ativos integrantes do patrimônio do devedor, abrangendo aí os móveis, imóveis, as marcas, as patentes, os créditos, e tudo que integrar o ativo do devedor. Ao contrário do balanço patrimonial, esse laudo usará valores de mercado e não valores históricos, dando a real situação do ativo devedor, para que os credores saibam o que efetivamente o devedor tem para honrar suas obrigações.

O laudo econômico-financeiro, por sua vez, será uma demonstração mais detalhada do patrimônio do devedor, analisando ativo, passivo, receitas, despesas e seu fluxo de caixa[5]. Trata-se, em síntese, de uma demonstração mais profunda da situação do devedor, analisando os aspectos estáticos e dinâmicos da sua atividade.

Ambos os laudos deverão ser elaborados por profissionais especializados; embora a lei mencione apenas a subscrição, acreditamos que a própria elaboração deverá ser realizada por esses profissionais. Tal exigência visa a dar a maior idoneidade possível a esse laudo, porquanto ele será uma das principais fontes de informação que irão pautar a decisão dos credores sobre a recuperação judicial. Embora não se possa presumir a má-fé do devedor, seria arriscado permitir que ele mesmo demonstrasse sua real situação, porquanto é natural que ele tenha uma visão muito mais otimista do que a real. Assim, impõe-se o uso de profissionais especializados que responderão pelas informações constantes desses laudos.

2.2 Demonstração de viabilidade econômica

A recuperação judicial é um instituto aplicável apenas a empresas viáveis e, por isso, é essencial que o plano de recuperação demonstre a viabilidade econômica das medidas

---

3. SIMIONATO, Frederico A. Monte. *Tratado de direito falimentar*. Rio de Janeiro: Forense, 2008, p. 174.

4. PACHECO, José da Silva. *Processo de recuperação judicial, extrajudicial e falência*. 2. ed. Rio de Janeiro: Forense, 2007, p. 154; MAMEDE, Gladston. *Direito empresarial brasileiro*: falência e recuperação de empresas. São Paulo: Atlas, 2006, v. 4, p. 232.

5. MAMEDE, Gladston. *Direito empresarial brasileiro*: falência e recuperação de empresas. São Paulo: Atlas, 2006, v. 4, p. 232-233.

propostas. Trata-se de uma demonstração teórica, apresentando as vantagens da manutenção da empresa, justificando para os credores que os sacrifícios que eles terão que fazer para permitir a superação da crise econômico-financeira serão compensados com benefícios futuros. Em suma, trata-se de uma projeção dos efeitos que a recuperação terá sobre a atividade do empresário e sobre seus credores.

Ao contrário do laudo de avaliação, a demonstração de viabilidade deverá ser apresentada pelo próprio devedor, embora seja recomendável o uso de profissionais especializados para demonstrar tecnicamente os efeitos positivos da recuperação judicial. Será o próprio devedor, a princípio, o responsável pela demonstração da viabilidade econômica, que funcionará como uma espécie de justificação das medidas propostas para a recuperação. Embora a verificação dessa viabilidade seja extremamente subjetiva, o devedor deve apresentar suas justificativas para a viabilidade do plano e da manutenção da empresa.

2.3 Meios de recuperação

Por fim, o plano de recuperação judicial deverá conter a discriminação pormenorizada dos meios de recuperação, bem como o seu resumo. Esse é o cerne do plano de recuperação. Aqui serão apresentadas as providências necessárias para que a empresa (atividade) supere a crise econômico-financeira, ou seja, as condições necessárias para que seja possível atingir os objetivos da recuperação judicial.

3 Exemplos de meios de recuperação

Ressalvados os poucos limites previstos pela legislação, há uma grande margem de liberdade para o devedor propor os meios de recuperação. Ao contrário do regime anterior, no qual a concordata só admitia dilação de prazos e descontos no pagamento, a recuperação judicial pode ser operacionalizada pelos mais diversos meios. A Lei n. 11.101/2005, em seu art. 50, indica exemplificativamente dezesseis meios de recuperação, sem, contudo, impedir que o devedor proponha outros meios de recuperação.

Dentro do rol exemplificativo constante da Lei n. 11.101/2005, é possível reunir as providências em alguns grupos, apenas para fins didáticos.

Jorge Lobo organiza as medidas de recuperação judicial nos seguintes grupos: reestruturação do poder de controle, reestruturação administrativa, reestruturação financeira, reestruturação econômica, reestruturação societária e reestruturação complexa ou mista[6]. De outro lado, Ricardo Negrão classifica os meios recuperatórios da seguinte maneira: meios dilatórios, remissórios ou mistos; meios com predominância sobre o

---

6. LOBO, Jorge. In: ABRÃO, Carlos Henrique; TOLEDO, Paulo F. C. Salles de. (Coord.). *Comentários à lei de recuperação de empresas e falência*. São Paulo: Saraiva, 2005, p. 123.

perfil subjetivo da empresa; meios com predominância sobre o perfil objetivo da empresa; meios com predominância sobre o perfil funcional da empresa e meios com predominância sobre o perfil corporativo da empresa[7].

Apesar de não haver qualquer problema nas classificações propostas, preferimos outra organização dos meios de recuperação, dividindo-os em: medidas financeiras, medidas societárias, medidas referentes à gestão, captação de recursos e transferência da atividade.

3.1 Medidas financeiras

O devedor que passa por uma crise econômico-financeira, a ponto de necessitar da recuperação judicial, normalmente tem dificuldades para honrar as obrigações assumidas junto aos credores. Em função disso, é muito comum que na recuperação judicial o devedor necessite de providências para ajustar suas relações com credores, viabilizando o cumprimento das obrigações e a continuação da atividade. Essas medidas relacionadas às obrigações do devedor serão chamadas de medidas financeiras.

Entre as medidas financeiras mais comuns, está a concessão de prazos e condições especiais para pagamento das obrigações vencidas ou vincendas (Lei n. 11.101/2005 – art. 50, I). A concessão de prazos de carência, o parcelamento de dívidas que tinham vencimento único ou mesmo a concessão de descontos podem ser extremamente úteis, na medida em que permitem a adequação do fluxo de caixa do devedor. Dessa forma, ele poderá usar mais recursos na sua atividade e, consequentemente, na superação da crise.

Nessa mesma linha, é possível a busca da "equalização de encargos financeiros relativos a débitos de qualquer natureza, tendo como termo inicial a data da distribuição do pedido de recuperação judicial, aplicando-se inclusive aos contratos de crédito rural, sem prejuízo do disposto em legislação específica" (Lei n. 11.101/2005 – art. 50, XII). Em outras palavras, pode-se buscar melhores condições no que tange aos juros e demais encargos financeiros cobrados do devedor, pois eles representam ônus muito pesados na atividade empresarial. A expressão *equalização* não é muito clara, mas deve ser entendida como um ajuste nos encargos[8], inclusive com alguma remissão parcial do valor combinado, para permitir a superação da crise.

De forma similar, é possível a busca de outras formas de pagamento ou novas condições para as obrigações assumidas. Assim, podem ser usadas dações em pagamento ou novações de dívidas do passivo, com ou sem constituição de garantia própria ou de terceiro (Lei n. 11.101/2005 – art. 50, IX), com o mesmo fim de regularizar a situação do fluxo de caixa do devedor, para melhorar o exercício da atividade. Do mesmo modo, é possível a constituição de uma sociedade de credores (Lei n. 11.101/2005 – art. 50, X)

---

7. NEGRÃO, Ricardo. *Manual de direito comercial e de empresa*. 4. ed. São Paulo: Saraiva, 2009, v. 3, p. 143-161.

8. NEGRÃO, Ricardo. *Manual de direito comercial e de empresa*. 4. ed. São Paulo: Saraiva, 2009, v. 3, p. 145.

que integralizarão o capital social, por meio de créditos em face do devedor[9], transferindo-os consequentemente para a nova sociedade, que deverá negociar a forma de recebimento desses créditos.

Por fim, mesmo as obrigações trabalhistas podem necessitar de ajustes, para não sufocar a continuação da atividade do empresário. Nesse caso, deve-se buscar a redução salarial, a compensação de horários e a redução da jornada, mediante acordo ou convenção coletiva (Lei n. 11.101/2005 – art. 50, VIII). Obviamente, a mudança nos direitos dos trabalhadores dependerá da celebração de convenção ou acordo coletivo, pois a flexibilização dos direitos trabalhistas depende desse instrumento.

3.2 Medidas societárias

Como a maior parte das atividades empresariais é desenvolvida por meio de sociedades, é possível também a utilização de medidas societárias, com o intuito de reorganizar a atividade empresarial e permitir o seu melhor desempenho. Dentro dessa ideia, serão possíveis mutações na estrutura da própria sociedade e alterações na titularidade do controle da sociedade.

3.2.1 Reorganizações

Entre as medidas societárias possíveis para a recuperação, temos a possibilidade da transformação da sociedade e da constituição de uma subsidiária integral. Em ambos os casos, o que se tem são ganhos operacionais que podem ajudar a viabilizar a superação da crise.

A transformação é a alteração do tipo societário de uma sociedade, independentemente de dissolução ou liquidação. A constituição de uma subsidiária integral é a criação de uma sociedade anônima com um único sócio que, por sua vez, deve ser uma sociedade brasileira, vale dizer, o próprio devedor. Trata-se de uma ideia similar à de uma filial, porém, dotada de personalidade jurídica própria e, consequentemente, de direitos e obrigações próprios. Em ambos os casos não há relações ou concentrações com outras sociedades.

Na transformação, a mudança do tipo societário visa apenas a melhorar a forma de administração e atuação da sociedade, melhorando o seu desempenho. Dificilmente, a transformação, por si só, será suficiente para superar a crise. Apesar disso, ela pode ser um grande instrumento para redução de custos, para captação de recursos no mercado ou mesmo para melhoria na gestão. De forma similar, os benefícios da constituição de uma subsidiária integral são de ordem operacional[10], melhorando a gestão de parte do negócio.

---

9. LOBO, Jorge. In: ABRÃO, Carlos Henrique; TOLEDO, Paulo F. C. Salles de. (Coord.). *Comentários à lei de recuperação de empresas e falência*. São Paulo: Saraiva, 2005, p. 124.

10. NEGRÃO, Ricardo. *Manual de direito comercial e de empresa*. 4. ed. São Paulo: Saraiva, 2009, v. 3, p. 147.

3.2.2 Incorporação, fusão e cisão

Além dessas operações, há relações que envolverão mais de uma sociedade, que são: a fusão, a incorporação e a cisão. A incorporação é a operação pela qual uma sociedade absorve outra, que desaparece. A fusão é a aglutinação de duas ou mais sociedades formando uma nova que lhes sucede em todos os direitos e obrigações. A cisão é o desmembramento total ou parcial da sociedade, que transfere seu patrimônio para uma ou várias sociedades já existentes ou constituídas para esse fim. Em todos esses casos, haverá necessidade de deliberação dos sócios ou acionistas e serão protegidos os interesses dos credores. Nestas hipóteses, o que se busca são mudanças na estrutura da sociedade, que permitam um aumento da eficiência no desempenho da atividade.

Nos casos da fusão e da incorporação, haverá necessariamente a união com outras sociedades, aumentando a dimensão nas atividades e, possivelmente, sua eficiência. Com tais medidas, pode-se obter uma economia de escala, que permite a produção a um custo menor, com maior qualidade[11]; o progresso tecnológico, facilitando o intercâmbio de técnicas de produção ou de pesquisa; a possibilidade de discriminação de mercados e de diferenciação de produtos, repartindo os riscos empresariais entre diversos ramos[12]; e o acesso a mais capitais; a possibilidade de competir com as grandes multinacionais e até para poderem expandir sua atuação para outros mercados.

A cisão, por sua vez, pode ter os mesmos objetivos da incorporação ou da fusão, quando a transferência do patrimônio se dá para sociedades já existentes. De outro lado, ela poderá representar a segregação das atividades e, consequentemente, o afastamento de atividades rentáveis de atividades não rentáveis, facilitando o reerguimento da atividade. Isso se dá especialmente em razão dos problemas de uma atividade (exemplo: dívidas tributárias que impedem a participação em licitações).

3.2.2.1 Intervenção do CADE

Entre as medidas societárias possíveis para a recuperação, algumas podem envolver atos de concentração empresarial, entendidos como todos aqueles nos quais se forma um liame econômico entre empresas, que acarreta maior ou menor unidade econômica[13]. Tal concepção é extremamente ampla, abrangendo quaisquer fenômenos nos quais possa se manifestar a tendência da empresa "de reunir capacidades econômico-tecnológicas para o aumento de seus potenciais, e que lhe permitam melhor posição no mercado"[14].

---

11. GELLHORN, Ernest; KOVACIC, William E. *Antitrust law and economics.* 4. ed. St. Paul: West Group, 1994, p. 349-350.

12. VEDOVE, Giampaolo Dalle. *Concentrazioni e gruppi nel diritto antitrust.* Padova: CEDAM, 1999, p. 96.

13. BULGARELLI, Waldirio. *Concentração de empresas e direito antitruste.* 2. ed. São Paulo: Atlas, 1996, p. 50.

14. BAPTISTA, Luiz Olavo. Concentração de empresas. *Revista de Direito Civil, Imobiliário, Agrário e Empresarial,* São Paulo, ano 3, n. 9, jul./set. 1979, p. 184.

Entram nesse conceito a fusão, a incorporação, entre outros. Ocorre que a celebração de tais atos, em certos casos, pode depender de aprovação do Conselho Administrativo de Defesa Econômica (CADE).

Os atos de concentração que possam produzir efeitos sobre a livre concorrência, dentro do território brasileiro, devem ser submetidos ao crivo do CADE, nos termos do art. 88 da Lei n. 12.529/2011. À luz do poder de mercado, gerado pelo ato de concentração, o CADE poderá aprovar o ato, aprová-lo com restrições, ou rejeitá-lo. Em outras palavras, a celebração desses atos de concentração que possam, de alguma forma, prejudicar a livre concorrência não depende apenas da vontade dos envolvidos, mas também da decisão do CADE sobre o ato de concentração. Assim, a decisão passa a ser uma condição do ato de concentração.

Em situações normais, há, sem sombra de dúvida, um poder assegurado ao CADE para avaliar os atos de concentração que possam prejudicar a livre concorrência. Todavia, se o ato for praticado em uma recuperação judicial, ainda haveria essa necessidade de análise pelo CADE?

A resposta, a princípio, seria afirmativa, porquanto a Lei n. 12.529/2011 não faz qualquer exceção e tutelaria interesses distintos dos interesses tutelados na recuperação[15]. Dentro dessa linha de entendimento, os eventuais atos de concentração praticados em um processo de recuperação judicial deveriam ser submetidos ao CADE. O CADE inclusive aprovou o ato de concentração entre a Pantanal em recuperação judicial e a TAM.

Todavia, a excepcionalidade da situação do devedor em recuperação judicial, os princípios que regem tal processo e o respaldo judicial nos levam à conclusão de que os atos de concentração praticados não precisam ser submetidos ao crivo do CADE[16]. A possibilidade de análise judicial das decisões do CADE corrobora a desnecessidade de submissão a ele. Obviamente, em razão disso, deve-se reconhecer que o juiz deverá avaliar o ato, também à luz da defesa da concorrência, evitando violações injustificáveis a esse princípio. Eventualmente, o CADE pode até ser ouvido para que a decisão do juiz seja mais fundamentada, mas, de qualquer modo, a última palavra será dada pelo juiz.

3.3 Medidas referentes à gestão do devedor

Além das alterações na estrutura da sociedade, também podem ser tomadas medidas em relação à gestão dos negócios do devedor. Neste particular, é possível que se proceda a mudanças no poder de controle que, em última análise, representam o poder de dirigir os rumos da atividade. Na mesma ideia, são possíveis alterações na estrutura administrativa do devedor, com o intuito de melhorar sua gestão.

---

15. GUERRA, Glauco Martins; CASTRO, Rodrigo R. Monteiro de. Intervenção do estado no domínio econômico e recuperação judicial. In: CASTRO, Rodrigo R. Monteiro de; ARAGÃO, Leandro Santos (Coord.). *Direito societário e a nova lei de falências e recuperação de empresas*. São Paulo: Quartier Latin, 2006, p. 264.

16. CAMPINHO, Sérgio. *Falência e recuperação de empresa*: o novo regime de insolvência empresarial. 3. ed. Rio de Janeiro: Renovar, 2008, p. 159.

A alienação do controle pode ser um instrumento extremamente eficiente para que um novo titular possa reorganizar e sanear a atividade. Dentro da mesma ideia, está a consolidação do poder de controle nas mãos de um único sujeito, quando existem divergências entre os sócios ou acionistas. O afastamento de conflitos societários pode ser, por si só, suficiente para a superação da crise. Ainda nas alterações do controle, é possível que haja o compartilhamento do controle com os próprios credores ou com terceiros, permitindo a adoção de novas políticas para a atividade desenvolvida.

As alterações no controle da sociedade visam, em última análise, a alterar os rumos da sua atuação, o que também poderá ser obtido com mudanças apenas na administração da atividade do devedor. Assim, é possível a substituição total ou parcial dos administradores do devedor ou modificação de seus órgãos administrativos (Lei n. 11.101/2005 – art. 50, IV). De modo similar, pode-se assegurar aos credores o direito de eleição em separado de administradores (Lei n. 11.101/2005 – art. 50, V). Além da participação direta na escolha dos administradores, a recuperação poderá assegurar aos credores um poder sobre certas matérias (Lei n. 11.101/2005 – art. 50, V), permitindo a esses uma participação mais ativa na gestão dos negócios do devedor, em prol dos seus próprios interesses.

3.4 *Medidas para captação de recursos*

Em muitos casos, o devedor em crise só conseguirá manter sua atividade se tiver acesso a novos recursos, a fim de ampliar e desenvolver a sua atividade. Nesses casos, o próprio plano de recuperação poderá especificar as medidas que serão praticadas nesse sentido. Mesmo para o simples pagamento dos credores, pode ser necessária a captação de novos recursos, pois a situação de crise inviabiliza o pagamento de todos os credores.

Assim, o plano poderá prever o aumento de capital social, com novos recursos oriundos dos sócios ou de terceiros (Lei n. 11.101/2005 – art. 50, VI). De modo similar, poderá ser prevista a emissão de valores mobiliários, como as debêntures, com o mesmo intuito de captar recursos para o exercício da atividade. Outras formas de captação de recursos envolvem a alienação de bens que pertençam ao devedor, inclusive ações ou quotas (Lei n. 11.101/2005 – art. 50, XI), sem prejudicar a continuação da atividade. O devedor reduz seu tamanho ou reduz seu patrimônio, para ter recursos para honrar suas obrigações ou mesmo para continuar a atividade, obtendo receita suficiente para se reerguer.

3.5 *Transferência da atividade*

Em situações extremas, o devedor não tem condições de continuar a atividade, ao menos não no momento inicial da recuperação. Em razão disso, atentando-se ao princípio da preservação da empresa (atividade), o plano de recuperação judicial poderá prever medidas que transfiram, ainda que temporariamente, o exercício da atividade para terceiros, a fim de permitir sua continuação. Nesse tipo de medidas, incluem-se o trespasse ou arrendamento de estabelecimento, inclusive à sociedade constituída pelos próprios empregados; usufruto da empresa; e a constituição de sociedade de propósito específico para adjudicar, em pagamento dos créditos, os ativos do devedor (Lei n. 11.101/2005 – art. 50, VII, XII e XVI).

Nessas situações, o devedor receberá recursos que permitirão o pagamento ao menos parcial das obrigações que ele possui, ou extinguirão as obrigações pela dação em pagamento dos seus ativos. De outro lado, terceiros poderão continuar a exercer a atividade, protegendo os interesses que a circundam de forma mais eficiente. Registre-se que, nessa continuação, não haverá nenhum tipo de sucessão em relação às obrigações do devedor, inclusive as de natureza tributária (Lei n. 11.101/2005 – art. 60). Privilegia-se a continuação da atividade que, em longo prazo, terá maiores benefícios do que o simples pagamento dos credores.

Waldo Fazzio Júnior afirma que o adquirente teria que arcar com as obrigações trabalhistas do devedor, pois estas não teriam tantos privilégios e tanta proteção quanto às obrigações tributárias[17]. A nosso ver, porém, mesmo as obrigações trabalhistas não serão transferidas ao adquirente do estabelecimento, porquanto tal sucessão inviabilizaria a continuação da atividade. O STJ[18] tem reconhecido que a competência para decidir se há ou não sucessão é do juízo da recuperação e este[19] vem afirmando não haver sucessão pelas obrigações trabalhistas. Tal orientação foi confirmada inclusive pelo Supremo Tribunal Federal[20].

4 Limitações ao plano

Embora a liberdade seja o grande referencial para a elaboração do plano de recuperação judicial, a lei impõe alguns limites às medidas propostas, a fim de evitar abusos e viabilizar o atendimento aos princípios da recuperação judicial.

4.1 Créditos trabalhistas e de acidente de trabalho

Em relação aos créditos trabalhistas e de acidente de trabalho, vencidos antes do pedido de recuperação, o plano não poderá prever prazo superior a um ano para paga-

17. FAZZIO JÚNIOR, Waldo. *Nova lei de falência e recuperação de empresas*. São Paulo: Atlas, 2005, p. 151.

18. STJ – CC 61272/RJ, Rel. Ministro ARI PARGENDLER, SEGUNDA SEÇÃO, julgado em 25-4-2007, *DJ* 25-6-2007, p. 213.

19. TJRJ – 4ª Câmara Cível – AG 2006.002.23927, Relator Desembargador Reinaldo P. Alberto Filho, j. em 15-5-2007.

20. RE 583955, Relator(a): Min. RICARDO LEWANDOWSKI, Tribunal Pleno, julgado em 28-5-2009, REPERCUSSÃO GERAL – MÉRITO *DJe*-162, Divulg., 27-8-2009, Public., 28-8-2009, Ement v. 2371-09, p. 1716.

mento. No que tange aos créditos de acidente de trabalho, deve-se entender como vencidos aqueles já apurados e liquidados por decisão judicial, até o dia do ajuizamento da ação de recuperação judicial[21]. Já nos créditos trabalhistas, o vencimento é aquele normalmente estabelecido para os pagamentos aos trabalhadores. A ideia fundamental aqui é reduzir o âmbito de negociação desses créditos, que possuem um tratamento privilegiado nos concursos de credores.

Além disso, não se pode prever prazo superior a 30 dias para pagamento dos créditos trabalhistas, de natureza exclusivamente salarial, vencidos nos três meses anteriores ao pedido de recuperação, até o limite de 5 salários mínimos por trabalhador (Lei n. 11.101/2005 – art. 54). Qualquer outra alteração é possível, obviamente desde que haja o consentimento dos credores. A ideia aqui é resguardar o privilégio desses créditos e garantir um pagamento imediato do que é essencial para a sobrevivência digna do trabalhador.

Em ambos os casos, define-se um prazo máximo para o pagamento dos créditos sem, contudo, fixar o termo inicial desse prazo. Fábio Ulhoa Coelho e José da Silva Pacheco entendem que o prazo deverá ser contado do vencimento da obrigação[22]. Manoel Justino Bezerra Filho entende que o termo inicial desses prazos deve ser a juntada do plano de recuperação aos autos[23]. Rachel Sztajn e Frederico Simionato, por usa vez, afirmam que o termo inicial seria a aprovação do plano pelos credores[24].

A maioria da doutrina, a nosso ver com razão, entende que o prazo deverá ser contado da concessão da recuperação judicial[25]. Efetivamente, a lei só estabelece sanções para o descumprimento do plano após a concessão da recuperação judicial, logo, o prazo para cumprir o plano só pode iniciar após a concessão. Qualquer descumprimento anterior não teria efeitos e, por isso, não se pode considerar que haja algum prazo anterior à concessão da recuperação.

---

21. CAMPINHO, Sérgio. *Falência e recuperação de empresa*: o novo regime de insolvência empresarial. 3. ed. Rio de Janeiro: Renovar, 2008, p. 162.

22. PACHECO, José da Silva. *Processo de recuperação judicial, extrajudicial e falência*. 2. ed. Rio de Janeiro: Forense, 2007, p. 156; COELHO, Fábio Ulhoa. *Curso de direito comercial*. 8. ed. São Paulo: Saraiva, 2008, v. 3, p. 420.

23. BEZERRA FILHO, Manoel Justino. *Lei de recuperação de empresas e falências comentada*. 4. ed. São Paulo: Revista dos Tribunais, 2007, p. 169.

24. SZTAJN, Rachel. In: SOUZA JÚNIOR, Francisco Sátiro de; PITOMBO, Antônio Sérgio de A. de Moraes (Coord.). *Comentários à Lei de recuperação de empresas e falência*. São Paulo: Revista dos Tribunais, 2005, p. 245; SIMIONATO, Frederico A. Monte. *Tratado de direito falimentar*. Rio de Janeiro: Forense, 2008, p. 178.

25. CAMPINHO, Sérgio. *Falência e recuperação de empresa*: o novo regime de insolvência empresarial. 3. ed. Rio de Janeiro: Renovar, 2008, p. 161; CAMPOS BATALHA, Wilson de Souza; RODRIGUES NETTO, Nelson; RODRIGUES NETTO, Sílvia Maria Labate Batalha. *Comentários à lei de recuperação judicial de empresas e falência*. 4. ed. São Paulo: LTr, 2007, p. 106; ANDREY, Marcos. In: DE LUCCA, Newton; SIMÃO FILHO, Adalberto (Coord.). *Comentários à nova lei de recuperação de empresas e de falências*. São Paulo: Quartier Latin, 2005, p. 294; LOBO, Jorge. In: ABRÃO, Carlos Henrique; TOLEDO, Paulo F. C. Salles de (Coord.). *Comentários à lei de recuperação de empresas e falência*. São Paulo: Saraiva, 2005, p. 146.

4.2 Garantias reais

Outro limite imposto ao plano de recuperação judicial refere-se às garantias reais oferecidas pelo devedor. Estabelece a Lei n. 11.101/2005 (art. 50, § 1º) que "na alienação de bem objeto de garantia real, a supressão da garantia ou sua substituição somente serão admitidas mediante aprovação expressa do credor titular da respectiva garantia".

O dispositivo tem a redação um tanto quanto confusa, mas a doutrina tem-se esforçado para chegar ao alcance de tal regra. Rachel Sztajn e Silva Pacheco afirmam que a intenção do dispositivo é evitar qualquer alteração na garantia real sem o consentimento do credor[26]. De modo similar, Sérgio Campinho afirma que a lei "condiciona à expressa aprovação de credor a alienação do bem objeto de garantia real ou a substituição da garantia"[27].

De outro lado, Fábio Ulhoa Coelho afirma que tal restrição deve ser entendida da seguinte forma:

> Para a simples supressão ou substituição de uma garantia real, é suficiente que o plano de recuperação judicial seja aprovado. Mesmo que o titular da garantia não tenha votado em favor do plano, sua aprovação basta para a supressão ou substituição. Se, porém, for prevista a alienação do bem como meio de recuperação judicial, será indispensável a concordância do credor titular da garantia[28].

A nosso ver, a razão está com o último autor, pois o dispositivo limita-se à hipótese de alienação do bem dado em garantia, como se depreende do início da sua formulação, que diz: "Na alienação de bem objeto de garantia real, a supressão da garantia ou sua substituição somente serão admitidas mediante aprovação expressa do credor titular da respectiva garantia." Assim, a simples desoneração ou substituição da garantia não depende do consentimento do credor titular da garantia. Nesse sentido, já decidiu o STJ que

> [...] a supressão das garantias real e fidejussórias restou estampada expressamente no plano de recuperação judicial, que contou com a aprovação dos credores devidamente representados pelas respectivas classes (providência, portanto, que converge, numa ponderação de valores, com os interesses destes majoritariamente), o

---

26. SZTAJN, Rachel. In: SOUZA JÚNIOR, Francisco Sátiro de; PITOMBO, Antônio Sérgio de A. de Moraes (Coord.). *Comentários à lei de recuperação de empresas e falência*. São Paulo: Revista dos Tribunais, 2005, p. 267; PACHECO, José da Silva. *Processo de recuperação judicial, extrajudicial e falência*. 2. ed. Rio de Janeiro: Forense, 2007, p. 162.

27. CAMPINHO, Sérgio. *Falência e recuperação de empresa*: o novo regime de insolvência empresarial. 3. ed. Rio de Janeiro: Renovar, 2008, p. 150.

28. COELHO, Fábio Ulhoa. *Curso de direito comercial*. 8. ed. São Paulo: Saraiva, 2008, v. 3, p. 420-421.

que importa, reflexamente, na observância do § 1º do art. 50 da Lei n. 11.101/2005, e, principalmente, na vinculação de todos os credores, indistintamente[29].

Da mesma forma, a simples alienação do bem objeto da garantia, sem afastar o direito real, não dependerá do consentimento do titular da garantia. Todavia, a alienação do bem, afastando-se a garantia que incide sobre ele, seja pela substituição, seja pela simples desoneração, dependerá do consentimento específico do credor titular da garantia.

4.3 *Variação cambial*

Por fim, a variação cambial será conservada como parâmetro de indexação da correspondente obrigação e só poderá ser afastada se o credor titular do respectivo crédito aprovar expressamente previsão diversa no plano de recuperação judicial. Mais uma vez, protege-se a garantia que o credor tem especificamente em certas obrigações.

5 Apresentação do plano de recuperação judicial

Elaborado o plano pelo devedor, atentando aos limites legais, deverá ocorrer sua apresentação em juízo no prazo improrrogável[30] de 60 dias, contados da publicação da decisão que deferiu o processamento da recuperação judicial (Lei n. 11.101/2005 – art. 53), sob pena de convolação em falência. Tal prazo, por vezes, será muito curto para a complexidade dos negócios, mas mesmo assim há que se apresentar ao menos o esboço fundamental das medidas de recuperação, a fim de não postergar indefinidamente a solução do processo. De qualquer forma, esse plano poderá ser objeto de alterações posteriores, mas terá que ser apresentado no prazo, sob pena de ser decretada a falência do devedor.

A apresentação dessa proposta não é requisito para a propositura da ação de recuperação judicial, mas é essencial ao longo do procedimento. Ao ajuizar o pedido de recuperação judicial, o devedor apenas apresenta sua intenção de formalizar um acordo com os seus credores, para superar a crise econômico-financeira pela qual ele está passando, mas não precisa apresentar desde o início do processo a proposta de acordo, embora nada impeça que já apresente o plano[31]. Estando em termos o pedido de recupe-

29. STJ – REsp 1532943/MT, Rel. Ministro MARCO AURÉLIO BELLIZZE, TERCEIRA TURMA, julgado em 13-9-2016, DJe 10-10-2016.

30. MAMEDE, Gladston. *Direito empresarial brasileiro*: falência e recuperação de empresas. São Paulo: Atlas, 2006, v. 4, p. 231; CAMPOS BATALHA, Wilson de Souza; RODRIGUES NETTO, Nelson; RODRIGUES NETTO, Sílvia Maria Labate Batalha. *Comentários à lei de recuperação judicial de empresas e falência*. 4. ed. São Paulo: LTr, 2007, p. 105.

31. ANDREY, Marcos. In: DE LUCCA, Newton; SIMÃO FILHO, Adalberto (Coord.). *Comentários à nova lei de recuperação de empresas e de falências*. São Paulo: Quartier Latin, 2005, p. 291.

ração, o juiz deferirá o processamento da recuperação, iniciando o procedimento de verificação de crédito e o prazo de 60 dias para apresentação desta proposta de acordo.

Há, pois, fundamental importância no prazo de apresentação do plano de recuperação judicial, porquanto sua desobediência é punida com a convolação em falência. Quem pede a recuperação judicial reconhece estar passando por uma crise econômico-financeira e, por isso, pleiteia a solução dessa crise. Para superar essa crise, o devedor deverá atentar a certas determinações legais, como o prazo de apresentação do plano. A desobediência a essas determinações legais denota uma falta de cuidado incompatível com a recuperação da empresa, o que conduzirá à decretação da falência, como forma de liquidação patrimonial forçada para satisfazer o maior número possível de credores. No direito norte-americano, o prazo é de 120 dias[32], admitindo-se inclusive prorrogações[33], e não há convolação automática em falência.

32. ALDERMAN JR., Myles H. *Business reorganizations*. Denver: Outskirts Press, 2006, p. 65-66.

33. EPSTEIN, David G. *Bankruptcy and related law in a nutshell*. 6. ed. St. Paul: West Group, 2002, p. 430.

10 APRECIAÇÃO DO PLANO DE RECUPERAÇÃO JUDICIAL

1 Manifestação dos credores

Como a recuperação judicial tem a natureza de um acordo, é essencial o encontro entre as vontades do devedor e dos seus credores. Para que esse encontro de vontades ocorra, o devedor deverá tomar a iniciativa, apresentando uma proposta inicial de acordo, o plano de recuperação judicial. Tal proposta só produzirá efeitos se for aceita pelos credores. Em razão disso, todos os credores devem ter a chance de se manifestar sobre o plano de recuperação judicial.

Para que os credores tenham conhecimento do conteúdo da proposta de acordo e possam se manifestar, a lei impõe a publicação de um edital avisando aos credores sobre a entrega do plano em juiz. Este edital, que será publicado na imprensa oficial e em jornal de grande circulação (Lei n. 11.101/2005 – art. 191), conterá o aviso aos credores sobre o recebimento do plano e fixará o prazo para eventuais manifestações. Não se trata da publicação do próprio plano, mas apenas de um aviso sobre a possibilidade de acesso ao plano em juízo.

A partir do momento em que os credores têm acesso ao plano, eles podem formar sua convicção a respeito da proposta apresentada. Há, inicialmente, dois caminhos: aprovar o plano ou questioná-lo, apresentando uma objeção. O prazo para essa manifestação é de 30 dias contados da publicação da relação de credores elaborada pelo administrador judicial ou da publicação do edital sobre o recebimento do plano de recuperação judicial, o que ocorrer por último (Lei n. 11.101/2005 – art. 55).

1.1 Aprovação tácita

Caso os credores concordem com o plano apresentado, eles devem aprová-lo, a princípio de forma tácita, isto é, sem se manifestar. Para simplificar o andamento do processo, a lei não exige a concordância expressa de todos os credores, mas apenas e tão somente a ausência de oposição para considerar o plano aprovado. O silêncio dos credores é entendido como a aprovação tácita da proposta apresentada. Nada impede, porém, que os credores queiram se manifestar expressamente no sentido da concordância em relação ao plano apresentado.

1.2 Objeção

De outro lado, é certo que nem sempre os credores concordarão com a proposta apresentada. Nesse caso, não lhes cabe rejeitar o plano imediatamente, mas sim apresentar uma oposição para que o plano seja objeto de discussão e deliberação pela massa de credores. Só têm legitimidade para apresentar essa oposição os credores que no momento estiverem admitidos ao processo, seja por constarem da relação de credores, seja por serem incluídos por decisão judicial. Eles são os sujeitos que farão parte do acordo e, por isso, têm a legitimidade para questionar a proposta apresentada.

Na oposição, o credor deverá fundamentar[1] sua discordância por meio de razões de fato e de direito que justifiquem a não aceitação do plano apresentado. Não se trata aqui de uma simples informação de discordância, mas de um arrazoado especificando os motivos da oposição. Para tanto, pode-se invocar um sacrifício maior dos credores do que o necessário, a ausência de colaboração do próprio devedor que mantém níveis elevados de remuneração para seus administradores ou qualquer outro motivo que fundamente essa discordância em relação ao plano apresentado. A própria boa-fé objetiva exige uma justificativa, sob pena de indeferimento da oposição, ou seja, oposições injustificadas não podem ter o trâmite normal, devendo ser indeferidas de plano pelo juiz.

Mesmo sendo devidamente justificada, nenhuma objeção por si só é capaz de conduzir à rejeição imediata do plano apresentado, porquanto este pode ser objeto de alterações. Da mesma forma, nenhum credor tem o poder de rejeitar o plano de imediato, por mais expressiva que seja sua participação na massa de credores. Sua eventual discordância sempre conduzirá à convocação de uma assembleia geral para deliberar sobre o plano apresentado. De outro lado, por menor que seja a participação do credor, qualquer oposição justificada também levará à convocação da assembleia de credores, para que seja discutido e analisado o plano apresentado. Havendo oposição justificada, não há outro caminho ao juiz, a não ser a convocação da assembleia[2].

2 Análise do plano pela assembleia dos credores

Não havendo objeção, o plano será tido como aprovado tacitamente pelos credores. Havendo objeção, deverá ser convocada uma assembleia geral de credores para deliberar sobre a aprovação ou não do plano (Lei n. 11.101/2005 – art. 56). Tal assembleia dos credores será responsável pela aprovação ou desaprovação do plano de recu-

---

1. LOBO, Jorge. In: ABRÃO, Carlos Henrique; TOLEDO, Paulo F. C. Salles de. (Coord.). *Comentários à lei de recuperação de empresas e falência*. São Paulo: Saraiva, 2005, p. 147; MAMEDE, Gladston. *Direito empresarial brasileiro*: falência e recuperação de empresas. 2. ed. São Paulo: Atlas, 2008, v. 4, p. 220; VIGIL NETO, Luiz Inácio. *Teoria falimentar e regimes recuperatórios*. Porto Alegre: Livraria do Advogado, 2008, p. 170.

2. TJSP – Câmara especial de falências e recuperações judiciais – AG 569.351-4/6-00, Relator Desembargador José Roberto Lino Machado, j. em 19-11-2008.

peração, em decisão, a princípio, soberana[3]. Terão direito de voto na assembleia os credores sujeitos à recuperação, cujas condições de seus créditos sejam alteradas no plano de recuperação judicial.

A assembleia será convocada pelo juiz, com todas as formalidades legais, para realização em até 150 dias, contados do deferimento do processamento da recuperação judicial. Tal prazo, a princípio, deverá abranger a primeira e a segunda convocações. A ideia desse prazo é permitir que haja uma deliberação definitiva sobre o plano antes de cessar a suspensão das ações e da prescrição, que perdura por até 180 dias da decisão de processamento.

Embora a intenção seja boa, a realização da assembleia, nesse prazo, nem sempre é possível. Outrossim, pode ser que haja um grande debate sobre o plano apresentado, ensejando a realização de diversas assembleias, impedindo assim que haja uma deliberação dentro do prazo de suspensão. Por essas razões, acreditamos que o juiz poderá estender o prazo da suspensão[4], a fim de resguardar o resultado da negociação realizada no processo. Ademais, apesar da sua estipulação por lei, a desobediência ao prazo de 150 dias não possui qualquer sanção[5], a não ser que configure retardamento injustificado do processo e, por isso, nada impede que haja a realização de assembleias após esse prazo.

2.1 Fase de discussão: alterações no plano de recuperação

Convocada a assembleia para apreciar o plano de recuperação apresentado pelo devedor, caberá aos credores, a princípio, apenas a aprovação ou a rejeição do plano apresentado. Previamente a essa deliberação, obviamente deverá haver uma fase de discussão do plano, na qual inclusive podem ser feitas mudanças no plano originalmente apresentado.

Não se atribui à assembleia o poder de alterar o plano de recuperação unilateralmente[6]. Todavia, nada impede que a assembleia sugira alterações ao plano apresentado, a fim de melhor atender aos interesses envolvidos. As eventuais alterações propostas pela assembleia de credores só serão levadas à votação se contarem com a concordância do próprio devedor e não implicarem a diminuição exclusiva dos direitos dos credores ausentes (Lei n. 11.101/2005 – art. 56, § 3º).

---

3. SIMIONATO, Frederico A. Monte. *Tratado de direito falimentar*. Rio de Janeiro: Forense, 2008, p. 185; MAMEDE, Gladston. *Direito empresarial brasileiro*: falência e recuperação de empresas. 2. ed. São Paulo: Atlas, 2008, v. 4, p. 227.

4. CAMPINHO, Sérgio. *Falência e recuperação de empresa*: o novo regime de insolvência empresarial. 3. ed. Rio de Janeiro: Renovar, 2008, p. 166.

5. MUNHOZ, Eduardo Secchi. In: SOUZA JÚNIOR, Francisco Sátiro de; PITOMBO, Antônio Sérgio de A. de Moraes (Coord.). *Comentários à lei de recuperação de empresas e falência*. São Paulo: Revista dos Tribunais, 2005, p. 271; NEGRÃO, Ricardo. *Manual de direito comercial e de empresa*. 4. ed. São Paulo: Saraiva, 2009, v. 3, p. 175.

6. SIMIONATO, Frederico A. Monte. *Tratado de direito falimentar*. Rio de Janeiro: Forense, 2008, p. 180.

2.2 Fase de votação do plano

Com ou sem alterações, o plano deverá ser submetido à votação pelos credores, isto é, deve-se verificar se o acordo poderá ou não ser firmado.

2.2.1 Aprovação do plano de recuperação

Com ou sem alterações na proposta inicialmente apresentada, compete à assembleia manifestar a vontade da massa de credores em relação ao plano de recuperação judicial, aprovando-o ou rejeitando-o. Para tanto, a assembleia não será considerada como um todo, mas dividida em quatro classes (Lei n. 11.101/2005 – art. 41):

> classe I – credores trabalhistas e por acidente de trabalho pelo valor total do seu crédito;
>
> classe II – credores com direito real de garantia até o valor do bem dado em garantia;
>
> classe III – credores com privilégio especial, com privilégio geral, quirografários, subordinados e com garantia real, pelo valor que exceder o bem dado em garantia.
>
> classe IV – credores enquadrados como microempresa ou empresa de pequeno porte.

Para que o plano seja considerado aprovado, exige-se, a princípio, a aprovação cumulativa nas quatro classes, de acordo com os critérios de votação inerentes a cada uma. Assim, para a aprovação do plano é necessário o voto favorável da maioria dos credores de cada classe (computados por cabeça) e da maioria dos créditos das classes II e III (computados pelo valor).

Em síntese, a deliberação pela aprovação do plano deverá contar com o apoio de:

- credores que representem mais da metade dos créditos presentes na assembleia das classes II e III;
- mais da metade dos credores presentes das classes II e III, independentemente do valor dos créditos;
- mais da metade dos credores presentes referentes às classes I e IV, independentemente do valor dos créditos.

Tal forma de votação é exigida pela lei, a fim de que a aprovação do plano seja feita por uma maioria representativa da massa de credores como um todo e não apenas de certas classes, que costumam ter créditos mais expressivos.

Imaginemos uma recuperação judicial com o seguinte quadro geral de credores:

Credor	Natureza	Valor (R$)
John Bonham	Trabalhista	3.379,34
John Paul Jones	Trabalhista	18.485,07
Jimmy Page	Trabalhista	35.974,85
Robert Plant	Trabalhista	6.418,03
Janis Joplin	Trabalhista	3.564,32
Banco do Brasil S/A	Garantia Real	13.921.876,85
Banco de Brasília S/A – BRB	Garantia Real	1.956.930,13
Banco Itaú S/A	Garantia Real	6.135.259,32
Shell Brasil Ltda.	Privilégio Geral	19.569.301,30
Brasília Motors Ltda.	Quirografário	65.322,15
Jim Morrison	Quirografário	3.255,15
Pneulândia Comercial Ltda.	Quirografário	810,43
Petrobras Distribuidora S/A	Quirografário	16.713,83

Considerando que todos esses credores compareceram à assembleia, como já mencionado, eles serão divididos em quatro classes para fins de aprovação do plano.

Na classe I, serão incluídos os credores, JOHN PAUL JONES, JOHN BONHAM, JIMMY PAGE, ROBERT PLANT E JANIS JOPLIN, uma vez que todos esses são credores trabalhistas. Nessa classe, a votação se dá exclusivamente por cabeça, logo, o plano será aprovado se contar com a concordância de três desses credores, independentemente do valor do crédito. Assim, a concordância de ROBERT PLANT, JANIS JOPLIN E JOHN BONAHM é suficiente uma vez que não importa o valor dos créditos. De outro lado, se a concordância for da maioria dos valores, sem atingir a maioria dos credores (votação por cabeça), o plano não será considerado aprovado.

A mesma ideia se repete na classe IV que vai abranger os credores Raio de Sol Armarinho EIRELI – ME, José Carvalho de Mendonça ME e Raio X distribuidora de papéis e materiais de escritório LTDA. EPP, sendo necessária a aprovação da maioria dos credores (pelo menos dois deles), independentemente do valor.

Na classe II, serão incluídos os credores BANCO DO BRASIL S/A, BANCO DE BRASÍLIA S/A – BRB e o BANCO ITAÚ S/A. Nesta classe, exige-se uma dupla forma de aprovação. Em primeiro lugar, exige-se a maioria dos credores, isto é, pelo menos dois dos credores terão que aprovar o plano. Além disso, exige-se, nessa classe, cumulativamente a aprovação da maioria dos créditos, isto é, considerando-se os valores detidos pelos credores, a maioria também deverá concordar com o plano. Diante dessa dupla exigência, o plano nessa classe só será considerado aprovado se contar com o voto de todos, ou com o voto do BB e do BRB, ou com o voto do BB e do ITAÚ. A aprovação apenas pelo BRB e pelo ITAÚ não será suficiente, uma vez que não atingirá a maioria dos créditos.

Na classe III, serão incluídos a SHELL BRASIL LTDA., a BRASÍLIA MOTORS LTDA., JIM MORRISSON, a PNEULÂNDIA COMERCIAL LTDA. e PETROBRAS DISTRIBUIDORA S/A. Nessa classe, também se exige uma dupla forma de aprovação. Em primeiro lugar, exige-se a maioria dos credores e cumulativamente a aprovação da maioria dos créditos. Diante dessa dupla exigência, o plano nessa classe só será considerado aprovado se contar com o voto da SHELL e de mais dois credores pelo menos. Sem o voto da SHELL ou sem a concordância de pelo menos três credores, tal plano não será considerado aprovado nessa classe.

2.2.2 Aprovação alternativa do plano de recuperação

Em razão dos princípios que regem a recuperação da empresa, especialmente os da função social e da preservação da empresa, optou-se por criar uma forma alternativa de aprovação do plano de recuperação judicial. Mesmo sem atingir a aprovação em cada uma das classes de credores, o juiz poderá considerar aprovado o plano, desde que atendidos os seguintes requisitos cumulativos (Lei n. 11.101/2005 – art. 58, § 1º):

- voto favorável de credores que representem mais da metade do valor de todos os créditos presentes à assembleia;
- aprovação da maioria das classes votantes (duas se forem três ou quatro classes ou uma se forem duas classes);
- aprovação de credores que representem pelo menos um terço dos credores da classe que tenha desaprovado o plano (nas classes I e IV o voto será tomado independentemente do valor dos créditos, nas classes II e III devem ser considerados cumulativamente o valor e o número de credores);
- não implicação de tratamento diferenciado entre os credores da classe que o houver rejeitado.

A lei reconhece a possibilidade de outra maioria bem significativa (maioria de todos os créditos e maioria das classes) ser considerada suficiente para a aprovação do plano, desde que não haja tratamento diferenciado na classe que não o aprovou. Não sendo possível ter a aprovação de todas as classes, a aprovação da maioria das classes e da maioria de todos os créditos é considerada suficientemente expressiva para que se considere o plano aprovado. A ideia é buscar sempre que possível a aprovação do plano, permitindo a continuação da atividade, desde que haja a concordância de uma parte expressiva dos credores.

Ao tratar dessa forma alternativa de aprovação do plano de recuperação, a Lei n. 11.101/2005 afirma que o juiz "poderá conceder a recuperação" se cumpridos os requisitos já mencionados. O uso da expressão *poderá conceder* nos levaria a crer em um poder discricionário do juiz[7], no sentido de considerar ou não o plano aprovado. Parte da nossa doutrina chega a afirmar que essa aprovação alternativa é o *cram down* brasileiro[8], no sentido de representar a possibilidade de o juiz impor aos credores a aceitação do plano.

A nosso ver, porém, não se pode vislumbrar um poder discricionário do juiz nesse caso. Não se trata de uma simples escolha subjetiva do juiz sobre a conveniência e a oportunidade da recuperação judicial, mas da verificação do cumprimento de certos requisitos objetivos de aprovação do plano. Mesmo o uso da expressão *poderá conceder* não afasta o juiz da necessidade de seguir a vontade da maioria expressiva dos credores. Não se quer atribuir ao juiz um poder meramente homologatório, mas sim reconhecer a prevalência da vontade dos credores e do fim social a que se destina a lei.

Dessa forma, acreditamos que a obediência aos requisitos do art. 58 da Lei n. 11.101/2005 impõe ao juiz a aceitação do plano[9]. Em razão disso, podemos concluir que estamos diante de uma forma de aprovação alternativa[10] do plano e não do típico *cram down*, pois neste instituto o juiz manda cumprir um plano que não foi aprovado, o que não se enquadra na hipótese em análise. No caso do art. 58, há uma aprovação expressiva do plano e não sua rejeição.

2.2.3 Rejeição do plano

Caso o devedor não consiga obter a aprovação do plano em todas as classes ou na forma alternativa, ou se o juiz não considerar a forma alternativa como aprovação, o

---

7. COELHO, Fábio Ulhoa. *Curso de direito comercial*. 8. ed. São Paulo: Saraiva, 2008, v. 3, p. 423; COVAS, Silvânio. In: DE LUCCA, Newton; SIMÃO FILHO, Adalberto (Coord.). *Comentários à nova lei de recuperação de empresas e de falências*. São Paulo: Quartier Latin, 2005, p. 306; VIGIL NETO, Luiz Inácio. *Teoria falimentar e regimes recuperatórios*. Porto Alegre: Livraria do Advogado, 2008, p. 173. No mesmo sentido: TJSP – Câmara especial de falências e recuperações judiciais – AG 580.607-4/6-00, Relator Desembargador Boris Kauffmann, j. em 24-9-2008; DOMINGOS, Carlos Eduardo Quadros. *As fases da recuperação judicial*. Curitiba: J. M. Livraria Jurídica, 2009, p. 74.

8. CAMIÑA MOREIRA, Alberto. Poderes da assembleia de credores, do juiz e a atividade do ministério público. In: PAIVA, Luiz Fernando Valente de (Coord.). *Direito falimentar e a nova lei de falências e recuperação de empresas*. São Paulo: Quartier Latin, 2005, p. 257; PERIN JÚNIOR, Écio. *Curso de direito falimentar e recuperação de empresas*. 3. ed. São Paulo: Método, 2006, p. 350.

9. MUNHOZ, Eduardo Secchi. In: SOUZA JÚNIOR, Francisco Sátiro de; PITOMBO, Antônio Sérgio de A. de Moraes (Coord.). *Comentários à lei de recuperação de empresas e falência*. São Paulo: Revista dos Tribunais, 2005, p. 286.

10. SIMIONATO, Frederico A. Monte. *Tratado de direito falimentar*. Rio de Janeiro: Forense, 2008, p. 183.

plano deverá ser considerado rejeitado pelos credores. Nessa situação, a lei determina que o juiz de ofício decrete a falência do devedor que não obteve o acordo (Lei n. 11.101/2005 – art. 56, § 4º).

Se o devedor pediu a recuperação, ele reconheceu estar passando ou em vias de passar por uma crise econômico-financeira e, nessa situação, ele busca a solução dessa crise. Ao não conseguir realizar um acordo com os seus credores, ele não terá direito às medidas necessárias para a superação da crise. Em razão disso, a lei presume, de forma absoluta, a impossibilidade de superação da crise e, consequentemente, de continuação da atividade e, por isso, impõe ao devedor a liquidação do seu patrimônio por meio da falência. Trata-se de uma consequência muito grave e, por isso, o devedor, ao pedir a recuperação, deverá sempre ter em mente os riscos que ele assume.

Seria possível questionar a legitimidade de decretação da falência nesses casos, porquanto não teria ocorrido nenhum pedido nesse sentido. Todavia, ao pedir a recuperação, o devedor requer em última análise a solução de sua situação econômico-financeira, estando implícita no seu pedido a possibilidade de falência, como resposta a uma crise que não pode ser superada. Quem reconhece estar passando por uma crise deve ter uma solução, seja no sentido da superação da crise, seja no sentido da liquidação patrimonial.

3 Limites da atuação jurisdicional

Pela própria natureza contratual da recuperação judicial, é natural concluir que a decisão da assembleia de credores será soberana, isto é, não cabe ao juiz, a princípio, ir contra a vontade dos credores. Se estes aprovaram o plano de recuperação judicial, não caberia ao juiz rejeitá-lo. Da mesma forma, se eles não aceitaram o plano, nem na forma alternativa, o juiz não poderia, a princípio, decidir pela aprovação do plano[11]. Dentro dessa concepção se imporia ao juiz um papel meramente homologatório[12] da decisão dos credores, não lhe cabendo uma intervenção mais ativa dentro do sistema brasileiro. Alberto Camiña Moreira chega a afirmar que não é o juiz que concede a recuperação judicial, mas os credores, cabendo ao juiz apenas a homologação dessa manifestação de vontade[13].

Para o STJ, "A assembleia de credores é soberana em suas decisões quanto aos planos de recuperação judicial. Contudo, as deliberações desse plano estão sujeitas aos requisi-

---

11. MAMEDE, Gladston. *Direito empresarial brasileiro*: falência e recuperação de empresas. 2. ed. São Paulo: Atlas, 2008, v. 4, p. 228.

12. CAMPINHO, Sérgio. *Falência e recuperação de empresa*: o novo regime de insolvência empresarial. 3. ed. Rio de Janeiro: Renovar, 2008, p. 173.

13. CAMIÑA MOREIRA, Alberto. Poderes da assembleia de credores, do juiz e a atividade do ministério público. In: PAIVA, Luiz Fernando Valente de (Coord.). *Direito falimentar e a nova lei de falências e recuperação de empresas*. São Paulo: Quartier Latin, 2005, p. 253-254.

tos de validade dos atos jurídicos em geral, requisitos esses que estão sujeitos a controle judicial"[14]. De modo similar, afirmou-se que

> Afigura-se absolutamente possível que o Poder Judiciário, sem imiscuir-se na análise da viabilidade econômica da empresa em crise, promova controle de legalidade do plano de recuperação judicial que, em si, em nada contemporiza a soberania da assembleia geral de credores. A atribuição de cada qual não se confunde. À assembleia geral de credores compete analisar, a um só tempo, a viabilidade econômica da empresa, assim como da consecução da proposta apresentada. Ao Poder Judiciário, por sua vez, incumbe velar pela validade das manifestações expendidas, e, naturalmente, preservar os efeitos legais das normas que se revelarem cogentes[15].

Todavia, tal opinião não é pacífica, há quem reconheça um poder mais ativo de intervenção do juiz[16]. Jorge Lobo afirma que o juiz poderá não decretar a falência se vislumbrar que a rejeição do plano pela assembleia atenta contra o interesse público, encerra fraude ou importa em violação à lei[17]. Adalberto Simão Filho afirma que o juiz, fundado no art. 47 da Lei n. 11.101/2005, poderia analisar o mérito do plano de recuperação judicial e decidir pela concessão ou não da recuperação, independentemente da manifestação dos credores[18].

Como muito bem ressaltado por Eduardo Secchi Munhoz[19], estamos na verdade diante de um falso dilema, pois não se pode ser radical em nenhum dos dois sentidos. Não se pode atribuir ao juiz o papel de simples homologador das manifestações dos credores. De outro lado, o juiz também não deve ter o poder de interferir livremente na recuperação, ignorando a decisão dos credores, o que desvirtuaria a ideia de acordo na recuperação judicial. Portanto, há que se reconhecer a possibilidade de intervenção do juiz, mas devem-se impor limites a essa intervenção.

---

14. STJ – REsp 1314209/SP, Rel. Ministra NANCY ANDRIGHI, TERCEIRA TURMA, julgado em 22-5-2012, *DJe* 1º-6-2012.

15. STJ – REsp 1532943/MT, Rel. Ministro MARCO AURÉLIO BELLIZZE, TERCEIRA TURMA, julgado em 13-9-2016, DJe 10-10-2016. No mesmo sentido: STJ – REsp 1587559/PR, Rel. Ministro LUIS FELIPE SALOMÃO, QUARTA TURMA, julgado em 6-4-2017, DJe 22-5-2017; STJ – REsp 1660195/PR, Rel. Ministra NANCY ANDRIGHI, TERCEIRA TURMA, julgado em 4-4-2017, DJe 10-4-2017.

16. ARAGÃO, Leandro de Santos. Assembleia Geral de credores: e agora? Um diálogo sobre a comunhão de credores e o direito societário. In: CASTRO, Rodrigo R. Monteiro de; ARAGÃO, Leandro Santos (Coord.). *Direito societário e a nova lei de falências e recuperação de empresas*. São Paulo: Quartier Latin, 2006, p. 304.

17. LOBO, Jorge. In: ABRÃO, Carlos Henrique; TOLEDO, Paulo F. C. Salles de. (Coord.). *Comentários à lei de recuperação de empresas e falência*. São Paulo: Saraiva, 2005, p. 150.

18. SIMÃO FILHO, Adalberto. Interesses transindividuais dos credores nas assembleias gerais e sistemas de aprovação do plano de recuperação judicial. In: DE LUCCA, Newton; DOMINGUES, Alessandra de Azevedo (Coord.). *Direito recuperacional*. São Paulo: Quartier Latin, 2009, p. 58.

19. MUNHOZ, Eduardo Secchi. Anotações sobre os limites do poder jurisdicional na apreciação do plano de recuperação judicial. *Revista de Direito Bancário e Mercado de Capitais*, ano 10, n. 36, abr./jun. 2007, p. 192.

3.1 Teoria do conflito de interesses

Nas sociedades, o voto abusivo ou em conflito de interesses é passível de invalidação, por representar um voto proibido pela legislação[20]. A ideia é garantir o cumprimento da função social do direito de voto. Pela similaridade entre a assembleia de credores e assembleia de sócios ou acionistas, seria factível aplicar essa teoria para permitir que o juiz anule ou desconsidere certos votos proferidos na assembleia.

Embora não reconhecida expressamente na Lei n. 11.101/2005, não há dúvida de que é possível afastar os votos abusivos ou conflitantes proferidos pelos credores na assembleia, em razão da própria interpretação sistemática e teleológica do texto da lei[21]. Verificando o abuso do credor, que, por exemplo, manifesta o seu voto com a intenção de beneficiar concorrentes do devedor, o juiz deverá anular o voto e não computá-lo na análise do plano de recuperação judicial.

Apesar de não se negar sua aplicabilidade, não há como negar a existência de diversos problemas na transposição dessa teoria do direito societário para o direito das empresas em crise, em razão da configuração ou não do abuso ou do conflito pelos credores, porquanto estes estão naturalmente orientados por motivos pessoais.

Os credores, naturalmente, possuem uma situação de conflito em relação ao devedor, pois não há dúvida de que o interesse deles é receber o mais rápido possível o seu crédito. Esse conflito formal não pode ser considerado suficiente para invalidar o voto do credor, sob pena de inviabilizar a própria realização da assembleia. Da mesma forma, não se pode considerar abusivo o voto do credor movido pelo interesse individual de recebimento do crédito, pois tal conduta é esperada e não pode ser punida.

Desse modo, a única hipótese de aplicação da teoria do conflito de interesses na assembleia de credores ocorreria quando o credor manifestasse seu voto movido por interesses externos, que não o recebimento do próprio crédito[22]. Não se pode pretender que o credor vote sempre tendo em vista o interesse social na recuperação judicial, vale dizer, é natural que o credor paute sua manifestação pelo seu interesse individual no recebimento do crédito. Apesar disso, quando restar comprovado que o voto é motivado por interesses externos (benefício a concorrentes, substituição em contratos, vingança...), o juiz teria o poder de desconsiderar os votos proferidos.

3.2 Cram down

A aplicação da teoria do conflito de interesses, embora inegável, deixa pouca margem de atuação para o juiz nos processos de recuperação judicial. Em razão disso, discute-se

---

20. FRANÇA, Erasmo Valladão Azevedo e Novaes. *Invalidade das deliberações de assembleia geral das S.A.* São Paulo: Malheiros, 1999, p. 117.

21. MUNHOZ, Eduardo Secchi. Anotações sobre os limites do poder jurisdicional na apreciação do plano de recuperação judicial. *Revista de Direito Bancário e Mercado de Capitais,* ano 10, n. 36, abr./jun. 2007, p. 194.

22. MUNHOZ, Eduardo Secchi. Anotações sobre os limites do poder jurisdicional na apreciação do plano de recuperação judicial. *Revista de Direito Bancário e Mercado de Capitais,* ano 10, n. 36, abr./jun. 2007, p. 193.

a possibilidade de outras intervenções do juiz. No direito comparado, foram desenvolvidos outros institutos que ampliam a margem de intervenção judicial nos processos de recuperação judicial. Um dos maiores exemplos é o chamado *cram down*, entendido inicialmente como a concessão da recuperação judicial mesmo contra a vontade dos credores. A utilidade prática e o uso desse instituto em outros países traz a indagação sobre sua aplicabilidade ao direito brasileiro.

3.2.1 A experiência dos Estados Unidos

No direito norte-americano, há um sistema de recuperação similar a nossa recuperação judicial, que também exige o consentimento dos credores e outros requisitos adicionais[23]. Além do consentimento dos credores organizados em classes, exige-se uma série de outros requisitos, como a boa-fé do devedor, a viabilidade do plano, uma boa perspectiva de sucesso, o adequado tratamento aos credores atingidos pelo plano e outros[24]. Entre esses requisitos, merece especial atenção a obediência ao melhor interesse dos credores, isto é, se o credor que rejeitou o plano receberia mais na falência do que na recuperação, o plano não pode ser confirmado[25]. Já na forma usual de aprovação do plano, vê-se uma boa margem de discricionariedade para o juiz que ainda é ampliada pela legislação americana.

Nos Estados Unidos é possível que um plano de recuperação judicial seja confirmado mesmo contra a vontade da maioria das classes desde que sejam atendidos os mesmos requisitos da aprovação tradicional, exceto obviamente a concordância de todos os credores. Nesta hipótese, são exigidos ainda certos requisitos específicos, a saber: (a) o plano deve ter a aprovação de pelo menos uma classe; (b) o plano não pode discriminar injustamente uma classe; e (c) o plano deve ser justo e equitativo (*fair and equitable*)[26].

Esse é o *cram down*, que dá ao juiz o poder de intervir na deliberação dos credores, impondo o plano de recuperação mesmo contra a vontade da maioria[27], mediante requerimento do proponente[28]. A sua aplicação envolve uma grande margem de discricionariedade do juiz, especialmente na definição sobre justiça e equidade do plano, bem como sobre a ausência de discriminação injusta[29]. Assim, caberá ao juiz verificar se há alguma discriminação entre as classes e se ela é justa, deixando margem para um claro juízo de valor. Além disso, caberá ao juiz analisar se o plano é justo e equitativo, mais uma vez numa análise bastante subjetiva, que, porém, possui certos testes de verificação.

---

23. TABB, Charles Jordan. *The law of bankruptcy*. New York: Foundation Press, 1997, p. 849.

24. BLUM, Brian B. *Bankruptcy and debtor/creditor*. 4. ed. New York: Aspen, 2006, p. 510-512.

25. TABB, Charles Jordan. *The law of bankruptcy*. New York: Foundation Press, 1997, p. 841.

26. EPSTEIN, David G. *Bankruptcy and related law in a nutshell*. 6. ed. St. Paul: West Group, 2002, p. 444-445.

27. ALDERMAN JR., Myles H. *Business reorganizations*. Denver: Outskirts Press, 2006, p. 67-68.

28. TABB, Charles Jordan. *The law of bankruptcy*. New York: Foundation Press, 1997, p. 855.

29. BLUM, Brian B. *Bankruptcy and debtor/creditor*. 4. ed. New York: Aspen, 2006, p. 513.

Registre-se que a Argentina também possui um instituto conhecido como "*cram down*", mas com contornos completamente distintos. Trata-se de uma troca de titularidade das ações ou quotas da sociedade devedora, para viabilizar a celebração do acordo[30] e não uma imposição do acordo. No direito argentino, o *cram down* visa a separar a sorte da empresa da sorte dos seus titulares[31].

3.2.2 Aplicabilidade ao Brasil

A Lei n. 11.101/2005 não trata especificamente do *cram down*, a nosso ver nem mesmo no art. 58, § 1º, porquanto nesta hipótese há uma maioria aprovando o plano e não são impostos requisitos para análise pelo juiz. Em razão do silêncio da lei, Gladston Mamede não reconhece ao juiz o poder de impor a aprovação do plano de recuperação[32]. Na mesma linha, Frederico Simionato afirma que o magistrado não pode contrariar a decisão da assembleia de credores[33].

De fato a legislação brasileira não dá parâmetros para uma eventual aprovação forçada do plano de recuperação. Apesar disso, os princípios estabelecidos no art. 47 e no art. 75 da Lei n. 11.101/2005 devem servir de fundamento para reconhecer ao juiz um papel mais ativo no processo de recuperação judicial. Os requisitos impostos pelo direito norte-americano podem servir de referência para a melhor aplicação da legislação nacional sobre o assunto, cumprindo inclusive objetivos constitucionais e assegurando a maior eficiência possível ao regime da recuperação judicial.

Na Constituição Federal de 1988, norma maior do nosso ordenamento jurídico, menciona-se a eficiência expressamente como um princípio regedor da administração pública (art. 37), como um dos elementos a ser analisado no sistema de controle interno (art. 74) e ao determinar que as atividades de segurança sejam eficientes (art. 144, § 7º). Assim, a eficiência está presente em vários momentos, sendo extremamente importante para as atividades administrativas no Brasil. A simples menção a esse princípio nesses pontos específicos já leva a crer que a eficiência é um objetivo a ser buscado na atuação do Direito.

Além disso, a eficiência também deve reger as outras formas de atuação do Direito, especialmente na elaboração e aplicação de regras jurídicas, em função dos próprios objetivos estabelecidos para a República Federativa do Brasil, no art. 3º da Constituição Federal de 1988. Nesse dispositivo, entre outros objetivos, vê-se a garantia do desenvol-

---

30. MORO, Carlos Emilio. Cramdown. In: ROUILLON, Adolfo A. N. (Dir.). *Derecho concursal*. Buenos Aires: La Ley, 2004, p. 539.

31. BAS, Francisco Junyent; SANDOVAL, Carlos A. Molina. *Ley de concursos y quiebras comentada*. Buenos Aires: Depalma, 2003, t. I, p. 248-285.

32. MAMEDE, Gladston. *Direito empresarial brasileiro*: falência e recuperação de empresas. 2. ed. São Paulo: Atlas, 2008, v. 4, p. 228.

33. SIMIONATO, Frederico A. Monte. *Tratado de direito falimentar*. Rio de Janeiro: Forense, 2008, p. 183. No mesmo sentido: PIMENTA, Eduardo Goulart. *Recuperação de empresas*. São Paulo: IOB, 2006, p. 189-190.

vimento nacional que pode ser alcançado, entre outros meios, por um ordenamento jurídico eficiente.

Eros Grau afirma que "o desenvolvimento deve levar a um salto de uma estrutura social para outra, acompanhado da elevação do nível econômico e do nível cultural-intelectual comunitário"[34]. Ora, uma das melhores maneiras de assegurar essa elevação do nível econômico e do nível cultural se dá por meio da adoção de regras e políticas eficientes para alcançar os melhores resultados.

Entretanto, a eficiência não pode ser tida como um valor em si, mas como um componente de valor que, somada a outros valores, pode servir para se alcançar objetivos maiores. No art. 170 da Constituição Federal, vê-se que a finalidade da ordem econômica não é assegurar a maximização da riqueza, mas sim assegurar a todos existência digna, conforme os ditames da justiça social. Vê-se, nesse artigo, uma posição similar àquela defendida por Calabresi que dá à justiça um papel dominante, inclusive com poder de veto sobre medidas que venham a ser tomadas, mesmo que eficientes[35]. "A Constituição é capitalista, mas a liberdade é apenas admitida enquanto exercida no interesse da justiça social e confere prioridade aos valores do trabalho humano sobre os demais valores da economia de mercado."[36]

Assim, deve-se entender possível a imposição do plano de recuperação judicial aos credores desde que não haja uma discriminação injusta, desde que se atenda ao melhor interesse dos credores e desde que o plano seja justo. Caberá não ao arbítrio, mas ao convencimento do juiz, a identificação desses critérios nos casos concretos para a aplicação de um *cram down* no Brasil, pelos benefícios que tal instituto traz. Eduardo Secchi Munhoz foi extremamente feliz ao afirmar que

> [...] é hora de superar o dualismo soberania do juiz vs. soberania dos credores, que se tornou anacrônico no direito falimentar contemporâneo, em vista do consenso em torno da ideia de que o sistema deve procurar conciliar o papel do juiz, do devedor e dos credores na produção de soluções que atendam a função pública do direito da empresa em crise[37].

---

34. GRAU, Eros Roberto. *A ordem econômica na Constituição de 1988*. 4. ed. São Paulo: Malheiros, 1998, p. 238-239.

35. CALABRESI, Guido. *The costs of accidents*: a legal and economic analysis. New Haven: Yale, 1970, p. 25.

36. GRAU, Eros Roberto. *A ordem econômica na Constituição de 1988*. 4. ed. São Paulo: Malheiros, 1998, p. 212-213.

37. MUNHOZ, Eduardo Secchi. Anotações sobre os limites do poder jurisdicional na apreciação do plano de recuperação judicial. *Revista de Direito Bancário e Mercado de Capitais*, ano 10, n. 36, abr./jun. 2007, p. 199.

11 CONCESSÃO E CUMPRIMENTO DA RECUPERAÇÃO JUDICIAL

1 Apresentação de certidões negativas de débitos tributários

Após a juntada aos autos do plano aprovado pela assembleia geral de credores ou não havendo objeção de credores no prazo legal, o devedor deverá apresentar em juízo certidões negativas de débitos tributários (Lei n. 11.101/2005 – art. 57). Reforçando essa obrigação, o art. 191-A do CTN condiciona a concessão da recuperação judicial à apresentação das referidas certidões. Pela ausência de prazo legalmente fixado, deve-se entender que tal apresentação deverá ocorrer no prazo de cinco dias[1] da juntada do plano ou do término do prazo para a apresentação de objeções.

A princípio, exige-se uma certidão que indique a ausência de débitos tributários por parte do devedor. Tal regra é de cumprimento muito difícil por parte do devedor, pois normalmente quem passa por uma crise possui débitos tributários em aberto. Para contornar essa dificuldade, a própria Lei n. 11.101/2005 estabelece que o fisco poderá conceder um parcelamento especial para os devedores em recuperação judicial, nos termos de lei especial a ser editada.

Ocorre que a referida lei especial ainda não existe, inviabilizando o parcelamento especial. Apesar disso, nada impede a obtenção do parcelamento pelas regras gerais inerentes ao parcelamento de cada ente da federação, ressalvado que o prazo de parcelamento não poderá ser inferior ao estabelecido para a União Federal (CTN – art. 155-A, § 4º). Assim, não há dúvida de que o devedor em recuperação judicial tem um direito subjetivo ao parcelamento para os devedores em recuperação judicial, nos termos da legislação até o momento vigente[2].

Havendo o parcelamento das dívidas tributárias, ou qualquer outra causa de suspensão da exigibilidade (CTN – art. 151), o devedor não terá uma certidão negativa de débitos tributários, mas uma certidão positiva com efeitos de negativa. Obviamente, tal certidão também poderá ser apresentada para cumprir a exigência do art. 57 da Lei n. 11.101/2005[3].

---

1. COELHO, Fábio Ulhoa. *Comentários à nova lei de falências e recuperação de empresas*. São Paulo: Saraiva, 2005, p. 167.

2. CAMPINHO, Sérgio. *Falência e recuperação de empresa*: o novo regime de insolvência empresarial. 3. ed. Rio de Janeiro: Renovar, 2008, p. 168.

3. FAZZIO JÚNIOR, Waldo. *Nova lei de falência e recuperação de empresas*. São Paulo: Atlas, 2005, p. 172; CAMPINHO, Sérgio. *Falência e recuperação de empresa*: o novo regime de insolvência empresarial. 3. ed. Rio de Janeiro: Renovar, 2008, p. 167.

Se a certidão positiva com efeitos de negativa supre a CND para diversos fins, não há como negar sua aplicação também ao processo de recuperação judicial.

1.1 Não apresentação das certidões

Ocorre que nem sempre o devedor consegue ter qualquer uma das duas certidões. Ele normalmente tem dívidas tributárias, em razão da própria crise econômico-financeira pela qual ele passa e, por isso, não possui certidões negativas. Além disso, nem sempre ele consegue a suspensão da exigibilidade dessas dívidas, por não atender aos requisitos do parcelamento geral[4], uma vez que ainda não existe o parcelamento especial, inviabilizando até a certidão positiva com efeitos de negativa. Nesse caso, o devedor não conseguirá cumprir a exigência do art. 57 da Lei n. 11.101/2005 e do art. 191-A do CTN. Daí, indagar-se: quais as consequências da não apresentação das certidões?

Alguns autores entendem que a não apresentação das certidões deverá conduzir ao indeferimento puro e simples do pedido formulado[5]. De outro lado, há quem sustente que a não apresentação das certidões deveria conduzir à decretação da falência, uma vez que representaria o descumprimento de um dos requisitos essenciais à concessão de recuperação judicial[6]. Mesmo criticando a exigência, há autores que reconhecem que se não houver o pagamento dos tributos será decretada a falência do devedor, numa subversão dos valores a serem levados em conta nesse processo[7].

A nosso ver, a não apresentação das certidões não pode significar a falência, por falta de previsão legal nesse sentido[8], uma vez que o dispositivo que previa a convolação em falência não foi mantido na redação final da lei. O art. 73 da Lei n. 11.101/2005 não

---

4. STANTON, Márcia Silva. A exigência da certidão de regularidade fiscal para a concessão do plano de recuperação judicial. In: BATTELO, Sílvio Javier. *Principais controvérsias na nova lei de falências*. Porto Alegre: Fabris, 2008, p. 147.

5. CAMPOS BATALHA, Wilson de Souza; RODRIGUES NETTO, Nelson; RODRIGUES NETTO, Sílvia Maria Labate Batalha. *Comentários à lei de recuperação judicial de empresas e falência*. 4. ed. São Paulo: LTr, 2007, p. 108; COVAS, Silvânio. In: DE LUCCA, Newton; SIMÃO FILHO, Adalberto (Coord.). *Comentários à nova lei de recuperação de empresas e de falências*. São Paulo: Quartier Latin, 2005, p. 304.

6. COELHO, Fábio Ulhoa. *Comentários à nova lei de falências e recuperação de empresas*. São Paulo: Saraiva, 2005, p. 189; FAZZIO JÚNIOR, Waldo. *Nova lei de falência e recuperação de empresas*. São Paulo: Atlas, 2005, p. 172; RESTIFFE, Paulo Sérgio. *Recuperação de empresas*. Barueri: Manole, 2008, p. 279; PENALVA SANTOS, J. V. *Recuperação judicial de empresas*. Rio de Janeiro: Espaço Jurídico, 2007, p. 47.

7. LEITE, Harrison Ferreira. O entrave do artigo 191-A da lei complementar 118/2005 para a concessão da recuperação judicial. In: PEIXOTO, Marcelo Magalhães (Coord.). *Reflexos tributários da nova lei de falência*: comentários à LC 118/2005. São Paulo: MP, 2005, p. 35-38.

8. CAMPINHO, Sérgio. *Falência e recuperação de empresa*: o novo regime de insolvência empresarial. 3. ed. Rio de Janeiro: Renovar, 2008, p. 169; MAIA, Felipe Fernandes Ribeiro. Recuperação judicial vs. Fisco: a sucessão tributária, a exigência de certidão negativa de débito e o parcelamento. In: CARVALHO, William Eustáquio de; CASTRO, Moema A. S. de. *Direito falimentar contemporâneo*. Porto Alegre: Sérgio Antônio Fabris, 2008, p. 69; OLIVEIRA, Celso Marcelo de. *Comentários à nova lei de falências*. São Paulo: IOB, 2005, p. 296.

contempla a não apresentação das certidões como uma hipótese da convolação da recuperação em falência, logo, tal conclusão não tem suporte na legislação.

Outros autores, a nosso ver com razão, entendem que deve ser dispensada a apresentação das certidões, isto é, a não apresentação das certidões não tem quaisquer consequências, não impedindo a concessão da recuperação[9]. Nessa linha de entendimento, diz-se que a apresentação das certidões é dispensada em razão do sistema e dos objetivos da lei[10]. No mesmo caminho, afirma-se que tal exigência é ilegítima, não razoável e desproporcional[11] e, por isso, deve ser afastada.

A mesma opinião é sufragada pela jurisprudência, que vem afastando a exigência da CND[12]. O STJ já afirmou que

> O parcelamento tributário é direito da empresa em recuperação judicial que conduz a situação de regularidade fiscal, de modo que eventual descumprimento do que dispõe o art. 57 da LRF só pode ser atribuído, ao menos imediatamente e por ora, à ausência de legislação específica que discipline o parcelamento em sede de recuperação judicial, não constituindo ônus do contribuinte, enquanto se fizer inerte o legislador, a apresentação de certidões de regularidade fiscal para que lhe seja concedida a recuperação[13].

Com a criação do parcelamento especial, acredita-se que a orientação será mantida, em face dos demais argumentos.

---

9. SIMIONATO, Frederico A. Monte. *Tratado de direito falimentar*. Rio de Janeiro: Forense, 2008, p. 182.

10. BEZERRA FILHO, Manoel Justino. *Lei de recuperação de empresas e falências comentada*. 4. ed. São Paulo: Revista dos Tribunais, 2007, p. 176; MARZAGÃO, Lídia Valéria. A recuperação judicial. In: MACHADO, Rubens Approbato (Coord.). *Comentários à Lei de falências e recuperação de empresas*. São Paulo: Quartier Latin, 2005, p. 107.

11. MAMEDE, Gladston. *Direito empresarial brasileiro*: falência e recuperação de empresas. 2. ed. São Paulo: Atlas, 2008, v. 4, p. 229; MELO, Luciana Rocha de. *A influência dos créditos tributários na recuperação judicial de empresas*. 2008. 79 f. Monografia (graduação) – Uniceub, Brasília; MAIA, Felipe Fernandes Ribeiro. Recuperação judicial vs. fisco: a sucessão tributária, a exigência de certidão negativa de débito e o parcelamento. In: CARVALHO, William Eustáquio de; CASTRO, Moema A. S. de. *Direito falimentar contemporâneo*. Porto Alegre: Sérgio Antônio Fabris, 2008, p. 69; LOPES, Bráulio Lisboa. *Aspectos tributários da falência e da recuperação de empresas*. São Paulo: Quartier Latin, 2008, p. 217-218; APPENDINO, Fábio Diniz. Os meios de recuperação judicial. In: CASTRO, Rodrigo R. Monteiro de; ARAGÃO, Leandro Santos (Coord.). *Direito societário e a nova lei de falências e recuperação de empresas*. São Paulo: Quartier Latin, 2006, p. 352; STANTON, Márcia Silva. A exigência da certidão de regularidade fiscal para a concessão do plano de recuperação judicial. In: BATTELO, Sílvio Javier. *Principais controvérsias na nova lei de falências*. Porto Alegre: Fabris, 2008, p. 149.

12. TJSP – Câmara Especial de Falências. AgI 501.786.4/3. Relator: Lino Machado. Matão, SP, 30-1-2008; TJSP – Câmara Especial de Falências. AgI 516.982-4/2-00. Relator: Pereira Calças. SP, Jundiaí, 30-1-2008.

13. STJ – REsp 1187404/MT, Rel. Ministro LUIS FELIPE SALOMÃO, CORTE ESPECIAL, julgado em 19-6-2013, *DJe* 21-8-2013; STJ – REsp 1658042/RS, Rel. Ministra NANCY ANDRIGHI, TERCEIRA TURMA, julgado em 9-5-2017, DJe 16-5-2017.

Em certos casos, como na recuperação judicial da Parmalat, o juiz dispensou a apresentação da CND pela violação ao princípio da proporcionalidade e aos princípios da recuperação judicial.

Na recuperação judicial da Bombril, o juiz entendeu que não há como exigir as certidões negativas fiscais para a concessão da recuperação judicial enquanto não regulamentado o parcelamento de créditos tributários. De fato, não seria razoável o fisco exigir alguma coisa do devedor, enquanto não cumprir sua parte, no sentido da criação de um parcelamento especial para os devedores em recuperação judicial. Seria como exigir que apenas uma das partes de uma relação cumprisse suas obrigações. Com a criação do parcelamento especial, acredita-se que tal argumento já não terá o mesmo peso, mas, pelos outros fundamentos, a dispensa será mantida.

Outrossim, não há dúvida de que o Estado tem um dever positivo de colaborar com a recuperação judicial e não de criar entraves a ela. Ademais, a exigência das certidões contraria o princípio da proporcionalidade, pois representa uma medida desnecessária à defesa dos interesses do fisco.

O princípio da proporcionalidade decorre do Estado Democrático de Direito e, por isso, pode-se afirmar que ele tem sede constitucional, e deve pautar toda atuação estatal, desde a edição das leis até a atuação concreta, especialmente nos casos de restrição de direitos. Vitalino Canas afirma que

> [...] o princípio do Estado de Direito tem por último escopo a realização da justiça material (*materielle Gerechtigkeit*) e esta, embora não possa ser materialmente definida à partida, pode ser interpretada como exigindo, do ponto de vista formal, a ponderação ou contrapeso de todos os interesses, públicos e privados, afectados pela concreta decisão estatal. E a ponderação ou contrapeso de interesses só fará sentido se a decisão estatal se revelar adequada e necessária para a prossecução ou satisfação de certos interesses[14].

Tal princípio se desdobra em três princípios, quais sejam, os princípios da necessidade ou exigibilidade, da adequação e da proporcionalidade *stricto sensu* ou razoabilidade, vale dizer

> [...] no âmbito das leis interventivas na esfera de liberdades dos cidadãos, que qualquer limitação a direitos feita pela lei deve ser apropriada, exigível e na justa medida, atributos que permitem identificar o conteúdo jurídico do cânone da proporcionalidade em sentido amplo: exigência de **adequação** da medida restritiva ao fim ditado pela própria lei; **necessidade** da restrição para garantir a efetividade do

---

14. CANAS, Vitalino. O princípio da proibição do excesso na Constituição. In: MIRANDA, Jorge (Org.). *Perspectivas constitucionais nos 20 anos da Constituição de 1976*. Coimbra: Coimbra, 1997, v. 2, p. 335.

direito e a **proporcionalidade em sentido estrito**, pela qual se pondera a relação entre a carga da restrição e o resultado[15].

Pelo princípio da adequação a medida adotada deve ser apta a atingir a finalidade almejada, ou seja, a medida adotada deve produzir os efeitos que se objetivam. "O princípio da conformidade ou adequação impõe que a medida adoptada para a realização do interesse público deve ser apropriada à prossecução do fim ou fins a ele subjacentes. [...] Trata-se, pois, de controlar a relação de adequação medida-fim."[16] Em primeiro lugar, a exigência das certidões não é apta para alcançar os fins colimados no processo de recuperação judicial ou os fins do próprio fisco no sentido de recebimento dos seus créditos, uma vez que na falência os créditos fiscais ficam até em terceiro lugar, correndo riscos maiores de não recebimento do que na continuação da atividade.

De outro lado, temos o princípio da necessidade ou exigibilidade, que significa em síntese que a atuação estatal deve ter a maior eficácia, como o menor sacrifício de direitos. J. J. Gomes Canotilho afirma que

> O princípio da exigibilidade, também conhecido como princípio da necessidade ou da menor ingerência possível, coloca a tônica na ideia de que o cidadão tem direito à menor desvantagem possível. Assim, exigir-se-ia sempre a prova de que, para a obtenção de determinados fins, não era possível adoptar outro meio menos oneroso para o cidadão[17].

A exigência das certidões também não é necessária, na medida em que o fisco continua a ter meios próprios para o recebimento dos seus créditos. A eventual decretação da falência em razão da não obtenção da recuperação judicial é a medida mais gravosa, com menos benefícios gerados, por isso, também por este aspecto, não pode prevalecer.

Por fim, há um princípio da proporcionalidade em sentido estrito ou razoabilidade, pela qual a atuação estatal deve ser ponderada, sopesando todos os valores em jogo e compatibilizando-os. "Meios e fim são colocados em equação mediante um juízo de ponderação, com o objectivo de se avaliar se o meio utilizado é ou não desproporcionado em relação ao fim. Trata-se, pois, de uma questão de medida ou desmedida para se alcançar um fim: pesar as desvantagens dos meios em relação às vantagens do fim."[18]

---

15. BARROS, Suzana de Toledo. *O princípio da proporcionalidade e o controle da constitucionalidade das leis restritivas de direitos fundamentais*. Brasília: Brasília Jurídica, 1996, p. 27.

16. CANOTILHO, J. J. Gomes. *Direito constitucional e teoria da constituição*. 2. ed. Coimbra: Almedina, 1998, p. 262.

17. Idem, p. 263.

18. Idem, ibidem.

Ponderando-se os valores em jogo, vê-se claramente que deve prevalecer a preservação da empresa, pelos benefícios que essa preservação gera para todos, inclusive para o fisco.

Portanto, na hipótese da recuperação judicial, a exigência da CND não atende a nenhum dos três princípios específicos, mostrando-se claramente desproporcional e, por conseguinte, inconstitucional. De fato, o fisco não participa do acordo de recuperação, não tem suas execuções fiscais suspensas e de forma alguma é prejudicado pelo andamento da recuperação judicial. Desse modo, não há nenhuma necessidade de se resguardar o pagamento dos créditos fiscais na recuperação judicial.

Poderia se dizer que o fisco é prejudicado pela não sucessão do eventual adquirente do estabelecimento (Lei n. 11.101/2005 – art. 60, parágrafo único). Todavia, em outros casos de alienações judiciais, de imóveis, por exemplo, também não há sucessão do adquirente. Assim, não há dúvida de que não há prejuízo na concessão da recuperação judicial sem a apresentação de certidões negativas de débitos tributários, pelo contrário, essa concessão pode trazer benefícios bem maiores em razão da continuação da atividade. Ao permitir que a atividade seja recuperada, o fisco protegerá não só seus interesses de arrecadação futura, mas os interesses da comunidade e dos trabalhadores que circundam a empresa.

2 Concessão da recuperação judicial

Aprovado o plano de recuperação judicial e apresentadas as certidões, ou dispensada a sua apresentação, o juiz concederá, por sentença[19], a recuperação judicial. A partir dessa decisão, o devedor deverá atuar com o nome seguido da expressão em recuperação judicial, até que se finalize o processo. Outrossim, o juiz deverá oficiar a junta comercial para que tal decisão seja averbada junto ao registro do empresário, dando a maior publicidade possível ao estado de recuperação judicial.

Embora não ponha fim ao processo, a decisão concessiva da recuperação judicial é efetivamente uma sentença, porquanto o juiz acolhe o pedido formulado pelo autor. Apesar do brilhantismo dos seus defensores, não podemos considerar a decisão concessiva uma simples decisão interlocutória[20], porquanto ela acolhe, em última análise, a pretensão deduzida pelo autor da ação.

Em se tratando de uma sentença, normalmente o recurso contra tal decisão seria o recurso de apelação, com os efeitos inerentes a ela. Todavia, o processo de recuperação judicial precisa continuar, com a prática dos atos previstos no plano de recuperação judicial, como a alienação do estabelecimento e outras medidas. Em razão disso, a Lei n. 11.101/2005

---

19. RESTIFFE, Paulo Sérgio. *Recuperação de empresas.* Barueri: Manole, 2008, p. 277; NEGRÃO, Ricardo. *Manual de direito comercial e de empresa.* 4. ed. São Paulo: Saraiva, 2009, v. 3, p. 185; LOBO, Jorge. In: TOLEDO, Paulo F. C. S. de; ABRÃO, Carlos Henrique (Coord.). *Comentários à lei de recuperação de empresas e falência.* São Paulo: Saraiva, 2005, p. 157.

20. SOUZA, Bernardo Pimentel. *Direito processual empresarial.* Salvador: JusPodivm, 2008, p. 185.

(art. 59, § 2º) prevê expressamente o recurso de agravo de instrumento como o recurso cabível contra tal decisão. Tal determinação legal visa a permitir que o processo continue com o juízo de primeiro grau, levando apenas cópias do feito para a instância recursal.

O eventual recurso poderá ser interposto por qualquer credor e pelo Ministério Público, questionando eventuais vícios formais ou materiais na concessão da recuperação judicial. O recurso seguirá as mesmas regras do Código de Processo Civil, inclusive quanto ao prazo e à possibilidade de efeito suspensivo, dada a aplicação daquele Codex aos processos de falência e de recuperação judicial (Lei n. 11.101/2005 – art. 189).

Sem recurso ou não sendo concedido o efeito suspensivo no recurso interposto, a decisão concessiva da recuperação judicial produzirá uma série de efeitos, a saber: a vinculação de todos os credores sujeitos à recuperação a novas obrigações constantes do plano, a formação de um título executivo judicial e a submissão da alienação de filiais ou unidades produtivas às regras previstas na própria Lei n. 11.101/2005. Além disso, para incentivar a continuação da atividade, os créditos quirografários sujeitos à recuperação judicial pertencentes a fornecedores de bens ou serviços que continuarem a provê-los normalmente após o pedido de recuperação judicial terão privilégio geral de recebimento em caso de decretação de falência, no limite do valor dos bens ou serviços fornecidos durante o período da recuperação (Lei n. 11.101/2005 – art. 67).

2.1 Vinculação de todos os credores

Como vimos, o aspecto contratual se sobressai na recuperação judicial, na medida em que ela representa um grande acordo entre o devedor e seus credores. E não se diga que a possibilidade da concessão da recuperação, mesmo com a oposição de alguns credores, afastaria o acordo de vontades, porquanto, de qualquer forma, haverá o acordo entre a vontade dos credores e a vontade do devedor. Para todos os efeitos, a vontade dos credores pode decorrer da concordância tácita com o plano, ou da deliberação da maioria em uma assembleia. A fim de simplificar a atuação da recuperação, a lei permite que se considere a vontade dos credores em conjunto (massa de credores)[21], ainda que algum deles individualmente possua certas divergências. O conjunto de credores é tratado como uma comunhão para todos os efeitos, na recuperação judicial[22].

Assim, ao ser concedida a recuperação judicial, os credores sujeitos a ela, mesmo que não concordem com o plano, ficarão vinculados. "Uma vez aprovado o plano de recuperação judicial, todos os credores a ele se submetem, independentemente de discordância ou, como *in casu*, de inércia do credor"[23]. A vontade representativa da massa

21. CAMPINHO, Sérgio. *Falência e recuperação de empresa*: o novo regime de insolvência empresarial. Rio de Janeiro: Renovar, 2006, p. 13.

22. PORFIRIO CARPIO, Leopoldo José. *La junta de acreedores*. Madrid: Civitas, 2008, p. 42-43.

23. STJ – REsp 1661496/PE, Rel. Ministro HERMAN BENJAMIN, SEGUNDA TURMA, julgado em 27-4-2017, DJe 8-5-2017.

de credores é considerada suficiente para a vinculação de todos os credores sujeitos à recuperação, mesmo que não tenham concordado com o plano proposto. Repete-se aqui uma ideia muito comum nas sociedades, de vincular todos pela vontade da maioria. Tal regra é fundamental para viabilizar a recuperação judicial, porquanto se deve simplificar e facilitar as medidas necessárias à recuperação da empresa.

2.2 *Novação*

Ao vincular todos os credores a ela sujeitos, a concessão da recuperação judicial também significará a novação dos créditos, ou seja, os créditos abrangidos pelo plano de recuperação judicial passarão a ter as condições ali previstas e não mais as suas condições originais. Surge um novo contorno para as obrigações abrangidas pelo plano, com o intuito de viabilizar a superação da crise econômico-financeira.

Em seu sentido clássico, a novação representa a "substituição de uma dívida antiga por uma dívida nova"[24], vale dizer, extingue-se a obrigação antiga e surge uma nova obrigação. Nessa nova obrigação pode haver a substituição de algum dos sujeitos envolvidos (credor ou devedor) ou do objeto da obrigação, falando-se no primeiro caso de novação subjetiva e no segundo caso de novação objetiva. Ambas podem ocorrer na recuperação judicial, a depender do plano aprovado pelos credores.

Só ocorrerá novação se alguma coisa for alterada em relação à obrigação original[25]; até por isso, os credores que não têm os seus créditos alterados sequer participam da votação do plano de recuperação judicial. Alterando-se alguma coisa na obrigação original, surgirá uma nova obrigação com os contornos definidos pelo plano de recuperação. Na novação, esse surgimento da nova obrigação extinguirá a obrigação original, tendo efeitos a princípio muito similares aos do efetivo pagamento.

Por ter o condão de extinguir a obrigação original, a novação, em regra, extingue os direitos do credor em relação aos coobrigados solidários (exemplo: avalistas) e também extingue as eventuais obrigações acessórias, como a fiança[26]. Do mesmo modo, extinguem-se as eventuais garantias a ela inerentes pertencentes a terceiros, que não participaram da novação, dada a condição de acessórias da obrigação original (arts. 364 e 366 do Código Civil).

Todavia, na recuperação judicial o art. 59 da Lei n. 11.101/2005 diz que o plano de recuperação "implica novação dos créditos anteriores ao pedido, e obriga o devedor e todos os credores a ele sujeitos, sem prejuízo das garantias". Na mesma linha, o art. 49,

---

24. POTHIER, Robert Joseph. *Tratado das obrigações*. Tradução de Witt Batista e Douglas Dias Ferreira. Campinas: Servanda, 2001, p. 511.

25. Idem, p. 522.

26. Idem, p. 523.

§ 1º, da mesma lei afirma: "Os credores do devedor em recuperação judicial conservam seus direitos e privilégios contra os coobrigados, fiadores e obrigados de regresso." Ao ressalvar as garantias e os direitos em face dos coobrigados, a legislação da recuperação inova em relação à legislação geral sobre a novação, subordinando-a às exigências da recuperação judicial[27].

Tentando conciliar o regime da novação e as regras da recuperação judicial, parte da doutrina afirma que a concessão da recuperação judicial irá operar a liberação dos bens dados em penhor, hipoteca ou anticrese pertencentes a terceiros que não fazem parte do plano e liberará o fiador que não consentir expressamente com o plano[28]. Nessa linha de entendimento, interpretam-se as garantias referidas pela lei como aquelas oferecidas pelo próprio devedor, não atingindo aquelas garantias oferecidas por terceiros.

Outros autores, a nosso ver com razão, asseveram que não ficam alteradas as garantias, nem reais nem pessoais[29], prestados pelo devedor ou por terceiros. A ressalva expressa da lei, que menciona "sem prejuízo das garantias," deixa entrever a intenção do legislador de alterar o regime próprio da novação, mantendo as garantias mesmo dadas por terceiros. Mesmo as fianças se mantêm, agora, sem qualquer dúvida, pois o art. 49, § 1º, da Lei n. 11.101/2005 é expresso ao afirmar que os credores conservam seus direitos em face dos fiadores. Nesse sentido, já decidiu o STJ[30]:

> [...] a Jurisprudência desta Corte se firmou no sentido de que o plano de recuperação judicial opera novação das dívidas a ele submetidas, mas as garantias reais ou fidejussórias, em regra, são preservadas, podendo o credor exercer seus direitos contra terceiros garantidores, e impõe a manutenção das ações e execuções aforadas contra fiadores, avalistas ou coobrigados em geral.

---

27. CHAVES, Natália Cristina. Novação ou inovação? In: CARVALHO, William Eustáquio de; CASTRO, Moema A. S. de. *Direito falimentar contemporâneo.* Porto Alegre: Sérgio Antônio Fabris, 2008, p. 168.

28. NEGRÃO, Ricardo. *Manual de direito comercial e de empresa.* 4. ed. São Paulo: Saraiva, 2009, v. 3, p. 187-188; MUNHOZ, Eduardo Secchi. In: SOUZA JÚNIOR, Francisco Sátiro de; PITOMBO, Antônio Sérgio de A. de Moraes (Coord.). *Comentários à Lei de recuperação de empresas e falência.* São Paulo: Revista dos Tribunais, 2005, p. 290-291; CHAVES, Natália Cristina. Novação ou inovação? In: CARVALHO, William Eustáquio de; CASTRO, Moema A. S. de. *Direito falimentar contemporâneo.* Porto Alegre: Sérgio Antônio Fabris, 2008, p. 164.

29. CAMPINHO, Sérgio. *Falência e recuperação de empresa*: o novo regime de insolvência empresarial. 3. ed. Rio de Janeiro: Renovar, 2008, p. 150; LOBO, Jorge. In: TOLEDO, Paulo F. C. S. de; ABRÃO, Carlos Henrique (Coord.). *Comentários à lei de recuperação de empresas e falência.* São Paulo: Saraiva, 2005, p. 158; PACHECO, José da Silva. *Processo de recuperação judicial, extrajudicial e falência.* 2. ed. Rio de Janeiro: Forense, 2007, p. 166; BEZERRA FILHO, Manoel Justino. *Lei de recuperação de empresas e falências comentada.* 4. ed. São Paulo: Revista dos Tribunais, 2007, p. 178; CAMPOS BATALHA, Wilson de Souza; RODRIGUES NETTO, Nelson; RODRIGUES NETTO, Sílvia Maria Labate Batalha. *Comentários à lei de recuperação judicial de empresas e falência.* 4. ed. São Paulo: LTr, 2007, p. 109.

30. STJ – AgInt no REsp 1602972/SP, Rel. Ministro RICARDO VILLAS BÔAS CUEVA, TERCEIRA TURMA, julgado em 27-9-2016, DJe 11-10-2016.

Os encargos também se mantêm, salvo disposição diversa do plano de recuperação aprovado[31]. A alteração do regime da novação, embora juridicamente seja um desvirtuamento do instituto, é necessária para viabilizar a aprovação do plano e a recuperação da empresa.

Mais uma vez desvirtuando o regime geral da novação, a legislação da recuperação judicial estabelece que a novação fica condicionada ao cumprimento das obrigações constantes do plano e à ausência de convolação em falência, pois uma vez decretada a falência antes do encerramento da recuperação judicial[32], os créditos restabelecem suas condições originais (Lei n. 11.101/2005 – art. 61, § 2º). No direito italiano, mesmo com a falência, o acordo se mantém válido, cabendo apenas aos credores a cobrança do resíduo do acordo, salva cláusula expressa em contrário[33].

O benefício decorrente da concessão da recuperação judicial fica, portanto, submetido a uma condição resolutiva (convolação em falência). Se ela não for implementada serão mantidas as condições do plano. Todavia, se for decretada a falência, os credores terão reconstituídos seus direitos e garantias nas condições originalmente contratadas, deduzidos os valores eventualmente pagos e ressalvados os atos validamente praticados no âmbito da recuperação judicial. Se a obrigação já foi paga, ou seja, extinta, nada há a restabelecer, porquanto os atos validamente praticados não são atingidos.

Na pendência da condição, a novação produz todos os seus efeitos, isto é, a obrigação anterior está juridicamente extinta não podendo ser exigida, a não ser nas condições previstas no plano. Em razão disso, deve-se promover a baixa das obrigações cuja exigibilidade foi alterada pela recuperação judicial[34]. Assim, se há uma dívida vencida inscrita no SERASA, cuja exigibilidade, nos termos do plano aprovado, só se dará a partir de dois anos de carência, deve-se baixar esta dívida do cadastro. Reitere-se, porém, que a novação é condicional, isto é, se for decretada a falência nos dois anos subsequentes à concessão da recuperação judicial, a inscrição poderá ser retomada.

2.2.1 Retomada ou extinção das ações suspensas contra o devedor

Questão um pouco mais complexa envolve a retomada das ações que anteriormente haviam sido suspensas. Como já mencionado, o prazo de 180 dias da suspensão das ações não é considerado um prazo de fato improrrogável, mas o fato é que as ações não

---

31. LOBO, Jorge. In: TOLEDO, Paulo F. C. S. de; ABRÃO, Carlos Henrique (Coord.). *Comentários à lei de recuperação de empresas e falência*. São Paulo: Saraiva, 2005, p. 159.

32. MUNHOZ, Eduardo Secchi. In: SOUZA JÚNIOR, Francisco Sátiro de; PITOMBO, Antônio Sérgio de A. de Moraes (Coord.). *Comentários à lei de recuperação de empresas e falência*. São Paulo: Revista dos Tribunais, 2005, p. 297.

33. RINALDI, Valter. Gli accordi di ristrutturazione dei debiti. In: DI PEPE, Giorgio Schiano (Coord.). *Il diritto fallimentare riformato*. Padova: CEDAM, 2007, p. 674.

34. STJ – REsp 1260301/DF, Rel. Ministra NANCY ANDRIGHI, TERCEIRA TURMA, julgado em 14-8-2012, *DJe* 21-8-2012.

podem ficar suspensas indefinidamente. Todavia, finda a suspensão, resta a dúvida sobre a retomada ou não da ação, tendo em vista a novação operada pela concessão da recuperação. O STJ já afirmou que "uma vez aprovado o plano de recuperação, não se faz plausível a retomada das ações e execuções individuais após o decurso do prazo legal de 180 dias, pois nos termos do art. 59 da Lei n. 11.101/05, tal aprovação implica novação"[35].

Pensando exclusivamente, sob a ótica da novação, as obrigações anteriormente executadas estão extintas e, por isso, o processo de execução deveria ser extinto. Assim, pela extinção do crédito exequendo, o caso seria justamente de extinção da execução[36]. Ocorre que a situação não é tão simples assim, pois se trata de uma novação diferente, de uma novação condicional.

A nosso ver, mesmo sendo uma novação condicional, não há possibilidade de retomada da execução contra o devedor em recuperação judicial, desde que o crédito esteja abrangido pelo plano e consequentemente tem sido objeto da novação. Em primeiro lugar, ainda que condicional, a novação é causa de extinção de crédito e, por conseguinte, da execução. Em segundo lugar, a condição para a retomada da situação anterior do crédito é a decretação da falência, nos dois anos seguintes e, havendo falência, não há espaço para execuções individuais, mas apenas para a execução concursal. Ademais, se mantida a novação, isto é, após o decurso do prazo de dois anos sem a convolação em falência, com a extinção do processo de recuperação, a lei dá ao credor, em caso de inadimplência do plano, a opção de executar o plano ou pedir a falência do devedor, sem a abertura da possibilidade de retomada do processo. "Em nenhuma circunstância vislumbra-se a possibilidade de o credor retomar a execução embasada no crédito extinto por novação."[37]

2.2.2 A situação dos codevedores e garantidores

No caso dos codevedores, a questão é mais complexa, pois eles sequer se beneficiam da suspensão das ações pela decisão de processamento. No caso de um avalista, a situação é parcialmente resolvida pelo princípio da autonomia das obrigações, pois fatos ligados ao avalizado (novação) não atingem a obrigação do avalista. O STJ já afirmou que "a novação do crédito não alcança o instituto do aval, garantia pessoal e autônoma por meio

---

35. STJ – AgRg no CC 110.250/DF, Rel. Ministra NANCY ANDRIGHI, SEGUNDA SEÇÃO, julgado em 8-9-2010, *DJe* 16-9-2010.

36. TJRS – Apelação Cível n. 70050291657, Décima Sexta Câmara Cível, Relator: Ergio Roque Menine, Julgado em 22-8-2013; TJRS – Apelação Cível n. 70052412350, Décima Sétima Câmara Cível, Relator: Liege Puricelli Pires, Julgado em 21-3-2013; TJMG – Apelação Cível 1.0344.09.048952-9/001, Relator(a): Des.(a) Márcia De Paoli Balbino, 17ª CÂMARA CÍVEL, julgamento em 7-3-2013, publicação da súmula em 15-3-2013; TJMG – Apelação Cível 1.0303.09.009730-2/001, Relator(a): Des.(a) Luiz Carlos Gomes da Mata, 13ª CÂMARA CÍVEL, julgamento em 29-3-2012, publicação da súmula em 2-4-2012.

37. AYOUB, Luiz Roberto; CAVALLI, Cássio. *A construção jurisprudencial da recuperação judicial de empresas*. Rio de Janeiro: Forense, 2013, p. 299.

da qual o garantidor compromete-se a pagar título de crédito nas mesmas condições do devedor"[38]. As condições a que se refere o dispositivo são questões de forma.

Mesmo nos demais coobrigados, há uma regra especial na recuperação judicial, que mantém a mesma lógica[39]. Para a recuperação judicial o art. 59 da Lei n. 11.101/2005 diz que o plano de recuperação "implica novação dos créditos anteriores ao pedido, e obriga o devedor e todos os credores a ele sujeitos, sem prejuízo das garantias". Na mesma linha, o art. 49, § 1º, da mesma lei afirma: "Os credores do devedor em recuperação judicial conservam seus direitos e privilégios contra os coobrigados, fiadores e obrigados de regresso."

Diante da previsão legal específica, os codevedores e garantidores mantêm a responsabilidade que possuíam antes da novação, pois não participaram do negócio, e a lei, expressamente, afirma que os credores conservam seus direitos e privilégios. Em contrapartida, há a questão do direito de regresso em relação aos valores pagos, isto é, se o valor pago pelo garantidor for maior do que o valor consignado no plano para aquela dívida, qual dos dois montantes pautará o direito de regresso? Se um avalista pagou cem mil reais ao credor, mas o plano considerava que o credor só poderia cobrar cinquenta mil reais do avalizado, qual será o montante do direito de regresso exercido pelo avalista.

Ao pagar uma dívida, o avalista, fiador, coobrigado ou obrigado de regresso, passa a ter uma posição equivalente àquela ostentada pelo credor pago, isto é, passa a ocupar a posição jurídica deste na relação. Assim, o titular do direito do regresso só pode cobrar o que o credor poderia cobrar. Em qualquer hipótese, o direito de regresso é garantido ao codevedor ou garantidor que paga, nas mesmas condições do credor que recebeu o valor, isto é, o pagamento transfere ao devedor o direito do credor que recebeu. Em suma, o direito de regresso se submete às limitações do plano de recuperação e, nesta condição, acaba sofrendo os efeitos da novação[40].

2.3 *Formação de título executivo judicial*

Para dar mais força ao acordo firmado, a concessão da recuperação judicial torna-o um título executivo judicial, na forma do art. 515, II do CPC/2015. Por já ter havido uma análise judicial do acordo firmado, o plano de recuperação judicial passa ter a mesma força da sentença homologatória de uma transação judicial. Desse modo, para forçar o cumprimento do acordo, os credores podem lançar mão do procedimento inerente ao cumprimento de sentença, no qual as possibilidades de questionamento do devedor são menores, isto é, as matérias de defesa do devedor são bem mais restritas (CPC/2015 – art.

38. STJ – AgRg no AREsp 96.501/RS, Rel. Ministro JOÃO OTÁVIO DE NORONHA, TERCEIRA TURMA, julgado em 6-8-2013, *DJe* 20-8-2013.

39. TJRS – Apelação Cível n. 70052287190, Décima Primeira Câmara Cível, Relator: Bayard Ney de Freitas Barcellos, Julgado em 11-12-2013; TJMG – Apelação Cível 1.0026.11.005884-4/001, Relator(a): Des.(a) Mariza Porto, 11ª CÂMARA CÍVEL, julgamento em 31-10-2013, publicação da súmula em 11-11-2013.

40. TJSP – Acórdão 2012.0000277070, Desembargador Relator Ricardo Pessoa de Mello Belli, julgado em 4-6-2012.

525, § 1º). Com isso o plano passa a ter uma força maior, dando mais segurança aos credores do que simples acordos privados firmados sem a intervenção do poder judiciário.

2.4 Alienação de filiais e unidades produtivas

Outro efeito inerente à concessão da recuperação judicial é a alteração do regime para alienação de filiais e unidades produtivas. Não há um sentido jurídico específico para as expressões filiais ou unidades produtivas, mas deve-se entender aqui que estamos falando da alienação de estabelecimentos empresariais isolados[41], vale dizer, de conjuntos de bens reunidos para o exercício das atividades empresariais. Ressalte-se que em sentido amplo o estabelecimento corresponde a todo o conjunto de bens do devedor, por isso, falamos de estabelecimentos isolados, para entender cada uma das unidades produtivas daquele empresário. Caso a alienação desses estabelecimentos isolados esteja prevista no plano de recuperação, haverá um regime próprio para esse negócio.

2.4.1 Forma de alienação

Normalmente, tal alienação seria submetida a um procedimento de negociação particular e decidida exclusivamente entre as partes envolvidas. Todavia, se ela estiver prevista no plano de recuperação judicial, ela se submeterá ao disposto no art. 142 da Lei n. 11.101/2005, vale dizer, não será um negócio privado qualquer, mas uma negociação conduzida e fiscalizada no âmbito do processo de recuperação.

Em razão da incidência do referido dispositivo, a forma da venda dos estabelecimentos isolados será definida pelo juiz, ouvido o administrador judicial e o comitê, se houver. Não caberá ao devedor decidir a forma de alienação do estabelecimento, que por sua importância deverá obedecer a um procedimento bem mais formal, para se ter o acesso do maior número de interessados na aquisição e obter o melhor preço possível. Caberá ao juiz escolher entre as seguintes formas de alienação: leilão por lances orais, propostas fechadas e pregão.

No leilão por lances orais, haverá uma venda aberta ao público, sendo considerado vencedor aquele que ofertar o maior lance. No caso das propostas fechadas, ocorrerá um procedimento similar a uma licitação, isto é, os interessados entregarão envelopes lacrados no cartório, a serem abertos pelo juiz, no dia, hora e local designados, cabendo ao sujeito que ofertar o maior lance o direito de adquirir os bens alienados.

Por fim, no sistema do pregão há uma combinação entre as duas modalidades anteriores. Inicialmente, são entregues propostas fechadas para selecionar aqueles que participarão do leilão (são selecionados todos aqueles que apresentarem proposta de pelo

41. MUNHOZ, Eduardo Secchi. In: SOUZA JÚNIOR, Francisco Sátiro de; PITOMBO, Antônio Sérgio de A. de Moraes (Coord.). *Comentários à Lei de recuperação de empresas e falência*. São Paulo: Revista dos Tribunais, 2005, p. 297.

menos 90% da maior oferta apresentada). Selecionados os participantes, será realizado leilão, tendo como lance mínimo a melhor proposta apresentada, que já é considerada como lance inicial do leilão. Se o autor desta oferta não comparecer e ela não for atingida pelos demais, ele será obrigado a indenizar a diferença entre o valor obtido no leilão e o valor ofertado, sendo a certidão de tal fato título executivo.

Reforçando a busca do maior número possível de correntes e do melhor preço, deve-se dar uma ampla publicidade a essa alienação. Em qualquer das modalidades, a realização da alienação será antecedida por publicação de anúncio em jornal de ampla circulação, com 15 (quinze) dias de antecedência, em se tratando de bens móveis, e com 30 (trinta) dias na alienação da empresa ou de bens imóveis, facultada a divulgação por outros meios que contribuam para o amplo conhecimento da venda.

Outrossim, estabelece o art. 142, § 2º, da Lei n. 11.101/2005 que a alienação será feita pelo maior lance, ainda que não atinja o valor da avaliação. Tal regra, perfeitamente aplicável à falência, nem sempre será aplicável à recuperação judicial, porquanto nesta há a necessidade do consentimento dos credores e esse consentimento pode estar subordinado a um preço mínimo de venda, pois os valores serão revertidos em proveito dos credores. Desse modo, o lance inferior ao preço de avaliação só será o vencedor se o plano de recuperação aprovado não contemplar esse preço mínimo[42].

2.4.2 Responsabilidade do adquirente

Outra mudança no regime da alienação dos estabelecimentos isolados diz respeito à responsabilidade do adquirente. Fora do processo de recuperação judicial, há responsabilidade do adquirente pelas obrigações regularmente contabilizadas (CC – art. 1.146), pelas obrigações trabalhistas (CLT – art. 448) e pelas obrigações tributárias, neste último caso, integral ou subsidiariamente a depender da continuação ou restabelecimento de atividade econômica pelo devedor (CTN – art. 133). Todavia, tal responsabilidade em muitos casos inviabiliza a aquisição do estabelecimento, porquanto não haveria interessados na aquisição que quisessem arcar com os ônus dessa sucessão, em especial se o alienante está passando por alguma crise econômico-financeira.

Para viabilizar a alienação das filiais ou unidades produtivas nos processos de recuperação judicial, a Lei n. 11.101/2005 (art. 60, parágrafo único) afirma que em tais alienações o objeto estará livre de quaisquer ônus. Além disso, o mesmo dispositivo afirma que os terceiros adquirentes não terão responsabilidade por obrigações do alienante, por tratar-se de uma aquisição a título originário da propriedade sobre o estabelecimento isolado[43]. Tais providências favorecem a continuação da atividade, protegendo os inte-

---

42. MAMEDE, Gladston. *Direito empresarial brasileiro*: falência e recuperação de empresas. 2. ed. São Paulo: Atlas, 2008, v. 4, p. 245.

43. Idem, p. 247.

resses que a circundam de forma mais eficiente, valorizando os estabelecimentos isolados, além de tornar atrativa sua negociação[44].

Especificamente no que tange à responsabilidade do adquirente, vale a pena destacar que não haverá nenhum tipo de sucessão em relação às obrigações do devedor, inclusive as de natureza tributária. Privilegia-se a continuação da atividade que, em longo prazo, trará maiores benefícios do que o simples pagamento dos credores. A sorte da empresa (atividade) é distinta da sorte do empresário e, por isso, deve-se viabilizar sua continuação sem as obrigações que tocavam ao devedor. Neste particular, os credores também não restarão prejudicados, na medida em que eles se sub-rogarão no produto da venda dos estabelecimentos isolados.

Waldo Fazzio Júnior e Fábio Guimarães Bensoussan afirmam que o adquirente teria que arcar com as obrigações trabalhistas do devedor, pois estas não teriam tantos privilégios e tanta proteção quanto as obrigações tributárias[45]. Outrossim, eles asseveram que quando o legislador quis excluir a sucessão trabalhista, assim o fez expressamente, como no art. 141 da Lei n. 11.101/2005.

A nosso ver, porém, mesmo as obrigações trabalhistas não serão transferidas ao adquirente do estabelecimento, porquanto tal sucessão inviabilizaria a continuação da atividade. O próprio art. 60, parágrafo único, da Lei n. 11.101/2005 assevera que não haverá sucessão pelas obrigações do devedor, sem qualquer exclusão, denotando que também não haverá sucessão pelas obrigações trabalhistas[46].

O STJ[47] e o STF[48] têm reconhecido que a competência para decidir se há ou não sucessão é do juízo da recuperação e este[49] vem afirmando não haver sucessão pelas obrigações trabalhistas. O Supremo Tribunal Federal, no julgamento da ADI 3934, acabou concluindo pela perfeita constitucionalidade do referido dispositivo, asseverando que

---

44. HIN, Vanilda Fátima Maioline. Responsabilidade tributária na falência e na recuperação judicial e a Lei Complementar n. 118/2005. In: SANTOS, Paulo Penalva (Coord.). *A nova lei de falências e de recuperação de empresas*: Lei 11.101/2005. Rio de Janeiro: Forense, 2006, p. 462.

45. FAZZIO JÚNIOR, Waldo. *Nova lei de falência e recuperação de empresas*. São Paulo: Atlas, 2005, p. 151; BENSOUSSAN, Fábio Guimarães. Aspectos da sucessão do falido e do empresário em recuperação judicial na Lei 11.101/2005. In: CARVALHO, William Eustáquio de; CASTRO, Moema A. S. de. *Direito falimentar contemporâneo*. Porto Alegre: Sérgio Antônio Fabris, 2008, p. 38.

46. SIMIONATO, Frederico A. Monte. *Tratado de direito falimentar*. Rio de Janeiro: Forense, 2008, p. 189; NEGRÃO, Ricardo. *Manual de direito comercial e de empresa*. 4. ed. São Paulo: Saraiva, 2009, v. 3, p. 189; LOBO, Jorge. In: TOLEDO, Paulo F. C. S. de; ABRÃO, Carlos Henrique (Coord.). *Comentários à lei de recuperação de empresas e falência*. São Paulo: Saraiva, 2005, p. 157; CAMPINHO, Sérgio. *Falência e recuperação de empresa*: o novo regime de insolvência empresarial. 3. ed. Rio de Janeiro: Renovar, 2008, p. 175.

47. STJ – CC 61272/RJ, Rel. Ministro ARI PARGENDLER, SEGUNDA SEÇÃO, julgado em 25-4-2007, *DJ* 25-6-2007, p. 213.

48. STF – Pleno – RE 583.955/RJ, Relator Ministro Ricardo Levandowsky, j. em 29-5-2009.

49. TJRJ – 4ª Câmara Cível – AG 2006.002.23927, Relator Desembargador Reinaldo P. Alberto Filho, j. em 15-5-2007.

Do ponto de vista teleológico, salta à vista que o referido diploma legal buscou, antes de tudo, garantir a sobrevivência das empresas em dificuldades – não raras vezes derivadas das vicissitudes por que passa a economia globalizada –, autorizando a alienação de seus ativos, tendo em conta, sobretudo, a função social que tais complexos patrimoniais exercem, a teor do disposto no art. 170, III, da Lei Maior[50].

Para evitar que pessoas de má-fé se beneficiem dessa não responsabilização, haverá sucessão por todas as obrigações do devedor se o adquirente for sócio do devedor ou de sociedade controlada pelo devedor; parente, em linha reta ou colateral até o 4º (quarto) grau, consanguíneo ou afim, do devedor ou de sócio da sociedade devedora; ou for identificado como agente do devedor com o intuito de fraudar a sucessão. O grau de proximidade entre o adquirente e o devedor é um indício suficiente de má-fé para afastar o benefício na não responsabilização.

3 Cumprimento da recuperação

Concedida a recuperação judicial, o devedor deverá cumprir as medidas constantes do plano que foi aprovado, como pagamentos, alienações, mudanças no regime da administração e outras. Ressalvados os créditos trabalhistas e de acidente de trabalho, a legislação não impõe limite máximo de tempo para as medidas de recuperação judicial. Assim, o devedor deverá cumprir a recuperação pelo prazo estabelecido no plano que foi aprovado pelos credores. Nessa linha, teremos recuperações que podem ser cumpridas em um ano e outras que serão cumpridas em 15 anos ou até mais.

Tal conclusão, embora correta, é passível de questionamentos pelo teor do art. 61 da Lei n. 11.101/2005, que diz que, uma vez concedida a recuperação judicial, "o devedor permanecerá em recuperação judicial até que se cumpram todas as obrigações previstas no plano que se vencerem até 2 (dois) anos depois da concessão da recuperação judicial". Numa primeira leitura desse dispositivo, seria possível imaginar que as medidas de recuperação teriam o prazo máximo de dois anos. No entanto, esse não foi o objetivo do legislador. O que se pretende é não eternizar o processo de recuperação, que acarreta ônus tanto para o poder judiciário, quanto para o devedor com o pagamento da remuneração do administrador judicial, não se impedindo, porém, um prazo superior para as medidas de recuperação[51].

Criou-se na verdade uma separação na fiscalização do cumprimento do plano. Num primeiro período, essa fiscalização é mais próxima, sendo feita tanto pelos credores

---

50. STF – Pleno – ADI 3934, Relator: Min. RICARDO LEWANDOWSKI, Tribunal Pleno, julgado em 27-5-2009, *DJe-208*, Divulg. 5-11-2009, Public. 6-11-2009, Ement. v. 2381-02, p. 374.

51. VIGIL NETO, Luiz Inácio. *Teoria falimentar e regimes recuperatórios*. Porto Alegre: Livraria do Advogado, 2008, p. 178.

quanto pelo administrador judicial, pelo comitê de credores e pelo Ministério Público, no próprio processo. Num segundo período, não existe mais o processo, pois já haveria um grau maior de confiança no devedor que cumpriu a primeira parte das suas obrigações e, por isso, o acompanhamento é mais leve, feito apenas pelos credores. Em outras palavras, sob o aspecto processual a recuperação judicial terá uma duração de dois anos, contados da concessão; já sob o aspecto material, o prazo da recuperação será o previsto no plano aprovado[52].

3.1 Período de observação

Concedida a recuperação judicial, o devedor deverá cumprir as medidas ali propostas. O primeiro período de cumprimento do plano de recuperação abrange o prazo de dois anos, contados da decisão concessiva da recuperação[53] e não de sua publicação ou de seu trânsito em julgado. Neste período, deve-se observar a conduta do devedor e verificar a sua confiabilidade no cumprimento da recuperação, daí falar-se em período de observação, expressão essa usada em um sentido diferente no direito francês[54].

A ideia desse período de observação é fazer uma fiscalização mais próxima do devedor no começo da recuperação, pois ainda não se tem a demonstração de que ele irá realmente cumprir as medidas propostas. Nesse período, o processo de recuperação judicial ainda estará em andamento, ainda existirá um administrador judicial fiscalizando o devedor e ainda poderá existir um comitê de credores. Em última análise, nesse período, o devedor é acompanhado de perto, ainda atuando com o nome seguido com a expressão *em recuperação judicial.*

Passado o período de observação, com o adequado cumprimento das obrigações assumidas, presume-se que o devedor é uma pessoa de confiança e, nessa condição, cumprirá todos os compromissos assumidos. Por presumir-se essa confiança, o processo de recuperação deverá ser inclusive encerrado, finalizando-se também os períodos de atuação do administrador judicial e do eventual comitê de credores. No mesmo caminho, o devedor não precisará mais atuar com o nome seguido da expressão *em recuperação judicial.*

De outro lado, se o devedor não cumpre suas obrigações no período de observação, ele demonstra que não vai cumprir os demais compromissos assumidos. Em razão disso, o juiz deverá de ofício, ou a requerimento, determinar a convolação da recuperação em falência (Lei n. 11.101/2005 – art. 61, § 1º). Ora, se nesse início o devedor já não se mos-

---

52. MAMEDE, Gladston. *Direito empresarial brasileiro*: falência e recuperação de empresas. 2. ed. São Paulo: Atlas, 2008, v. 4, p. 248.

53. CAMPINHO, Sérgio. *Falência e recuperação de empresa*: o novo regime de insolvência empresarial. 3. ed. Rio de Janeiro: Renovar, 2008, p. 176; MAMEDE, Gladston. *Direito empresarial brasileiro*: falência e recuperação de empresas. 2. ed. São Paulo: Atlas, 2008, v. 4, p. 248.

54. GUYON, Yves. *Droit des affaires*. 2. ed. Paris: Economica, 1988, t. 2, p. 199; DERRIDA, Fernand; GODÈ, Pierre; SORTAIS, Jean-Pierre. *Redressement et liquidation judiciaires des entreprises*. 3. ed. Paris: Dalloz, 1991, p. 95.

trou confiável, o melhor é não lhe dar mais o benefício da recuperação judicial e resolver sua situação patrimonial por meio da falência. Trata-se de uma penalidade pesada, mas que se justifica em razão do grau de sacrifício que se impõe aos credores na recuperação judicial. Apesar disso, é recomendável que o juiz dê mais uma chance de o devedor cumprir as medidas previstas no plano, evitando assim a falência[55].

Sendo decretada a falência, os credores terão reconstituídos seus direitos e garantias nas condições originalmente contratadas, deduzidos os valores eventualmente pagos e ressalvados os atos validamente praticados no âmbito da recuperação judicial (Lei n. 11.101/2005 – art. 61, § 2º). Nessa hipótese, cessam os efeitos da novação ocorrida com a concessão da recuperação judicial. Se não há mais motivo para confiar na recuperação, não há mais necessidade de manter o sacrifício dos credores. Ressalte-se, porém, que os atos válidos praticados nesse período não serão revistos, vale dizer, um pagamento efetuado pelas condições originais é perfeitamente válido e extingue a obrigação, não havendo o que restabelecer.

Enquanto não extinto o processo, mantém-se o poder da assembleia geral de credores que poderá eventualmente aprovar alteração do plano de recuperação judicial. Reconhece-se a soberania da assembleia de credores, enquanto ainda não encerrado o processo. Nesse sentido, o STJ já afirmou que "Ainda que transcorrido o prazo de até 2 anos de supervisão judicial, não houve, como ato subsequente, o encerramento da recuperação, e, por isso, os efeitos da recuperação judicial ainda perduram, mantendo assim a vinculação de todos os credores à deliberação da Assembleia"[56].

3.2 Medidas posteriores ao período de observação

A existência do período de observação é fundamental para o melhor andamento do processo de recuperação judicial. Apesar disso, não há como negar que as medidas de recuperação judicial não se exaurem nesse período, ou seja, é possível que existam medidas no plano posteriores ao período de observação e, consequentemente, posteriores ao próprio encerramento do processo de recuperação.

Apesar de não se ter mais um processo de recuperação judicial, tais medidas também devem ser cumpridas pelo devedor. Nesse caso, a fiscalização desse cumprimento será feita diretamente pelos credores interessados. Havendo o descumprimento de obrigações assumidas no plano, após o período de observação, não haverá a convolação automática em falência, restando aos credores duas opções: o pedido de falência ou o direito de promover o cumprimento do plano de recuperação judicial.

Os credores prejudicados pelo descumprimento do devedor posterior ao pedido de observação podem buscar apenas o cumprimento das obrigações assumidas no plano,

---

55. SIMIONATO, Frederico A. Monte. *Tratado de direito falimentar*. Rio de Janeiro: Forense, 2008, p. 190.

56. STJ – REsp 1302735/SP, Rel. Ministro LUIS FELIPE SALOMÃO, QUARTA TURMA, julgado em 17-3-2016, DJe 5-4-2016

mas inadimplidas. Nesse caso, o procedimento a ser seguido será o procedimento do cumprimento de sentença, uma vez que o plano aprovado se tornou título executivo judicial com a concessão da recuperação (Lei n. 11.101/2005 – art. 59, § 1º). Em última análise, haverá uma execução das medidas previstas no plano de recuperação, como qualquer outra execução.

De outro lado, se os credores entenderem que não há mais confiança no devedor que não cumpre sequer as obrigações do plano, eles podem pretender a decretação da falência do devedor, por meio de uma ação própria para esse fim. Nesse caso, o descumprimento das medidas assumidas no plano é considerado um ato de falência (Lei n. 11.101/2005 – art. 94, III, *g*), vale dizer, um ato que denota a insolvência do devedor. Se ele não cumpre as obrigações, nem nas condições favoráveis assumidas no plano de recuperação judicial, haveria motivo suficiente para crer que não haverá a possibilidade de superação da crise. Em todo caso, a opção por um ou outro caminho será dos credores.

4 Extinção do processo de recuperação judicial

Independentemente do prazo de cumprimento das obrigações, o processo de recuperação tem um período máximo de existência, estabelecido em dois anos contados da decisão de concessão. A intenção do legislador, ao fixar esse prazo máximo para o processo, foi reduzir os ônus que a manutenção indefinida do processo causaria ao próprio Poder Judiciário e especialmente ao devedor. Se todas as obrigações previstas para esse prazo forem cumpridas, o juiz deverá extinguir o processo de recuperação, o que não significa necessariamente a extinção de todas as obrigações constantes do plano, que manterão seus prazos normais.

Não há qualquer previsão de manifestação prévia a essa sentença de encerramento, mas é recomendável que o juiz ouça o Ministério Público, o administrador judicial, o comitê de credores e até mesmo os credores. Confirmando o cumprimento das obrigações previstas para o período, o juiz determinará a extinção do feito por meio de uma sentença (Lei n. 11.101/2005 – art. 63). Obviamente, nada impede que esse encerramento ocorra antes do transcurso do período de dois anos, desde que todas as obrigações previstas no plano de recuperação judicial já tenham sido cumpridas. Dessa sentença, pela desnecessidade de continuação do processo e pela ausência de previsão legal específica, o recurso cabível será o recurso de apelação, com as regras próprias do CPC.

Nessa decisão, o juiz determinará o pagamento do saldo da remuneração do administrador judicial, desde que ele apresente o relatório final e tenha suas contas aprovadas. Melhor seria fixar a apresentação do relatório e a prestação de contas previamente à sentença, mas isso não ocorreu. Desse modo, na sentença há apenas a determinação do pagamento, o qual, porém, ficará condicionado à apresentação, no prazo de quinze dias, de um relatório final e a aprovação da prestação de contas, a ser realizada no prazo de 30 dias. Haverá, portanto, uma nova decisão liberando o saldo de honorários ao administrador judicial.

Além disso, o juiz acabará com o estado de recuperação judicial, afastando a fiscalização pelo administrador judicial e pelo comitê de credores e permitindo a atuação do devedor, sem qualquer registro da recuperação judicial, seja na junta comercial, seja no seu próprio nome. Assim, a sentença determinará a dissolução do comitê de credores, se houver, a exoneração do administrador judicial, a apuração das custas devidas e as comunicações ao registro de empresas para a anotação do fim da recuperação.

5 Afastamento

Diferentemente da falência, na qual o afastamento do devedor ou de seus administradores é natural, na recuperação judicial, o devedor e seus administradores, em regra, se manterão no exercício da atividade. Como a intenção da recuperação é manter a atividade em funcionamento e não apenas maximizar ativos para pagar o maior número possível de credores, é natural que os atuais condutores da atividade se mantenham, sendo apenas fiscalizados pelo administrador judicial e pelo comitê de credores, se houver.

Ocorre que, excepcionalmente, poderá haver o afastamento dos devedores ou de seus administradores da condução da atividade empresarial, durante o procedimento da recuperação judicial. Esse afastamento visa a privilegiar a melhor condução da atividade, facilitando a própria aceitação do plano pelos credores. Todavia, ela deverá ser aplicada com muito cuidado, isto é, apenas nas hipóteses expressamente previstas no art. 64 da Lei n. 11.101/2005. Tal decisão poderá ocorrer de ofício ou a requerimento de qualquer interessado, mesmo que não faça parte do processo, como por exemplo, um empregado[57]. No direito norte-americano, a mesma possibilidade é assegurada ao juiz, quando for necessário, para proteger os interesses dos credores e outros que circundam a atividade[58].

5.1 Abrangência

O art. 64 da Lei n. 11.101/2005 prevê expressamente a possibilidade de afastamento do "devedor ou seus administradores" da condução dos negócios durante o procedimento de recuperação judicial, vale dizer, desde a decisão de processamento até a sentença de encerramento, poderá ocorrer tal afastamento[59]. Quando se tratar de um empresário individual, não há dúvida de que esse afastamento é do próprio devedor pessoa física, pois é ele quem conduz os negócios. Todavia, quando se trata de sociedade empresária, há uma divergência sobre a abrangência desse afastamento.

---

57. MAMEDE, Gladston. *Direito empresarial brasileiro*: falência e recuperação de empresas. 2. ed. São Paulo: Atlas, 2008, v. 4, p. 253.

58. BLUM, Brian B. *Bankruptcy and debtor/creditor*. 4. ed. New York: Aspen, 2006, p. 111.

59. MAMEDE, Gladston. *Direito empresarial brasileiro*: falência e recuperação de empresas. 2. ed. São Paulo: Atlas, 2008, v. 4, p. 252.

Em se tratando de sociedade empresária, a condução da atividade é feita pelos administradores (diretores, membros do conselho de administração e simples administradores), logo, não há dúvida de que eles podem ser afastados. Para alguns autores, o afastamento na sociedade se limitaria a esses administradores, pela própria intenção do dispositivo[60]. Ocorre que alguns autores estendem esse afastamento à própria pessoa jurídica[61]. Outros estendem tal afastamento aos sócios da sociedade, qualquer que seja a sua participação[62]. Há ainda aqueles que estendem o afastamento ao sócio controlador[63].

A nosso ver, pela própria intenção do dispositivo, o afastamento deve ficar restrito aos administradores da sociedade. Não haverá necessidade de afastamento da pessoa jurídica, caso os administradores sejam afastados, pois são eles que atuam no dia a dia. Outrossim, por mais relevância que tenham para a atividade, os sócios não se confundem com a sociedade, ou seja, eles não exercem a atividade. Nem mesmo os controladores podem ser confundidos com a própria sociedade.

Os mesmos questionamentos feitos em relação a sociedade podem ser feitos em relação a EIRELI e, por isso, chegamos às mesmas conclusões, isto é, o eventual afastamento deve abranger o responsável pela condução dos negócios, seja o titular da EIRELI, seja o administrador por ele designado.

5.2 Hipóteses legais

Definida a abrangência do afastamento, é oportuno saber quando ele poderá ocorrer. Nesse sentido, a Lei n. 11.101/2005 nos apresenta um rol taxativo[64] de fundamentos para essa medida. A limitação ao uso do afastamento visa a proteger o próprio devedor e seus administradores, evitando intromissões desnecessárias na gestão dos negócios.

5.2.1 Condenação criminal definitiva

A primeira hipótese que impõe o afastamento do devedor é a condenação definitiva por crimes contra o patrimônio (arts. 155 a 180 do Código Penal), contra a economia

60. LOBO, Jorge. In: TOLEDO, Paulo F. C. S. de; ABRÃO, Carlos Henrique (Coord.). *Comentários à lei de recuperação de empresas e falência*. São Paulo: Saraiva, 2005, p. 168.

61. CAMPINHO, Sérgio. *Falência e recuperação de empresa*: o novo regime de insolvência empresarial. 3. ed. Rio de Janeiro: Renovar, 2008, p. 153.

62. SIMIONATO, Frederico A. Monte. *Tratado de direito falimentar*. Rio de Janeiro: Forense, 2008, p. 192; PIMENTA, Eduardo Goulart. *Recuperação de empresas*. São Paulo: IOB, 2006, p. 177.

63. MUNHOZ, Eduardo Secchi. In: SOUZA JÚNIOR, Francisco Sátiro de; PITOMBO, Antônio Sérgio de A. de Moraes (Coord.). *Comentários à Lei de recuperação de empresas e falência*. São Paulo: Revista dos Tribunais, 2005, p. 302; COELHO, Fábio Ulhoa. *Comentários à nova lei de falências e recuperação de empresas*. São Paulo: Saraiva, 2005, p. 177; FAZZIO JÚNIOR, Waldo. *Nova lei de falência e recuperação de empresas*. São Paulo: Atlas, 2005, p. 175.

64. MUNHOZ, Eduardo Secchi. In: SOUZA JÚNIOR, Francisco Sátiro de; PITOMBO, Antônio Sérgio de A. de Moraes (Coord.). *Comentários à Lei de recuperação de empresas e falência*. São Paulo: Revista dos Tribunais, 2005, p. 302.

popular (Lei n. 1.521/51), contra a ordem econômica (Leis nºs 8.137/90 e 12.529/2011) ou crimes falimentares praticados em processos anteriores. A condenação por esses crimes demonstra que o sujeito não tem idoneidade suficiente para conduzir a atividade empresarial, especialmente num processo de recuperação judicial. Seria recomendável até a extensão do afastamento para outros crimes, que também denotariam a inidoneidade, como os crimes contra o sistema financeiro nacional, contra as relações de consumo e outros[65].

Obviamente, o afastamento só ocorrerá após o trânsito em julgado da sentença condenatória, em razão do princípio da presunção de inocência. Condenações com recursos pendentes não podem ensejar o afastamento, por mais graves que sejam os crimes praticados, salvo se houver o enquadramento em alguma das outras hipóteses de afastamento. Além disso, o afastamento só poderá ocorrer enquanto perdurarem os efeitos da condenação, porquanto não se pode cogitar de pena perpétua.

Especificamente no que tange a condenação por crimes falimentares em processos anteriores, há que se separar duas situações. Se a condenação definitiva é anterior ao pedido de recuperação judicial, ele sequer poderá ter andamento, porquanto a ausência da condenação do devedor, dos administradores e dos controladores por crime falimentar é requisito para o próprio pedido de recuperação judicial (Lei n. 11.101/2005 – art. 48). De outro lado, se a condenação definitiva se deu posteriormente ao pedido de recuperação, aí sim haverá o afastamento do devedor ou de seus administradores. Há consequências bem distintas, a depender especificamente do momento em que se tornou definitiva a condenação pela prática dos crimes falimentares.

5.2.2 Indícios veementes de crimes falimentares

Outro fundamento para o afastamento do devedor é a presença de indícios veementes dos crimes previstos nos arts. 168 a 178 da Lei n. 11.101/2005, que também denotariam a ausência de idoneidade para condução dos negócios no processo de recuperação judicial. Tais crimes representam, em última análise, uma conduta de má-fé do devedor ou de seus administradores em detrimento dos interesses dos credores. Desse modo, é recomendável o afastamento do devedor ou dos seus administradores, a fim de evitar uma pecha de desconfiança ao longo do processo de recuperação judicial.

Não se exige para o afastamento com esse fundamento qualquer tipo de condenação, nem mesmo a convicção definitiva sobre a existência desses crimes, mas apenas a presença de indícios veementes, conforme indica o próprio texto da lei. A veemência dos indícios é dotada de alto grau de subjetividade, mas pode ser inferida pela existência ao menos da persecução penal contra o devedor ou contra os administradores[66]. Ressalte-se que não se antecipa qualquer efeito penal da condenação por tais crimes, o que se faz é

65. FAZZIO JÚNIOR, Waldo. *Nova lei de falência e recuperação de empresas*. São Paulo: Atlas, 2005, p. 178.

66. Idem, p. 179.

apenas tomar uma providência acautelatória para o bom andamento do processo de recuperação judicial[67].

5.2.3 Dolo, simulação ou fraude em face dos credores

Também é fundamento para o afastamento do devedor ou seus administradores a existência de dolo, simulação ou fraude em face dos credores. O dolo representa o artifício malicioso que induz alguém à prática de um ato que de outra maneira não seria realizado, causando prejuízo. A simulação deve ser entendida como "a declaração enganosa da vontade visando a produzir efeito diverso do ostensivamente indicado"[68], ou seja, o intencional desacordo entre a vontade interna e a vontade declarada. Já a fraude seria "a distorção intencional da verdade com o intuito de prejudicar terceiros"[69].

Por sua própria natureza, a recuperação judicial pressupõe uma cooperação recíproca entre devedor e credores. Essa cooperação exige uma conduta de boa-fé de ambos os lados. Se o devedor ou seus administradores não agem de boa-fé, eles devem ser afastados para permitir que o processo prossiga na busca da recuperação da empresa. Dolo, fraude e simulação são provas claras da má-fé e, por isso, impõem o afastamento do sujeito que incorreu nessas práticas, desde que sejam feitas com o intuito de prejudicar os interesses dos credores[70]. As mesmas condutas praticadas em relação a terceiros, que não sejam credores, embora também sejam graves, não ensejam o afastamento.

5.2.4 Gastos pessoais excessivos

Dentro da mesma ideia da cooperação recíproca, é cabível o afastamento do devedor ou de seus administrativos, se eles realizam gastos pessoais excessivos. Por gastos pessoais se deve entender gastos alheios à atividade empresarial, movidos pelo interesse pessoal do devedor, não só em benefício próprio mas movidos por seus interesses pessoais. Havendo tal tipo de gastos de forma excessiva ou não existe crise que justifique a recuperação ou, se existe a crise, o comportamento do devedor ou de seus administradores a está agravando[71].

Havendo o pedido de recuperação judicial, deve-se presumir a existência da crise. Se ele está em crise e precisa de ajuda para superá-la, não há motivo para permitir que

---

67. MAMEDE, Gladston. *Direito empresarial brasileiro*: falência e recuperação de empresas. 2. ed. São Paulo: Atlas, 2008, v. 4, p. 255.

68. BEVILAQUA, Clóvis. *Teoria geral do direito civil*. Campinas: RED, 1999, p. 294.

69. SILVA, Alexandre Couto. *Aplicação da desconsideração da personalidade jurídica no direito brasileiro*. São Paulo: LTR, 1999, p. 36.

70. MAMEDE, Gladston. *Direito empresarial brasileiro*: falência e recuperação de empresas. 2. ed. São Paulo: Atlas, 2008, v. 4, p. 257.

71. Idem, p. 260.

ele use essa ajuda em benefício pessoal e não em benefício da atividade. Assim, se o devedor, apesar da crise, adquire um carro de luxo para uso pessoal, obviamente ele não está cooperando com a superação da crise e, por isso, deve ser afastado. Lembre-se, porém, de que apenas gastos considerados manifestamente excessivos podem ensejar o afastamento, o que dependerá de uma análise caso a caso.

Tal fundamento se amolda muito bem à situação do empresário individual, vale dizer, a hipótese de afastamento do próprio devedor. Todavia, no que tange às sociedades, há que se fazer uma distinção entre as sociedades de responsabilidade ilimitada e as sociedades de responsabilidade limitada.

Quando os administradores também são sócios e possuem responsabilidade ilimitada pelas obrigações sociais (sociedade em nome coletivo, em comandita simples e em comandita por ações), o regime é o mesmo do empresário individual. Há a possibilidade de afastamento pelos gastos excessivos, porquanto o patrimônio desses sócios também serve de garantia para os credores. Já nas sociedades de responsabilidade limitada, a situação é um pouco distinta, porquanto não há a mesma responsabilidade pelas obrigações sociais. Do mesmo modo, nas EIRELIs, dada a limitação do risco do seu titular.

Gladston Mamede[72] admite um duplo enfoque para tais sociedades de responsabilidade limitada. Num primeiro enfoque as despesas pessoais manifestamente excessivas seriam aquelas feitas em nome da sociedade, mas segundo o interesse pessoal do administrador, como o pagamento de viagens. No segundo enfoque, as despesas excessivas levariam em conta a própria situação patrimonial do administrador, a fim de evitar fraudes ou confusões patrimoniais.

A nosso ver, porém, os gastos pessoais devem se referir apenas à situação do próprio administrador e não à situação da sociedade, que é tratada em outra hipótese. Assim sendo, nas sociedades cujos sócios possuem responsabilidade limitada (sociedades anônimas e sociedades limitadas), não vemos como enquadrar essa hipótese de afastamento. Nas sociedades de responsabilidade limitada, os gastos pessoais dos administradores normalmente não têm relação com a sociedade, mas com o seu patrimônio pessoal, que pode ter ou não origem na sociedade. Nem sempre os administradores possuem a condição de sócios ou acionistas e, por isso, sua situação patrimonial pessoal pode não ter qualquer relação com a situação patrimonial da sociedade. Logo, seus gastos pessoais podem não demonstrar qualquer quebra de confiança em relação aos credores. Ademais, a separação entre a pessoa jurídica e seus sócios ou administradores é inegável. Desse modo, acreditamos que essa hipótese não se aplica a tais sociedades.

5.2.5 Despesas injustificáveis

Mais uma vez dentro da ideia da cooperação recíproca, as despesas da atividade devem ser compatíveis com a situação de crise, vale dizer, num processo de recuperação

72. MAMEDE, Gladston. *Direito empresarial brasileiro*: falência e recuperação de empresas. 2. ed. São Paulo: Atlas, 2008, v. 4, p. 262-263.

judicial não podem ser efetuadas despesas não razoáveis para aquele estado por que passa o devedor. Nesta hipótese, cogita-se especificamente de despesas ligadas à atividade. A razoabilidade ou não da despesa deverá levar em conta a natureza ou vulto da operação, especificamente no que tange ao capital empresarial, ao gênero do negócio, à movimentação e a outras circunstâncias análogas[73]. Assim, deve-se analisar o tipo da operação e o seu tamanho, tomando como referência a situação econômica do devedor e o tipo de negócio por ele desempenhado.

Assim, reformas meramente estéticas, sem ganhos no exercício da atividade ou altos investimentos no mercado de capitais por parte de uma indústria, não se justificam pela natureza ou vulto em relação ao negócio. Outrossim, qualquer outra despesa que não se mostre razoável deve ser evitada. Caso tais despesas sejam realizadas, o devedor ou seus administradores demonstram a falta de espírito cooperativo e, por isso, devem ser afastados.

5.2.6 Descapitalização injustificada

Também é fundamento para o afastamento do devedor ou de seus administradores a conduta de descapitalizar injustificadamente a empresa ou realizar operações prejudiciais ao seu funcionamento regular. Mais uma vez repete-se a ideia, os credores estão realizando um sacrifício e querem uma contrapartida do devedor. Se este tira o capital da atividade de forma injustificada ou realiza operações que em nada ajudarão na superação da crise, obviamente ele não deve continuar na condução dos negócios, pois não está cooperando para a superação da crise. A prestação de garantias (avais, fianças...) a terceiros, sem contrapartidas, é exemplo de operação prejudicial ao bom funcionamento do devedor[74].

5.2.7 Simulação ou omissão na lista de credores

Outro fundamento para o afastamento do devedor ou seus administradores é a má-fé na elaboração da lista de credores. Como visto, compete ao devedor desde o ajuizamento da ação apresentar uma lista com o nome, valor e classificação dos seus credores. Tal lista é uma referência para a identificação dos credores sujeitos ao processo de recuperação judicial, sendo fundamental para a votação do plano de recuperação. Se o devedor omite alguns créditos nessa lista ou simula a existência, o valor ou a classificação de algum crédito, ele não está colaborando com o bom andamento do processo e, por isso, deve ser afastado. Tal hipótese não gera o indeferimento da recuperação, mas apenas e tão somente a mudança na condução da atividade que ainda pode ser recuperada.

---

73. MAMEDE, Gladston. *Direito empresarial brasileiro*: falência e recuperação de empresas. 2. ed. São Paulo: Atlas, 2008, v. 4, p. 264-266.

74. FAZZIO JÚNIOR, Waldo. *Nova lei de falência e recuperação de empresas*. São Paulo: Atlas, 2005, p. 180.

Ressalte-se, porém, que o simples fato de se alterar a lista apresentada pelo devedor, pela inclusão, exclusão ou mudança do valor ou classificação de algum crédito, não é motivo suficiente para o afastamento. Este pressupõe uma omissão dolosa ou uma simulação nessa lista. Se o devedor tinha motivos relevantes para não reconhecer um crédito e esse crédito é posteriormente incluído, não há motivo para exclusão. O que deve ser punida é a eventual má-fé do devedor na elaboração da lista.

5.2.8 Negativa de prestação de informações

Mais uma vez dentro da ideia da colaboração inerente ao processo de recuperação judicial, o devedor deverá apresentar em juízo as informações que forem requeridas, inclusive pelo administrador judicial, assegurando a transparência na condução da atividade[75]. Em última análise, ele deve colaborar para o bom andamento do processo. Nessa linha de entendimento, se o devedor se recusa a prestar informações que deveriam ser prestadas, é cabível o afastamento. Registre-se que ele só tem o dever de prestar as informações que sejam pertinentes ao processo, vale dizer, informações completamente alheias ao processo podem ser recusadas, sem qualquer penalidade.

5.2.9 Previsão do plano de recuperação

Por derradeiro, o art. 64 da Lei n. 11.101/2005 prevê o afastamento do devedor ou de seus administradores, caso tal providência esteja prevista no plano de recuperação judicial. Para superar a crise, por vezes são necessárias mudanças na gestão da atividade e essas mudanças podem passar pelo afastamento dos atuais gestores, com a nomeação de novos sujeitos para conduzir a atividade. Havendo essa previsão no plano aprovado, nada mais lógico do que cumprir tais medidas com o afastamento do devedor ou de seus administradores da gestão do negócio. Não há aqui uma penalidade, mas uma medida para recuperar a empresa.

5.2.10 Omissão na prestação de contas mensais

Embora a doutrina, em geral, trate do afastamento apenas nas hipóteses do art. 64 da Lei n. 11.101/2005, acreditamos haver mais uma hipótese aplicável apenas aos administradores das sociedades em recuperação judicial, a saber: a ausência de prestação das contas mensais.

O art. 52, IV, da mesma Lei afirma que a decisão de processamento da recuperação judicial determinará que o devedor apresente em juízo contas demonstrativas mensais, enquanto perdurar a recuperação judicial. O não cumprimento dessa obrigação ensejará

---

75. FAZZIO JÚNIOR, Waldo. *Nova lei de falência e recuperação de empresas*. São Paulo: Atlas, 2005, p. 180.

automaticamente a destituição dos administradores. A nosso ver, a apresentação de contas com dados falsos também importará a destituição dos administradores. Não há margem de liberdade para o juiz, isto é, não apresentadas as contas, a destituição dos administradores é obrigatória.

A menção à destituição e não a afastamento poderia levar à conclusão de tratar-se de hipótese distinta. Todavia, o próprio art. 64, parágrafo único, da Lei n. 11.101/2005 fala em destituição dos administradores nas hipóteses do referido artigo. Desse modo, a ausência de prestação das contas mensais também significará o afastamento dos administradores. Ao se referir a administradores, o dispositivo se aplica perfeitamente às sociedades empresárias, mas não serve bem para o empresário individual. Ademais, o uso da expressão *destituição* denota tratar-se de providência distinta daquela prevista no art. 64 da Lei n. 11.101/2005.

5.3 Decisão de afastamento

Ocorrendo qualquer das hipóteses legais, o juiz deverá, de ofício ou a requerimento, afastar o devedor ou seus administradores. Embora não haja previsão específica nesse sentido, acreditamos que deva ser ouvido o devedor ou administrador a ser afastado, em atenção aos princípios constitucionais da ampla defesa e do contraditório[76]. Para melhor embasar sua decisão, acreditamos que o juiz possa também ouvir o Ministério Público, o comitê de credores e o administrador judicial. Em todo caso, a decisão caberá ao juiz, sendo passível do recurso de agravo de instrumento.

5.4 Substituição

Decidindo pelo afastamento do devedor ou seus administradores, o juiz não poderá deixar acéfala a atividade, isto é, deverá determinar o caminho para a substituição dos afastados na condução dos negócios, uma vez que, durante o processo de recuperação judicial, a atividade se mantém em funcionamento. Caso o afastamento seja previsto no plano de recuperação judicial, a substituição se dará na forma prevista no plano. Nos demais casos, a Lei n. 11.101/2005 nos apresenta dois caminhos: a nomeação do gestor judicial (art. 65) e a substituição nos termos dos atos constitutivos do devedor (art. 64, parágrafo único). Cabe-nos, nesse momento, identificar o uso de cada um dos tipos de substituição.

5.4.1 Substituição do empresário individual

Em se tratando do próprio empresário individual, não há que se cogitar de atos constitutivos ou de administrador, logo, não se pode aplicar o art. 64, parágrafo único,

76. CAMPINHO, Sérgio. *Falência e recuperação de empresa*: o novo regime de insolvência empresarial. 3. ed. Rio de Janeiro: Renovar, 2008, p. 153.

da Lei n. 11.101/2005. Assim, para substituir o devedor afastado, deverá ser nomeado um gestor judicial para conduzir os negócios, durante o processo de recuperação judicial. Apesar do nome, não cabe ao juiz a escolha do gestor, mas aos próprios credores reunidos em assembleia, vale dizer, ao decidir pela destituição do empresário individual, o juiz não nomeia um substituto, mas apenas convoca uma assembleia de credores para deliberar sobre o nome do gestor judicial. Até essa escolha, o administrador judicial conduzirá as atividades do devedor. Aqueles que entendem que o afastamento também abrange sócios afirmam que o sócio afastado também será substituído pelo gestor[77].

Os credores têm uma boa margem de liberdade na escolha desse gestor, exigindo-se apenas sua idoneidade. Permite-se inclusive que um dos próprios credores seja escolhido. Só não poderá ser eleito quem for muito próximo ao devedor ou quem já demonstrou não ser de confiança. De modo mais detalhado, não poderá ser eleita gestor a pessoa que nos últimos 5 (cinco) anos, no exercício do cargo de administrador judicial ou de membro do Comitê em falência ou recuperação judicial anterior, foi destituída, deixou de prestar contas dentro dos prazos legais ou teve a prestação de contas desaprovada. Também não pode ser eleito quem tiver relação de parentesco ou afinidade até o 3º (terceiro) grau com o devedor, seus representantes legais ou deles for amigo, inimigo ou dependente.

Como principais interessados na boa condução da atividade, presume-se que os credores envidarão os melhores esforços para escolher um bom gestor judicial. Uma vez escolhido pela assembleia, o gestor eleito deverá assinar um termo de compromisso, em moldes similares àqueles previstos para o administrador judicial. Se ele recusar ou estiver impedido de aceitar o encargo para gerir os negócios do devedor, o juiz convocará, no prazo de 72 (setenta e duas) horas, contado da recusa ou da declaração do impedimento nos autos, nova assembleia para nova escolha.

Assumindo o encargo de gestor judicial, o escolhido pelos credores passará a conduzir as atividades do devedor normalmente até o encerramento do processo. Ele terá o poder de representação do devedor, no que tange às atividades normais de gestão, mas não nas do processo de recuperação em que o devedor manterá o poder de representação[78].

Por essa gestão dos negócios do devedor, ele fará jus a uma remuneração a ser fixada pelo juiz, observando-se os mesmos parâmetros legais para a remuneração do administrador judicial. Do mesmo modo, aplicam-se a ele os deveres inerentes ao administrador judicial, inclusive o dever de prestar contas da sua administração, por ter uma atuação bem próxima à do administrador judicial na falência.

---

77. COELHO, Fábio Ulhoa. *Comentários à nova lei de falências e recuperação de empresas*. São Paulo: Saraiva, 2005, p. 178; PIMENTA, Eduardo Goulart. *Recuperação de empresas*. São Paulo: IOB, 2006, p. 175.

78. COELHO, Fábio Ulhoa. *Comentários à nova lei de falências e recuperação de empresas*. São Paulo: Saraiva, 2005, p. 178; PACHECO, José da Silva. *Processo de recuperação judicial, extrajudicial e falência*. 2. ed. Rio de Janeiro: Forense, 2007, p. 173.

5.4.2 Substituição do administrador de sociedade

O art. 64, parágrafo único, da Lei n. 11.101/2005 diz expressamente que, "verificada qualquer das hipóteses do *caput* deste artigo, o juiz destituirá o administrador, que será substituído na forma prevista nos atos constitutivos do devedor ou do plano de recuperação judicial". As menções a administrador e a ato constitutivo transparecem a intenção de tal dispositivo, no sentido de aplicar-se às sociedades. Desse modo, se for destituído o administrador de uma sociedade, haverá sua substituição nos termos do ato constitutivo da referida sociedade, normalmente com a eleição pelos sócios ou acionistas de novos administradores.

A maioria da doutrina entende que o juiz pode escolher entre a substituição do administrador nos termos do ato constitutivo e a nomeação de um gestor judicial[79]. À luz dos interesses a serem protegidos pelo afastamento, o juiz optaria por um ou por outro caminho, sempre justificadamente. A nosso ver, porém, tal opção não existe, vale dizer, a lei determina a substituição pela forma dos atos constitutivos do devedor, não deixando margem para a configuração de uma eventual opção[80]. O dispositivo é expresso ao afirmar que "será substituído na forma prevista nos atos constitutivos do devedor". Apenas na impossibilidade dessa substituição é que haveria lugar para o gestor judicial.

Efetivamente, nem sempre a substituição na forma dos atos constitutivos é possível, pois em certos casos todos os que teriam condições de ser eleitos foram afastados. Imagine-se uma sociedade limitada de dois sócios, ambos com poderes de administração. Se ambos forem afastados e não houver a possibilidade de administrador não sócio, não há como substituir o administrador pelos termos do ato constitutivo. Apenas nesses casos, acreditamos que deve ser usado o gestor judicial para substituir o administrador afastado.

Pela aplicação das regras atinentes às sociedades limitadas, acreditamos que a mesma solução se aplicará às EIRELIs.

6 Convolação em falência

Quem pede a recuperação judicial reconhece estar passando por uma crise econômico-financeira e, por isso, pleiteia a solução dessa crise. Para superar essa crise, o devedor deverá atentar a certas determinações legais, como o prazo de apresentação do plano no prazo legal. A desobediência a essas determinações legais denota uma falta de cuidado

79. MAMEDE, Gladston. *Direito empresarial brasileiro*: falência e recuperação de empresas. 2. ed. São Paulo: Atlas, 2008, v. 4, p. 271; COELHO, Fábio Ulhoa. *Comentários à nova lei de falências e recuperação de empresas*. São Paulo: Saraiva, 2005, p. 178; PACHECO, José da Silva. *Processo de recuperação judicial, extrajudicial e falência*. 2. ed. Rio de Janeiro: Forense, 2007, p. 173; COVAS, Silvânio. In: DE LUCCA, Newton; SIMÃO FILHO, Adalberto (Coord.). *Comentários à nova lei de recuperação de empresas e de falências*. São Paulo: Quartier Latin, 2005, p. 317.

80. LOBO, Jorge. In: TOLEDO, Paulo F. C. S. de; ABRÃO, Carlos Henrique (Coord.). *Comentários à lei de recuperação de empresas e falência*. São Paulo: Saraiva, 2005, p. 169.

incompatível com a recuperação da empresa, o que conduzirá à decretação da falência, como forma de liquidação patrimonial forçada para satisfazer o maior número possível de credores.

Há uma espécie de pedido implícito na recuperação judicial, consistente na decretação da falência no caso do descumprimento das condições legais ou das obrigações assumidas. O art. 73 da Lei n. 11.101/2005 é expresso ao determinar a convolação da recuperação judicial em falência nas seguintes hipóteses:

a) não apresentação do plano de recuperação no prazo de 60 dias, contados do despacho que defere o processamento da recuperação;
b) rejeição do plano de recuperação pela assembleia de credores;
c) descumprimento de obrigações assumidas no plano de recuperação, durante o período de observação de 2 anos, contados do deferimento da recuperação; e
d) deliberação dos credores em assembleia.

Nessas hipóteses, há a convolação da recuperação em falência, vale dizer, no próprio processo de recuperação judicial será decretada a falência. Os credores sujeitos à recuperação não precisam ajuizar uma nova ação com o objetivo de decretar a falência do devedor, pois no processo de recuperação judicial é que haverá essa decretação. De outro lado, os credores não sujeitos à recuperação podem pedir a falência do devedor, que será processada normalmente.

Havendo a convolação da recuperação em falência, os atos praticados durante o período de recuperação permanecerão válidos, desde que tenham obedecido à legislação. De outro lado, a novação operada em relação aos credores abrangidos no plano deixará de produzir efeitos, isto é, os créditos retornarão às suas condições originais, desde que ainda não tenham sido extintos. Por fim, vale ressaltar que os créditos quirografários sujeitos à recuperação judicial pertencentes a fornecedores de bens ou serviços que continuarem a provê-los normalmente após o pedido de recuperação judicial terão privilégio geral de recebimento em caso de decretação de falência, no limite do valor dos bens ou serviços fornecidos durante o período da recuperação (Lei n. 11.101/2005 – art. 67). Neste particular, se inserem os créditos dos advogados contratos para acompanhar o processo de recuperação judicial, na medida em que

> [...] em virtude do princípio da preservação da empresa, deve-se prestigiar a conduta do advogado (ou sociedade de advogados) que, ciente da crise econômica e financeira que acomete a recuperanda, empreende esforços concretos voltados à reestruturação da atividade empresarial, mediante a elaboração e o ingresso do pedido de recuperação judicial, além da prestação de serviços jurídicos até o seu encerramento com a decretação da falência[81].

81. STJ – REsp 1368550/SP, Rel. Ministro LUIS FELIPE SALOMÃO, QUARTA TURMA, julgado em 04-10-2016, *DJe* 23-11-2016.

12 RECUPERAÇÃO JUDICIAL ESPECIAL

1 Noções gerais

Como visto, a recuperação judicial é o instituto geral posto à disposição dos empresários para superação das crises econômico-financeiras pelas quais eles estão passando. Embora extremamente útil, a recuperação judicial possui o inconveniente de ter um procedimento bem complexo, com altos custos de tramitação, dificultando o uso do instituto por alguns empresários sem muito poder econômico. Para simplificar o procedimento e, consequentemente, diminuir os custos do processo, a Lei n. 11.101/2005 (arts. 70 a 72) resolveu criar uma recuperação especial, como uma espécie de recuperação judicial, porém mais simplificada, como uma opção[1] para os empresários que se enquadrem como microempresa ou empresa de pequeno porte.

A recuperação especial continua a ser uma recuperação judicial, vale dizer, ela representa uma "espécie de microssistema situado dentro do contexto da recuperação judicial"[2]. Além disso, ela tem os mesmos objetivos e a mesma natureza, mas possui um procedimento bem mais simplificado[3], tentando reduzir os custos do processo[4]. Em contrapartida à simplificação do procedimento, o uso da recuperação especial será mais restrito, vale dizer, ela não poderá ser usada por qualquer devedor, não abrangerá quaisquer credores e o plano de recuperação não poderá ter quaisquer medidas.

Tendo em mente que a recuperação especial também é uma recuperação judicial, cabe-nos analisar apenas suas peculiaridades. Naquilo em que não houver regra específica para a recuperação especial, ela seguirá o regime geral da recuperação judicial.

---

1. MAMEDE, Gladston. *Direito empresarial brasileiro*: falência e recuperação de empresas. 2. ed. São Paulo: Atlas, 2008, v. 4, p. 230; RAMOS, Tony Luiz. *Plano especial de recuperação das micros e pequenas empresas*. São Paulo: Iglu, 2006, p. 23; BEZERRA FILHO, Manoel Justino. *Lei de recuperação de empresas e falências comentada*. 4. ed. São Paulo: Revista dos Tribunais, 2007, p. 191.

2. ZANINI, Carlos Klein. In: SOUZA JÚNIOR, Francisco Sátiro de; PITOMBO, Antônio Sérgio de A. de Moraes (Coord.). *Comentários à lei de recuperação de empresas e falência*. São Paulo: Revista dos Tribunais, 2005, p. 315.

3. ZANINI, Carlos Klein. In: SOUZA JÚNIOR, Francisco Sátiro de; PITOMBO, Antônio Sérgio de A. de Moraes (Coord.). *Comentários à lei de recuperação de empresas e falência*. São Paulo: Revista dos Tribunais, 2005, p. 315.

4. RAMOS, Tony Luiz. *Plano especial de recuperação das micros e pequenas empresas*. São Paulo: Iglu, 2006, p. 9; PINHEIRO, Hélia Marcia Gomes. A recuperação da microempresa e das empresas de pequeno porte. In: SANTOS, Paulo Penalva (Coord.). *A nova lei de falências e de recuperação de empresas*: Lei 11.101/2005. Rio de Janeiro: Forense, 2006, p. 167.

2 Sujeitos

Inicialmente cabe-nos identificar os sujeitos que podem estar envolvidos na recuperação especial. Como acordo que é, a recuperação especial terá de um lado um devedor passando pela crise e de outro seus credores, cuja participação é essencial para a superação da crise.

2.1 Devedor empresário enquadrado como ME ou EPP

No Brasil, a maior parte das atividades empresariais pode ser considerada de pequeno ou médio porte. Desse modo, os pequenos e médios empresários assumem papel fundamental na economia nacional, vale dizer, sem eles nossa economia trava, com eles nossa economia pode crescer. Para proteger tais empresários, é mister que se compatibilizem as exigências da atividade empresarial com o volume de recursos movimentado por estes, isto é, não se pode exigir dos pequenos e médios empresários o mesmo que se exige de uma grande companhia.

Diante dessa situação, a própria Constituição Federal (art. 179) determinou que a União, os Estados, o Distrito Federal e os Municípios gozarão de tratamento jurídico diferenciado às microempresas e às empresas de pequeno porte, simplificando-se suas obrigações tributárias, administrativas, previdenciárias e creditícias. Em atenção ao mandamento constitucional, a Lei Complementar n. 123/2006 garante um tratamento diferenciado e favorecido a ser dispensado às microempresas e empresas de pequeno porte no âmbito dos Poderes da União, dos Estados, do Distrito Federal e dos Municípios, especialmente no que se refere ao regime tributário, ao cumprimento de obrigações trabalhistas e previdenciárias, e no que tange ao acesso ao crédito e ao mercado.

Tendo em vista o objetivo de simplificação do procedimento e redução dos custos, a recuperação especial deverá se aplicar a empresários com menores condições financeiras. Nessa linha de entendimento, só poderão lançar mão da recuperação especial os devedores empresários ou sociedades empresárias que se enquadrem como microempresa ou empresa de pequeno porte. Não se dispensa a qualidade de empresário ou sociedade empresária e exige-se também o enquadramento específico.

A Lei Complementar n. 123/2006 (art. 3º) define quem se enquadra como microempresa ou empresa de pequeno porte. São enquadrados como microempresa os sujeitos cuja receita bruta anual seja igual ou inferior a R$ 360.000,00 (trezentos e sessenta mil reais). São enquadrados como empresas de pequeno porte aqueles sujeitos cujo faturamento seja superior a R$ 360.000,00 (trezentos e sessenta mil reais) e igual ou inferior a R$ 4.800.000,00 (quatro milhões e oitocentos mil reais). O parâmetro usado é o da receita bruta, que corresponde ao produto da venda de bens e serviços nas operações de conta própria, o preço dos serviços prestados e o resultado nas operações em conta alheia, não incluídas as vendas canceladas e os descontos incondicionais concedidos.

Em qualquer caso, só podem se enquadrar como microempresas ou empresas de pequeno porte os sujeitos que estejam devidamente registrados. O tratamento diferenciado assegurado a esses exercentes de atividade econômica não veio para incentivar o informalismo e, por isso, esses benefícios dependem necessariamente do registro adequado. Especificamente para a recuperação especial exige-se a condição de empresário ou sociedade empresária e, consequentemente, o registro na junta comercial.

Além da receita bruta e do registro, há uma série de exclusões do regime das microempresas e empresas de pequeno porte no art. 3º, § 4º, da Lei Complementar n. 123/2006. Assim, não pode se enquadrar como microempresa ou empresa de pequeno porte a pessoa jurídica que tenha por sócio outra pessoa jurídica, ou que participe de outra pessoa jurídica. De modo similar, estão excluídas do regime diferenciado as pessoas jurídicas que sejam filiais, sucursais, agências ou representações, no país, de pessoa jurídica com sede no exterior.

A fim de evitar a burla aos limites de receita bruta impostos, não pode se enquadrar como microempresa ou empresa de pequeno porte a sociedade que tenha sócio que seja inscrito como empresário individual (enquadrado como microempresa ou empresa de pequena porte) ou que seja também sócio de outra sociedade (enquadrada como microempresa ou empresa de pequena porte), cuja receita brutal global ultrapasse os limites do enquadramento. Na mesma linha de entendimento, não se admite o enquadramento de sociedade cujo sócio ou titular participe com mais de 10% do capital de outra sociedade, cuja receita somada ultrapasse os limites de enquadramento. Ainda na mesma linha, não se admite o enquadramento de pessoa jurídica na qual o titular ou sócio seja administrador de sociedade, cuja receita somada ultrapasse os limites de enquadramento.

Em todos esses casos, as participações no capital de cooperativas de crédito, bem como em centrais de compras, bolsas de subcontratação, no consórcio previsto na Lei Complementar n. 123/2006 e associações assemelhadas, sociedades de interesse econômico, sociedades de garantia solidária e outros tipos de sociedade, que tenham como objetivo social a defesa exclusiva dos interesses econômicos das microempresas e empresas de pequeno porte, não podem representar qualquer impedimento ao enquadramento.

Também estão excluídas as cooperativas, salvo as de consumo, e as sociedades por ações, cuja estrutura denota a desnecessidade de proteção diferenciada. Ainda pela complexidade de sua estrutura, não se admite o enquadramento de sociedade que seja resultante ou remanescente de cisão ou qualquer outra forma de desmembramento de pessoa jurídica que tenha ocorrido em um dos 5 (cinco) anos-calendário anteriores. Por fim, não se admite o enquadramento como microempresa ou empresa de pequeno porte das sociedades que exerçam atividade de banco comercial, de investimentos e de desenvolvimento, de caixa econômica, de sociedade de crédito, financiamento e investimento ou de crédito imobiliário, de corretora ou de distribuidora de títulos, valores mobiliários e câmbio, de empresa de arrendamento mercantil, de seguros privados e de capitalização ou de previdência complementar.

2.2 Credores abrangidos

Tendo em vista o objetivo de simplificação do procedimento e redução dos custos, a recuperação especial deverá se aplicar aos empresários com menores condições financeiras. Nessa linha de entendimento, só poderão lançar mão da recuperação especial os devedores empresários ou sociedades empresárias que se enquadrem como microempresa ou empresa de pequeno porte. Não se dispensa a qualidade de empresário ou sociedade empresária e exige-se também o enquadramento específico.

No regime original, o devedor empresário que se enquadre como microempresa ou empresa de pequeno porte só podia requerer a recuperação especial em face dos seus credores quirografários, excetuados aqueles decorrentes do repasse de verbas oficiais e os credores proprietários referidos nos arts. 49, § 3º, e 86, II, da Lei n. 11.101/2005. Atualmente, com a Lei Complementar n. 147, a amplitude é maior, podendo ser abrangidos na recuperação judicial todos os créditos existentes na data do pedido, ainda que não vencidos, excetuados os decorrentes de repasse de recursos oficiais, os fiscais e os previstos nos §§ 3º e 4º do art. 49. Abrangem-se praticamente todos os créditos, excetuados apenas os créditos fiscais, os decorrentes de repasse de recursos oficiais e os chamados credores proprietários previstos nos §§ 3º e 4º do art. 49.

A abrangência de mais tipos de credores dá uma chance maior de recuperação ao devedor. A limitação aos credores quirografários era uma repetição da antiga concordata que restringia demasiadamente a chance de recuperação, na medida em que é muito difícil ter apenas credores quirografários no quadro de credores. Dessa forma, tal iniciativa tende a permitir que a recuperação judicial seja mais efetiva.

3 Pedido e processamento

Assim como no regime geral da recuperação judicial, a recuperação especial envolve um acordo a ser firmado em juízo. Para que esse acordo se concretize é essencial o ajuizamento de uma ação perante o juízo do principal estabelecimento do devedor. Tal ação normalmente é ajuizada diretamente pelo devedor (empresário individual, EIRELI ou sociedade empresária), mas nada impede que seja ajuizada pelo sócio remanescente, pelo inventariante, pelo cônjuge ou pelos herdeiros (Lei n. 11.101/2005).

Esse ajuizamento será feito por meio de uma petição inicial, que representa o instrumento necessário para a constituição de desenvolvimento do processo, bem como para a delimitação da extensão em que se efetivará o poder de julgar do magistrado[5]. Como toda petição inicial, a exordial da recuperação especial precisa atender aos requisitos formais e estruturais impostos pela legislação processual. A única peculiaridade é a necessidade de a própria inicial indicar a opção pelo regime da recuperação especial, ou seja, no silêncio presume-se a opção pela recuperação judicial comum. Diante da possibilidade até da desistência do pedido sem o consentimento dos credores antes da decisão de processamento, acreditamos que o devedor até esse momento também poderá alterar a opção realizada por um ou outro procedimento[6].

---

5. CALMON DE PASSOS, J. J. *Comentários ao Código de Processo Civil.* 8. ed. Rio de Janeiro: Forense, 1998, v. III, p. 154.

6. MAMEDE, Gladston. *Direito empresarial brasileiro*: falência e recuperação de empresas. 2. ed. São Paulo: Atlas, 2008, v. 4, p. 230.

Além de cumprir todos os requisitos gerais, a petição inicial da recuperação deverá ser acompanhada dos documentos essenciais à propositura da ação. No caso da recuperação judicial, além daqueles documentos gerais para todas as ações (procuração, custas...), é essencial que a inicial da recuperação seja instruída com os documentos do art. 51 da Lei n. 11.101/2005. Podemos sintetizar os documentos a serem juntados em algumas ideias: as causas da situação patrimonial e os motivos da crise econômico-financeira, a documentação contábil, os documentos do registro empresarial, as certidões de protesto e as relações descritivas[7]. No que tange à documentação contábil, admite-se a apresentação de livros e escrituração contábil simplificada, nos termos da legislação específica das microempresas e empresas de pequeno porte (Lei n. 11.101/2005 – art. 51, § 2º).

Estando em termos a petição inicial e a documentação juntada, o juiz deverá deferir o processamento da recuperação judicial, nos termos do art. 52 da Lei n. 11.101/2005. Tal decisão de processamento, contudo, terá seus efeitos limitados aos credores abrangidos na recuperação especial, ou seja, não haverá a suspensão do curso da prescrição nem das ações e execuções por créditos não abrangidos pela recuperação especial. Se eles não são atingidos pela recuperação especial, não há motivo para que seus direitos sejam afetados pela suspensão quer da prescrição, quer das ações desses credores.

Tal decisão será publicada juntamente com a lista de credores apresentada pelo devedor, dando início ao procedimento de verificação de créditos. Pelas razões já expostas, os credores não abrangidos sequer precisam participar do procedimento de verificação de créditos.

4 Plano especial de recuperação

Da publicação da decisão que defere o processamento da recuperação o devedor terá, sob pena de decretação da falência, 60 dias para a apresentação em juízo do plano especial de recuperação que representa, em última análise, a proposta do acordo a ser firmado.

Na sua redação original, o plano de recuperação especial só poderia conter o seguinte meio de recuperação: parcelamento em até 36 (trinta e seis) parcelas mensais, iguais e sucessivas, corrigidas monetariamente e acrescidas de juros de 12% a.a. (doze por cento ao ano), com a possibilidade de carência máxima de 180 (cento e oitenta) dias, contados da distribuição do pedido de recuperação judicial, para o primeiro pagamento.

Em última análise, o plano especial podia contar com uma dilação de prazo para pagamento das dívidas, sob a forma de um parcelamento, com juros de 1% ao mês, admitindo-se uma carência de até 180 dias para o primeiro pagamento. Embora simples, tais medidas podem ser úteis para superação da crise, na medida em que podem permi-

7. NEGRÃO, Ricardo. *Manual de direito comercial e de empresa*. 2. ed. São Paulo: Saraiva, 2007, v. 3, p. 163.

tir uma equalização do fluxo de caixa, evitando grandes dispêndios imediatos com o pagamento dos credores quirografários[8]. De outro lado, a obrigação de pagamentos mensais permitia um fluxo contínuo de pagamento aos credores[9].

Com a Lei Complementar n. 147/2014, o plano preverá parcelamento em até 36 (trinta e seis) parcelas mensais, iguais e sucessivas, acrescidas de juros equivalentes à Taxa Sistema Especial de Liquidação e de Custódia – SELIC, podendo conter ainda a proposta de abatimento do valor das dívidas. Altera-se a taxa de juros para a Taxa SELIC, mantendo-se como impositivo o parcelamento. Mantém-se também a carência de 180 dias para o primeiro pagamento e admite-se o pedido de abatimento do valor das dívidas, que pode ser muito útil para o devedor reerguer e recuperar a sua atividade.

Em complemento aos meios de recuperação, o plano estabelecerá a necessidade de autorização do juiz, depois de ouvido o administrador judicial e o Comitê de Credores, se houver, para o devedor aumentar despesas ou contratar empregados. Controla-se de forma bem rígida a atuação do devedor nesse caso, a fim de que o prazo que lhe é dado seja suficiente para a superação da crise. Aumentos de gastos e contratações de empregados são possíveis, mas deverão ser autorizados pelo juiz, ouvidos o administrador judicial e o comitê de credores, se houver. Deve-se, porém, fazer uma interpretação teleológica dispensando a autorização judicial, se a contratação do empregado for apenas parar suprir uma lacuna, sem representar acréscimo de despesas[10].

5 Procedimento

Apresentado o plano dentro do prazo legal, o juiz determinará a publicação de um edital de aviso aos credores sobre a existência do plano[11], dando-lhes a oportunidade de manifestação no prazo de 30 dias, contados da publicação desse edital ou da publicação da relação de credores. Como na recuperação comum, os credores poderão aprovar o plano de recuperação judicial tacitamente ou apresentar oposições justificadas.

Não havendo qualquer objeção dos credores, considera-se o plano tacitamente aprovado. De outro lado, havendo objeção, não haverá a convocação da assembleia de credores. Até esse momento, o procedimento da recuperação especial em tudo se identifica com o procedimento da recuperação judicial comum, mas, a partir de agora, haverá mudanças.

---

8. RAMOS, Tony Luiz. *Plano especial de recuperação das micros e pequenas empresas*. São Paulo: Iglu, 2006, p. 19.

9. ZANINI, Carlos Klein. In: SOUZA JÚNIOR, Francisco Sátiro de; PITOMBO, Antônio Sérgio de A. de Moraes (Coord.). *Comentários à lei de recuperação de empresas e falência*. São Paulo: Revista dos Tribunais, 2005, p. 319.

10. Idem, p. 321.

11. Idem, p. 323.

O juiz decretará a falência, automaticamente, se houver objeção de credores que representam mais da metade de qualquer uma das classes dos créditos abrangidos (Lei n. 11.101/2005 – art. 72, parágrafo único). Neste particular, a recuperação especial é pior do que a recuperação judicial ordinária, na medida em que nesta a rejeição por uma das classes do art. 41 não importa a automática rejeição do acordo. Assim, o melhor seria afastar esta decretação automática da falência, fazendo uma interpretação teleológica, para considerar que o plano só será rejeitado se for rejeitado pela maioria das classes abrangidas (objeção de mais da metade dos créditos), aplicando-se neste caso a mesma divisão de classes do art. 41. Em todos os casos, a contagem dos votos deverá obedecer ao disposto no art. 45 da Lei n. 11.101/2005.

Obviamente, as objeções devem ser fundamentadas na falta dos requisitos legais ou razões econômico-financeiras que demonstrem que a crise é insuperável[12], sob pena de serem indeferidas pelo juiz[13]. Fábio Ulhoa Coelho[14] prevê a necessidade de manifestação do devedor para manter ou alterar o plano diante das objeções, ensejando a decisão do juiz em relação ao eventual conflito, o que, porém, não encontra fundamento na legislação. No mesmo sentido, outros autores reconhecem a possibilidade de audiência para superação do conflito, o que também não possui previsão legal[15].

De outro lado, se a objeção for apresentada por credores que representem até a metade dos créditos, presume-se que os demais credores concordaram com o plano especial e, por isso, ele será considerando aprovado. Nesse caso, cabe ao juiz conceder a recuperação se atendidas as demais condições legais para tanto. Não sendo atendidas as demais condições legais, como os requisitos previstos no art. 48 da Lei n. 11.101/2005, o juiz indeferirá o pedido.

Gladston Mamede entende que também será decretada a falência se não houver o atendimento aos requisitos legais, pois haveria uma análise do mérito do pedido e não apenas questões processuais[16]. A nosso ver, porém, a decretação da falência só seria possível nas hipóteses previstas expressamente no art. 73 da Lei n. 11.101/2005, entre as quais não se encontra a falta de requisitos. O uso do aditivo *também* no art. 72 se refere às demais hipóteses de convolação em falência, como a não apresentação do plano de

---

12. RAMOS, Tony Luiz. *Plano especial de recuperação das micros e pequenas empresas*. São Paulo: Iglu, 2006, p. 54.

13. ZANINI, Carlos Klein. In: SOUZA JÚNIOR, Francisco Sátiro de; PITOMBO, Antônio Sérgio de A. de Moraes (Coord.). *Comentários à Lei de recuperação de empresas e falência*. São Paulo: Revista dos Tribunais, 2005, p. 323; CAMPINHO, Sérgio. *Falência e recuperação de empresa*: o novo regime de insolvência empresarial. 3. ed. Rio de Janeiro: Renovar, 2008, p. 180.

14. COELHO, Fábio Ulhoa. *Comentários à nova lei de falências e recuperação de empresas*. São Paulo: Saraiva, 2005, p. 186.

15. CAMPOS BATALHA, Wilson de Souza; RODRIGUES NETTO, Nelson; RODRIGUES NETTO, Sílvia Maria Labate Batalha. *Comentários à lei de recuperação judicial de empresas e falência*. 4. ed. São Paulo: LTr, 2007, p. 118.

16. MAMEDE, Gladston. *Direito empresarial brasileiro*: falência e recuperação de empresas. 2. ed. São Paulo: Atlas, 2008, v. 4, p. 232.

recuperação no prazo legal[17]. Ademais, permitir a decretação da falência em mais casos não se coaduna com a ideia do tratamento privilegiado às microempresas e empresas de pequeno porte.

Tony Luiz Ramos entende que outra mudança no procedimento da recuperação especial diz respeito ao eventual pedido de desistência posterior à decisão de processamento. Nesse caso, o art. 52, § 4º, da Lei n. 11.101/2005 condiciona a desistência à aprovação dos credores reunidos em assembleia, porém na recuperação especial não haveria a realização de assembleia de credores, cabendo ao juiz o poder de aceitar ou não a desistência, cabendo-lhe analisar a ausência da intenção de burlar a lei ou fraudar os credores[18], como era exigido em relação à concordata[19]. A nosso ver, porém, o art. 72 só dispensa a realização da assembleia para apreciar o plano de recuperação e não para outros fins. Desse modo, no caso de desistência haveria a necessidade de convocação da assembleia de credores, com todos os ônus dessa convocação impostos ao devedor[20].

17. BEZERRA FILHO, Manoel Justino. *Lei de recuperação de empresas e falências comentada*. 4. ed. São Paulo: Revista dos Tribunais, 2007, p. 195.

18. RAMOS, Tony Luiz. *Plano especial de recuperação das micros e pequenas empresas*. São Paulo: Iglu, 2006, p. 63.

19. STJ – REsp 184.727/SP, Rel. Ministro WALDEMAR ZVEITER, TERCEIRA TURMA, julgado em 13-2-2001, *DJ* 2-4-2001, p. 286.

20. PINHEIRO, Hélia Marcia Gomes. A recuperação da microempresa e das empresas de pequeno porte. In: SANTOS, Paulo Penalva (Coord.). *A nova lei de falências e de recuperação de empresas*: Lei 11.101/2005. Rio de Janeiro: Forense, 2006, p. 176.

13 RECUPERAÇÃO EXTRAJUDICIAL

1 Noções gerais

Na recuperação judicial, temos um acordo firmado judicialmente entre o devedor e seus credores com o objetivo de superar uma crise econômico-financeira. Sua previsão, porém, não impede outros tipos de acordos com o mesmo objetivo, mas acordos firmados extrajudicialmente, daí falar-se em recuperação extrajudicial. Tais acordos extrajudiciais eram tratados como atos de falência no regime anterior e agora passam a ser expressamente admitidos pelo nosso ordenamento jurídico, representando uma alternativa de superação das crises.

Embora a intervenção do Poder Judiciário possa ser medida otimizadora para a conclusão do acordo entre o devedor e seus credores[1], é certo que ela também representa custos mais elevados, com a necessidade de atuação de um administrador judicial, de um procedimento de verificação de créditos e até da convocação de assembleias de credores. Em razão disso, deve-se abrir outro caminho para a celebração desse acordo, um caminho mais rápido, informal e econômico[2], a saber, a recuperação extrajudicial, na qual a intervenção estatal é apenas acessória. A recuperação extrajudicial, portanto, "outorga ao devedor que atingiu um estado crítico, a possibilidade de administrar extrajudicialmente um acordo com seus credores de uma maneira simples e prática"[3].

Em outras palavras, trata-se de um acordo firmado extrajudicialmente entre o devedor e seus credores com o objetivo de superação da crise econômico-financeira, levado apenas eventualmente à homologação pelo Poder Judiciário. O objetivo e a natureza são os mesmos da recuperação judicial, vale dizer, trata-se de um contrato[4] para superação da crise, mas sua realização é mais simples e mais prática, uma vez que a intervenção do Poder Judiciário é eventual e meramente homologatória. Trata-se de algo muito simi-

---

1. MAMEDE, Gladston. *Direito empresarial brasileiro*: falência e recuperação de empresas. 2. ed. São Paulo: Atlas, 2008, v. 4, p. 278.

2. DEMARTINI, Hernán. A recuperação extrajudicial: um novo ato negocial? In: BATTELO, Sílvio Javier. *Principais controvérsias na nova lei de falências*. Porto Alegre: Fabris, 2008, p. 78.

3. Idem, ibidem.

4. PROVINCIALI, Renzo. *Concordato preventivo e stragiudiziale*. Roma: Ianua, 1999, p. 102; DEMARTINI, Hernán. A recuperação extrajudicial: um novo ato negocial? In: BATTELO, Sílvio Javier. *Principais controvérsias na nova lei de falências*. Porto Alegre: Fabris, 2008, p. 77.

lar ao *prepackaged plan* do direito norte-americano[5] e ao *acuerdo preventivo extrajudicial* do direito argentino[6]. A existência dessa recuperação extrajudicial não prejudica outras modalidades de acordo entre o devedor e seus credores (Lei n. 11.101/2005 – art. 167).

2 Sujeitos

Como acordo que é, a recuperação extrajudicial terá de um lado o devedor em crise e de outro lado seus credores, que negociarão extrajudicialmente as condições necessárias para a superação da crise. Todavia, não é qualquer devedor que poderá lançar mão desse acordo. Do mesmo modo, não são quaisquer credores que poderão ser chamados a participar desse acordo extrajudicial.

2.1 Devedor

Podem lançar mão da recuperação extrajudicial os devedores que se enquadrem como empresários individuais ou sociedades empresárias, vale dizer, pessoas físicas ou sociedades que exerçam atividade econômica organizada para a produção ou circulação de bens ou serviços para o mercado. Ao contrário de outros países, nosso Direito só prevê a recuperação para quem se enquadre nessa situação e não para qualquer pessoa. Por se tratar de um benefício, para obter a eventual homologação judicial, exige-se ainda que essas pessoas estejam exercendo regularmente a atividade empresarial, isto é, sociedades em comum, mesmo que sejam empresárias, não podem lançar mão da recuperação extrajudicial.

Mesmo os que se enquadram como empresários podem ser excluídos da recuperação extrajudicial, por possuírem um regime especial de superação da crise, acompanhado mais de perto pelo Estado, dada sua importância para a economia. Desse modo, estão excluídos da recuperação extrajudicial a instituição financeira pública ou privada, a cooperativa de crédito, o consórcio, a entidade de previdência complementar, a sociedade operadora de plano de assistência à saúde, a sociedade seguradora, a sociedade de capitalização e outras entidades legalmente equiparadas às anteriores. Além disso, dentro de uma opinião majoritária no direito empresarial[7], também esta-

---

5. BLUM, Brian B. *Bankruptcy and debtor/creditor*. 4. ed. New York: Aspen, 2006, p. 503.

6. ALEGRIA, Hector. Facultades del juez e interpretácion de las normas sobre acuerdo preventivo extrajudicial (ubicación sistemática y algunos efectos). In: ALEGRIA, Hector (Dir.). *Acuerdo preventivo extrajudicial*. Buenos Aires: La Ley, 2004, p. 49.

7. MAMEDE, Gladston. *Direito empresarial brasileiro*: falência e recuperação de empresas. São Paulo: Atlas, 2006, v. 4, p. 42; PACHECO, José da Silva. *Processo de recuperação judicial, extrajudicial e falência*. 2. ed. Rio de Janeiro: Forense, 2007, p. 21; FAZZIO JÚNIOR, Waldo. *Nova lei de falência e recuperação de empresas*. São Paulo: Atlas, 2005, p. 52-54; NEGRÃO, Ricardo. *Manual de direito comercial e de empresa*. 2. ed. São Paulo: Saraiva, 2007, v. 3, p. 35-36; COELHO, Fábio Ulhoa. *Curso de direito comercial*. 8. ed. São Paulo: Saraiva, 2008, v. 3, p. 248; CAMPINHO, Sérgio. *Falência e recuperação de empresa*: o novo regime de insol-

riam excluídas da recuperação extrajudicial as empresas públicas e sociedades de economia mista[8].

2.2 Credores abrangidos

O devedor empresário, que não se enquadre nas exclusões legais, poderá negociar o acordo da recuperação extrajudicial com os credores existentes até o momento do acordo. Todavia, alguns credores não se submeterão a esse acordo, seja pela indisponibilidade do crédito, seja pela falta de interesse para a eventual negociação. Nada impede, porém, que mesmo em relação a esses sejam realizadas outras modalidades de acordos individuais.

Não participam da recuperação extrajudicial os credores fiscais que, em razão do princípio da legalidade e pela indisponibilidade do interesse público, não são passíveis de negociação. Também são excluídos da recuperação extrajudicial os créditos trabalhistas e de acidente de trabalho que, embora passíveis de transação, devem ficar afastados dessa negociação extrajudicial, por não terem tanta força de negociação.

De outro lado, ficam excluídos da recuperação extrajudicial os credores que não teriam qualquer interesse na negociação, por já possuírem uma grande segurança nos seus créditos, em razão do direito de propriedade. Nesta exclusão entram os credores titulares da posição de proprietário fiduciário de bens móveis ou imóveis, de arrendador mercantil, de proprietário ou promitente vendedor de imóvel cujos respectivos contratos contenham cláusula de irrevogabilidade ou irretratabilidade, inclusive em incorporações imobiliárias, de proprietário em contrato de venda com reserva de domínio ou de adiantamento de contrato de câmbio (Lei n. 11.101/2005 – art. 49, §§ 3º e 4º).

Desse modo, poderão participar da recuperação extrajudicial os credores com garantia real, os credores com privilégio especial, os credores com privilégio geral, os credores quirografários e os credores subordinados. Ressalte-se que não há necessidade de o acordo abranger todas essas classes, ou mesmo todos os créditos integrantes de uma classe, isto é, o plano pode se restringir a um grupo de credores de mesma natureza e sujeito a semelhantes condições de pagamento[9]. Assim, se o devedor possui obrigações com garantia real de curto prazo e de longo prazo, a recuperação extrajudicial poderá abranger apenas um desses grupos, dando mais margem de liberdade à atuação da auto-

---

vência empresarial. Rio de Janeiro: Renovar, 2006, p. 24; HENTZ, Luiz Antonio Soares. *Manual de falência e recuperação de empresas*. São Paulo: Juarez de Oliveira, 2005, p. 15; FURTADO, Lucas Rocha. *Curso de direito administrativo*. Belo Horizonte: Fórum, 2007, p. 220.

8. A nosso ver, tal exclusão é inconstitucional no que tange às sociedades de economia mista e empresas públicas exploradoras de atividade econômica, que não podem ter um regime diferenciado das entidades privadas nos termos do art. 173 da Constituição Federal.

9. SANTOS, Paulo Penalva. A recuperação extrajudicial na nova lei de falências. In: SANTOS, Paulo Penalva (Coord.). *A nova lei de falências e de recuperação de empresas*: lei 11.101/2005. Rio de Janeiro: Forense, 2006, p. 384.

nomia privada[10]. O essencial é que a divisão em grupos seja realizada por critérios objetivos e impessoais[11].

3 Modalidades

Definidos os credores abrangidos pela recuperação extrajudicial, o devedor poderá negociar com eles as condições necessárias para a superação da crise. Em alguns casos, o devedor consegue a anuência de todos os credores e firmará normalmente o acordo com eles, vinculando-os aos termos do acordo. Em outros casos, ele não consegue a adesão unânime dos credores, mas consegue a adesão de uma boa parte deles, não sendo possível, a princípio, firmar o acordo com todos os credores. Apesar disso, os próprios objetivos da recuperação fizeram com que a legislação aceitasse o acordo também nesse caso, vinculando todos os credores, desde que ele fosse homologado judicialmente e cumprisse certos requisitos legais. Essa dualidade de situações nos leva a uma distinção entre duas modalidades de recuperação extrajudicial.

3.1 Recuperação extrajudicial de homologação facultativa

Caso o devedor obtenha o consentimento de todos os seus credores, o acordo já será firmado pelo simples encontro de vontades entre o devedor e esses credores, vale dizer, a homologação judicial do acordo é facultativa. Já que a homologação judicial não é essencial, pode-se denominar essa modalidade de recuperação extrajudicial de homologação facultativa[12]. Há quem prefira as expressões *recuperação extrajudicial ordinária*[13], *recuperação extrajudicial unânime ou de adesão total*[14], *recuperação extrajudicial individualizada*[15] ou ainda *recuperação extrajudicial meramente homologatória*[16]. Não há qualquer equívoco nas terminologias adotadas, mas preferimos a expressão *recuperação extrajudicial de homologação facultativa.*

---

10. CAMPINHO, Sérgio. *Falência e recuperação de empresa*: o novo regime de insolvência empresarial. 3. ed. Rio de Janeiro: Renovar, 2008, p. 453.

11. SOUZA JÚNIOR, Francisco Sátiro de. In: SOUZA JÚNIOR, Francisco Sátiro de; PITOMBO, Antônio Sérgio de A. de Moraes (Coord.). *Comentários à lei de recuperação de empresas e falência*. São Paulo: Revista dos Tribunais, 2005, p. 522.

12. COELHO, Fábio Ulhoa. *Curso de direito comercial*. 8. ed. São Paulo: Saraiva, 2008, v. 3, p. 435.

13. MAMEDE, Gladston. *Direito empresarial brasileiro*: falência e recuperação de empresas. 2. ed. São Paulo: Atlas, 2008, v. 4, p. 280.

14. DEMARTINI, Hernán. A recuperação extrajudicial: um novo ato negocial? In: BATTELO, Sílvio Javier. *Principais controvérsias na nova lei de falências*. Porto Alegre: Fabris, 2008, p. 79.

15. NEGRÃO, Ricardo. *Manual de direito comercial e de empresa*. 4. ed. São Paulo: Saraiva, 2009, v. 3, p. 204.

16. PAIVA, Luiz Fernando Valente de. Da recuperação extrajudicial. In: PAIVA, Luiz Fernando Valente de (Coord.). *Direito falimentar e a nova lei de falências e recuperação de empresas*. São Paulo: Quartier Latin, 2005, p. 569.

Nessa hipótese, caberá às partes decidir se levam ou não o acordo à homologação. Levando o acordo à homologação judicial, ele passará a ter a condição de título executivo judicial (CPC/2015 – art. 515, III), vale dizer, ele terá mais força no eventual cumprimento. Para tanto, obviamente deverão ser cumpridas as formalidades legalmente exigidas para a homologação. De outro lado, se ele não for levado à homologação, o acordo é válido e produz efeitos como qualquer contrato privado. Além disso, pode-se buscar a homologação para realizar a venda de estabelecimentos por meio de hasta judicial[17] (Lei n. 11.101/2005 – art. 166).

Há quem sustente, porém, que a homologação nesse caso também seria obrigatória para ser tratada como recuperação extrajudicial[18]. Sem a homologação, haveria um simples acordo privado, mas não uma recuperação extrajudicial. Apesar de parecer contrária a opinião ora esposada, vê-se que se chega à mesma conclusão. A homologação não é essencial para o acordo, mas é essencial para que ele produza os efeitos já mencionados.

3.2 Recuperação extrajudicial de homologação obrigatória

Nem sempre o devedor consegue a adesão unânime dos credores a sua proposta dc acordo. Por vezes, há uma minoria resistente a qualquer proposta de negociação que inviabiliza o acordo. Nesses casos, a vontade da minoria prevaleceria sobre a vontade da maioria e sobre o próprio princípio da preservação da empresa. Em razão disso, a Lei n. 11.101/2005 admite que a recuperação extrajudicial seja concluída sem o consentimento unânime dos credores, vale dizer, se o devedor conseguir uma adesão expressiva dos credores, ele poderá vincular todos os credores aos termos do acordo, desde que promova a sua homologação judicial.

Em razão do exposto, denomina-se essa modalidade de recuperação extrajudicial de homologação obrigatória[19]. Há quem prefira as expressões *recuperação extrajudicial ordinária*[20], *recuperação extrajudicial obrigatória ou forçada*[21], *recuperação extrajudicial por classes*[22] ou ainda *recuperação extrajudicial impositiva*[23]. Não há qualquer equívoco

---

17. COELHO, Fábio Ulhoa. *Curso de direito comercial*. 8. ed. São Paulo: Saraiva, 2008, v. 3, p. 435.

18. DEMARTINI, Hernán. A recuperação extrajudicial: um novo ato negocial? In: BATTELO, Sílvio Javier. *Principais controvérsias na nova lei de falências*. Porto Alegre: Fabris, 2008, p. 80; ANDREY, Marcos. In: DE LUCCA, Newton; SIMÃO FILHO, Adalberto (Coord.). *Comentários à nova lei de recuperação de empresas e de falências*. São Paulo: Quartier Latin, 2005, p. 589.

19. COELHO, Fábio Ulhoa. *Curso de direito comercial*. 8. ed. São Paulo: Saraiva, 2008, v. 3, p. 436.

20. MAMEDE, Gladston. *Direito empresarial brasileiro*: falência e recuperação de empresas. 2. ed. São Paulo: Atlas, 2008, v. 4, p. 280.

21. DEMARTINI, Hernán. A recuperação extrajudicial: um novo ato negocial? In: BATTELO, Sílvio Javier. *Principais controvérsias na nova lei de falências*. Porto Alegre: Fabris, 2008, p. 81.

22. NEGRÃO, Ricardo. *Manual de direito comercial e de empresa*. 4. ed. São Paulo: Saraiva, 2009, v. 3, p. 204.

23. PAIVA, Luiz Fernando Valente de. Da recuperação extrajudicial. In: PAIVA, Luiz Fernando Valente de (Coord.). *Direito falimentar e a nova lei de falências e recuperação de empresas*. São Paulo: Quartier Latin, 2005, p. 571.

nas terminologias adotadas, mas preferimos a expressão *recuperação extrajudicial de homologação obrigatória.*

Caso o devedor negocie o plano de recuperação extrajudicial (acordo) e obtenha o consentimento de mais de três quintos dos créditos de cada classe abrangida pelo acordo, a lei já considera essa adesão suficientemente expressiva para considerar válido o acordo, exigindo apenas a sua homologação judicial, para a vinculação daqueles credores que não aderiram ao acordo. O quórum de mais de três quintos dos créditos (cômputo pelo valor) é considerado suficiente para demonstrar que a recuperação é possível, exigindo-se, porém, a chancela judicial ao acordo.

Os credores serão divididos nas seguintes classes: credores com garantia real, credores com privilégio especial, credores com privilégio geral, credores quirografários e credores subordinados. Ressalte-se que não há necessidade de o acordo abranger todas essas classes, ou mesmo todos os créditos integrantes de uma classe, isto é, o plano pode se restringir a um grupo de credores de mesma natureza e sujeito a semelhantes condições de pagamento. Assim, se o devedor possui obrigações com garantia real de curto prazo e de longo prazo, a recuperação extrajudicial poderá abranger apenas um desses grupos, dando mais margem de liberdade à atuação da autonomia privada.

No cômputo dessa concordância, serão levados em conta os valores dos créditos e não o número de credores. Para esse fim, os créditos em moeda estrangeira serão convertidos pelo câmbio da véspera da assinatura do acordo. No entanto, não serão incluídos aqueles créditos que não fazem parte do acordo. Do mesmo modo, não serão computados os créditos pertencentes a pessoas próximas ao devedor, dada a parcialidade desses sujeitos. Assim, não poderão ser computados os créditos pertencentes aos sócios do devedor, bem como às sociedades coligadas, controladoras, controladas ou às que tenham sócio ou acionista com participação superior a 10% (dez por cento) do capital social do devedor ou em que o devedor ou algum de seus sócios detenha participação superior a 10% (dez por cento) do capital social, a cônjuge ou parente, consanguíneo ou afim, colateral até o 2º (segundo) grau, ascendente ou descendente do devedor, de administrador, do sócio controlador, de membro dos conselhos consultivo, fiscal ou semelhantes da sociedade devedora e à sociedade em que quaisquer dessas pessoas exerçam essas funções.

4 Homologação

Tendo a concordância de todos os credores, o devedor poderá levar o plano de recuperação extrajudicial à homologação judicial para lhe dar mais força. Não obtendo a concordância de todos os credores, mas obtendo a concordância de mais de três quintos dos créditos de cada classe, o devedor deverá levar o plano à homologação para que ele possa produzir seus efeitos. Em ambos os casos, a homologação deverá obedecer a certo procedimento e só ocorrerá se atendidos os requisitos legais impostos para tanto.

4.1 Requisitos subjetivos

Para obter a homologação judicial do plano de recuperação extrajudicial, o devedor terá que cumprir certos requisitos ligados a sua pessoa, daí falar-se em requisitos subjetivos[24]. Tais requisitos são exigidos para demonstrar a idoneidade do devedor, reforçando o interesse na superação da crise.

O primeiro requisito específico para que o empresário possa ter sua recuperação extrajudicial homologada é o exercício regular da atividade empresarial há mais de dois anos. Tal exercício será comprovado mediante certidão da junta comercial, que pode ser elidida por prova em contrário[25]. Inicialmente o empresário deve estar no exercício da atividade, isto é, não pode estar parado. Além do exercício efetivo da atividade, exige-se que tal exercício seja regular, isto é, exige-se que o empresário não seja impedido e cumpra as obrigações legais impostas a ele, no que tange a sua constituição e funcionamento[26]. Esse exercício regular da atividade deve ocorrer há mais de dois anos, para que se possa aferir a seriedade do exercício da empresa, a sua relevância para a economia e especialmente a viabilidade da sua continuação.

Além do exercício regular da atividade há mais de dois anos, é essencial também que o devedor não seja falido ou, se for falido, que já tenha suas obrigações extintas. O legislador quis impor tal requisito para afastar a possibilidade de uma recuperação extrajudicial para suspender os efeitos da falência, como era possível na concordata.

Outro requisito da homologação da recuperação extrajudicial é a ausência de condenação definitiva por crime falimentar (Lei n. 11.101/2005 – arts. 168 a 178). Esse impedimento, decorrente da condenação por crime falimentar, só passa a existir a partir do trânsito em julgado da sentença condenatória, tendo em vista a presunção de inocência do art. 5º, LVII, da Constituição Federal[27]. No caso de empresário individual, tal requisito é exigido em relação ao próprio empresário pessoa física. Já nas sociedades empresárias, o requisito é exigido em relação aos seus administradores (diretores ou membros do conselho de administração) e em relação aos sócios controladores.

Para obter a homologação da recuperação extrajudicial, o devedor não poderá ter obtido recuperação com base em um plano especial de recuperação para microempresas e empresas de pequeno porte, nos últimos oito anos. Além disso, ele não pode ter obtido recuperação judicial ou homologado plano de recuperação extrajudicial nos últimos dois anos. Não se pode permitir que o empresário use reiteradamente a recu-

---

24. COELHO, Fábio Ulhoa. *Curso de direito comercial.* 8. ed. São Paulo: Saraiva, 2008, v. 3, p. 434; CAMPINHO, Sérgio. *Falência e recuperação de empresa*: o novo regime de insolvência empresarial. 3. ed. Rio de Janeiro: Renovar, 2008, p. 454.

25. NEGRÃO, Ricardo. *Manual de direito comercial e de empresa.* 2. ed. São Paulo: Saraiva, 2007, v. 3, p. 127.

26. PIMENTA, Eduardo Goulart. *Recuperação de empresas.* São Paulo: IOB, 2006, p. 91.

27. MAMEDE, Gladston. *Direito empresarial brasileiro*: falência e recuperação de empresas. São Paulo: Atlas, 2006, v. 4, p. 187.

peração para superar suas crises. O uso da recuperação em momentos próximos denota a incompetência do empresário em gerir aquele negócio e, por isso, afasta a possibilidade de nova recuperação[28].

Por fim, exige-se que não esteja pendente pedido de recuperação judicial, vale dizer, não pode o devedor usar os dois caminhos (recuperação judicial e extrajudicial) ao mesmo tempo. Nada impede, porém, que ele desista da recuperação judicial, obedecendo às determinações legais, e realize um acordo extrajudicial para ser levado à homologação. O que não se admite é o uso simultâneo das recuperações judicial e extrajudicial.

4.2 Requisitos objetivos

Além dos requisitos atinentes à pessoa do devedor, a homologação da recuperação extrajudicial exige requisitos atinentes ao próprio plano de recuperação extrajudicial, vale dizer, requisitos do próprio acordo. Não se cogita aqui de análise dos sujeitos envolvidos, mas de análise do conteúdo do acordo realizado, cuja homologação é pretendida. Daí falar-se em requisitos objetivos[29].

O primeiro requisito objetivo é a concordância dos credores que representem mais de três quintos dos créditos de cada classe. Exige-se, em última análise, uma concordância expressiva dos credores para que o acordo possa ser considerado concluído. Neste particular, vale a pena reiterar que só serão computados os credores abrangidos pelo acordo, segundo o valor dos seus créditos.

Outro requisito objetivo é a ausência de previsão de pagamento antecipado de credores, evitando benefícios de alguns em detrimento de outros, no caso da eventual decretação da falência pela não superação da crise. Na mesma linha de entendimento, o plano de recuperação extrajudicial só será homologado se não contiver tratamento desfavorável aos credores que nele não são abrangidos (Lei n. 11.101/2005 – art. 161, § 2º), tentando evitar assim alguma espécie de conluio entre o devedor e alguns credores[30].

Também é requisito objetivo a concordância dos credores para o afastamento da variação cambial que lhes era assegurada originalmente (Lei n. 11.101/2005 – art. 163, § 5º). Além disso, na alienação de bem objeto de garantia real, a supressão da garantia ou sua substituição somente serão admitidas mediante a aprovação expressa do credor titular da respectiva garantia (Lei n. 11.101/2005 – art. 163, § 4º).

---

28. COELHO, Fábio Ulhoa. *Curso de direito comercial*. 8. ed. São Paulo: Saraiva, 2008, v. 3, p. 409; CAMPOS BATALHA, Wilson de Souza; RODRIGUES NETTO, Nelson; RODRIGUES NETTO, Sílvia Maria Labate Batalha. *Comentários à lei de recuperação judicial de empresas e falência*. 4. ed. São Paulo: LTr, 2007, p. 93.

29. COELHO, Fábio Ulhoa. *Curso de direito comercial*. 8. ed. São Paulo: Saraiva, 2008, v. 3, p. 434; CAMPINHO, Sérgio. *Falência e recuperação de empresa*: o novo regime de insolvência empresarial. 3. ed. Rio de Janeiro: Renovar, 2008, p. 454.

30. PAIVA, Luiz Fernando Valente de. Da recuperação extrajudicial. In: PAIVA, Luiz Fernando Valente de (Coord.). *Direito falimentar e a nova lei de falências e recuperação de empresas*. São Paulo: Quartier Latin, 2005, p. 585.

4.3 Pedido de homologação

Cumprindo os requisitos objetivos e subjetivos, o devedor poderá pedir a homologação judicial do acordo perante o juízo competente do principal do devedor. Para tanto, deverá ajuizar uma ação com esse objetivo específico. Tal ação não suspende as ações e execuções em curso, nem impede o pedido de falência por iniciativa dos credores não sujeitos[31]. Contudo, após a distribuição do pedido de homologação, os credores não poderão desistir da adesão ao plano, salvo com a anuência expressa dos demais signatários, inclusive o próprio devedor[32].

A princípio, apenas o devedor terá legitimidade específica para pedir a homologação do plano de recuperação extrajudicial[33]. No entanto, há quem reconheça a aplicabilidade do art. 48, parágrafo único, da Lei n. 11.101/2005 à recuperação extrajudicial, legitimando também para o pedido o cônjuge sobrevivente, os herdeiros, o inventariante e o sócio remanescente[34]. A nosso ver, porém, apenas o devedor terá essa legitimidade, tendo em vista o disposto nos arts. 161 e 163 da Lei n. 11.101/2005, que se referem apenas ao próprio devedor.

No caso de homologação facultativa, o pedido de homologação deve vir acompanhado do próprio acordo firmado entre o devedor e seus credores, bem como da sua justificativa. No caso da homologação obrigatória, exige-se ainda que o pedido seja instruído com outros documentos que demonstrem a real situação do devedor e comprovem a regularidade do acordo. De modo mais detalhado, na homologação obrigatória, o pedido deverá ser instruído com os seguintes documentos (Lei n. 11.101/2005):

- plano de recuperação extrajudicial e sua justificativa;
- exposição da situação patrimonial do devedor;
- demonstrações contábeis relativas ao último exercício;
- as demonstrações contábeis relativas aos 3 (três) últimos exercícios sociais e as levantadas especialmente para instruir o pedido, confeccionadas com estrita observância da legislação societária aplicável e compostas obrigatoriamente de:

---

31. PAIVA, Luiz Fernando Valente de. Da recuperação extrajudicial. In: PAIVA, Luiz Fernando Valente de (Coord.). *Direito falimentar e a nova lei de falências e recuperação de empresas*. São Paulo: Quartier Latin, 2005, p. 587.

32. ANDREY, Marcos. In: DE LUCCA, Newton; SIMÃO FILHO, Adalberto (Coord.). *Comentários à nova lei de recuperação de empresas e de falências*. São Paulo: Quartier Latin, 2005, p. 588.

33. PAIVA, Luiz Fernando Valente de. Da recuperação extrajudicial. In: PAIVA, Luiz Fernando Valente de (Coord.). *Direito falimentar e a nova lei de falências e recuperação de empresas*. São Paulo: Quartier Latin, 2005, p. 572.

34. DEMARTINI, Hernán. A recuperação extrajudicial: um novo ato negocial? In: BATTELO, Sílvio Javier. *Principais controvérsias na nova lei de falências*. Porto Alegre: Fabris, 2008, p. 83; ANDREY, Marcos. In: DE LUCCA, Newton; SIMÃO FILHO, Adalberto (Coord.). *Comentários à nova lei de recuperação de empresas e de falências*. São Paulo: Quartier Latin, 2005, p. 580; MELARÉ, Márcia Regina Machado. A recuperação extrajudicial. In: MACHADO, Rubens Approbato (Coord.). *Comentários à nova lei de falência e recuperação de empresas*. São Paulo: Quartier Latin, 2005, p. 157.

a) balanço patrimonial;
b) demonstração de resultados acumulados;
c) demonstração do resultado desde o último exercício social;
d) relatório gerencial de fluxo de caixa e de sua projeção;

- relação completa de credores; e
- prova de que os credores que assinaram o pedido têm poderes para novar ou transigir.

Pela própria ideia da homologação, é natural que se apresente o acordo firmado, para que o juiz e os credores possam analisar o cumprimento dos requisitos e a própria viabilidade da recuperação. A exigência da justificativa do acordo funciona como uma espécie de obrigação de motivação do plano e de projeção dos resultados que ele poderá gerar. Não se exige a mesma demonstração de viabilidade econômica presente na recuperação judicial, mas exige-se uma justificativa do acordo realizado.

Exige-se ainda a exposição detalhada da situação do devedor. A nosso ver, são exigidas as demonstrações contábeis do último ano, uma exposição específica da situação patrimonial do devedor e demonstrações contábeis referentes ao período desde o fim do último exercício e a data do plano levantadas especialmente para esse fim[35] para que os credores tenham a ciência exata da situação do empresário. Eduardo Goulart Pimenta considera suficientes as demonstrações contábeis do último ano[36].

Por fim, exige-se a comprovação da regularidade do acordo, apresentando-se a lista de todos os credores, com a comprovação de que aqueles que assinaram o plano têm poderes suficientes para isso. Impõe-se ao devedor o ônus de demonstrar que ele negociou e obteve o consentimento necessário para que o acordo seja aprovado e homologado em juízo. Dentro da ideia de redução dos custos, não se cogitará de assembleia dos credores e, por isso, a comprovação da aceitação regular do acordo deverá ser feita já no pedido de homologação.

4.4 Procedimento da homologação

Verificando a instrução adequada do pedido, o juiz determinará a publicação de um edital, na imprensa oficial e em jornal de grande circulação, assegurando aos credores o prazo de 30 dias para que apresentem impugnação à homologação do plano de recuperação extrajudicial (Lei n. 11.101/2005 – art. 164). Durante esse prazo, o devedor deve comprovar o envio de carta com aviso de recebimento a todos os credores domiciliados no país, informando a distribuição do pedido de homologação, dando-lhes a mais ampla ciência possível do procedimento.

---

35. COELHO, Fábio Ulhoa. *Curso de direito comercial*. 8. ed. São Paulo: Saraiva, 2008, v. 3, p. 439.

36. Em sentido contrário: PIMENTA, Eduardo Goulart. *Recuperação de empresas*. São Paulo: IOB, 2006, p. 277. Para ele, são suficientes as demonstrações do último ano.

A eventual impugnação (Lei n. 11.101/2005 – art. 164, § 3º) deverá ser acompanhada da prova da qualidade de credor e só poderá invocar o não preenchimento dos requisitos legais (exemplos: percentual de concordância de credores, pagamento antecipado de credores no plano...), a prática de atos de falência e a existência de fraude na conduta do devedor. Além disso, as impugnações podem dizer respeito à simulação de créditos e à existência de vícios de representação dos credores que subscreveram o plano[37]. A matéria de impugnação é bem restrita, facilitando o sucesso do pedido de homologação do plano de recuperação extrajudicial.

Sem impugnação no prazo, os autos serão conclusos ao juiz que julgará o pedido de homologação. Apresentada a impugnação, será aberta vista ao devedor para que ele se manifeste sobre a impugnação no prazo de 5 dias (Lei n. 11.101/2005 – art. 164, § 4º). Após tal prazo, os atos serão conclusos ao juiz, que poderá deferir ou indeferir o pedido de homologação. Embora não haja previsão, acreditamos ser recomendável a oitiva do Ministério Público em qualquer situação[38].

Obedecido o trâmite legal, o juiz homologará o plano de recuperação extrajudicial ou indeferirá essa homologação, em ambos os casos, por meio de uma sentença. Desta sentença proferida, cabe recurso de apelação, sem efeito suspensivo. Não homologado o plano, o devedor pode apresentar novo pedido de homologação, cumprindo os requisitos legais para tanto.

Gladston Mamede afirma que, se o motivo da impugnação que impede a homologação é a existência de atos de falência, o juiz deveria decretar a falência, pois esse é um dos pressupostos da falência[39]. A nosso ver, porém, não há previsão legal nesse sentido e, por isso, não se deve admitir a decretação da falência, mesmo nesses casos. Caso o credor impugnante queira a decretação da falência, ele deverá ajuizar uma ação própria para isso, com todo o procedimento inerente a esse pedido.

5 Efeitos da homologação

Uma vez homologada, a recuperação extrajudicial produzirá seus efeitos, vinculando inclusive os credores que não aceitaram o plano inicialmente, desde que tenha sido obtida a concordância de mais de três quintos dos créditos de cada espécie ou grupo abrangido pelo plano. Outrossim, essa vinculação de todos os credores produzirá a novação dos seus créditos[40], que passarão a ter as condições previstas no plano de recupe-

---

37. CAMPINHO, Sérgio. *Falência e recuperação de empresa*: o novo regime de insolvência empresarial. 3. ed. Rio de Janeiro: Renovar, 2008, p. 458.

38. Em sentido contrário: PAIVA, Luiz Fernando Valente de. Da recuperação extrajudicial. In: PAIVA, Luiz Fernando Valente de (Coord.). *Direito falimentar e a nova lei de falências e recuperação de empresas*. São Paulo: Quartier Latin, 2005, p. 591.

39. MAMEDE, Gladston. *Direito empresarial brasileiro*: falência e recuperação de empresas. 2. ed. São Paulo: Atlas, 2008, v. 4, p. 285.

40. Mesmo sem homologação, ocorrerá a novação dos créditos.

ração extrajudicial, mesmo que se decrete a falência do devedor posteriormente. Em última análise, a novação na recuperação extrajudicial é a mesma do Código Civil, sem qualquer peculiaridade. Além disso, a homologação tornará o plano de recuperação extrajudicial um título executivo judicial (CPC/2015 – art. 515, III), dando-lhe mais força.

Outro efeito da homologação é a submissão da eventual alienação de estabelecimento prevista no plano à forma prevista para essa alienação na falência (Lei n. 11.101/2005 – arts. 166 c. c. 142), vale dizer, por meio de leilão, propostas ou pregão. Neste particular, registre-se que será obedecida apenas a forma prevista para a alienação de estabelecimentos na falência, mas não seus efeitos, vale dizer, o adquirente de um estabelecimento alienado em uma recuperação extrajudicial responderá pelas dívidas do alienante, nas condições previstas pelo direito comum[41]. Assim, o adquirente responderá pelas dívidas regularmente escrituradas (CC – art. 1.146), pelas obrigações trabalhistas (CLT – art. 448) e pelas obrigações tributárias (CTN – art. 133). No que tange a estas últimas obrigações, a responsabilidade será subsidiária se o alienante continuar ou restabelecer qualquer atividade econômica nos seis meses subsequentes ao negócio. Nos demais casos, a responsabilidade do adquirente pelas obrigações tributárias será integral.

A princípio, todos os efeitos gerados pela homologação do plano de recuperação extrajudicial serão voltados para o futuro, isto é, para depois da homologação. No entanto, é lícito pactuar a produção de efeitos pretéritos, apenas no que tange à modificação do valor ou da forma de pagamento dos credores signatários, ratificando pagamentos efetuados antes da homologação. Caso não se obtenha a homologação, devolve-se aos credores signatários o direito de exigir seus créditos nas condições originais, deduzidos os valores efetivamente pagos (Lei n. 11.101/2005 – art. 165, § 1º).

41. ANDREY, Marcos. In: DE LUCCA, Newton; SIMÃO FILHO, Adalberto (Coord.). *Comentários à nova lei de recuperação de empresas e de falências*. São Paulo: Quartier Latin, 2005, p. 606. Em sentido contrário: SOUZA JÚNIOR, Francisco Sátiro de. In: SOUZA JÚNIOR, Francisco Sátiro de; PITOMBO, Antônio Sérgio de A. de Moraes (Coord.). *Comentários à lei de recuperação de empresas e falência*. São Paulo: Revista dos Tribunais, 2005, p. 529-530.

14 FALÊNCIA

1 Noções gerais

A Lei n. 11.101/2005 possui um viés mais recuperatório do que liquidatório, seguindo uma tendência mundial do direito das empresas em crise. Apesar disso, a referida lei não deixa de tratar da falência, isto é, da liquidação patrimonial forçada em relação aos devedores empresários que não têm condições de superar a crise econômico-financeira pela qual estão passando. Deve-se buscar, sempre que possível, a recuperação da empresa, mas não a ponto de desvirtuar os riscos da atividade, passando-os aos credores. Quando não é possível ou não é viável a recuperação, deve-se proceder à liquidação forçada do patrimônio do devedor, para reduzir ou evitar novos prejuízos decorrentes do exercício da atividade por aquele devedor.

A falência representa justamente esse meio de liquidação forçada do patrimônio do devedor empresário. A própria expressão *falência* vem de *fallere* (faltar, enganar), mantendo ainda a ideia da situação daquele que falta com o compromisso[1]. Alfredo Rocco afirma que a falência, sob o ponto de vista econômico, representa um fato patológico no desenvolvimento da economia creditícia, vale dizer, ela é o efeito do anormal funcionamento do crédito[2]. Juridicamente, porém, analisa-se a falência sob outros pontos de vista.

Nos regimes anteriores, concebia-se a falência como "um processo de execução coletiva, em que todos os bens do falido são arrecadados para uma venda judicial forçada, com a distribuição proporcional do ativo entre os credores"[3]. De forma similar, afirmava-se que a falência era "a execução coletiva dos bens do devedor comerciante, à qual concorrem todos os credores para o fim de arrecadar o patrimônio disponível, verificar os créditos, liquidar o ativo, e solver o passivo, em rateio, ou observadas as preferências legais"[4].

---

1. CARVALHO DE MENDONÇA, J. X. *Tratado de direito comercial brasileiro*. 7. ed. Rio de Janeiro: Freitas Bastos, 1964, v. VII, p. 7.

2. ROCCO, Alfredo. *Il fallimento*. Torino: Fratelli Bocca, 1917, p. 3.

3. FÜHRER, Maximilianus Cláudio Américo. *Roteiro de falência e concordatas*. 15. ed. São Paulo: Revista dos Tribunais, 1998, p. 27.

4. VAMPRÉ, Spencer. *Tratado elementar de direito comercial*. Rio de Janeiro: F. Briguiet & Cia., 1925, v. III, p. 9.

Atualmente, não há maiores mudanças, concebendo-se a falência como "uma situação legal derivada de decisão judicial (sentença declaratória da falência) em que o empresário insolvente, submete-se a um complexo de normas que objetivam a execução concursal de seu patrimônio"[5]. De modo similar, diz-se que a falência é "o processo de execução coletiva decretado por sentença judicial, contra o (comerciante) devedor, com objetivo de satisfazer o crédito dos credores"[6]. No mesmo sentido, afirma-se que a falência "é um processo de execução coletiva contra o devedor insolvente"[7] ou ainda que ela é "um processo de execução coletiva, no qual todo o patrimônio de um empresário declarado falido – pessoa física ou jurídica – é arrecadado, visando o pagamento da universalidade de seus credores de forma completa ou proporcional"[8].

2 Natureza

Em todos os conceitos apresentados, vê-se a ideia fundamental da falência como um processo de execução coletiva contra o devedor empresário. Em outras palavras, a falência é o procedimento visando à liquidação do patrimônio do devedor, para satisfação dos credores de acordo com uma ordem legal de preferência, para evitar maiores prejuízos na condução da atividade pelo devedor. Dentro dessa concepção, podemos visualizar a falência como um processo de execução, na medida em que ela representará a atuação jurisdicional para liquidação forçada do patrimônio do devedor empresário.

Diz-se que a falência é uma execução porque ela não tem por objetivo a superação de qualquer crise do devedor, mas o pagamento dos credores. O processo de execução "é o instrumento processual posto à disposição do credor para exigir o adimplemento forçado da obrigação através da retirada de bens do patrimônio do devedor ou responsável"[9]. Em outras palavras, a execução não visa à solução de um conflito de interesses, mas à satisfação dos interesses dos credores. A falência caminha nesse sentido da busca da satisfação dos interesses dos credores.

Contudo, a falência não é uma execução individual, mas uma execução coletiva. Diz-se coletiva porque o processo será universal, no sentido de abranger todos os credores e todos os bens disponíveis do devedor[10]. Não se pretende a satisfação do interesse

---

5. PERIN JÚNIOR, Écio. *Curso de direito falimentar e recuperação de empresas.* 3. ed. São Paulo: Método, 2006, p. 51-52.

6. TZIRULNIK, Luiz. *Direito falimentar.* 7. ed. São Paulo: Revista dos Tribunais, 2005, p. 38.

7. ALMEIDA, Amador Paes de. *Curso de falência e recuperação de empresas.* 25. ed. São Paulo: Saraiva, 2009, p. 17.

8. NEGRÃO, Ricardo. *Manual de direito comercial e de empresa.* 4. ed. São Paulo: Saraiva, 2009, v. 3, p. 213.

9. MONTENEGRO FILHO, Misael. *Curso de direito processual civil.* 4. ed. São Paulo: Atlas, 2007, v. 2, p. 229.

10. PROVINCIALI, Renzo. *Manuale di diritto fallimentare.* 3. ed. Milano: Giuffrè, 1955, v. 1, p. 6; FERRARA, Francesco. *Il fallimento.* Milano: Giuffrè, 1959, p. 38.

de um único, mas a satisfação do interesse de todos os credores. De outro lado, não se limitará o processo à apreensão e expropriação de certos bens do devedor, mas de todos os bens pertencentes a ele. Neste particular, surge o interesse público na falência, que não visará apenas à satisfação de um credor, mas à defesa de toda a economia contra o fenômeno da insolvência, que afeta o crédito e, consequentemente, a atividade econômica, essencial para o bem-estar do país[11].

Apesar da conclusão da falência como um processo de execução coletiva, não se pode deixar de registrar, porém, a presença de respeitáveis opiniões em sentido contrário.

Ugo Rocco entende a falência como um processo especial de jurisdição mista, complexo e único[12]. Amador Paes de Almeida encara a falência como um instituto *sui generis*[13]. Carlo D'Avack sustenta tratar-se de um procedimento administrativo[14]. Frederico Simionato afirma expressamente que "a falência é o instituto jurídico de direito material que confere ao devedor um novo *status* jurídico, ou seja, o de falido"[15]. Nessa linha de entendimento, afirma-se que a legislação falimentar possui bem mais do que regras processuais, além do que, a falência produziria efeitos mesmo após a extinção do processo. Outrossim, os diversos institutos que permeiam a falência, como o pedido de restituição e a ação revocatória, reforçariam a ideia de que não se trata de um simples processo.

De fato, a legislação falimentar é composta de regras substanciais e regras processuais, que produzem efeitos mesmo após o fim do processo. Apesar disso, o cerne da falência envolve efetivamente um processo de execução coletiva. As demais regras estão ligadas a esse processo, vale dizer, só existem em função das regras processuais[16], não afetando, portanto, a natureza processual da falência[17]. A própria Lei n. 11.101/2005, em seu art. 75, parágrafo único, reforça essa ideia com a previsão da aplicação dos princípios da celeridade e da economia processual.

Outrossim, é certo que não se trata da mesma execução do Código de Processo Civil, mas de uma execução coletiva, na qual também estaremos diante de uma atuação jurisdicional contenciosa. A ausência de um título executivo, a possibilidade de reque-

---

11. PROVINCIALI, Renzo. *Manuale di diritto fallimentare*. 3. ed. Milano: Giuffrè, 1955, v. 1, p. 8.

12. ROCCO, Ugo. *De la naturaleza del processo de quiebra y de la sentencia que declara la quiebra*. Trad. de Jorge Guerrero. Bogotá: Themis, 2000, p. 60-66.

13. ALMEIDA, Amador Paes de. *Curso de falência e recuperação de empresas*. 25. ed. São Paulo: Saraiva, 2009, p. 18.

14. D'AVACK, Carlo. *La natura giuridica del fallimento*. Padova: CEDAM, 1940, p. 132-212.

15. SIMIONATO, Frederico A. Monte. *Tratado de direito falimentar*. Rio de Janeiro: Forense, 2008, p. 253.

16. PACHECO, José da Silva. *Processo de falência e concordata*. 9. ed. Rio de Janeiro: Forense, 1999, p. 15.

17. SATTA, Salvatore. *Istituzioni di diritto falimentare*. 3. ed. Roma: Foro Italiano, 1949, p. 27; COELHO, Fábio Ulhoa. *Comentários à nova lei de falências e recuperação de empresas*. São Paulo: Saraiva, 2005, p. 194; OLIVEIRA, Celso Marcelo de. *Comentários à nova lei de falências*. São Paulo: IOB, 2005, p. 318; NEGRÃO, Ricardo. *Manual de direito comercial e de empresa*. 4. ed. São Paulo: Saraiva, 2009, v. 3, p. 213; PROVINCIALI, Renzo. *Manuale di diritto fallimentare*. 3. ed. Milano: Giuffré, 1955, v. 1, p. 6; CARVALHO DE MENDONÇA, J. X. *Tratado de direito comercial brasileiro*. 7. ed. Rio de Janeiro: Freitas Bastos, 1964, v. VII, p. 19; FERRARA, Francesco. *Il fallimento*. Milano: Giuffrè, 1959, p. 66.

rimento pelo próprio devedor não afastam a natureza processual, mas apenas demonstram as peculiaridades desse processo de execução coletiva em relação às execuções singulares[18].

3 Fases da falência

Configurada a natureza processual da falência, mais especificamente a natureza de processo de execução coletiva contra o devedor empresário, há que se ressaltar que não se trata de um processo como outro qualquer, mas um processo cheio de peculiaridades, algumas já até mencionadas. Entre essas peculiaridades merece especial atenção a divisão da falência em três fases: a fase pré-falimentar, a fase falimentar propriamente dita e a fase pós-falimentar.

3.1 Fase pré-falimentar

Na chamada fase pré-falimentar são verificados os pressupostos para a instauração da falência, vale dizer, nessa fase irá se verificar se a falência é aplicável ou não à situação em análise. Tal fase se inicia com o pedido de falência ou eventualmente com o pedido de recuperação judicial e se encerra com a sentença. Caso haja a denegação da falência, obviamente não há a sequência das próximas fases, porquanto sequer é cabível a falência no caso em análise. De outro lado, decretada a falência, passa-se à próxima fase.

3.2 Fase falimentar

Decretada a falência, passa-se à segunda fase do processo chamada de fase falimentar propriamente dita, na qual o processo atuará como um processo de execução. Nesta fase do processo, teremos providências tendentes à apuração do passivo, apuração do ativo, realização do ativo, pagamento dos credores e medidas complementares.

Na fase falimentar, serão identificados os credores sujeitos ao processo, por meio do procedimento de verificação de créditos, que é essencialmente o mesmo da recuperação judicial. A única diferença é a eventual intimação do devedor para a juntada da lista de credores, uma vez que nem sempre se encontrará nos autos na fase pré-falimentar. Nesse procedimento de verificação dos créditos serão identificados o credor, a natureza e o valor dos créditos submetidos à falência, resguardando a igualdade entre esses credores. Neste particular, surge a eventual declaração de ineficácia de atos do falido para afastar a eventual desigualdade que foi indevidamente criada entre os credores[19].

---

18. SATTA, Salvatore. *Istituzioni di diritto falimentare*. 3. ed. Roma: Foro Italiano, 1949, p. 27-28; MIRANDA, Pontes de. *Tratado de direito privado*. Campinas: Bookseller, 2004, v. 28, p. 30-31.

19. FERRARA, Francesco. *Il fallimento*. Milano: Giuffrè, 1959, p. 41.

Além disso, na fase falimentar serão tomadas as medidas necessárias para a apuração do patrimônio do devedor sujeito ao processo. Neste particular, se inserem as medidas de desapossamento que permitirão a formação da massa falida. Incidentalmente, podem surgir questões relacionadas à ineficácia dos atos praticados pelo falido, bem como pretensões para retirar bens da massa falida (pedido de restituição) ou até impedir que os bens ingressem na massa falida (embargos de terceiro).

A simples apuração do ativo não é suficiente para a satisfação dos credores e, por isso, ela é um antecedente à realização do ativo, isto é, a transformação da massa falida em dinheiro para o pagamento dos credores. Ressalte-se, porém, que não há mais a necessidade de se aguardar o fim da apuração do ativo, para iniciar a sua realização. De qualquer modo, à medida que se realiza o ativo, surgem os recursos necessários para o pagamento do passivo de acordo com a ordem legal de preferência estabelecida para tanto.

Em complemento às providências realizadas para pagamento dos credores, também são exigidas medidas complementares, como as prestações de contas e relatórios por parte do administrador judicial. À luz dessas medidas complementares, o juiz terá a segurança necessária para encerrar o processo e consequentemente a fase falimentar.

3.3 *Fase pós-falimentar*

Depois de encerrada a falência, estaremos diante da fase pós-falimentar, que abrange alguns efeitos causados pela falência, em especial a inabilitação do devedor para o exercício da atividade empresarial. Outrossim, nessa fase o devedor poderá requer a extinção das suas obrigações pelos fatos previstos no art. 158 da Lei n. 11.101/2005, ensejando eventualmente nova atuação jurisdicional.

4 Objetivos

Entre todas as fases da falência a mais importante é a fase falimentar, que busca a satisfação dos credores. Em razão disso, pode-se afirmar que seu objetivo mais amplo é o pagamento de todos os credores do devedor empresário de acordo com uma ordem legal de preferência. Dentro dessa ideia, a falência teria como objetivo principal assegurar a igualdade entre os credores de um devedor juridicamente insolvente, permitindo que eles tenham seus créditos satisfeitos de acordo com a ordem legal de preferência (importância para o legislador) e não pela sua agilidade. Nesse sentido, seria possível repartir os prejuízos entre os credores proporcionalmente à importância de cada crédito.

A falência tem, portanto, como principal objetivo a segurança do crédito[20]. Quando nos referimos a crédito, aqui, não falamos apenas do crédito individual, mas do crédito

20. REQUIÃO, Rubens. *Curso de direito falimentar*. 17. ed. São Paulo: Saraiva, 1998, v. 1, p. 27; COELHO, Fábio Ulhoa. *Curso de direito comercial*. 8. ed. São Paulo: Saraiva, 2008, v. 3, p. 233-234; PERIN JÚNIOR, Écio. *Curso de direito falimentar e recuperação de empresas*. 3. ed. São Paulo: Método, 2006, p. 53-56.

público, como instituição necessária ao desenvolvimento das atividades econômicas. Ao afastar o devedor que não se mostrou capaz, liquidando o seu patrimônio, a falência reduz os prejuízos dos credores e tenta assegurar a recuperação dos créditos. Nesse caminho, permite-se o desenvolvimento de um sistema saudável de concessão de créditos privados com riscos menores e menores custos.

Embora a realidade ainda mostre problemas na concessão de crédito, é certo que sem a falência, esses problemas seriam muito maiores. A falência atua em prol do mercado, tentando evitar os efeitos negativos que o fenômeno da insolvência traria para a economia como um todo. A insolvência minaria a concessão de crédito e inviabilizaria boa parte das atividades empresariais. Com a falência, tenta-se evitar justamente esses efeitos nefastos da insolvência dos empresários.

No entanto, a Lei n. 11.101/2005 nos dá outro viés, ao afirmar expressamente, em seu art. 75, que "a falência, ao promover o afastamento do devedor de suas atividades, visa a preservar e otimizar a utilização produtiva dos bens, ativos e recursos produtivos, inclusive os intangíveis, da empresa". Em razão disso, Moacyr Lobato afirma que o objetivo da falência é a "preservação de bens e recursos, possibilitando a utilização do acervo patrimonial, no todo ou em parte, por terceiros que deem destinação adequada aos bens que serviam de instrumento ao exercício da atividade econômica mal sucedida"[21]. Não se pode mais vislumbrar apenas a satisfação dos credores como objetivo da falência[22].

Há, portanto, um objetivo mais específico na falência, no sentido da maximização do valor dos recursos produtivos do devedor. Essa maximização atenderá aos interesses dos credores, na medida em que permitirá a obtenção de mais recursos e, consequentemente, o pagamento de mais credores. De outro lado, essa maximização poderá permitir a continuação da atividade com outro sujeito. Não se busca apenas a eliminação de empresas arruinadas, mas sim a otimização dos recursos produtivos com a possível continuação da atividade com outros sujeitos. Atenta-se ao valor e à função social da empresa, bem como ao papel do crédito na economia moderna. Deve-se afastar o devedor da atividade, pois ele já demonstrou não ter a aptidão necessária. Outrossim, devem-se liquidar os bens do devedor, a fim de pagar os credores e permitir que eles sejam aproveitados em melhores condições. Nada impede que a atividade continue, mas com outro sujeito e não com o devedor que não se mostrou capaz[23].

5 Princípios

Para que a falência consiga alcançar seus objetivos, ela deverá obedecer a certos princípios, que deverão pautar a interpretação da Lei n. 11.101/2005, bem como a própria atuação do Poder Judiciário nos processos de falência. Os princípios "são normas que

21. LOBATO, Moacyr. *Falência e recuperação*. Belo Horizonte: Del Rey, 2007, p. 153-154.

22. FAZZIO JÚNIOR, Waldo. *Nova lei de falência e recuperação de empresas*. São Paulo: Atlas, 2005, p. 30.

23. GUGLIELMUCCI, Lino. *Lezioni di diritto fallimentare*. 3. ed. Torino: Giappichelli, 2004, p. 9.

ordenam que algo seja realizado na maior medida possível, dentro das possibilidades jurídicas e reais existentes"[24]. Eles representam, portanto, normas gerais com alto grau de abstração que podem ser cumpridas em diferentes graus.

De forma genérica, falando da Lei como um todo e não apenas da falência, Elenise Peruzzo dos Santos indica como princípios a igualdade entre os credores, a celeridade, a publicidade, a preservação da empresa, a viabilidade e a maximização do valor dos ativos do falido[25]. Também de forma genérica, Waldo Fazzio Júnior elenca como princípios do regime da insolvência do agente econômico o da viabilidade da empresa, da relevância dos interesses dos credores, da publicidade dos procedimentos, da *par conditio creditorum*, da maximização de ativos e da preservação da empresa[26]. No mesmo caminho, Carlos Alberto Farracha de Castro elenca como princípios do direito falimentar a preservação do crédito, a igualdade de credores, a vedação ao enriquecimento ilícito, a preservação da empresa, a celeridade e a coletividade[27].

Apesar da diversidade na enumeração dos princípios pela doutrina, podemos elencar como princípios específicos da falência: (a) a igualdade entre os credores (*par conditio creditorum*); (b) a economia processual; e (c) a celeridade processual.

5.1 Igualdade entre os credores

A falência é um processo de execução coletiva contra o devedor empresário e, nessa condição, ela visa ao pagamento de todos os credores e não apenas de alguns. Como raramente haverá recursos suficientes para o pagamento de todos, o processo de falência organiza os credores em classes e efetua o pagamento de acordo com uma ordem de importância. A ideia é dar um tratamento melhor a quem merece mais proteção, evitando uma situação de desigualdade entre os credores.

Quem passa por uma crise econômico-financeira raramente consegue pagar todos os seus credores. Em razão disso, é comum que os empresários em crise optem pelo pagamento de certos credores, deixando outros sem receber. De outro lado, os credores não pagos tendem a tomar as medidas necessárias para a satisfação do seu crédito, mas apenas os mais ágeis tendem a ter sucesso. Em última análise, a tendência normal é que alguns credores recebam e outros fiquem insatisfeitos, sem um critério para saber quais serão pagos ou não.

24. ALEXY, Robert. *Teoría de los derechos fundamentales*. Tradução de Ernesto Garzón Valdés. Madrid: Centro de Estudios Políticos y Constitucionales, 1993, p. 86, tradução livre de "son normas que ordenan que algo sea realizado en la mayor medida posible, dentro de las posibilidades jurídicas y reales existentes".

25. SANTOS, Elenise Peruzzo dos. Os princípios clássicos e atuais da lei de falências e recuperação de empresas. In: BATTELO, Sílvio Javier. *Principais controvérsias na nova lei de falências*. Porto Alegre: Fabris, 2008, p. 13-36.

26. FAZZIO JÚNIOR, Waldo. *Nova lei de falência e recuperação de empresas*. São Paulo: Atlas, 2005, p. 30-35.

27. CASTRO, Carlos Alberto Farracha de. *Fundamentos do direito falimentar*. 2. ed. Curitiba: Juruá, 2006, p. 45-61.

A falência, ao instituir uma execução coletiva, tenta afastar essa desigualdade, impondo um tratamento igualitário entre os credores. Esse tratamento igualitário não significa que todos os credores terão o mesmo tratamento, mas que os credores em situação igual terão o mesmo tratamento e os credores em situação desigual terão tratamento desigual. Nesse sentido, não pode ocorrer o pagamento de um credor quirografário e não o de outro credor quirografário. De outro lado, é possível ocorrer o pagamento de um crédito trabalhista sem o pagamento de credores quirografários. Em suma, credores da mesma espécie terão o mesmo tratamento e credores de espécies distintas terão tratamento distinto.

Fala-se em aplicação da *par conditio creditorum*, no sentido de que todos os credores terão direitos iguais no processo de falência, ressalvadas as preferências estabelecidas pela legislação[28]. Do mesmo modo, todos os credores suportarão os prejuízos decorrentes da falência do devedor. Não há um nivelamento entre os credores, mas um tratamento adequado às peculiaridades de cada um[29], buscando alcançar, na medida do possível, o tratamento mais justo dos credores diante da crise.

5.2 Celeridade processual

O tempo é um mal para qualquer atuação jurisdicional. Até por isso, a Constituição Federal estabelece um direito fundamental à adequada duração do processo (art. 5º, LXXVIII). Há uma grande preocupação com a utilidade das decisões, buscando-se as melhores formas de dar a quem tem razão tudo aquilo e exatamente aquilo a que tem direito. Neste particular, exsurge o fator tempo como grande inimigo da efetividade do processo, na medida em que uma demora na prestação jurisdicional pode inviabilizar o adequado exercício dos direitos.

Na falência, os efeitos perniciosos do tempo são ainda maiores. "O tempo corrói os ativos de forma visível e contestável, prejudicando todos os envolvidos: credores, empresário ou sociedade empresária falida (e seus sócios), trabalhadores e terceiros."[30] Quanto mais demorar o processo de falência, menos eficiente será a sua atuação. Daí a necessidade de termos um processo célere, vale dizer, o mais rápido possível, sem prejuízo, contudo, das garantias constitucionais das partes.

Como já mencionado, a falência é um processo que visa ao afastamento do devedor para a maximização dos seus ativos e pagamento do maior número possível de credores, reduzindo ou afastando os prejuízos decorrentes da atuação do devedor. Dessa forma, quanto mais rápido for o processo de falência, melhores serão os resultados atingidos,

---

28. GUGLIELMUCCI, Lino. *Lezioni di diritto fallimentare*. 3. ed. Torino: Giappichelli, 2004, p. 6.

29. FAZZIO JÚNIOR, Waldo. *Nova lei de falência e recuperação de empresas*. São Paulo: Atlas, 2005, p. 34.

30. MAMEDE, Gladston. *Direito empresarial brasileiro*: falência e recuperação de empresas. 2. ed. São Paulo: Atlas, 2008, v. 4, p. 288-289.

isto é, menores serão os prejuízos dos credores. Em razão disso, por determinação expressa do art. 75, parágrafo único, da Lei n. 11.101/2005, a falência deverá obediência também ao princípio da celeridade processual, tendo inclusive preferência de tramitação sobre outros feitos.

5.3 Economia processual

Dentro da mesma ideia, no sentido da busca de um processo de falência mais rápido, impõe-se a obediência ao princípio da economia processual, que visa a reduzir não só o tempo, mas também o custo do processo[31]. Este não é um fim em si mesmo, mas um meio para que os objetivos da falência sejam alcançados. Assim, deve-se evitar a prática de atos desnecessários ao processo, vale dizer, deve-se buscar "o máximo resultado na atuação do direito com o mínimo emprego possível de atividades processuais"[32]. Não se estabelece uma anarquia processual, mas devem ser dispensadas formalidades inúteis, que apenas atrasam o bom andamento do processo.

6 Pressupostos de instauração da falência

Apresentadas as noções gerais sobre a falência, deve-se ter em mente que, embora seja um instrumento necessário, a falência não deve ser usada em qualquer situação, vale dizer, apenas excepcionalmente será instaurada a falência como resposta a uma situação de crise econômico-financeira. Só teremos a falência se estiverem presentes certos pressupostos específicos, a saber: a legitimidade passiva específica, a insolvência do devedor (estado falimentar) e a decretação judicial[33].

O primeiro pressuposto para a instauração da falência é a legitimidade passiva específica, entendida como uma restrição da aplicação da falência. Em outras palavras, a falência só se aplica aos empresários individuais e sociedades empresárias que não sejam afastados por determinações legais específicas. Em tese, a legitimidade específica dos empresários se justifica como uma forma de tutela mais rígida do crédito na atividade empresarial, protegendo de forma mais efetiva aqueles que concedem o crédito essencial para a atividade. Esse âmbito restrito de aplicação não é mais uma tendência mundial, mas continua a existir no Brasil e na Itália[34], que deixa para os não empresários o proce-

---

31. PACHECO, José da Silva. *Processo de recuperação judicial, extrajudicial e falência*. 2. ed. Rio de Janeiro: Forense, 2007, p. 194.

32. BEZERRA FILHO, Manoel Justino. *Lei de recuperação de empresas e falências comentada*. 4. ed. São Paulo: Revista dos Tribunais, 2007, p. 202.

33. REQUIÃO, Rubens. *Curso de direito falimentar*. 17ª ed. São Paulo: Saraiva, 1998, v. 1, p. 41; RAMALHO, Ruben. *Curso teórico e prático de falências e concordatas*. São Paulo: Saraiva, 1984, p. 20.

34. AMBROSINI, Stefano; CAVALLI, Stefano; JORIO, Alberto. *Trattato di diritto commerciale*. Pádova: CEDAM, 2009, v. XI, t. 2, p. 17-21.

dimento da insolvência civil. Na França[35] e na Espanha[36], a falência já pode ser estendida a não empresários.

Além da legitimidade passiva específica, exige-se a insolvência do devedor empresário, isto é, um estado de fato que denote a impossibilidade de cumprimento das obrigações. A insolvência aqui é jurídica, isto é, ela decorre do enquadramento em uma das hipóteses legalmente previstas e não econômica. Para fins de falência não se exige que o patrimônio do devedor seja menor que suas dívidas, mas que ele se enquadre em alguma das hipóteses legais de insolvência jurídica.

Exige-se ainda para a instauração da falência a decretação judicial, porquanto a insolvência jurídica é um estado de fato, mas a falência é um estado de direito que depende da decretação pelo poder judiciário. Essa decisão judicial irá verificar a presença dos dois primeiros pressupostos e a ausência de fatos impeditivos à falência. Trata-se de um controle jurisdicional necessário para evitar abusos e para a condução adequada do processo no sentido da satisfação de todos os credores, de acordo com uma ordem legal de preferência.

Frederico Simionato acrescenta a inviabilidade econômica como requisito da falência, tendo em vista a possibilidade de requerimento da recuperação judicial no prazo da defesa (Lei n. 11.101/2005 – art. 95)[37]. De fato, se ainda houver viabilidade econômica da empresa, pode-se impedir a falência com o pedido e a concessão da recuperação. No entanto, por uma questão de organização não trataremos essa inviabilidade como um novo requisito da falência, mas como um aspecto a ser levado em conta no terceiro requisito, que é a decretação judicial.

Discute-se ainda se a pluralidade de credores é ou não um pressuposto da falência.

Há quem defenda[38] que a pluralidade de credores é necessária para a falência, uma vez que ela só se justifica como execução coletiva e execução coletiva de um único credor seria uma contradição. Havendo um único credor não haveria a necessidade de instauração da falência, isto é, a execução singular seria suficiente para atender aos interesses do credor. Não se justificaria tal grau de ingerência estatal em proveito de um único credor, isto é, só deveria haver uma intervenção estatal tão grave em razão de algum interesse público na falência. No mesmo sentido, poderia se usar o argumento de que a falência não pode ser usada como um simples meio de cobrança[39], o que acabaria ocorrendo no caso do único credor.

---

35. JANTIN, Michel; LE CANNU, Paul. *Droit commercial*: entreprises en difficulté. 7. ed. Paris: Dalloz, 2007, p. 148.

36. PULGAR EZQUERRA, Juana. La personalidade jurídica de las sociedades como criterio de sumetimiento al concurso de acreedores. In: GRACIA, Juan Ignácio Peinado. *Estudios de derecho concursal*. Madri: Marcial Pons, 2006, p. 212.

37. SIMIONATO, Frederico A. Monte. *Tratado de direito falimentar*. Rio de Janeiro: Forense, 2008, p. 261.

38. PROVINCIALI, Renzo. *Manuale di diritto fallimentare*. 3. ed. Milano: Giuffrè, 1955, v. 1, p. 201; CASTRO, Carlos Alberto Farracha de. *Fundamentos do direito falimentar*. 2. ed. Curitiba: Juruá, 2006, p. 105-108; LÉH, Tibor Nicolas. *La faillite dans le droit européen continental*. Paris: Marcel Giard, 1932, p. 52.

39. STJ – REsp 399.644/SP, Rel. Ministro CASTRO FILHO, TERCEIRA TURMA, julgado em 30-4-2002, *DJ* 17-6-2002, p. 259; STJ – REsp 138.396/SC, Rel. Ministro CESAR ASFOR ROCHA, QUARTA TURMA, julgado em 21-2-2002, *DJ* 20-5-2002, p. 143.

De outro lado, a nosso ver com razão, há quem sustente que a falência pode se desenvolver com um único credor[40], porquanto em nenhum momento a legislação estabelece esse pressuposto. Ademais, essa comprovação seria impossível antes da decretação, inviabilizando até logicamente a colocação desse requisito como pressuposto da instauração da falência.

Por mais estranho que possa ser uma falência com um único credor, ela não é vedada e, além disso, a qualquer momento pode ser instaurada a pluralidade de credores, haja vista a possibilidade das habilitações retardatárias. A falência é um meio de liquidação patrimonial forçada do devedor insolvente, ainda que essa insolvência decorra de um único credor.

40. FERRARA, Francesco. *Il fallimento*. Milano: Giuffrè, 1959, p. 41; FAZZIO JÚNIOR, Waldo. *Nova lei de falência e recuperação de empresas*. São Paulo: Atlas, 2005, p. 198; CAMPINHO, Sérgio. *Falência e recuperação de empresa*: o novo regime de insolvência empresarial. 3. ed. Rio de Janeiro: Renovar, 2008, p. 199; NEGRÃO, Ricardo. *Manual de direito comercial e de empresa*. 4. ed. São Paulo: Saraiva, 2009, v. 3, p. 218; CARVALHO DE MENDONÇA, J. X. *Tratado de direito comercial brasileiro*. 7. ed. Rio de Janeiro: Freitas Bastos, 1964, v. VII, p. 163-164; REQUIÃO, Rubens. *Curso de direito falimentar*. 17. ed. São Paulo: Saraiva, 1998, v. 1, p. 43; MIRANDA, Pontes de. *Tratado de direito privado*. Campinas: Bookseller, 2004, v. 29, p. 153.

15 LEGITIMIDADE PASSIVA ESPECÍFICA

1 Falência como regime especial

Como visto, a falência é o procedimento de liquidação patrimonial forçada do devedor que se encontra juridicamente insolvente. Embora essa insolvência jurídica exista em relação a todos os tipos de devedores, nosso legislador houver por bem deixar a falência apenas para os devedores empresários, sejam eles empresários individuais, sejam sociedades empresárias. No Brasil, mantém-se um duplo regime: falência para os devedores empresários e insolvência civil para os demais devedores (CPC/73 – arts. 748 a 786-A – até o surgimento de lei especial, nos termos do art. 1.052 do CPC/2015). Trata-se de uma restrição tradicional, justificada em razão do maior volume de crédito relacionado à atividade empresarial. Essa legitimação específica, porém, vem aos poucos perdendo importância. Por exemplo, em Portugal[1], na França[2] e na Espanha[3], a falência já pode ser estendida a não empresários.

Na recuperação judicial é até mais justificável essa legitimação específica, uma vez que a recuperação visa a manter a atividade e são os empresários que exercem a atividade empresarial, que representa a principal força da economia. Mesmo a recuperação judicial poderia ser estendida a outros devedores, tendo em vista os efeitos benéficos que ela traz ao mercado de crédito como um todo. Contudo, na falência, o principal objetivo não é manter a atividade, mas afastar o devedor e maximizar seus ativos para pagar o maior número possível de credores. Ora, no caso dos devedores não empresários também se deve buscar a satisfação do maior número possível de credores, logo, não há motivo que justifique essa diferenciação. A insolvência civil não é tão eficiente quanto a falência na proteção do credor e, por isso, esta deveria ser aplicada de forma mais ampla.

As críticas a essa restrição da aplicação da falência não são recentes. Renzo Provinciali afirmava que a insolvência era sempre a mesma, fosse o devedor empresário ou não, e por isso o remédio em face dessa insolvência deveria ser distinto a depender do tipo de

---

1. MENEZES LEITÃO, Luís Manuel Teles de. *Código da insolvência e da recuperação de empresas anotado*. 3. ed. Coimbra: Almedina, 2006, p. 46.

2. JANTIN, Michel; LE CANNU, Paul. *Droit commercial*: entreprises en difficulté. 7. ed. Paris: Dalloz, 2007, p. 148.

3. PULGAR EZQUERRA, Juana. La personalidad jurídica de las sociedades como criterio de sumetimiento al concurso de acreedores. In: GRACIA, Juan Ignácio Peinado. *Estudios de derecho concursal*. Madri: Marcial Pons, 2006, p. 212.

devedor[4]. De modo similar, Carlos Alberto Farracha de Castro assevera que a Constituição Federal elenca como princípios a livre iniciativa e a valorização do trabalho humano, sem distinguir atividades empresárias e não empresárias, logo, não há motivo para tal distinção de tratamento da insolvência[5]. Apesar das acertadas críticas, deve-se limitar a aplicação da falência aos empresários individuais e às sociedades empresárias em razão do que dispõe a Lei n. 11.101/2005.

2 Submissão à falência

Diante do atual panorama legislativo, pode vir a falir quem exerce profissionalmente atividade econômica organizada para a produção ou a circulação de bens ou serviços (conceito do Código Civil de 2002, art. 966 – no mesmo sentido do art. 2.082 – Código Civil italiano), vale dizer, o sujeito de direito que exerce a empresa está sujeito à falência. Reitere-se que dentro desse conceito temos dois tipos de sujeitos, a princípio, submetidos à falência: os empresários individuais (pessoas físicas) e as sociedades empresárias (pessoas jurídicas ou não).

Registre-se, porém, que o próprio Código Civil faz uma exclusão do conceito de empresário, afirmando que não são empresários aqueles que exercem profissão intelectual, de natureza científica, literária ou artística, ainda que com o concurso de auxiliares ou colaboradores. Essa exclusão decorre do papel secundário que a organização assume nessas atividades[6] e não apenas de um caráter histórico e sociológico[7]. Nas atividades não empresariais, o essencial é a atividade pessoal, o que não se coaduna com o conceito de empresário. As atividades intelectuais são prestadas de forma pessoal e, mesmo com a concorrência de auxiliares, há uma relação de confiança com quem desenvolve a atividade[8]. Não há como negar a organização que hoje permeia as atividades intelectuais, mas é certo que essa organização não assume papel preponderante – ainda que se recorra ao uso de auxiliares, o personalismo prevalece, no sentido da assunção pessoal do resultado da atividade.

Eventualmente, as atividades intelectuais podem vir a configurar uma atividade empresarial. Alguns dos critérios que podem ser usados para verificar a predominância da organização são a padronização e objetivação da atividade[9]. Quanto mais padroniza-

---

4. PROVINCIALI, Renzo. *Manuale di diritto fallimentare*. 3. ed. Milano: Giuffrè, 1955, v. 1, p. 102.

5. CASTRO, Carlos Alberto Farracha de. *Fundamentos do direito falimentar*. 2. ed. Curitiba: Juruá, 2006, p. 72.

6. DE CUPIS, Adriano. *Istituzioni di diritto privato*. Milano: Giuffrè, 1978, v. 3, p. 134.

7. Nesse sentido: JAEGER, Pier Giusto; DENOZZA, Francesco. *Appunti di diritto commerciale*. 5. ed. Milano: Giuffrè, 2000, p. 24.

8. VEDOVE, Giampaolo dalle. *Nozioni di diritto d'impresa*. Padova: CEDAM, 2000, p. 20.

9. VERÇOSA, Haroldo Malheiros Duclerc. Das pessoas sujeitas e não sujeitas aos regimes de recuperação de empresas e ao da falência. In: PAIVA, Luiz Fernando Valente de (Coord.). *Direito falimentar e a nova lei de falências e recuperação de empresas*. São Paulo: Quartier Latin, 2005, p. 93.

da for a atividade, mais clara fica a condição secundária da atividade intelectual. Outrossim, para o consumidor há certa fungibilidade na atividade prestada, isto é, não interessa o prestador, mas apenas o serviço em si. Nesses casos, estará presente a atividade empresarial e, consequentemente, a legitimação específica para a falência.

Em todo caso, não se exige uma prova inicial da condição de empresário do requerido. Cabe ao devedor questionar esse pressuposto, apresentando uma certidão negativa da junta comercial, e a partir daí o credor deverá provar a condição de empresário irregular do devedor, para submetê-lo à falência, uma vez que o registro é apenas declaratório e não constitutivo da condição de empresário[10].

2.1 Situações especiais

Embora o enquadramento como empresário ou sociedade empresária se dê pela atividade exercida, é certo que há determinadas situações especiais que levam em conta a forma societária ou o registro.

As sociedades anônimas e comandita por ações são sempre empresárias, não importando a atividade exercida por elas (CC – art. 982, parágrafo único) e, por isso, em regra se submetem à falência. De outro lado, as cooperativas são sempre sociedades simples, independentemente da atividade exercida (CC – art. 982, parágrafo único) e, por isso, não se sujeitam à falência.

Outra situação especial abrange os empresários rurais, uma vez que em relação a eles, não há obrigatoriedade do registro na junta comercial (CC – art. 971), mas uma faculdade, em virtude do verbo *poder*, que consta do citado dispositivo[11]. Em função disso, o empresário rural que se registrar, no registro de empresas (junta comercial), estará sujeito ao regime empresarial e o que não se registrar ficará sujeito ao regime civil. Desse modo, o empresário rural que está registrado na junta comercial está sujeito à falência[12]. De outro lado, aquele que não estiver registrado na junta não se submete a esse regime.

Por fim, há que se ressaltar que a sociedade em conta de participação não é enquadrada como empresária, porquanto ela não exerce qualquer atividade. Assim sendo, a sociedade em conta de participação não está sujeita à falência. Quem exerce atividade é o sócio ostensivo e, por isso, ele pode ser um empresário e, nessa condição, poderá se

---

10. CAMPINHO, Sérgio. *Falência e recuperação de empresa*: o novo regime de insolvência empresarial. 3. ed. Rio de Janeiro: Renovar, 2008, p. 222-224.

11. Em sentido contrário: negando a facultatividade do registro NEGRÃO, Ricardo. *Manual de direito comercial e de empresa*. 3. ed. São Paulo: Saraiva, 2003, v. 1, p. 185.

12. CAMPINHO, Sérgio. *Falência e recuperação de empresa*: o novo regime de insolvência empresarial. Rio de Janeiro: Renovar, 2006, p. 9; TOLEDO, Paulo F. C. Salles de. In: ABRÃO, Carlos Henrique; TOLEDO, Paulo F. C. Salles de. (Coord.). *Comentários à lei de recuperação de empresas e falência*. São Paulo: Saraiva, 2005, p. 3; PROENÇA, José Marcelo Martins. Disposições preliminares – aplicação da legislação, competência e intervenção do Ministério Público. In: MACHADO, Rubens Approbato (Coord.). *Comentários à nova lei de falência e recuperação de empresas*. São Paulo: Quartier Latin, 2005, p. 66.

submeter à falência[13]. Do mesmo modo, o sócio oculto, caso seja um empresário, também estará sujeito à falência, por sua eventual atividade e não pela condição de sócio oculto.

2.2 Empresários irregulares

Definida a questão da legitimação para a falência para os empresários, há que se esclarecer que não se exige aqui a regularidade da atividade, vale dizer, podem falir mesmo os empresários não registrados ou aqueles que estejam impedidos para o exercício da atividade[14]. Em tais situações, é possível até a autofalência, porquanto a Lei exigiria apenas um devedor em crise que não cumpre as condições para a recuperação judicial[15]. Ademais, quando a Lei exige a prova da condição de empresário para autofalência, ela requer a juntada de "[...] contrato social ou estatuto em vigor ou, se não houver, a indicação de todos os sócios, seus endereços e a relação de seus bens pessoais" (Lei n. 11.101/2005 – art. 105, IV). Ora, se a própria Lei admite expressamente a ausência de contrato social em uma sociedade que requer autofalência, está admitindo o pedido de autofalência por empresários irregulares[16].

No caso dos empresários irregulares, caberá ao autor do pedido de falência a comprovação da condição de empresário, que decorrerá do exercício da empresa. Nem sempre tal prova é fácil, mas será necessária, pois a falência, hoje, ainda é um regime especial aplicável apenas aos empresários.

2.3 Empresário indireto

Como visto, os empresários regulares ou irregulares se submetem à falência. Contudo, por vezes, aquele que aparece como empresário no mundo jurídico não é efetivamente o titular da atividade, ele apenas empresta seu nome, conscientemente ou não, a terceiro, que é quem usufrui dos benefícios da atividade, inclusive gerindo a atividade por procuração ou outros mecanismos. Nesses casos, discute-se quem deve falir: aquele que empresta o nome "laranja" ou aquele que efetivamente se beneficia da atividade?

---

13. PENTEADO, Mauro Rodrigues. In: SOUZA JÚNIOR, Francisco Sátiro de; PITOMBO, Antônio Sérgio de A. de Moraes (Coord.). *Comentários à lei de recuperação de empresas e falência*. São Paulo: Revista dos Tribunais, 2005, p. 96; PERIN JÚNIOR, Écio. *Curso de direito falimentar e recuperação de empresas*. 3. ed. São Paulo: Método, 2006, p. 92.

14. PENTEADO, Mauro Rodrigues. In: SOUZA JÚNIOR, Francisco Sátiro de; PITOMBO, Antônio Sérgio de A. de Moraes (Coord.). *Comentários à lei de recuperação de empresas e falência*. São Paulo: Revista dos Tribunais, 2005, p. 96.

15. PERIN JÚNIOR, Écio. *Curso de direito falimentar e recuperação de empresas*. 3. ed. São Paulo: Método, 2006, p. 93.

16. FRANCO, Vera Helena de Mello. In: SOUZA JÚNIOR, Francisco Sátiro de; PITOMBO, Antônio Sérgio de A. de Moraes (Coord.). *Comentários à lei de recuperação de empresas e falência*. São Paulo: Revista dos Tribunais, 2005, p. 96.

O "laranja" normalmente é submetido à falência, uma vez que a atividade é exercida em nome e, consequentemente, as obrigações são assumidas também em seu nome[17]. Na Itália, parte da doutrina[18] reconhece que aquele em benefício de quem se exerce a atividade também deve ser considerado um empresário (indireto) e, por isso, deve-se submetê-lo à falência. Contudo, a maioria da doutrina e a jurisprudência italiana não estendem a legitimidade ao empresário indireto, embora reconheçam a possibilidade de responsabilização deste[19].

A nosso ver, não apenas por uma questão de justiça, mas por uma questão de imputação, há que se reconhecer a submissão do empresário indireto à falência. Se a atividade é desenvolvida no interesse específico e exclusivo do empresário indireto, é natural que ele seja considerado efetivamente o empresário[20] e, por isso, possa vir a falir. Não se deve admitir que esse tipo de sujeito que se beneficia da atividade fique imune às sanções impostas em razão da insolvência da atividade. O Tribunal de Justiça do Rio Grande do Sul, usando a desconsideração da personalidade jurídica, já estendeu a falência ao empresário indireto[21].

Ressalte-se, porém, que não deve ser considerado imediatamente empresário indireto o sócio oculto da sociedade em conta de participação, dada a previsão legal específica para sua atuação. Caso se trate de uma efetiva sociedade em conta de participação, os benefícios deverão ser repartidos entre os sócios e, por isso, não se pode cogitar de interesse exclusivo do oculto, para configurar um empresário indireto.

3 Exclusões

A princípio, todos os sujeitos que se enquadrem como empresários estão sujeitos ao processo falimentar, nos termos do art. 1º da Lei n. 11.101/2005. Contudo, o art. 2º da mesma lei assevera que ela não se aplica a empresas públicas, sociedades de economia mista, instituições financeiras públicas ou privadas, cooperativas de crédito, administradoras de consórcios, entidades de previdência complementar, sociedades operadoras de plano de assistência à saúde, sociedades seguradoras, sociedades de capitalização e outras entidades legalmente equiparadas às anteriores. São as chamadas exclusões, que se justificariam pela importância estratégica de certas atividades para a economia.

---

17. RICCI, Edoardo F. *Lezioni sul fallimento*. 2. ed. Milano: Giuffrè, 1997, p. 53; PROVINCIALI, Renzo. *Manuale di diritto fallimentare*. 3. ed. Milano: Giuffrè, 1955, v. 1, p. 110.

18. PAJARDI, Piero. *Manuale di diritto fallimentare*. 6. ed. Milano: Giuffrè, 2002, p. 59; RICCI, Edoardo F. *Lezioni sul fallimento*. 2. ed. Milano: Giuffrè, 1997, p. 52.

19. AMBROSINI, Stefano; CAVALLI, Stefano; JORIO, Alberto. *Trattato di diritto commerciale*. Pádova: CEDAM, 2009, v. XI, t. 2, p. 32; PROVINCIALI, Renzo. *Manuale di diritto fallimentare*. 3. ed. Milano: Giuffrè, 1955, v. 1, p. 110; FERRARA, Francesco. *Il fallimento*. Milano: Giuffrè, 1959, p. 99; DE FERRA, Giampaolo. *Manuale di diritto fallimentare*. 3. ed. Milano: Giuffrè, 2002, p. 13.

20. RICCI, Edoardo F. *Lezioni sul fallimento*. 2. ed. Milano: Giuffrè, 1997, p. 55.

21. TJRS – Agravo de Instrumento n. 70029609286, Quinta Câmara Cível, Relator: Leo Lima, Julgado em 15-7-2009.

Numa primeira visão, poderia se concluir que, não se aplicando a Lei n. 11.101/2005, tais empresários não estão sujeitos à falência, o que seria até corroborado pela existência de regimes especiais para as crises de algumas dessas entidades. Todavia, algumas das leis que tratam desses regimes especiais admitem a falência em certas condições. Assim, é necessário fazer uma distinção entre casos de exclusão absoluta (impossibilidade de falência) e casos de exclusão relativa[22], nos casos em que a falência é possível em certas condições.

3.1 Exclusão absoluta

Não podem falir, em nenhuma hipótese, as entidades fechadas de previdência complementar. A Lei Complementar n. 109/2001, em seu art. 47, diz expressamente que tais entidades estão absolutamente excluídas da falência, submetendo-se apenas à intervenção ou à liquidação extrajudicial. A nosso ver, seria efetivamente uma hipótese de não incidência, uma vez que as entidades fechadas de previdência privada sequer entrariam no conceito de empresário, já que devem ser organizadas sob a forma de fundação ou associação (Lei Complementar n. 109/2001 – art. 31, § 1º)[23].

Boa parte da doutrina[24] sustenta que também seriam absolutamente excluídas da falência as empresas públicas e sociedades de economia mista, não podendo falir em nenhuma hipótese. Contudo, há quem considere esse dispositivo inconstitucional, por assegurar um tratamento diferenciado a tais entidades em relação ao setor privado, o que seria vedado pelo art. 173, § 1º, da Constituição Federal[25]. De outro lado, há quem, a nosso ver com razão, diferencie as empresas públicas e sociedades de economia mista que prestam serviço das que exploram atividade econômica, con-

---

22. NEGRÃO, Ricardo. *Manual de direito comercial e de empresa*. 2. ed. São Paulo: Saraiva, 2007, v. 3, p. 35-37.

23. O dispositivo fala na forma de fundação ou sociedade civil sem fins lucrativos, o que temos interpretado como associação.

24. MAMEDE, Gladston. *Direito empresarial brasileiro*: falência e recuperação de empresas. São Paulo: Atlas, 2006, v. 4, p. 42; PACHECO, José da Silva. *Processo de recuperação judicial, extrajudicial e falência*. 2. ed. Rio de Janeiro: Forense, 2007, p. 21; FAZZIO JÚNIOR, Waldo. *Nova lei de falência e recuperação de empresas*. São Paulo: Atlas, 2005, p. 52-54; NEGRÃO, Ricardo. *Manual de direito comercial e de empresa*. 2. ed. São Paulo: Saraiva, 2007, v. 3, p. 35-36; COELHO, Fábio Ulhoa. *Curso de direito comercial*. 8. ed. São Paulo: Saraiva, 2008, v. 3, p. 248; CAMPINHO, Sérgio. *Falência e recuperação de empresa*: o novo regime de insolvência empresarial. Rio de Janeiro: Renovar, 2006, p. 24; HENTZ, Luiz Antonio Soares. *Manual de falência e recuperação de empresas*. São Paulo: Juarez de Oliveira, 2005, p. 15; FURTADO, Lucas Rocha. *Curso de direito administrativo*. Belo Horizonte: Fórum, 2007, p. 220, CARVALHOSA, Modesto. *Comentários à lei de sociedades anônimas*. 4. ed. São Paulo: Saraiva, 2009, v. 4, t. 1, p. 430.

25. BORBA, José Edwaldo Tavares. *Direito societário*. 8. ed. Rio de Janeiro: Renovar, 2003, p. 507; VERÇOSA, Haroldo Malheiros Duclerc. Das pessoas sujeitas e não sujeitas aos regimes de recuperação de empresas e ao da falência. In: PAIVA, Luiz Fernando Valente de (Coord.). *Direito falimentar e a nova lei de falências e recuperação de empresas*. São Paulo: Quartier Latin, 2005, p. 102-103; PERIN JÚNIOR, Écio. *Curso de direito falimentar e recuperação de empresas*. 3. ed. São Paulo: Método, 2006, p. 77.

cluindo pela exclusão absoluta para as primeiras e pela submissão plena à falência no caso das últimas[26].

Com efeito, as entidades estatais exploradoras de atividade econômica estão sujeitas ao mesmo regime das entidades de direito privado (CF – art. 173, § 1º) e as prestadoras de serviços públicos estão sujeitas ao regime próprio do direito público (CF – art. 175)[27]. Dentro dessa concepção, não se pode admitir um tratamento privilegiado para as primeiras, com a não submissão à falência, mas é perfeitamente admissível a não submissão das prestadoras de serviços públicos. Portanto, pode-se concluir que as empresas públicas e as sociedades de economia mista prestadoras de serviço público estão absolutamente excluídas da falência. Já as que exploram atividade econômica estão sujeitas à falência.

3.2 Exclusão relativa

A par das hipóteses de exclusão absoluta, temos casos de exclusão relativa, nos quais a falência é possível, mas apenas nas condições previstas na legislação especial que disciplina o regime da crise dessas entidades. Dentro desses casos, há os que não admitem a falência a pedido dos credores (exclusão relativa pura) e os que admitem o pedido dos credores desde que não decretado algum dos regimes especiais (exclusão relativa mista).

As seguradoras, as sociedades de capitalização e as operadoras de planos de saúde são casos de exclusão relativa pura, no sentido de que não admitem a falência a pedido de credores, nos casos da Lei n. 11.101/2005. A falência será possível apenas a pedido de liquidante, com autorização da entidade fiscalizadora (SUSEP) se, no curso da liquidação, ficar constatado que o ativo não é suficiente para o pagamento de pelo menos metade dos credores quirografários, ou quando houver fundados indícios da ocorrência de crime falimentar (Decreto-lei n. 73/66 – art. 26).

Também como exclusão relativa pura, poderá haver falência das operadoras de planos de saúde, desde que durante o curso da liquidação extrajudicial seja constatado que o ativo da liquidanda não é suficiente para o pagamento de pelo menos a metade dos

---

26. MEYER, José Alexandre Corrêa. A sociedade de economia mista e sua exclusão da nova lei de falências. In: SANTOS, Paulo Penalva (Coord.). *A nova lei de falências e de recuperação de empresas*: lei n. 11.101/2005. Rio de Janeiro: Forense, 2006, p. 28-29; CARVALHO FILHO, José dos Santos. *Manual de direito administrativo*. 15. ed. Rio de Janeiro: Lumen Juris, 2006, p. 420; CAMPOS, Gabriel de Britto. *Curso de direito administrativo*. Brasília: Fortium, 2006, p. 128; DI PIETRO, Maria Sylvia Zanella. *Direito administrativo*. 20. ed. São Paulo: Atlas, 2007, p. 428-429; GASPARINI, Diógenes. *Direito administrativo*. 13. ed. São Paulo: Saraiva, 2008, p. 440; MELLO, Celso Antônio Bandeira de. *Curso de direito administrativo*. 21. ed. São Paulo: Malheiros, 2006, p. 198; RIBEIRO, Renato Ventura. O regime da insolvência das empresas estatais. In: CASTRO, Rodrigo R. Monteiro de; ARAGÃO, Leandro Santos (Coord.). *Direito societário e a nova lei de falências e recuperação de empresas*. São Paulo: Quartier Latin, 2006, p. 126.

27. MELLO, Celso Antônio Bandeira de. *Curso de direito administrativo*. 21. ed. São Paulo: Malheiros, 2006, p. 206. Essa diferenciação tem sido feita pelo Supremo Tribunal Federal, a propósito: ADIN 1552/DF, Relator Ministro Carlos Velloso, *DJ* de 17-4-98, e RE 172816-RJ, Relator Ministro Paulo Brossard, *DJ* de 13-5-94.

créditos quirografários, ou que o ativo realizável[28] da massa liquidanda não é suficiente, sequer, para o pagamento das despesas administrativas e operacionais inerentes ao regular processamento da liquidação extrajudicial ou que há fundados indícios de crimes falimentares (Lei n. 9.656/98 – art. 23). Nestes casos, a ANS autorizará o liquidante a requerer a falência, não se admitindo o pedido dos credores.

Nas instituições financeiras (os bancos, as distribuidoras e corretoras de títulos e valores mobiliários, as casas de câmbio, as operadoras de *leasing* e as administradoras de consórcio), temos uma exclusão relativa mista. No exercício normal da sua atividade, as instituições financeiras se sujeitam à falência como qualquer empresário, isto é, podem ser feitos pedidos de falência por quaisquer legitimados e, se preenchidos os pressupostos da Lei n. 11.101/2005, pode ser decretada a falência. No entanto, uma vez decretado algum dos regimes especiais (intervenção, liquidação extrajudicial e RAET) pelo Banco Central, não podem mais vir a falir em razão de pedido de credor, mas apenas em razão de pedido do interventor ou do liquidante, em todo caso, com autorização do Banco Central[29].

Na intervenção, poderá ser autorizado o pedido de falência quando o ativo não for suficiente para cobrir sequer metade do valor dos créditos quirografários, quando julgada inconveniente a liquidação extrajudicial e quando a complexidade dos negócios da instituição ou a gravidade dos fatos apurados aconselharem a medida (Lei n. 6.024/74 – art. 12, *d*). Na liquidação extrajudicial, tal pedido poderá ser autorizado quando o seu ativo não for suficiente para cobrir pelo menos a metade do valor dos créditos quirografários, ou quando houver fundados indícios de crimes falimentares. Durante o Regime de Administração Especial Temporária (RAET) não há possibilidade de pedido de falência, em nenhuma hipótese. Todavia, tal regime pode conduzir à liquidação extrajudicial e, nesse caso, a falência é possível nas condições já mencionadas.

4 Perda da legitimação

Definida a legitimação dos empresários individuais e sociedades empresárias à falência, com as exclusões já mencionadas, há que se analisarem as situações que acarretam a perda dessa legitimidade, isto é, as situações que afastam o sujeito da falência.

4.1 Morte do empresário individual

A morte do empresário individual faz cessar sua personalidade e, consequentemente, a condição de empresário[30] e qualquer legitimação para o processo de falência.

---

28. Por ativo realizável deve-se entender "todo ativo que possa ser convertido em moeda corrente em prazo compatível para o pagamento das despesas administrativas e operacionais da massa liquidanda" (Lei n. 9.656/98 – art. 23, § 2º).

29. COELHO, Fábio Ulhoa. *Curso de direito comercial*. 8. ed. São Paulo: Saraiva, 2008, v. 3, p. 250.

30. AMBROSINI, Stefano; CAVALLI, Stefano; JORIO, Alberto. *Trattato di diritto commerciale*. Pádova: CEDAM, 2009, v. XI, t. 2, p. 72.

Contudo, o espólio responde pelas obrigações do falecido e pode até continuar a exercer a atividade e, por isso, admite-se sua falência. Nesse caso, não há propriamente a falência de uma pessoa, mas seu patrimônio é submetido à falência para evitar a confusão entre o patrimônio do empresário e o dos seus herdeiros, protegendo assim o interesse dos credores[31].

Nossa legislação estabelece um prazo decadencial[32] de um ano a contar da morte do empresário (Lei n. 11.101/2005 – art. 96, § 1º) para a decretação da sua falência. Registre-se que o prazo máximo é fixado em relação à decretação da falência e não ao pedido, embora Sérgio Campinho entenda que esse prazo deve ser estabelecido em relação ao pedido de falência[33]. A nosso ver, porém, o texto literal do dispositivo exige que essa contagem seja feita em relação à decretação[34] e não ao pedido.

Para alguns autores, tal restrição temporal aplica-se apenas aos pedidos formulados por credores[35], uma vez que ela se insere em dispositivo específico para defesas que podem ser apresentadas diante do pedido de falência, isto é, o cônjuge sobrevivente, o inventariante e os herdeiros poderão requerer a falência do espólio mesmo após esse prazo de um ano[36], desde que presentes os demais pressupostos da falência. A nosso ver, porém, a restrição se dá em relação aos pedidos de falências em geral, com a intenção de impedir tumultos no processo de inventário, abrangendo quaisquer legitimados. Apesar da inclusão dessa previsão no art. 96, ela não se encontra nas matérias de defesa especificamente dirigidas aos pedidos formulados pelos credores.

Caso dentro desse período de um ano já seja concluída a partilha, não há mais motivo para se cogitar de falência do espólio[37]. Do mesmo modo, no caso de continuação da atividade por outras pessoas, obviamente a falência será possível em relação ao novo empresário que assumiu a atividade. A restrição temporal aqui exposta diz respeito apenas à falência do espólio e não à continuação da atividade.

---

31. PROVINCIALI, Renzo. *Manuale di diritto fallimentare*. 3. ed. Milano: Giuffré, 1955, p. 225.

32. AMBROSINI, Stefano; CAVALLI, Stefano; JORIO, Alberto. *Trattato di diritto commerciale*. Pádova: CEDAM, 2009, v. XI, t. 2, p. 68; REQUIÃO, Rubens. *Curso de direito falimentar*. 17. ed. São Paulo: Saraiva, 1998, v. 1, p. 51.

33. CAMPINHO, Sérgio. *Falência e recuperação de empresa*: o novo regime de insolvência empresarial. 3. ed. Rio de Janeiro: Renovar, 2008, p. 19. No mesmo sentido: SIMIONATO, Frederico A. Monte. *Tratado de direito falimentar*. Rio de Janeiro: Forense, 2008, p. 366.

34. STF – RE 23645, Relator(a): Min. NELSON HUNGRIA, PRIMEIRA TURMA, julgado em 6-5-1954, ADJ 1-8-1955, p. 2570, Ement., v. 179-02, p. 709.

35. VAMPRÉ, Spencer. *Tratado elementar de direito comercial*. Rio de Janeiro: F. Briguiet & Cia., 1925, v. III, p. 182; FRANCO, Vera Helena de Mello. In: SOUZA JÚNIOR, Francisco Sátiro de; PITOMBO, Antônio Sérgio de A. de Moraes (Coord.). *Comentários à lei de recuperação de empresas e falência*. São Paulo: Revista dos Tribunais, 2005, p. 404.

36. NEGRÃO, Ricardo. *Manual de direito comercial e de empresa*. 4. ed. São Paulo: Saraiva, 2009, v. 3, p. 43.

37. PARENTONI, Leonardo Netto; GUIMARÃES, Rafael Couto. In: CORRÊA-LIMA, Osmar Brina; CORRÊA LIMA, Sérgio Mourão (Coord.). *Comentários à nova lei de falência e recuperação de empresas*. Rio de Janeiro: Forense, 2009, p. 717, p. 702; VALVERDE, Trajano de Miranda. *Comentários à lei de falências*. 4. ed. Rio de Janeiro: Forense Universitária, 1999, v. 1, p. 95.

4.2 *Encerramento das atividades*

A condição de empresário decorre essencialmente do exercício da atividade empresarial, logo, com o encerramento das atividades cessa essa condição[38] e, consequentemente, a legitimação passiva para a falência. A regra, portanto, é que, cessado o exercício da atividade, deixa de haver legitimação passiva dos empresários (individuais ou sociedades)[39] para a falência.

A princípio, deve-se provar esse encerramento das atividades com a certidão da Junta Comercial que denote o cumprimento de todas as formalidades legalmente exigidas para a baixa. Waldo Fazzio Júnior admite outros meios de prova do encerramento da atividade[40], asseverando que o empresário irregular não teria como fazer essa prova e não poderia se submeter à falência eternamente. O STJ também admite qualquer meio de prova da cessão das atividades do devedor, afirmando que "a falta de inscrição do distrato social no Registro Público de Empresas Mercantis é irrelevante se for comprovada, por outros meios, a inatividade da empresa pelo período de dois anos contados do requerimento da falência"[41]. A maioria da doutrina[42], a nosso ver com razão, afirma que essa limitação temporal exige a baixa regular do empresário na junta comercial, ou seja, não atinge o encerramento de fato das atividades sem o devido procedimento, que é o mais comum na prática. Neste caso, a falência ainda será possível, desde que presentes os demais pressupostos.

Acrescente-se que a prova da baixa no registro gera uma presunção apenas relativa do encerramento das atividades que não prevalecerá contra prova posterior ao exercício da atividade. Havendo prova do exercício da atividade após a baixa no registro, fica restabelecida a legitimação passiva para a falência. Neste aspecto, há a primazia da realidade sobre as formalidades do registro de empresas.

---

38. FRANCO, Vera Helena de Mello. In: SOUZA JÚNIOR, Francisco Sátiro de; PITOMBO, Antônio Sérgio de A. de Moraes (Coord.). *Comentários à lei de recuperação de empresas e falência*. São Paulo: Revista dos Tribunais, 2005, p. 402.

39. Gladston Mamede não aplica esse dispositivo às sociedades, mas apenas aos empresários individuais. MAMEDE, Gladston. *Direito empresarial brasileiro*: falência e recuperação de empresas. 2. ed. São Paulo: Atlas, 2008, v. 4, p. 350.

40. FAZZIO JÚNIOR, Waldo. *Nova lei de falência e recuperação de empresas*. São Paulo: Atlas, 2005, p. 234.

41. STJ – REsp 1.107.937/MT, Rel. Ministra NANCY ANDRIGHI, TERCEIRA TURMA, julgado em 28-9-2010, *DJe* 8-10-2010

42. BEZERRA FILHO, Manoel Justino. *Lei de recuperação de empresas e falências comentada*. 4. ed. São Paulo: Revista dos Tribunais, 2007, p. 255; ABRÃO, Carlos Henrique. In: ABRÃO, Carlos Henrique; TOLEDO, Paulo F. C. Salles de. (Coord.). *Comentários à lei de recuperação de empresas e falência*. São Paulo: Saraiva, 2005, p. 249; PACHECO, José da Silva. *Processo de recuperação judicial, extrajudicial e falência*. 2. ed. Rio de Janeiro: Forense, 2007, p. 241; SIMIONATO, Frederico A. Monte. *Tratado de direito falimentar*. Rio de Janeiro: Forense, 2008, p. 350; REQUIÃO, Rubens. *Curso de direito falimentar*. 17. ed. São Paulo: Saraiva, 1998, v. 1, p. 52; VALVERDE, Trajano de Miranda. *Comentários à lei de falências*. 4. ed. Rio de Janeiro: Forense Universitária, 1999, v. 1, p. 92; MIRANDA, Pontes de. *Tratado de direito privado*. Campinas: Bookseller, 2004, v. 28, p. 40.

Contudo, como podem existir obrigações anteriores ao encerramento das atividades, a legislação fixa um prazo decadencial[43] de dois anos para que se possa requerer a falência de quem cessou as atividades (Lei n. 11.101/2005 – art. 96, VIII), em caso de inadimplência, sem relevante razão de direito, de dívida líquida constante de título executivo, cujo valor ultrapasse 40 salários mínimos (impontualidade injustificada). Não se quer estender a legitimidade a quem deixou de ser empresário, mas apenas estabelecer um prazo para que os credores anteriores a essa cessação das atividades possam fazer o pedido de falência[44].

Essa possibilidade mantém-se apenas em relação aos casos da chamada impontualidade injustificada de dívidas anteriores à cessação da atividade, não sendo possível nos outros fundamentos da falência[45], porquanto o art. 96, VIII, que estabelece esse prazo, trata apenas do pedido de falência com base na impontualidade injustificada. Nos demais fundamentos, a cessação regular das atividades acaba com a legitimidade para eventual pedido de falência.

4.3 Liquidação da sociedade anônima

Como visto, o encerramento das atividades gera a perda da condição de empresário e da legitimação para o processo de falência, ressalvada a possibilidade de pedido de falência nos dois anos seguintes ao encerramento. A princípio, tal regra se aplica a todos os empresários, sejam eles individuais ou sociedades empresárias. Todavia, para as sociedades anônimas, há uma regra especial.

Nas sociedades anônimas, não será decretada a sua falência depois de liquidado e partilhado o seu ativo (Lei n. 11.101/2005 – art. 96, § 1º). Veja-se que o limite aqui é para a decretação e não para o pedido de falência. Assim, no que tange às sociedades anônimas, a impossibilidade da falência não exige o encerramento regular das atividades com a baixa no registro, mas apenas a conclusão do procedimento de liquidação com a partilha do ativo aos acionistas no procedimento de dissolução.

Na dissolução da sociedade temos três fases distintas: a dissolução *stricto sensu*, a liquidação e a extinção[46]. A dissolução *stricto sensu* é a causa do encerramento da sociedade, vale dizer, é o marco inicial do procedimento. Ocorrendo qualquer das hipóteses de dissolução da sociedade, inicia-se a liquidação como processo de apuração do ativo,

---

43. VALVERDE, Trajano de Miranda. *Comentários à lei de falências*. 4. ed. Rio de Janeiro: Forense Universitária, 1999, v. 1, p. 92; MIRANDA, Pontes de. *Tratado de direito privado*. Campinas: Bookseller, 2004, v. 28, p. 40.

44. VAMPRÉ, Spencer. *Tratado elementar de direito comercial*. Rio de Janeiro: F. Briguiet & Cia., 1925, v. III, p. 68.

45. NEGRÃO, Ricardo. *Manual de direito comercial e de empresa*. 4. ed. São Paulo: Saraiva, 2009, v. 3, p. 41.

46. PENTEADO, Mauro Rodrigues. *Dissolução e liquidação de sociedades*. 2. ed. São Paulo: Saraiva, 2000, p. 18.

pagamento do passivo e partilha do eventual saldo entre os acionistas ou, nas palavras de Garrigues, é "o conjunto de operações da sociedade que tendem a fixar o patrimônio social divisível entre os sócios"[47]. Nesta fase, é apurado o que a sociedade possui, transforma-se esse patrimônio em dinheiro, faz-se o pagamento dos credores e partilha-se o eventual saldo entre os acionistas. Posteriormente, o liquidante prestará contas e será extinta a sociedade, com a baixa no registro.

Uma vez partilhado o ativo, a sociedade nada mais possui de patrimônio e, por isso, não se cogita mais da decretação da sua falência, porquanto não haveria patrimônio a ser executado. Por essas razões, impede-se a falência da sociedade anônima depois de partilhado seu ativo. Os credores que não receberem terão o direito de exigir dos acionistas, individualmente, o pagamento de seu crédito, até o limite da soma por eles recebida, e de propor contra o liquidante, se for o caso, ação de perdas e danos (Lei n. 6.404/76 – art. 218). Entretanto, durante o processo de liquidação é possível a falência, desde que seja antes da partilha.

Essa hipótese de perda da legitimação para o processo de falência sempre foi prevista apenas para as sociedades anônimas. Como bem ressaltado por Ricardo Negrão[48], essa distinção não se justifica, porquanto os motivos para afastar a S.A. que teve seu ativo partilhado também se aplicam às demais sociedades. Gladston Mamede, por sua vez, entende que em todas as sociedades após a partilha do ativo não há mais que se cogitar da falência, porquanto os credores teriam direito apenas a cobrar dos sócios o que eles receberam na partilha e ajuizar eventual ação de perdas e danos contra o liquidante (CC – art. 1.110)[49]. Para ele, não se aplicaria às sociedades empresárias o limite temporal de dois anos para o pedido de falência após a cessação das atividades.

Apesar disso, o texto da lei é expresso ao referir-se apenas às sociedades anônimas, isto é, para as demais sociedades empresárias o afastamento da falência decorrerá apenas do encerramento formal das atividades, admitindo-se o pedido nos dois anos seguintes ao encerramento. Embora injustificável, nossa legislação mantém essa regra especificamente para as sociedades anônimas.

---

47. GARRIGUES, Joaquín. *Curso de derecho mercantil*. 7. ed. Bogotá: Temis, 1987, v. 2, p. 290, tradução livre de "*el conjunto de operaciones de la sociedad que tenden a fijar el haber social divisible entre los socios*".

48. NEGRÃO, Ricardo. *Manual de direito comercial e de empresa*. 4. ed. São Paulo: Saraiva, 2009, v. 3, p. 44.

49. MAMEDE, Gladston. *Direito empresarial brasileiro*: falência e recuperação de empresas. 2. ed. São Paulo: Atlas, 2008, v. 4, p. 350.

16 INSOLVÊNCIA

1 A insolvência

Além da legitimação passiva específica, a falência exige um pressuposto objetivo que denominaremos de insolvência, entendida como a situação de fato que denota a impossibilidade de superação da crise empresarial, isto é, que denota que a crise é irreversível[1]. Sérgio Campinho a conceitua como "o estado de fato revelador da incapacidade do ativo do empresário de propiciar-lhe recursos suficientes a pontualmente cumprir suas obrigações, que por carência de meios próprios, quer por falta de crédito"[2]. Registre-se que não se trata de um simples ato, mas de um estado geral de incapacidade de pagamento das suas obrigações[3], vale dizer, a insolvência é o estado geral do devedor que não está em condições de satisfazer regularmente as suas obrigações[4].

2 Sistemas de presunção de insolvência

Esse estado pode ser confessado pelo próprio devedor num pedido de autofalência ou num pedido de recuperação judicial. Fora desses casos, a insolvência poderá ser presumida em razão de certos fatos ligados ao empresário devedor. Para a presunção da insolvência não há um critério único. Sua configuração pode ser feita pela elaboração de um rol de situações específicas ensejadoras da quebra ou pela indicação de uma causa geral de falência[5]. Diante desse panorama, podemos apresentar os vários sistemas de configuração da insolvência presumida para fins de falência.

2.1 Sistema do patrimônio deficitário

Um primeiro sistema de configuração da falência é o que pressupõe um déficit patrimonial do devedor em relação às suas dívidas, vale dizer, é o sistema que exige a

---

1. AMBROSINI, Stefano; CAVALLI, Stefano; JORIO, Alberto. *Trattato di diritto commerciale*. Pádova: CEDAM, 2009, v. XI, t. 2, p. 125.

2. CAMPINHO, Sérgio. *Falência e recuperação de empresa*: o novo regime de insolvência empresarial. 3. ed. Rio de Janeiro: Renovar, 2008, p. 197.

3. FERRARA, Francesco. *Il falimento*. Milano: Giuffrè, 1959, p. 105.

4. GUGLIELMUCCI, Lino. *Lezioni di diritto fallimentare*. 3. ed. Torino: Giappichelli, 2004, p. 31.

5. LÉH, Tibor Nicolas. *La faillite dans le droit européen continental*. Paris: Marcel Giard, 1932, p. 44.

insolvência em seu sentido econômico. Tal sistema, contudo, é de comprovação muito difícil, uma vez que seria necessário fazer um levantamento de todo o ativo e passivo do devedor[6], bem como do acesso ao crédito que lhe seria disponibilizado[7]. Ademais, tal estado patrimonial deficitário pode ser meramente transitório, não justificando a falência.

Apesar da dificuldade probatória, tal sistema acabou sendo adotado, em relação à insolvência civil, pelo art. 748 do CPC/73, que estabelece que "Dá-se a insolvência toda vez que as dívidas excederem à importância dos bens do devedor". Contudo, mesmo nessa situação, admite-se a presunção da insolvência por outros fatos (CPC/73 – art. 750).

2.2 Sistema da incapacidade de pagar

Outro sistema de configuração da falência é aquele que pressupõe a incapacidade de pagar. Neste caso, estabelece-se genericamente esse fundamento para a falência, mas a legislação admite também a presunção da incapacidade de pagar em razão de alguns fatos, como a suspensão de pagamentos. A inadimplência aqui seria apenas um indício da incapacidade de pagar[8].

2.3 Sistema da cessação de pagamentos

Muito similar ao sistema anterior é o sistema da cessação de pagamentos, que considera que a insolvência seria comprovada pela cessação dos pagamentos pelo devedor. Há grandes dificuldades na interpretação conclusiva sobre o que vem a ser essa cessação de pagamentos, deixando margem a muitas dúvidas na sua aplicação. Apesar disso, tal sistema é bastante usado ainda hoje, como na França, onde se configura a cessação de pagamentos por meio da comparação entre o ativo disponível e o passivo exigível[9]. Atualmente, no sistema francês, essa cessação de pagamentos pode ser constatada ou simplesmente previsível[10]. Ressalte-se, porém, que no sistema atual francês também há uma preferência pela recuperação da empresa, embora o procedimento seja comum.

---

6. CAMPINHO, Sérgio. *Falência e recuperação de empresa*: o novo regime de insolvência empresarial. 3. ed. Rio de Janeiro: Renovar, 2008, p. 192; SAMPAIO DE LACERDA, J. C. *Manual de direito falimentar*. 14. ed. Rio de Janeiro: Freitas Bastos, 1999, p. 57-58.

7. NAVARRINI, Umberto. *Il falimento*. Torino: Fratelli Bocca, 1926, p. 26.

8. Idem, ibidem.

9. JANTIN, Michel; LE CANNU, Paul. *Droit commercial*: entreprises en difficulté. 7. ed. Paris: Dalloz, 2007, p. 178.

10. JACQUEMONT, Andre. *Droit des entreprises em difficulté*. 6. ed. Paris: Litec, 2009, p. 113.

2.4 *Sistema da impontualidade*

Sérgio Campinho apresenta outro sistema que caracteriza a insolvência pelo não pagamento de dívidas líquidas[11]. O não pagamento de uma dívida líquida faria presumir a impossibilidade de pagar as demais dívidas, caracterizando o estado de insolvência.

2.5 *Sistema da enumeração legal*

Um último sistema configura a insolvência a partir de um rol de situações legalmente previstas que traduziriam direta ou indiretamente a situação de insolvência. Há nesse sistema menos margem para discussões, uma vez que a lei seria responsável por indicar quais fatos configuram a insolvência do devedor. Contudo, haveria uma limitação das situações caracterizadoras da insolvência, podendo deixar algumas lacunas[12].

3 A insolvência no sistema brasileiro

Ao contrário de muitos países que adotaram um sistema único, o Brasil adotou um sistema misto de configuração da falência. Além da insolvência confessada pelo devedor, admite-se também a presunção de insolvência em razão da impontualidade injustificada, da execução frustrada ou da prática de atos de falência (Lei n. 11.101/2005 – art. 94). Não se exige a insolvência econômica, mas apenas uma insolvência jurídica que adviria dos fatos previstos em lei[13], isto é, não interessa ao direito brasileiro o déficit patrimonial, mas apenas a análise de certos fatos ligados ao devedor que denotem a impossibilidade de fazer frente a suas obrigações. Em suma, no Brasil, a insolvência pode se configurar pela confissão do devedor, pela impontualidade injustificada e por atos enumerados legalmente (execução frustrada e atos de falência) como hipóteses de presunção de insolvência[14].

3.1 *Confissão do devedor*

Naturalmente, a insolvência será configurada quando o próprio devedor reconhecer sua incapacidade em fazer frente às suas dívidas. Nada mais lógico do que ele, que conhece seus limites, poder reconhecer a crise. Nesses casos, ele poderá propor a au-

11. CAMPINHO, Sérgio. *Falência e recuperação de empresa*: o novo regime de insolvência empresarial. 3. ed. Rio de Janeiro: Renovar, 2008, p. 194.

12. NAVARRINI, Umberto. *Il falimento*. Torino: Fratelli Bocca, 1926, p. 26.

13. COELHO, Fábio Ulhoa. *Curso de direito comercial*. 8. ed. São Paulo: Saraiva, 2008, v. 3, p. 251.

14. CAMPINHO, Sérgio. *Falência e recuperação de empresa*: o novo regime de insolvência empresarial. 3. ed. Rio de Janeiro: Renovar, 2008, p. 196.

tofalência, quando entender que a crise não é mais superável, reconhecendo o seu estado de insolvência.

3.2 Impontualidade injustificada

Além da confissão, a insolvência do devedor empresário também poderá ser configurada em razão de certos fatos que denotem a impossibilidade de pagar as suas obrigações. Nestes casos, há uma presunção de insolvência considerada suficiente para o preenchimento do segundo pressuposto da falência. No sistema brasileiro, a insolvência é presumida, na maioria dos casos, em razão da chamada impontualidade injustificada.

Se o empresário deixa de cumprir alguma obrigação, isso não significa necessariamente que ele esteja em dificuldades financeiras. Todavia, se ele deixa de pagar sem motivos uma obrigação com certas características, o estado de insolvência é presumido, vale dizer, é considerado insolvente o devedor empresário que não paga, sem relevante razão de direito, dívida líquida constante de título ou títulos executivos, cujo valor ultrapasse quarenta salários mínimos (Lei n. 11.101/2005 – art. 94, I). Essa impontualidade representa para nossa legislação uma manifestação ostensiva e qualificada da impossibilidade de pagar[15].

Não se configurará a insolvência, porém, se a obrigação inadimplida for inexigível na falência (Lei n. 11.101/2005 – art. 94, § 2º), ainda que atenda aos requisitos de configuração da impontualidade. Assim, não autorizam o pedido de falência os créditos por obrigações a título gratuito e pelas despesas que os credores fizerem para tomar parte na recuperação judicial ou na falência, salvo as custas judiciais decorrentes de litígio com o devedor. Em razão do princípio da legalidade, também não se admite pedido de falência fundado em crédito fiscal[16].

3.2.1 Inadimplência

A configuração da impontualidade injustificada pressupõe inicialmente uma inadimplência por parte do devedor empresário, isto é, o não pagamento no vencimento de determinada obrigação. O empresário deve ser devedor e não deve honrar a obrigação que lhe competia. Caso ela não possua dívida, como no caso da letra de câmbio sem aceite e da duplicata sem aceite e sem comprovação do cumprimento do contrato, não se pode falar em inadimplência e, consequentemente, em impontualidade.

Ressalte-se, porém, que não se trata de qualquer inadimplência, exige-se ainda que se trate de um não pagamento desmotivado. Obviamente, caso o devedor tenha relevan-

---

15. CARVALHO DE MENDONÇA, J. X. *Tratado de direito comercial brasileiro.* 7. ed. Rio de Janeiro: Freitas Bastos, 1964, v. VII, p. 202.

16. MAMEDE, Gladston. *Direito empresarial brasileiro*: falência e recuperação de empresas. 2. ed. São Paulo: Atlas, 2008, v. 4, p. 299.

tes razões para não efetuar o pagamento, não se pode falar em insolvência do devedor. Essas relevantes razões de direito são as mais diversas possíveis, havendo alguns exemplos no art. 96 da Lei n. 11.101/2005, como a quitação da obrigação, a falsidade do título que a legitima, a prescrição, a nulidade da obrigação ou qualquer outro fato que extinga ou suspenda obrigação ou não legitime a cobrança de título. Em todos esses casos, há uma motivação que afastaria a presunção de insolvência, porquanto a inadimplência não decorreria da impossibilidade de pagar, mas da justificativa para o não pagamento.

Não havendo relevante razão de direito para não pagar, a legislação não cogita qual foi o motivo desse inadimplemento[17]. Ainda que se trate de uma dificuldade temporária de caixa ou de uma momentânea falta de liquidez (falta de dinheiro em mãos), a insolvência será presumida em razão da impontualidade. Reforça-se, neste particular, a ideia de que o sistema brasileiro não cogita do déficit patrimonial como caracterizador da insolvência, mas apenas de sinais exteriores, ainda que momentâneos, da impossibilidade de pagamento.

3.2.2 Dívida líquida constante de título executivo

A inadimplência, sem relevante razão de direito, deverá dizer respeito a dívidas líquidas constantes de título ou títulos executivos. Em outras palavras, a insolvência só será presumida se a obrigação inadimplida possuir tamanho grau de certeza que permita ao credor, desde logo, pleitear medidas satisfativas do seu direito[18], isto é, que permita ao credor pleitear diretamente a execução do crédito, sem a necessidade de qualquer nova demonstração da sua existência[19]. O título executivo é o "documento (mas não só o documento) conduzido pelo credor que releva a ocorrência de um ato ou de um fato jurídico (mas não só o ato ou o fato jurídico) suficiente, por si só, para permitir que seja invadida a esfera patrimonial do devedor na busca da satisfação do credor"[20].

A incorporação da obrigação em um título executivo lhe dá uma importância maior, fazendo com que a inadimplência dessa obrigação seja considerada mais séria, a ponto de se presumir a insolvência para fins falimentares. Para tanto, valem todos os títulos executivos, sejam eles judiciais (CPC/2015 – art. 515) ou extrajudiciais (CPC/2015 – art. 784 e leis esparsas).

Desse modo, pode configurar a insolvência a inadimplência sem relevante razão de direito de dívida constante em qualquer título executivo judicial, como, por exemplo, a sentença proferida no processo civil que reconheça a existência de obrigação de fazer,

---

17. CARVALHO DE MENDONÇA, J. X. *Tratado de direito comercial brasileiro.* 7. ed. Rio de Janeiro: Freitas Bastos, 1964, v. VII, p. 202.

18. CARMONA, Carlos Alberto. Títulos executivos extrajudiciais no processo civil brasileiro. In: WAMBIER, Tereza Arruda Alvim. *Processo de execução e assuntos afins.* São Paulo: Revista dos Tribunais, 1998, p. 59.

19. LIEBMAN, Enrico Tullio. *Processo de execução.* São Paulo: Bestbook, 2003, p. 39.

20. MONTENEGRO FILHO, Misael. *Curso de direito processual civil.* 4. ed. São Paulo: Atlas, 2007, v. 2, p. 275.

não fazer, entregar coisa ou pagar quantia; ou extrajudicial, com a obrigação decorrente de letra de câmbio, nota promissória, cheque, duplicata e debêntures, bem como de qualquer outro título a que ele estabelecer força executiva.

Especificamente em relação às duplicatas, discutia-se se a duplicata sem aceite seria um título executivo a ponto de justificar a falência. Neste caso, é essencial que ao título sejam juntados o instrumento do protesto e o comprovante, pois é a junção desses documentos que torna o sacado devedor do título, embora não o tenha assinado, excepcionando o princípio da literalidade. Só com eles é que se tem a vinculação cambiária do sacado e, por isso, eles são essenciais para a propositura da ação, mesmo não tendo o título sido assinado pelo sacado (STJ – Súmula 248).

Em qualquer dos títulos executivos, a obrigação deverá ser líquida, certa e exigível, porquanto se tais atributos são exigidos para a execução singular (CPC/2015 – art. 783), com muito mais razão deverão ser exigidos para a configuração da insolvência[21]. A exigibilidade decorre do vencimento da obrigação, pois enquanto não vencida a obrigação não se pode requer seu cumprimento. A certeza diz respeito ao alto grau de probabilidade da existência do crédito. Por fim, a liquidez diz respeito à determinação do objeto da obrigação, isto é, o montante da obrigação já está definido, vale dizer, "é líquida a dívida quando a importância se acha determinada em todos os seus elementos de quantidade (dinheiro) e qualidade (coisas diversas do dinheiro), natureza e espécie (prestação de fato)"[22].

3.2.3 Valor superior a 40 salários mínimos

Para que a já referida inadimplência configure a insolvência, como sinal da impossibilidade de pagar as obrigações, exige-se atualmente um valor mínimo para as dívidas não pagas. Só se falará em insolvência se as dívidas forem superiores a 40 salários mínimos, no dia do pedido, porquanto inadimplências de dívidas menores não são consideradas pelo legislador como suficientes para denotar a impossibilidade de pagar as obrigações. Em todo caso, esse valor poderá ser alcançado pela soma de vários créditos pertencentes a vários credores, isto é, poderá haver um litisconsórcio para atingir o valor necessário para a configuração da insolvência (Lei n. 11.101/2005 – art. 94, § 1º).

3.2.4 Prova da impontualidade

Essa inadimplência, sem relevante razão de direito, de dívidas constantes de títulos executivos, cujo valor ultrapasse quarenta salários mínimos deverá ser comprovada pelo interessado na decretação da falência. Para tanto, nossa legislação admite um único meio

21. NEGRÃO, Ricardo. *Manual de direito comercial e de empresa*. 4. ed. São Paulo: Saraiva, 2009, v. 3, p. 231; MAMEDE, Gladston. *Direito empresarial brasileiro*: falência e recuperação de empresas. 2. ed. São Paulo: Atlas, 2008, v. 4, p. 296.

22. SHIMURA, Sérgio. *Título executivo*. São Paulo: Saraiva, 1997, p. 138-139.

de prova, qual seja: o protesto (Lei n. 11.101/2005 – art. 94, § 3º). Embora possam ser vislumbradas outras formas de comprovar uma inadimplência, em razão da gravidade da falência, a impontualidade injustificada dependerá dessa prova solene.

Não se exige o início do processo de execução ou cumprimento de sentença, mas apenas o protesto como meio de prova dessa inadimplência[23]. Qualquer que seja o título, ele deve estar protestado, ainda que se trate de título normalmente não sujeito a protesto, como os títulos executivos judiciais, isto é, mesmo sentenças condenatórias precisam ser protestadas para a configuração da insolvência[24]. Para os títulos judiciais, o art. 517 do CPC/2015 só admite o protesto depois de transcorrido o prazo para pagamento no procedimento do cumprimento de sentença.

Em termos gerais, o protesto é o ato praticado perante o competente cartório, para fins de provar fato relevante relacionado a quaisquer documentos de dívida. O interessado fará o pedido ao cartório, o cartório intimará o devedor e, transcorrido o prazo da intimação sem manifestação, será lavrado o protesto que poderá provar a falta de devolução, a falta de aceite, a falta de data do aceite ou a falta de pagamento de uma obrigação. Especificamente para a configuração da insolvência, exige-se especificamente a prova do não pagamento de uma obrigação constante de título executivo, cujo valor ultrapasse quarenta salários mínimos. A intimação solene para que se efetue o pagamento denotaria mais firmemente a impossibilidade de pagar as obrigações, isto é, se o devedor empresário mesmo intimado por um cartório não paga a obrigação, isso denota que ele não tem condições de honrá-la, fazendo presumir a sua insolvência.

Não há a necessidade do protesto especial[25], mesmo o simples protesto cambial será adequado para a configuração da impontualidade injustificada, porquanto ele já seria uma prova da inadimplência. Exige-se apenas um protesto regular para a configuração da impontualidade injustificada. Tal regularidade não envolve um prazo específico para a realização desse protesto que, por conseguinte, poderá ser realizado a qualquer momento[26], mas a realização do protesto perante o competente cartório e a obediência ao procedimento legalmente estabelecido.

No que tange ao cartório competente, caso se trate de protesto especialmente lavrado para fins falimentares, deverá ser usado o cartório do domicílio do devedor[27]. De outro

---

23. STJ – REsp 743.199/RS, Rel. Ministro HUMBERTO GOMES DE BARROS, TERCEIRA TURMA, julgado em 4-10-2007, *DJ* 22-10-2007, p. 246.

24. COELHO, Fábio Ulhoa. *Curso de direito comercial*. 8. ed. São Paulo: Saraiva, 2008, v. 3, p. 253; BEZERRA FILHO, Manoel Justino. *Lei de recuperação de empresas e falências comentada*. 4. ed. São Paulo: Revista dos Tribunais, 2007, p. 244.

25. STJ – REsp 674.125/GO, Rel. Ministro CARLOS ALBERTO MENEZES DIREITO, TERCEIRA TURMA, julgado em 16-11-2006, *DJ* 12-3-2007, p. 219.

26. CAMPINHO, Sérgio. *Falência e recuperação de empresa*: o novo regime de insolvência empresarial. 3. ed. Rio de Janeiro: Renovar, 2008, p. 249.

27. STJ – REsp 418371/SP, Rel. Ministro CESAR ASFOR ROCHA, QUARTA TURMA, julgado em 1º-10-2002, *DJ* 25-11-2002, p. 240; MAMEDE, Gladston. *Direito empresarial brasileiro*: falência e recuperação de empresas. 2. ed. São Paulo: Atlas, 2008, v. 4, p. 304.

lado, caso se trate de simples protesto cambial, que supre o protesto especial, devem prevalecer as regras estabelecidas para os títulos de crédito. Nos títulos de crédito, estabelece-se como regra geral que o protesto será feito no local do pagamento do título (Decreto n. 2.044/1908 – art. 28)[28], admitindo no caso de cheque a opção entre o local do pagamento e o domicílio do devedor (Lei n. 7.357/85 – art. 48; Lei n. 9.492/97 – art. 6º).

Para fins de pedido de falência, o STJ já se manifestou no sentido de que é essencial a identificação da pessoa que recebeu a intimação (Súmula 361), afirmando que a gravidade de tal protesto exige uma certeza maior de que a intimação foi efetivamente realizada. A exigência da identificação da pessoa não significa, porém, que a intimação deverá ser recebida por preposto ou administrador com poderes específicos, isto é, exige-se apenas a identificação da pessoa que recebeu, não sendo necessário que ela tenha poderes específicos para esse recebimento[29].

3.3 Execução frustrada

Outra forma de presunção da insolvência é a configuração da chamada execução frustrada, que também denotaria a impossibilidade de pagamento das obrigações. Pelas mesmas razões anteriores, se o empresário tem uma execução contra si e esta não produz resultados em termos patrimoniais, há uma presunção de que aquela pessoa não terá condições de fazer frente às suas obrigações. Não se trata apenas do inadimplemento, mas da presunção de uma insuficiência patrimonial para honrar as suas dívidas[30].

Ressalte-se, de imediato, que tal presunção só se opera nos casos de execução para pagamento de dinheiro, não se aplicando aos demais tipos de execução. Nos termos literais do art. 94, II, da Lei n. 11.101/2005, a execução é frustrada quando o devedor, "executado por qualquer quantia líquida, não paga, não deposita e não nomeia à penhora bens suficientes dentro do prazo legal". A princípio, a pessoa citada em um processo de execução teria prazo para pagar, depositar ou nomear bens à penhora, findo o qual se configuraria a execução frustrada pela tripla omissão do devedor.

Todavia, o processo de execução foi reformado e hoje já não há mais uma citação para nomear bens à penhora, o que traz dúvidas quanto ao momento da configuração da execução. Atualmente, a execução para pagamento em dinheiro se divide em duas espécies: o cumprimento de sentença fundado em título executivo judicial e a execução de título extrajudicial. Em ambos, o procedimento é distinto e não há mais citação para nomear bens à penhora.

---

28. CAMPINHO, Sérgio. *Falência e recuperação de empresa*: o novo regime de insolvência empresarial. 3. ed. Rio de Janeiro: Renovar, 2008, p. 247.

29. STJ – AgRg no Ag 636.261/MG, Rel. Ministro SIDNEI BENETI, TERCEIRA TURMA, julgado em 15-4-2008, *DJe* 7-5-2008; FAZZIO JÚNIOR, Waldo. *Nova lei de falência e recuperação de empresas*. São Paulo: Atlas, 2005, p. 212.

30. REQUIÃO, Rubens. *Curso de direito falimentar*. 17. ed. São Paulo: Saraiva, 1998, v. 1, p. 84.

No cumprimento de sentença, o art. 523 do CPC/2015 estabelece que o devedor condenado ao pagamento de quantia certa ou já fixada em liquidação tem o prazo de quinze dias para efetuar o pagamento, sob pena da incidência de uma multa de 10% sobre o valor em execução e honorários de advogado, também de 10%. O devedor será intimado para pagar, pelo Diário da Justiça, na pessoa de seu advogado constituído nos autos; ou por carta com aviso de recebimento, quando representado pela Defensoria Pública ou quando não tiver procurador constituído nos autos; ou por meio eletrônico, quando, as empresas públicas ou privadas não tiverem procurador constituído nos autos, mas estiverem cadastradas eletronicamente no tribunal, para fins de recebimento de citações e intimações; ou, ainda, por edital, quando, citado na forma do art. 256, tiver sido revel na fase de conhecimento.

O início do cumprimento de sentença poderá ocorrer mediante simples requerimento nos próprios autos do processo já instaurado ou mediante processo novo no caso em que o processo formador do título não comporte a fase de cumprimento de sentença (exemplo: sentença penal condenatória). No primeiro caso, não há que se cogitar de nova citação do réu. Já no segundo caso, haverá a citação do réu para a liquidação ou para a execução (CPC/2015 – art. 515, § 1º). Em nenhum dos casos é fixado prazo para a nomeação de bens à penhora, havendo a expedição imediata de mandado de penhora e avaliação de bens sujeitos à execução, para ser cumprido pelo oficial de justiça. Não há mais direito do devedor de nomear bens à penhora[31]. Esta agora será realizada pelo oficial de justiça ou recairá sobre os bens indicados pelo credor.

Na execução de título extrajudicial, a situação não é muito diferente. Neste procedimento, o devedor é citado para pagar a dívida em três dias (CPC/2015 – art. 829), após o que poderá o oficial de justiça, munido da segunda via do mandado, proceder imediatamente à penhora e avaliação de bens, que poderão ser inclusive indicados pelo credor na petição inicial da execução. Mais uma vez, não há o direito de o devedor nomear bens à penhora, logo, não há mais prazo para tal providência por parte do devedor. A penhora recairá sobre os bens indicados pelo exequente, salvo se outros forem indicados pelo executado e aceitos pelo juiz, mediante demonstração de que a constrição proposta lhe será menos onerosa e não trará prejuízo ao exequente.

No regime do CPC anterior, Ricardo Negrão afirma que a execução frustrada estará configurada após o decurso do prazo para pagamento sem a nomeação de bens à penhora pelo devedor[32]. Bernardo Pimentel Souza afirma, por sua vez, que a execução será considerada frustrada se, no prazo de 3 dias da citação o executado não pagar, não depositar e não for possível realizar a penhora pelo oficial de justiça[33]. De modo similar, Maria Celeste Guimarães assevera que a execução frustrada só se configuraria após o cumpri-

---

31. MONTENEGRO FILHO, Misael. *Curso de direito processual civil*. 4. ed. São Paulo: Atlas, 2007, v. 2, p. 398.

32. NEGRÃO, Ricardo. *Manual de direito comercial e de empresa*. 4. ed. São Paulo: Saraiva, 2009, v. 3, p. 267.

33. SOUZA, Bernardo Pimentel. *Direito processual empresarial*. Salvador: JusPodivm, 2008, p. 208.

mento do mandado pelo oficial de justiça, atestando a ausência de bens livres e desembaraçados[34]. De outro lado, há quem sustente que tal hipótese só se configuraria diante da impossibilidade de localizar bens penhoráveis[35], a partir das diligências frustradas para a localização de bens penhoráveis.

Ainda no regime do CPC anterior, Sérgio Campinho, a nosso ver com razão, afirma que a execução frustrada só se configurará no caso de o devedor ser intimado pelo juiz, de ofício ou a requerimento, para nomear bens à penhora e não o fizer no prazo assinalado[36]. O que se deve considerar como insolvência é essa omissão do devedor, porquanto a simples recusa do credor dos bens nomeados não é suficiente para a configuração da execução frustrada[37].

No regime do CPC/2015, há a previsão, aplicável tanto ao cumprimento de sentença como à execução de título extrajudicial, da intimação do devedor para nomear bens à penhora (CPC/2015 – art. 774, V) como medida final de busca de bens. Se o devedor intimado tiver bens passíveis de penhora, ele deverá indicá-los sob pena de praticar ato atentatório à dignidade da justiça. Nesta situação, a ausência de bens penhoráveis é capaz de representar a incapacidade de efetuar pagamentos, traduzida como presunção de insolvência do devedor.

Tal fato deve ser comprovado por uma certidão lavrada pela secretaria da vara responsável pela condução do processo de execução (Lei n. 11.101/2005 – art. 94, § 4º). Nesta hipótese, não se exige o protesto[38], porquanto a certidão do juízo já será a prova suficiente dessa execução frustrada. Embora ambas as hipóteses atestem uma inadimplência, no caso da execução frustrada a certidão do juízo dispensa o protesto. Também se tem admitido a juntada de cópias autenticadas do próprio processo de execução para demonstrar essa situação[39].

Embora se reconheça que a impontualidade e a execução frustrada são hipóteses distintas, discute-se se o valor mínimo expressamente exigido na impontualidade se

---

34. GUIMARÃES, Maria Celeste Morais. As alterações do Código de Processo Civil em matéria de execução e suas repercussões na nova lei de falências. In: CARVALHO, William Eustáquio de; CASTRO, Moema A. S. de. *Direito falimentar contemporâneo*. Porto Alegre: Sérgio Antônio Fabris, 2008, p. 216; GOUVEA, João Bosco Cascardo de. *Recuperação e falência*: lei no 11.101/2005 – comentários artigo por artigo. Rio de Janeiro: Forense, 2009, p. 235.

35. CAMPOS BATALHA, Wilson de Souza; RODRIGUES NETTO, Nelson; RODRIGUES NETTO, Sílvia Maria Labate Batalha. *Comentários à lei de recuperação judicial de empresas e falência*. 4. ed. São Paulo: LTr, 2007, p. 149.

36. CAMPINHO, Sérgio. *Falência e recuperação de empresa*: o novo regime de insolvência empresarial. 3. ed. Rio de Janeiro: Renovar, 2008, p. 265.

37. STJ – REsp 316232/SP, Rel. Ministro RUY ROSADO DE AGUIAR, QUARTA TURMA, julgado em 11-9-2001, *DJ* 5-11-2001, p. 119.

38. BEZERRA FILHO, Manoel Justino. *Lei de recuperação de empresas e falências comentada*. 4. ed. São Paulo: Revista dos Tribunais, 2007, p. 248; STJ – REsp 252.134/SP, Rel. Ministro ALDIR PASSARINHO JUNIOR, QUARTA TURMA, julgado em 25-11-2002, *DJ* 10-3-2003, p. 223.

39. STJ – REsp 174966/MG, Rel. Ministro ALDIR PASSARINHO JUNIOR, QUARTA TURMA, julgado em 11-6-2002, *DJ* 19-8-2002, p. 167.

aplicaria também ao caso da execução frustrada. Carlos Henrique Abrão assevera que o referido também se aplica na execução frustrada, pois haveria a necessidade de se tratar de uma execução séria[40]. A maioria da doutrina[41], a nosso ver com razão, não exige um valor mínimo da obrigação, pois o fato de deixar de demonstrar capacidade para cumprir uma obrigação já em fase de execução judicial já é suficiente para fazer presumir a insolvência (Súmula 39 – TJSP).

Havendo a configuração da execução frustrada, poderá ser requerida a falência do devedor empresário, não sendo admissível a simples conversão da execução em pedido de falência, sobretudo pela diversidade de ritos[42]. Nesse pedido, não exige, até por falta de previsão legal, a declinação da origem da dívida[43], sendo suficiente a explicitação do fato objetivo da execução frustrada. Essa conclusão é corroborada pela possibilidade do pedido de falência, mesmo por credores diversos daqueles que promovem a execução.

Caso a falência seja requerida pelo próprio exequente, tal pedido prejudicará a continuação regular do processo de execução[44] em relação ao requerido no pedido de falência, pois não se podem usar dois meios para receber o mesmo crédito. Há quem entenda que deve haver a extinção do processo original de execução[45], salvo se houver codevedores solventes. Outros entendem que bastaria a simples suspensão da execução pela falta de bens penhoráveis[46]. A nosso ver, não há a necessidade de extinção da execução, mas deve haver ao menos sua suspensão (Súmula 50 – TJSP), pois não seria

---

40. ABRÃO, Carlos Henrique. In: ABRÃO, Carlos Henrique; TOLEDO, Paulo F. C. Salles de. (Coord.). *Comentários à lei de recuperação de empresas e falência*. São Paulo: Saraiva, 2005, p. 229.

41. GOUVEA, João Bosco Cascardo de. *Recuperação e falência*: lei n. 11.101/2005 – comentários artigo por artigo. Rio de Janeiro: Forense, 2009, p. 235; LOBATO, Moacyr. *Falência e recuperação*. Belo Horizonte: Del Rey, 2007, p. 158; PACHECO, José da Silva. *Processo de recuperação judicial, extrajudicial e falência*. 2. ed. Rio de Janeiro: Forense, 2007, p. 232; COELHO, Fábio Ulhoa. *Comentários à nova lei de falências e recuperação de empresas*. São Paulo: Saraiva, 2005, p. 257; CAMPOS BATALHA, Wilson de Souza; RODRIGUES NETTO, Nelson; RODRIGUES NETTO, Sílvia Maria Labate Batalha. *Comentários à lei de recuperação judicial de empresas e falência*. 4. ed. São Paulo: LTr, 2007, p. 149; FAZZIO JÚNIOR, Waldo. *Nova lei de falência e recuperação de empresas*. São Paulo: Atlas, 2005, p. 214; PARENTONI, Leonardo Netto; GUIMARÃES, Rafael Couto. In: CORRÊA-LIMA, Osmar Brina; CORRÊA LIMA, Sérgio Mourão (Coord.). *Comentários à nova lei de falência e recuperação de empresas*. Rio de Janeiro: Forense, 2009, p. 667.

42. STJ – AgRg no Ag 718.895/SP, Rel. Ministro SIDNEI BENETI, TERCEIRA TURMA, julgado em 25-11-2008, *DJe* 19-12-2008. Em sentido contrário: BEZERRA FILHO, Manoel Justino. *Lei de recuperação de empresas e falências comentada*. 4. ed. São Paulo: Revista dos Tribunais, 2007, p. 248.

43. STJ – REsp 742.446/DF, Rel. Ministro HUMBERTO GOMES DE BARROS, TERCEIRA TURMA, julgado em 6-3-2008, *DJe* 24-3-2008.

44. FAZZIO JÚNIOR, Waldo. *Nova lei de falência e recuperação de empresas*. São Paulo: Atlas, 2005, p. 214.

45. STJ – AgRg na MC 5.641/SP, Rel. Ministro CARLOS ALBERTO MENEZES DIREITO, TERCEIRA TURMA, julgado em 29-11-2002, *DJ* 10-3-2003, p. 180.

46. CAMPINHO, Sérgio. *Falência e recuperação de empresa:* o novo regime de insolvência empresarial. 3. ed. Rio de Janeiro: Renovar, 2008, p. 267; SIMÃO FILHO, Adalberto. In: DE LUCCA, Newton; SIMÃO FILHO, Adalberto (Coord.). *Comentários à nova lei de recuperação de empresas e de falências*. São Paulo: Quartier Latin, 2005, p. 399; STJ – REsp 174.966/MG, Rel. Ministro ALDIR PASSARINHO JUNIOR, QUARTA TURMA, julgado em 11-6-2002, *DJ* 19-8-2002, p. 167.

razoável admitir medidas dos dois lados tendentes ao recebimento. Se a decretação da falência não extingue a execução individual, apenas a suspende, o pedido também deve ter esse mesmo efeito.

Não se configurará a insolvência, porém, se a execução envolver uma obrigação que é inexigível na falência (Lei n. 11.101/2005 – art. 94, § 2º). Assim, não autorizam o pedido de falência os créditos por obrigações a título gratuito e pelas despesas que os credores fizerem para tomar parte na recuperação judicial ou na falência, salvo as custas judiciais decorrentes de litígio com o devedor. Outrossim, também se desconfigura a insolvência nesse caso se houver a nomeação de bens à penhora, ainda que intempestiva[47].

3.4 *Atos de falência*

Além da impontualidade e da execução frustrada, também pode ser presumida a insolvência da prática dos chamados atos de falência, os quais poderiam ser definidos como sinais exteriores da ruína patrimonial, isto é, sinais exteriores da impossibilidade de pagar suas obrigações. Tais atos não são compatíveis com exercício seguro, duradouro e prudente da atividade empresarial[48], denotando assim a insolvência do devedor. Evitando maiores discussões, nossa legislação elaborou um rol taxativo de atos que podem ser considerados atos de falência (Lei n. 11.101/2005 – art. 94, III), afastando, porém, a presunção de insolvência quando o ato for praticado com fundamento em um plano de recuperação judicial. Nessas hipóteses, o pedido de falência descreverá os fatos que a caracterizam, juntando-se as provas que houver e especificando-se as que serão produzidas.

3.4.1 Liquidação precipitada

O primeiro ato de falência indicado pela lei é a liquidação precipitada, entendida como a "apressada venda de bens que compõem o seu estabelecimento sem atentar para a garantia que representam para seus credores"[49]. Diante de dificuldades, o empresário aliena seus bens de forma precipitada, a baixo custo, em bloco ou ainda aliena os bens necessários ao exercício da atividade. Tal situação denota a tentativa de esvaziamento do patrimônio em razão de dificuldades financeiras. Em face disso, a insolvência será presumida, autorizando o pedido de falência.

Não se enquadram nessa hipótese as chamadas "queimas de estoque" ou as simples liquidações de mudança de estação. Nessas ações, não se pode falar em malícia do em-

---

47. STJ – REsp 741.053/SP, Rel. Ministro LUIS FELIPE SALOMÃO, QUARTA TURMA, julgado em 20-10-2009, *DJe* 9-11-2009.

48. MAMEDE, Gladston. *Direito empresarial brasileiro*: falência e recuperação de empresas. 2. ed. São Paulo: Atlas, 2008, v. 4, p. 329.

49. CAMPINHO, Sérgio. *Falência e recuperação de empresa*: o novo regime de insolvência empresarial. 3. ed. Rio de Janeiro: Renovar, 2008, p. 270.

presário para presumir a sua insolvência. Outrossim, não se trata de uma liquidação precipitada, mas de uma prática comum que está dentro dos padrões do mercado. A liquidação só será precipitada se fugir dos padrões, pois nesse caso denotará ruína do devedor e aí sim se pode falar em uma presunção de insolvência[50]. É essencial que se trate de uma operação desordenada, injustificável, fora dos padrões[51], não sendo necessária a má-fé nessa hipótese[52].

3.4.2 Utilização de meios ruinosos ou fraudulentos

Outro ato de falência é a utilização de meios ruinosos ou fraudulentos para efetuar pagamentos, na medida em que evidenciam "uma desordem administrativa no patrimônio do devedor geradora de um progressivo empobrecimento"[53]. Mesmo sendo realizado o pagamento, o uso de tais meios denota claramente a impossibilidade do devedor manter o pagamento regular de suas obrigações[54]. Tal situação, naturalmente, denota a impossibilidade de pagamento das dívidas. Embora previsto na mesma alínea do ato anterior, trata-se de ato de falência distinto, o que decorre da própria conjunção *ou* utilizada no dispositivo[55].

Não há, na própria lei, uma definição de quais atos se enquadrariam como meios ruinosos ou fraudulentos, mas tem-se entendido esses atos como atos que diminuem o ativo e aumentam ou fingem aumentar o passivo[56]. Como exemplos de meios ruinosos, teríamos a realização de empréstimos a juros excessivos, a realização de negócios arriscados e a alienação de bens essenciais ao exercício da atividade[57]. Já nos meios fraudulentos teríamos como exemplos: a apropriação indébita de valores e a emissão de duplicatas simuladas[58]. Embora o cheque sem fundos seja tratado penalmente como uma fraude (CP – art. 171, § 2º, VI), ele não pode ser enquadrado como um meio frau-

---

50. FERREIRA, Waldemar. *Tratado de direito comercial*. São Paulo: Saraiva, 1965, v. 14, p. 81.

51. MAMEDE, Gladston. *Direito empresarial brasileiro*: falência e recuperação de empresas. 2. ed. São Paulo: Atlas, 2008, v. 4, p. 329.

52. MIRANDA, Pontes de. *Tratado de direito privado*. Campinas: Bookseller, 2004, v. 28, p. 117.

53. CAMPINHO, Sérgio. *Falência e recuperação de empresa*: o novo regime de insolvência empresarial. 3. ed. Rio de Janeiro: Renovar, 2008, p. 271.

54. RAMELLA, Agostino. *Trattato del fallimento*. Milano: Societá Editrice Libreria, 1903, v. 1, p. 127.

55. PARENTONI, Leonardo Netto; GUIMARÃES, Rafael Couto. In: CORRÊA-LIMA, Osmar Brina; CORRÊA LIMA, Sérgio Mourão (Coord.). *Comentários à nova lei de falência e recuperação de empresas*. Rio de Janeiro: Forense, 2009, p. 670.

56. MIRANDA, Pontes de. *Tratado de direito privado*. Campinas: Bookseller, 2004, v. 28, p. 118.

57. VALVERDE, Trajano de Miranda. *Comentários à lei de falências*. 4. ed. Rio de Janeiro: Forense Universitária, 1999, v. 1, p. 40.

58. CAMPINHO, Sérgio. *Falência e recuperação de empresa*: o novo regime de insolvência empresarial. 3. ed. Rio de Janeiro: Renovar, 2008, p. 271; FERREIRA, Waldemar. *Tratado de direito comercial*. São Paulo: Saraiva, 1965, v. 14, p. 82.

dulento para efetuar pagamentos, pois não acarretaria diminuição do patrimônio do devedor[59].

3.4.3 Intenção de fraudar credores ou retardar pagamentos

Também se presume a insolvência quando o devedor empresário "realiza ou, por atos inequívocos, tenta realizar, com o objetivo de retardar pagamentos ou fraudar credores, negócio simulado ou alienação de parte ou da totalidade de seu ativo a terceiro, credor ou não" (Lei n. 11.101/2005 – art. 94, III, *b*). A descrição desse ato de falência é bem extensa e abrange diversas condutas realizadas ou tentadas de forma inequívoca pelo devedor, que podem ser especificadas em termos mais detalhados, da seguinte maneira:

a) realização de negócio simulado com intenção de fraudar credores;
b) tentativa inequívoca de realização de negócio simulado com intenção de fraudar credores;
c) realização de negócio simulado com intenção de retardar pagamentos;
d) tentativa inequívoca de realização de negócio simulado com intenção de retardar pagamentos;
e) alienação de ativos a terceiro, credor ou não, com intenção de fraudar credores;
f) tentativa inequívoca de alienação de ativos a terceiro, credor ou não, com intenção de fraudar credores;
g) alienação de ativos a terceiro, credor ou não, com intenção de retardar pagamentos;
h) tentativa inequívoca de alienação de ativos a terceiro, credor ou não, com intenção de retardar pagamentos.

A princípio, o ato de falência decorrerá da realização de negócio simulado ou da alienação da totalidade ou de parte do ativo a terceiro, credor ou não. Os negócios simulados abrangem "a declaração enganosa da vontade visando a produzir efeito diverso do ostensivamente indicado"[60], ou seja, o intencional desacordo entre a vontade interna e a vontade declarada. Presume-se a simulação em relação aos atos que aparentarem conferir ou transmitir direitos a pessoas diversas daquelas às quais realmente se conferem, ou transmitem; contiverem declaração, confissão, condição ou cláusula não verdadeira; ou quando os instrumentos particulares forem antedatados, ou pós-datados (CC – art. 167,

59. PARENTONI, Leonardo Netto; GUIMARÃES, Rafael Couto. In: CORRÊA-LIMA, Osmar Brina; CORRÊA LIMA, Sérgio Mourão (Coord.). *Comentários à nova lei de falência e recuperação de empresas*. Rio de Janeiro: Forense, 2009, p. 670.

60. BEVILAQUA, Clóvis. *Teoria geral do direito civil*. Campinas: RED, 1999, p. 294.

§ 1º). De outro lado, a alienação de ativos abrange qualquer forma de transferência de ativos (venda, doação...) para terceiros, credores ou não.

Para a presunção da insolvência, porém, não basta a prática de negócio simulado ou a alienação de ativos. É essencial que o ato seja praticado com a intenção de fraudar credores ou retardar pagamentos, isto é, é essencial que o ato tenha a intenção de prejudicar os credores de alguma forma, fraudando-os ou retardando o pagamento da obrigação. Nesses casos, o devedor tenta sonegar ou ocultar bens do acesso dos credores, ainda que apenas para retardar pagamentos. Sem essa intenção não se configura o ato de falência, vale dizer, exige-se para esse ato de falência o dolo específico[61] de prejudicar os credores de alguma forma. Exemplos claros desse ato de falência são a criação de dívidas fictícias para retirar bens do alcance dos credores e as alienações de ativos abaixo do seu valor real, em conluio com o adquirente.

Em todo caso, a presunção da insolvência não decorrerá apenas da realização do ato em si, mas também da tentativa inequívoca de sua realização, porquanto em ambos os casos o devedor demonstra sua incapacidade de honrar as obrigações. Quando o ato é tentado de forma inequívoca pelo devedor, ainda que não seja concluído, ele já demonstra sua má-fé na condução dos negócios e, consequentemente, sua insolvência. Quem pratica ou tenta praticar os atos mencionados mostra claramente que não tem condição de fazer frente às dívidas que possui, fazendo presumir a sua insolvência. Além disso, tais atos, por representarem atos de má-fé, também serão declarados ineficazes no caso da falência do devedor.

3.4.4 Trespasse irregular

Nos termos do art. 1.142 do Código Civil, o estabelecimento é "todo complexo de bens organizado, para exercício da empresa, por empresário, ou por sociedade empresária", vale dizer, o estabelecimento representa o complexo de bens que permite o exercício da atividade empresarial. Esse conjunto de bens pode ser objeto das mais diversas negociações, inclusive a alienação. Esta alienação, denominada de trespasse, exige que os credores do alienante sejam notificados e, no prazo de trinta dias, manifestem sua concordância expressa ou tácita com a alienação. Tal concordância é dispensada quando o alienante mantém bens suficientes para o pagamento dos credores (CC – art. 1.145). Tais exigências são feitas porquanto o estabelecimento representa uma parcela significativa do patrimônio do empresário e, consequentemente, uma boa parte da garantia dos credores.

Caso o trespasse obedeça a essas condições ele é plenamente regular. Contudo, se o alienante não obtém a concordância dos credores, nem fica com bens suficientes para pagá-los, o trespasse realizado é considerado irregular e faz presumir a insolvência do devedor. Quem transfere o conjunto de bens essenciais ao exercício da atividade empre-

---

61. MAMEDE, Gladston. *Direito empresarial brasileiro*: falência e recuperação de empresas. 2. ed. São Paulo: Atlas, 2008, v. 4, p. 335.

sarial sem obedecer às condições legais exigidas para tanto denota que está passando por dificuldades financeiras e, por isso, se presume sua insolvência. O ato de falência não é o trespasse puro e simples, mas o trespasse sem a obediência às condições legais que, além disso, também representa um ato objetivamente ineficaz no caso da decretação da falência.

Contudo, deve-se ressaltar que quem adquire o estabelecimento passa a responder pelas obrigações do devedor regularmente contabilizadas (CC – art. 1.146), pelas obrigações trabalhistas (CLT – art. 448) e pelas obrigações tributárias (CTN – art. 133). Em relação a essas obrigações, o trepasse, ainda que irregular, acaba sendo benéfico e, por isso, dificilmente esses credores farão pedido de falência com esse fundamento[62]. Apesar disso, o ato de falência existe e poderá ensejar o pedido de falência por qualquer credor, inclusive por esses que acabam sendo beneficiados.

Ressalte-se, por fim, que a Lei n. 11.101/2005 não é muito técnica no uso da expressão *estabelecimento*, usando a expressão para identificar tanto o estabelecimento global como os estabelecimentos individualizados (unidades produtivas). Em razão disso, para Gladston Mamede e Manoel Justino Bezerra Filho[63], o ato de falência será configurado tanto na alienação do estabelecimento global como no caso de estabelecimentos individualizados, desde que o devedor não obtenha a concordância dos seus credores, nem fique com bens suficientes para pagá-los. Em sentido contrário, Vera Helena de Mello Franco entende que a hipótese em tela abrange apenas a transferência do estabelecimento global[64]. A nosso ver, porém, a razão está com os primeiros, pois no texto da Lei n. 11.101/2005 não se usa a expressão *estabelecimento* no mesmo sentido a que se refere o art. 1.142 do Código Civil.

3.4.5 Simulação da transferência do principal estabelecimento

Também se presume a insolvência quando o devedor empresário "simula a transferência de seu principal estabelecimento com o objetivo de burlar a legislação ou a fiscalização ou para prejudicar credor" (Lei n. 11.101/2005 – art. 94, III, *d*). Há duas partes distintas nesse ato de falência: a simulação da transferência do principal estabelecimento e objetivo ilícito nesse ato.

Como já mencionado, a simulação representa o intencional desacordo entre a vontade interna e a vontade declarada. Presume-se a simulação em relação aos atos que

---

62. PARENTONI, Leonardo Netto; GUIMARÃES, Rafael Couto. In: CORRÊA-LIMA, Osmar Brina; CORRÊA LIMA, Sérgio Mourão (Coord.). *Comentários à nova lei de falência e recuperação de empresas*. Rio de Janeiro: Forense, 2009, p. 673.

63. MAMEDE, Gladston. *Direito empresarial brasileiro*: falência e recuperação de empresas. 2. ed. São Paulo: Atlas, 2008, v. 4, p. 337; BEZERRA FILHO, Manoel Justino. *Lei de recuperação de empresas e falências comentada*. 4. ed. São Paulo: Revista dos Tribunais, 2007, p. 250.

64. SOUZA JÚNIOR, Francisco Sátiro de; PITOMBO, Antônio Sérgio de A. de Moraes (Coord.). *Comentários à lei de recuperação de empresas e falência*. São Paulo: Revista dos Tribunais, 2005, p. 396.

aparentarem conferir ou transmitir direitos a pessoas diversas daquelas às quais realmente se conferem, ou transmitem; contiverem declaração, confissão, condição ou cláusula não verdadeira; ou quando os instrumentos particulares forem antedatados, ou pós-datados (CC – art. 167, § 1º).

Para a configuração do ato de falência exige-se, porém, que se trate da simulação da transferência do principal estabelecimento, sem haver na própria lei uma explicação mais detalhada dessa ideia. A expressão *transferência* é entendida por alguns[65] como a alienação, mas, a nosso ver, trata-se da mudança de localização[66] e não da mudança de titularidade, pois quando se quiser falar na transferência de titularidade, a própria lei usou a expressão *alienação*. Assim, o ato de falência pressupõe a simulação da mudança física do principal estabelecimento.

A própria Lei n. 11.101/2005 usa, em seu art. 3º, a expressão *principal estabelecimento* para definir o foro competente para os processos de falência e recuperação judicial. Como já mencionado, há uma divergência sobre a interpretação dessa expressão. Há quem sustente que o principal estabelecimento é a sede contratual[67] e há quem sustente que é o centro vital de comando administrativo dos negócios[68], posição esta prevalecente na jurisprudência. Outros autores, a nosso ver com razão, entendem que o principal estabelecimento é aquele de mais importância econômica[69]. Registre-se que, apesar de

65. ABRÃO, Carlos Henrique. In: ABRÃO, Carlos Henrique; TOLEDO, Paulo F. C. Salles de. (Coord.). *Comentários à lei de recuperação de empresas e falência*. São Paulo: Saraiva, 2005, p. 234; LISBÔA, Lisandra Coletti. A nova lei de falências e os atos falenciais. In: BATTELO, Sílvio Javier. *Principais controvérsias na nova lei de falências*. Porto Alegre: Fabris, 2008, p. 211.

66. COELHO, Fábio Ulhoa. *Curso de direito comercial*. 8. ed. São Paulo: Saraiva, 2008, v. 3, p. 256; CAMPINHO, Sérgio. *Falência e recuperação de empresa*: o novo regime de insolvência empresarial. 3. ed. Rio de Janeiro: Renovar, 2008, p. 273; MAMEDE, Gladston. *Direito empresarial brasileiro*: falência e recuperação de empresas. 2. ed. São Paulo: Atlas, 2008, v. 4, p. 318; SIMÃO FILHO, Adalberto. In: DE LUCCA, Newton; SIMÃO FILHO, Adalberto (Coord.). *Comentários à nova lei de recuperação de empresas e de falências*. São Paulo: Quartier Latin, 2005, p. 403; PARENTONI, Leonardo Netto; GUIMARÃES, Rafael Couto. In: CORRÊA-LIMA, Osmar Brina; CORRÊA LIMA, Sérgio Mourão (Coord.). *Comentários à nova lei de falência e recuperação de empresas*. Rio de Janeiro: Forense, 2009, p. 676.

67. PACHECO, José da Silva. *Processo de recuperação judicial, extrajudicial e falência*. 2. ed. Rio de Janeiro: Forense, 2007, p. 32.

68. SIMIONATO, Frederico A. Monte. *Tratado de direito falimentar*. Rio de Janeiro: Forense, 2008, p. 44; HENTZ, Luiz Antonio Soares. *Manual de falência e recuperação de empresas*. São Paulo: Juarez de Oliveira, 2005, p. 18; NEGRÃO, Ricardo. *Manual de direito comercial e de empresa*. 2. ed. São Paulo: Saraiva, 2007, v. 3, p. 291; CAMPINHO, Sérgio. *Falência e recuperação de empresa*: o novo regime de insolvência empresarial. Rio de Janeiro: Renovar, 2006, p. 32; DE LUCCA, Newton. In: DE LUCCA, Newton; SIMÃO FILHO, Adalberto (Coord.). *Comentários à nova lei de recuperação de empresas e de falências*. São Paulo: Quartier Latin, 2005, p. 98; LOBATO, Moacyr. *Falência e recuperação*. Belo Horizonte: Del Rey, 2007, p. 40; OLIVEIRA, Celso Marcelo de. *Comentários à nova lei de falências*. São Paulo: IOB, 2005, p. 108; VALVERDE, Trajano de Miranda. *Comentários à lei de falências*. 4. ed. Rio de Janeiro: Forense Universitária, 1999, v. 1, p. 138; FIALE, Aldo. *Diritto fallimentare*. 11. ed. Napoli: Simone, 2003, p. 71; VASCONCELOS, Ronaldo. *Direito processual falimentar*. São Paulo: Quartier Latin, 2008, p. 143; SOUZA, Bernardo Pimentel. *Direito processual empresarial*. Salvador: JusPodivm, 2008, p. 179.

69. COELHO, Fábio Ulhoa. *Curso de direito comercial*. 8. ed. São Paulo: Saraiva, 2008, v. 3, p. 261; BARRETO FILHO, Oscar. *Teoria do estabelecimento comercial*. São Paulo: Max Limonad, 1969, p. 145-146; TOLEDO,

opiniões em sentido contrário[70], o ato de falência ora estudado abrange tão somente a alienação do principal estabelecimento e não de qualquer um deles, pelo próprio teor literal da legislação.

Se a transferência se deu por questões inerentes ao negócio, como melhor acesso a melhores meios de escoamento dos produtos, benefícios tributários ou outras condições econômicas, não há que se cogitar da presunção de insolvência. A simulação da transferência desse estabelecimento principal só será ato de falência se tiver o objetivo de burlar a legislação, a fiscalização ou prejudicar credores. É nessa intenção que se denota a incapacidade de pagar, afastando dos credores as maiores possibilidades de fiscalização e o próprio foro competente do processo de falência, prejudicando-os na defesa dos seus interesses. Embora não se trate expressamente de um ato ineficaz, é certo que essa simulação será desconsiderada na fixação da competência para o processo de falência[71].

3.4.6 Outorga ou reforço de garantia

Também pratica ato de falência o devedor empresário que "dá ou reforça garantia a credor por dívida contraída anteriormente sem ficar com bens livres e desembaraçados suficientes para saldar seu passivo" (Lei n. 11.101/2005 – art. 94, III, *e*). Com um grande número de credores e sem condições de honrar todos os seus compromissos, devedores insolventes tentam favorecer alguns credores em detrimento dos outros, assegurando a estes uma melhor condição no futuro concurso de credores. Tal ato quebra a igualdade entre os credores e também faz presumir a insolvência, na medida em que não há motivo

---

Paulo F. C. Salles de. In: ABRÃO, Carlos Henrique; TOLEDO, Paulo F. C. Salles de. (Coord.). *Comentários à lei de recuperação de empresas e falência*. São Paulo: Saraiva, 2005, p. 11; SALOMÃO, Luis Felipe. A nova lei de recuperação de empresas: a declaração judicial da falência e a quebra requerida pelo próprio devedor (Lei n. 11.101, de 9 de fevereiro de 2005). In: SANTOS, Paulo Penalva (Coord.). *A nova lei de falências e de recuperação de empresas*: Lei n. 11.101/2005. Rio de Janeiro: Forense, 2006, p. 196; PIMENTA, Eduardo Goulart. *Recuperação de empresas*. São Paulo: IOB, 2006, p. 96; CAMPOS BATALHA, Wilson de Souza; RODRIGUES NETTO, Nelson; RODRIGUES NETTO, Sílvia Maria Labate Batalha. *Comentários à lei de recuperação judicial de empresas e falência*. 4. ed. São Paulo: LTr, 2007, p. 46; PROENÇA, José Marcelo Martins. Disposições preliminares – aplicação da legislação, competência e intervenção do Ministério Público. In: MACHADO, Rubens Approbato (Coord.). *Comentários à nova lei de falência e recuperação de empresas*. São Paulo: Quartier Latin, 2005, p. 67; PENTEADO, Mauro Rodrigues. In: SOUZA JÚNIOR, Francisco Sátiro de; PITOMBO, Antônio Sérgio de A. de Moraes (Coord.). *Comentários à lei de recuperação de empresas e falência*. São Paulo: Revista dos Tribunais, 2005, p. 122; SZTAJN, Rachel; FRANCO, Vera Helena de Mello. *Falência e recuperação da empresa em crise*. São Paulo: Campus, 2008, p. 27; PERIN JÚNIOR, Écio. *Curso de direito falimentar e recuperação de empresas*. 3. ed. São Paulo: Método, 2006, p. 115; FAZZIO JÚNIOR, Waldo. *Nova lei de falência e recuperação de empresas*. São Paulo: Atlas, 2005, p. 70 s; TJPR – 17ª C. Cível em Com. Int. – CC 0395308-4 – Foro Regional de Campina Grande do Sul da Região Metropolitana de Curitiba – Rel.: Des. Gamaliel Seme Scaff – Unânime – J. 27.06.2007; TJRJ – DÉCIMA SEXTA CÂMARA CÍVEL – AG 2007.002.25340 – DES. CHERUBIN HELCIAS SCHWARTZ – Julgamento: 19-2-2008.

70. BEZERRA FILHO, Manoel Justino. *Lei de recuperação de empresas e falências comentada*. 4. ed. São Paulo: Revista dos Tribunais, 2007, p. 250.

71. STJ – CC 32.988/RJ, Rel. Ministro SÁLVIO DE FIGUEIREDO TEIXEIRA, SEGUNDA SEÇÃO, julgado em 14-11-2001, *DJ* 4-2-2002, p. 269.

legítimo para privilegiar alguns credores em detrimento de outros. Não há necessidade, porém, de se demonstrar a intenção do devedor, sendo objetivamente um ato de falência.

Registre-se, porém, que o ato de falência se configura pela outorga ou reforço de garantia (hipoteca, penhor, alienação fiduciária, direito de retenção...) em relação a dívidas já existentes, vale dizer, novas obrigações assumidas podem ter garantias, sem que isso represente qualquer presunção de insolvência. O que denota a insolvência é o privilégio dado a alguns credores que já existem em detrimento de outros, isto é, a melhora da condição do credor em relação à ordem de pagamento[72]. A outorga ou reforço da garantia devem ser posteriores à existência da dívida, não sendo ato de falência o mero registro da garantia concedida concomitante à existência da dívida[73]. A outorga de garantia pode ser necessária para a captação de recursos e, por isso, nada terá de irregular quando vier acompanhada desses recursos.

Além disso, é certo que só se presumirá a insolvência se o devedor ficar sem bens livres e desembaraçados para solver seu passivo. Por mais injustificável que seja, o privilégio outorgado por quem tem bens suficientes para pagar seus credores não denota qualquer impossibilidade de pagamento. Já a outorga ou reforço de garantia para credores já existentes, sem ter bens suficientes para pagar os outros credores, faz presumir que o devedor está insolvente e quer privilegiar alguns credores, na inevitável falência. Tal conduta, além de ser ato de falência, também é considerada ineficaz em relação à massa falida (Lei n. 11.101/2005 – art. 129, III).

3.4.7 Abandono de estabelecimento

Também pratica ato de falência o devedor empresário que "ausenta-se sem deixar representante habilitado e com recursos suficientes para pagar os credores, abandona estabelecimento ou tenta ocultar-se de seu domicílio, do local de sua sede ou de seu principal estabelecimento" (Lei n. 11.101/2005 – art. 94, III, *f*). Tais condutas denotam claramente uma tentativa do devedor fugir das suas responsabilidades e, por isso, fazem presumir a insolvência do devedor, uma vez que é dever primordial de todo empresário se manter na condução dos seus negócios[74]. Em qualquer uma delas, os credores ficam impedidos materialmente de exigir o pagamento que lhes é devido[75], denotando a impossibilidade de o devedor pagar suas obrigações[76].

---

72. MAMEDE, Gladston. *Direito empresarial brasileiro*: falência e recuperação de empresas. 2. ed. São Paulo: Atlas, 2008, v. 4, p. 319.

73. ABRÃO, Carlos Henrique. In: ABRÃO, Carlos Henrique; TOLEDO, Paulo F. C. Salles de. (Coord.). *Comentários à lei de recuperação de empresas e falência*. São Paulo: Saraiva, 2005, p. 236.

74. FERREIRA, Waldemar. *Tratado de direito comercial*. São Paulo: Saraiva, 1965, v. 14, p. 91.

75. CARVALHO DE MENDONÇA, J. X. *Tratado de direito comercial brasileiro*. 7. ed. Rio de Janeiro: Freitas Bastos, 1964, v. VII, p. 251.

76. LISBÔA, Lisandra Coletti. A nova lei de falências e os atos falenciais. In: BATTELO, Sílvio Javier. *Principais controvérsias na nova lei de falências*. Porto Alegre: Fabris, 2008, p. 215.

A ausência representa a não presença física[77] do titular junto ao estabelecimento, não configurando ato de falência, porém, se o devedor deixar representante habilitado e com recursos suficientes. O abandono, por sua vez, representa o descaso em relação ao estabelecimento, a intencional desvinculação do titular em relação ao estabelecimento, representando ato de falência, independentemente de dolo[78]. Por fim, na ocultação ou tentativa de ocultação do empresário, há o propósito de não ser encontrado, não havendo também necessidade de dolo nessa conduta.

A prova desses fatos pode se dar de muitas maneiras, como a devolução de correspondências, a tentativa frustrada de citação por meio de oficial de justiça, notícias de imprensa, impossibilidade de acesso de agentes de fiscalização, a intimação frustrada em protestos, acúmulo de correspondências e até a reiterada devolução de *e-mails* no caso de estabelecimentos virtuais[79].

3.4.8 Descumprimento de obrigação assumida no plano de recuperação judicial

O empresário que pede a recuperação judicial reconhece estar passando por uma crise econômico-financeira, mas entende ser possível superar essa crise e manter a atividade em funcionamento. Para tanto, haverá um plano de recuperação judicial que indicará as medidas necessárias para a superação dessa crise, abarcando as obrigações que o devedor diz ter condições de cumprir. A adoção das medidas dependerá do consentimento da massa de credores, vale dizer, os credores consentem com as medidas do plano de recuperação judicial, dando um voto de confiança ao devedor para manter a atividade em funcionamento.

Dentro dessa perspectiva, o devedor terá que cumprir as obrigações previstas no plano, sob pena de se quebrar a confiança depositada nele. Ademais, esse descumprimento das obrigações é suficiente para denotar a impossibilidade de superação da crise, isto é, é suficiente para fazer presumir uma insolvência irremediável do devedor. Desse modo, o descumprimento das obrigações previstas no plano de recuperação judicial também representa um ato de falência.

Se tal descumprimento ocorrer nos dois anos seguintes à concessão da recuperação judicial, o juiz deverá de ofício, ou a requerimento, determinar a convolação da recuperação em falência (Lei n. 11.101/2005 – art. 61, § 1º). Ora, se nesse início o devedor já não se mostrou confiável, o melhor é não lhe dar mais o benefício da recuperação judicial e resolver sua situação patrimonial por meio da falência. Trata-se de uma penalidade pesada, mas que se justifica em razão do grau de sacrifício que se impõe aos credores na recuperação judicial. Apesar disso, é recomendável que o juiz dê mais uma chance de o

---

77. MIRANDA, Pontes de. *Tratado de direito privado*. Campinas: Bookseller, 2004, v. 28, p. 121.

78. Idem, ibidem, p. 122.

79. NEGRÃO, Ricardo. *Manual de direito comercial e de empresa*. 4. ed. São Paulo: Saraiva, 2009, v. 3, p. 277.

devedor cumprir as medidas previstas no plano, evitando assim a falência[80]. Registre-se que, nesse caso, as obrigações voltam a ter as condições originais, anteriores ao plano de recuperação judicial.

Os credores prejudicados pelo descumprimento do devedor posterior a esse período de dois anos podem buscar apenas o cumprimento das obrigações assumidas no plano, mas inadimplidas. Nesse caso, o procedimento a ser seguido será o procedimento do cumprimento de sentença, uma vez que o plano aprovado se tornou título executivo judicial com a concessão da recuperação (Lei n. 11.101/2005 – art. 59, § 1º). Contudo, se os credores entenderem que não há mais confiança no devedor, que não cumpre sequer as obrigações do plano, eles podem pretender a decretação da falência do devedor, por meio de uma ação própria para esse fim.

80. SIMIONATO, Frederico A. Monte. *Tratado de direito falimentar*. Rio de Janeiro: Forense, 2008, p. 190.

17 DECRETAÇÃO JUDICIAL DA FALÊNCIA

1 Falência como estado de direito

A insolvência jurídica, confessada ou presumida, é um estado de fato que não confunde com a falência, isto é, quem está insolvente não está necessariamente falido. A falência é uma situação de direito que só passará a existir com a decretação judicial que reconhecer a presença da insolvência, a legitimidade passiva específica e a ausência de fatos impeditivos. Antes dessa decretação, o devedor empresário pode estar em dificuldades, pode ser considerado insolvente, mas nunca falido. Mesmo no curso de um processo de falência, não se pode considerar o devedor falido, enquanto não houver a decretação judicial.

Para fins de organização do assunto, é importante ressaltar que a decretação judicial da falência só poderá ocorrer em três tipos de processos: na recuperação judicial, na autofalência e no pedido de falência. Fora desses processos, ainda que se configurem os demais pressupostos, não se pode cogitar da falência.

2 Convolação da recuperação judicial em falência

Embora o processo de recuperação judicial tenha por objetivo primordial a superação da crise econômico-financeira do devedor empresário, é certo que tal processo também pode acabar culminando na decretação da falência. Quem pede a recuperação judicial reconhece estar passando por uma crise econômico-financeira e, consequentemente, reconhece sua insolvência, mas acredita que pode superar essa crise por meio da recuperação judicial. Presente a condição de empresário e a insolvência confessada pelo devedor, caso não se mostre possível a obtenção da recuperação ou caso o devedor não se mostre capaz de cumprir as obrigações decorrentes da lei ou por ele assumidas, haverá a decretação da falência como resposta para uma crise que se mostrou insuperável.

Há uma espécie de pedido implícito na recuperação judicial consistente na decretação da falência no caso do descumprimento de certas determinações. O art. 73 da Lei n. 11.101/2005 é expresso ao determinar a convolação da recuperação judicial em falência nas seguintes hipóteses:

a) não apresentação do plano de recuperação no prazo de 60 dias, contados do despacho que defere o processamento da recuperação;

b) rejeição do plano de recuperação pela assembleia de credores;

c) descumprimento de obrigações assumidas no plano de recuperação, durante o período de observação de 2 anos, contados do deferimento da recuperação; e

d) deliberação dos credores em assembleia.

Nessas hipóteses, o juiz, de ofício ou a requerimento, decretará a falência no próprio processo de recuperação judicial. Os credores sujeitos à recuperação não precisam ajuizar uma nova ação com o objetivo de decretar a falência do devedor, pois no processo de recuperação judicial é que haverá essa decretação, preenchendo-se o terceiro pressuposto da falência.

Havendo a convolação da recuperação em falência, os atos praticados durante o período de recuperação permanecerão válidos, desde que tenham obedecido à legislação. De outro lado, a novação operada em relação aos credores abrangidos no plano deixará de produzir efeitos, isto é, os créditos retornarão às suas condições originais, desde que ainda não tenham sido extintos. Por fim, vale ressaltar que os créditos quirografários sujeitos à recuperação judicial pertencentes a fornecedores de bens ou serviços que continuarem a provê-los normalmente após o pedido de recuperação judicial terão privilégio geral de recebimento em caso de decretação de falência, no limite do valor dos bens ou serviços fornecidos durante o período da recuperação (Lei n. 11.101/2005 – art. 67), inclusive os serviços advocatícios para a propositura e acompanhamento da recuperação judicial[1].

3 Autofalência

A recuperação judicial é requerida pelo devedor que entende que a crise é superável, mas, por vezes, o próprio devedor entende que a crise não pode ser solucionada. Nesses casos, ele toma a iniciativa de requerer sua autofalência, como forma de liquidação judicial do seu patrimônio. Trata-se de uma confissão da situação de insolvência e da impossibilidade de superação desse estado.

Numa primeira leitura do art. 105 da Lei n. 11.101/2005, vê-se o pedido de autofalência como um dever do empresário "em crise econômico-financeira que julgue não atender aos requisitos para pleitear sua recuperação judicial". Contudo, não há nenhuma sanção para a falta do pedido e, por isso, não se pode falar propriamente em um dever jurídico de requerer a autofalência[2]. O que há é uma opção do devedor.

---

1. STJ – REsp 1368550/SP, Rel. Ministro LUIS FELIPE SALOMÃO, QUARTA TURMA, julgado em 04-10-2016, DJe 23-11-2016.

2. NEGRÃO, Ricardo. *Manual de direito comercial e de empresa*. 4. ed. São Paulo: Saraiva, 2009, v. 3, p. 282; CAMPINHO, Sérgio. *Falência e recuperação de empresa*: o novo regime de insolvência empresarial. 3. ed. Rio de Janeiro: Renovar, 2008, p. 285; NÉRI, José Nadi. In: CORRÊA-LIMA, Osmar Brina; CORRÊA LIMA, Sérgio Mourão (Coord.). *Comentários à nova lei de falência e recuperação de empresas*. Rio de Janeiro: Forense, 2009, p. 802.

A grande vantagem da autofalência é a demonstração da boa-fé do devedor empresário que quer ver sua atividade regularmente encerrada. Caso ele não providencie a autofalência e mesmo assim sua atividade seja encerrada, para alguns, pode se configurar a dissolução irregular como espécie de abuso de direito, apta a autorizar a desconsideração da personalidade jurídica.

O TJMG já afirmou que "é da responsabilidade da empresa que estiver em dificuldades para cumprir com seus compromissos, buscar os mecanismos legais colocados à sua disposição, tais como a concordata ou mesmo a autofalência, não é possível admitir-se o encerramento irregular de suas atividades, sem qualquer satisfação aos credores"[3]. Obviamente, o pedido de autofalência não desconfigura a dissolução irregular, quando for realizado após a dilapidação do patrimônio da sociedade[4].

3.1 Legitimidade

A autofalência pode ser requerida por qualquer empresário, inclusive pelos irregulares, porquanto a lei exigiria apenas um devedor em crise que não cumpre as condições para a recuperação judicial[5]. Ademais, quando a lei exige a prova da condição de empresário para autofalência, ela requer a juntada de "contrato social ou estatuto em vigor ou, se não houver, a indicação de todos os sócios, seus endereços e a relação de seus bens pessoais" (Lei n. 11.101/2005 – art. 105, IV). Ora, se a própria lei admite expressamente a ausência de contrato social em uma sociedade que requer autofalência, está admitindo o pedido de autofalência por empresários irregulares.

Regular ou não, caso seja um empresário individual, trata-se de uma simples decisão da própria pessoa física. Ele, por si só, verificando a impossibilidade de superação da crise, poderá requerer a autofalência, que terá o seu regular processamento. Não há poderes para os prepostos realizarem tal requerimento, sendo essencial a decisão do próprio empresário, que poderá até ser representado, mas em uma representação convencional, por procuração.

No caso das sociedades empresárias, o requerimento da autofalência será formulado pelos administradores. Todavia, não se trata de um ato de gestão ordinária, cuja decisão compete exclusivamente a eles. O requerimento dependerá de prévia manifestação da vontade da sociedade pelos sócios ou acionistas.

Nas limitadas, a vontade social poderá ser expressa em reunião, em assembleia ou em manifestação por escrito de todos os sócios. Em todo caso, o pedido só será possível

---

3. TJMG – Oitava Câmara Cível – Apelação Cível n. 1.0000.00.274477-9/000 – Relator Desembargador Pedro Henriques, julgamento em 30-9-2002, *DJ* de 13-6-2003.

4. TJDF – 20020150006029APC, Relator ARNOLDO CAMANHO DE ASSIS, 3ª Turma Cível, julgado em 26-9-2007, *DJ* 17-6-2008, p. 71.

5. PERIN JÚNIOR, Écio. *Curso de direito falimentar e recuperação de empresas*. 3. ed. São Paulo: Método, 2006, p. 93; FRANCO, Vera Helena de Mello. In: SOUZA JÚNIOR, Francisco Sátiro de; PITOMBO, Antônio Sérgio de A. de Moraes (Coord.). *Comentários à lei de recuperação de empresas e falência*. São Paulo: Revista dos Tribunais, 2005, p. 96.

se contar com a deliberação favorável de sócios que representem mais da metade do capital social (CC – art. 1.071, VIII c. c. 1.076, II). Nas sociedades anônimas, a deliberação deverá ser tomada em assembleia geral (Lei n. 6.404/76 – art. 122, IX) e será considerada aprovada pela maioria dos votos presentes.

Nas sociedades em nome coletivo e em comandita simples, a princípio, a decisão deverá decorrer da maioria absoluta dos votos computados de acordo com o capital social (CC – arts. 1.010, 1.040 e 1.046). Contudo, tais sociedades possuem sócios de responsabilidade ilimitada que também serão considerados falidos (Lei n. 11.101/2005 – art. 81). Em razão disso, Adalberto Simão Filho fala que todos deverão assinar o pedido[6]. Ricardo Tepedino, por sua vez, afirma que todos os sócios devem ser ao menos ouvidos[7], mas que a vontade da maioria prevalece. Acreditamos que a razão está com o último, vale dizer, a nosso ver, prevalecerá a vontade da maioria, admitindo-se a oposição dos sócios que discordarem do cabimento da medida.

Em caso de urgência, o administrador poderá fazer o pedido de autofalência, mesmo antes de qualquer deliberação. Nas sociedades anônimas, tal pedido deverá contar com a concordância do acionista controlador, convocando-se a assembleia geral imediatamente. No caso das limitadas, tal pedido dependerá da concordância de sócios que representem mais da metade do capital social.

Caso a sociedade já esteja em processo de liquidação, a legislação dá ao liquidante a competência para o requerimento da autofalência (CC – art. 1.103, VII; Lei n. 6.404/76 – art. 210, VII). Contudo, pelos efeitos de tal pedido, exige-se a obediência das formalidades prescritas para o tipo societário, com a deliberação pelos quóruns já mencionados.

Nas EIRELIs, o requerimento será feito pelo titular ou pelo administrador, neste último caso com autorização do titular, pois não se trata de um ato específico de gestão.

3.2 Pedido

Em todo caso, o devedor em crise econômico-financeira deverá expor as razões da impossibilidade de prosseguimento da atividade empresarial, isto é, deverá expor a causa de pedir da autofalência. Além disso, o pedido deverá ser instruído com uma série de documentos, elencados pelo art. 105 da Lei n. 11.101/2005:

> I – demonstrações contábeis referentes aos 3 (três) últimos exercícios sociais e as levantadas especialmente para instruir o pedido, confeccionadas com estrita observância da legislação societária aplicável e compostas obrigatoriamente de:
>
> a) balanço patrimonial;

---

6. SIMÃO FILHO, Adalberto. In: DE LUCCA, Newton; SIMÃO FILHO, Adalberto (Coord.). *Comentários à nova lei de recuperação de empresas e de falências*. São Paulo: Quartier Latin, 2005, p. 467.

7. TEPEDINO, Ricardo. In: ABRÃO, Carlos Henrique; TOLEDO, Paulo F. C. Salles de. (Coord.). *Comentários à lei de recuperação de empresas e falência*. São Paulo: Saraiva, 2005, p. 287.

b) demonstração de resultados acumulados;

c) demonstração do resultado desde o último exercício social;

d) relatório do fluxo de caixa;

II – relação nominal dos credores, indicando endereço, importância, natureza e classificação dos respectivos créditos;

III – relação dos bens e direitos que compõem o ativo, com a respectiva estimativa de valor e documentos comprobatórios de propriedade;

IV – prova da condição de empresário, contrato social ou estatuto em vigor ou, se não houver, a indicação de todos os sócios, seus endereços e a relação de seus bens pessoais;

V – os livros obrigatórios e documentos contábeis que lhe forem exigidos por lei;

VI – relação de seus administradores nos últimos 5 (cinco) anos, com os respectivos endereços, suas funções e participação societária.

Inicialmente, exige-se que o devedor apresente a prova da condição de empresário, com a juntada do estatuto ou contrato social em vigor. Tal exigência é feita na medida em que apenas empresários podem recorrer à autofalência, como meio de liquidação patrimonial diante de uma crise insuperável. Essa previsão não impede, porém, que mesmo os empresários irregulares façam o pedido de autofalência, podendo nesses casos apresentar apenas a relação de todos os sócios com os respectivos endereços e a relação de seus bens pessoais.

Gladston Mamede considera inconstitucional tal exigência no que tange aos bens particulares dos sócios, na medida em que representaria uma afronta à intimidade que lhes é assegurada constitucionalmente[8]. Contudo, a nosso ver, não há qualquer inconstitucionalidade nessa exigência para a autofalência, uma vez que essa relação de bens só se aplica a sociedades sem registro, nas quais os sócios também serão considerados falidos (Lei n. 11.101/2005 – art. 81).

Além disso, exige-se a demonstração da situação econômico-financeira do devedor com a apresentação da relação descritiva de seus bens, com a respectiva estimativa de valor e documentos comprobatórios de propriedade. De outro lado, exige-se também a relação nominal dos credores, com a indicação do endereço, do valor e da classificação dos créditos, permitindo, assim, uma comparação entre o ativo e o passivo.

Exige-se ainda a apresentação das demonstrações financeiras, dos livros e demais documentos contábeis do devedor a fim de que seja possível investigar os atos que acabaram gerando a crise, que culminou no pedido de autofalência, desfazendo aqueles atos que possam ser considerados ineficazes em relação à massa falida. Neste particular, devem ser entregues em juízo todos os livros obrigatórios, as demonstrações contábeis dos úl-

8. MAMEDE, Gladston. *Direito empresarial brasileiro*: falência e recuperação de empresas. 2. ed. São Paulo: Atlas, 2008, v. 4, p. 353.

timos três exercícios e demonstrações levantadas especificamente para a instrução do pedido de autofalência: (a) balanço patrimonial; (b) demonstração de resultados acumulados; (c) demonstração do resultado desde o último exercício social; e (d) relatório de fluxo de caixa. Nada impede a juntada de outros documentos contábeis para melhor informar os credores. Para microempresas e empresas de pequeno porte, pode ser apresentada a escrituração simplificada que lhe é permitida.

Dentro da mesma perspectiva, também deve ser apresentada a relação dos administradores dos últimos cinco anos, com os respectivos endereços, funções e participações societárias, para que se avalie o que efetivamente ocorreu com a sociedade que teve que lançar mão da autofalência. A ideia é investigar o que foi realizado e responsabilizar quem tiver alguma responsabilidade pessoal pelos prejuízos causados.

3.3 Procedimento

Ajuizado o pedido de autofalência, por meio de advogado dotado de poderes especiais[9], o juiz verificará o cumprimento dos requisitos e a regular instrução do pedido. Havendo alguma falha, deverá ser determinada a emenda à petição inicial para o prosseguimento do feito. Eventualmente a falha poderá ser relevada, caso não haja prejuízo para o bom andamento do feito, como quando os dados do documento que não foi juntado possam ser obtidos em outros documentos que foram juntados. Assim, caso o devedor não apresente o balanço patrimonial separado, mas indique os dados contábeis necessários nos livros, pode se dispensar a apresentação. Do mesmo modo, quando não houver mais caixa para a realização das demonstrações exigidas especificamente para a instrução do pedido[10].

Não atendida a emenda, processualmente a medida deveria ser o indeferimento da petição inicial[11]. Entretanto, boa parte da doutrina assevera que não se deveria cogitar de indeferimento da inicial, desde que presentes os elementos necessários para se aferir a necessidade da autofalência (existência de credores, confissão da crise e impossibilidade de prosseguimento da atividade)[12]. A nosso ver, porém, nesses casos, o juiz pode dispensar

---

9. PAJARDI, Piero. *Manuale di diritto fallimentare*. 6. ed. Milano: Giuffrè, 2002, p. 86; SIMÃO FILHO, Adalberto. In: DE LUCCA, Newton; SIMÃO FILHO, Adalberto (Coord.). *Comentários à nova lei de recuperação de empresas e de falências*. São Paulo: Quartier Latin, 2005, p. 467.

10. TEPEDINO, Ricardo. In: ABRÃO, Carlos Henrique; TOLEDO, Paulo F. C. Salles de. (Coord.). *Comentários à lei de recuperação de empresas e falência*. São Paulo: Saraiva, 2005, p. 292.

11. CAMPINHO, Sérgio. *Falência e recuperação de empresa*: o novo regime de insolvência empresarial. 3. ed. Rio de Janeiro: Renovar, 2008, p. 285; NÉRI, José Nadi. In: CORRÊA-LIMA, Osmar Brina; CORRÊA LIMA, Sérgio Mourão (Coord.). *Comentários à nova lei de falência e recuperação de empresas*. Rio de Janeiro: Forense, 2009, p. 809; CAMPOS BATALHA, Wilson de Souza; RODRIGUES NETTO, Nelson; RODRIGUES NETTO, Sílvia Maria Labate Batalha. *Comentários à lei de recuperação judicial de empresas e falência*. 4. ed. São Paulo: LTr, 2007, p. 165; BEZERRA FILHO, Manoel Justino. *Lei de recuperação de empresas e falências comentada*. 4. ed. São Paulo: Revista dos Tribunais, 2007, p. 278.

12. NEGRÃO, Ricardo. *Manual de direito comercial e de empresa*. 4. ed. São Paulo: Saraiva, 2009, v. 3, p. 285; FRANCO, Vera Helena de Mello. In: SOUZA JÚNIOR, Francisco Sátiro de; PITOMBO, Antônio Sérgio

o documento e dar prosseguimento ao pedido, mas não simplesmente ignorar a ausência de algum documento. Caso não haja essa dispensa específica, por não haver prejuízo para o andamento do processo, o juiz deverá efetivamente indeferir a petição inicial.

Cumpridos os requisitos e regularmente instruída a petição inicial, o juiz deverá receber o pedido e determinar o seu regular processamento. No processamento da autofalência não há previsão de citação a ser realizada. Todavia, se o pedido de falência se deu sem a concordância de todos os sócios solidária e ilimitadamente responsáveis, deve-se promover a citação desses sócios para que possam eventualmente contestar o pedido[13]. Apesar da ausência de previsão nesse sentido, como tais sócios também são considerados falidos, é natural que eles sejam ao menos ouvidos pelo juiz.

Sócios – que não são considerados falidos – e credores não são citados na autofalência, mas podem apresentar oposição ao requerimento. Tal oposição deve dizer respeito à falta dos pressupostos da falência ou à eventual possibilidade de superação da crise e continuação da atividade[14]. Caberá ao juiz, nesse caso, apreciar as razões levantadas e decidir pela decretação ou denegação da falência.

Com ou sem oposição, caberá ao juiz verificar a presença dos pressupostos da falência e, se for o caso, decretá-la por meio de sentença que obedecerá aos requisitos do art. 99 da Lei n. 11.101/2005. A partir da decretação, não há qualquer diferença entre a autofalência e a falência requerida por credores. Até essa decretação, é possível que o devedor se retrate e desista do pedido de autofalência[15].

4 Pedido de falência

Além da iniciativa do próprio devedor, a falência também poderá ser decretada em processos ajuizados por terceiros. Nesses casos, falamos em pedido de falência para identificar esse processo iniciado por terceiros com o objetivo de verificar a presença dos dois primeiros pressupostos e decretar a falência, caso não exista nenhum fato impeditivo.

4.1 Legitimidade ativa

O pedido de falência não pode ser apresentado por qualquer pessoa, mas apenas pelas pessoas autorizadas pela legislação para a formulação desse pedido.

---

de A. de Moraes (Coord.). *Comentários à lei de recuperação de empresas e falência*. São Paulo: Revista dos Tribunais, 2005, p. 420; COELHO, Fábio Ulhoa. *Comentários à nova lei de falências e recuperação de empresas*. São Paulo: Saraiva, 2005, p. 295.

13. TEPEDINO, Ricardo. In: ABRÃO, Carlos Henrique; TOLEDO, Paulo F. C. Salles de. (Coord.). *Comentários à lei de recuperação de empresas e falência*. São Paulo: Saraiva, 2005, p. 291.

14. TEPEDINO, Ricardo. In: ABRÃO, Carlos Henrique; TOLEDO, Paulo F. C. Salles de. (Coord.). *Comentários à lei de recuperação de empresas e falência*. São Paulo: Saraiva, 2005, p. 291.

15. COELHO, Fábio Ulhoa. *Comentários à nova lei de falências e recuperação de empresas*. São Paulo: Saraiva, 2005, p. 295.

4.1.1 Qualquer credor

Tendo em vista os objetivos da falência, obviamente quem tem mais interesse nessa medida são os credores e, por conseguinte, eles naturalmente têm legitimidade para ajuizar o pedido de falência. Nos termos literais do art. 97, IV, da Lei n. 11.101/2005, qualquer credor está legitimado para formular o pedido de falência. Em todo caso, ele deverá comprovar essa condição de credor, apresentando o título dessa obrigação, ainda que se trate de obrigação não vencida, abrangendo inclusive os credores trabalhistas[16].

Desse modo, a legitimidade toca aos credores empresários, aos credores civis, aos residentes no país ou no exterior. Também não se faz qualquer exigência de valor para que o credor tenha legitimidade, isto é, qualquer que seja o valor a receber, o credor terá, a princípio, a legitimidade para fazer o pedido de falência, porquanto é apenas na configuração da impontualidade que há essa exigência de valor. Naturalmente, por falta de interesse de agir, aqueles titulares apenas de obrigações que não podem ser exigidas na falência (Lei n. 11.101/2005 – art. 5º) não serão legitimados[17].

4.1.1.1 Créditos vincendos

Adalberto Simão Filho entende que só podem formular o pedido de falência aqueles credores cujos créditos já estejam vencidos, entendendo que aqueles titulares de créditos vincendos não teriam como protestar seus títulos e não poderiam se beneficiar de um eventual depósito elisivo[18]. A nosso ver, porém, não há qualquer restrição para o titular de créditos vincendos, na medida em que a lei exige apenas a qualidade de credor e a comprovação da insolvência do devedor empresário. Ainda que se trate de um crédito ilíquido, vincendo ou mesmo condicional, o credor terá a legitimidade para formular o pedido de falência[19]. Não se dispensa aqui a comprovação da insolvência, que poderá se dar por um protesto emprestado ou pela certidão de processo movido por outro credor. O que se quer dizer aqui é que presentes os demais pressupostos, qualquer credor, inclusive o titular de crédito vincendo, terá legitimidade ativa para o feito.

---

16. STJ – REsp 1544267/DF, Rel. Ministro RICARDO VILLAS BÔAS CUEVA, TERCEIRA TURMA, julgado em 23-8-2016, DJe 6-9-2016.

17. GOUVEA, João Bosco Cascardo de. *Recuperação e falência*: lei n. 11.101/2005 – comentários artigo por artigo. Rio de Janeiro: Forense, 2009, p. 242; FRANCO, Vera Helena de Mello. In: SOUZA JÚNIOR, Francisco Sátiro de; PITOMBO, Antônio Sérgio de A. de Moraes (Coord.). *Comentários à lei de recuperação de empresas e falência*. São Paulo: Revista dos Tribunais, 2005, p. 405.

18. SIMÃO FILHO, Adalberto. In: DE LUCCA, Newton; SIMÃO FILHO, Adalberto (Coord.). *Comentários à nova lei de recuperação de empresas e de falências*. São Paulo: Quartier Latin, 2005, p. 424-425.

19. PROVINCIALI, Renzo. *Manuale di diritto fallimentare*. 3. ed. Milano: Giuffrè, 1955, v. 1, p. 456; AMBROSINI, Stefano; CAVALLI, Stefano; JORIO, Alberto. *Trattato di diritto commerciale*. Pádova: CEDAM, 2009, v. XI, t. 2, p. 154; COELHO, Fábio Ulhoa. *Comentários à nova lei de falências e recuperação de empresas*. São Paulo: Saraiva, 2005, p. 266-267; CAMPOS BATALHA, Wilson de Souza; RODRIGUES NETTO, Nelson; RODRIGUES NETTO, Sílvia Maria Labate Batalha. *Comentários à lei de recuperação judicial de empresas e falência*. 4. ed. São Paulo: LTr, 2007, p. 153.

4.1.1.2 Credor empresário

Caso se trate de credor empresário, este deverá anexar ao pedido de falência prova de que exerce regularmente a empresa (certidão da Junta Comercial). Trate-se de uma restrição à atuação de empresários irregulares, com a intenção de incentivar ainda mais a regularização do exercício da atividade, vale dizer, é um meio indireto de incentivar a regularização das atividades empresariais[20].

4.1.1.3 Credor domiciliado fora do Brasil

De outro lado, caso se trate de credor domiciliado fora do Brasil, deverá prestar caução pelas custas do processo e pela indenização em caso de pedido de má-fé. A nosso ver, a caução também deve abranger os eventuais honorários devidos nesse processo. Em todo caso, a caução será fixada pelo juiz por estimativa, para permitir o prosseguimento do pedido. Normalmente será fixada em dinheiro, mas nada impede que seja realizada em bens ou mesmo por meio de uma carta de fiança.

Pela aplicação subsidiária do CPC/2015 (art. 83), há quem entenda que é possível dispensar essa caução, quando o credor tiver bens imóveis situados no Brasil, livres e desembaraçados, suficientes para cobrir as custas e a eventual indenização[21]. De outro lado, há quem entenda que pela especialidade da Lei de Falências, não há que se cogitar dessa dispensa da caução[22]. A nosso ver, a razão está com os primeiros, uma vez que não haveria nenhuma especificidade no processo de falência que afastasse o regime geral do CPC sobre a caução.

Ressalte-se, por fim, que será dispensada a caução em relação aos credores domiciliados na Argentina, no Uruguai e no Paraguai, em razão do art. 4º do Protocolo de Cooperação e Assistência Jurisdicional promulgado pelo Decreto n. 2.057/96. Outros acordos de cooperação firmados pelo Brasil podem dispensar a caução em relação a outros países.

4.1.1.4 Credores fiscais

Fora dessas condicionantes, não há, a princípio, restrição da legitimidade dos credores pela natureza do crédito. Assim, não há qualquer restrição para o ajuizamento do

---

20. VALVERDE, Trajano de Miranda. *Comentários à lei de falências*. 4. ed. Rio de Janeiro: Forense Universitária, 1999, v. 1, p. 153.

21. PARENTONI, Leonardo Netto; GUIMARÃES, Rafael Couto. In: CORRÊA-LIMA, Osmar Brina; CORRÊA LIMA, Sérgio Mourão (Coord.). *Comentários à nova lei de falência e recuperação de empresas*. Rio de Janeiro: Forense, 2009, p. 717; FRANCO, Vera Helena de Mello. *Falência e recuperação da empresa em crise*. São Paulo: Campus, 2008, p. 25; LOPES, Bráulio Lisboa. *Aspectos tributários da falência e da recuperação de empresas*. São Paulo: Quartier Latin, 2008, p. 405.

22. CAMPINHO, Sérgio. *Falência e recuperação de empresa*: o novo regime de insolvência empresarial. 3. ed. Rio de Janeiro: Renovar, 2008, p. 289.

pedido de falência, mesmo para credores com garantia real e trabalhistas. Contudo, para os credores fiscais surgiu uma grande discussão.

A favor da legitimação da Fazenda Pública[23], alega-se o interesse da Fazenda nos remédios peculiares ao processo falimentar. Além disso, alega-se a menção genérica a qualquer credor como legitimado, não havendo qualquer vedação expressa a essa atuação. Waldo Fazzio Júnior chega a afirmar que "a falência encerra medidas de potente eficácia que não podem ser vedadas ao erário"[24].

Contra a legitimidade alega-se a falta de interesse de agir[25], na medida em que o fisco já teria a execução fiscal como meio eficiente para a satisfação dos seus créditos. Ademais, não haveria a submissão do fisco a concurso de credores, nos termos do art. 187 do CTN. Outrossim, o art. 38 da Lei n. 6.830/80 estabeleceria que a discussão da dívida ativa da Fazenda Pública só poderia ocorrer na execução fiscal. Para Ricardo Negrão, a legitimação da Fazenda Pública não seria possível pelo princípio da impessoalidade[26], na medida em que o fisco não teria como decidir, sem violar esse princípio, em relação a quem seria feito o pedido de falência.

A nosso ver, a razão está com os últimos na medida em que a execução fiscal pode prosseguir normalmente, sendo o processo falimentar um meio muito mais grave para o recebimento do crédito[27]. Neste ponto, a matéria parece ter sido pacificada no âmbito da 2ª Seção[28], a qual proclamou, por maioria, a ilegitimidade da Fazenda Pública para o requerimento da falência.

---

23. SALOMÃO, Luis Felipe. A nova lei de recuperação de empresas: a declaração judicial da falência e a quebra requerida pelo próprio devedor (Lei 11.101, de 9 de fevereiro de 2005). In: SANTOS, Paulo Penalva (Coord.). *A nova lei de falências e de recuperação de empresas*: Lei 11.101/2005. Rio de Janeiro: Forense, 2006, p. 201; ALMEIDA, Amador Paes de. *Curso de falência e concordata*. 18. ed. São Paulo: Saraiva, 2000, p. 61; STJ – 3ª Turma – Resp 10660, Relator Ministro Costa Leite, *DJ* de 12-12-1995; LOBATO, Moacyr. *Falência e recuperação*. Belo Horizonte: Del Rey, 2007, p. 182; FAZZIO JÚNIOR, Waldo. *Nova lei de falência e recuperação de empresas*. São Paulo: Atlas, 2005, p. 252.

24. FAZZIO JÚNIOR, Waldo. *Nova lei de falência e recuperação de empresas*. São Paulo: Atlas, 2005, p. 252.

25. REQUIÃO, Rubens. *Curso de direito falimentar*. 17. ed. São Paulo: Saraiva, 1998, v. 1, p. 109; RAMALHO, Ruben. *Curso teórico e prático de falências e concordatas*. São Paulo: Saraiva, 1984, p. 96; CAMPINHO, Sérgio. *Falência e recuperação de empresa*: o novo regime de insolvência empresarial. 3. ed. Rio de Janeiro: Renovar, 2008, p. 292; SZTAJN, Rachel; FRANCO, Vera Helena de Mello. *Falência e recuperação da empresa em crise*. São Paulo: Campus, 2008, p. 25; LOPES, Bráulio Lisboa. *Aspectos tributários da falência e da recuperação de empresas*. São Paulo: Quartier Latin, 2008, p. 127.

26. NEGRÃO, Ricardo. *Manual de direito comercial e de empresa*. 4. ed. São Paulo: Saraiva, 2009, v. 3, p. 55.

27. REQUIÃO, Rubens. *Curso de direito falimentar*. 17. ed. São Paulo: Saraiva, 1998, v. 1, p. 109; STJ – 4ª Turma – Resp 138868, Relator Ministro Ruy Rosado, *DJ* de 30-3-1998.

28. STJ – REsp 164389/MG, Rel. Ministro CASTRO FILHO, Rel. p/ Acórdão Ministro SÁLVIO DE FIGUEIREDO TEIXEIRA, SEGUNDA SEÇÃO, julgado em 13-8-2003, *DJ* 16-8-2004, p. 130. No mesmo sentido: STJ – REsp 1103405/MG, Rel. Ministro CASTRO MEIRA, SEGUNDA TURMA, julgado em 2-4-2009, *DJe* 27-4-2009; STJ – REsp 363.206/MG, Rel. Ministro HUMBERTO MARTINS, SEGUNDA TURMA, julgado em 4-5-2010, *DJe* 21-5-2010.

4.1.2 Herdeiros, inventariante e cônjuge sobrevivente

No caso do espólio do empresário individual, o pedido de falência também poderá ser formulado pelos herdeiros, pelo inventariante e pelo cônjuge sobrevivente, sem qualquer ordem entre eles[29], na medida em que tais sujeitos têm interesse na solução da situação patrimonial do espólio do devedor empresário que se mostre insolvente. Embora não seja muito usual a falência do espólio individual, o pedido é possível para deixar a liquidação patrimonial a cargo do poder judiciário, desde que comprovada a insolvência jurídica do espólio, em qualquer uma das modalidades previstas no art. 94 da Lei n. 11.101/2005. Registre-se que tal legitimação é assegurada apenas em relação ao empresário individual, não abrangendo, por exemplo, herdeiros de um sócio[30].

O inventariante é "a pessoa designada por lei e nomeada nos autos do inventário para representar o espólio, ativa e passivamente, tanto em juízo (art. 75, VII do CPC/2015) quanto fora dele, e proceder à relação dos bens e dos herdeiros"[31]. A atuação dele consiste essencialmente na administração dos bens do espólio até o fim do processo. Caso ele constate a insolvência do empresário individual falecido, não haverá patrimônio a ser partilhado e, por isso, ele poderá requerer a falência para que se promova a liquidação judicial desse patrimônio. Para os devedores não empresários, o inventariante também tem a competência para requerer a insolvência civil do espólio (CPC/2015 – art. 618, VIII).

Caso os herdeiros verifiquem a insolvência também lhes é atribuída a legitimação para o pedido de falência, para que se promova a liquidação judicial do patrimônio do empresário falecido. No regime anterior, havia uma discussão se o pedido teria que ser feito por todos[32] os herdeiros em conjunto ou se um[33] deles já teria a legitimidade. Atualmente, qualquer dúvida foi afastada, uma vez que o art. 97 da Lei n. 11.101/2005 se refere expressamente a qualquer herdeiro.

Também se atribui a legitimação ao cônjuge sobrevivente pelos mesmos motivos acima mencionados. No regime anterior, alguns autores[34] condicionavam a legitimidade do cônjuge à prova do seu interesse econômico e outros dispensavam essa prova[35]. Vera Helena de

---

29. MIRANDA, Pontes de. *Tratado de direito privado*. Campinas: Bookseller, 2004, v. 28, p. 137.

30. TJMG – 6ª Câmara Cível – APELAÇÃO CÍVEL n. 1.0024.05.824919-4/001, Relator Desembargador Edilson Fernandes, j. em 9-1-2007, *DJ* de 9-2-2007.

31. FISCHMANN, Gerson. *Comentários ao Código de Processo Civil*. São Paulo: Revista dos Tribunais, 2000, v. 14, p. 59.

32. REQUIÃO, Rubens. *Curso de direito falimentar*. 17. ed. São Paulo: Saraiva, 1998, v. 1, p. 104.

33. VALVERDE, Trajano de Miranda. *Comentários à lei de falências*. 4. ed. Rio de Janeiro: Forense Universitária, 1999, v. 1, p. 153; PACHECO, José da Silva. *Processo de falência e concordata*. 9. ed. Rio de Janeiro: Revista Forense, 1999, p. 66.

34. TZIRULNIK, Luiz. *Direito falimentar*. 5. ed. São Paulo: Revista dos Tribunais, 1999, p. 70; VALVERDE, Trajano de Miranda. *Comentários à lei de falências*. 4. ed. Rio de Janeiro: Forense Universitária, 1999, v. 1, p. 153.

35. ABRÃO, Nelson. *Curso de direito falimentar*. 4. ed. São Paulo: Revista dos Tribunais, 1993, p. 73.

Mello Franco mantém a exigência da prova do interesse econômico[36]. A nosso ver, como o cônjuge é herdeiro necessário (CC – art. 1.845), esta discussão está superada, pois sempre haverá o interesse econômico, além do que a lei não faz qualquer condicionante para esse legitimado[37]. Pela similaridade de interesses econômicos, deve-se reconhecer essa legitimação também para o companheiro, desde que devidamente comprovada essa condição[38].

Em todo caso, a decretação da falência do espólio se submete a um prazo decadencial[39] de um ano a contar da morte do empresário (Lei n. 11.101/2005 – art. 96, § 1º). Registre-se que o prazo máximo é fixado em relação à decretação da falência e não ao pedido, embora Sérgio Campinho entenda que esse prazo deve ser estabelecido em relação ao pedido de falência[40]. A nosso ver, porém, o texto literal do dispositivo exige que essa contagem seja feita em relação à decretação[41] e não ao pedido.

Para parte da doutrina, tal restrição temporal aplica-se apenas aos pedidos formulados por credores[42], uma vez que ela se insere em dispositivo específico para defesas que podem ser apresentadas diante do pedido de falência, isto é, o cônjuge sobrevivente, o inventariante e os herdeiros poderão requerer a falência do espólio mesmo após esse prazo de um ano[43], desde que presentes os demais pressupostos da falência. A nosso ver, porém, trata-se de uma restrição geral estabelecida para qualquer hipótese de falência.

Gladston Mamede afirma que se o pedido for feito por todos os credores e pelo cônjuge meeiro se trataria de uma autofalência[44]. Outros autores entendem que o pedido

---

36. FRANCO, Vera Helena de Mello. In: SOUZA JÚNIOR, Francisco Sátiro de; PITOMBO, Antônio Sérgio de A. de Moraes (Coord.). *Comentários à lei de recuperação de empresas e falência*. São Paulo: Revista dos Tribunais, 2005, p. 405.

37. CAMPINHO, Sérgio. *Falência e recuperação de empresa*: o novo regime de insolvência empresarial. 3. ed. Rio de Janeiro: Renovar, 2008, p. 287.

38. PARENTONI, Leonardo Netto; GUIMARÃES, Rafael Couto. In: CORRÊA-LIMA, Osmar Brina; CORRÊA LIMA, Sérgio Mourão (Coord.). *Comentários à nova lei de falência e recuperação de empresas*. Rio de Janeiro: Forense, 2009, p. 708.

39. AMBROSINI, Stefano; CAVALLI, Stefano; JORIO, Alberto. *Trattato di diritto commerciale*. Pádova: CEDAM, 2009, v. XI, t. 2, p. 68; REQUIÃO, Rubens. *Curso de direito falimentar*. 17. ed. São Paulo: Saraiva, 1998, v. 1, p. 51.

40. CAMPINHO, Sérgio. *Falência e recuperação de empresa*: o novo regime de insolvência empresarial. 3. ed. Rio de Janeiro: Renovar, 2008, p. 19.

41. STF – RE 23645, Relator(a): Min. NELSON HUNGRIA, PRIMEIRA TURMA, julgado em 6-5-1954, *ADJ Data* 1-8-1955, p. 2570, Ement., v. 179-02, p. 709.

42. VAMPRÉ, Spencer. *Tratado elementar de direito comercial*. Rio de Janeiro: F. Briguiet, 1925, v. III, p. 182; FRANCO, Vera Helena de Mello. In: SOUZA JÚNIOR, Francisco Sátiro de; PITOMBO, Antônio Sérgio de A. de Moraes (Coord.). *Comentários à lei de recuperação de empresas e falência*. São Paulo: Revista dos Tribunais, 2005, p. 404.

43. NEGRÃO, Ricardo. *Manual de direito comercial e de empresa*. 4. ed. São Paulo: Saraiva, 2009, v. 3, p. 43; FRANCO, Vera Helena de Mello. In: SOUZA JÚNIOR, Francisco Sátiro de; PITOMBO, Antônio Sérgio de A. de Moraes (Coord.). *Comentários à lei de recuperação de empresas e falência*. São Paulo: Revista dos Tribunais, 2005, p. 404.

44. MAMEDE, Gladston. *Direito empresarial brasileiro*: falência e recuperação de empresas. 2. ed. São Paulo: Atlas, 2008, v. 4, p. 347.

feito pelo cônjuge, pelos herdeiros ou pelo inventariante sempre será uma autofalência[45]. A nosso ver, porém, a hipótese é distinta, uma vez que há um dispositivo separado para a legitimação do próprio devedor. Ademais, na autofalência prevê-se que após a decretação o processo seguirá as mesmas regras da falência decretada a pedido dos demais legitimados (Lei n. 11.101/2005 – art. 107, parágrafo único), inclusive inventariante, cônjuge e herdeiros, denotando que são hipóteses distintas.

4.1.3 Sócios ou acionistas

Por derradeiro, é assegurada aos sócios ou acionistas das sociedades empresárias a legitimidade para requerer a falência das sociedades de que façam parte. Não se trata de autofalência, mas de atuação dos sócios ou acionistas em nome próprio, como meio de defesa contra dilapidação do patrimônio social ou aumento de sua responsabilidade, decorrente da má conduta de administradores e dos demais sócios. Obviamente, tal legitimação para agir em nome próprio será útil aos sócios minoritários, pois os controladores têm a possibilidade de deliberar o pedido de autofalência. Tal prática não tem sido comum, pois os sócios ou acionistas têm preferido se retirar da sociedade[46].

Apesar da menção apenas a quotistas ou acionistas, que denotaria a aplicação desse dispositivo apenas a sócios de limitadas e acionistas de sociedades anônimas e comanditas por ações, essa legitimação caberá aos sócios de qualquer sociedade empresária[47], inclusive das sociedades em nome coletivo e em comandita simples. Mesmo nas sociedades em comum, os sócios têm essa legitimidade, desde que comprovem a existência da sociedade por escrito (CC – art. 987). Contudo, na sociedade em conta de participação não há o exercício de atividade empresarial e, por isso, não se pode cogitar de legitimidade do sócio para o pedido, pois tal sociedade não está sujeita à falência.

Gladston Mamede restringe tal legitimação ao pedido baseado em atos de falência, na medida em que o sócio não ostentaria a condição de credor para requerer, ainda que com base em créditos de terceiros, a falência como fundamento na impontualidade ou na execução frustrada[48]. Trajano de Miranda Valverde entende não haver restrição de fundamentação para esse pedido[49]. A nosso ver, a lei efetivamente não faz essa restrição. Mesmo nas hipóteses de atos de falência ou de execução frustrada, os sócios ou acionis-

---

45. NEGRÃO, Ricardo. *Manual de direito comercial e de empresa*. 4. ed. São Paulo: Saraiva, 2009, v. 3, p. 286.

46. COELHO, Fábio Ulhoa. *Curso de direito comercial*. 8. ed. São Paulo: Saraiva, 2008, v. 3, p. 259.

47. MIRANDA, Pontes de. *Tratado de direito privado*. Campinas: Bookseller, 2004, v. 28, p. 143; CAMPINHO, Sérgio. *Falência e recuperação de empresa*: o novo regime de insolvência empresarial. 3. ed. Rio de Janeiro: Renovar, 2008, p. 288.

48. MAMEDE, Gladston. *Direito empresarial brasileiro*: falência e recuperação de empresas. 2. ed. São Paulo: Atlas, 2008, v. 4, p. 348.

49. VALVERDE, Trajano de Miranda. *Comentários à lei de falências*. 4. ed. Rio de Janeiro: Forense Universitária, 1999, v. 1, p. 154.

tas podem ter interesse na decretação da falência para afastar sua eventual responsabilidade. No entanto, há que se reconhecer que caso o pedido represente um abuso por parte do sócio ou acionista, isso poderá ensejar inclusive sua exclusão do quadro social (CC – arts. 1.030 e 1.085) ou a suspensão dos seus direitos nas sociedades por ações (Lei n. 6.404/76 – art. 120).

O STF, no regime anterior, chegou a dizer que "o acionista, quando requer a falência da sociedade de que faz parte, nessa qualidade, deve provar o interesse moral que tem para fazê-lo"[50]. Contudo, o teor da legislação não deixa margem para esse tipo de discussão atualmente, apenas exigindo a condição de sócio ou acionista para o pedido.

4.2 Juízo competente

O pedido de falência deve ser formulado por quem tem legitimidade perante o juízo da circunscrição judicial do principal estabelecimento do devedor ou da filial do empresário que tenha sede fora do país (Lei n. 11.101/2005 – art. 3º). Como já mencionado, há uma divergência sobre a interpretação dessa expressão. Há quem sustente que o principal estabelecimento é a sede contratual[51] e há quem sustente que é o centro vital de comando administrativo dos negócios[52], posição esta prevalecente na jurisprudência. Outros autores, a nosso ver, com razão, entendem que o principal estabelecimento é aquele de mais importância econômica[53].

4.3 Despacho inicial e citação

Ajuizado o pedido de falência, caberá verificar a regularidade formal da petição e sua regular instrução, devendo mandar sanar eventuais irregularidades, podendo inclusive indeferir a petição inicial no caso de não correção. Estando a petição formalmente adequada e regularmente instruída, o juiz deverá determinar a citação do requerido e, caso se trate de pedido de falência, baseado na impontualidade ou na execução frustrada, o juiz deverá fixar imediatamente os honorários, considerando a possibilidade do depósito elisivo (Lei n. 11.101/2005 – art. 98, parágrafo único). Eventualmente, no caso de credor domiciliado fora do país, esse despacho inicial também deverá fixar a caução a ser prestada.

---

50. STF – RE 42799, Relator(a): Min. RIBEIRO DA COSTA, SEGUNDA TURMA, julgado em 8-9-1959, *DJ* 4-4-2002, p. 1160, Ement., v. 404-04, p. 1163.

51. PACHECO, José da Silva. *Processo de recuperação judicial, extrajudicial e falência*. 2. ed. Rio de Janeiro: Forense, 2007, p. 32.

52. Por todos: VALVERDE, Trajano de Miranda. *Comentários à lei de falências*. 4. ed. Rio de Janeiro: Forense Universitária, 1999, v. 1, p. 138.

53. Por todos: COELHO, Fábio Ulhoa. *Curso de direito comercial*. 8. ed. São Paulo: Saraiva, 2008, v. 3, p. 261.

Ressalvada a eventual necessidade da caução, o próximo passo no procedimento do pedido de falência será a citação do devedor e dos eventuais sócios de responsabilidade ilimitada para apresentar contestação no prazo de 10 dias. A legislação, a princípio, não define a forma de realização dessa citação, de modo surge uma divergência.

Alguns autores[54] asseveram a possibilidade de realização da citação por todos os meios admitidos pelo CPC, vale dizer, por meio postal, por hora certa, por oficial de justiça e até por edital, quando o devedor se encontrar em local incerto e não sabido. Eles invocam a falta de determinação específica na legislação falimentar e a própria aplicação subsidiária do CPC. Outros[55], a nosso ver com razão, entendem que a citação só poderá ser realizada por oficial de justiça ou eventualmente por edital, na medida em que o pedido de falência representaria uma espécie peculiar de processo de execução, no qual não se admite, em regra, a citação por via postal, nem a citação por hora certa.

Dentro dessa perspectiva, após o despacho inicial deverá ser expedido mandado de citação para ser cumprido por oficial de justiça. Caso o devedor não seja encontrado e sejam realizadas as diligências necessárias na sua localização será possível a citação por edital. Neste caso, o prazo do edital deverá ser fixado pelo juiz entre 20 e 60 dias (CPC/2015 – art. 257, III)[56]. Além disso, no caso da citação editalícia deverá haver a nomeação de curador especial para o devedor (CPC/2015 – art. 72, II), qualquer que seja o fundamento do pedido de falência.

4.4 *Posturas do devedor*

Realizada a citação, o caminho do pedido de falência dependerá da postura adotada pelo devedor, uma vez que a lei lhe dá diversas opções que podem até prejudicar o pedido. Uma vez citado, o devedor poderá:

- apresentar pedido de recuperação judicial;
- efetuar o depósito elisivo, com ou sem contestação;

---

54. CAMPINHO, Sérgio. *Falência e recuperação de empresa*: o novo regime de insolvência empresarial. 3. ed. Rio de Janeiro: Renovar, 2008, p. 293; FAZZIO JÚNIOR, Waldo. *Nova lei de falência e recuperação de empresas*. São Paulo: Atlas, 2005, p. 256.

55. BALBINO, Márcia De Paoli. In: CORRÊA-LIMA, Osmar Brina; CORRÊA LIMA, Sérgio Mourão (Coord.). *Comentários à nova lei de falência e recuperação de empresas*. Rio de Janeiro: Forense, 2009, p. 722; ABRÃO, Carlos Henrique. In: ABRÃO, Carlos Henrique; TOLEDO, Paulo F. C. Salles de. (Coord.). *Comentários à lei de recuperação de empresas e falência*. São Paulo: Saraiva, 2005, p. 256; NEGRÃO, Ricardo. *Manual de direito comercial e de empresa*. 4. ed. São Paulo: Saraiva, 2009, v. 3, p. 243; SOUZA, Bernardo Pimentel. *Direito processual empresarial*. Salvador: JusPodivm, 2008, p. 211; SZTAJN, Rachel; FRANCO, Vera Helena de Mello. *Falência e recuperação da empresa em crise*. São Paulo: Campus, 2008, p. 115; VIGIL NETO, Luiz Inácio. *Teoria falimentar e regimes recuperatórios*. Porto Alegre: Livraria do Advogado, 2008, p. 206; TJSP – Câmara Especial de Falências e recuperações judiciais – AG 5455854800, Relator Desembargador Pereira Calças, j. em 19-12-2007.

56. BALBINO, Márcia De Paoli. In: CORRÊA-LIMA, Osmar Brina; CORRÊA LIMA, Sérgio Mourão (Coord.). *Comentários à nova lei de falência e recuperação de empresas*. Rio de Janeiro: Forense, 2009, p. 722.

- contestar o pedido no prazo de 10 dias;
- ficar inerte;
- reconhecer o pedido.

A depender da postura adotada, o processo tomará rumos distintos.

4.4.1 Pedido de recuperação judicial

Uma das posturas possíveis do devedor em face de um pedido de falência é a apresentação de um pedido de recuperação judicial. Se o devedor reconhecer que está passando por uma crise econômico-financeira que pode ser superada, dá-se a ele a possibilidade de tentar superar essa crise (Lei n. 11.101/2005 – art. 95). Com essa medida, o devedor buscará evitar a falência, celebrando um acordo com a massa dos seus credores para ter condições de superar a crise e manter a atividade em funcionamento. Trata-se da mais clara aplicação dos princípios da função social e da preservação da empresa.

Dentro dessa perspectiva principiológica, parte da doutrina defende a possibilidade desse pedido de recuperação, apenas nos casos de pedido fundado na impontualidade ou na execução frustrada, afastando sua possibilidade no caso dos atos de falência[57]. Para os defensores dessa tese, a má-fé envolvida nesses atos seria incompatível com a possibilidade da recuperação judicial. De outro lado, há quem a admita em todos os casos de pedido de falência[58]. Ricardo Negrão restringe sua aplicação ao pedido fundado na impontualidade, diante da previsão como matéria de defesa no art. 96 da Lei n. 11.101/2005[59].

A nosso ver, o pedido de recuperação judicial deve ser admitido nos casos de impontualidade e de execução frustrada, desde que envolvendo credores que possam ser abrangidos pela recuperação judicial. Além da convolação da recuperação judicial em falência, o art. 73, parágrafo único, da Lei n. 11.101/2005 admite a decretação da falência por tais fundamentos (impontualidade e execução frustrada) apenas em relação a credores não abrangidos pela recuperação. Assim, em relação aos credores abrangidos pela recuperação não seria possível a decretação da falência por tais motivos. Já no caso dos atos de falência, efetivamente não se pode admitir o pedido de recuperação, porquanto, mesmo depois da recuperação, a falência poderá ser normalmente decretada por esse motivo.

---

57. CAMPINHO, Sérgio. *Falência e recuperação de empresa*: o novo regime de insolvência empresarial. 3. ed. Rio de Janeiro: Renovar, 2008, p. 295; MAMEDE, Gladston. *Direito empresarial brasileiro*: falência e recuperação de empresas. 2. ed. São Paulo: Atlas, 2008, v. 4, p. 359.

58. VIGIL NETO, Luiz Inácio. *Teoria falimentar e regimes recuperatórios*. Porto Alegre: Livraria do Advogado, 2008, p. 214; PACHECO, José da Silva. *Processo de recuperação judicial, extrajudicial e falência*. 2. ed. Rio de Janeiro: Forense, 2007, p. 237; BEZERRA FILHO, Manoel Justino. *Lei de recuperação de empresas e falências comentada*. 4. ed. São Paulo: Revista dos Tribunais, 2007, p. 253; CAMPOS BATALHA, Wilson de Souza; RODRIGUES NETTO, Nelson; RODRIGUES NETTO, Sílvia Maria Labate Batalha. *Comentários à lei de recuperação judicial de empresas e falência*. 4. ed. São Paulo: LTr, 2007, p. 151.

59. NEGRÃO, Ricardo. *Manual de direito comercial e de empresa*. 4. ed. São Paulo: Saraiva, 2009, v. 3, p. 264.

Em todo caso, o art. 95 da Lei n. 11.101/2005 afirma que esse pedido deve ser apresentado no prazo da contestação (10 dias contados da citação). Para alguns, esse prazo é fatal, não sendo admissível qualquer pedido de recuperação após o prazo da contestação[60]. Outros, a nosso ver com razão, concluem que tal prazo não é fatal, uma vez que enquanto não for decretada a falência o devedor poderá preencher os requisitos para fazer o pedido de recuperação[61]. Tal prazo servirá apenas para obstar imediatamente o prosseguimento desse pedido de falência.

Ao se afirmar que o pedido de recuperação no prazo da contestação obsta o prosseguimento do pedido de falência, estamos falando de simples suspensão ou de extinção do pedido? Parte da doutrina[62] assevera que tal prazo servirá para que o pedido de recuperação imediatamente suspenda o trâmite do pedido de falência, desde que devidamente comunicado, asseverando, porém, que só será elidida a falência com a concessão da recuperação judicial. De outro lado, Gladston Mamede assevera que o pedido de recuperação judicial feito dentro desse prazo deverá ser comunicado nos autos do pedido de falência, acarretando a imediata extinção do pedido sem julgamento do mérito[63], por envolver uma sucessão de relações processuais. Fábio Ulhoa Coelho, por sua vez, entende que apenas a decisão de processamento suspenderá o andamento do pedido de falência[64].

A nosso ver, deve haver apenas a suspensão do trâmite do pedido de falência, nos casos de credor submetido aos efeitos do plano de recuperação. Os pedidos feitos por credores não abrangidos pela recuperação tramitarão normalmente[65]. Acreditamos que a hipótese é de suspensão, porque, embora o pedido de recuperação judicial também possa culminar na falência (Lei n. 11.101/2005 – art. 73), é certo que ele eventualmente poderá ser extinto por questões processuais, sem a decisão sobre o mérito do pedido. Nesses casos, seria possível voltar e decidir o pedido de falência. Em todo caso, com a concessão da recuperação judicial, se a obrigação estiver submetida ao plano de recuperação, o pedido de falência será elidido.

---

60. MAMEDE, Gladston. *Direito empresarial brasileiro*: falência e recuperação de empresas. 2. ed. São Paulo: Atlas, 2008, v. 4, p. 359.

61. PARENTONI, Leonardo Netto; GUIMARÃES, Rafael Couto. In: CORRÊA-LIMA, Osmar Brina; CORRÊA LIMA, Sérgio Mourão (Coord.). *Comentários à nova lei de falência e recuperação de empresas*. Rio de Janeiro: Forense, 2009, p. 682; CAMPINHO, Sérgio. *Falência e recuperação de empresa*: o novo regime de insolvência empresarial. 3. ed. Rio de Janeiro: Renovar, 2008, p. 296.

62. CAMPINHO, Sérgio. *Falência e recuperação de empresa*: o novo regime de insolvência empresarial. 3. ed. Rio de Janeiro: Renovar, 2008, p. 296; PARENTONI, Leonardo Netto; GUIMARÃES, Rafael Couto. In: CORRÊA-LIMA, Osmar Brina; CORRÊA LIMA, Sérgio Mourão (Coord.). *Comentários à nova lei de falência e recuperação de empresas*. Rio de Janeiro: Forense, 2009, p. 681.

63. MAMEDE, Gladston. *Direito empresarial brasileiro*: falência e recuperação de empresas. 2. ed. São Paulo: Atlas, 2008, v. 4, p. 358.

64. COELHO, Fábio Ulhoa. *Comentários à nova lei de falências e recuperação de empresas*. São Paulo: Saraiva, 2005, p. 262.

65. VIGIL NETO, Luiz Inácio. *Teoria falimentar e regimes recuperatórios*. Porto Alegre: Livraria do Advogado, 2008, p. 210-211.

Apesar de respeitáveis opiniões em sentido contrário[66], não vemos motivo para impedir que o pedido de recuperação judicial seja cumulado com as demais posturas que podem ser assumidas pelo devedor. Eventualmente, poderá ser apresentada contestação, para evitar a eventual decretação da falência nos autos desse processo, uma vez que nem sempre o processo de recuperação judicial poderá tramitar.

4.4.2 Depósito elisivo

Outra postura que pode ser adotada pelo devedor citado em um pedido de falência é a realização do chamado depósito elisivo, isto é, a realização de um depósito impeditivo da decretação da falência. Esse depósito deve abranger o valor total do crédito, acrescido de correção monetária, juros e honorários advocatícios (Lei n. 11.101/2005 – art. 98, parágrafo único; Súmula 29 do STJ), desconfigurando a ideia de insolvência do devedor. Ora, se ele consegue fazer esse depósito, não há motivo para presumir a sua insolvência e, consequentemente, não há motivo para decretação da falência. O objetivo do depósito elisivo é impedir a decretação da falência requerida, deslocando a análise do juiz para o exame da legitimidade do crédito[67], vale dizer, "feito o regular depósito, a via falimentar, por conta daquele pedido não se configura"[68].

Como mencionado, o depósito elisivo regular deve ser integral, abrangendo o valor total do crédito devido, acrescido de juros e correção monetária, bem como do montante de honorários arbitrados pelo juiz no despacho inicial, e deverá ser realizado no prazo da contestação (10 dias), consoante determina literalmente o art. 98, parágrafo único, da Lei n. 11.101/2005. Contudo, em razão da gravidade da falência, tem-se admitido o depósito posterior ao prazo da contestação[69], uma vez que ele também serviria para desconfigurar a insolvência.

Nos casos de depósito incompleto, tem-se admitido que o depósito inicial seja posteriormente completado, mediante determinação do juízo. Caso o devedor entenda que o valor cobrado é maior do que o devido, ele poderá fazer um depósito inferior, discutindo o valor do débito o que, porém, é desaconselhável, uma vez que, se o valor devido for maior que o do depósito, não haverá a elisão da falência. Em todo caso, se ao final ficar constatado que o depósito foi incompleto, ele não terá o condão de impedir a decretação da falência[70].

---

66. BEZERRA FILHO, Manoel Justino. *Lei de recuperação de empresas e falências comentada*. 4. ed. São Paulo: Revista dos Tribunais, 2007, p. 253.

67. FAZZIO JÚNIOR, Waldo. *Nova lei de falência e recuperação de empresas*. São Paulo: Atlas, 2005, p. 258.

68. SIMIONATO, Frederico A. Monte. *Tratado de direito falimentar*. Rio de Janeiro: Forense, 2008, p. 358.

69. GOUVEA, João Bosco Cascardo de. *Recuperação e falência*: lei n. 11.101/2005 – comentários artigo por artigo. Rio de Janeiro: Forense, 2009, p. 244.

70. TJMG – 6ª CÂMARA CÍVEL – AGRAVO n. 1.0647.05.051303-3/001, Relator Desembargador Edilson Fernandes, j. em 22-8-2006, publicado em 6-9-2006.

Pelo teor literal do art. 98, parágrafo único, da Lei n. 11.101/2005, tal depósito só será admitido nos pedidos de falência baseados na impontualidade e na execução frustrada, uma vez que nesses casos o depósito afasta a configuração da insolvência. Parte da doutrina também admite o depósito elisivo nos casos de pedidos fundados em atos de falência, o que afastaria a legitimidade do credor requerente[71]. A maioria da doutrina[72], a nosso ver com razão, limita o depósito às hipóteses da execução frustrada e da impontualidade injustificada, na medida em que esse depósito não desconfiguraria a insolvência decorrente dos atos de falência.

Ao realizar esse depósito, o devedor poderá também apresentar ou não contestação.

Caso não apresente contestação, o devedor reconhece a existência da dívida e, por isso, caberá ao credor o levantamento do valor depositado, mas não há que se cogitar de procedência do pedido, como leva a crer o art. 98, parágrafo único, da Lei n. 11.101/2005. Nesse caso, deve-se julgar elidido o pedido de falência e não procedente, pois a procedência do pedido significaria a decretação da falência.

De outro lado, caso o devedor apresente contestação e efetue o depósito, também não há que se cogitar de decretação da falência, mas de uma discussão sobre o crédito reclamado, vale dizer, caberá ao juiz, em última análise, decidir quem levantará o depósito. Caso acolha as razões do devedor, o juiz denegará o pedido de falência e determinará o levantamento do depósito pelo próprio devedor. Caso não aceite as razões do devedor, o juiz deverá julgar elidido o pedido de falência e determinará o levantamento do depósito pelo credor.

4.4.3 Contestação

Outra postura possível do devedor é a simples apresentação de contestação ao pedido, com o objetivo de evitar a decretação da falência. Aqui não cogitaremos da reali-

---

71. COELHO, Fábio Ulhoa. *Comentários à nova lei de falências e recuperação de empresas*. São Paulo: Saraiva, 2005, p. 270; BEZERRA FILHO, Manoel Justino. *Lei de recuperação de empresas e falências comentada*. 4. ed. São Paulo: Revista dos Tribunais, 2007, p. 261; BALBINO, Márcia De Paoli. In: CORRÊA-LIMA, Osmar Brina; CORRÊA LIMA, Sérgio Mourão (Coord.). *Comentários à nova lei de falência e recuperação de empresas*. Rio de Janeiro: Forense, 2009, p. 726.

72. SIMÃO FILHO, Adalberto. In: DE LUCCA, Newton; SIMÃO FILHO, Adalberto (Coord.). *Comentários à nova lei de recuperação de empresas e de falências*. São Paulo: Quartier Latin, 2005, p. 431; CAMPOS BATALHA, Wilson de Souza; RODRIGUES NETTO, Nelson; RODRIGUES NETTO, Sílvia Maria Labate Batalha. *Comentários à lei de recuperação judicial de empresas e falência*. 4. ed. São Paulo: LTr, 2007, p. 154; SIMIONATO, Frederico A. Monte. *Tratado de direito falimentar*. Rio de Janeiro: Forense, 2008, p. 360; PACHECO, José da Silva. *Processo de recuperação judicial, extrajudicial e falência*. 2. ed. Rio de Janeiro: Forense, 2007, p. 247; FRANCO, Vera Helena de Mello. In: SOUZA JÚNIOR, Francisco Sátiro de; PITOMBO, Antônio Sérgio de A. de Moraes (Coord.). *Comentários à lei de recuperação de empresas e falência*. São Paulo: Revista dos Tribunais, 2005, p. 406; CAMPINHO, Sérgio. *Falência e recuperação de empresa*: o novo regime de insolvência empresarial. 3. ed. Rio de Janeiro: Renovar, 2008, p. 293; MAMEDE, Gladston. *Direito empresarial brasileiro*: falência e recuperação de empresas. 2. ed. São Paulo: Atlas, 2008, v. 4, p. 341; NEGRÃO, Ricardo. *Manual de direito comercial e de empresa*. 4. ed. São Paulo: Saraiva, 2009, v. 3, p. 279; VIGIL NETO, Luiz Inácio. *Teoria falimentar e regimes recuperatórios*. Porto Alegre: Livraria do Advogado, 2008, p. 214.

zação simultânea do depósito elisivo e da contestação, já analisada no item anterior, mas da apresentação apenas de uma contestação no prazo de 10 dias, para impedir que se decrete a falência. Admite-se também a apresentação de impugnação ao valor da causa e exceções de impedimento e suspeição, não sendo admitida, porém, a reconvenção pela especificidade do processo falimentar[73].

Nessa manifestação o devedor poderá levantar questões processuais com o intuito de ver extinto o processo sem julgamento do mérito. Questões relacionadas ao processo de falência, como incompetência, inépcia da petição inicial, ilegitimidade ativa e irregularidade de representação, são exemplos de matérias que podem ser suscitadas pelo devedor nessa contestação. Registre-se, porém, que qualquer matéria processual poderá ser levantada nessa defesa apresentada pelo devedor.

Além disso, o devedor também poderá questionar a sua legitimidade passiva para o processo de falência nos moldes já discutidos. Não é qualquer devedor que está sujeito à falência, mas apenas os devedores empresários. Quem não é empresário poderá contestar o pedido de falência alegando a não submissão a esse tipo de procedimento.

O devedor poderá ainda questionar a existência da insolvência de sua parte, uma vez que sem a insolvência jurídica não se pode cogitar da falência. Neste particular, a contestação terá o objetivo de afastar a impontualidade injustificada, a execução frustrada ou os atos de falência.

Especificamente no que diz respeito à impontualidade, o art. 96 da Lei n. 11.101/2005 elenca exemplificativamente[74] matérias que podem ser arguidas para desconfigurar essa hipótese de presunção de insolvência, a saber: falsidade do título executivo, prescrição, nulidade da obrigação ou do título, pagamento da dívida, qualquer outro fato que extinga ou suspenda a obrigação ou não legitime a cobrança do título, vícios no protesto ou no seu instrumento. Tal elenco não impede a apresentação de qualquer outra matéria de defesa que desconfigure a impontualidade, como a insuficiência do valor ou qualquer outro justo motivo para a inadimplência. Registre-se que o referido dispositivo menciona ainda a apresentação de pedido de recuperação judicial, o que a nosso ver apenas suspende o pedido de falência. Há menção ainda à cessação do exercício da atividade há mais de dois anos antes do pedido de falência, o que a nosso ver afasta a legitimidade passiva para o pedido.

Qualquer que seja a matéria levantada na contestação, caberá ao juiz apreciá-la e decidir o pedido, extinguindo-o sem julgamento do mérito, denegando-o ou decretando a falência.

---

73. VASCONCELOS, Ronaldo. *Direito processual falimentar*. São Paulo: Quartier Latin, 2008, p. 182; COELHO, Fábio Ulhoa. *Comentários à nova lei de falências e recuperação de empresas*. São Paulo: Saraiva, 2005, p. 269.

74. NEGRÃO, Ricardo. *Manual de direito comercial e de empresa*. 4. ed. São Paulo: Saraiva, 2009, v. 3, p. 279; GOUVEA, João Bosco Cascardo de. *Recuperação e falência*: lei n. 11.101/2005 – comentários artigo por artigo. Rio de Janeiro: Forense, 2009, p. 219.

4.4.4 Inércia

Além das já mencionadas posturas ativas contra a falência, o devedor citado também poderá ficar inerte ou mesmo reconhecer o pedido. A inércia do devedor equivale à revelia e gera confissão quanto à matéria de fato (CPC/2015 – art. 344). Nesse caso, caberá ao juiz verificar se, com a confissão da matéria de fato, estão presentes todos os pressupostos necessários à decretação da falência, isto é, não se deve cogitar automaticamente de decretação da falência nesses casos. A matéria de direito sempre será apreciada pelo juiz[75], cabendo-lhe decidir se é ou não caso de decretação da falência, especialmente no aspecto da legitimidade passiva específica.

De modo similar, o reconhecimento do pedido também gera, no pedido de falência, apenas a confissão quanto à matéria de fato, pois mesmo um pedido de autofalência pode ser indeferido pelo juiz. O reconhecimento do pedido aqui não conduz necessariamente à decretação da falência, pois a falência depende de pressupostos específicos que não se preenchem exclusivamente pela manifestação das partes.

4.5 Conciliação, saneamento e instrução

Após a adoção de determinada postura pelo devedor, o processo de falência se ordinariza, vale dizer, passa a seguir essencialmente o procedimento ordinário, o procedimento comum. Neste procedimento, o CPC/2015 prevê a possibilidade da designação de audiência de conciliação (art. 334). Pela falta de previsão específica na legislação falimentar, há quem negue a possibilidade da referida audiência de conciliação[76]. Contudo, pela aplicação subsidiária do CPC ao procedimento do pedido de falência, pelo nítido caráter recuperatório da atual legislação e pela viabilidade de acordo, é até recomendável a audiência de conciliação[77].

Realizada a audiência e obtida a conciliação, o juiz deverá extinguir o processo sem decretar a falência[78]. Se não for obtida a conciliação, o juiz fixará os pontos controvertidos, decidirá as questões processuais pendentes e determinará as provas a serem produzidas, designando audiência de instrução e julgamento, se necessário.

---

75. MAMEDE, Gladston. *Direito empresarial brasileiro*: falência e recuperação de empresas. 2. ed. São Paulo: Atlas, 2008, v. 4, p. 352.

76. GOUVEA, João Bosco Cascardo de. *Recuperação e falência*: lei n. 11.101/2005 – comentários artigo por artigo. Rio de Janeiro: Forense, 2009, p. 245; TJRS – Agravo n. 70032100562, Quinta Câmara Cível, Relator: Leo Lima, Julgado em 30-9-2009.

77. BEZERRA FILHO, Manoel Justino. *Lei de recuperação de empresas e falências comentada*. 4. ed. São Paulo: Revista dos Tribunais, 2007, p. 260; MAMEDE, Gladston. *Direito empresarial brasileiro*: falência e recuperação de empresas. 2. ed. São Paulo: Atlas, 2008, v. 4, p. 355; VASCONCELOS, Ronaldo. *Direito processual falimentar*. São Paulo: Quartier Latin, 2008, p. 187. Em sentido contrário: TJSP – Súmula 46.

78. STJ – REsp 175.158/SP, Rel. Ministro CESAR ASFOR ROCHA, QUARTA TURMA, julgado em 29-6-2000, *DJ* 11-9-2000, p. 253.

A eventual produção de provas no processo de falência em nada difere da produção de provas do processo civil em geral. A distribuição dos ônus probatórios é a mesma estabelecida no art. 373 do CPC/2015, cabendo ao autor a prova dos fatos constitutivos do seu direito e ao devedor a prova de fato impeditivo, modificativo ou extintivo do direito do autor. Os meios de prova também são exatamente os mesmos de qualquer processo civil, admitindo-se perícias, oitiva de testemunhas e todos os outros meios de prova hábeis para provar a verdade dos fatos.

4.6 Decisão do pedido de falência

Realizada a produção das provas ou dispensada sua produção, caberá ao juiz o julgamento do pedido de falência. Nessa decisão o juiz poderá denegar o pedido de falência ou decretar a falência do devedor.

4.6.1 Denegação do pedido

Caso o juiz entenda que não é o caso de decretação da falência, ele deverá denegar o pedido. Essa decisão pode decorrer de questões processuais, da realização do depósito elisivo ou mesmo da não configuração dos pressupostos da falência. Ainda que se fale "elisão do pedido", estaremos diante da não decretação da falência e, por isso, é possível tratar a decisão nesses casos como uma hipótese de denegação.

Ao denegar o pedido de falência, o juiz deverá condenar a parte vencida ao pagamento das despesas antecipadas e dos honorários advocatícios (CPC/2015 – art. 85). Em regra, a parte vencida na denegação do pedido de falência é autor da ação, que não obteve a decretação da falência, logo, caberá a ele arcar com os ônus sucumbenciais. Todavia, quando o devedor efetua o depósito elisivo, sempre haverá a denegação do pedido, mas eventualmente ele será considerado a parte vencida. Assim, quando o devedor faz o depósito sem apresentar contestação ou quando faz o depósito com contestação, mas esta não é acolhida, ele é o vencido e, por isso, deve arcar com o ressarcimento das despesas antecipadas e com o pagamento dos honorários advocatícios.

A decisão denegatória do pedido é indiscutivelmente uma sentença e, por isso, o recurso que poderá ser manejado em face de tal decisão é o recurso de apelação (Lei n. 11.101/2005 – art. 100), no prazo de 15 dias contados da publicação da sentença denegatória (Súmula 25 – STJ). A apelação nesses casos não possui qualquer peculiaridade, devendo obedecer ao mesmo regime geral do Código de Processo Civil.

Se a denegação da falência decorrer de provimento de recurso, é certo que além dos ônus sucumbenciais, as despesas com a administração da massa falida também deverão ser ressarcidas pelo requerente[79]. Ora, se não foi o devedor que deu causa a essas despesas, ele não pode ser responsabilização por elas.

---

79. MIRANDA, Pontes de. *Tratado de direito privado*. Campinas: Bookseller, 2004, v. 28, p. 213; VALVERDE, Trajano de Miranda. *Comentários à lei de falências*. 4. ed. Rio de Janeiro: Forense Universitária, 1999, v.

4.6.1.1 Indenização de danos causados ao devedor

O requerimento da falência é um direito dos credores e dos demais legitimados e sua denegação é um fato normal, vale dizer, nem todo pedido de falência será acolhido. Ocorre que o requerimento da falência é ato de inegável gravidade, isto é, a simples realização do pedido pode abalar a confiança do mercado naquele empresário ou mesmo restringir o crédito a que ele teria acesso. Em razão dessas consequências, o pedido de falência deve ser realizado com muita responsabilidade por seu autor[80].

Dentro dessa perspectiva, a Lei n. 11.101/2005, em seu art. 101, afirma que o juiz poderá, na própria sentença de denegação, condenar aquele que fez um pedido doloso de falência a indenizar o devedor pelos danos causados, que deverão ser apurados em liquidação de sentença. O dispositivo não menciona expressamente a possibilidade de uma ação própria para obter essa indenização, nem o cabimento dessa indenização nos casos de dolo ou abuso, como havia previsão no regime anterior.

Diante do teor da previsão legal, Ricardo Negrão afirma que ela se refere apenas aos casos de danos materiais, admitindo a indenização apenas nos casos de dolo e na própria sentença de denegação, sem a possibilidade de uma ação própria. Para os eventuais danos morais, ele admite a condenação tanto na sentença denegatória, quanto em ação própria ajuizada especificamente para esse fim[81]. De modo similar, Márcia de Paoli Balbino entende que, no regime atual, não há indenização em casos de culpa ou abuso no pedido de falência. Além disso, ela não admite a possibilidade de uma ação própria para eventual indenização em nenhum caso, restringindo a indenização aos casos de pedido doloso, sendo possível a condenação apenas na sentença denegatória da falência[82]. Ela exige ainda o requerimento do devedor para essa condenação[83].

A maioria da doutrina[84], porém, tem uma interpretação mais ampla, admitindo a indenização nos casos de dolo, culpa ou abuso. Outrossim, a maioria da doutrina também admite o ajuizamento de uma ação própria para obter a referida indenização.

1, p. 99; CARVALHO DE MENDONÇA, J. X. *Tratado de direito comercial brasileiro*. 7. ed. Rio de Janeiro: Freitas Bastos, 1964, v. VII, p. 360; VAMPRÉ, Spencer. *Tratado elementar de direito comercial*. Rio de Janeiro: F. Briguiet, 1925, v. III, p. 263; SIMIONATO, Frederico A. Monte. *Tratado de direito falimentar*. Rio de Janeiro: Forense, 2008, p. 392.

80. CAMPINHO, Sérgio. *Falência e recuperação de empresa*: o novo regime de insolvência empresarial. 3. ed. Rio de Janeiro: Renovar, 2008, p. 312.

81. NEGRÃO, Ricardo. *Manual de direito comercial e de empresa*. 4. ed. São Paulo: Saraiva, 2009, v. 3, p. 322-324.

82. BALBINO, Márcia De Paoli. In: CORRÊA-LIMA, Osmar Brina; CORRÊA LIMA, Sérgio Mourão (Coord.). *Comentários à nova lei de falência e recuperação de empresas*. Rio de Janeiro: Forense, 2009, p. 756.

83. BALBINO, Márcia De Paoli. In: CORRÊA-LIMA, Osmar Brina; CORRÊA LIMA, Sérgio Mourão (Coord.). *Comentários à nova lei de falência e recuperação de empresas*. Rio de Janeiro: Forense, 2009, p. 756.

84. BEZERRA FILHO, Manoel Justino. *Lei de recuperação de empresas e falências comentada*. 4. ed. São Paulo: Revista dos Tribunais, 2007, p. 270; COELHO, Fábio Ulhoa. *Comentários à nova lei de falências e re-*

A nosso ver, a razão está com esta última opinião. O Código Civil estabelece que quem agir com dolo, culpa ou abuso de direito comete ato ilícito (arts. 186 e 187). Por força do art. 927 do mesmo Código Civil, quem pratica ato ilícito é obrigado a indenizar os danos causados em razão dessa conduta. Assim sendo, caso o autor do pedido de falência denegado cause danos ao devedor, agindo com dolo, culpa ou com abuso de direito, ele deverá ser responsabilizado pelos danos causados. No caso de mais de um requerente, eles responderão solidariamente pelos danos causados.

Apesar da possibilidade de indenização em todos esses casos, há diferenças entre os danos causados por dolo e os danos causados por culpa ou por abuso de direito.

No caso de pedido doloso, o juiz poderá, na própria sentença de denegação, condenar o requerente ao pagamento da indenização dos danos causados (Lei n. 11.101/2005 – art. 101). São exemplos de requerimento doloso: a utilização de documento falso, falsas declarações para a realização do protesto, duplicata simulada, título sabidamente inexigível[85]. Neste caso, a condenação poderá ser feita até de ofício[86], em moldes similares à condenação por litigância de má-fé.

A ausência de manifestação do juiz não impede o ajuizamento de ação própria para obter a condenação do requerente ao pagamento da indenização dos danos causados pelo requerimento doloso. Apesar da falta de previsão específica nesse sentido, não há dúvida da possibilidade dessa ação própria pelo regime geral da responsabilidade civil e pela previsão de que o terceiro prejudicado também poderá ajuizar essa ação própria, sem qualquer prevenção do juízo falimentar. Se o terceiro pode usar uma ação própria para esse fim, não há motivo para impedir que o devedor também tenha essa possibilidade.

Mesmo que não haja dolo no requerimento de falência, é certo que é possível que o requerente seja responsabilizado também nos casos de culpa ou abuso de direito, como por exemplo, na falta de controle dos pagamentos realizados. Apesar da falta de previsão específica, pelas mesmas razões já expostas, quem causar dano agindo com culpa ou abuso de direito terá que indenizar os prejuízos causados ao devedor. Neste caso, porém, é essencial o ajuizamento de ação própria para condenar o requerente ao pagamento da referida indenização, sem prevenção do juízo falimentar[87].

A indenização, seja fixada na sentença denegatória do pedido, seja fixada em ação própria, abrangerá tanto os danos morais quanto os danos materiais causados ao devedor.

---

cuperação de empresas. São Paulo: Saraiva, 2005, p. 281; CAMPINHO, Sérgio. *Falência e recuperação de empresa*: o novo regime de insolvência empresarial. 3. ed. Rio de Janeiro: Renovar, 2008, p. 313.

85. CAMPINHO, Sérgio. *Falência e recuperação de empresa*: o novo regime de insolvência empresarial. 3. ed. Rio de Janeiro: Renovar, 2008, p. 312.

86. VALVERDE, Trajano de Miranda. *Comentários à lei de falências*. 4. ed. Rio de Janeiro: Forense Universitária, 1999, v. 1, p. 97; MAMEDE, Gladston. *Direito empresarial brasileiro*: falência e recuperação de empresas. 2. ed. São Paulo: Atlas, 2008, v. 4, p. 373; NEGRÃO, Ricardo. *Manual de direito comercial e de empresa*. 4. ed. São Paulo: Saraiva, 2009, v. 3, p. 324.

87. CAMPOS BATALHA, Wilson de Souza; RODRIGUES NETTO, Nelson; RODRIGUES NETTO, Sílvia Maria Labate Batalha. *Comentários à lei de recuperação judicial de empresas e falência*. 4. ed. São Paulo: LTr, 2007, p. 158.

Os danos morais devem ser entendidos como lesões a direitos de caráter não pecuniário, vale dizer, lesões a direitos da personalidade[88]. Os devedores pessoas físicas e mesmo os devedores pessoas jurídicas (CC – art. 52) possuem direitos de personalidade e por isso podem sofrer danos morais (Súmula 227 – STJ). No caso do pedido de falência, os danos morais representam, em especial, violações ao direito à honra e à boa imagem do devedor (credibilidade). Neste caso, a indenização não visa a reparar o dano, mas apenas a compensar a dor sofrida pela lesão a um direito da personalidade, uma violação à sua dignidade que seja capaz de causar-lhe aflições, angústia ou desequilíbrio do seu bem-estar[89]. Em razão disso, eles normalmente devem ser fixados na própria sentença que condenar ao pagamento da indenização.

Por danos materiais, deve-se entender a lesão ao patrimônio do devedor[90], entendido como o conjunto de relações economicamente apreciáveis da pessoa. Para reparar essa lesão, o responsável deverá indenizar a vítima, pagando o que ela perdeu (dano emergente), bem como o que ela deixou de ganhar (lucro cessante), registrando-se que apenas o ganho esperável se configura como lucro cessante[91], isto é, vale nesse particular o princípio da restituição integral. Neste caso dos danos materiais, há quem sustente que não há a necessidade de se comprovar esses danos, deixando sua apuração exclusivamente para a fase de liquidação[92]. A nosso ver, porém, a condenação do requerente dependerá da prova efetiva desses danos[93], mas o montante exato da indenização pode ser deixado para a fase de liquidação (Lei n. 11.101/2005 – art. 101).

4.6.1.2 Indenização de danos causados a terceiros

Além de causar danos ao próprio devedor, os pedidos de falência realizados com dolo, culpa ou com abuso de direito podem causar danos a terceiros, como por exemplo, aos acionistas, a franqueados, representantes comerciais e outros. Com efeito, esses terceiros podem ter também prejuízos de caráter moral ou patrimonial em razão do pedido de falência. Se esses danos decorrerem de um pedido de falência doloso, culposo ou abusivo, o autor desse pedido será obrigado a indenizar os danos causados. Neste caso, porém, sempre será necessário o ajuizamento de uma ação própria para esse fim (Lei n. 11.101/2005 – art. 101, § 2º).

---

88. GAGLIANO, Pablo Stolze; PAMPLONA FILHO, Rodolfo. *Novo curso de direito civil*. 4. ed. São Paulo: Saraiva, 2006, v. 3, p. 55.

89. CAVALIERI FILHO, Sergio. *Programa de responsabilidade civil*. 7. ed. São Paulo: Atlas, 2007, p. 80.

90. Idem, p. 71.

91. Idem, ibidem.

92. FRANCO, Vera Helena de Mello. In: SOUZA JÚNIOR, Francisco Sátiro de; PITOMBO, Antônio Sérgio de A. de Moraes (Coord.). *Comentários à lei de recuperação de empresas e falência*. São Paulo: Revista dos Tribunais, 2005, p. 412.

93. TJDF – 20060110571427APC, Relatora Desembargadora NÍDIA CORRÊA LIMA, 3ª Turma Cível, julgado em 18-11-2009, *DJ* 27-11-2009, p. 241.

4.6.2 Decisão de decretação da falência

Não havendo qualquer problema processual no pedido de falência, estando presentes os pressupostos e não havendo qualquer fato impeditivo, deverá o juiz decretar a falência. Com tal decisão é que se preenche o terceiro pressuposto da falência, isto é, com ela é que se pode falar em falência propriamente dita. Até então, há um pedido, mas a falência só se iniciará com essa decisão, que terá o mesmo conteúdo e os mesmos efeitos tanto quando for proferida no processo de falência, como quando vier de uma autofalência ou da convolação de uma recuperação. Por isso e por sua importância, trataremos dessa decisão em tópico à parte.

5 Decretação judicial da falência

Qualquer que seja o processo, só se pode falar em falência a partir do momento em que o juiz decretar a falência. Como já mencionado, a falência é um estado de direito que só se instaura com a decretação judicial.

5.1 Elementos

A decisão que decreta a falência é uma sentença, apesar de respeitável opinião em sentido contrário[94], e nessa condição deverá conter relatório, fundamentação e dispositivo. Além disso, ela também abrangerá a condenação do sucumbente ao pagamento dos honorários e das despesas processuais. Por ser a responsável pela instauração da falência propriamente dita, deve conter uma série de elementos específicos, necessários ao prosseguimento do processo com a maior segurança e efetividade possível. Esses elementos são elencados pelo art. 99 da Lei n. 11.101/2005, os quais serão analisados na sequência.

5.1.1 Síntese do pedido, identificação do falido e dos administradores da sociedade falida

O primeiro elemento exigido pelo art. 99, I, para a decisão que decreta a falência é a síntese do pedido, vale dizer, a descrição sumária do processo no qual se decreta a falência. Tal requisito acaba se confundindo com o relatório inerente a todas as sentenças, mas de qualquer forma é exigido como elemento específico no caso de decretação da falência.

Além da síntese do pedido, que naturalmente constaria em qualquer decisão, o art. 99, I, da Lei n. 11.101/2005 exige que a decisão de decretação identifique o falido, bem como os administradores da sociedade falida. Por falido deve-se entender o próprio

94. SOUZA, Bernardo Pimentel. *Direito processual empresarial*. Salvador: JusPodivm, 2008, p. 215.

devedor, os sócios de responsabilidade ilimitada (Lei n. 11.101/2005 – art. 81) e qualquer outra pessoa que seja considerada falida. Além disso, no caso das sociedades falidas, é essencial a identificação dos administradores da sociedade, uma vez que eles são os responsáveis pela atuação concreta da sociedade. A expressão administradores não deve ser entendida na sua acepção mais precisa, abrangendo apenas aqueles que podem praticar atos pela sociedade falida, como os administradores das sociedades regidas pelo Código Civil e os diretores das sociedades por ações.

A identificação do falido tem por função limitar o âmbito de arrecadação dos bens que irão formar a massa falida. Apenas os qualificados como falidos nessa decisão é que terão seus bens submetidos ao processo falimentar e, consequentemente, arrecadados. Trata-se de definição importantíssima para o bom andamento do processo, sem o que não se poderá dar o devido andamento à falência.

Outrossim, o falido terá uma série de deveres no curso do processo (Lei n. 11.101/2005 – art. 104), especialmente a prestação de informações e a entrega de documentos em juízo. Também por isso, é necessária a qualificação do falido para saber quem terá tais obrigações. No caso de sociedades falidas, tais obrigações tocarão aos administradores e, por isso, exige-se sua identificação como elemento específico da decisão que decreta a falência.

5.1.2 Termo legal

Outro elemento específico da decretação é a fixação do termo legal, que pode ser entendido como "o marco inicial, o *dies a quo* do estado (ainda que presumido) da insolvência empresária do devedor"[95]. Esse termo legal permitirá a determinação "do período anterior à decretação da quebra, que serve de referência para a auditoria dos atos praticados pela sociedade falida"[96]. O período investigatório terá início no termo legal e se encerrará com a decretação da falência. Nesse período, há que se investigar os atos praticados pelo falido, pois é possível e até provável que ele tenha praticado atos em detrimento da massa de credores.

Embora a falência só tenha início com a decretação judicial, é certo que muito antes dessa decretação o devedor já estava em crise, isto é, já estava passando por dificuldades, já estava juridicamente insolvente. Esse estado de insolvência pode levar o devedor a praticar atos ilegítimos em detrimento dos credores, daí a necessidade de fixar um período para investigação dos atos praticados e, mais que isso, facilitar a declaração de ineficácia de certos atos praticados nesse período. Para tal objetivo é que se exige a fixação do termo legal. Não se trata de uma retroação dos efeitos da falência em si, mas da

95. MAMEDE, Gladston. *Direito empresarial brasileiro*: falência e recuperação de empresas. 2. ed. São Paulo: Atlas, 2008, v. 4, p. 259.

96. COELHO, Fábio Ulhoa. *Comentários à nova lei de falências e recuperação de empresas*. São Paulo: Saraiva, 2005, p. 275.

tentativa de identificação do período de insolvência do devedor[97]. para a declaração de ineficácia de alguns deles.

No Brasil, a fixação desse termo legal pelo juiz deve obedecer a certos parâmetros objetivos (Lei n. 11.101/2005 – art. 99, II). Assim, caso se trate de um pedido de falência baseado na impontualidade, o termo legal poderá ser fixado em até 90 dias antes do primeiro protesto por falta de pagamento, excluídos os que foram cancelados. Nos casos de autofalência, ou de pedido de falência fundado na execução frustrada ou nos atos de falência, o termo legal poderá ser fixado em até 90 dias contados da distribuição do pedido. Por fim, no caso de recuperação judicial convolada em falência, o termo legal poderá retroagir até 90 dias contados da distribuição do pedido de recuperação judicial. Não possui qualquer importância, para essa fixação, eventual pedido de homologação de recuperação extrajudicial.

A lei estabelece apenas o limite máximo para a fixação do termo legal, cabendo ao juiz verificar dentro desse limite qual deve ser considerado o termo legal. Há, portanto, uma certa discricionariedade nessa fixação, desde que obedecido esse limite máximo. Por uma questão de prudência, é até recomendável que ele seja fixado sempre no limite legalmente admitido, para uma investigação mais ampla dos atos praticados pelo falido.

No regime anterior, o termo legal poderia ser fixado na própria decisão que decretasse a falência ou mesmo posteriormente e se admitia sua alteração pelo juiz à luz de novos elementos. O novo regime introduzido pela Lei n. 11.101/2005 não reproduziu os mesmos dispositivos do regime anterior, estabelecendo apenas que o termo legal deverá ser fixado na sentença que decreta a falência (art. 99, II).

Apesar da omissão, alguns autores[98] reconhecem a possibilidade de fixação depois da sentença que decreta a falência e outros[99] ainda reconhecem a possibilidade de modificação do termo legal pelo juiz à luz de novos elementos que se apresentem, como por exemplo, a notícia posterior à decretação da falência de um protesto mais antigo. Waldo Fazzio Júnior limita a possibilidade dessa mudança aos dois anos seguintes ao trânsito em julgado da sentença que decretou a falência[100]. A admissibilidade dessa mudança do

---

97. VALVERDE, Trajano de Miranda. *Comentários à lei de falências*. 4. ed. Rio de Janeiro: Forense Universitária, 1999, v. 1, p. 183.

98. NEGRÃO, Ricardo. *Manual de direito comercial e de empresa*. 4. ed. São Paulo: Saraiva, 2009, v. 3, p. 311; BALBINO, Márcia De Paoli. In: CORRÊA-LIMA, Osmar Brina; CORRÊA LIMA, Sérgio Mourão (Coord.). *Comentários à nova lei de falência e recuperação de empresas*. Rio de Janeiro: Forense, 2009, p. 734.

99. FAZZIO JÚNIOR, Waldo. *Nova lei de falência e recuperação de empresas*. São Paulo: Atlas, 2005, p. 271; SIMÃO FILHO, Adalberto. In: DE LUCCA, Newton; SIMÃO FILHO, Adalberto (Coord.). *Comentários à nova lei de recuperação de empresas e de falências*. São Paulo: Quartier Latin, 2005, p. 438; BALBINO, Márcia De Paoli. In: CORRÊA-LIMA, Osmar Brina; CORRÊA LIMA, Sérgio Mourão (Coord.). *Comentários à nova lei de falência e recuperação de empresas*. Rio de Janeiro: Forense, 2009, p. 736; SIMIONATO, Frederico A. Monte. *Tratado de direito falimentar*. Rio de Janeiro: Forense, 2008, p. 373.

100. FAZZIO JÚNIOR, Waldo. *Nova lei de falência e recuperação de empresas*. São Paulo: Atlas, 2005, p. 271.

termo legal não é aceita de forma pacífica, havendo autores[101] que entendem ser inviável a alteração do termo legal fixado, diante da falta de disposição legal nesse sentido.

A nosso ver, apesar da omissão da Lei n. 11.101/2005, deve ser admitida a alteração do termo legal, à luz de novos fatos que se apresentem ao juiz[102]. No processo de falência, nem sempre o juiz terá acesso a todos os dados necessários para a identificação do estado de insolvência e, consequentemente, para a fixação do termo legal. Não se pode impor a imutabilidade do termo legal fixado na sentença, uma vez que nem sempre ele será o mais correto. Não se pode entender que a fixação do termo legal gere coisa julgada material, porquanto a cognição, neste particular, não é a mais profunda possível. Não havendo coisa julgada material, nada impede que o juiz reveja a fixação do termo legal[103], na proteção do melhor interesse dos credores. Naturalmente, essa eventual retificação deve ser publicada e deve ensejar a interposição do recurso de agravo de instrumento.

Independentemente da discussão sobre a possibilidade da retificação, é certo que o período delimitado pelo termo legal é muito importante, na medida em que certos atos praticados nesse período são considerados objetivamente ineficazes em relação à massa falida, independentemente de fraude ou má-fé dos envolvidos (Lei n. 11.101/2005 – art. 129, I, II e III). Carvalho de Mendonça chega a considerar a fixação do termo legal tão importante quanto a própria decretação da falência[104].

Na Argentina, não se fala em termo legal, mas apenas em período suspeito que deverá ser fixado pelo juiz, podendo retroagir até dois anos da decretação da falência[105], com o mesmo objetivo do nosso termo legal. Na França, também só se fala em período suspeito, o qual poderá retroagir até 18 meses do julgamento do pedido[106]. Na Itália, também se fala apenas em período suspeito, o qual é fixado legalmente em um ano ou seis meses a depender do tipo de ato praticado[107]. No Brasil, como visto, fala-se apenas em termo legal nos moldes já mencionados.

No Brasil, a lei não fala em período suspeito, mas apenas no termo legal, o qual, porém, não é o único referencial para a ineficácia de atos praticados pelo falido. A lei também considera objetivamente ineficazes certos atos praticados nos 2 anos anteriores

101. MAMEDE, Gladston. *Direito empresarial brasileiro*: falência e recuperação de empresas. 2. ed. São Paulo: Atlas, 2008, v. 4, p. 359; CAMPINHO, Sérgio. *Falência e recuperação de empresa*: o novo regime de insolvência empresarial. 3. ed. Rio de Janeiro: Renovar, 2008, p. 296.

102. STJ – REsp 604.315/SP, Rel. Ministro LUIS FELIPE SALOMÃO, QUARTA TURMA, julgado em 25-5-2010, *DJe* 8-6-2010.

103. MIRANDA, Pontes de. *Tratado de direito privado*. Campinas: Bookseller, 2004, v. 28, p. 228.

104. CARVALHO DE MENDONÇA, J. X. *Tratado de direito comercial brasileiro*. 7. ed. Rio de Janeiro: Freitas Bastos, 1964, v. VII, p. 337.

105. BAS, Francisco Junyent; SANDOVAL, Carlos A. Molina. *Ley de concursos y quiebras comentada*. Buenos Aires: Depalma, 2003, t. 2, p. 110; FAVIER-DUBOIS, Eduardo M. *Concursos y quiebras*. Buenos Aires: Errepar, 2003, p. 235.

106. JACQUEMONT, Andre. *Droit des entreprises em difficulté*. 6. ed. Paris: Litec, 2009, p. 149.

107. AMBROSINI, Stefano; CAVALLI, Stefano; JORIO, Alberto. *Trattato di diritto commerciale*. Pádova: CEDAM, 2009, v. XI, t. 2, p. 412-413.

à decretação da falência, mesmo que fora do termo legal. Em razão disso, alguns autores identificam esse segundo período como período suspeito, diferenciando-o do termo legal[108]. Outros autores[109], porém, identificam o período suspeito e o termo legal, não havendo, portanto, uma uniformidade de tratamento. Ricardo Negrão entende que a expressão *período suspeito* possui uma acepção mais ampla, abrangendo três períodos distintos: o termo legal, os dois anos anteriores à decretação da falência (período suspeito em sentido estrito) e o período de quinze dias anteriores ao pedido de falência[110].

A nosso ver, efetivamente há distinções entre o período suspeito e o termo legal. O chamado período suspeito é "uma simples relação de tempo em que se acha com a revelação do estado de falência, gera desconfiança a respeito dos atos praticados pelo falido durante ele"[111]. Ele abrange os dois anos anteriores à decretação da falência e quase sempre vem antes do termo legal. No termo legal, há alguma exteriorização do estado de insolvência (primeiro protesto, pedido de falência ou pedido de recuperação judicial), vale dizer, o termo legal já traz consigo algo mais concreto para a configuração do estado falimentar do devedor. Ambos servirão de referência para a ineficácia de certos atos praticados pelo falido, mas o termo legal é fixado pelo juiz na decretação da falência e o período suspeito é legalmente estabelecido.

5.1.3 Continuação do processo

Além dos elementos já mencionados, o juiz deverá incluir na sentença de decretação da falência algumas medidas necessárias ao prosseguimento do feito.

5.1.3.1 Providências para a formação da massa de credores

Como é sabido, no processo de falência há a necessidade da identificação de todos os credores do falido, para que eles sejam pagos de acordo com a ordem legal de prefe-

---

108. CLARO, Carlos Roberto. *Revocatória falimentar*. 4. ed. Curitiba: Juruá, 2008, p. 49; FAZZIO JÚNIOR, Waldo. *Nova lei de falência e recuperação de empresas*. São Paulo: Atlas, 2005, p. 270; LACERDA, J. C. Sampaio de. *Manual de direito falimentar*. Atualizada por Jorge de Miranda Magalhães. 14. ed. Rio de Janeiro: Freitas Bastos, 1999, p. 92.

109. ALMEIDA, Amador Paes de. *Curso de falência e recuperação de empresas*. 25. ed. São Paulo: Saraiva, 2009, p. 110; VALVERDE, Trajano de Miranda. *Comentários à lei de falências*. 4. ed. Rio de Janeiro: Forense Universitária, 1999, v. 1, p. 180; CAMPINHO, Sérgio. *Falência e recuperação de empresa*: o novo regime de insolvência empresarial. 3. ed. Rio de Janeiro: Renovar, 2008, p. 296; SIMIONATO, Frederico A. Monte. *Tratado de direito falimentar*. Rio de Janeiro: Forense, 2008, p. 376; REQUIÃO, Rubens. *Curso de direito falimentar*. 17. ed. São Paulo: Saraiva, 1998, v. 1, p. 130.

110. NEGRÃO, Ricardo. *Manual de direito comercial e de empresa*. 4. ed. São Paulo: Saraiva, 2009, v. 3, p. 310-311.

111. LACERDA, J. C. Sampaio de. *Manual de direito falimentar*. Atualizada por Jorge de Miranda Magalhães. 14. ed. Rio de Janeiro: Freitas Bastos, 1999, p. 92.

rência. Para a identificação desse conjunto de credores, há uma fase administrativa obrigatória e uma fase contenciosa eventual. A fase administrativa é "o conjunto de atos não judiciais destinados à apuração, pelo administrador judicial, do passivo do devedor"[112]. De outro lado, a fase contenciosa abrange ações incidentais[113] (impugnações, habilitações retardatárias e impugnações quanto ao próprio crédito), que nem sempre ocorrerão.

Para agilizar esse procedimento, a sentença que decreta a falência deverá determinar a adoção das providências necessárias para a verificação de créditos, ao menos para a fase administrativa. Nesse sentido, a referida decisão ordenará ao falido que apresente, no prazo máximo de 5 (cinco) dias, relação nominal dos credores, indicando endereço, importância, natureza e classificação dos respectivos créditos, se esta já não se encontrar nos autos, sob pena de desobediência. Além disso, ela explicitará o prazo de 15 dias para as habilitações de crédito.

Na fase administrativa da verificação de créditos, a lei toma como marco inicial a publicação de uma lista de credores a ser apresentada pelo devedor. Esta lista é uma relação nominal dos credores, indicando endereço, importância, natureza e classificação dos respectivos créditos. Tal lista deverá ser elaborada e apresentada pelo próprio devedor.

Nos casos da recuperação judicial convolada em falência e da autofalência, tal lista deverá ser apresentada juntamente com a petição inicial, sendo um dos documentos essenciais à propositura da ação (Lei n. 11.101/2005 – arts. 51, III, e 105, II). Na hipótese da falência requerida por terceiros, caso a lista não conste dos autos, o juiz deverá determinar, na própria sentença de decretação da falência, que o falido a apresente no prazo máximo de 5 dias (Lei n. 11.101/2005 – art. 99, III). Naturalmente, a depender da atividade do devedor tal prazo pode-se mostrar muito curto e, por isso, é razoável admitir o pedido de prorrogação desse prazo, desde que realizado dentro do prazo legalmente estabelecido[114]. Diante da eventual recusa nessa apresentação, configura-se o crime de desobediência, devendo o juiz comunicar o fato ao Ministério Público, que decidirá pelo oferecimento da denúncia ou pela instauração de inquérito policial para a apuração dos fatos.

No caso de recusa da apresentação, mesmo com a configuração da desobediência, tal lista deverá ser apresentada para que tenha início o procedimento da verificação de créditos. Neste caso, acreditamos que o próprio administrador judicial deverá elaborá-la. Em qualquer caso, a lista deverá ser publicada para que a fase administrativa da verificação de créditos, efetivamente, se inicie.

A partir da publicação dessa lista, é aberto o prazo de 15 dias para habilitações e divergências, prazo este que deve ser assinalado na sentença que decreta a falência. Em-

---

112. ALTEMANI, Renato Lisboa; SILVA, Ricardo Alexandre Da. *Manual de verificação e habilitação de créditos na lei de falências e recuperação de empresas*. São Paulo: Quartier Latin, 2006, p. 77.

113. CAMPINHO, Sérgio. *Falência e recuperação de empresa*: o novo regime de insolvência empresarial. 3. ed. Rio de Janeiro: Renovar, 2008, p. 99.

114. MAMEDE, Gladston. *Direito empresarial brasileiro*: falência e recuperação de empresas. 2. ed. São Paulo: Atlas, 2008, v. 4, p. 364.

bora o art. 99, IV, da Lei n. 11.101/2005 se refira apenas ao prazo para habilitações, é certo que o prazo de 15 dias abrange tanto habilitações quanto divergências. As habilitações são pedidos de inclusão no processo, feitos por quem não consta da lista de credores. As divergências são discordâncias em relação ao valor ou à classificação dos créditos constantes da lista. Tanto as habilitações quanto as divergências são requerimentos administrativos, dirigidos ao administrador judicial, que não excluem o manejo de ações judiciais com objetivos similares, como as impugnações quanto ao próprio crédito e as habilitações retardatárias.

5.1.3.2 Providências relacionadas à massa falida objetiva

Dentro da ideia geral de pagamento dos credores de acordo com a ordem legal de preferência, é essencial que no processo de falência seja formada a massa falida objetiva entendida como conjunto de bens que são abrangidos pelo processo e serão usados para a satisfação dos credores. Nesse sentido, a sentença deverá determinar a expedição de ofícios aos órgãos e repartições públicas e outras entidades para que informem a existência de bens e direitos do falido, para que possam integrar o processo.

Outrossim, essa massa falida objetiva deve ser protegida para que cumpra da melhor maneira possível a sua função. Dentro dessa perspectiva, a sentença que decreta a falência proibirá a prática de qualquer ato de disposição ou oneração de bens do falido, submetendo-os preliminarmente à autorização judicial e do comitê de credores, se houver. Naturalmente, caso haja a continuação dos negócios do falido, não haverá necessidade de autorização para os bens cuja venda faça parte das atividades normais do devedor.

5.1.3.3 Suspensão das ações e da prescrição contra o devedor

Dentro da mesma perspectiva de permitir a adequada continuação do processo, a sentença que decreta a falência deverá determinar a suspensão das ações e execuções contra o falido, evitando eventual recebimento fora do processo de falência. Entretanto, não serão suspensas as ações que demandam quantias ilíquidas (Lei n. 11.101/2005 – art. 6º, §§ 1º e 2º), inclusive as reclamações trabalhistas. A expressão usada pela lei não é muito clara e deve ser interpretada como abrangendo as ações de conhecimento, nas quais se discute a existência ou o valor de certos créditos[115]. Para a maioria da doutrina, também não são suspensas as execuções fiscais[116], o que será melhor discutido mais

115. MAMEDE, Gladston. *Direito empresarial brasileiro*: falência e recuperação de empresas. São Paulo: Atlas, 2006, v. 4, p. 76.

116. MANDEL, Júlio Kahan. Das disposições comuns. In: PAIVA, Luiz Fernando Valente de (Coord.). *Direito falimentar e a nova lei de falências e recuperação de empresas*. São Paulo: Quartier Latin, 2005, p. 131; ALMEIDA, Amador Paes de. *Curso de falência e recuperação de empresas*. 21. ed. São Paulo: Saraiva, 2005, p. 140; COELHO, Fábio Ulhoa. *Comentários à nova lei de falências e recuperação de empresas*. São Paulo:

adiante. Registre-se que também haverá suspensão da prescrição, mas tal medida não precisa constar expressamente da sentença que decreta a falência.

5.1.3.4 Órgãos no processo de falência

Também para permitir o adequado prosseguimento do feito, o juiz deverá nomear o administrador judicial para auxiliá-lo na condução do processo. Se entender necessário, o juiz também poderá convocar a assembleia geral de credores para a constituição de Comitê de Credores, podendo ainda autorizar a manutenção do Comitê eventualmente em funcionamento na recuperação judicial quando da decretação da falência.

5.1.3.5 Comunicações e diligências adicionais

Para que se dê prosseguimento ao processo de falência, é essencial que se dê amplo conhecimento desse estado. Assim sendo, outros elementos que devem constar obrigatoriamente da decretação da falência envolvem as comunicações praxe sobre a falência. Assim, o juiz deverá ordenar ao Registro Público de Empresas (juntas comerciais) que proceda à anotação (arquivamento) da falência no registro do devedor, para que conste a expressão *falido*, a data da decretação da falência e a inabilitação para o exercício da atividade empresarial até a extinção das suas obrigações, dando uma publicidade geral à falência. Tal comunicação deverá ser feita a todas as juntas comerciais, nas quais o devedor possua registro[117].

Outrossim, o juiz ordenará a intimação do Ministério Público e a comunicação por carta às Fazendas Públicas Federal e de todos os Estados e Municípios em que o devedor tiver estabelecimento, para que tomem conhecimento da falência. Caso a falência seja de uma sociedade aberta, acreditamos que também deve haver comunicação à Comissão de Valores Mobiliários (CVM) e à Bolsa de Valores[118].

Eventualmente, ao decretar-se a falência, podem ser necessárias diligências adicionais para resguardar os interesses das partes envolvidas, como a venda imediata de certos bens

---

Saraiva, 2005, p. 38; FAZZIO JÚNIOR, Waldo. *Nova lei de falência e recuperação de empresas*. São Paulo: Atlas, 2005, p. 287; MIRETTI, Luiz Antonio Caldeira. Os créditos tributários no processo de recuperação de empresas e falência. In: MACHADO, Rubens Approbato. *Comentários à nova lei de falências e recuperação de empresas*. São Paulo: Quartier Latin, 2005, p. 274-275; SZTAJN, Rachel; FRANCO, Vera Helena de Mello. *Falência e recuperação da empresa em crise*. São Paulo: Campus, 2008, p. 120; SIMÃO FILHO, Adalberto. In: DE LUCCA, Newton; SIMÃO FILHO, Adalberto (Coord.). *Comentários à nova lei de recuperação de empresas e de falências*. São Paulo: Quartier Latin, 2005, p. 440; FRANCO, Vera Helena de Mello. In: SOUZA JÚNIOR, Francisco Sátiro de; PITOMBO, Antônio Sérgio de A. de Moraes (Coord.). *Comentários à lei de recuperação de empresas e falência*. São Paulo: Revista dos Tribunais, 2005, p. 409.

117. ABRÃO, Carlos Henrique. In: ABRÃO, Carlos Henrique; TOLEDO, Paulo F. C. Salles de (Coord.). *Comentários à lei de recuperação de empresas e falência*. São Paulo: Saraiva, 2005, p. 263.

118. BEZERRA FILHO, Manoel Justino. *Lei de recuperação de empresas e falências comentada*. 4. ed. São Paulo: Revista dos Tribunais, 2007, p. 266.

perecíveis, o desligamento de maquinário, a busca e apreensão de documentos ou mesmo o pedido de força policial para resguardar a integridade da massa falida. Tais diligências podem e devem constar da própria sentença que decreta a falência, dando a mais exata aplicabilidade aos princípios da economia e da celeridade processual, representando uma espécie de aplicação do poder geral de cautela do juiz[119].

5.1.4 Prisão preventiva

No momento da decretação da falência, podem existir provas suficientes da prática de crimes falimentares pelo devedor falido, ou pelos administradores da sociedade falida. Embora tais crimes ainda precisem ser processados e julgados, admite-se que a própria sentença que decreta a falência determine a prisão preventiva dos autores dos referidos crimes, naturalmente, desde que presentes os requisitos inerentes a esse tipo de prisão. Provada a existência dos crimes falimentares e havendo indícios suficientes de autoria, o juiz poderá decretar a prisão preventiva como garantia da ordem pública, da ordem econômica, por conveniência da instrução criminal, ou para assegurar a aplicação da lei penal (CPP – art. 312).

5.1.5 Continuação dos negócios e lacração do estabelecimento

Deve ainda constar da sentença que decreta a falência uma decisão sobre a continuação provisória dos negócios do falido ou sobre a lacração do estabelecimento. Embora a lei use a conjunção alternativa *ou*, levando a crer que o juiz terá que decidir necessariamente pela lacração ou pela continuação, na verdade acreditamos que o juiz terá ampla liberdade[120]. Ele poderá decidir pela lacração, pela continuação das atividades, pela lacração de certas unidades e pela continuação em outras ou ainda pela não continuação das atividades, sem a necessidade de lacração de qualquer unidade produtiva.

No regime atual, o juiz deve se manifestar sobre tais assuntos na sentença de decretação da falência[121], vale dizer, tal manifestação é elemento obrigatório da referida sentença, havendo inclusive quem sustente que essa é a única oportunidade para analisar tais questões[122]. A nosso ver, porém, a exigência é da manifestação sobre os temas e não de uma decisão definitiva. Nada impede, porém, que mesmo posteriormente o juiz ana-

119. MAMEDE, Gladston. *Direito empresarial brasileiro*: falência e recuperação de empresas. 2. ed. São Paulo: Atlas, 2008, v. 4, p. 365.

120. Idem, p. 368.

121. VIGIL NETO, Luiz Inácio. *Teoria falimentar e regimes recuperatórios*. Porto Alegre: Livraria do Advogado, 2008, p. 228.

122. LOBATO, Moacyr. *Falência e recuperação*. Belo Horizonte: Del Rey, 2007, p. 198.

lise novamente essas questões, à luz do que for se apresentando, não havendo, portanto, força preclusiva na primeira decisão sobre o assunto[123].

O juiz também poderá autorizar a continuação provisória dos negócios do falido, quando essa continuação for capaz de trazer mais valores para o processo, atendendo melhor os interesses dos credores. Nessa eventual continuação, os negócios não serão tocados pelo devedor falido, mas pelo administrador judicial, que poderá eventualmente até contratar auxiliares para essa atividade. As despesas da continuação da atividade serão pagas pelo administrador com os recursos disponíveis em caixa.

Alguns autores entendem que essa continuação depende de requerimento pelo devedor no curso do processo[124]. Outros, a nosso ver com razão, entendem que o juiz deve se pronunciar até de ofício[125] sobre a continuação ou não das atividades. O art. 75 da Lei n. 11.101/2005 é claro ao afirmar que a falência "visa a preservar e otimizar a utilização produtiva dos bens, ativos e recursos produtivos, inclusive os intangíveis, da empresa". Assim sendo, não há dúvida de que o juiz tem o dever de analisar a viabilidade da continuação da atividade, independentemente de qualquer requerimento, para otimizar os ativos do falido, em benefício da massa de credores.

De outro lado, caberá ao juiz decidir se lacra ou não o estabelecimento do devedor[126]. Deverá ocorrer a referida lacração sempre que houver risco para a execução da etapa de arrecadação ou para a preservação dos bens da massa falida ou dos interesses dos credores (Lei n. 11.101/2005 – art. 109). Ao decidir pela lacração, o juiz também define sua extensão na medida em que ela pode ser total ou parcial. No caso de estabelecimentos hospitalares, de pesquisa, de ensino, ou congêneres, assim como nos serviços de saúde que produzirem, venderem, adquirirem, consumirem, prescreverem ou fornecerem drogas ou de qualquer outro em que existam essas substâncias ou produtos, a lacração é obrigatória (Lei n. 11.343/2006 – art. 69, I).

5.2 *Publicidade*

Como qualquer decisão judicial, a sentença que decreta a falência deverá ser publicada. Normalmente, essa publicação abrange apenas o dispositivo da decisão e será feita

---

123. CAMPINHO, Sérgio. *Falência e recuperação de empresa*: o novo regime de insolvência empresarial. 3. ed. Rio de Janeiro: Renovar, 2008, p. 298; MAMEDE, Gladston. *Direito empresarial brasileiro*: falência e recuperação de empresas. 2. ed. São Paulo: Atlas, 2008, v. 4, p. 370.

124. SZTAJN, Rachel; FRANCO, Vera Helena de Mello. *Falência e recuperação da empresa em crise*. São Paulo: Campus, 2008, p. 120.

125. CAMPINHO, Sérgio. *Falência e recuperação de empresa*: o novo regime de insolvência empresarial. 3. ed. Rio de Janeiro: Renovar, 2008, p. 297; MAMEDE, Gladston. *Direito empresarial brasileiro*: falência e recuperação de empresas. 2. ed. São Paulo: Atlas, 2008, v. 4, p. 368; BALBINO, Márcia De Paoli. In: CORRÊA-LIMA, Osmar Brina; CORRÊA LIMA, Sérgio Mourão (Coord.). *Comentários à nova lei de falência e recuperação de empresas*. Rio de Janeiro: Forense, 2009, p. 745; LOBATO, Moacyr. *Falência e recuperação*. Belo Horizonte: Del Rey, 2007, p. 198.

126. ABRÃO, Carlos Henrique. In: ABRÃO, Carlos Henrique; TOLEDO, Paulo F. C. Salles de (Coord.). *Comentários à lei de recuperação de empresas e falência*. São Paulo: Saraiva, 2005, p. 265.

na imprensa oficial. No caso específico da falência, exige-se ainda a publicação de um edital contendo a íntegra da decisão e a lista de credores fornecida pelo devedor. Tal publicação deverá ser feita na imprensa oficial dos locais onde o devedor possui estabelecimentos e, se a massa falida comportar, em jornal ou revista de circulação regional ou nacional, bem como em quaisquer outros periódicos que circulem em todo o país. Em todo caso, a publicação conterá a epígrafe *Falência de.*

Além dessa publicação, exige-se a comunicação por carta ao Ministério Público e às Fazendas Públicas. Outrossim, a sentença que decreta a falência deverá ser arquivada junto ao registro do devedor na junta comercial. No caso de companhias abertas, acreditamos ser recomendável a comunicação por carta também à Comissão de Valores Mobiliários (CVM) e à Bolsa de Valores, na qual o devedor tenha seus títulos admitidos à negociação.

5.3 Recursos

Com a regular publicação da sentença, abre-se aos interessados a possibilidade de interposição de recursos contra tal decisão (Súmula 25 – STJ). A legitimidade para interposição desse recurso de agravo de instrumento toca naturalmente ao devedor falido. Contudo, nada impede que qualquer outro interessado[127] interponha tal recurso. Pela aplicação subsidiária do Código de Processo Civil, em especial do art. 499, admite-se inclusive a interposição de recurso de agravo pelo Ministério Público[128].

No caso de denegação da falência, como vimos, o recurso cabível será a apelação, no prazo de 15 dias. No caso de decretação da falência, será cabível o recurso de agravo (Lei n. 11.101/2005 – art. 100), no prazo de 15 dias (CPC/2015 – art. 1.003, § 5º). Embora o dispositivo mencione genericamente o recurso de agravo, há que se entender como cabível o agravo de instrumento[129]. Registre-se que o uso do agravo de instrumento se justifica na medida em que o processo de falência tem que continuar a correr, produzindo-se todos os seus efeitos e praticando-se todos os atos necessários para se atingir sua finalidade última, que é o pagamento dos credores, de acordo com a ordem legal de preferência. Se houvesse apelação, os autos teriam que ser remetidos ao tribunal, impedindo o regular processamento do feito. Por isso, impõe-se a remessa de cópias dos autos ao tribunal, por meio do recurso de agravo de instrumento.

---

127. SZTAJN, Rachel; FRANCO, Vera Helena de Mello. *Falência e recuperação da empresa em crise.* São Paulo: Campus, 2008, p. 123; VASCONCELOS, Ronaldo. *Direito processual falimentar.* São Paulo: Quartier Latin, 2008, p. 230.

128. VASCONCELOS, Ronaldo. *Direito processual falimentar.* São Paulo: Quartier Latin, 2008, p. 230; CAMPINHO, Sérgio. *Falência e recuperação de empresa*: o novo regime de insolvência empresarial. 3. ed. Rio de Janeiro: Renovar, 2008, p. 301; NEGRÃO, Ricardo. *Manual de direito comercial e de empresa.* 4. ed. São Paulo: Saraiva, 2009, v. 3, p. 320.

129. BEZERRA FILHO, Manoel Justino. *Lei de recuperação de empresas e falências comentada.* 4. ed. São Paulo: Revista dos Tribunais, 2007, p. 269; SIMIONATO, Frederico A. Monte. *Tratado de direito falimentar.* Rio de Janeiro: Forense, 2008, p. 423; NEGRÃO, Ricardo. *Manual de direito comercial e de empresa.* 4. ed. São Paulo: Saraiva, 2009, v. 3, p. 320.

Interposto o recurso de agravo de instrumento, o seu processamento será naturalmente o mesmo do Código de Processo Civil, assegurada, porém, a preferência de tramitação em qualquer instância (Lei n. 11.101/2005 – art. 89). Naturalmente, será possível a atribuição de efeito suspensivo a esse recurso, nos moldes do art. 1.019, I do CPC/2015. Além disso, por se tratar do questionamento de uma decisão de mérito, muito similar a uma apelação, a nosso ver, deve-se assegurar a sustentação oral aos advogados interessados no feito.

5.4 Natureza

Como visto, a decisão que decreta a falência é responsável pelo início da falência em si e, por isso, o recurso contra tal decisão é o agravo de instrumento, uma vez que o processo deve continuar. Em razão dessas especificidades há quem sustente que a referida decisão é uma decisão interlocutória. No entanto, também há quem sustente que ela é uma sentença. A própria Lei n. 11.101/2005 não é uniforme na terminologia adotada, chamando-a às vezes de decisão (arts. 99, parágrafo único, e 100) e às vezes de sentença (arts. 99, *caput*, e 180).

Bernardo Pimentel Souza[130] entende que a decisão que decreta a falência é uma decisão interlocutória agravável e não uma sentença. Para ele, a decisão simplesmente resolve um incidente processual sobre a continuação da execução concursal, isto é, ao decretar a falência o juiz permite o prosseguimento do feito executivo, tratando-se de simples decisão interlocutória. Para ele, no caso de denegação haveria sentença, porque seria extinto o processo em si. Apesar do brilhantismo do seu defensor, ousamos discordar desse entendimento para aderir à maioria da doutrina[131], que reconhece em tal decisão uma sentença.

---

130. SOUZA, Bernardo Pimentel. *Direito processual empresarial*. Salvador: JusPodivm, 2008, p. 215. No mesmo sentido, VIGIL NETO, Luiz Inácio. *Teoria falimentar e regimes recuperatórios*. Porto Alegre: Livraria do Advogado, 2008, p. 230.

131. SATTA, Salvatore. *Istituzioni di diritto falimentare*. 3. ed. Roma: Foro Italiano, 1949, p. 56; PROVINCIALI, Renzo. *Manuale di diritto fallimentare*. 3. ed. Milano: Giuffrè, 1955, v. 1, p. 269; ROCCO, Ugo. *De la naturaleza del proceso de quiebra y de la sentencia que declara la quiebra*. Tradução de Jorge Guerrero. Bogotá: Themis, 2000, p. 71; VALVERDE, Trajano de Miranda. *Comentários à lei de falências*. 4. ed. Rio de Janeiro: Forense Universitária, 1999, v. 1, p. 178; COELHO, Fábio Ulhoa. *Comentários à nova lei de falências e recuperação de empresas*. São Paulo: Saraiva, 2005, p. 273; ABRÃO, Nelson. *Curso de direito falimentar*. 4. ed. São Paulo: Revista dos Tribunais, 1993, p. 81; ALMEIDA, Amador Paes de. *Curso de falência e recuperação de empresas*. 25. ed. São Paulo: Saraiva, 2009, p. 107; LACERDA, J. C. Sampaio de. *Manual de direito falimentar*. Atualizada por Jorge de Miranda Magalhães. 14. ed. Rio de Janeiro: Freitas Bastos, 1999, p. 89; REQUIÃO, Rubens. *Curso de direito falimentar*. 17. ed. São Paulo: Saraiva, 1998, v. 1, p. 125; NEGRÃO, Ricardo. *Manual de direito comercial e de empresa*. 4. ed. São Paulo: Saraiva, 2009, v. 3, p. 305; LOBATO, Moacyr. *Falência e recuperação*. Belo Horizonte: Del Rey, 2007, p. 187; MIRANDA, Pontes de. *Tratado de direito privado*. Campinas: Bookseller, 2004, v. 28, p. 165; GOUVEA, João Bosco Cascardo de. *Recuperação e falência*: Lei n. 11.101/2005 – comentários artigo por artigo. Rio de Janeiro: Forense, 2009, p. 252; MAMEDE, Gladston. *Direito empresarial brasileiro*: falência e recuperação de empresas. 2. ed. São Paulo: Atlas, 2008, v. 4, p. 356; CAMPINHO, Sérgio. *Falência e recuperação de empresa*: o novo regime de insolvência empresarial. 3. ed. Rio

Para corroborar essa conclusão, precisamos analisar o conceito de sentença. O CPC/2015 (art. 203, § 1º) define a sentença: "é o pronunciamento por meio do qual o juiz, com fundamento nos arts. 485 e 487, põe fim à fase cognitiva do procedimento comum, bem como extingue a execução". No mesmo sentido, Teresa Arruda Alvim Wambier assevera que o traço distintivo das sentenças é justamente o seu conteúdo[132]. Em sentido um pouco diferente, Fredie Didier Jr., Paula Sarno Braga e Rafael Oliveira afirmam que a sentença é o "ato que, analisando ou não o mérito da demanda, encerra uma das etapas (cognitiva ou executiva) do procedimento em primeira instância"[133].

Salvatore Satta define a sentença como "um provimento decisório, seja de todo o mérito, seja de uma parte dele, seja de uma questão de competência ou[134] outra prejudicial". De modo similar, Chiovenda diz que a sentença em geral é "a provisão do juiz que recebendo ou rejeitando a demanda do autor, afirma a existência ou a inexistência de uma vontade concreta da lei que lhe garanta um bem ou respectivamente a existência ou a inexistência de lei que garanta um bem ao réu"[135].

À luz de todo o exposto, não há dúvida de que a decretação da falência se enquadra justamente no conceito de sentença. Não se pode negar que o fato de não pôr fim ao processo, mas iniciar a falência propriamente dita, poderia levar à conclusão de que se trata da solução de um simples incidente processual e, por isso, de uma decisão interlocutória agravável. Contudo, estamos efetivamente diante de uma sentença, na medida em que se trata da definição do mérito do pedido realizado, encaixando-se perfeitamente no conceito de sentença do art. 203, § 1º, do CPC/2015, pelo qual a sentença é o pronunciamento do juiz que implica alguma das situações dos arts. 485 e 487 do CPC/2015. Ademais, o fato de não pôr fim ao processo não muda tal conclusão, na medida em que tal decisão porá fim a uma fase do procedimento (a pré-falimentar) e dará início a outra fase (falimentar) do procedimento, encaixando-se perfeitamente na ideia de uma sentença.

Afirmada a natureza de sentença na decisão que decreta a falência, resta saber que tipo de sentença ela é. Para resolver essa controvérsia, cabe destacar que nenhuma sen-

---

de Janeiro: Renovar, 2008, p. 293; CAMPOS BATALHA, Wilson de Souza; RODRIGUES NETTO, Nelson; RODRIGUES NETTO, Sílvia Maria Labate Batalha. *Comentários à lei de recuperação judicial de empresas e falência*. 4. ed. São Paulo: LTr, 2007, p. 158; VASCONCELOS, Ronaldo. *Direito processual falimentar*. São Paulo: Quartier Latin, 2008, p. 190.

132. WAMBIER, Teresa Arruda Alvim. Sobre a incidência dos recursos especial e extraordinário retidos e "interlocutórias" que são sentenças. In: NERY JR., Nelson; WAMBIER, Teresa Arruda Alvim (Coord.). *Aspectos polêmicos e atuais dos recursos cíveis*: de acordo com a Lei 10.352/2001. São Paulo: Revista dos Tribunais, 2002, p. 527.

133. DIDIER JR., Fredie; BRAGA, Paula Sarno; OLIVEIRA, Rafael. *Curso de direito processual civil*. Salvador: Podivm, 2007, v. 2, p. 221.

134. SATTA, Salvatore e PUNZI, Carmine. *Diritto processuale civile*. 12. ed. Pádova: CEDAM, 1996, p. 245, tradução livre de "*un provvedimento decisorio, sia de tutto il merito, sia di una parte di esso, sia di uma questione de competenza o altra pregiudiziale*".

135. CHIOVENDA, Giuseppe. *Instituições de direito processual civil*. Campinas: Bookseller, 1998, v. 1, p. 198.

tença é pura, isto é, nenhuma sentença tem apenas uma eficácia. Quando se busca saber a natureza de uma sentença, o que se quer, na realidade, é a eficácia preponderante dessa sentença.

Para alguns, trata-se de sentença eminentemente declaratória, na medida em que apenas reconhece a situação de falência, que é anterior[136]. Outros afirmam tratar-se de sentença executiva *lato sensu* porquanto "proferida no processo de execução coletiva universal, trazendo em si a força plena da executividade, abrangente de pessoas, bens, contratos e atos do falido"[137]. Outros autores reconhecem uma equivalência entre as eficácias constitutiva e declaratória nessa decisão[138], uma vez que "tal sentença enquanto reconhece a preexistência de uma situação de fato, é declaratória; constitutiva, porém, no dizer dos processualistas, porque, e na verdade, instaura um novo estado jurídico, o de falência, previsto e regulado na lei, valendo *erga omnes*"[139]. A maioria da doutrina afirma tratar-se de uma sentença eminentemente constitutiva na medida em que faz surgir uma nova situação jurídica[140]. Pontes de Miranda afirma também a preponderância da eficácia constitutiva e o faz dando valores de um a cinco para cada eficácia da decretação da falência nos seguintes termos: constitutividade (5), declaratividade (3), condenatividade (2), mandamentalidade (1) e executividade (4)[141].

A nosso ver, efetivamente trata-se de uma sentença preponderantemente constitutiva, porquanto ela abre nova fase na vida econômica do falido[142], modificando suas relações jurídicas. Há, inegavelmente, uma carga declaratória nessa sentença, na medida em que ela reconhece a insolvência do devedor empresário, contudo, a esse carga decla-

---

136. ANDRADE, Jorge Pereira. *Manual de falências concordatas*. São Paulo: Atlas, 1996, p. 88; BALBINO, Márcia De Paoli. In: CORRÊA-LIMA, Osmar Brina; CORRÊA LIMA, Sérgio Mourão (Coord.). *Comentários à nova lei de falência e recuperação de empresas*. Rio de Janeiro: Forense, 2009, p. 722.

137. PACHECO, José da Silva. *Processo de falência e concordata*. 13. ed. Rio de Janeiro: Forense, 2004, p. 230-231. No mesmo sentido: FERRARA, Francesco. *Il falimento*. Milano: Giuffrè, 1959, p. 175.

138. MAMEDE, Gladston. *Direito empresarial brasileiro*: falência e recuperação de empresas. 2. ed. São Paulo: Atlas, 2008, v. 4, p. 356; CAMPINHO, Sérgio. *Falência e recuperação de empresa*: o novo regime de insolvência empresarial. 3. ed. Rio de Janeiro: Renovar, 2008, p. 299.

139. VALVERDE, Trajano de Miranda. *Comentários à lei de falências*. 4. ed. Rio de Janeiro: Forense Universitária, 1999, v. 1, p. 178, p. 178.

140. RICCI, Edoardo F. *Lezioni sul fallimento*. 2. ed. Milano: Giuffré, 1997, p. 127; SATTA, Salvatore. *Istituzioni di diritto falimentare*. 3. ed. Roma: Foro Italiano, 1949, p. 56; COELHO, Fábio Ulhoa. *Comentários à nova lei de falências e recuperação de empresas*. São Paulo: Saraiva, 2005, p. 273; ABRÃO, Nelson. *Curso de direito falimentar*. 4. ed. São Paulo: Revista dos Tribunais, 1993, p. 81; ALMEIDA, Amador Paes de. *Curso de falência e recuperação de empresas*. 25. ed. São Paulo: Saraiva, 2009, p. 107; LACERDA, J. C. Sampaio de. *Manual de direito falimentar*. Atualizada por Jorge de Miranda Magalhães. 14. ed. Rio de Janeiro: Freitas Bastos, 1999, p. 89; REQUIÃO, Rubens. *Curso de direito falimentar*. 17. ed. São Paulo: Saraiva, 1998, v. 1, p. 125; NEGRÃO, Ricardo. *Manual de direito comercial e de empresa*. 4. ed. São Paulo: Saraiva, 2009, v. 3, p. 305; FAZZIO JÚNIOR, Waldo. *Nova lei de falência e recuperação de empresas*. São Paulo: Atlas, 2005, p. 267; VASCONCELOS, Ronaldo. *Direito processual falimentar*. São Paulo: Quartier Latin, 2008, p. 209.

141. MIRANDA, Pontes de. *Tratado de direito privado*. Campinas: Bookseller, 2004, v. 28, p. 187.

142. Idem, p. 168.

ratória se agrega e prepondera a eficácia constitutiva com a modificação e a extinção de relações jurídicas do falido[143]. Ela cria situações jurídicas novas[144], constitui um *status* jurídico de falido[145] e modifica as relações jurídicas entre o falido, seus credores e terceiros em geral[146]. Ademais, não se pode cogitar de falência sem essa sentença, vale dizer, é ela que faz nascer a falência, reforçando sua natureza constitutiva[147].

143. VASCONCELOS, Ronaldo. *Direito processual falimentar*. São Paulo: Quartier Latin, 2008, p. 210.

144. RICCI, Edoardo F. *Lezioni sul fallimento*. 2. ed. Milano: Giuffrè, 1997, p. 127.

145. PAJARDI, Piero. *Manuale di diritto fallimentare*. 6. ed. Milano: Giuffrè, 2002, p. 117.

146. AMBROSINI, Stefano; CAVALLI, Stefano; JORIO, Alberto. *Trattato di diritto commerciale*. Pádova: CEDAM, 2009, v. XI, t. 2, p. 212.

147. ROCCO, Ugo. *De la naturaleza del proceso de quiebra y de la sentencia que declara la quiebra*. Tradução de Jorge Guerrero. Bogotá: Themis, 2000, p. 75-77.

18 EFEITOS DA FALÊNCIA QUANTO À PESSOA DO FALIDO

1 Quem é considerado falido?

Como visto, a sentença que decreta a falência é uma sentença preponderantemente constitutiva positiva, na medida em que ela cria situações jurídicas novas[1] e mais especificamente cria o *status* jurídico de falido[2], produzindo efeitos sobre a pessoa do falido, sobre as obrigações do falido, sobre os contratos do falido e sobre os bens do falido. Para analisar esses efeitos, é essencial saber quem é considerado falido, pois a definição dessa condição é que irá delimitar o âmbito de incidência desses efeitos.

Naturalmente, é considerado falido o devedor empresário que está insolvente juridicamente e que teve sua falência decretada. Esse devedor foi réu do pedido de falência ou autor da autofalência ou da ação de recuperação judicial convolada em falência. Ele é quem está passando por uma crise insuperável e, por isso, é ele quem deve sofrer a liquidação patrimonial forçada por meio da falência. Estamos falando aqui tanto dos empresários individuais (pessoas físicas) quanto das sociedades empresárias (pessoas jurídicas ou não) e das Empresas Individuais de Responsabilidade Limitada – EIRELIs, vale dizer, não falamos apenas de pessoas jurídicas enquadradas como falido, mas de qualquer devedor empresário. Por ser considerado falido, é a pessoa do devedor, suas obrigações, seus contratos e seus bens que sofrerão dos efeitos da falência.

Além do próprio devedor (empresário individual, EIRELI ou sociedade empresária), também podem ser considerados falidos outros sujeitos, no que podemos chamar de extensão da falência[3], falências derivadas[4] ou falências dependentes[5]. Usaremos a expressão *extensão da falência* para identificar esse fenômeno pelo qual outros sujeitos, além do devedor, podem ser considerados falidos.

---

1. RICCI, Edoardo F. *Lezioni sul fallimento.* 2. ed. Milano: Giuffrè, 1997, p. 127.
2. PAJARDI, Piero. *Manuale di diritto fallimentare.* 6. ed. Milano: Giuffrè, 2002, p. 117.
3. PROVINCIALI, Renzo. *Manuale di diritto fallimentare.* 3. ed. Milano: Giuffrè, 1955, v. 2, p. 1009.
4. SERRA, Catarina. *Falências derivadas e âmbito subjetivo da falência.* Coimbra: Coimbra, 1999, p. 67.
5. FERRARA, Francesco. *Il falimento.* Milano: Giuffrè, 1959, p. 83.

2 Extensão da falência

Como mencionado, nem sempre o próprio devedor será o único falido. Há casos em que outras pessoas também podem ser atingidas pela falência, são os chamados casos de extensão da falência.

2.1 Sócios de responsabilidade ilimitada

Nas sociedades empresárias em geral, é a sociedade que é considerada falida, não havendo, a princípio, extensão da falência a seus sócios ou administradores. Contudo, o art. 81 da Lei n. 11.101/2005 determina que, no caso de decretação da falência de sociedade que tenha sócios de responsabilidade ilimitada, esses sócios também são considerados falidos e sofrem todos os efeitos da falência.

Assim, nas sociedades em comum e nas sociedades em nome coletivo, todos os sócios são considerados falidos e sofrem os efeitos da falência. Nas sociedades em comandita simples, a extensão da falência atingirá os sócios comanditados. Por fim, nas sociedades em comandita por ações, a extensão atingirá os acionistas diretores da sociedade. Em suma, qualquer sócio que tenha responsabilidade ilimitada pelas obrigações da sociedade será considerado falido e sofrerá os efeitos da falência, devendo ser inclusive citado no eventual pedido de falência.

Como esse tipo de sócio tem o dever de pagar as dívidas da sociedade, é natural que a falência lhe seja estendida. Os direitos dos credores não recaem apenas sobre o patrimônio da sociedade, mas também sobre o patrimônio desses sócios e, por isso, os efeitos da falência se estendem a eles. Como eles são considerados falidos, seus bens serão arrecadados no processo, mas, por sua situação peculiar, é recomendável que seja liquidado em primeiro lugar o patrimônio da sociedade e só posteriormente o dos sócios, na medida em que for necessário[6]. Também nos casos de transformação da sociedade para um tipo societário de responsabilidade limitada, mantém-se a responsabilidade ilimitada dos sócios em relação às obrigações anteriores à transformação (CC – art. 1.115; Lei n. 6.404/76 – art. 222).

Mesmo os sócios de responsabilidade ilimitada que já saíram do quadro societário (retirada ou exclusão) também podem ser considerados falidos. Para a extensão da falência a esses que já não compõem o quadro societário, são exigidas duas condições: que a saída tenha ocorrido há menos de dois anos e que ainda existam dívidas anteriores à sua saída que não tenham sido solvidas. Registre-se que a data da saída dos sócios nesse caso é a data do arquivamento da alteração contratual. Preenchidos os requisitos, tais sócios podem ser considerados falidos e sofrerão os efeitos da falência, mas apenas em relação

6. COELHO, Fábio Ulhoa. *Curso de direito comercial*. 8. ed. São Paulo: Saraiva, 2008, v. 3, p. 286.

às dívidas anteriores à sua saída. No direito argentino, não se toma como referência o prazo de dois anos, mas o início da cessação de pagamentos[7].

Essa extensão da falência a ex-sócios traz problemas de ordem prática[8], uma vez que a verificação dos requisitos para a extensão da falência ao ex-sócio só se dá normalmente após a decretação da falência. Assim sendo, no curso da fase pré-falimentar dificilmente é possível saber se haverá ou não a extensão. Sem saber se estão presentes ou não os requisitos para a extensão da falência, é difícil saber se o ex-sócio deve ou não ser citado para contestar o pedido e, sem sua citação, não pode haver a extensão da falência a ele. Em razão disso, acreditamos que o juiz deve citar os ex-sócios que aparentemente possam se enquadrar nessa extensão, para evitar nulidades na eventual decisão que os considere falidos. Na prática, tal problema não preocupa.

Tal extensão da falência aos sócios de responsabilidade ilimitada é uma prática comum no direito comparado, existindo no direito argentino[9], no antigo sistema português[10] e no direito italiano[11]. Na prática, porém, ela é muito pouco efetiva, na medida em que existem muito poucas sociedades com sócios de responsabilidade ilimitada. No período de 1985 a 2005, o número de sociedades com sócios de responsabilidade ilimitada representa bem menos que 0,1% das constituições realizadas nas juntas comerciais[12]. A limitação de responsabilidade dos sócios é hoje um postulado do direito societário[13].

2.2 *Sócios de responsabilidade limitada*

Quase todas as sociedades empresárias atuais adotam as formas de sociedade limitada e de sociedade anônima. Nas primeiras, os sócios respondem de forma subsidiária, solidária e limitada ao valor do capital social a integralizar (CC – art. 1.052) e, nas sociedades anônimas, os acionistas respondem apenas pelo preço de emissão das ações subscritas ou adquiridas (Lei n. 6.404/76 – art. 1º). Em suma, em ambas as formas societárias, os sócios têm riscos limitados. Diante desse regime de responsabilidade, não se pode aplicar aos sócios das limitadas e das sociedades anônimas o art. 81 da Lei n. 11.101/2005, isto é, a decretação da falência das sociedades limitadas e anônimas não se estende au-

---

7. BAS, Francisco Junyent; SANDOVAL, Carlos A. Molina. *Ley de concursos y quiebras comentada*. Buenos Aires: Depalma, 2003, t. II, p. 286.

8. BEZERRA FILHO, Manoel Justino. *Lei de recuperação de empresas e falências comentada*. 4. ed. São Paulo: Revista dos Tribunais, 2007, p. 208.

9. BAS, Francisco Junyent; SANDOVAL, Carlos A. Molina. *Ley de concursos y quiebras comentada*. Buenos Aires: Depalma, 2003, t. II, p. 283.

10. SERRA, Catarina. *Falências derivadas e âmbito subjetivo da falência*. Coimbra: Coimbra, 1999, p. 101.

11. AMBROSINI, Stefano; CAVALLI, Stefano; JORIO, Alberto. *Trattato di diritto commerciale*. Pádova: CEDAM, 2009, v. XI, t. 2, p. 776.

12. Disponível em: <http://www.dnrc.gov.br/>.

13. MILMAN, David. *National corporate law in a globalised market*: the UK experience in perspective. Cheltenham: Edward Elgar, 2009, p. 66.

tomaticamente aos seus sócios ou acionistas. O mesmo regime será aplicável aos titulares de EIRELIs.

Apesar da inaplicabilidade do art. 81 da Lei n. 11.101/2005 aos sócios das limitadas e das sociedades anônimas, essa mesma lei prevê no art. 82 uma ação perante o juízo falimentar para apurar a responsabilidade pessoal dos sócios de responsabilidade limitada, dos controladores e dos administradores das sociedades. Tal previsão, contudo, não se confunde com a extensão da falência[14], representando apenas uma ação de responsabilidade nos termos da legislação de regências de tais sociedades, ou seja, os sócios de responsabilidade limitada réus dessas ações não são considerados falidos, mas podem ser obrigados a pagar valores para a massa falida. Esse dispositivo se refere a casos como o abuso do acionista controlador (Lei n. 6.404/76 – art. 117) e o recebimento indevido de lucros (CC – art. 1.059).

Embora não se cogite de uma extensão automática da falência a tais sócios, nem mesmo no caso da ação de responsabilidade do art. 82 da Lei n. 11.101/2005, excepcionalmente será possível a extensão da condição de falido aos sócios ou acionistas de tais sociedades.

2.2.1 Admissibilidade da extensão da falência: cabimento da desconsideração da personalidade jurídica na falência

A nosso ver, será possível a extensão da falência aos sócios de responsabilidade limitada nos casos excepcionais que autorizam a desconsideração da personalidade jurídica[15] da sociedade falida. Certos autores[16] negam essa possibilidade, afirmando que não há personalidade jurídica na massa falida que possa ser desconsiderada. Outros alegam a falta de previsão legal para a extensão da falência, admitindo, porém, o uso da desconsideração da personalidade jurídica em termos gerais[17].

Não se cogita aqui de desconsideração da massa falida, que é um sujeito de direitos criado para possibilitar o melhor andamento da falência. O que se desconsidera é a personalidade jurídica da sociedade falida, isto é, há uma pessoa jurídica a ser considerada. Outrossim, o processo de falência como processo de execução pode e deve evitar usos indevidos da autonomia patrimonial da pessoa jurídica por meio da desconsideração.

A lei reconhece a pessoa jurídica como um importantíssimo instrumento para o exercício da atividade empresarial, não a transformando, porém, num dogma inatacá-

---

14. KOCH, Deonísio. *Desconsideração da personalidade jurídica*. Florianópolis: Momento Atual, 2005, p. 137.

15. STJ – REsp 370.068/GO, Rel. Ministra NANCY ANDRIGHI, TERCEIRA TURMA, julgado em 16-12--2003, *DJ* 14-3-2005, p. 318; STJ – REsp 228.357/SP, Rel. Ministro CASTRO FILHO, TERCEIRA TURMA, julgado em 9-12-2003, *DJ* 2-2-2004, p. 332.

16. SIMIONATO, Frederico A. Monte. *Tratado de direito falimentar*. Rio de Janeiro: Forense, 2008, p. 407.

17. TOLEDO, Paulo Fernando Campos Salles de. Extensão da falência sócios ou controladores de sociedades falidas. *Revista do Advogado*, n. 105, ano XXIX, set. 2009, p. 158.

vel. A personalidade jurídica das sociedades "deve ser usada para propósitos legítimos e não deve ser pervertida"[18]. Todavia, caso tais propósitos sejam desvirtuados, não se pode fazer prevalecer o dogma da separação patrimonial entre a pessoa jurídica e os seus membros.

Desvirtuada a utilização da pessoa jurídica, nada mais eficaz do que retirar os privilégios que a lei assegura, isto é, descartar a autonomia patrimonial no caso concreto, esquecer a separação entre sociedade e sócio[19], o que leva a estender os efeitos das obrigações da sociedade a estes. Assim, os sócios ficam inibidos de praticar atos que desvirtuem a função da pessoa jurídica, pois caso o façam não estarão sob o amparo da autonomia patrimonial.

A desconsideração é, pois, a forma de adequar a pessoa jurídica aos fins para os quais ela foi criada, vale dizer, é a forma de limitar e coibir o uso indevido deste privilégio que é a pessoa jurídica[20], ou seja, é uma forma de reconhecer a relatividade da personalidade jurídica das sociedades. Este privilégio só se justifica quando a pessoa jurídica é usada adequadamente, o desvio da função faz com que deixe de existir razão para a separação patrimonial[21].

> O conceito será sustentado apenas enquanto seja invocado e empregado para propósitos legítimos. A perversão do conceito para usos impróprios e fins desonestos (*e. g.*, para perpetuar fraudes, burlar a lei, para escapar de obrigações), por outro lado, não será tolerada. Entre esses são várias as situações onde as cortes podem desconsiderar a pessoa jurídica para atingir um justo resultado[22].

Em síntese, a desconsideração da personalidade jurídica é a retirada episódica, momentânea e excepcional da autonomia patrimonial da pessoa jurídica, a fim de estender os efeitos de suas obrigações à pessoa de seus sócios ou administradores, com o fim de coibir o desvio da função da pessoa jurídica, perpetrado por estes. Ela também serve para responsabilizar os titulares das EIRELIs. Com a desconsideração, os sócios

18. WORMSER, I. Maurice. *Disregard of corporate fiction and allied corporation problems.* Washington: Beard Books, 2000, p. 9, tradução livre de "*it must be used for legitimate business purposes and must not be perverted*".

19. SERICK, Rolf, *Apariencia y realidad en las sociedades mercantiles*: el abuso de derecho por medio de la persona jurídica. Tradução e comentários de direito espanhol por José Puig Brutau. Barcelona: Ariel, 1958, p. 241.

20. VERRUCOLI, Piero. *Il superamento della personalità giuridica delle società di capitali nella Common Law e nella Civil Law.* Milano: Giuffrè, 1964, p. 195.

21. LATTIN, Norman D. *Lattin on corporations.* Brooklyn: The Foundation Press, 1959, p. 67.

22. HENN, Harry G.; ALEXANDER, John R. *Law of corporations.* 3. ed. St. Paul: West Group, 1983, p. 346, tradução livre de "*the concept will be sustained only so long as it is invoked and employed for legitimate purposes. Perversion of the concept to improper uses and dishonests ends* (e. g., *to perpetuate fraud, to evade the law, to escape obligations), on the other hand, will not be countenanced. In between are various situations where the courts might disregard coporateness to achiev a just result*".

que forem atingidos também serão considerados falidos e sofrerão todos os efeitos da falência. Nada impede, porém, que a desconsideração seja usada apenas para estender certos efeitos da falência e não a própria condição de falido. A decisão caberá ao juiz na análise de cada caso.

2.2.2 Fundamentos para a desconsideração no processo falimentar

Não há na legislação falimentar dispositivo específico que trate da desconsideração da personalidade jurídica. O art. 82 da Lei n. 11.101/2005 trata de uma ação de responsabilidade que não se confunde com a desconsideração. Diante desse silêncio da legislação falimentar, surgem os fundamentos que podem autorizar a desconsideração da personalidade jurídica em um processo de falência.

De imediato, há que se ressaltar que a desconsideração prescinde de fundamentos legais para a sua aplicação[23]. Contudo, apenas em situações excepcionais é que se pode cogitar da aplicação da desconsideração. Essas situações excepcionais representam os requisitos fundamentais de aplicação da desconsideração. Todavia, há uma divergência doutrinária sobre quais seriam esses fundamentos.

Para a chamada teoria menor, basta o não pagamento de um crédito para se aplicar a desconsideração da personalidade jurídica[24]. Se a sociedade não tiver patrimônio para honrar suas obrigações, mas os sócios forem solventes, deve-se aplicar a desconsideração da personalidade jurídica. Reconhecendo a aplicabilidade dessa teoria, em relação ao que guardamos reservas, o STJ já afirmou que "a teoria menor da desconsideração, acolhida em nosso ordenamento jurídico excepcionalmente no Direito do Consumidor e no Direito Ambiental, incide com a mera prova de insolvência da pessoa jurídica para o pagamento de suas obrigações, independentemente da existência de desvio de finalidade ou de confusão patrimonial"[25].

De outro lado, para a chamada teoria maior da desconsideração, não basta o descumprimento de uma obrigação por parte da pessoa jurídica[26], é necessário que tal descumprimento decorra do desvirtuamento da sua função. Tal teoria se subdivide em teoria maior subjetiva e teoria maior objetiva. Para a teoria maior subjetiva, o pressuposto fundamental da desconsideração é o desvio da função da pessoa jurídica, que se constata na fraude e no abuso de direito relativos à autonomia patrimonial, pois a desconsideração nada mais é do que uma forma de limitar o uso da pessoa jurídica aos fins para os quais

23. COELHO, Fábio Ulhoa. *Curso de direito comercial.* 9. ed. São Paulo: Saraiva, 1999, v. 2, p. 53.

24. Idem, p. 46.

25. STJ – 3ª Turma – REsp 279273/SP, Rel. Ministro Ari Pargendler, Rel. p/ Acórdão Ministra Nancy Andrighi, 3ª T., julgado em 4-12-2003, *DJ* 29-3-2004, p. 230.

26. SERICK, Rolf. *Apariencia y realidad en las sociedades mercantiles*: el abuso de derecho por medio de la persona jurídica. Tradução e comentários de direito espanhol por José Puig Brutau. Barcelona: Ariel, 1958, p. 246.

ela é destinada. Fábio Konder Comparato[27] entende que tal formulação da desconsideração é equivocada, entendendo que é a confusão patrimonial o requisito primordial da desconsideração, desenvolvendo o que se costumou chamar de teoria objetiva. A confusão patrimonial é a inexistência de separação clara entre o patrimônio da pessoa jurídica e o patrimônio dos sócios ou administradores. Apesar de algumas controvérsias quanto à vertente adotada, essa teoria foi acolhida pelo art. 50 do Código Civil.

A nosso ver, a teoria menor não deveria ser aplicada em nenhuma hipótese, uma vez que desvirtua a limitação de riscos, a grande função da personalidade jurídica das sociedades. Apesar disso, não temos como negar sua aceitação no âmbito do direito do consumidor, do direito ambiental e do direito do trabalho. No caso da falência, ainda que existam créditos trabalhistas e créditos de consumidores, não vemos como aplicar a teoria, tendo em vista a própria natureza coletiva da falência. Em certos microssistemas pode-se até admitir a teoria menor, mas, num processo geral como a falência, só se pode cogitar da desconsideração da personalidade jurídica fundada na teoria maior[28].

Assim, seja com base na teoria em si, seja com base no Código Civil, será possível desconsiderar a personalidade jurídica da sociedade falida nos casos sustentados pela teoria maior, a nosso ver, pela teoria maior subjetiva, isto é, nos casos de fraude e de abuso e direito relacionados à autonomia patrimonial. A fraude é o artifício malicioso para prejudicar terceiros, isto é, "a distorção intencional da verdade com o intuito de prejudicar terceiros"[29]. O essencial na sua caracterização é o intuito de prejudicar terceiros, independentemente de se tratar de credores[30]. De outro lado, o abuso é o mau uso do direito, ou seja, "é abusivo qualquer ato que por sua motivação e por seu fim, vá contra o destino, contra a função do direito que se exerce"[31]. O ato praticado é permitido pelo ordenamento jurídico[32], no entanto, ele foge à sua finalidade social, e sua prevalência gera um mal-estar no meio social, não podendo prevalecer.

Apesar da nossa opinião contrária, muitos autores[33] entendem que, paralelamente à teoria subjetiva, nosso ordenamento jurídico adotou também a concepção objetiva da

---

27. COMPARATO, Fábio Konder. *O poder de controle na sociedade anônima*. 3. ed. Rio de Janeiro: Forense, 1983, p. 274-275.

28. GONÇALVES, Oksandro. *Desconsideração da personalidade jurídica*. Curitiba: Juruá, 2004, p. 148; STJ – REsp 693.235/MT, Rel. Ministro LUIS FELIPE SALOMÃO, QUARTA TURMA, julgado em 17-11-2009, *DJe* 30-11-2009.

29. SILVA, Alexandre Couto. *Aplicação da desconsideração da personalidade jurídica no direito brasileiro*. São Paulo: LTr, 1999, p. 36.

30. SILVA, Alexandre Couto. *Aplicação da desconsideração da personalidade jurídica no direito brasileiro*. São Paulo: LTr, 1999, p. 39.

31. JOSSERAND, Louis. *Del abuso de los derechos y otros ensayos*. Bogotá: Temis, 1999, p. 5, tradução livre de "*es abusivo cualquier acto que, por sus móviles y por su fin, va contra el destino, contra la función del derecho que se ejerce*".

32. WARAT, Luis Alberto. *Abuso del derecho y lagunas de la ley*. Buenos Aires: Abeledo-Perrot, 1969, p. 56-57.

33. GAGLIANO, Pablo Stolze; PAMPLONA FILHO, Rodolfo. *Novo curso de direito civil*. 2. ed. São Paulo: Saraiva, 2003, v. 1, p. 238.

desconsideração da personalidade jurídica, no art. 50 do Código Civil. No mesmo sentido, José Tadeu Neves Xavier afirma que, "na mistura de patrimônios, as fronteiras da autonomia patrimonial da sociedade e de seus sócios tornam-se fluidas, ensejando a perda da responsabilidade limitada de quem lhe dá causa"[34]. Dentro dessa concepção, a confusão patrimonial também poderia ser fundamento para desconsideração no processo falimentar. A nosso ver, porém, a confusão patrimonial pode ser apenas um indício do eventual abuso, o qual seria o fundamento da desconsideração.

2.2.3 Quem pode ser atingido pela desconsideração?

Admitida a aplicação da desconsideração da personalidade jurídica da sociedade falida, há que se analisar quem deve ser atingido pela desconsideração e, consequentemente, pela extensão da falência.

Pelo teor do Código Civil, que serve de referência para todos os casos, a desconsideração da personalidade jurídica permite a responsabilização de sócios ou administradores por obrigações da sociedade. Mas essa extensão aos sócios ou administradores abrange todos eles? Numa sociedade anônima, inclusive os minoritários serão responsabilizados?

A positivação da desconsideração não responde a tal indagação, pois os textos legais não indicam os responsáveis e nem poderiam fazê-lo, pois acabaria ficando gessada a identificação dos responsáveis. Assim, a análise deve ser feita em cada caso, para saber a quem a desconsideração se estende. Apesar disso, há alguns parâmetros dados pela doutrina.

Na doutrina, Tereza Christina Nahas afirma que

> [...] o art. 50 do Código Civil quis responsabilizar o gestor da pessoa jurídica, o que é absolutamente coerente, pois, se é ele quem detém o poder de administrar, certamente deverá responder pela gestão que fizer. Esse é o mesmo espírito que norteou o Código de Defesa do Consumidor e todas as demais leis que dispuseram acerca da desconsideração ou da responsabilização pessoal do sócio ou gestor da pessoa jurídica[35].

Com efeito, quem tem poder de gestão deve ser responsabilizado, mas não apenas esse. Há casos em que pessoas com participação bem pequena acabam praticando ou se beneficiando dos atos ensejadores da aplicação da desconsideração. Tais pessoas também devem ser atingidas pelos efeitos da desconsideração. Em função dessa possibilidade, Gilberto Gomes Bruschi assevera que

---

34. XAVIER, José Tadeu Neves. A teoria da desconsideração da pessoa jurídica no Código Civil de 2002. *Revista de Direito Privado*, ano 3, n. 10, abr./jun. 2002, p. 77.

35. NAHAS, Tereza Christina. *Desconsideração da personalidade jurídica*: reflexos civis e empresariais nas relações de trabalho. São Paulo: Atlas, 2004, p. 182.

> [...] salvo melhor juízo, entendemos que meras participações societárias, pouco representativas em relação ao capital social, sem poder de controle, sem poder de administração e sem que tenham participado dos atos considerados excessivos ou abusivos como fator determinante da desconsideração da personalidade jurídica, seus detentores, meros investidores, não podem ser alcançados e muito menos responsabilizados pelos atos de outrem[36].

Portanto, a desconsideração não se estende a todos os sócios ou administradores, mas àqueles que tenham poder de controle, de gestão ou tenham participado ou se beneficiado pelos atos abusivos ou fraudulentos determinantes da desconsideração. Sócios ou acionistas minoritários, sem poderes de gestão e sem participação ou benefício pelos atos abusivos, não podem ser responsabilizados[37] e consequentemente não podem ser abrangidos pela eventual extensão da falência.

2.2.4 Aspectos processuais da desconsideração da personalidade jurídica no processo falimentar

Apesar de respeitáveis opiniões em sentido contrário[38], a maioria da doutrina[39] e da jurisprudência[40] entendem, a nosso ver com razão que a desconsideração da personalidade não depende de uma ação de conhecimento específica para sua decretação, isto é, pode ser decretada inclusive na fase de execução de um processo. Tal medida não violaria os princípios da ampla defesa e do contraditório, nem os limites de uma eventual coisa julgada e a legitimidade passiva da execução. Mais que isso, tal medida atende à exigência da instrumentalidade e da efetividade do processo.

---

36. BRUSCHI, Gilberto Gomes. *Aspectos processuais da desconsideração da personalidade jurídica*. São Paulo: Juarez de Oliveira, 2004, p. 149.

37. STJ – REsp 786.345/SP, Rel. Ministro HUMBERTO GOMES DE BARROS, Rel. p/ Acórdão Ministro ARI PARGENDLER, TERCEIRA TURMA, julgado em 21-8-2008, *DJe* 26-11-2008; TJMG – 3ª Turma Cível – Apelação Cível n. 348.653-1 – Relator Desembargor Edílson Fernandes – *DJ* de 25-5-2002.

38. COELHO, Fábio Ulhoa. *Curso de direito comercial*. São Paulo: Saraiva, 1999, v. 2, p. 55; SILVA, Osmar Vieira. *Desconsideração da personalidade jurídica*: aspectos processuais. Rio de Janeiro: Renovar, 2002, p. 204.

39. BRUSCHI, Gilberto Gomes. *Aspectos processuais da desconsideração da personalidade jurídica*. São Paulo: Juarez de Oliveira, 2004, p. 91; GONÇALVES, Oksandro. *Desconsideração da personalidade jurídica*. Curitiba: Juruá, 2004, p. 161; GUIMARÃES, Flávia Lefèvre. *Desconsideração da pessoa jurídica no Código de Defesa do Consumidor*: aspectos processuais. São Paulo: Max Limonad, 1998, p. 169; MAMEDE, Gladston. *Direito empresarial brasileiro*. São Paulo: Atlas, 2004, v. 2, p. 271-273.

40. STJ – REsp 693.235/MT, Rel. Ministro LUIS FELIPE SALOMÃO, QUARTA TURMA, julgado em 17-11-2009, *DJe* 30-11-2009; REsp 418.385/SP, Rel. Ministro ALDIR PASSARINHO JUNIOR, QUARTA TURMA, julgado em 19-6-2007, *DJ* 3-9-2007, p. 178; REsp 920.602/DF, Rel. Ministra NANCY ANDRIGHI, TERCEIRA TURMA, julgado em 27-5-2008, *DJe* 23-6-2008; REsp 1034536/MG, Rel. Ministro FERNANDO GONÇALVES, QUARTA TURMA, julgado em 5-2-2009, *DJe* 16-2-2009.

Dentro dessa perspectiva, não há dúvida sobre a possibilidade de decretação da desconsideração da personalidade jurídica também no próprio processo de falência, seja na própria sentença de decretação, seja posteriormente. Mesmo a previsão de uma ação de responsabilização de sócios não traz consigo a exigência de uma ação própria para a desconsideração, como entende Gladston Mamede[41]. Contudo, a desconsideração nesse processo traz à tona questões processuais.

Caso o pedido de desconsideração seja feito até a prolação da sentença que decreta a falência, é recomendável que seja citado o sócio a ser atingido, nos mesmos moldes de um sócio de responsabilidade ilimitada. Eventualmente, pode-se até usar medidas acautelatórias de bloqueio e indisponibilidade de bens desses sócios até a decisão do processo. Nesse caso, a própria sentença que decretar a falência terá todos os elementos obrigatórios também em relação aos sócios a serem atingidos, mantendo-se, porém, um único processo e um único administrador judicial[42].

Mesmo se já foi decretada a falência, nada impede que haja a decretação da desconsideração e a consequente extensão da falência, desde que comprovados os pressupostos já mencionados. Nesses casos, recomenda-se também a oitiva do sócio ou das demais pessoas que possam ser atingidas para evitar eventuais questionamentos quanto à obediência aos princípios da ampla defesa e do contraditório, sem prejuízo de medidas acautelatórias de indisponibilidade e bloqueio de bens dos sócios. Com o CPC/2015, acreditamos recomendável que se instaure o incidente de desconsideração da personalidade jurídica, na forma dos arts. 133 a 137, mesmo nos processos de falência.

Decretada a desconsideração, mesmo posteriormente, mantém-se a unidade do processo, mas pode ser necessária a instauração de uma nova verificação dos créditos particulares do sócio.

2.3 Administradores

Por serem responsáveis pela atuação concreta da sociedade empresária, os administradores terão as mesmas obrigações do falido (Lei n. 11.101/2005 – art. 81, § 2º), como a entrega de documentos e a prestação de informações. Contudo, a existência dessas obrigações não significa que os administradores da sociedade falida também são considerados falidos. Como regra geral, tais administradores não terão responsabilidade pessoal pelos atos praticados em nome da sociedade. Eventual responsabilidade por atos específicos será apurada em ação própria para isso, nos termos do art. 82 da Lei n. 11.101/2005.

Contudo, os administradores podem utilizar indevidamente a autonomia patrimonial da sociedade, isto é, podem abusar da personalidade jurídica da sociedade. Nesses casos,

---

41. MAMEDE, Gladston. *Direito empresarial brasileiro*: falência e recuperação de empresas. 2. ed. São Paulo: Atlas, 2008, v. 4, p. 381.

42. GONÇALVES, Oksandro. *Desconsideração da personalidade jurídica*. Curitiba: Juruá, 2004, p. 154-155.

é possível a desconsideração da personalidade jurídica e a consequente extensão da falência ou de alguns efeitos da falência. As mesmas considerações feitas sobre a extensão da falência para os sócios de responsabilidade limitada aplicam-se à extensão da falência aos administradores. Com o CPC/2015, acreditamos recomendável que se instaure o incidente de desconsideração da personalidade jurídica, na forma dos arts. 133 a 137, mesmo nos processos de falência.

2.4 Empresário indireto

Como visto, os empresários regulares ou irregulares se submetem à falência. Contudo, por vezes, aquele que aparece como empresário no mundo jurídico não é efetivamente o titular da atividade, ele apenas empresta seu nome, conscientemente ou não, a terceiro, que é quem usufrui dos benefícios da atividade, inclusive gerindo a atividade por procuração ou outros mecanismos. Nesses casos, discute-se quem deve falir: aquele que empresta o nome "laranja" ou aquele que efetivamente se beneficia da atividade?

O "laranja" normalmente é submetido à falência, uma vez que a atividade é exercida em nome dele e, consequentemente, as obrigações são assumidas também em seu nome[43]. Na Itália, parte da doutrina[44] reconhece que aquele em benefício de quem se exerce a atividade também deve ser considerado um empresário (indireto) e, por isso, deve-se submetê-lo à falência. Contudo, a maioria da doutrina e a jurisprudência italiana não estendem a legitimidade ao empresário indireto, embora reconheçam a possibilidade de responsabilização deste[45].

A nosso ver, não apenas por uma questão de justiça, mas por uma questão de imputação, há que se reconhecer a submissão do empresário indireto à falência. Se a atividade é desenvolvida no interesse específico e exclusivo do empresário indireto, é natural que ele seja considerado efetivamente o empresário[46] e, por isso, possa vir a falir. Não se deve admitir que esse tipo de sujeito que se beneficia da atividade fique imune às sanções impostas em razão da insolvência da atividade. O Tribunal de Justiça do Rio Grande do Sul, usando a desconsideração da personalidade jurídica, já estendeu a falência ao empresário indireto[47].

---

43. RICCI, Edoardo F. *Lezioni sul fallimento*. 2. ed. Milano: Giuffrè, 1997, p. 53; PROVINCIALI, Renzo. *Manuale di diritto fallimentare*. 3. ed. Milano: Giuffrè, 1955, v. 1, p. 110.

44. PAJARDI, Piero. *Manuale di diritto fallimentare*. 6. ed. Milano: Giuffrè, 2002, p. 59; RICCI, Edoardo F. *Lezioni sul fallimento*. 2. ed. Milano: Giuffrè, 1997, p. 52.

45. AMBROSINI, Stefano; CAVALLI, Stefano; JORIO, Alberto. *Trattato di diritto commerciale*. Pádova: CEDAM, 2009, v. XI, t. 2, p. 32; PROVINCIALI, Renzo. *Manuale di diritto fallimentare*. 3. ed. Milano: Giuffrè, 1955, v. 1, p. 110; FERRARA, Francesco. *Il falimento*. Milano: Giuffrè, 1959, p. 99; DE FERRA, Giampaolo. *Manuale di diritto fallimentare*. 3. ed. Milano: Giuffrè, 2002, p. 13.

46. RICCI, Edoardo F. *Lezioni sul fallimento*. 2. ed. Milano: Giuffrè, 1997, p. 55.

47. TJRS – Agravo de Instrumento n. 70029609286, Quinta Câmara Cível, Relator: Leo Lima, Julgado em 15-7-2009.

2.5 Sociedades integrantes de grupo

Além de sócios, administradores e empresários indiretos, tem-se admitido a extensão da falência a outras sociedades integrantes de um mesmo grupo societário, também por meio da desconsideração da personalidade jurídica. Assim, vale aqui tudo o que foi dito para a extensão da falência aos sócios de responsabilidade limitada.

Os grupos societários são reuniões de sociedades sob direção única. É a direção única o elemento caracterizador de um grupo de sociedades[48], isto é, para se vislumbrar a existência de um grupo econômico, é necessário que haja uma reunião de sociedades sujeitas a uma ingerência constante e comum na condução dos seus negócios. Essa ingerência pode ser realizada por uma sociedade de comando, ou por um órgão colegiado com representantes dos vários membros do grupo[49], em outros termos, pode decorrer de uma relação de natureza contratual, ou de uma relação de índole financeira, pela qual haja participação relevante no capital das integrantes do grupo.

A jurisprudência do STJ admite a extensão da falência a sociedades que componham o mesmo grupo econômico, mas exige para isso a prova de alguma relação societária. Nesse sentido, já restou afirmado que "ao permitir a extensão da falência mediante procedimento incidental, o STJ teve em mira as hipóteses em que há vínculo societário. Sem ele, não há como atingir, mediante a desconsideração, o patrimônio de terceiro alheio ao grupo econômico"[50].

Contudo, o simples vínculo societário não deve ser considerado suficiente para essa extensão da falência. A extensão da falência para outras integrantes do mesmo grupo societário ocorrerá nos casos de fraude, abuso de direito[51] e confusão patrimonial, para os que admitem a teoria objetiva. Trata-se de mais uma hipótese de desconsideração da personalidade jurídica e, por isso, só deverá ser decretada diante da verificação no caso concreto dos pressupostos de aplicação da desconsideração. Com o CPC/2015, acreditamos recomendável que se instaure o incidente de desconsideração da personalidade jurídica, na forma dos arts. 133 a 137, mesmo nos processos de falência.

---

48. COMPARATO, Fábio Konder. *O poder de controle na sociedade anônima*. 3. ed. Rio de Janeiro: Forense, 1983, p. 28; KOURY, Suzy Elizabeth Cavalcante. *A desconsideração da personalidade jurídica (disregard doctrine) e os grupos de empresas*. 2. ed. Rio de Janeiro: Forense, 1997, p. 58; GALGANO, Francesco. *Diritto civile e commerciale*. 3. ed. Padova: CEDAM, 1999, v. 3, t. II, p. 186.

49. MESSINEO, Francesco. *Manuale di diritto civile e commerciale*. 9. ed. Milano: Giuffrè, 1972, v. 5, p. 22.

50. STJ – MC 15.526/SP, Rel. Ministra NANCY ANDRIGHI, TERCEIRA TURMA, julgado em 22-9-2009, *DJe* 30-9-2009.

51. SILVA, Alexandre Couto. *A aplicação da desconsideração da personalidade jurídica no direito brasileiro*. 2. ed. Rio de Janeiro: Forense, 2009, p. 220; LEHMANN, Michael; FRANCESCHELLI, Vincenzo. Superamento della personalità giuridica e società collegate: sviluppi di diritto continentale. *Responsabilità limitata e gruppi di società*. Milano: Giuffrè, 1987. p. 102.

3 Efeitos da falência quanto à pessoa do falido

Definidos os sujeitos que podem ser considerados falidos, resta analisar as consequências pessoais desse *status* jurídico, isto é, resta analisar os efeitos da falência quanto à pessoa do falido. Registre-se, de imediato, que trataremos nesse tópico dos efeitos pessoais, deixando os efeitos patrimoniais para outro item.

3.1 Inabilitação empresarial

O primeiro efeito da falência quanto à pessoa do falido é sua inabilitação empresarial. Em outras palavras, a partir da decretação da falência, surge um impedimento para a pessoa do falido exercer a atividade empresarial. Literalmente, o art. 102 da Lei n. 11.101/2005 assevera que "o falido fica inabilitado para exercer qualquer atividade empresarial a partir da decretação da falência e até a sentença que extingue suas obrigações". Essa inabilitação será devidamente averbada junto ao registro do empresário, como forma de dar publicidade a esse estado de falido, e deverá ser obedecida, sob pena de configuração de crime falimentar e irregularidade no exercício da atividade, a partir da publicação da sentença que decretar a falência[52].

Como já mencionado, os efeitos da falência se estendem a quem quer que seja considerado falido, isto é, ao empresário individual, à sociedade empresária e aos sócios de responsabilidade ilimitada. Sócios de responsabilidade limitada, administradores e outras sociedades não são considerados falidos, salvo no caso de extensão da falência por meio da desconsideração da personalidade jurídica. Gladston Mamede assevera que o juiz pode estender essa inabilitação a sócios de responsabilidade limitada ou administradores, desde que o faça justificadamente na sentença que decreta a falência[53]. A nosso ver, porém, o que pode haver é a extensão da própria falência e, consequentemente, da inabilitação. A simples extensão da inabilitação não teria muito sentido, nem resultado prático.

O falido atingido por esse efeito não se torna incapaz, mas apenas sofre uma restrição para o exercício de certas atividades. A inabilitação proíbe a pessoa do falido de ser empresário individual, isto é, proíbe o falido de exercer a atividade empresarial em seu próprio nome, não impedindo a condição de sócio ou mesmo de administrador de sociedade. Apesar de já ter evoluído em relação ao regime anterior, a atual legislação ainda está centrada na figura do empresário individual e, por isso, estabelece o impedimento apenas para tal condição. Em decorrência dessa inabilitação, o falido também fica impedido de ser corretor de seguros (Lei n. 4.594/64 – art. 3º, *d*); de ser corretor de navios

---

52. FÉRES, Marcelo de Andrade. In: CORRÊA-LIMA, Osmar Brina; CORRÊA LIMA, Sérgio Mourão (Coord.). *Comentários à nova lei de falência e recuperação de empresas*. Rio de Janeiro: Forense, 2009, p. 770.

53. MAMEDE, Gladston. *Direito empresarial brasileiro*: falência e recuperação de empresas. 2. ed. São Paulo: Atlas, 2008, v. 4, p. 394.

(Decreto n. 20.881/31 – art. 20); de ser leiloeiro (Decreto n. 21.981/32 – art. 3º, *d*). Além disso, ele fica impedido de exercer a tutela e a curatela (CC – arts. 1.735, I, e 1.774).

Tal proibição não é eterna, ela perdura até o trânsito em julgado da sentença que extinguir as obrigações do falido. Enquanto as obrigações não são extintas, deve-se manter o impedimento, evitando que essa pessoa que não foi confiável no exercício da atividade empresarial volte a exercê-la. Ocorrendo a extinção das obrigações, em qualquer das hipóteses do art. 158 da Lei n. 11.101/2005, não há mais motivo para manter a proibição, uma vez que os credores prejudicados nada mais podem reclamar. Com essa extinção, será feita a anotação junto ao registro do empresário. Reitere-se, porém, que nada impede que o falido seja sócio ou até administrador de sociedade.

Essa inabilitação é uma clara aplicação da teoria da falência como sanção[54]. Tal teoria, contudo, é objeto de acertadas críticas e tem sido cada vez menos utilizada pelas legislações. Na Itália, a atual legislação não cogita mais de sanções tão pessoais na decretação da falência[55]. Mesmo na Argentina, onde a inabilitação continua a existir, seu prazo é menor, perdurando até um ano após a decretação da falência ou após a constatação da cessação de pagamentos[56].

A inabilitação até agora analisada é um efeito automático da sentença que decreta a falência, abrangendo apenas o falido e proibindo apenas a condição de empresário individual. Contudo, no caso de condenação por crimes falimentares pode surgir uma inabilitação mais ampla.

No caso de prática de crime falimentar, pode ser determinado expressamente, como efeito secundário da sentença condenatória, a proibição do exercício da atividade empresarial, o impedimento para o exercício de cargo de administrador ou membro de conselho fiscal de sociedade, bem como a impossibilidade de gerir empresa por mandato ou por gestão de negócios. Tais restrições não são automáticas, dependendo de decretação específica na sentença condenatória. Contudo, independentemente de decretação específica, o falido fica impedido de ser fiel, empresário, administrador ou fiel de armazéns-gerais (Decreto n. 1.102/1903 – art. 1º, § 5º).

Reitere-se que essa inabilitação mais ampla não decorre da falência, mas da condenação por crime falimentar, dependendo de decretação específica. Outrossim, ela não se restringe ao falido, podendo abranger qualquer pessoa que seja condenada por tais crimes, incluindo o falido, os sócios, os administradores da sociedade e até o administrador judicial. Ademais, ela é mais restritiva, pois determina a proibição de ser empresário individual, de ser o administrador ou membro de conselho fiscal de sociedade, bem como de gerir empresa por mandato ou por gestão de negócios.

---

54. FÉRES, Marcelo de Andrade. In: CORRÊA-LIMA, Osmar Brina; CORRÊA LIMA, Sérgio Mourão (Coord.). *Comentários à nova lei de falência e recuperação de empresas*. Rio de Janeiro: Forense, 2009, p. 770.

55. RONCO, Simonetta. Gli effetti del fallimento. In: DI PEPE, Giorgio Schiano (Coord.). *Il diritto fallimentare riformato*. Padova: CEDAM, 2007, p. 143.

56. FAVIER-DUBOIS, Eduardo M. *Concursos y quiebras*. Buenos Aires: Errepar, 2003, p. 372.

Por fim, é oportuno registrar que essa inabilitação se estenderá até 5 anos após a extinção da punibilidade ou até a reabilitação penal, o que ocorrer primeiro, não importando o momento da extinção das obrigações (Lei n. 11.101/2005 – art. 181, § 1º). A reabilitação criminal é a declaração judicial de que o condenado teve extinta a pena a que foi condenado, estando apto a viver em sociedade, devendo desaparecer os efeitos decorrentes da condenação, inclusive com o sigilo sobre os registros do processo. A reabilitação poderá ser requerida, decorridos 2 (dois) anos do dia em que for extinta, de qualquer modo, a pena ou terminar sua execução, computando-se o período de prova da suspensão e o do livramento condicional, se não sobrevier revogação, desde que o condenado tenha tido domicílio no País no referido prazo e tenha dado, durante esse tempo, demonstração efetiva e constante de bom comportamento público e privado (CP – art. 94).

3.2 Capacidade processual do falido

A inabilitação acima mencionada decorre diretamente da previsão de que o falido perderá a administração e o poder de disposição sobre os seus bens (Lei n. 11.101/2005 – art. 103). Se não pode administrar os bens, não pode exercer a empresa. Contudo, a nosso ver, esta privação se enquadra melhor com um efeito quanto aos bens do falido. De qualquer modo, essa privação é a responsável direta pela inabilitação e também por restrições no que tange à atuação processual do falido.

Por não ter mais os poderes de administração e de disposição dos seus bens, os quais passarão à massa falida, o falido deverá ser substituído nos processos relacionados direta ou indiretamente a seus bens, interesses e negócios. Quem não tem o poder material de disposição não pode ter uma atuação processual[57]. Assim, seja como autor, seja como réu, o falido deixará de ser parte no processo, sendo substituído pela massa falida, que será representada pelo administrador judicial (Lei n. 11.101/2005 – art. 76, parágrafo único).

Dentro dessa perspectiva, alguns autores chegam a falar em perda da capacidade processual pelo falido, abrindo apenas algumas exceções para a sua atuação processual[58]. Acreditamos, porém, que a expressão é muito forte, podendo ensejar interpretações equivocadas e, por isso, acreditamos ser melhor falar em restrições à capacidade processual do falido.

Com efeito, em regra, o falido não mais atuará como autor ou réu dos processos relacionados aos bens, interesses e negócios envolvidos no processo de falência. Todavia, nada impede que ele seja autor ou réu em processos sem reflexos econômicos[59] ou atue nos casos em que a lei expressamente autoriza, como o ajuizamento de ações de impugnação de créditos (Lei n. 11.101/2005 – art. 8º). Mesmo nos processos em que ele é

---

57. PAJARDI, Piero. *Manuale di diritto fallimentare*. 6. ed. Milano: Giuffrè, 2002, p. 250.

58. RONCO, Simonetta. Gli effetti del fallimento. In: DI PEPE, Giorgio Schiano (Coord.). *Il diritto fallimentare riformato*. Padova: CEDAM, 2007, p. 145.

59. FAZZIO JÚNIOR, Waldo. *Nova lei de falência e recuperação de empresas*. São Paulo: Atlas, 2005, p. 298.

substituído pela massa falida, ela poderia interver como assistente, requerendo o que entender de direito e interpondo os recursos cabíveis. Portanto, o falido não perde a capacidade processual, mas terá restrições nesta seara, ele poderá atuar em nome próprio, por conta própria, nas questões que se referem ao seu interesse de agir[60].

3.3 Sigilo de correspondência

Na administração da massa falida, cabe ao administrador a abertura das correspondências dirigidas ao devedor, entregando a ele o que não for assunto de interesse da massa (Lei n. 11.101/2005 – art. 22, III, *d*). Não se pode sequer cogitar do crime de violação de correspondência, pois este exige uma violação indevida da correspondência e, no caso da falência, há autorização legal expressa para a abertura da correspondência. Assim, pode-se dizer que um dos efeitos da decretação da falência é o fim do sigilo das correspondências empresariais do falido.

A intenção da Lei neste caso é assegurar ao administrador judicial o maior número possível de informações. As correspondências dirigidas ao devedor podem conter informações essenciais e, por isso, o administrador deve ter conhecimento delas. A nosso ver, tal poder do administrador judicial abrange inclusive correspondências eletrônicas[61], tendo em vista a propagação do uso do *e-mail*. No direito italiano, há inclusive previsão expressa desse poder em relação às comunicações eletrônicas[62], mas estabelece-se o dever de entrega dessa correspondência pelo falido ou pelos administradores da sociedade falida.

A fim de resguardar o sigilo nas comunicações, assegurado constitucionalmente (CF/88 – art. 5º, XII), o próprio dispositivo restringe a competência do administrador judicial, determinando a entrega ao devedor das correspondências que não forem de interesse da massa falida. Ora, é natural que cartas de amor, convites de casamento e outras correspondências de caráter claramente pessoal sejam entregues diretamente ao devedor falido, uma vez que em nada interessam ao processo de falência.

Ruben Ramalho considera tal efeito inconstitucional[63]. De modo menos incisivo, Gladston Mamede afirma que, caso se trate de um empresário individual, não devem ser abertas as correspondências, pois não se sabe quais são as relativas à atividade empresarial e quais são pessoais, pois todas são dirigidas à pessoa física[64]. No caso das pessoas jurídicas, as correspondências dirigidas a elas poderiam ser abertas; isso não se aplicaria às correspondências dirigidas aos administradores das sociedades.

---

60. SIMIONATO, Frederico A. Monte. *Tratado de direito falimentar*. Rio de Janeiro: Forense, 2008, p. 481.

61. Idem, p. 474.

62. RONCO, Simonetta. Gli effetti del fallimento. In: DI PEPE, Giorgio Schiano (Coord.). *Il diritto fallimentare riformato*. Padova: CEDAM, 2007, p. 143.

63. RAMALHO, Ruben. *Curso teórico e prático de falências e concordatas*. São Paulo: Saraiva, 1984, p. 143.

64. MAMEDE, Gladston. *Direito empresarial brasileiro*: falência e recuperação de empresas. São Paulo: Atlas, 2006, v. 4, p. 114-115.

Paulo Fernando C. Salles de Toledo, a nosso ver com razão, assevera que se as correspondências foram dirigidas ao endereço de funcionamento da empresa, elas presumidamente não têm caráter pessoal e, por isso, podem ser abertas pelo administrador judicial[65]. Caso ele abra alguma correspondência pessoal, deverá encaminhá-la ao devedor imediatamente. Portanto, não há qualquer inconstitucionalidade nessa competência do administrador judicial[66].

3.4 Obrigações do falido

Além dos efeitos já citados, a decretação da falência impõe ao falido um dever geral de colaboração[67] no processo falimentar. Embora não tenha mais condições de superar a crise, o falido deve colaborar para a liquidação mais pronta e efetiva do seu patrimônio. Nesse sentido, ele deverá auxiliar especialmente o juiz e o administrador judicial, na medida em que ninguém melhor do que o próprio para dar informações e prestar esclarecimentos essenciais ao bom andamento do processo.

Esse dever geral de colaboração se concretiza de forma mais específica nas obrigações impostas pelo art. 104 da Lei n. 11.101/2005 ao falido. Qualquer pessoa que seja considerada falida deverá cumprir as obrigações previstas nesse dispositivo. No caso das sociedades falidas, tais obrigações deverão ser cumpridas por seus administradores, independentemente da extensão da falência, uma vez que eles terão as melhores condições para colaborar com os órgãos da falência. Havendo mais de um administrador, as obrigações tocarão a todos eles. Nas sociedades por ações, tais obrigações deverão ser cumpridas pelos diretores. No caso das sociedades em liquidação, os referidos deveres tocarão ao liquidante.

3.4.1 Termo de comparecimento nos autos

A primeira obrigação que se impõe ao falido e aos administradores ou liquidantes da sociedade falida é o comparecimento em juízo para firmar um termo de comparecimento, prestando informações iniciais e se colocando à disposição para colaborar com o processo.

---

65. TOLEDO, Paulo F. C. Salles de. In: TOLEDO, Paulo F. C. Salles de; ABRÃO, Carlos Henrique (Coord.). *Comentários à lei de recuperação de empresas e falência.* São Paulo: Saraiva, 2005, p. 56.

66. SZTAJN, Rachel; FRANCO, Vera Helena de Mello. *Falência e recuperação da empresa em crise.* São Paulo: Campus, 2008, p. 64; CAMPINHO, Sérgio. *Falência e recuperação de empresa*: o novo regime de insolvência empresarial. 3. ed. Rio de Janeiro: Renovar, 2008, p. 320; SIMIONATO, Frederico A. Monte. *Tratado de direito falimentar.* Rio de Janeiro: Forense, 2008, p. 474; PERIN JÚNIOR, Écio. *Curso de direito falimentar e recuperação de empresas.* 3. ed. São Paulo: Método, 2006, p. 247.

67. BAS, Francisco Junyent; SANDOVAL, Carlos A. Molina. *Ley de concursos y quiebras comentada.* Buenos Aires: Depalma, 2003, t. 2, p. 78; FÉRES, Marcelo de Andrade. In: CORRÊA-LIMA, Osmar Brina; CORRÊA LIMA, Sérgio Mourão (Coord.). *Comentários à nova lei de falência e recuperação de empresas.* Rio de Janeiro: Forense, 2009, p. 785.

A princípio, tal obrigação deverá ser cumprida a partir da intimação da decisão que decretou a falência, independentemente da existência de qualquer recurso contra tal decisão[68]. Contudo, em razão do grande número de elementos exigidos, é recomendável que se intime inicialmente o falido para apresentar as informações em juízo e, posteriormente, para assinar o termo de comparecimento[69], racionalizando o trabalho.

O referido termo de comparecimento deverá conter inicialmente a qualificação completa do falido ou dos administradores da sociedade falida, em especial o nome, a nacionalidade, o estado civil e o endereço completo do domicílio. Trata-se de exigência inerente ao dever de colaboração, uma vez que tais informações permitirão a comunicação e a busca de informações junto ao falido ou administrador da sociedade falida. Eventuais mudanças nesses elementos informados também deverão ser comunicadas ao juízo.

Dentro da mesma perspectiva, exige-se, no caso de sociedades, a identificação (nome e endereço) de todos os sócios, acionistas controladores, diretores ou administradores da sociedade. Registre-se que, nas sociedades por ações, que podem ser muito grandes, não se exige a qualificação de todos os acionistas e administradores, mas apenas do acionista controlador e dos diretores da sociedade. Em todo caso, deverão ser apresentados o contrato social ou estatuto e as respectivas modificações, devidamente registrados.

Também para facilitar o acesso a informações, exige-se que o referido termo contenha a qualificação do contador encarregado da escrituração do devedor. Mais uma vez, trata-se de informação primordial para conhecer a realidade do falido, bem como para apurar eventuais irregularidades, inclusive a prática de crimes falimentares, como a contabilidade paralela.

Além disso, o referido termo deverá explicitar as causas determinantes da falência, para que se tenham parâmetros objetivos sobre a possibilidade de continuação da empresa, seja provisoriamente, seja definitivamente com outro sujeito. Outrossim, tal informação também é útil para eventual responsabilização penal do falido ou dos administradores da sociedade falida. Em razão disso, é razoável permitir que eles se recusem a prestar tal esclarecimento, mantendo o silêncio, uma vez que ninguém é obrigado a produzir prova contra si mesmo[70].

Para Gladston Mamede, tal informação só será necessária quando for requerida pelos credores[71]. A nosso ver, porém, quando o dispositivo menciona que tal explicitação deverá ocorrer "quando se tratar de pedido feito por credores", o que se quer na verdade

---

68. FÉRES, Marcelo de Andrade. In: CORRÊA-LIMA, Osmar Brina; CORRÊA LIMA, Sérgio Mourão (Coord.). *Comentários à nova lei de falência e recuperação de empresas*. Rio de Janeiro: Forense, 2009, p. 786.

69. MAMEDE, Gladston. *Direito empresarial brasileiro*: falência e recuperação de empresas. 2. ed. São Paulo: Atlas, 2008, v. 4, p. 396-397.

70. Idem, p. 398.

71. Idem, p. 396-397.

é afastar tal menção no caso de autofalência[72]. Neste caso, o próprio pedido conterá essa explicitação, uma vez que o art. 105 da Lei n. 11.101/2005 exige o declínio das razões da impossibilidade de prosseguimento da atividade empresarial. Em todo caso, é essencial a explicitação dessas causas.

Por fim, o referido termo deverá conter relações descritivas dos principais elementos envolvidos na atuação do devedor. Assim, o termo deverá conter uma relação dos mandatos outorgados pelo falido que ainda estejam em vigor[73], com o nome e endereço do mandatário constituído. Também deverá conter a relação dos bens móveis e imóveis do falido que não se encontrem dentro do estabelecimento. Ainda se exige a relação de sociedades das quais o falido faça parte, com as respectivas comprovações, bem como das suas contas bancárias, aplicações, títulos em cobrança e processo em andamento. Em suma, o termo deverá conter as informações essenciais sobre a atuação do falido.

3.4.2 Entrega de bens, livros, papéis e documentos

A decretação da falência também impõe ao falido e ao administrador ou liquidante da sociedade falida a entrega de bens, livros e documentos em juízo. Ora, se há um dever geral de colaboração para o bom andamento do processo, o desdobramento mais imediato desse dever é essa entrega de bens, livros, papéis e documentos do falido. Com isso, permite-se um processo mais ágil e mais barato, atentando aos princípios da economia e da celeridade processual que devem reger toda a falência.

A lei impõe como obrigação comum a todos os empresários, ressalvado o pequeno empresário[74] (o art. 1.179, § 2º, do Código Civil dispensa o pequeno empresário da escrituração), a manutenção de uma escrituração contábil dos negócios de que participam. Tal escrituração tem por funções: organizar os negócios, servir de prova da atividade para terceiros[75]. Os livros atendem tanto ao interesse do empresário no sentido da organização das suas atividades, quanto ao interesse público no sentido da fiscalização dessas atividades[76]. Por isso, impõe-se ao devedor a entrega desses livros em juízo, sejam eles obrigatórios ou facultativos. Para esse fim, devem ser considerados livros "quaisquer meios materiais idôneos à materialização da escrituração", tendo em vista a possibilidade da adoção do sistema de fichas ou mesmo do sistema de microfilmagem dos livros[77].

---

72. NEGRÃO, Ricardo. *Manual de direito comercial e de empresa*. 4. ed. São Paulo: Saraiva, 2009, v. 3, p. 360.

73. MAMEDE, Gladston. *Direito empresarial brasileiro*: falência e recuperação de empresas. 2. ed. São Paulo: Atlas, 2008, v. 4, p. 402.

74. Empresário individual com receita bruta, no ano-calendário anterior, de até R$ 81.000,00 (oitenta e um mil reais).

75. GALGANO, Francesco. *Diritto civile e commerciale*. 3. ed. Padova: CEDAM, 1999, v. 3, t. 1, p. 136; CARVALHOSA, Modesto. *Comentários ao Código Civil*. São Paulo: Saraiva, 2003, v. 13, p. 776.

76. RIPERT, Georges; ROBLOT, René. *Traité élémentaire de droit commercial*. 5. ed. Paris: Librairie Générale de Droit et de Jurisprudence, 1963, v. 1, p. 207.

77. FÉRES, Marcelo de Andrade. In: CORRÊA-LIMA, Osmar Brina; CORRÊA LIMA, Sérgio Mourão (Coord.). *Comentários à nova lei de falência e recuperação de empresas*. Rio de Janeiro: Forense, 2009, p. 788.

Os livros obrigatórios deverão ser entregues em juízo juntamente com o termo de comparecimento, devendo ser encerrados pelo juiz e entregues ao administrador judicial. Se for da preferência, os livros podem ficar na secretaria do juízo. Embora não haja a previsão do momento da entrega dos livros facultativos, deve-se entender que eles deverão ser entregues em juízo, o mais breve possível, seguindo o mesmo procedimento dos livros obrigatórios. Eventual omissão poderá ensejar a intimação pessoal para entrega, sob pena de configuração do crime de desobediência.

Também deverão ser entregues em juízo os demais papéis e documentos do falido, com a maior brevidade possível, tendo em vista a celeridade que deve reger a falência. Do mesmo modo, caberá ao falido a entrega de bens sujeitos à falência, com a indicação dos bens que estejam em poder de terceiro. Mais uma vez, a eventual omissão poderá ensejar a intimação pessoal para essa entrega, sob pena de configuração do crime de desobediência.

3.4.3 Restrições à liberdade de locomoção

Outra obrigação imposta ao falido e ao administrador ou liquidante da sociedade falida consiste em "não se ausentar do lugar onde se processa a falência sem motivo justo e comunicação expressa ao juiz, e sem deixar procurador bastante" (Lei n. 11.101/2005 – art. 104, III). Devemos interpretar esse dispositivo com cautela, porquanto não é essencial que o falido ou administrador da sociedade falida tenha domicílio na mesma comarca do processo de falência. Não se pode impor a tais sujeitos uma eventual mudança de domicílio[78]. O que ocorre nesse caso é tão somente uma restrição justificável da liberdade de locomoção desses sujeitos.

Restrições à liberdade de locomoção do falido ou do administrador ou liquidante da sociedade falida são bem comuns. No direito italiano atual, exige-se a comunicação de eventuais deslocamentos ao juízo falimentar[79]. No direito argentino, exige-se a autorização judicial, mas apenas para viagens ao exterior[80]. No regime brasileiro anterior, exigia-se a autorização judicial para qualquer deslocamento. Atualmente, porém, a legislação nacional exige apenas a comunicação[81] ao juízo falimentar.

Pela importância da colaboração desses sujeitos, é essencial que o juízo tenha ciência de onde eles se encontram, isto é, qualquer deslocamento, no território nacional ou fora dele, deverá ser comunicado. Em todo caso, haverá a necessidade de um justo motivo para esse deslocamento e deverá o falido ou o administrador da sociedade falida

78. FÉRES, Marcelo de Andrade. In: CORRÊA-LIMA, Osmar Brina; CORRÊA LIMA, Sérgio Mourão (Coord.). *Comentários à nova lei de falência e recuperação de empresas*. Rio de Janeiro: Forense, 2009, p. 790.

79. AMBROSINI, Stefano; CAVALLI, Stefano; JORIO, Alberto. *Trattato di diritto commerciale*. Padova: CEDAM, 2009, v. XI, t. 2, p. 319.

80. FAVIER-DUBOIS, Eduardo M. *Concursos y quiebras*. Buenos Aires: Errepar, 2003, p. 221.

81. STJ – HC 92327/RJ, Rel. Ministro MASSAMI UYEDA, Rel. p/ Acórdão Ministro JOÃO OTÁVIO DE NORONHA, QUARTA TURMA, julgado em 25-3-2008, *DJe* 4-8-2008.

deixar um procurador para representá-lo quando for necessário. Nessas condições, não haverá qualquer prejuízo ao bom andamento do processo. Naturalmente, pequenas viagens com retorno em menos de 24 horas devem fugir a essa regra, até por uma questão de razoabilidade.

Assim, a princípio seria necessária apenas a informação e não a autorização específica do juiz. Apesar do teor do dispositivo, o STJ já afirmou, a nosso ver com razão, que

> A nova disciplina legal não retira do magistrado a faculdade de, na hipótese de ausentes os requisitos legais, denegar permissão ao falido de ausentar-se do lugar onde se processa a falência, sendo curial que a expressão 'comunicação' não deve ser entendida como mero aviso e, sim, 'comunicação expressa e com motivo justo' ao Juízo da falência[82].

Para questionar eventual restrição indevida à liberdade de locomoção poderá ser impetrado *habeas corpus*.

3.4.4 Comparecimento aos atos da falência e manifestações

Outra obrigação imposta ao falido e ao administrador ou liquidante da sociedade falida é o comparecimento a todos os atos da falência. Em inúmeras oportunidades, a legislação exige o comparecimento do falido em certos atos, como assistir ao levantamento, à verificação do balanço e ao exame dos livros. Nessas situações, ele tem o dever de comparecer, sob pena de configuração do crime de desobediência. Contudo, se sua presença não for indispensável, ele poderá ser representado por procurador.

Além do comparecimento a certos atos do processo de falência, o falido e o administrador ou liquidante da sociedade da sociedade falida também têm o dever de se manifestar em diversas ocasiões no processo. Assim, cabe-lhes o exame das habilitações de crédito apresentadas, bem como o exame e parecer sobre as contas do administrador judicial. Além disso, eles deverão se manifestar toda vez que forem intimados pelo juiz e, nesses casos, sua omissão poderá configurar o crime de desobediência[83].

3.4.5 Prestação de informações e lista de credores

Em decorrência do dever geral de colaboração, caberá ao falido e ao administrador ou liquidante da sociedade falida a prestação de informações solicitadas pelo juiz, pelo admi-

---

82. STJ – RHC 25.274/PB, Rel. Ministro CARLOS FERNANDO MATHIAS (JUIZ FEDERAL CONVOCADO DO TRF 1ª REGIÃO), QUARTA TURMA, julgado em 19-2-2009, *DJe* 9-3-2009.

83. FÉRES, Marcelo de Andrade. In: CORRÊA-LIMA, Osmar Brina; CORRÊA LIMA, Sérgio Mourão (Coord.). *Comentários à nova lei de falência e recuperação de empresas*. Rio de Janeiro: Forense, 2009, p. 793.

nistrador judicial, pelo Ministério Público ou por credores sobre circunstâncias e fatos que interessem ao processo. Há efetivamente um dever[84] desses sujeitos, no sentido da prestação das informações. Naturalmente, os pedidos de informação devem ser fundamentados e devem guardar relação com a atuação no processo de falência ou de recuperação judicial.

O juiz e o administrador judicial têm competência para requerer tais informações diretamente, inclusive de sócios da sociedade falida. O Ministério Público e os credores, individualmente ou por meio do comitê, não têm essa competência de requisição direta das informações, isto é, caberá a eles fazer apenas a solicitação justificada ao juiz ou ao administrador judicial[85]. Se estes entenderem que o pedido é adequado, requisitarão ao falido e ao administrador ou liquidante da sociedade falida a prestação das informações.

Não sendo prestadas as informações, haverá intimação pessoal para o comparecimento em juízo e prestação de depoimento na presença do administrador, sob pena de configuração do crime de desobediência. Naturalmente, porém, poderá haver a recusa na prestação dessas informações, quando eles tiverem o condão de incriminar o prestador das informações. Ninguém é obrigado a produzir provas contra si mesmo e, no processo falimentar, não é diferente[86].

Dentro dessa perspectiva de prestações de informações, impõe-se de forma específica a apresentação em juízo da lista de credores, que é uma relação nominal dos credores abrangidos pela falência, indicando endereço, importância, natureza e classificação dos respectivos créditos. Tal lista deverá ser elaborada e apresentada pelo próprio devedor em juízo.

Na falência requerida pelo próprio devedor, tal documento também é essencial à propositura da ação (Lei n. 11.101/2005 – art. 105, II). Todavia, na falência requerida por terceiros, o devedor não é o autor da ação e não possui o dever de apresentar essa lista com a eventual defesa apresentada. De qualquer modo, será ônus do devedor tal apresentação sob pena de configuração do crime de desobediência. Na hipótese da falência requerida por terceiros, caso a lista não conste dos autos, o juiz deverá determinar, na própria sentença de decretação da falência, que o falido a apresente no prazo máximo de 5 dias, sob pena de desobediência (Lei n. 11.101/2005 – art. 99, III).

3.4.6 Auxílio ao administrador judicial

Como no processo de falência o administrador será o órgão mais atuante, impõe-se ao falido e ao administrador ou liquidante da sociedade falida um dever geral de auxílio

84. BEZERRA FILHO, Manoel Justino. *Lei de recuperação de empresas e falências comentada*. 4. ed. São Paulo: Revista dos Tribunais, 2007, p. 93; VERÇOSA, Haroldo Malheiros Duclerc. In: SOUZA JÚNIOR, Francisco Sátiro de; PITOMBO, Antônio Sérgio de A. de Moraes (Coord.). *Comentários à lei de recuperação de empresas e falência*. São Paulo: Revista dos Tribunais, 2005, p. 170; MAMEDE, Gladston. *Direito empresarial brasileiro*: falência e recuperação de empresas. São Paulo: Atlas, 2006, v. 4, p. 103.

85. MAMEDE, Gladston. *Direito empresarial brasileiro*: falência e recuperação de empresas. 2. ed. São Paulo: Atlas, 2008, v. 4, p. 413.

86. BATISTA, Nilo. *Lições de direito penal falimentar*. Rio de Janeiro: Revan, 2006, p. 239.

ao administrador judicial. Exige-se ainda que tal auxílio seja prestado com zelo e presteza, isto é, seja prestado de forma diligente e da maneira mais rápida possível, tendo em vista os próprios objetivos do processo de falência.

3.4.7 Descumprimento das obrigações

Como visto, a Lei n. 11.101/2005 impõe ao falido e ao administrador da sociedade falida uma série de obrigações decorrentes do dever de colaboração no processo de falência. Como elemento coercitivo para o cumprimento dessas obrigações não pode se impor nenhuma sanção pecuniária, uma vez que sua aplicação seria inócua[87] diante da situação do devedor. Também não se poderia cogitar de uma prisão administrativa ou mesmo de uma prisão civil, diante da sua impossibilidade no nosso ordenamento jurídico[88]. Em razão disso, a legislação resolveu considerar crime de desobediência o descumprimento dessas obrigações.

Há quem considere que se trata ainda de uma prisão administrativa[89], a qual seria inadmissível no nosso ordenamento jurídico. Arthur Migliari Júnior[90] assevera que tal previsão seria inconstitucional por representar uma espécie de prisão civil, fora das hipóteses constitucionalmente admitidas. Ele afirma a impossibilidade de qualquer forma de prisão como meio de coerção para o cumprimento de obrigações.

Ousamos discordar desse entendimento. A nosso ver, a razão está com o mestre mineiro Marcelo Féres, para quem a lei instituiu um novo crime: a desobediência falimentar[91], que consistiria não no descumprimento da ordem de um funcionário público, mas no descumprimento das obrigações previstas pelo art. 104 da Lei n. 11.101/2005, após a intimação pelo juiz para cumpri-las. Há efetivamente um caráter penal[92] nessa previsão, que deve ser aplicada com extremo cuidado, mas pode ser regularmente aplicada. Ao chamar esse crime de desobediência, o legislador quis trazer a mesma disciplina do crime de desobediência previsto no art. 330 do Código Penal, isto é, pena de detenção, de 15 (quinze) dias a 6 (seis) meses e multa, ressaltando-se mais uma vez que a aplicação da multa seria totalmente inócua.

---

87. FÉRES, Marcelo de Andrade. In: CORRÊA-LIMA, Osmar Brina; CORRÊA LIMA, Sérgio Mourão (Coord.). *Comentários à nova lei de falência e recuperação de empresas*. Rio de Janeiro: Forense, 2009, p. 795.

88. STF – RHC 76741, Relator(a): Min. MOREIRA ALVES, Primeira Turma, julgado em 24-4-1998, *DJ* 22-5-1998, p. 32 Ement., v. 1911-02, p. 335.

89. PERIN JÚNIOR, Écio. *Curso de direito falimentar e recuperação de empresas*. 3. ed. São Paulo: Método, 2006, p. 248.

90. MIGLIARI JÚNIOR, Arthur. *Crimes de recuperação de empresas e de falências*. São Paulo: Quartier Latin, 2006, p. 228.

91. FÉRES, Marcelo de Andrade. In: CORRÊA-LIMA, Osmar Brina; CORRÊA LIMA, Sérgio Mourão (Coord.). *Comentários à nova lei de falência e recuperação de empresas*. Rio de Janeiro: Forense, 2009, p. 797.

92. BATISTA, Nilo. *Lições de direito penal falimentar*. Rio de Janeiro: Revan, 2006, p. 238.

Por se tratar de crime previsto na Lei n. 11.101/2005, a eventual condenação criminal definitiva traz consequências adicionais. Assim, a extinção das obrigações por decurso de prazo se dará em 10 anos (Lei n. 11.101/2005 – art. 158, IV), contados do trânsito em julgado da sentença de extinção do processo, e não em 5 anos. Outrossim, o juiz poderá determinar expressamente, como efeito secundário da sentença condenatória, a proibição do exercício da atividade empresarial, o impedimento para o exercício de cargo de administrador ou membro de conselho fiscal de sociedade, bem como a impossibilidade de gerir empresa por mandato ou por gestão de negócios. Essa inabilitação se estenderá até 5 anos após a extinção da punibilidade ou até a reabilitação penal, o que ocorrer primeiro (Lei n. 11.101/2005 – art. 181, § 1º).

3.5 *Direitos do falido*

Com a decretação da falência, o falido passa a ter uma série de obrigações de colaboração ativa com o bom andamento do processo. De outro lado, porém, também lhe são assegurados certos direitos, em especial para a defesa de seus interesses. O art. 103, parágrafo único, da Lei n. 11.101/2005 assegura ao falido os direitos de fiscalizar a administração da falência, requerer as providências necessárias para a conservação de seus direitos ou dos bens arrecadados e intervir nos processos em que a massa falida seja parte ou interessada, requerendo o que for de direito e interpondo os recursos cabíveis.

O falido perde, com a falência, a administração de seus bens, mas não perde imediatamente a propriedade. Em razão disso, é natural que lhe seja assegurado o direito de fiscalização da administração da massa falida. Seu interesse também é no sentido do pagamento do maior número possível de credores e, por isso, ele deve fiscalizar as medidas tomadas pelo administrador judicial para esse pagamento. Em razão desse interesse, também cabe a ele o direito de requerer as providências necessárias para a conservação desses bens, como o eventual requerimento para venda imediata de bens de fácil deterioração.

Da mesma forma, cabe-lhe intervir como assistente[93] nos processos em que a massa falida for interessada, podendo requerer o que entender de direito e até interpor recursos. Embora tenha uma atuação processual mais restrita, o falido continua a ter interesse e legitimidade para atuar nesses processos. Outrossim, ele terá o direito de requerer o que for necessário para a proteção dos seus direitos. Ademais, a própria Lei n. 11.101/2005 prevê alguns direitos específicos ao falido, como por exemplo, a apresentação de impugnação de créditos (art. 8º) e a participação na assembleia de credores, sem direito a voto (art. 43).

---

93. MIRANDA, Pontes de. *Tratado de direito privado*. Campinas: Bookseller, 2004, v. 28, p. 283; FÉRES, Marcelo de Andrade. In: CORRÊA-LIMA, Osmar Brina; CORRÊA LIMA, Sérgio Mourão (Coord.). *Comentários à nova lei de falência e recuperação de empresas*. Rio de Janeiro: Forense, 2009, p. 782.

Excepcionalmente, o falido também terá direito a remuneração módica, que será arbitrada pelo juiz, desde que a massa comporte tal pagamento e o falido cumpra de forma diligente e útil os seus deveres[94]. Embora não haja previsão expressa sobre essa remuneração, como havia no regime anterior, é perfeitamente possível que o juiz a fixe tendo em vista a colaboração ativa do falido no processo. Isso ocorrerá muito raramente, em razão das próprias possibilidades de pagamento da massa falida.

3.6 Dissolução da sociedade falida

O último efeito da decretação da falência quanto à pessoa do falido aplica-se exclusivamente às sociedades falidas. Nestas, a decretação da falência tem o condão de dar início ao processo de dissolução das sociedades, isto é, a decretação da falência é o marco inicial da extinção da sociedade.

A dissolução *lato sensu* é o processo de encerramento da sociedade que objetiva a extinção da pessoa jurídica. Esse processo deve ter um marco inicial, isto é, deve ocorrer um fato para desencadear todo o processo. Esse fato é o que denominamos dissolução *stricto sensu*, que pode ser entendido como a causa do encerramento da sociedade. Nesse momento, opera-se uma alteração no objetivo da sociedade. Em vez de objetivar a produção dos lucros, a sociedade passa a objetivar o acerto de sua situação patrimonial.

No caso das sociedades empresárias (CC – arts. 1.044, 1.051 e 1.087; Lei n. 6.404/76 – art. 206, II, *c*), qualquer que seja a forma adotada, a falência representa esse marco inicial do processo de dissolução. A ausência de patrimônio suficiente para honrar o pagamento de todos os credores da companhia é um traço normalmente ligado à falência e, por isso, o fim do processo de falência leva ao fim do patrimônio social e, consequentemente, à inexequibilidade de qualquer objetivo a que se tenha proposto a sociedade. Por isso, com a decretação da falência, inicia-se o processo de dissolução da sociedade.

Dentro dessa perspectiva, faz-se necessária a liquidação do patrimônio da sociedade falida, o que ocorrerá por meio de um procedimento especial previsto na Lei n. 11.101/2005. Nessa liquidação, será apurado o ativo da sociedade falida e pago o passivo. Finda a liquidação, encerra-se o processo de falência.

Encerrado o processo de falência, Sérgio Campinho entende que a sociedade poderá ser extinta com a devida baixa no registro[95]. Ousamos discordar desse entendimento. A nosso ver, a baixa só será possível com a extinção das obrigações do falido[96].

---

94. PERIN JÚNIOR, Écio. *Curso de direito falimentar e recuperação de empresas*. 3. ed. São Paulo: Método, 2006, p. 248; FAZZIO JÚNIOR, Waldo. *Nova lei de falência e recuperação de empresas*. São Paulo: Atlas, 2005, p. 299; SIMIONATO, Frederico A. Monte. *Tratado de direito falimentar*. Rio de Janeiro: Forense, 2008, p. 480.

95. CAMPINHO, Sérgio. *Falência e recuperação de empresa*: o novo regime de insolvência empresarial. 3. ed. Rio de Janeiro: Renovar, 2008, p. 439.

96. STJ – REsp 883.802/DF, Rel. Ministra NANCY ANDRIGHI, TERCEIRA TURMA, julgado em 27-4--2010, *DJe* 12-5-2010.

A extinção do processo de falência não significa a extinção das obrigações do falido, as quais só serão extintas nos casos previstos no art. 158 da Lei n. 11.101/2005. Embora a existência de ações em curso não seja um óbice à extinção das sociedades, a presença de obrigações não solvidas ao fim do processo de falência impede essa extinção. Apenas com a extinção das obrigações é que acreditamos ser possível a extinção da sociedade falida. Prova disso é a necessidade de comunicação dessa extinção a todas as pessoas comunicadas da falência. Ora, se a sociedade já houvesse sido extinta, não haveria necessidade de comunicação. Ademais, os anexos da Instrução Normativa n. 10/2013 do Departamento de Registro Empresarial e Inovação – DREI que tratam da sociedade limitada e da sociedade anônima preveem o arquivamento da notícia da extinção das obrigações.

Nos casos em que todos os credores são pagos ou mesmo nos casos de extinção das obrigações, previstos pelo art. 158 da Lei n. 11.101/2005, nada impede que seja feita a opção pela saída do processo de dissolução e o retorno às atividades normais. Contudo, isto é muito raro.

19 EFEITOS DA FALÊNCIA QUANTO ÀS OBRIGAÇÕES DO FALIDO

1 Introdução

O objetivo primordial da falência é o pagamento do maior número possível de credores do falido, de acordo com a ordem legal de preferência. Para alcançar esse objetivo, a sentença que decreta a falência produzirá efeitos, não só quanto à pessoa do falido, mas também quanto às suas obrigações. Alguns autores preferem denominar esse grupo de efeitos como efeitos quanto ao direito dos credores[1] ou mesmo efeitos quanto aos credores[2]. Preferiremos, porém, usar a expressão *efeitos da falência quanto às obrigações*[3] *do falido*, por se tratar, a nosso ver, de expressão mais didática, porquanto tais efeitos incidem sobre as obrigações em si e não sobre as pessoas envolvidas na relação obrigacional. Registre-se, de imediato, que os efeitos quanto aos contratos pendentes do falido serão analisados em outro capítulo.

A perspectiva de uma execução coletiva universal exige uma uniformização dessas obrigações, vale dizer, a falência impõe certos critérios para a determinação de todos os créditos em face do falido, com uma base comum[4]. Além disso, a falência exige medidas que assegurem a proteção da igualdade material entre os diversos credores que se submetem ao processo.

A princípio, todas as obrigações do falido se submetem a esses efeitos, salvo as que forem inexigíveis na falência (Lei n. 11.101/2005 – art. 5º). As obrigações inexigíveis não são pagas na falência e, por isso, não sofrem esse tipo de efeitos.

---

1. MIRANDA, Pontes de. *Tratado de direito privado*. Campinas: Bookseller, 2004, v. 28, p. 231; ALMEIDA, Amador Paes de. *Curso de falência e recuperação de empresas*. 25. ed. São Paulo: Saraiva, 2009, p. 138.

2. PROVINCIALI, Renzo. *Manuale di diritto fallimentare*. 3. ed. Milano: Giuffrè, 1955, v. 1, p. 455; NEGRÃO, Ricardo. *Manual de direito comercial e de empresa*. 4. ed. São Paulo: Saraiva, 2009, v. 3, p. 325; CAMPINHO, Sérgio. *Falência e recuperação de empresa*: o novo regime de insolvência empresarial. 3. ed. Rio de Janeiro: Renovar, 2008, p. 335; SIMIONATO, Frederico A. Monte. *Tratado de direito falimentar*. Rio de Janeiro: Forense, 2008, p. 439; AMBROSINI, Stefano; CAVALLI, Stefano; JORIO, Alberto. *Trattato di diritto commerciale*. Padova: CEDAM, 2009, v. XI, t. 2, p. 359.

3. MAMEDE, Gladston. *Direito empresarial brasileiro*: falência e recuperação de empresas. 2. ed. São Paulo: Atlas, 2008, v. 4, p. 423; LOBATO, Moacyr. *Falência e recuperação*. Belo Horizonte: Del Rey, 2007, p. 219; TZIRULNIK, Luiz. *Direito falimentar*. 7. ed. São Paulo: Revista dos Tribunais, 2005, p. 180.

4. ULLOA, Francesca Cuomo. Gli effetti del fallimento per i creditori. In: DI PEPE, Giorgio Schiano (Coord.). *Il diritto fallimentare riformato*. Padova: CEDAM, 2007, p. 151.

Assim, as obrigações a título gratuito não sofrem os efeitos da falência. Se o devedor está passando por uma crise, não é razoável obrigá-lo a arcar com obrigações que não lhe deem uma contrapartida. Obrigações que simplesmente diminuirão seu patrimônio, sem um retorno, não poderão ser exigidas, sob pena de prejuízo injustificável para toda a massa de credores que teve ônus.

Da mesma forma, as despesas judiciais e extrajudiciais[5] que os credores tiveram para tomar parte do processo não são exigíveis. Tais custos devem ser arcados pelo credor, não se podendo pedir o ressarcimento ao devedor. Por isso, tais obrigações também não se submetem aos efeitos da falência. Ressalte-se, porém, que as custas dos processos entre devedor e credor, em que o devedor seja vencido, permanecerão exigíveis. Dessa forma, são exigíveis as custas dos atos do processo, a diária de testemunhas e a remuneração de peritos e assistentes técnicos[6], bem como os honorários de sucumbência[7].

Diferentemente da legislação anterior, são exigíveis e, consequentemente, se sujeitam aos efeitos da falência os créditos referentes a multas e a pensões alimentícias[8]. Especificamente, no que tange às pensões, o silêncio da Lei n. 11.101/2005 deve ser interpretado como a não repetição da orientação do revogado Decreto-lei n. 7.661/45, ou seja, tais obrigações passam a ser exigíveis, apesar das críticas[9]. Aqui, estamos falando não só das pensões decorrentes de vínculos familiares, mas também daquelas decorrentes de atos ilícitos. A condição de crise do devedor pode ensejar a redução ou a extinção da obrigação de pagar a pensão, mas apenas para o futuro. Os créditos de pensão alimentícia já existentes serão exigíveis e se sujeitam aos efeitos da falência.

2 Vencimento antecipado

A falência é uma execução coletiva, na medida em que visa ao pagamento de todos os credores do devedor falido. Contudo, a situação de falência, em regra, impede o pagamento de todos os credores e, por isso, a legislação falimentar estabelece uma ordem de pagamento entre os credores, de acordo com a natureza de cada crédito. Para que se obedeça a essa ordem, é essencial que todos os créditos sejam exigíveis, isto é, estejam

5. MAMEDE, Gladston. *Direito empresarial brasileiro*: falência e recuperação de empresas. São Paulo: Atlas, 2006, v. 4, p. 69.

6. CAMPINHO, Sérgio. *Falência e recuperação de empresa*: o novo regime de insolvência empresarial. Rio de Janeiro: Renovar, 2006, p. 143.

7. MAMEDE, Gladston. *Direito empresarial brasileiro*: falência e recuperação de empresas. São Paulo: Atlas, 2006, v. 4, p. 70; VALVERDE, Trajano de Miranda. *Comentários à lei de falências*. 4. ed. Rio de Janeiro: Forense Universitária, 1999, p. 210.

8. MAMEDE, Gladston. *Direito empresarial brasileiro*: falência e recuperação de empresas. São Paulo: Atlas, 2006, v. 4, p. 71; TOLEDO, Paulo F. C. Salles de. In: ABRÃO, Carlos Henrique; TOLEDO, Paulo F. C. Salles de (Coord.). *Comentários à lei de recuperação de empresas e falência*. São Paulo: Saraiva, 2005, p. 13.

9. COELHO, Fábio Ulhoa. *Comentários à nova lei de falências e recuperação de empresas*. São Paulo: Saraiva, 2005, p. 34.

vencidos. Assim sendo, a falência impõe o vencimento antecipado das obrigações do falido (Lei n. 11.101/2005 – art. 77), de modo que todas elas já sejam exigíveis a partir da falência e possam ser pagas de acordo com a ordem de preferência[10].

Caso não houvesse o vencimento antecipado, o fator temporal poderia ter alguma influência nos pagamentos. Com o vencimento antecipado, há uma uniformização das obrigações do falido, afastando qualquer influência do fator temporal na ordem de pagamento. Trata-se de efeito lógico do procedimento concursal, sendo imprescindível para que o processo de falência possa atender sua finalidade de forma adequada, isto é, para que todos os credores do falido possam ser pagos de acordo com a sua ordem de preferência. Além disso, os titulares de créditos vincendos não têm mais por que esperar o vencimento e o devedor não tem mais por que gozar do benefício do aguardo do vencimento[11]. Não há motivo para que certos credores assistam o desenvolvimento do processo, até que seus créditos estejam vencidos.

Naturalmente, essa exigibilidade antecipada importará no abatimento do valor dos juros equivalentes a essa antecipação, porquanto a falência não pode agravar a situação do falido. Devem ser abatidos os juros convencionados pelas partes ou, na impossibilidade de determinação destes, os juros legais[12]. "Com a dedução dos juros que fluiriam até o vencimento normal do crédito, evita-se que o vencimento antecipado da dívida importe em benefício ao credor"[13], isto é, a falência não pode importar o enriquecimento sem causa do credor[14].

Como mencionado, esse vencimento antecipado, embora essencial ao processo de falência, não pode agravar a situação do falido. Nesse sentido, não pode haver o vencimento antecipado das obrigações condicionais[15], isto é, das obrigações cuja exigibilidade está sujeita a um evento futuro e incerto. Ora, tais obrigações nem sempre se tornarão exigíveis, vale dizer, pode ser que o devedor jamais tenha o dever de pagá-las. Assim, a falência não pode impor ao falido o dever de pagar as obrigações condicionais. A exigibilidade destas continuará submetida ao evento futuro e incerto estabelecido como condição de sua exigibilidade.

---

10. ULLOA, Francesca Cuomo. Gli effetti del fallimento per i creditori. In: DI PEPE, Giorgio Schiano (Coord.). *Il diritto fallimentare riformato*. Padova: CEDAM, 2007, p. 152.

11. PROVINCIALI, Renzo. *Manuale di diritto fallimentare*. 3. ed. Milano: Giuffrè, 1955, v. 1, p. 485.

12. ZANINI, Carlos Klein. In: SOUZA JÚNIOR, Francisco Sátiro de; PITOMBO, Antônio Sérgio de A. de Moraes (Coord.). *Comentários à Lei de recuperação de empresas e falência*. São Paulo: Revista dos Tribunais, 2005, p. 339.

13. ANDRIGHI, Fátima Nancy. In: CORRÊA-LIMA, Osmar Brina; CORRÊA LIMA, Sérgio Mourão (Coord.). *Comentários à nova lei de falência e recuperação de empresas*. Rio de Janeiro: Forense, 2009, p. 512.

14. SIMIONATO, Frederico A. Monte. *Tratado de direito falimentar*. Rio de Janeiro: Forense, 2008, p. 457.

15. PROVINCIALI, Renzo. *Manuale di diritto fallimentare*. 3. ed. Milano: Giuffrè, 1955, v. 1, p. 485; CAMPINHO, Sérgio. *Falência e recuperação de empresa*: o novo regime de insolvência empresarial. 3. ed. Rio de Janeiro: Renovar, 2008, p. 341; NEGRÃO, Ricardo. *Manual de direito comercial e de empresa*. 4. ed. São Paulo: Saraiva, 2009, v. 3, p. 336.

Dentro da mesma perspectiva do não agravamento da situação do falido, não poderão ser exigidas na falência as cláusulas penais dos contratos unilaterais vencidos em virtude da falência (Lei n. 11.101/2005 – art. 83, § 3º). O vencimento antecipado das obrigações não significa o seu pagamento imediato, vale dizer, após a falência há um intervalo até o pagamento dessas obrigações já vencidas. Assim sendo, poderia se imaginar que as multas incidentes em razão de atraso no pagamento seriam exigíveis quando do pagamento do principal. Contudo, isso seria agravar a situação do falido, uma vez que no momento da falência, ele não tinha dever de pagar qualquer multa. Contudo, se a incidência da cláusula penal não decorreu da falência, mas do vencimento antes da falência, ela será exigível.

Imagine-se a seguinte situação: antes da falência, o falido era devedor de R$ 100.000,00 (cem mil reais) em um contrato de mútuo com vencimento para 31-12-2015, com previsão de multa de 2% para o atraso no pagamento. Nesse caso, a falência foi decretada em 20-2-2010, tornando aquela obrigação imediatamente exigível, mas sem o acréscimo da multa, uma vez que o vencimento da obrigação decorreu da falência.

Por fim, é oportuno esclarecer que o vencimento antecipado das obrigações não pode prejudicar o eventual codevedor solvente do falido. Em outras palavras, as obrigações em que o falido está ao lado de um codevedor solvente só vencem antecipadamente para o falido[16]. No caso de solidariedade, o credor poderá habilitar o seu crédito para recebimento imediato na falência, mas não poderá cobrar imediatamente o codevedor solidário solvente (CC – art. 333, parágrafo único). Ressalte-se, porém, que, no caso da falência do devedor principal de um título de crédito, há o vencimento antecipado do título em relação a todos os codevedores, dada a especificidade do regime cambial.

3 Conversão cambial

Além da uniformização temporal, a falência também impõe uma uniformização monetária das obrigações do falido. Assim, as obrigações em moeda estrangeira deverão ser convertidas para moeda nacional, pelo câmbio do dia da decretação da falência (Lei n. 11.101/2005 – art. 77). Trata-se mais uma vez de medida necessária ao bom andamento do processo, para que se tenha um padrão monetário comum a todos os credores, permitindo inclusive aferir o peso de cada um deles numa eventual assembleia de credores. Se não houvesse a falência, a conversão cambial se daria pelo câmbio do dia do efetivo pagamento.

4 Suspensão condicional da exigibilidade dos juros posteriores à falência

A decretação da falência é responsável pela instauração do concurso de credores e, por isso, ela impõe a uniformização temporal e monetária das obrigações do falido. Essa

16. ALMEIDA, Amador Paes de. *Curso de falência e concordata*, p. 158.

uniformização levará em conta a situação dos créditos no dia da decretação da falência, uma vez que, em uma situação ideal, os pagamentos deveriam ocorrer no mesmo dia. Contudo, como o pagamento não ocorre de imediato, optou-se por determinar as obrigações, a princípio, pela condição existente no dia da decretação da falência[17]. Assim, os juros moratórios e remuneratórios vencidos após a decretação da falência não entram nesse cômputo. Os juros anteriores à falência são normalmente incluídos no cálculo dos créditos. A atualização monetária deverá ser realizada até a data do efetivo pagamento[18], uma vez que ela não representa acréscimo no valor do crédito.

Embora essa não seja a terminologia usada pela legislação, é isso o que efetivamente ocorre. Em vez de classificar esses juros como uma categoria à parte, a legislação preferiu determinar a suspensão da exigibilidade dos juros vencidos após a decretação da falência, salvo se o ativo for suficiente para o pagamento de todos os credores (Lei n. 11.101/2005 – art. 124). Não é o fim da fluência dos juros, mas a subordinação da sua exigibilidade ao pagamento de todos os outros credores. Em última análise, os juros posteriores à falência representarão a última categoria a ser paga, depois inclusive dos créditos subordinados.

Mesmo os juros dos créditos tributários têm sua exigibilidade suspensa, uma vez que não se trata de matéria afeta à lei complementar[19]. Tal efeito, porém, tem duas exceções: os juros das debêntures e as demais obrigações com garantia real, mas só respondem por esses juros o produto da venda dos bens dados em garantia. O excesso seria classificado como crédito quirografário para alguns[20], mas, a nosso ver, o excesso entra na categoria geral dos juros.

4.1 *Obrigações com garantia real*

Os créditos com garantia real são aqueles que possuem um bem vinculado a sua satisfação e, nessa condição, trazem um risco muito baixo para os credores. Esse é o caso do penhor e da hipoteca, nos quais há respectivamente bens móveis e bens imóveis dados em garantia. A vinculação desses bens à satisfação da obrigação traz uma expectativa legítima de pagamento integral e, por isso, nesses casos, mantém o pagamento dos juros, mas apenas responde por esses juros o produto da venda do bem dado em garantia.

---

17. ULLOA, Francesca Cuomo. Gli effetti del fallimento per i creditori. In: DI PEPE, Giorgio Schiano (Coord.). *Il diritto fallimentare riformato*. Padova: CEDAM, 2007, p. 151.

18. MARTINS, Glauco Alves. Efeitos da decretação da falência sobre as obrigações do devedor. In: PAIVA, Luiz Fernando Valente de (Coord.). *Direito falimentar e a nova lei de falências e recuperação de empresas*. São Paulo: Quartier Latin, 2005, p. 475.

19. STJ – AgRg no REsp 1086058/PR, Rel. Ministro LUIZ FUX, PRIMEIRA TURMA, julgado em 4-8-2009, *DJe* 3-9-2009; MAMEDE, Gladston. *Direito empresarial brasileiro*: falência e recuperação de empresas. 2. ed. São Paulo: Atlas, 2008, v. 4, p. 428.

20. BEZERRA FILHO, Manoel Justino. *Lei de recuperação de empresas e falências comentada*. 4. ed. São Paulo: Revista dos Tribunais, 2007, p. 302.

4.2 Debêntures

As debêntures são títulos representativos de um empréstimo público lançado pela sociedade anônima. Cada emissão de debêntures representa um empréstimo realizado. A sociedade, ao decidir a emissão das debêntures, está fazendo uma oferta de um contrato de mútuo, que se completa com a subscrição dos títulos, que representaria a aceitação do contrato[21]. Quem adquire a debênture se torna credor da sociedade pelo valor emprestado e vantagens oferecidas pela sociedade, o que, quase sempre, abrange juros.

Uma emissão de debêntures pode oferecer vários tipos de garantia aos mutuantes (Lei n. 6.404/76 – art. 58), quais sejam, a garantia real e a garantia flutuante. Nesta, os credores possuem um privilégio geral sobre o ativo líquido da companhia, vale dizer, eles têm uma prioridade, recebem antes daqueles que não têm qualquer garantia. A constituição de uma garantia é facultativa, podendo a sociedade deliberar pela emissão de debêntures sem qualquer garantia, que podemos chamar de debêntures quirografárias. Além da ausência de garantia, nossa lei das sociedades anônimas prevê a possibilidade de emissão das chamadas debêntures subordinadas.

Por haver uma menção genérica a debêntures, alguns autores afirmam que a exceção à suspensão da exigibilidade dos juros abrangeria todas as debêntures[22], isto é, todos os tipos de debêntures teriam direito de exigir normalmente os juros posteriores à falência. A nosso ver, porém, a exceção deve se restringir àquelas debêntures com garantia real[23], uma vez que só responde por esses juros o produto dos bens dados em garantia. Se não houvesse a garantia, nada responderia por esses juros e, por isso, a exceção abrange apenas as debêntures e as demais obrigações com garantia real.

---

21. BATALHA, Wilson de Souza Campos. *Comentários à lei das sociedades anônimas*. Rio de Janeiro: Forense, 1977, v. 1, p. 347.

22. MARTINS, Glauco Alves. Efeitos da decretação da falência sobre as obrigações do devedor. In: PAIVA, Luiz Fernando Valente de (Coord.). *Direito falimentar e a nova lei de falências e recuperação de empresas*. São Paulo: Quartier Latin, 2005, p. 476; HENTZ, Luiz Antonio Soares. In: DE LUCCA, Newton; SIMÃO FILHO, Adalberto (Coord.). *Comentários à nova lei de recuperação de empresas e de falências*. São Paulo: Quartier Latin, 2005, p. 507.

23. TEPEDINO, Ricardo. In: ABRÃO, Carlos Henrique; TOLEDO, Paulo F. C. Salles de (Coord.). *Comentários à lei de recuperação de empresas e falência*. São Paulo: Saraiva, 2005, p. 336; ARAÚJO, José Francelino de. *Comentários à lei de falências e recuperação de empresas*. São Paulo: Saraiva, 2009, p. 263; CAMPOS BATALHA, Wilson de Souza; RODRIGUES NETTO, Nelson; RODRIGUES NETTO, Sílvia Maria Labate Batalha. *Comentários à lei de recuperação judicial de empresas e falência*. 4. ed. São Paulo: LTr, 2007, p. 187; FRONTINI, Paulo Salvador. In: SOUZA JÚNIOR, Francisco Sátiro de; PITOMBO, Antônio Sérgio de A. de Moraes (Coord.). *Comentários à lei de recuperação de empresas e falência*. São Paulo: Revista dos Tribunais, 2005, p. 452; SIMIONATO, Frederico A. Monte. *Tratado de direito falimentar*. Rio de Janeiro: Forense, 2008, p. 459; COELHO, Fábio Ulhoa. *Curso de direito comercial*. 8. ed. São Paulo: Saraiva, 2008, v. 3, p. 325; MAMEDE, Gladston. *Direito empresarial brasileiro*: falência e recuperação de empresas. 2. ed. São Paulo: Atlas, 2008, v. 4, p. 430; NEGRÃO, Ricardo. *Manual de direito comercial e de empresa*. 4. ed. São Paulo: Saraiva, 2009, v. 3, p. 345.

5 Formação do juízo universal e indivisível

A uniformização temporal e monetária das obrigações é essencial para que se possa fazer o pagamento, de acordo com a ordem legal de preferência. Contudo, isso não é suficiente. Para que se possa conseguir que o pagamento siga a ordem determinada pela legislação, é essencial firmar em um único juízo a realização de todos os pagamentos, isto é, é essencial a formação de um juízo universal. Com isso, todos os credores deverão recorrer ao juízo falimentar para que sejam pagos. Assim, dá-se mais um passo no sentido do pagamento dos credores do falido de acordo com a ordem legal de preferência.

Ora, com a decretação da falência, o falido é afastado da administração de seus bens e, por isso, não tem como pagar seus credores. Para que se atenda à ordem legal de preferência, todos os pagamentos serão feitos em juízo e, mais especificamente, no mesmo juízo, daí falar-se em universalidade do juízo falimentar. A universalidade significa que todos os credores do falido, fossem eles quais fossem, deveriam concorrer ao juízo falimentar[24].

A nosso ver, mesmo os créditos fiscais se submetem a esse juízo universal. Como eles não são os primeiros a receber, não podem tentar receber do falido por outros caminhos, sob pena de desvirtuar a ordem legal de preferência. O STJ já inclusive pacificou que o produto da arrematação realizada na execução fiscal deve ser colocado à disposição do juízo falimentar para garantir a quitação dos créditos mais privilegiados[25]. Há que se fazer uma interpretação sistemática do art. 29 da Lei n. 6.830/80 e do art. 187 do Código Tributário Nacional.

Em complemento à universalidade, surge a indivisibilidade do juízo falimentar, pela qual o juízo da falência é indivisível e competente para conhecer todas as ações sobre bens, interesses e negócios do falido (Lei n. 11.101/2005 – art. 76). Se o juízo falimentar atrai todos os credores, é natural que ele atraia também as ações que possam afetar os interesses dos credores, isto é, as ações sobre bens, interesses e negócios do falido. Em síntese, com a decretação da falência, o juiz falimentar passa a exercer uma força atrativa em relação a tais ações, mesmo que outra fosse a regra de competência, vale dizer, os processos contra o devedor deverão ser processados e julgados perante o juízo da falência. As ações sem conteúdo econômico, como as investigações de paternidade sem pedido de alimentos e a nunciação de obra nova, não se enquadram nessa regra por não dizerem respeito a bens, interesses e negócios do falido.

5.1 Ações anteriores à falência

Naturalmente, em razão do princípio da perpetuação da jurisdição, tal força atrativa também não abrange ações que foram ajuizadas antes da falência[26]. Estas ficarão onde

24. PACHECO, José da Silva. *Processo de falência e concordata*. 13. ed. Rio de Janeiro: Forense, 2004, p. 167.

25. STJ – REsp 695.167/MS, Rel. Ministro MAURO CAMPBELL MARQUES, SEGUNDA TURMA, julgado em 7-10-2008, *DJe* 5-11-2008.

26. STJ – REsp 467.516/MT, Rel. Ministra NANCY ANDRIGHI, TERCEIRA TURMA, julgado em 21-2--2006, *DJ* 20-3-2006, p. 264; NORONHA, João Otávio de; CORRÊA LIMA, Sérgio Mourão. In: CORRÊA-

foram ajuizadas. Apenas para ações novas, posteriores à falência, é que se pode falar em força atrativa do juízo falimentar. Nas ações anteriores, os princípios da economia e da celeridade processual justificam a manutenção no juízo original, ressalvando, porém, que a maioria dessas ações será suspensa.

5.2 *Ações trabalhistas*

O art. 76 da Lei n. 11.101/2005 excepciona da força atrativa do juízo falimentar as ações trabalhistas. Ora, as ações trabalhistas são de competência da justiça especializada do trabalho em razão de um mandamento constitucional (CF/88 – art. 114) e, por isso, não seria aceitável que uma norma infraconstitucional alterasse essa competência. Ademais, a própria matéria inerente a esse tipo de causa é muito melhor analisada na justiça do trabalho. Registre-se, porém, que as ações ajuizadas por trabalhadores para responsabilizar os adquirentes de bens alienados em processo de falência são da competência do juízo falimentar[27], uma vez que não se trata de uma causa trabalhista, mas da discussão dos efeitos da alienação da massa falida.

5.3 *Causas fiscais*

Outra exceção à unidade do juízo falimentar são as causas fiscais, como as execuções fiscais e as cautelares fiscais. As causas envolvendo o fisco, em geral, têm uma regra própria de fixação de competência em razão da pessoa. Trata-se de uma hipótese de competência absoluta, por força do interesse público envolvido na defesa dos interesses do fisco. Diante disso, o legislador optou por manter a regra original de fixação de competência, afastando a força atrativa do juízo falimentar. Registre-se, porém, que as eventuais ações do fisco para responsabilizar o adquirente de bens alienados na falência são atraídas para o juízo falimentar[28], uma vez que a causa discute efeitos da alienação realizada.

5.4 *Ações não falimentares*

Também são atraídas pelo juízo falimentar as ações não falimentares em que a massa falida figurar como autora ou litisconsorte ativa. As ações não falimentares são aque-

---

-LIMA, Osmar Brina; CORRÊA LIMA, Sérgio Mourão (Coord.). *Comentários à nova lei de falência e recuperação de empresas*. Rio de Janeiro: Forense, 2009, p. 87.

27. STF – RE 583955, Relator(a): Min. RICARDO LEWANDOWSKI, Tribunal Pleno, julgado em 28-5--2009, REPERCUSSÃO GERAL – MÉRITO *DJe*-162, Divulg. 27-8-2009, Public. 28-8-2009, Ement., v. 2371-09, p. 1716.

28. STJ – AgRg no CC 87.214/RJ, Rel. Ministro ARI PARGENDLER, SEGUNDA SEÇÃO, julgado em 25-6-2008, *DJe* 5-11-2008.

las não reguladas na legislação falimentar, logo, não envolvem especificamente uma questão basilar do processo de falência. Por isso, elas não sofrem a força atrativa do juízo falimentar, quando a massa falida for autora ou litisconsorte ativa. Se a massa falida figurar no polo passivo, por uma questão de prudência, prefere-se atrair a ação, ainda que não prevista na lei de falências, para o juízo falimentar. Dessa forma, uma ação de indenização ajuizada pela massa falida manterá a regra normal de fixação de competência, salvo se estiver prevista na legislação falimentar. Todavia, uma ação de indenização contra a massa falida será atraída para o juízo falimentar.

5.5 *Ações cuja competência é definida pela Constituição*

Ao tratar das exceções à força atrativa do juízo falimentar, a doutrina, em sua maioria, limita-se ao estudo das hipóteses acima. Contudo, há outra questão que ainda pode ser discutida. Embora não previstas expressamente como exceção à unidade do juízo falimentar, como ficam as ações cuja competência seja constitucionalmente definida, em especial aquelas de competência da justiça federal (CF/88 – art. 109)? São atraídas para o juízo falimentar ou mantêm sua regra de competência?

Carlos Klein Zanini[29] afirma que tais ações são atraídas para o juízo falimentar, considerando a ressalva feita na parte final do art. 109, I, da Constituição, que diz expressamente que a justiça federal é competente para julgar "as causas em que a União, entidade autárquica ou empresa pública federal forem interessadas na condição de autoras, rés, assistentes ou oponentes, exceto as de falência". Outros autores[30], a nosso ver com razão, afirmam que tais ações não são atraídas para o juízo falimentar, dada a fixação de competência pela Constituição.

Ora, se é a Constituição que define a competência para tais ações, uma norma infraconstitucional não pode alterá-la. A ressalva, constante da parte final do art. 109, I, da Constituição Federal, abrange apenas as causas previstas na lei de falências e não as ações sobre bens, interesses e negócios do falido. Assim, ações de indenização ajuizadas pela Caixa Econômica Federal, pelo INSS ou pela União Federal contra a massa falida serão processadas e julgadas pela justiça federal. Já o eventual pedido de falência formulado

---

29. ZANINI, Carlos Klein. In: SOUZA JÚNIOR, Francisco Sátiro de; PITOMBO, Antônio Sérgio de A. de Moraes (Coord.). *Comentários à lei de recuperação de empresas e falência*. São Paulo: Revista dos Tribunais, 2005, p. 337.

30. PACHECO, José da Silva. *Processo de recuperação judicial, extrajudicial e falência*. 2. ed. Rio de Janeiro: Forense, 2007, p. 196; ANDRIGHI, Fátima Nancy. In: CORRÊA-LIMA, Osmar Brina; CORRÊA LIMA, Sérgio Mourão (Coord.). *Comentários à nova lei de falência e recuperação de empresas*. Rio de Janeiro: Forense, 2009, p. 501; STJ – CC 16.115/RS, Rel. Ministro SÁLVIO DE FIGUEIREDO TEIXEIRA, SEGUNDA SEÇÃO, julgado em 23-10-2002, *DJ* 24-2-2003, p. 179; VIDOTTE, Maria Cristina. In: DE LUCCA, Newton; SIMÃO FILHO, Adalberto (Coord.). *Comentários à nova lei de recuperação de empresas e de falências*. São Paulo: Quartier Latin, 2005, p. 343; COELHO, Fábio Ulhoa. *Curso de direito comercial*. 8. ed. São Paulo: Saraiva, 2008, v. 3, p. 263; NEGRÃO, Ricardo. *Manual de direito comercial e de empresa*. 4. ed. São Paulo: Saraiva, 2009, v. 3, p. 301.

pela Caixa Econômica Federal ou um pedido de restituição formulado pelo INSS deverão ser ajuizados perante a justiça estadual do principal estabelecimento do devedor ou da filial do empresário estrangeiro. O juiz falimentar atrai apenas as causas de falência[31], as quais são disciplinadas pela Lei n. 11.101/2005. Tal orientação é reforçada pela previsão do art. 45, I, do CPC/2015, que autoriza a não remessa dos feitos para a justiça federal, mesmo havendo interesse da União Federal, suas autarquias ou empresas públicas, caso se trate de ações de falência.

5.6 *Ações imobiliárias*

Alguns autores mencionam ainda como exceção à força atrativa do juízo falimentar as ações de despejo e as ações relativas a imóveis[32], por se tratar de regra de competência absoluta. A nosso ver, porém, tal exceção não se justifica, na medida em que a competência absoluta nesses casos é fixada por uma lei ordinária (CPC), não havendo qualquer óbice para que outra lei ordinária altere essa regra de fixação de competência. Nesse sentido, o STJ já afirmou que "os motivos que justificam a improrrogabilidade da competência das ações reais imobiliárias parecem ceder diante da competência conferida ao juízo indivisível da falência, o qual, por definição, é um foro de atração, para o qual converge a discussão de todas as causas e ações pertinentes a um patrimônio com universalidade jurídica"[33]. A indivisibilidade do juízo falimentar é perfeitamente aplicável a tais ações[34].

6 Suspensão das ações e execuções

Além de atrair os credores e as ações para o juízo falimentar, a decretação da falência deve impedir que pagamentos de obrigações do falido sejam realizados em outros processos. É inerente à falência a proibição do pagamento individual dos credores[35]. Se todos devem recorrer ao juízo falimentar para receber, ninguém pode receber seu crédi-

31. STJ – CC 31.346/SP, Rel. Ministro ARI PARGENDLER, SEGUNDA SEÇÃO, julgado em 11-12-2002, *DJ* 17-3-2003, p. 174.

32. NEGRÃO, Ricardo. *Manual de direito comercial e de empresa*. 4. ed. São Paulo: Saraiva, 2009, v. 3, p. 301; STJ – CC 34393/GO, Rel. Ministro ANTÔNIO DE PÁDUA RIBEIRO, SEGUNDA SEÇÃO, julgado em 25-5-2005, *DJ* 1º-7-2005, p. 362.

33. CC 84.752/RN, Rel. Ministra NANCY ANDRIGHI, SEGUNDA SEÇÃO, julgado em 27-6-2007, *DJ* 1º-8-2007, p. 433. No mesmo sentido: REsp 1554361/GO, Rel. Ministro LUIS FELIPE SALOMÃO, QUARTA TURMA, julgado em 21-2-2017, DJe 15-3-2017.

34. ZANINI, Carlos Klein. In: SOUZA JÚNIOR, Francisco Sátiro de; PITOMBO, Antônio Sérgio de A. de Moraes (Coord.). *Comentários à lei de recuperação de empresas e falência*. São Paulo: Revista dos Tribunais, 2005, p. 338.

35. ULLOA, Francesca Cuomo. Gli effetti del fallimento per i creditori. In: DI PEPE, Giorgio Schiano (Coord.). *Il diritto fallimentare riformato*. Padova: CEDAM, 2007, p. 156.

to em outro tipo de processo, sob pena de desvirtuamento da ordem legal de preferências entre os credores. Não se deve privilegiar os credores mais ágeis, mas sim aqueles que forem considerados de maior relevância.

Assim sendo, a decretação da falência impõe a suspensão das ações e execuções em curso contra o devedor (Lei n. 11.101/2005 – art. 6º). No direito italiano, proíbe-se o ajuizamento ou prosseguimento de ações que possam comprometer os bens abrangidos pela falência[36]. Caso não houvesse a suspensão, haveria o risco de algum credor receber fora do processo de falência, podendo desobedecer à ordem legal dos pagamentos.

Naturalmente, não são todas as ações que precisam ser suspensas, porquanto nem todas as ações geram o risco de pagamento fora da ordem legal de preferências. Assim, também há algumas exceções a esse efeito.

6.1 *Ações que demandem quantias ilíquidas*

A primeira exceção envolve as ações que demandam quantias ilíquidas (Lei n. 11.101/2005 – art. 6º, § 1º), inclusive as reclamações trabalhistas. A expressão usada pela lei não é muito clara e deve ser interpretada como abrangendo as ações de conhecimento, nas quais se discute a existência ou o valor de certos créditos[37]. Nesses casos, a relação de débito e crédito ainda não está constituída definitivamente[38] e, por isso, não há maiores riscos para o empresário de saída de bens do seu patrimônio. O máximo que poderá ocorrer é a reserva de valores, determinada pelo juiz responsável por tais ações.

Em outras palavras, o trâmite normal dessas ações não põe em risco a recuperação da empresa e, por isso, elas podem prosseguir. Todavia, elas não devem prosseguir até o pagamento, mas apenas até a definição do valor devido. Ora, a partir da definição final do valor, pode ser iniciada a fase de execução, na qual podem ocorrer atos de apreensão e expropriação, os quais devem ser evitados para que se possa garantir a obediência à ordem de pagamentos. Portanto, as ações que demandem quantia ilíquida não são suspensas, podendo prosseguir até a eventual definição do valor devido.

6.2 *Execuções fiscais*

A maioria da nossa doutrina afirma que as execuções contra o falido também não seriam suspensas pela decretação da falência[39]. Apesar da ausência de previsão expressa

---

36. ULLOA, Francesca Cuomo. Gli effetti del fallimento per i creditori. In: DI PEPE, Giorgio Schiano (Coord.). *Il diritto fallimentare riformato*. Padova: CEDAM, 2007, p. 156.

37. MAMEDE, Gladston. *Direito empresarial brasileiro*: falência e recuperação de empresas. São Paulo: Atlas, 2006, v. 4, p. 76.

38. PIMENTA, Eduardo Goulart. *Recuperação de empresas*. São Paulo: IOB, 2006, p. 128.

39. MANDEL, Júlio Kahan. Das disposições comuns. In: PAIVA, Luiz Fernando Valente de (Coord.). *Direito falimentar e a nova lei de falências e recuperação de empresas*. São Paulo: Quartier Latin, 2005, p. 131;

dessa exceção na Lei n. 11.101/2005, a maioria da doutrina usa a interpretação do art. 187 do Código Tributário Nacional. O STJ, inclusive, afirma que "a falência superveniente do devedor não tem o condão de paralisar o processo de execução fiscal, nem de desconstituir a penhora realizada anteriormente à quebra"[40].

Ousamos discordar desse entendimento. A nosso ver, as execuções fiscais são suspensas pela decretação da falência, uma vez que não há motivo para prosseguimento de tais processos, tendo em vista a necessária obediência à ordem legal de pagamentos, na qual o fisco não se encontra em primeiro lugar. Permitir o prosseguimento da execução fiscal é negar a confiabilidade da atuação judicial do concurso de credores[41].

Outrossim, o art. 6º, § 7º, da Lei n. 11.101/2005 menciona que as execuções fiscais não serão suspensas pelo deferimento da recuperação judicial. Ora, se não são suspensas pelo deferimento da recuperação, o são no caso de falência, devendo apenas haver a comunicação ao juízo falimentar dos créditos fiscais, para que eles possam ser pagos na ordem de preferência[42]. Vemos a possibilidade de prosseguimento da execução fiscal apenas contra eventual codevedor solvente. Todavia, reconhecemos tratar-se de opinião isolada.

Dentro do entendimento majoritário, as execuções fiscais não são suspensas pela decretação da falência, mas não prosseguem nas condições tradicionais. Pela necessária obediência à ordem legal de pagamento, haverá mudanças no trâmite das execuções fiscais em face do falido, a depender da existência ou não de penhora no momento da decretação da falência. Contra o eventual codevedor solvente, o prosseguimento se dá nas condições normais.

Não havendo penhora realizada no momento da falência, não se pode cogitar da realização da apreensão específica de bens do falido, mas apenas de penhora no rosto dos

---

ALMEIDA, Amador Paes de. *Curso de falência e recuperação de empresas*. 21. ed. São Paulo: Saraiva, 2005, p. 140; COELHO, Fábio Ulhoa. *Comentários à nova lei de falências e recuperação de empresas*. São Paulo: Saraiva, 2005, p. 38; FAZZIO JÚNIOR, Waldo. *Nova lei de falência e recuperação de empresas*. São Paulo: Atlas, 2005, p. 287; MIRETTI, Luiz Antonio Caldeira. Os créditos tributários no processo de recuperação de empresas e falência. In: MACHADO, Rubens Approbato. *Comentários à nova lei de falências e recuperação de empresas*. São Paulo: Quartier Latin, 2005, p. 274-275; PERIN JÚNIOR, Écio. *Curso de direito falimentar e recuperação de empresas*. 3. ed. São Paulo: Método, 2006, p. 321; PACHECO, José da Silva. *Processo de recuperação judicial, extrajudicial e falência*. 2. ed. Rio de Janeiro: Forense, 2007, p. 19; CAMPOS BATALHA, Wilson de Souza; RODRIGUES NETTO, Nelson; RODRIGUES NETTO, Sílvia Maria Labate Batalha. *Comentários à lei de recuperação judicial de empresas e falência*. 4. ed. São Paulo: LTr, 2007, p. 49; DE LUCCA, Newton. In: DE LUCCA, Newton; SIMÃO FILHO, Adalberto (Coord.). *Comentários à nova lei de recuperação de empresas e de falências*. São Paulo: Quartier Latin, 2005, p. 118; CAMPINHO, Sérgio. *Falência e recuperação de empresa*: o novo regime de insolvência empresarial. 3. ed. Rio de Janeiro: Renovar, 2008, p. 342; NEGRÃO, Ricardo. *Manual de direito comercial e de empresa*. 4. ed. São Paulo: Saraiva, 2009, v. 3, p. 327.

40. STJ – REsp 1013252/RS, Rel. Ministro LUIZ FUX, PRIMEIRA TURMA, julgado em 19-11-2009, *DJe* 9-12-2009.

41. PROVINCIALI, Renzo. *Manuale di diritto fallimentare*. 3. ed. Milano: Giuffrè, 1955, v. 1, p. 464.

42. TZIRULNIK, Luiz. *Direito falimentar*. 7. ed. São Paulo: Revista dos Tribunais, 2005, p. 62; BEZERRA FILHO, Manoel Justino. *Lei de recuperação de empresas e falências comentada*. 4. ed. São Paulo: Revista dos Tribunais, 2007, p. 203.

autos da falência[43]. A penhora no rosto dos autos é a penhora de um direito disputado em juízo litigioso. Na falência, não há propriamente um direito em litígio, mas uma disputa entre os diversos credores pelos bens do falido. Por isso, estabelece-se a penhora no rosto dos autos como solução para as execuções fiscais, isto é, seria algo como uma penhora dos bens que ficassem disponíveis para pagamentos dos créditos fiscais, mas que ainda não se sabe quais são. Tal penhora no rosto dos autos, embora não interesse ao fisco, é interessante para eventual oposição de embargos à execução fiscal, que ainda exigem a garantia do juízo.

Como os bens do falido serão arrecadados no processo de falência, para uma alienação que objetiva a maximização do valor dos ativos do falido (Lei n. 11.101/2005 – art. 75), não é razoável retirar qualquer bem da massa falida para afetá-lo a satisfação de uma execução fiscal, que nem representa o primeiro crédito a ser satisfeito. Ademais, o fisco terá que se submeter à ordem legal de pagamento dos credores, como define expressamente o próprio art. 186 do Código Tributário Nacional.

De outro lado, se já houver sido realizada penhora nos autos da execução fiscal, esta não é desconstituída pela decretação da falência[44]. Prossegue-se até a fase de expropriação, mas o produto da venda será remetido para a massa falida, tendo em vista a possibilidade de existência de créditos mais privilegiados[45]. Nessa hipótese, não se pode cogitar nem de adjudicação pelo fisco, uma vez que esta desvirtuaria a ordem legal dos pagamentos na falência[46].

6.3 Execuções com hasta pública já designada

No regime anterior, havia a previsão de que as execuções com hasta pública já designada não seriam suspensas pela decretação da falência, revertendo-se o produto da venda dos bens para a massa falida (Revogado Decreto-lei n. 7.661/45 – art. 24, § 1º). A atual legislação não repete tal dispositivo, surgindo a dúvida quanto à suspensão ou não das execuções com leilão ou praça já designados.

Em razão dos princípios da economia e da celeridade processual, alguns autores[47] defendem o prosseguimento da execução nesses casos, com a reversão dos valores obtidos para o processo falimentar. Ora, os bens também terão que ser alienados na falência, assim

43. STJ – REsp 801.555/CE, Rel. Ministro TEORI ALBINO ZAVASCKI, PRIMEIRA TURMA, julgado em 1º-12-2009, *DJe* 15-12-2009.

44. STJ – REsp 1013252/RS, Rel. Ministro LUIZ FUX, PRIMEIRA TURMA, julgado em 19-11-2009, *DJe* 9-12-2009.

45. STJ – AgRg no REsp 783.318/SP, Rel. Ministro HUMBERTO MARTINS, SEGUNDA TURMA, julgado em 19-3-2009, *DJe* 14-4-2009.

46. STJ – REsp 695.167/MS, Rel. Ministro MAURO CAMPBELL MARQUES, SEGUNDA TURMA, julgado em 7-10-2008, *DJe* 5-11-2008.

47. PERIN JÚNIOR, Écio. *Curso de direito falimentar e recuperação de empresas*. 3. ed. São Paulo: Método, 2006, p. 325; CAMPOS BATALHA, Wilson de Souza; RODRIGUES NETTO, Nelson; RODRIGUES

sendo, se já tomadas as providências para essa alienação, seria natural que ela fosse realizada, evitando novos custos no processo de falência. Embora perfeitamente sustentável, não acreditamos que a solução possa ser dada nesses termos para todos os casos. Outros[48] afirmam, porém, que em tal situação deve prevalecer a regra geral da suspensão das ações. Há ainda quem afirme que a solução dependerá da decisão do juiz em cada caso concreto[49].

Com efeito, o aproveitamento da hasta pública já designada traz economia e celeridade ao processo de falência, evitando novas discussões, como sobre o valor do bem. Todavia, a nosso ver, a ideia da maximização do valor dos ativos do falido pode justificar a não realização da venda dos bens fora do processo de falência, ainda que a hasta já esteja designada. A alienação conjunta pode aumentar o valor dos bens que compõem a massa falida e, por isso, pode ser preferível essa alienação a uma eventual alienação isolada. Caberá ao juiz da falência, caso a caso, a decisão sobre a continuação ou não dos processos nessa situação[50]. Naturalmente, se todos os bens do falido já estiverem reunidos para a hasta pública em uma execução, é recomendável que ela seja realizada, pois não haverá qualquer benefício para o concurso de credores, no atraso dessa alienação. No caso da decisão pela realização da hasta pública já designada, o produto obtido deverá ser remetido ao processo de falência, para que se obedeça à ordem legal de pagamento.

6.4 Ações sem conteúdo econômico

Além das exceções já mencionadas, podemos afirmar que também não serão suspensas aquelas ações sem efeitos patrimoniais econômicos[51], como a nunciação de obra nova e a investigação de paternidade sem pedido condenatório. Ora, o processo de recuperação judicial visa a regularizar a situação patrimonial do devedor em crise, logo, ações que não possuam reflexos patrimoniais não precisam ser afetadas pelo processamento da recuperação. O trâmite natural de tais ações não afetará o *status* do devedor e, por isso, não há necessidade da suspensão.

7 Suspensão da prescrição

Além de reunir os credores para receber no mesmo processo e suspender, em regra, as ações contra o devedor, a decretação da falência deve impedir ou ao menos tornar des-

---

NETTO, Sílvia Maria Labate Batalha. *Comentários à lei de recuperação judicial de empresas e falência*. 4. ed. São Paulo: LTr, 2007, p. 50.

48. VIGIL NETO, Luiz Inácio. *Teoria falimentar e regimes recuperatórios*. Porto Alegre: Livraria do Advogado, 2008, p. 246.

49. COELHO, Fábio Ulhoa. *Curso de direito comercial*. 8. ed. São Paulo: Saraiva, 2008, v. 3, p. 324; NEGRÃO, Ricardo. *Manual de direito comercial e de empresa*. 4. ed. São Paulo: Saraiva, 2009, v. 3, p. 327.

50. NEGRÃO, Ricardo. *Manual de direito comercial e de empresa*. 4. ed. São Paulo: Saraiva, 2009, v. 3, p. 330.

51. MAMEDE, Gladston. *Direito empresarial brasileiro*: falência e recuperação de empresas. São Paulo: Atlas, 2006, v. 4, p. 83.

necessárias novas ações contra o falido. Nesse sentido, a decretação da falência suspende o curso da prescrição contra o falido (Lei n. 11.101/2005 – art. 6º), até o trânsito em julgado da sentença que encerrar o processo de falência, isto é, os prazos prescricionais param de correr no dia da decretação da falência e voltam a correr quando do trânsito em julgado da sentença de encerramento da falência. Desse modo, os credores não precisam ajuizar ações contra o falido, uma vez que não haverá prescrição dessas pretensões enquanto estiver tramitando o processo de falência. Evitam-se, assim, tumultos desnecessários, porquanto não faria sentido manter a prescrição em curso e suspender as eventuais ações.

Contudo, nos casos em que o prazo for decadencial, não haverá a suspensão do prazo pela decretação da falência[52]. Do mesmo modo, se a prescrição se refere a ações que devam ser ajuizadas pelo falido contra terceiros, não há a suspensão[53].

No caso dos créditos fiscais, porém, não haverá essa suspensão da prescrição, uma vez que a matéria de prescrição tributária deve ser tratada por lei complementar[54] e não por lei ordinária, uma vez que se trata de norma geral de direito tributário (CF/88 – art. 146). Desse modo, deverá ocorrer o ajuizamento das execuções fiscais de créditos tributários, mesmo durante o processo de falência, a fim de evitar a prescrição da pretensão. No caso de créditos não tributários, a suspensão se aplica normalmente[55], uma vez que nesses casos a matéria será regida por lei ordinária.

8 Suspensão do direito de retirada e do recebimento do valor das quotas ou ações

Para evitar tumultos e, especialmente, para evitar pagamentos indevidos em detrimento da ordem legal de preferências, a decretação da falência também terá como efeito a suspensão do exercício do direito de retirada e do recebimento do valor de suas quotas ou ações, por parte dos sócios da sociedade falida. Evita-se com isso o tumulto que seria gerado por alterações societárias decorrentes da retirada de sócios. Além disso, tal efeito também impede pagamentos a sócios fora da ordem legal de preferência.

8.1 Direito de retirada

Nas sociedades contratuais, em geral, há a figura da retirada como meio de resolução da sociedade em relação a um sócio, na qual ele, por iniciativa própria, dissolve seu vín-

---

52. PERIN JÚNIOR, Écio. *Curso de direito falimentar e recuperação de empresas.* 3. ed. São Paulo: Método, 2006, p. 326.

53. FAZZIO JÚNIOR, Waldo. *Nova lei de falência e recuperação de empresas.* São Paulo: Atlas, 2005, p. 292.

54. STF – Súmula vinculante n. 8; STJ – AgRg no REsp 991.520/RS, Rel. Ministro HERMAN BENJAMIN, SEGUNDA TURMA, julgado em 7-10-2008, *DJe* 19-12-2008.

55. STJ – AgRg no Ag 1041976/SP, Rel. Ministra ELIANA CALMON, SEGUNDA TURMA, julgado em 14-10-2008, *DJe* 7-11-2008.

culo com a sociedade apurando os haveres que lhe cabem. A retirada do sócio, também denominada recesso, pode ocorrer nas sociedades por prazo indeterminado, independentemente de motivação específica (CC – art. 1.029). Trata-se de um direito societário de natureza potestativa dirigido à extinção da relação societária daquele sócio com a sociedade[56]. Já nas sociedades por prazo determinado, não se admite a denúncia imotivada do contrato, exigindo-se para o recesso do sócio o reconhecimento judicial de uma justa causa para tanto.

Nas sociedades limitadas por prazo indeterminado, os sócios possuem o direito de recesso independentemente de motivação, em função da natureza contratual da sociedade e, sobretudo, pela garantia constitucional de que ninguém será compelido a manter-se associado. Tal possibilidade advém da natureza contratual do ato constitutivo de tais sociedades[57]. Já nas limitadas por prazo determinado, é autorizada a retirada dos sócios quando houver modificação do contrato, fusão da sociedade, incorporação de outra, ou dela por outra, fixando-se um prazo de 30 dias para o exercício de tal direito.

Nas sociedades anônimas, um dos direitos essenciais dos acionistas é o direito de retirada, que consiste na faculdade outorgada por lei aos acionistas de se retirarem da sociedade, obtendo o pagamento do reembolso. Todavia, dada a natureza institucional que é peculiar às sociedades por ações, tal direito não é concedido de forma generalizada. Não é dado ao acionista o direito de retirar-se quando assim o desejar, causando um ônus à sociedade, caso não deseje mais continuar, a saída é a venda de suas ações. Tal direito só é possível nos casos legalmente elencados[58]. Assim, se concilia a autonomia da sociedade, e também a autonomia dos acionistas, limitando-se o direito de retirada a hipóteses efetivamente relevantes.

Em certas situações, contudo, a jurisprudência vem admitindo a "dissolução parcial" da sociedade, isto é, vem admitindo o exercício do direito de retirada pelos acionistas, independentemente de motivo legal. Essa orientação se restringe a "sociedades anônimas de médio e pequeno porte, em regra, de capital fechado, que concentram na pessoa de seus sócios um de seus elementos preponderantes, como sói acontecer com as sociedades ditas familiares, cujas ações circulam entre os seus membros, e que são, por isso, constituídas *intuito personae*"[59]. Com efeito, em determinados casos a sociedade anônima tem

---

56. FONSECA, Tiago Soares da. *O direito de exoneração do sócio no Código das sociedades comerciais*. Coimbra: Almedina, 2008, p. 25.

57. LUCENA, José Waldecy. *Das sociedades por quotas de responsabilidade limitada*. 2. ed. Rio de Janeiro: Renovar, 1997, p. 554-555; CAMPINHO, Sérgio. *O direito de empresa à luz do novo Código Civil*. 4. ed. Rio de Janeiro: Renovar, 2004, p. 219; COELHO, Fábio Ulhoa. *A sociedade limitada no novo Código Civil*. São Paulo: Saraiva, 2003, p. 102; LOBO, Jorge. *Sociedades limitadas*. Rio de Janeiro: Forense, 2004, v. 1, p. 231-232; NERILLO, Lucíola Fabrete Lopes. *Manual da sociedade limitada no novo Código Civil*. Curitiba: Juruá, 2004, p. 127.

58. Lei n. 6.404/76, art. 136, I a VI e IX, combinados com o art. 137 e arts. 221, 223, § 3º, 236, 252 e 256, § 2º.

59. STJ – EREsp 111294/PR, Rel. Ministro CASTRO FILHO, SEGUNDA SEÇÃO, julgado em 28-6-2006, *DJ* 10-9-2007, p. 183; REsp 651.722/PR, Rel. Ministro CARLOS ALBERTO MENEZES DIREITO, TERCEIRA TURMA, julgado em 25-9-2006, *DJ* 26-3-2007, p. 233.

uma nítida natureza pessoal e, por isso, deve-se admitir que a simples quebra de *affectio societatis* seja motivo para a retirada.

Tal direito existe basicamente por três razões, quais sejam: frear transformações na sociedade, tutelar o interesse individual do sócio ou acionista e conciliar a autonomia da sociedade com a autonomia dos sócios ou acionistas[60]. Essas razões que justificam esse direito não são suficientes para permitir mudanças na sociedade falida. Uma vez decretada a falência, não há qualquer sentido no exercício desse direito, porquanto isso tumultuaria a vida da sociedade, que teria que realizar alterações contratuais ou alterações nos livros societários e não haveria qualquer benefício para o sócio ou acionista. Assim, decretada a falência, fica suspenso o exercício do direito de retirada, ou seja, "a declaração da falência acarreta a permanência do sócio ou acionista na sociedade até o encerramento final da falência"[61].

8.2 Pagamento aos sócios ou acionistas

Se o direito de retirada já foi exercido, os sócios ou acionistas têm direito ao recebimento do valor das suas quotas ou ações. Nas sociedades contratuais, esse pagamento deverá ser feito no prazo contratualmente estabelecido ou, no silêncio do contrato social, em 90 dias (CC – art. 1.031). Nas sociedades por ações, em regra, o pagamento deverá ocorrer no prazo de 40 dias, contados da data da publicação da ata da assembleia que ensejou a retirada[62]. Sendo necessário um balanço especial para apurar o valor das ações, a companhia pagará imediatamente 80% (oitenta por cento) do valor de reembolso calculado com base no último balanço e, levantado o balanço especial, pagará o saldo no prazo de 120 (cento e vinte) dias, a contar da data da deliberação da assembleia geral (Lei n. 6.404/76 – art. 45, § 2º).

Decretada a falência, tais prazos não precisam ser cumpridos. Em primeiro lugar, porque esses prazos são dirigidos à sociedade falida e, a partir da falência, ela não deverá efetuar mais pagamentos. Além disso, o crédito dos sócios ou acionistas se submete ao concurso de credores. Alguns autores entendem tratar-se de crédito quirografário[63], por se tratar de crédito residual. Mas, a nosso ver, tais créditos devem ser classificados como subordinados[64],

60. PARAÍSO, Anna Luiza Prisco. *O direito de retirada na sociedade anônima*. 2. ed. Rio de Janeiro: Lumen Juris, 2000, p. 14.

61. MARTINS, Glauco Alves. Efeitos da decretação da falência sobre as obrigações do devedor. In: PAIVA, Luiz Fernando Valente de (Coord.). *Direito falimentar e a nova lei de falências e recuperação de empresas*. São Paulo: Quartier Latin, 2005, p. 472-473.

62. CARVALHOSA, Modesto. *Comentários à lei de sociedades anônimas*. 4. ed. São Paulo: Saraiva, 2009, v. 1, p. 450.

63. CAMPOS BATALHA, Wilson de Souza; RODRIGUES NETTO, Nelson; RODRIGUES NETTO, Sílvia Maria Labate Batalha. *Comentários à lei de recuperação judicial de empresas e falência*. 4. ed. São Paulo: LTr, 2007, p. 175.

64. TEPEDINO, Ricardo. In: ABRÃO, Carlos Henrique; TOLEDO, Paulo F. C. Salles de (Coord.). *Comentários à lei de recuperação de empresas e falência*. São Paulo: Saraiva, 2005, p. 306-307.

ficando abaixo inclusive dos quirografários e das multas, uma vez que são créditos dos sócios nessa condição (Lei n. 11.101/2005 – art. 83, VIII, *b*). Em todo caso, esse crédito se submete à ordem legal de pagamentos e, por isso, a decretação da falência também suspende o pagamento aos sócios ou acionistas.

9 Suspensão do direito de retenção

Também é efeito da decretação da falência a suspensão do direito de retenção sobre os bens sujeitos à arrecadação (Lei n. 11.101/2005 – art. 116). Mais uma vez cuida-se de medida essencial à garantia da ordem de pagamento entre os credores. Para que esta seja devidamente obedecida, faz-se necessária a suspensão do direito de retenção.

O direito de retenção é "uma garantia que a lei concede ao credor e que consiste em conservar este, até que seja satisfeito seu crédito, determinadas coisas que se acham em seu poder em conexão com o mesmo crédito, mas que são devidas a outrem"[65]. Certos credores têm assegurado o direito de retenção, isto é, o direito de manter certos bens sob sua posse até o efetivo pagamento da obrigação. Trata-se, em certa medida, de uma forma de autotutela privada[66]. Assim, o locatário tem direito de retenção sobre a coisa locada até a indenização das benfeitorias úteis ou necessárias feitas com o consentimento do locador (CC – art. 578). A mesma situação existe no contrato de depósito (CC – art. 644).

Ora, manter esse direito de retenção após a decretação da falência poderia significar o desvirtuar da ordem de pagamento, uma vez que há créditos mais privilegiados do que o titularizado por quem tem o direito de retenção. Ademais, isso poderia prejudicar a maximização dos ativos do falido, que poderia ser obtida com a reunião dos vários. Não há motivo para querer reter os bens, uma vez que eles serão abrangidos pelo processo de falência, com a devida tutela judicial[67].

Em razão de todo o exposto, fica suspenso o direito de retenção sobre os bens do falido, os quais deverão ser entregues ao administrador judicial. Com a entrega do bem, o credor deve participar do processo de falência, como titular de um crédito com privilégio especial. Não se mantém a autotutela, mas se dá certo privilégio ao titular do direito de retenção.

Moacyr Lobato[68] afirma que, excepcionalmente, o direito de retenção poderá continuar a ser exercido. No caso de depósito de produtos agropecuários, nos termos da Lei n. 9.973/2000, o depositário poderia opor o direito de retenção à massa falida, para pagamento de adiantamentos feitos com fretes, seguros e demais despesas e serviços, desde que devidamente autorizados, por escrito, pelo depositante; armazenagem e demais despesas tarifárias; e comissões, custos de cobrança e outros encargos, relativos à opera-

65. ESPÍNOLA, Eduardo. *Garantia e extinção das obrigações*. Campinas: Bookseller, 2005, p. 272.

66. PROVINCIALI, Renzo. *Manuale di diritto fallimentare*. 3. ed. Milano: Giuffrè, 1955, v. 1, p. 477.

67. Idem, p. 478.

68. LOBATO, Moacyr. *Falência e recuperação*. Belo Horizonte: Del Rey, 2007, p. 221-222.

ção com mercadorias depositadas, diante da previsão do art. 9º, § 1º, da mesma lei. A nosso ver, porém, não se pode admitir esse superprivilégio ao depositário de tais mercadorias. Apesar da especificidade da referida norma, deve prevalecer o regime da falência que suspende o direito de retenção em prol do concurso de credores.

10 Compensação das obrigações do falido

Por derradeiro, a decretação da falência produz efeitos no que tange à compensação das obrigações do falido.

A compensação é "a extinção das dívidas de duas pessoas por direitos recíprocos"[69]. O Código Civil, em seu art. 368, afirma que "Se duas pessoas forem ao mesmo tempo credor e devedor uma da outra, as duas obrigações extinguem-se, até onde se compensarem". Em outras palavras, trata-se de encontro de créditos e débitos recíprocos, para a extinção das obrigações. A compensação, em geral, é extremamente vantajosa na medida em que simplifica os negócios e representa garantia de satisfação para os credores[70].

Na falência, essas vantagens são ainda maiores. A não submissão ao concurso de credores torna a compensação extremamente interessante para o não falido, uma vez que haveria sérios riscos de não recebimento do seu crédito. Nesse sentido, o art. 122 da Lei n. 11.101/2005 assegura a compensação das obrigações do falido com preferência sobre todos os outros créditos, apesar de inúmeras críticas quanto a essa permissão[71]. Trata-se de uma hipótese de compensação legal[72].

10.1 Requisitos da compensação na falência

Inicialmente, é oportuno esclarecer que as obrigações compensáveis precisam ter surgido até a decretação da falência. Créditos posteriores, como restituições em dinheiro, não são passíveis de compensação[73], em razão do surgimento da massa falida como um sujeito de direitos. Além disso, há outros requisitos para a compensação.

Essa forma de extinção das obrigações do falido não difere da compensação estabelecida pelo Código Civil e, por isso, os requisitos para que se opere essa compensação são

69. POTHIER, Robert Joseph. *Tratado das obrigações*. Tradução de Witt Batista e Douglas Dias Ferreira. Campinas: Servanda, 2001, p. 549.

70. ESPÍNOLA, Eduardo. *Garantia e extinção das obrigações*. Campinas: Bookseller, 2005, p. 166.

71. FRONTINI, Paulo Salvador. In: SOUZA JÚNIOR, Francisco Sátiro de; PITOMBO, Antônio Sérgio de A. de Moraes (Coord.). *Comentários à lei de recuperação de empresas e falência*. São Paulo: Revista dos Tribunais, 2005, p. 449.

72. ALMEIDA, Amador Paes de. *Curso de falência e recuperação de empresas*. 25. ed. São Paulo: Saraiva, 2009, p. 175.

73. AMBROSINI, Stefano; CAVALLI, Stefano; JORIO, Alberto. *Trattato di diritto commerciale*. Padova: CEDAM, 2009, v. XI, t. 2, p. 383.

os mesmos. Para que se realize essa extinção, exige-se que os débitos e créditos recíprocos sejam líquidos, certos e exigíveis e que haja uma fungibilidade entre as obrigações, isto é, as obrigações a serem compensadas devem ser homogêneas, fungíveis entre si.

Assim, exige-se que as obrigações a serem compensadas sejam homogêneas, isto é, fungíveis entre si. Se o falido deve dinheiro mas tem que receber laranjas, a compensação é inadmissível. Se os objetos forem distintos, não se pode admitir a compensação. Só se pode compensar uma dívida de dinheiro com um crédito de dinheiro. A fungibilidade entre as prestações é essencial para essa compensação. Na falência, tal requisito não traz nenhuma peculiaridade.

Além da fungibilidade, a compensação exige que os débitos e créditos recíprocos sejam líquidos e certos. A certeza diz respeito à existência da obrigação e a liquidez diz respeito a sua determinação. Assim, só poderão ser compensadas obrigações nas quais não se discute nem sua existência, nem seu valor. A pendência de dúvidas quanto a esses aspectos recomenda a não extinção das obrigações. Na falência, tal requisito também não traz nenhuma peculiaridade.

Por fim, exige-se que as obrigações sejam exigíveis, isto é, já estejam vencidas e possam ser cobradas. Assim, obrigações inexigíveis na falência, como as obrigações a título gratuito, não podem ser compensadas. Da mesma forma, as obrigações naturais não podem ser compensadas, por falta de exigibilidade. Contudo, a grande discussão desse requisito está no vencimento das obrigações.

Na falência, as dívidas do falido ou já venceram antes da falência ou venceram em razão da decretação da falência (Lei n. 11.101/2005 – art. 77), salvo as obrigações condicionais e as cláusulas penais dos contratos unilaterais vencidos em razão da falência. Assim, a exigibilidade das dívidas do falido sempre estará presente, salvo nos casos mencionados. De outro lado, os créditos do falido não vencem em razão da falência e obedecerão ao vencimento combinado entre as partes. Se o crédito do falido já era exigível no dia da falência, não há qualquer dúvida quanto à possibilidade da compensação. Contudo, e os créditos vincendos do falido, podem ser objeto da compensação?

Alguns autores[74] negam a possibilidade da compensação com créditos vincendos do falido, uma vez que estaria ausente o requisito da exigibilidade imposto para tal forma de extinção das obrigações. Outros[75] afirmam que mesmo o crédito vincendo poderia ser

---

74. NEGRÃO, Ricardo. *Manual de direito comercial e de empresa*. 4. ed. São Paulo: Saraiva, 2009, v. 3, p. 419; CAMPINHO, Sérgio. *Falência e recuperação de empresa:* o novo regime de insolvência empresarial. 3. ed. Rio de Janeiro: Renovar, 2008, p. 367; MIRANDA, Pontes de. *Tratado de direito privado*. Campinas: Bookseller, 2004, v. 28, p. 353; PACHECO, José da Silva. *Processo de recuperação judicial, extrajudicial e falência*. 2. ed. Rio de Janeiro: Forense, 2007, p. 304; MARTINS, Glauco Alves. Efeitos da decretação da falência sobre as obrigações do devedor. In: PAIVA, Luiz Fernando Valente de (Coord.). *Direito falimentar e a nova lei de falências e recuperação de empresas*. São Paulo: Quartier Latin, 2005, p. 470.

75. TEPEDINO, Ricardo. In: ABRÃO, Carlos Henrique; TOLEDO, Paulo F. C. Salles de (Coord.). *Comentários à lei de recuperação de empresas e falência*. São Paulo: Saraiva, 2005, p. 330; VALVERDE, Trajano de Miranda. *Comentários à lei de falências*. 4. ed. Rio de Janeiro: Forense Universitária, 1999, v. 1, p. 355; ABRÃO, Nelson. *Curso de direito falimentar*. 4. ed. São Paulo: Revista dos Tribunais, 1993, p. 119; FERRARA, Fran-

compensado, uma vez que o prazo se presume a favor do devedor e ele poderia renunciar a esse prazo, dados os benefícios decorrentes da compensação. Ambas as opiniões têm argumentos fortes, mas acreditamos que a razão está com os defensores da primeira opinião, apesar de uma eventual injustiça nessa conclusão.

Com efeito, a compensação na falência deverá obedecer aos requisitos da legislação civil e, entre esses requisitos, se encontra a exigibilidade, o vencimento da obrigação a ser compensada. Quando o crédito do falido é vincendo, não há dúvida de que o devedor poderá renunciar ao prazo que é estipulado em seu favor, porém, essa renúncia só se efetua após a decretação da falência, não sendo mais possível cogitar da compensação. A obrigação sujeita a termo não pode ser compensada, salvo no caso de prazos de favor[76], que não se confundem com o prazo necessário para o vencimento da obrigação. O regime italiano é diferente, porquanto lá há disposição expressa que impede a compensação de obrigações vincendas do falido, quando transferidas após a ciência do estado de insolvência e, por isso, sem a transferência não haveria problema na compensação.

10.2 Créditos não compensáveis

Preenchidos os requisitos acima mencionados, em tese, mostra-se viável a compensação, que de certa maneira relativizará a ordem legal de pagamento. Contudo, essa relativização que se impõe como uma questão de economia não pode tutelar fraudes praticadas por determinados sujeitos. A quebra da ordem legal de preferências deve ser feita com muito cuidado, para não beneficiar pessoas que estão agindo de má-fé.

Pessoas de má-fé que têm dívidas para com o falido podem procurar comprar créditos em face do falido, para efetivar essa compensação e, naturalmente, nessa compra o valor pago ao credor original será bem inferior. A relativização da ordem de pagamento, nesses casos, não se sustenta, pois a má-fé de tais sujeitos não pode ser protegida. Em função disso, não podem ser objeto de compensação os créditos transferidos depois da decretação da falência ou do conhecimento do estado de insolvência, salvo quando se tratar de transmissão *causa mortis*, fusão, incorporação ou cisão.

Aquele que adquire créditos em face do falido após a decretação da falência ou após a ciência do estado de insolvência não está agindo de boa-fé. Quem iria querer um crédito em face de um devedor que não tem condições de honrar suas obrigações? A má-fé é presumida nesses casos e impede a realização da compensação. Afasta-se essa má-fé se a aquisição decorreu de sucessão a título universal, isto é, não se quis adquirir especificamente aquele crédito, mas ele integra um patrimônio que foi transferido. Assim, se o crédito foi transferido após a falência, ou após a ciência do estado de insolvência em razão de morte, fusão, cisão ou incorporação, a compensação ainda será possível.

---

cesco. *Il falimento.* Milano: Giuffrè, 1959, p. 239; ULLOA, Francesca Cuomo. Gli effetti del fallimento per i creditori. In: DI PEPE, Giorgio Schiano (Coord.). *Il diritto fallimentare riformato.* Padova: CEDAM, 2007, p. 174; PROVINCIALI, Renzo. *Manuale di diritto fallimentare.* 3. ed. Milano: Giuffrè, 1955, v. 1, p. 492.

76. ESPÍNOLA, Eduardo. *Garantia e extinção das obrigações.* Campinas: Bookseller, 2005, p. 179.

Pela aplicação do regime geral do Código Civil, também não serão compensáveis as obrigações provenientes de esbulho, furto ou roubo; as originárias de contratos de comodato, depósito ou alimentos; e aquelas nas quais a coisa objeto da prestação não é passível de penhora (CC – art. 373). Tais restrições aplicam-se também à falência, uma vez que o art. 122 da Lei n. 11.101/2005 determina que sejam obedecidos os requisitos da legislação civil.

No regime anterior, havia previsão expressa da impossibilidade de compensação de créditos ao portador, pela impossibilidade de determinação da data real da sua constituição e da sua origem[77]. Apesar do silêncio da atual legislação, há quem mantenha essa vedação[78]. De fato, há riscos na identificação da titularidade e da origem dos títulos ao portador e, até por isso, seu uso hoje é extremamente restrito, dependendo de previsão legal expressa (CC – art. 907). Contudo, não vemos hoje a possibilidade de se enxergar uma eventual proibição à compensação desses créditos, por falta de regra nesse sentido. Os poucos créditos ao portador que existam hoje podem, a nosso ver, ser objeto de compensação no processo de falência.

10.3 Reconhecimento da compensação

Tendo em vista os requisitos necessários à compensação na falência e as proibições de realização dessa compensação, é possível identificar claramente quando essa forma de extinção das obrigações pode ocorrer. Por se tratar de compensação legal, isto é, imposta por lei, discute-se se há ou não a necessidade da provocação ao juízo falimentar para que ele declare a extinção das obrigações.

Alguns autores entendem que a compensação pode ser reconhecida de ofício[79] pelo juízo falimentar. Outros afirmam que o reconhecimento da compensação deve ser requerido ao juízo falimentar[80]. Há ainda quem afirme que é durante o procedi-

---

77. MIRANDA, Pontes de. *Tratado de direito privado*. Campinas: Bookseller, 2004, v. 28, p. 353.

78. NEGRÃO, Ricardo. *Manual de direito comercial e de empresa*. 4. ed. São Paulo: Saraiva, 2009, v. 3, p. 421.

79. LACERDA, J. C. Sampaio de. *Manual de direito falimentar*. Atualizada por Jorge de Miranda Magalhães. 14. ed. Rio de Janeiro: Freitas Bastos, 1999, p. 183; PACHECO, José da Silva. *Processo de falência e concordata*. 13. ed. Rio de Janeiro: Forense, 2004, p. 330; VALVERDE, Trajano de Miranda. *Comentários à lei de falências*. 4. ed. Rio de Janeiro: Forense Universitária, 1999, v. 1, p. 357; CAMPINHO, Sérgio. *Falência e recuperação de empresa*: o novo regime de insolvência empresarial. 3. ed. Rio de Janeiro: Renovar, 2008, p. 366.

80. ALMEIDA, Amador Paes de. *Curso de falência e recuperação de empresas*. 25. ed. São Paulo: Saraiva, 2009, p. 177; ABRÃO, Nelson. *Curso de direito falimentar*. 4. ed. São Paulo: Revista dos Tribunais, 1993, p. 118; TZIRULNIK, Luiz. *Direito falimentar*. 7. ed. São Paulo: Revista dos Tribunais, 2005, p. 189; REQUIÃO, Rubens. *Curso de direito falimentar*. 17. ed. São Paulo: Saraiva, 1998, v. 1, p. 212; MONTEIRO, Washington de Barros. *Curso de direito civil*. 29. ed. São Paulo: Saraiva, 1997, v. 4, p. 309; PEREIRA,Caio Mário da Silva. *Instituições de direito civil*. 3. ed. Rio de Janeiro: Forense, 1993, v. II, p. 176; MAMEDE, Gladston. *Direito empresarial brasileiro*: falência e recuperação de empresas. 2. ed. São Paulo: Atlas, 2008, v. 4, p. 463; SIMIONATO, Frederico A. Monte. *Tratado de direito falimentar*. Rio de Janeiro: Forense, 2008, p. 544; PERIN JÚNIOR, Écio. *Curso de direito falimentar e recuperação de empresas*. 3. ed. São Paulo: Método, 2006, p. 309.

mento de verificação de créditos que caberá a declaração da existência ou não da compensação[81].

Com efeito, a compensação legal é normalmente reconhecida em juízo, especialmente quando no processo em que se cobra um devedor. No processo de falência, esse reconhecimento da compensação legal pode ser feito no julgamento de eventuais ações (habilitações retardatárias e impugnações) relacionadas à verificação de crédito ou outras ações ajuizadas especificamente para esse fim. Não vemos, no atual sistema, a possibilidade de reconhecimento de ofício pelo juiz, uma vez que ele não tem mais esse poder na verificação de créditos. Em todo caso, o juiz apenas declara a existência da compensação no momento do encontro de créditos e débitos recíprocos[82], isto é, no momento da decretação da falência.

10.4 Saldos bancários e compensação

Analisada a possibilidade da compensação no processo de falência, resta analisar uma última questão concernente à compensação envolvendo saldos bancários. Normalmente, o devedor falido possui dívidas com instituições financeiras e, em muitos casos, possui dinheiro depositado nessas instituições. Diante dessa situação, as referidas instituições financeiras sustentam que poderia haver a compensação, nesse caso, uma vez que haveria um débito do falido e um crédito, consistente da devolução dos saldos bancários. Tal questão, porém, é objeto de controvérsias.

Alguns autores[83] afirmam que a compensação é perfeitamente cabível nesses casos, uma vez que existiriam créditos e débitos recíprocos, fungíveis, líquidos, certos e exigíveis, especialmente porque o contrato de conta-corrente é encerrado automaticamente com a decretação da falência (Lei n. 11.101/2005 – art. 121). De outro lado, há quem negue taxativamente essa possibilidade, uma vez que os saldos bancários comporiam o caixa do devedor e, por isso, seriam bens sujeitos à arrecadação e não créditos do falido[84]. A

81. TEPEDINO, Ricardo. In: ABRÃO, Carlos Henrique; TOLEDO, Paulo F. C. Salles de (Coord.). *Comentários à lei de recuperação de empresas e falência*. São Paulo: Saraiva, 2005, p. 333.

82. ESPÍNOLA, Eduardo. *Garantia e extinção das obrigações*. Campinas: Bookseller, 2005, p. 192.

83. COELHO, Fábio Ulhoa. *Curso de direito comercial*. 8. ed. São Paulo: Saraiva, 2008, v. 3, p. 317; ARAÚJO, José Francelino de. *Comentários à lei de falências e recuperação de empresas*. São Paulo: Saraiva, 2009, p. 261; BOITEUX, Fernando Netto. Contratos bilaterais na recuperação judicial e na falência. In: SANTOS, Paulo Penalva (Coord.). *A nova lei de falências e de recuperação de empresas*: Lei 11.101/2005. Rio de Janeiro: Forense, 2006, p. 300.

84. STJ – TERCEIRA TURMA – RESP 89381, Relator Ministro ARI PARGENDLER, *DJ* de 14-2-2000; TZIRULNIK, Luiz. *Direito falimentar*. 7. ed. São Paulo: Revista dos Tribunais, 2005, p. 189; BEZERRA FILHO, Manoel Justino. *Lei de recuperação de empresas e falências comentada*. 4. ed. São Paulo: Revista dos Tribunais, 2007, p. 299; GOUVEA, João Bosco Cascardo de. *Recuperação e falência*: Lei n. 11.101/2005 – comentários artigo por artigo. Rio de Janeiro: Forense, 2009, p. 279; TEPEDINO, Ricardo. In: ABRÃO, Carlos Henrique; TOLEDO, Paulo F. C. Salles de (Coord.). *Comentários à lei de recuperação de empresas e falência*. São Paulo: Saraiva, 2005, p. 332; BEZERRA FILHO, Manoel Justino. *Lei de recuperação de empresas e falências comentada*. 6. ed. São Paulo: Revista dos Tribunais, 2009, p. 263.

nosso ver, a solução da questão passa pela natureza da relação estabelecida entre o falido e a instituição financeira.

Normalmente, os saldos bancários a favor do falido decorrente de um contrato de conta-corrente, pelo qual o banco se obriga a inscrever em partida de débito e crédito os valores monetários retirados ou remetidos pelo cliente. Nessa perspectiva, os valores depositados possuem o caráter de um direito autônomo de crédito[85], o que permitiria a realização da compensação em face de dívidas junto à instituição financeira. Ocorre que, a nosso ver, embora o contrato de conta-corrente seja um contrato autônomo[86], não é o contrato de conta-corrente que dá o direito ao saldo bancário, mas o contrato de depósito, isto é, o contrato de conta-corrente dá direito apenas aos lançamentos de crédito e débito, mas o direito em si ao levantamento dos valores decorre de um depósito.

Em se tratando de um contrato de depósito, esse contrato seria denominado de depósito irregular. Por envolver dinheiro (bem fungível), não há a possibilidade de devolução exatamente do bem depositado, mas de bens da mesma qualidade e quantidade dos depositados. Diante disso, a disciplina desse contrato é feita de acordo com as regras do mútuo (CC – art. 645). Pelas regras do mútuo, estabelece-se que a propriedade dos bens é transferida (CC – art. 587), restando ao depositante um direito de crédito em relação ao dinheiro depositado e não a sua propriedade[87]. Nessa perspectiva, seria possível cogitar da compensação. Todavia, o art. 373 do Código Civil, aplicável também à compensação no processo de falência, veda a compensação no caso de obrigação oriunda do contrato de depósito e, por isso, é inviável a compensação nesses casos.

---

85. MESSINEO, Francesco. *Manuale di diritto civile e commerciale*. 9. ed. Milano: Giuffrè, 1972, v. 5, p. 133.

86. RIZZARDO, Arnaldo. *Contratos de crédito bancário*. 7. ed. São Paulo: Revista dos Tribunais, 2007, p. 84; COVELLO, Sérgio Carlos. *Contratos bancários*. 3. ed. São Paulo: Leud, 1999, p. 105.

87. STJ – SEGUNDA SEÇÃO – RESP 501401/MG, Relator Ministro CARLOS ALBERTO MENEZES DIREITO, j. em 14-4-2004, *DJ* de 3-11-2004.

20 EFEITOS DA FALÊNCIA QUANTO AOS CONTRATOS DO FALIDO

1 A falência e os contratos do falido

Além de produzir efeitos quanto à pessoa do falido e quanto a suas obrigações, a falência também produz efeitos quanto aos contratos do falido. Seria natural que todos os contratos do falido fossem rescindidos pela decretação da falência, uma vez que não haverá, em regra, a continuação da atividade. Contudo, por vezes a atividade continua. Além disso, para alcançar o objetivo primordial da falência, com a maximização dos ativos do falido, alguns contratos devem ser mantidos na medida em que permitiriam obter mais valores ou ao menos diminuiriam o passivo a ser pago.

Assim, não há como se dar uma solução única para todos os contratos, surgindo daí a indagação sobre o futuro dos contratos com a decretação, ou seja, deve-se responder quais contratos continuarão e quais serão extintos com a decretação da falência. Para responder a tais indagações, nossa legislação optou por criar uma regra geral para os contratos bilaterais firmados pelo falido, outra regra geral para contratos unilaterais firmados pelo falido e regras especiais para certos contratos. Cabe-nos analisar essas regras detalhadamente.

2 Contratos bilaterais: regra geral

Nos contratos bilaterais, "as duas partes ocupam simultaneamente, a dupla posição de credor e devedor. Cada qual tem direito e obrigações"[1]. Boa parte dos contratos firmados pelo falido se enquadra nessa categoria e, em relação a eles, o art. 117 da Lei n. 11.101/2005 estabelece a seguinte regra geral: "Os contratos bilaterais não se resolvem pela falência e podem ser cumpridos pelo administrador judicial se o cumprimento reduzir ou evitar o aumento do passivo da massa falida ou for necessário à manutenção e preservação de seus ativos, mediante autorização do Comitê."

Em outras palavras, a regra geral é que os contratos bilaterais do falido não se extinguem com a decretação da falência, podendo haver continuação ou resolução dos contratos, cabendo a decisão, a princípio, ao administrador judicial. Nem mesmo os contratos celebrados em razão das qualidades pessoais do falido são resolvidos pela

1. GOMES, Orlando. *Contratos*. 18. ed. Rio de Janeiro: Forense, 1999, p. 71.

decretação da falência[2]. O regime geral é a definição caso a caso pelo administrador judicial.

Antes de analisar as opções que o administrador judicial tem, é oportuno esclarecer que tal regra geral não se aplica a todos os contratos bilaterais, porquanto há contratos em que não há o que se decidir sobre a continuação ou não do contrato. Se estiver pendente apenas uma prestação do falido consistente no pagamento em dinheiro, o falido deverá pagar essa prestação da ordem legal, sem se cogitar de decisão pela continuação ou não do contrato. Imagine-se um contrato de compra com mercadoria já entregue e já revendida, mas ainda não paga pelo falido. Nesse caso, não se cogita de continuação ou não do contrato, mas de simples pagamento do valor na ordem de preferência. Da mesma forma, se há prestação da outra parte que não depende de qualquer prestação do falido, a outra parte tem o dever de cumprir sua obrigação, independentemente de decisão sobre a continuação ou não do contrato.

Por isso, há que se limitar quais contratos bilaterais são abrangidos por essa regra geral. Gladston Mamede[3] restringe, com razão, a aplicação dessa regra geral a três situações: (a) contratos em que a prestação do falido não consista no simples pagamento em dinheiro; (b) contratos em que esteja pendente prestação da outra parte que dependa do cumprimento de prestação pelo falido; e (c) contratos de trato sucessivo. Apenas nessas três situações é que se pode cogitar de decisão pela continuação ou não do contrato.

O sistema italiano também estabelece uma regra geral para contratos bilaterais. Contudo, a regra é expressamente restrita aos contratos com prestações recíprocas não executadas por ambas as partes, ou não completamente exauridos. Nesses contratos, a falência implica a suspensão da execução dos contratos até que o curador, com autorização do comitê de credores, decida entrar no contrato ou dissolvê-lo[4]. Trata-se de uma regra geral, estabelecida sob a rubrica de "efeitos da falência quanto a relações jurídicas preexistentes", que pode ceder espaço a regras especiais.

2.1 Decisão pela resolução do contrato

Uma das opções que se colocam ao administrador judicial em relação aos referidos contratos bilaterais é a decisão pela resolução dos contratos, isto é, a decisão pela não continuação dos contratos firmados. Tal decisão cabe exclusivamente ao administrador judicial, não havendo necessidade de autorização para que ele decida nesse sentido. Apesar de ser, a princípio, uma decisão soberana do administrador judicial, é certo que

---

2. PENALVA SANTOS, J. A. *Obrigações e contratos na falência*. 2. ed. Rio de Janeiro: Renovar, 2003, p. 6.

3. MAMEDE, Gladston. *Direito empresarial brasileiro*: falência e recuperação de empresas. 2. ed. São Paulo: Atlas, 2008, v. 4, p. 431.

4. DIMUNDO, Antonio. Gli effetti del fallimento sui rapporti giuridici preesistenti. In: DI PEPE, Giorgio Schiano (Coord.). *Il diritto fallimentare riformato*. Padova: CEDAM, 2007, p. 217.

pode haver algum questionamento judicial de tal decisão[5]. Os interessados podem solicitar ao juiz que reveja a decisão do administrador judicial e decida pela continuação do contrato, o que, contudo, é raro.

2.2 Decisão pela continuação do contrato

Além da resolução, o administrador judicial pode decidir pela continuação do contrato. A decisão também é do administrador, mas ele tem que motivá-la dentro das próprias justificativas admitidas pela legislação, a redução do passivo, o impedimento do aumento do passivo e a manutenção e preservação de ativos. A redução e o não aumento do passivo significam que o ativo será repartido entre um número maior de credores, aumentando os valores recebidos. A manutenção e a preservação de ativos servem para maximizá-los, também aumentando o valor a ser repartido entre os credores. Em todas essas hipóteses, a continuação é justificável porque beneficia a massa de credores e facilita o alcance dos objetivos primordiais da falência.

Além da motivação, a decisão do administrador judicial pela continuação do contrato depende de autorização do comitê de credores. Como essa continuação afetará diretamente seu interesse, nada mais lógico do que contar com a chancela do órgão de representação dos credores no processo. Não se trata de simples consulta, mas de autorização efetiva do comitê de credores. Mesmo com essa autorização, nada impede o questionamento judicial da decisão tomada.

Ocorre que o comitê de credores é um órgão facultativo e nem sempre estará presente no processo. No caso de inexistência do comitê, alguns autores entendem que o administrador judicial decidirá sozinho[6] e outros[7] afirmam que caberá ao juiz dar essa autorização. A nosso ver, a autorização continua a ser essencial e será dada pelo juiz, pois o art. 28 da Lei n. 11.101/2005 estabelece que, "não havendo Comitê de Credores, caberá ao administrador judicial ou, na incompatibilidade deste, ao juiz exercer suas atribuições". Ora, a chancela de uma decisão do administrador judicial não pode ser dada por ele mesmo e, por isso, essa atribuição será exercida pelo juiz.

Há que se ressaltar que, em caso de falta de autorização do comitê, poderá haver o suprimento judicial dessa autorização[8]. De fato, não há como excluir da apreciação do poder judiciário qualquer lesão ou ameaça de lesão a direito. E tal caso não é dife-

---

5. TEPEDINO, Ricardo. In: ABRÃO, Carlos Henrique; TOLEDO, Paulo F. C. Salles de (Coord.). *Comentários à lei de recuperação de empresas e falência*. São Paulo: Saraiva, 2005, p. 313.

6. COELHO, Fábio Ulhoa. *Curso de direito comercial*. 8. ed. São Paulo: Saraiva, 2008, v. 3, p. 302.

7. NEGRÃO, Ricardo. *Manual de direito comercial e de empresa*. 4. ed. São Paulo: Saraiva, 2009, v. 3, p. 394; MAMEDE, Gladston. *Direito empresarial brasileiro*: falência e recuperação de empresas. 2. ed. São Paulo: Atlas, 2008, v. 4, p. 433; LOBATO, Moacyr. *Falência e recuperação*. Belo Horizonte: Del Rey, 2007, p. 223.

8. MAMEDE, Gladston. *Direito empresarial brasileiro*: falência e recuperação de empresas. 2. ed. São Paulo: Atlas, 2008, v. 4, p. 434; FRONTINI, Paulo Salvador. In: SOUZA JÚNIOR, Francisco Sátiro de; PITOM-

rente, sendo possível que o administrador judicial busque o suprimento da autorização do comitê de credores por uma decisão judicial[9]. Contudo, é oportuno registrar que na maioria dos casos, essa autorização já será judicial, diante da inexistência do comitê.

Em todo caso, a decisão pela continuação do contrato normalmente ensejará despesas posteriores à falência. Tais despesas, por decorrerem de atos válidos praticados pelo administrador judicial, são consideradas créditos extraconcursais (Lei n. 11.101/2005 – art. 84, V)[10]. Essa condição deverá ser levada em conta na decisão pela continuação ou não do contrato.

2.3 Interpelação

A possibilidade de decisão tanto pela continuação do contrato, como pela resolução, pode gerar dúvidas nos sujeitos que forem partes desses contratos bilaterais. O aguardo da decisão pode não ser muito interessante. Em razão disso, o contratante pode interpelar o administrador judicial para que ele declare se irá cumprir ou não o contrato (Lei n. 11.101/2005 – art. 117, § 1º).

A legislação não trata da forma para tal interpelação, mas recomenda-se sempre o uso da forma escrita por meio especialmente de notificações judiciais e extrajudiciais. Embora não detalhe a forma da interpelação, a lei fixa o prazo de 90 dias para sua realização.

Recebida a intimação, o administrador judicial deverá responder em até dez dias se continua ou não com o contrato. O silêncio, nesse prazo, equivale à declaração de não cumprimento do contrato, uma vez que a decisão pelo cumprimento deve ser motivada e precisa de autorização. Há quem afirme que tal prazo é decadencial[11]. Contudo, eventualmente, tal prazo pode ser considerado curto, especialmente para a obtenção da autorização necessária à continuação do contrato. Nesses casos, o administrador judicial deve informar ao interessado que irá buscar essa autorização, evitando assim que o silêncio tenha esse efeito de resolução do contrato.

A grande novidade estabelecida em relação ao regime anterior diz respeito ao prazo fixado para a realização da interpelação. No regime do revogado Decreto-lei n. 7.661/45, não havia prazo fixado, já a Lei n. 11.101/2005 fixa o prazo de 90 dias para a interpelação sem, contudo, dizer as consequências da perda desse prazo.

BO, Antônio Sérgio de A. de Moraes (Coord.). *Comentários à lei de recuperação de empresas e falência*. São Paulo: Revista dos Tribunais, 2005, p. 436.

9. TEPEDINO, Ricardo. In: ABRÃO, Carlos Henrique; TOLEDO, Paulo F. C. Salles de (Coord.). *Comentários à lei de recuperação de empresas e falência*. São Paulo: Saraiva, 2005, p. 313.

10. NEGRÃO, Ricardo. *Manual de direito comercial e de empresa*. 4. ed. São Paulo: Saraiva, 2009, v. 3, p. 399.

11. TEPEDINO, Ricardo. In: ABRÃO, Carlos Henrique; TOLEDO, Paulo F. C. Salles de (Coord.). *Comentários à lei de recuperação de empresas e falência*. São Paulo: Saraiva, 2005, p. 310.

A maioria da doutrina afirma que se trata de um prazo fatal, decadencial para alguns[12] ou preclusivo para outros[13]. Nessa linha de entendimento, após o transcurso do referido prazo, os terceiros não teriam mais a possibilidade de fazer a interpelação, para obter a resposta do administrador judicial sobre a continuação do contrato. E mais que isso, a ausência da interpelação no prazo impede que se busque qualquer indenização pelo não cumprimento do contrato[14].

Outros autores, a nosso ver com razão, afirmam que o referido prazo não deve ser considerado preclusivo[15], isto é, não deve ser considerado um prazo fatal. Ora, se não for mais admitida a interpelação após o referido prazo, como ficarão os contratos, já que a falência não os resolve automaticamente? A falta de resposta a essa indagação nos leva à conclusão de não se tratar de um prazo fatal. A nosso ver, a importância desse prazo está apenas na possibilidade de se interpretar o silêncio do administrador como não continuação do contrato. Perdido o prazo, será sempre necessária a resposta do administrador.

Não bastasse o já mencionado, é certo que, caso se entenda que é um prazo fatal, os prejuízos sofridos por aqueles que perderam o prazo da interpelação ficam sem proteção e isso não é justificável. Todos os danos causados devem ser indenizados. A eventual perda desse prazo acarreta apenas uma eventual redução das perdas e danos que poderão ser requeridas pelo prejudicado, no caso de não cumprimento da obrigação.

2.4 *Indenização pelo não cumprimento*

A decisão pela resolução do contrato, expressa ou decorrente do silêncio no prazo da interpelação, dá ao interpelante o direito a uma indenização pelos danos causados em razão da resolução do contrato. Embora alguns autores tratem da possibilidade de indenização apenas nos casos de interpelação, não vemos motivos para essa distinção, uma vez que o não cumprimento de uma obrigação em qualquer caso gera uma indenização por perdas e danos (CC – art. 389)[16]. Ademais, o art. 117, § 2º, da Lei n. 11.101/2005, que

---

12. MAMEDE, Gladston. *Direito empresarial brasileiro*: falência e recuperação de empresas. 2. ed. São Paulo: Atlas, 2008, v. 4, p. 437; LOBATO, Moacyr. *Falência e recuperação*. Belo Horizonte: Del Rey, 2007, p. 224.

13. NEGRÃO, Ricardo. *Manual de direito comercial e de empresa*. 4. ed. São Paulo: Saraiva, 2009, v. 3, p. 395.

14. TEPEDINO, Ricardo. In: ABRÃO, Carlos Henrique; TOLEDO, Paulo F. C. Salles de (Coord.). *Comentários à lei de recuperação de empresas e falência*. São Paulo: Saraiva, 2005, p. 308.

15. BRAGA NETTO, Felipe Peixoto. In: CORRÊA-LIMA, Osmar Brina; CORRÊA LIMA, Sérgio Mourão (Coord.). *Comentários à nova lei de falência e recuperação de empresas*. Rio de Janeiro: Forense, 2009, p. 855; BEZERRA FILHO, Manoel Justino. *Lei de recuperação de empresas e falências comentada*. 6. ed. São Paulo: Revista dos Tribunais, 2009, p. 255; PENALVA SANTOS, Paulo. Os contratos na recuperação judicial e na falência. In: PAIVA, Luiz Fernando Valente de (Coord.). *Direito falimentar e a nova lei de falências e recuperação de empresas*. São Paulo: Quartier Latin, 2005, p. 420.

16. BOITEUX, Fernando Netto. Contratos bilaterais na recuperação judicial e na falência. In: SANTOS, Paulo Penalva (Coord.). *A nova lei de falências e de recuperação de empresas*: Lei 11.101/2005. Rio de Janeiro: Forense, 2006, p. 305.

prevê essa indenização, não restringe o seu cabimento ao caso de interpelação, mencionando genericamente a declaração negativa e o silêncio do administrador como fatos geradores do dever de indenizar, valendo inclusive os termos de eventual cláusula penal estabelecida para o eventual descumprimento do contrato[17].

Tal indenização será apurada em processo autônomo, para evitar qualquer conluio na sua fixação[18], mesmo no caso de existência da cláusula penal[19]. O autor da ação será a parte que foi prejudicada pelo não cumprimento do contrato. O réu será a massa falida (Lei n. 11.101/2005 – art. 76, parágrafo único). O juízo competente será o juízo falimentar, uma vez que se trata de ação contra a massa falida, intentada após a decretação da falência. Pela falta de previsão específica, tal ação seguirá pelo rito ordinário.

Aplicando o regime geral das indenizações por descumprimento de obrigação, alguns autores[20] incluem na indenização o dano emergente (aquilo que se perdeu) e o lucro cessante (o que se deixou de ganhar). Outros autores, a nosso ver com razão, afirmam que tal indenização deve incluir apenas o dano emergente[21], uma vez que, com a decretação da falência, não há que se cogitar de lucro cessante. Com efeito, se o devedor faliu, o credor não iria ganhar nada mais após a falência e, por isso, não é razoável incluir os lucros cessantes na eventual indenização. Não há como incluir os lucros cessantes, porque eles não existem diante da decretação da falência. Em todo caso, parece ser válida a prefixação dessa indenização no contrato, a qual deverá ser confirmada pelo juiz.

Deferida a indenização, ela é classificada como crédito quirografário a ser inscrito no quadro de credores. Não vemos, como Gladston Mamede[22], a possibilidade de um crédito privilegiado nesses casos, uma vez que se trata exclusivamente da indenização pelo descumprimento do contrato. A eventual indenização por benfeitorias úteis ou necessárias não é abrangida por essa indenização. Portanto, o crédito sempre será quirografário, ainda que prevista uma cláusula penal prefixando o valor dessa indenização.

Essa classificação da indenização, por vezes, a torna pouco atrativa. Contudo, é possível que o prejudicado pela resolução busque essa indenização.

---

17. SIMIONATO, Frederico A. Monte. *Tratado de direito falimentar*. Rio de Janeiro: Forense, 2008, p. 512.

18. FRONTINI, Paulo Salvador. In: SOUZA JÚNIOR, Francisco Sátiro de; PITOMBO, Antônio Sérgio de A. de Moraes (Coord.). *Comentários à Lei de recuperação de empresas e falência*. São Paulo: Revista dos Tribunais, 2005, p. 437.

19. SIMIONATO, Frederico A. Monte. *Tratado de direito falimentar*. Rio de Janeiro: Forense, 2008, p. 512.

20. TEPEDINO, Ricardo. In: ABRÃO, Carlos Henrique; TOLEDO, Paulo F. C. Salles de (Coord.). *Comentários à lei de recuperação de empresas e falência*. São Paulo: Saraiva, 2005, p. 312; VIGIL NETO, Luiz Inácio. *Teoria falimentar e regimes recuperatórios*. Porto Alegre: Livraria do Advogado, 2008, p. 263; HENTZ, Luiz Antonio Soares. In: DE LUCCA, Newton; SIMÃO FILHO, Adalberto (Coord.). *Comentários à nova lei de recuperação de empresas e de falências*. São Paulo: Quartier Latin, 2005, p. 492; MIRANDA, Pontes de. *Tratado de direito privado*. Campinas: Bookseller, 2004, v. 28, p. 333.

21. BEZERRA FILHO, Manoel Justino. *Lei de recuperação de empresas e falências comentada*. 6. ed. São Paulo: Revista dos Tribunais, 2009, p. 256; NEGRÃO, Ricardo. *Manual de direito comercial e de empresa*. 4. ed. São Paulo: Saraiva, 2009, v. 3, p. 397.

22. MAMEDE, Gladston. *Direito empresarial brasileiro*: falência e recuperação de empresas. 2. ed. São Paulo: Atlas, 2008, v. 4, p. 439.

2.5 *Cláusula resolutória expressa*

A regra geral acima analisada cede espaço a regras especiais previstas no corpo da própria Lei n. 11.101/2005 e em leis esparsas. Assim, contratos como o de conta-corrente são automaticamente encerrados pela decretação da falência (Lei n. 11.101/2005 – art. 121), não havendo que se cogitar de decisão do administrador judicial. Ocorre que certos contratos também possuem regras entabuladas pelas partes no sentido da resolução do contrato no caso de falência de uma delas. Essas cláusulas resolutórias expressas se aplicam no caso da falência ou prevalece a regra de decisão pelo administrador judicial?

Alguns autores[23] asseveram que a autonomia da vontade das partes deve ser prestigiada, aplicando-se a regra geral apenas no silêncio do contrato. Há quem admita a legitimidade da previsão de rescisão do contrato pela simples distribuição do pedido de falência[24]. Outros[25], a nosso ver com razão, afirmam que a cláusula resolutória expressa não poderia prevalecer em detrimento da Lei de Falências, uma vez que as regras desta são normas de ordem pública. Nesta última opinião, afirma-se que a cláusula resolutória expressa envolveria uma tentativa de fraudar uma norma de ordem pública, como a constante no art. 117 da Lei n. 11.101/2005. No direito italiano, é afastada expressamente a eficácia da cláusula resolutória expressa[26].

De fato, a falência envolve um interesse público e social, uma vez que ela não visa apenas à satisfação de um credor, mas à defesa de toda a economia contra o fenômeno da insolvência, que afeta o crédito e, consequentemente, a atividade econômica, essencial para o bem-estar do país[27]. Por isso, suas regras devem ser consideradas cogentes, não

---

23. VALVERDE, Trajano de Miranda. *Comentários à lei de falências*. 4. ed. Rio de Janeiro: Forense Universitária, 1999, v. 1, p. 298; BRAGA NETTO, Felipe Peixoto. In: CORRÊA-LIMA, Osmar Brina; CORRÊA LIMA, Sérgio Mourão (Coord.). *Comentários à nova lei de falência e recuperação de empresas*. Rio de Janeiro: Forense, 2009, p. 855; MARTINS, Glauco Alves. Efeitos da decretação da falência sobre as obrigações do devedor. In: PAIVA, Luiz Fernando Valente de (Coord.). *Direito falimentar e a nova lei de falências e recuperação de empresas*. São Paulo: Quartier Latin, 2005, p. 451; CAMPOS BATALHA, Wilson de Souza; RODRIGUES NETTO, Nelson; RODRIGUES NETTO, Sílvia Maria Labate Batalha. *Comentários à lei de recuperação judicial de empresas e falência*. 4. ed. São Paulo: LTr, 2007, p. 177; CAMPINHO, Sérgio. *Falência e recuperação de empresa*: o novo regime de insolvência empresarial. 3. ed. Rio de Janeiro: Renovar, 2008, p. 350; COELHO, Fábio Ulhoa. *Curso de direito comercial*. 8. ed. São Paulo: Saraiva, 2008, v. 3, p. 303; SIMIONATO, Frederico A. Monte. *Tratado de direito falimentar*. Rio de Janeiro: Forense, 2008, p. 494; CARVALHO DE MENDONÇA, J. X. *Tratado de direito comercial brasileiro*. 7. ed. Rio de Janeiro: Freitas Bastos, 1964, v. VII, p. 460.

24. COELHO, Fábio Ulhoa. *Curso de direito comercial*. 8. ed. São Paulo: Saraiva, 2008, v. 3, p. 303.

25. BEZERRA FILHO, Manoel Justino. *Lei de recuperação de empresas e falências comentada*. 6. ed. São Paulo: Revista dos Tribunais, 2009, p. 256; MAMEDE, Gladston. *Direito empresarial brasileiro*: falência e recuperação de empresas. 2. ed. São Paulo: Atlas, 2008, v. 4, p. 435; TEPEDINO, Ricardo. In: ABRÃO, Carlos Henrique; TOLEDO, Paulo F. C. Salles de (Coord.). *Comentários à lei de recuperação de empresas e falência*. São Paulo: Saraiva, 2005, p. 311.

26. AMBROSINI, Stefano; CAVALLI, Stefano; JORIO, Alberto. *Trattato di diritto commerciale*. Padova: CEDAM, 2009, v. XI, t. 2, p. 491.

27. PROVINCIALI, Renzo. *Manuale di diritto fallimentare*. 3. ed. Milano: Giuffrè, 1955, v. 1, p. 8.

cedendo à vontade das partes contratantes. Assim, mesmo com cláusula resolutória expressa, a regra geral da decisão pelo administrador judicial prevalecerá, pois se trata de norma cogente que não poderá ser excepcionada pela autonomia da vontade.

3 Contratos unilaterais

Definida a regra geral para os contratos bilaterais, resta saber como ficam os contratos unilaterais do falido. Nestes, "uma das partes tem a condição de credor e a outra a de devedor"[28], uma das partes tem direitos e a outra tem obrigações. A unilateralidade das obrigações pendentes poderia levar à conclusão de que tais contratos não são afetados pela falência. Nessa linha de entendimento, se o falido for o devedor, ele deverá cumprir suas obrigações, e se o falido for o credor, a outra parte deverá cumprir suas obrigações. Todavia, trata-se de uma visão apenas parcial desse tipo de contrato.

Com efeito, em alguns contratos unilaterais não há o que decidir. Assim, se o falido é devedor de um mútuo, não há que se cogitar de decisão sobre sua continuação, isto é, caberá ao falido apenas pagar o valor devido de acordo com a ordem legal de preferências. Contudo, há contratos unilaterais nos quais há a possibilidade dessa decisão. Se o falido é o depositante em um contrato de depósito, sem remuneração, caberá ao administrador judicial decidir se prossegue com esse depósito ou não, pois pode ser interessante a reunião dos bens em um único depósito. Da mesma forma, se o falido é comodatário de certos equipamentos, pode ser interessante a manutenção do contrato para que sejam usados os equipamentos no que for necessário.

Nesses casos, aplica-se, basicamente, a mesma regra dos contratos bilaterais, isto é, cabe ao administrador judicial decidir pela continuação ou não do contrato. A decisão pela resolução do contrato compete exclusivamente ao administrador judicial, havendo a possibilidade de eventual questionamento judicial. Já a decisão pela continuação deve ser motivada e obter autorização do comitê de credores, ou na falta deste, do juiz. Ele poderá decidir pela continuação dos contratos unilaterais se o cumprimento do contrato reduzir ou evitar o aumento do passivo da massa falida, ou for necessário à manutenção e preservação de seus ativos (Lei n. 11.101/2005 – art. 18). Para tanto, ele deverá contar com autorização do Comitê de Credor ou do juiz, caso o primeiro não exista ou caso se queira obter o suprimento judicial da autorização do comitê.

Não há para os contratos unilaterais a previsão da interpelação ao administrador judicial. Contudo, nada impede que haja essa interpelação para resolver alguma incerteza quanto à continuidade do contrato[29]. Nesse caso, porém, o silêncio não deverá ser interpretado como resolução do contrato, cabendo sempre o aguardo da resposta final.

---

28. GOMES, Orlando. *Contratos*. 18. ed. Rio de Janeiro: Forense, 1999, p. 72.

29. MARTINS, Glauco Alves. Efeitos da decretação da falência sobre as obrigações do devedor. In: PAIVA, Luiz Fernando Valente de (Coord.). *Direito falimentar e a nova lei de falências e recuperação de empresas*. São Paulo: Quartier Latin, 2005, p. 453.

4 Contratos de compra e venda

Um dos contratos mais comuns no dia a dia é o contrato de compra e venda e isso não é diferente na vida do falido. Por serem contratos bilaterais, os contratos de compra e venda firmados pelo falido obedecem, a princípio, à regra geral aplicável aos contratos bilaterais, cabendo a decisão ao administrador judicial. Contudo, em certos contratos de compra e venda há regras especiais que prevalecem sobre essa regra geral.

4.1 Mercadorias em trânsito

A primeira regra especial aplicável aos contratos de compra e venda do falido diz respeito às chamadas mercadorias em trânsito. Por mercadorias em trânsito devem-se entender aquelas mercadorias vendidas ao falido, ainda não pagas, ainda não revendidas e ainda não entregues ao falido.

Nessa situação, o vendedor pode suspender a entrega das mercadorias (Lei n. 11.101/2005 – art. 119, I). Não há o direito de rescindir o contrato de imediato, mas apenas de impedir a entrega enquanto se aguarda o pronunciamento do administrador judicial sobre a continuidade ou não do contrato[30]. Decidida a resolução do contrato, o vendedor recebe as mercadorias de volta. Decidida a continuação do contrato, o vendedor deverá entregar as mercadorias.

Inicialmente, devem ser mercadorias que ainda não foram pagas, uma vez que se o falido já efetuou o pagamento, não há o que se discutir, cabe apenas à outra parte entregar as mercadorias. De outro lado, também se exige que as mercadorias ainda não tenham sido entregues ao falido. Consideram-se em trânsito as mercadorias que ainda estão em viagem ou em poder do transportador[31]. Se as mercadorias já foram entregues, a propriedade foi transferida ao falido e cabe ao vendedor apenas a habilitação do seu crédito ou eventualmente o pedido de restituição especial, desde que presentes as condições do art. 85, parágrafo único, da Lei n. 11.101/2005.

Por fim, é essencial que as mercadorias ainda não tenham sido revendidas pelo falido de boa-fé. Essa revenda pode ter sido feita com base em conhecimentos de transporte e outros documentos e, desde que não seja fraudulenta, afasta esse direito de sustar a entrega das mercadorias. Se elas já foram revendidas, sem fraude, a terceiros de boa-fé, estes devem ser protegidos, cabendo ao vendedor a entrega das mercadorias e a sua habilitação no quadro de credores.

O Código Civil, em seu art. 495, estabelece a mesma regra para qualquer hipótese de insolvência do comprador, sem, contudo, exigir que as mercadorias ainda não tenham sido

30. COELHO, Fábio Ulhoa. *Curso de direito comercial.* 8. ed. São Paulo: Saraiva, 2008, v. 3, p. 305; VALVERDE, Trajano de Miranda. *Comentários à lei de falências.* 4. ed. Rio de Janeiro: Forense Universitária, 1999, v. 1, p. 330; LOBATO, Moacyr. *Falência e recuperação.* Belo Horizonte: Del Rey, 2007, p. 227.

31. PACHECO, José da Silva. *Processo de recuperação judicial, extrajudicial e falência.* 2. ed. Rio de Janeiro: Forense, 2007, p. 292.

revendidas. Naturalmente, a regra do Código Civil só se aplica fora dos casos de falência do comprador. Havendo falência do comprador, as regras da Lei n. 11.101/2005 prevalecem.

4.2 Venda de coisas compostas

Outra regra especial diz respeito à venda pelo falido de coisas compostas, que são normalmente equipamentos de grande porte, cujas partes são entregues em momentos sucessivos. Quando o falido vende alguma coisa que seja composta e ainda não entregou todas as partes integrantes, aplica-se a regra geral dos contratos bilaterais, isto é, caberá a decisão ao administrador judicial. A decisão pelo não cumprimento do contrato nesses casos é que traz uma regra especial.

Se o administrador judicial optar pelo não cumprimento do contrato, o comprador poderá colocar os equipamentos já recebidos à disposição da massa falida, reclamando perdas e danos, que serão classificadas como crédito quirografário (Lei n. 11.101/2005 – art. 119, II). Tal indenização é a mesma prevista na regra geral dos contratos bilaterais e, como visto, deverá abranger apenas o dano emergente.

Além disso, o comprador poderá pleitear a restituição dos valores já pagos. Esta restituição, para alguns autores, é enquadrada como crédito quirografário[32] e, para outros, é crédito com privilégio especial[33]. A nosso ver, como não é assegurado direito de retenção ao comprador, pois as coisas já lhe pertencem com a entrega, o crédito da restituição deverá ser considerado quirografário.

Eventualmente, a restituição das coisas já recebidas pode ser abusiva, quando já houve o recebimento quase completo da coisa composta. Embora improvável, é possível que o comprador queira colocar à disposição da massa falida as partes já recebidas. Por questões até de boa-fé, é admissível que o administrador judicial se oponha ao recebimento das partes nesse caso e leve ao juiz a solução da controvérsia[34].

4.3 Venda para pagamento em prestações

No caso de coisa móvel vendida para pagamento em prestações, a princípio, vale a regra geral dos contratos bilaterais, cabendo a decisão ao administrador judicial. Caso se

---

32. STF – RE 31560, Relator(a): Min. RIBEIRO DA COSTA, SEGUNDA TURMA, julgado em 19-6-1956, *ADJ DATA* 18-3-1957, p. 852, *DJ* 9-9-1956, p. 9433, Ement., v. 265-02, p. 819; MARTINS, Glauco Alves. Efeitos da decretação da falência sobre as obrigações do devedor. In: PAIVA, Luiz Fernando Valente de (Coord.). *Direito falimentar e a nova lei de falências e recuperação de empresas*. São Paulo: Quartier Latin, 2005, p. 457; CAMPINHO, Sérgio. *Falência e recuperação de empresa*: o novo regime de insolvência empresarial. 3. ed. Rio de Janeiro: Renovar, 2008, p. 352.

33. NEGRÃO, Ricardo. *Manual de direito comercial e de empresa*. 4. ed. São Paulo: Saraiva, 2009, v. 3, p. 401.

34. MAMEDE, Gladston. *Direito empresarial brasileiro*: falência e recuperação de empresas. 2. ed. São Paulo: Atlas, 2008, v. 4, p. 442.

decida pelo não cumprimento do contrato, caberá a restituição das prestações já pagas, crédito este que será incluído em classe própria (Lei n. 11.101/2005 – art. 119, III). A mesma regra se aplica aos contratos de prestação de serviços também contratados a prestações.

Considerando que o art. 119, III, da Lei n. 11.101/2005 menciona apenas a restituição dos valores pagos, alguns autores asseveram que não deve haver indenização[35]. Outros, a nosso ver com razão, afirmam ser perfeitamente aplicável a indenização pelo não cumprimento do contrato. De fato, o dispositivo específico não menciona o cabimento da indenização, mas também não diz que caberá apenas a restituição dos valores. Ademais, o afastamento da indenização seria uma discriminação injustificável aos prejudicados nessas situações.

Com ou sem indenização, é certo que é cabível a restituição dos valores que já foram pagos nos referidos contratos. Sem especificar, a lei determina a inclusão desse crédito na classe própria. Para alguns, essa classe própria seria a classe dos créditos extraconcursais[36], na medida em que essa restituição decorreria de um ato válido praticado pelo administrador judicial (Lei n. 11.101/2005 – art. 84, V). Outros asseveram tratar-se de crédito quirografário, uma vez que não há nenhum privilégio ou garantia inerente a tal crédito[37]. Há ainda quem enquadre esse pagamento como pedido de restituição em dinheiro, uma vez que a coisa a ser entregue não mais existe[38] ou por se tratar de um adiantamento (arras) no contrato[39].

Por uma questão de justiça, o referido crédito deveria ser bem privilegiado, uma vez que a retenção das prestações pagas configura até crime (Lei n. 1.521/51 – art. 2º, X). Contudo, não vemos como enquadrá-lo em nenhuma das hipóteses de crédito privilegiado. Ora, ao receber as prestações, o falido tem a propriedade e a disponibilidade do dinheiro e, por isso, não há como falar em pedido de restituição. Ademais, os valores foram recebidos pelo falido e não pela massa falida, de modo que não há como enquadrar nas hipóteses do art. 84 da Lei n. 11.101/2005. Essa restituição não decorre de um ato válido praticado pelo administrador judicial, mas da impossibilidade de cumprimento do contrato. Assim, o crédito em questão deve ser considerado quirografário.

4.4 Compra e venda com reserva de domínio

Outra regra especial diz respeito aos contratos de compra e venda de coisas móveis com reserva de domínio. Neste contrato, o que se tem é “uma compra e venda de coisa

---

35. TEPEDINO, Ricardo. In: ABRÃO, Carlos Henrique; TOLEDO, Paulo F. C. Salles de (Coord.). *Comentários à lei de recuperação de empresas e falência*. São Paulo: Saraiva, 2005, p. 317.

36. REQUIÃO, Rubens. *Curso de direito falimentar*. 17. ed. São Paulo: Saraiva, 1998, v. 1, p. 202; LACERDA, J. C. Sampaio de. *Manual de direito falimentar*. 3. ed. Rio de Janeiro: Renovar, 1997, p. 180.

37. VIGIL NETO, Luiz Inácio. *Teoria falimentar e regimes recuperatórios*. Porto Alegre: Livraria do Advogado, 2008, p. 259.

38. NEGRÃO, Ricardo. *Manual de direito comercial e de empresa*. 4. ed. São Paulo: Saraiva, 2009, v. 3, p. 401.

39. SIMIONATO, Frederico A. Monte. *Tratado de direito falimentar*. Rio de Janeiro: Forense, 2008, p. 527.

móvel, em que se subordina a efetiva transferência da propriedade ao pagamento integral do preço"[40]. O comprador já passa a ter a posse direta do bem, mas a transferência da propriedade fica sujeita a uma condição suspensiva. Assim, o credor se resguarda de eventuais problemas com o devedor, na medida em que ele poderá reaver a coisa.

Havendo a falência do comprador, cabe ao administrador judicial decidir pela continuação ou não do contrato. A decisão pela continuação deverá ser justificada e autorizada pelo comitê de credores ou, na inexistência desse, pelo juiz, como nos contratos bilaterais em geral. A decisão pela resolução desse contrato é também do administrador judicial, mas ele deverá sempre ouvir o comitê de credores. Neste último caso, trata-se apenas de uma consulta[41] e não de uma autorização e, por isso, não há que se cogitar da oitiva do juiz, caso não exista comitê, uma vez que o juiz não é um órgão consultivo.

Decidindo não continuar com o contrato, o administrador judicial restituirá a coisa móvel comprada com reserva de domínio ao vendedor, exigindo a devolução, nos termos do contrato, dos valores já pagos (Lei n. 11.101/2005 – art. 119, IV). A referência aos termos do contrato traz uma questão sobre a possibilidade ou não de retenção das prestações.

Nos termos do art. 527 do Código Civil, "é facultado ao vendedor reter as prestações pagas até o necessário para cobrir a depreciação da coisa, as despesas feitas e o mais que de direito lhe for devido. O excedente será devolvido ao comprador; e o que faltar lhe será cobrado, tudo na forma da lei processual". Para tanto, é essencial uma vistoria e o arbitramento dos valores. Para alguns autores[42], continua valendo a referida retenção mesmo na falência. Outros, porém, asseveram que essa retenção não é possível, uma vez que a falência suspende o direito de retenção[43]. Nesta última linha de interpretação, essas despesas deveriam ser pleiteadas em ação própria.

A nosso ver, a razão está com os primeiros. Apesar da expressão usada, não se trata propriamente de um direito de retenção, mas de um abatimento nos valores que deverão ser devolvidos. O dinheiro pago ao comprador lhe pertence e, por isso, não se pode falar em direito de retenção nesse caso. Os abatimentos necessários para cobrir tais despesas, a nosso ver, são perfeitamente legítimos e valem mesmo no caso de falência. A própria legislação falimentar fala em restituição nos termos do contrato e, nos termos desse contrato, a restituição deve ter esses abatimentos.

---

40. GAGLIANO, Pablo Stolze; PAMPLONA FILHO, Rodolfo. *Novo curso de direito civil*. São Paulo: Saraiva, 2008, v. IV, t. 2, p. 66.

41. FRONTINI, Paulo Salvador. In: SOUZA JÚNIOR, Francisco Sátiro de; PITOMBO, Antônio Sérgio de A. de Moraes (Coord.). *Comentários à lei de recuperação de empresas e falência*. São Paulo: Revista dos Tribunais, 2005, p. 440.

42. MARTINS, Glauco Alves. Efeitos da decretação da falência sobre as obrigações do devedor. In: PAIVA, Luiz Fernando Valente de (Coord.). *Direito falimentar e a nova lei de falências e recuperação de empresas*. São Paulo: Quartier Latin, 2005, p. 460; CAMPINHO, Sérgio. *Falência e recuperação de empresa*: o novo regime de insolvência empresarial. 3. ed. Rio de Janeiro: Renovar, 2008, p. 353.

43. MAMEDE, Gladston. *Direito empresarial brasileiro*: falência e recuperação de empresas. 2. ed. São Paulo: Atlas, 2008, v. 4, p. 444.

4.5 Vendas a termo

Outra regra especial diz respeito às chamadas venda a termo. Nestas, o contrato é concluído, mas comprador e vendedor ajustam um termo para entrega da mercadoria, isto é, ajustam uma data futura para o cumprimento das prestações. Como o contrato de compra e venda é consensual, não se trata de uma promessa de compra e venda, pois o contrato já é firmado pelas partes na data do encontro de vontades. Tal tipo de contrato é muito comum com gêneros agrícolas.

Para as vendas a termo, a princípio, aplica-se também a regra geral dos contratos bilaterais, cabendo a decisão ao administrador judicial. Não sendo executado o contrato, se as mercadorias têm cotação em bolsa ou mercado, haverá o ajuste entre o valor do dia do contrato e do dia em que a mercadoria deveria ser entregue (Lei n. 11.101/2005 – art. 119, V). Ricardo Negrão afirma que a indenização será paga ao vendedor[44]. Para Silva Pacheco, quem paga a diferença é quem toma a iniciativa de não cumprir o contrato[45]. Para Sampaio Lacerda, o pagamento da diferença depende da variação da cotação das mercadorias, sob pena de haver enriquecimento ilícito de alguma das partes[46].

A nosso ver, de fato esse ajuste entre o preço do dia do contrato e do dia da entrega é que vai definir quem tem que pagar a diferença, pois se não houvesse isso, uma das partes se enriqueceria indevidamente. Havendo variação positiva (subida do preço), haverá um crédito para o comprador, pois ele terá que gastar mais do que gastaria no cumprimento do contrato. Havendo variação negativa (queda do preço), haverá um crédito para o vendedor, pois o comprador terá que gastar menos para comprar as mesmas mercadorias. A massa falida poderá ter um crédito ou um débito nesse contrato, tudo dependerá da cotação[47]. A ideia é evitar o enriquecimento indevido de qualquer uma das partes.

Assim, se no dia do contrato as mercadorias (1.000 sacos de arroz) estavam cotadas a R$ 40,00 (quarenta reais) cada saco e no dia da entrega a cotação era de R$ 60,00 (sessenta reais) cada saco, haverá um crédito de R$ 20.000,00 (vinte mil reais) para o comprador, uma vez que será esse o valor que ele terá que gastar a mais para comprar as mesmas mercadorias. Se na mesma situação as cotações forem de R$ 50,00 (cinquenta reais) e R$ 30,00 (trinta reais) cada, respectivamente no dia do contrato e no dia da entrega, haverá um crédito de R$ 20.000,00 (vinte mil reais) para o vendedor, uma vez que esse será o valor que o comprador deixará de pagar para comprar as mesmas mercadorias.

---

44. NEGRÃO, Ricardo. *Manual de direito comercial e de empresa*. 4. ed. São Paulo: Saraiva, 2009, v. 3, p. 412.

45. PACHECO, José da Silva. *Processo de falência e concordata*. 13. ed. Rio de Janeiro: Forense, 2004, p. 326.

46. LACERDA, J. C. Sampaio de. *Manual de direito falimentar*. 3. ed. Rio de Janeiro: Renovar, 1997, p. 181.

47. MAMEDE, Gladston. *Direito empresarial brasileiro*: falência e recuperação de empresas. 2. ed. São Paulo: Atlas, 2008, v. 4, p. 446; FRONTINI, Paulo Salvador. In: SOUZA JÚNIOR, Francisco Sátiro de; PITOMBO, Antônio Sérgio de A. de Moraes (Coord.). *Comentários à lei de recuperação de empresas e falência*. São Paulo: Revista dos Tribunais, 2005, p. 441; COELHO, Fábio Ulhoa. *Curso de direito comercial*. 8. ed. São Paulo: Saraiva, 2008, v. 3, p. 307; PROVINCIALI, Renzo. *Manuale di diritto fallimentare*. 3. ed. Milano: Giuffrè, 1955, v. 1, p. 627.

5 Promessa de compra e venda de imóveis

No caso da promessa de compra e venda de imóveis, o art. 119, VI, determina a obediência da legislação respectiva.

A Lei n. 6.766/79, que trata do parcelamento do solo urbano, trata dos efeitos da falência sobre a promessa de compra e venda de imóveis referentes à área loteada ou a lotes na referida área. Se o promissário-comprador falir, deve-se colocar em leilão o próprio direito real advindo da promessa de compra e venda, isto é, não há continuação do contrato, mas apenas a transformação em dinheiro dos direitos até então existentes. De outro lado, se o promitente-vendedor falir, ele deve cumprir o contrato e entregar o imóvel. O Decreto-lei n. 58/37 (arts. 12, § 2º, e 21), que trata de loteamentos e venda de terrenos para pagamento em prestações, dá a mesma solução acima mencionada.

Nos demais casos, deve-se aplicar a legislação comum da promessa de compra e venda. De acordo com o STJ, no sistema geral da promessa de compra e venda "o direito real à aquisição do imóvel, no caso de promessa de compra e venda, sem cláusula de arrependimento, somente se adquire com o registro"[48]. Nesta perspectiva, se houve a prenotação da promessa, o promissário comprador terá direito à aquisição do imóvel, mesmo no caso de falência do promitente-vendedor. Em caso contrário, o contrato cai na regra geral dos contratos bilaterais. Se o falido for o promissário comprador, também é aplicável a regra geral dos contratos bilaterais.

6 Contratos administrativos

Além das referidas regras especiais atinentes a certos contratos de compra e venda, também há regra especial para os contratos administrativos firmados pelo falido. Em razão do interesse público envolvido nesses contratos, a Lei n. 8.666/93, em seu art. 78, IX, determina a imediata extinção do contrato no caso de falência. Ora, a falência gera, em regra, o encerramento das atividades e, diante disso, nada mais lógico do que determinar a rescisão do contrato, diante da própria impossibilidade do seu cumprimento. Mesmo nos casos de continuação provisórias, dos negócios, seria muito arriscado para a administração pública continuar com esses contratos. "A insistência em manter o contrato colocaria em risco o interesse público"[49].

A mesma regra vale para as concessões de serviços públicos (Lei n. 11.101/2005 – art. 195; Lei n. 8.987/95 – art. 35, VI). Pelo princípio da continuidade dos serviços públicos, a administração assumirá o serviço, ocupando as instalações e utilizando todos os bens reversíveis, entendidos como aqueles bens indispensáveis à prestação do serviço público e assim definidos no edital e no contrato. Nessa linha de ação, retornam ao poder con-

---

48. STJ – REsp 431432/SP, Rel. Ministro FERNANDO GONÇALVES, QUARTA TURMA, julgado em 14-12-2004, *DJ* 27-6-2005, p. 396.

49. JUSTEN FILHO, Marçal. *Comentários à lei de licitações e contratos administrativos*. 9. ed. São Paulo: Dialética, 2002, p. 539.

cedente todos os bens reversíveis, direitos e privilégios transferidos ao concessionário conforme previsto no edital e estabelecido no contrato. Caberá ao poder concedente, em todo caso, os levantamentos, avaliações e liquidações necessários. Ao falido restará a indenização das parcelas dos investimentos vinculados a bens reversíveis, ainda não amortizados ou depreciados, que tenham sido realizados com o objetivo de garantir a continuidade e atualidade do serviço.

7 Locação

No caso da locação (Lei n. 11.101/2005 – art. 119, VII), a falência do locador não resolve o contrato, que continuará a ser executado, uma vez que trará recursos para a massa falida. Essa continuação não impedirá a venda do bem locado, que ocorrerá normalmente. Registre-se que nessa venda, que será sempre judicial, o locatário não terá direito a impor ao adquirente a manutenção do contrato[50], uma vez que tal aquisição se dará a título originário[51].

No caso da falência do locatário, o administrador judicial pode denunciar o contrato, a qualquer tempo. Trata-se de um poder assegurado ao administrador judicial, não havendo como o locador interpelá-lo. Enquanto não houver a denúncia, o contrato é mantido. Em todo caso, a denúncia do contrato não gera a obrigação de indenizar, uma vez que se trata de um poder assegurado ao administrador judicial[52].

Quando o falido é o locatário, se existirem aluguéis anteriores à falência que não foram pagos, caberá ao credor habilitar o seu crédito. Os pagamentos posteriores à falência são créditos extraconcursais e, sendo essenciais à continuação do processo, podem até ser adiantados, nos termos do art. 150 da Lei n. 11.101/2005[53].

8 Mandato

Os contratos de mandato outorgados e recebidos pelo falido também sofrem os efeitos da falência (Lei n. 11.101/2005 – art. 120).

Os mandatos outorgados pelo falido serão resolvidos pela decretação da falência, salvo os mandatos para representação judicial. O afastamento do devedor deve significar também o afastamento dos seus representantes (mandatários). No que tange aos man-

---

50. MAMEDE, Gladston. *Direito empresarial brasileiro*: falência e recuperação de empresas. 2. ed. São Paulo: Atlas, 2008, v. 4, p. 451.

51. STJ – EDcl nos EDcl no AgRg no REsp 1075591/RS, Rel. Ministra ELIANA CALMON, SEGUNDA TURMA, julgado em 10-11-2009, *DJe* 19-11-2009; STJ – REsp 1038800/RJ, Rel. Ministro HERMAN BENJAMIN, SEGUNDA TURMA, julgado em 20-8-2009, *DJe* 27-8-2009.

52. TEPEDINO, Ricardo. In: ABRÃO, Carlos Henrique; TOLEDO, Paulo F. C. Salles de (Coord.). *Comentários à lei de recuperação de empresas e falência*. São Paulo: Saraiva, 2005, p. 321.

53. MAMEDE, Gladston. *Direito empresarial brasileiro*: falência e recuperação de empresas. 2. ed. São Paulo: Atlas, 2008, v. 4, p. 452.

datos para representação judicial, sua manutenção é recomendável, na medida em que normalmente já houve o pagamento pelos serviços a serem prestados. Ademais, a manutenção desses mandatos não gera maiores atrasos no andamento do processo. Naturalmente, os mandatos judiciais continuarão em vigor até a revogação pelo administrador judicial, que poderá optar pela contratação de novos advogados.

Em relação aos mandatos recebidos pelo falido, cessam com a declaração da falência, salvo se alheios ao exercício de atividade empresarial. As questões pessoais do falido, como um mandato para contração de matrimônio, não devem ser afetadas pela falência. Contudo, sua atuação empresarial, ainda que como mandatário, deve ser evitada, uma vez que ele perde a administração dos bens e fica inabilitado para a atividade empresarial até a extinção das suas obrigações. Ademais, a confiança que deve ser inerente à atuação de qualquer mandatário cessa com a decretação da sua falência[54].

A mesma regra se aplica aos casos em que o falido é comissário em um contrato de comissão mercantil. O contrato de comissão é conceituado no art. 693 do Código Civil como aquele que "tem por objeto a aquisição ou a venda de bens pelo comissário, em seu próprio nome, à conta do comitente". Neste contrato, o comissário firma os contratos em seu próprio nome com os terceiros, mas em benefício do comitente, sendo remunerado apenas por uma comissão paga por este. Trata-se de contrato muito próximo ao contrato de mandato, tanto que as regras deste se aplicam supletivamente à comissão. Todavia, no mandato, o mandatário age em nome e em proveito do mandante, já na comissão o comissário age em nome próprio, mas em proveito do mandante. Em todo caso, pela própria semelhança os contratos de comissão nos quais o falido é comissário são extintos pela decretação da falência, salvo se alheios à atividade empresarial.

Questão peculiar se refere ao chamado mandato em causa própria, no qual o mandato é exercido no interesse exclusivo do mandatário, dispensando-se inclusive a prestação de contas. Nessa situação, o negócio jurídico a que se destina o mandato deve-se considerar perfeito e acabado[55], não havendo que se cogitar de revogação do mandato pelo administrador judicial[56]. Salvo nos casos do art. 129 da Lei n. 11.101/2005, os atos a serem praticados com base nesse mandato mantêm-se normalmente.

9 Conta-corrente

O contrato de conta-corrente é aquele pelo qual o banco se obriga a inscrever em partida de débito e crédito os valores monetários retirados ou remetidos pelo cliente.

---

54. NAVARRINI, Umberto. *Il fallimento*. Torino: Fratelli Bocca, 1926, p. 146.

55. CAMPOS BATALHA, Wilson de Souza; RODRIGUES NETTO, Nelson; RODRIGUES NETTO, Sílvia Maria Labate Batalha. *Comentários à lei de recuperação judicial de empresas e falência*. 4. ed. São Paulo: LTr, 2007, p. 182; TEPEDINO, Ricardo. In: ABRÃO, Carlos Henrique; TOLEDO, Paulo F. C. Salles de (Coord.). *Comentários à lei de recuperação de empresas e falência*. São Paulo: Saraiva, 2005, p. 313, p. 325; VALVERDE, Trajano de Miranda. *Comentários à lei de falências*. 4. ed. Rio de Janeiro: Forense Universitária, 1999, v. 1, p. 366.

56. MIRANDA, Pontes de. *Tratado de direito privado*. Campinas: Bookseller, 2004, v. 28, p. 357.

Trata-se do instrumento mais usual para o caixa da atividade empresarial. Com o afastamento do falido da administração dos seus bens, nada mais lógico do que encerrar esse contrato (Lei n. 11.101/2005 – art. 121). Caberá ao administrador judicial a abertura de conta específica vinculada ao juízo para o caixa da massa falida.

10 Contratos de sociedade

O falido pode ser sócio de várias sociedades que não são atingidas pela falência. Nesse caso, os contratos de sociedade serão resolvidos em relação ao falido e ele será excluído de pleno direito do quadro societário (Lei n. 11.101/2005). Ele deixará de ser sócio, mas será feita apuração dos seus haveres que serão entregues à massa falida, isto é, ela receberá a parte que toca ao falido no patrimônio da sociedade. O pagamento dessa apuração de haveres obedecerá aos termos do contrato social e, no silêncio deste, será feita judicialmente e o pagamento deverá ocorrer em noventa dias (CC – art. 1.031).

Embora o dispositivo faça menção apenas à condição de cotista ou comanditário, devemos interpretar essa regra especial como atinente a todas as sociedades contratuais. Assim, a mesma regra será aplicável se o falido for cotista, comanditado ou comanditário. Sempre haverá a exclusão de pleno direito e a apuração de haveres.

Nesse tipo de sociedade, é possível que a resolução em relação a um sócio acarrete a dissolução da sociedade como um todo. Nesses casos, não se procederá imediatamente ao pagamento da apuração de haveres devida ao sócio falido. Em primeiro lugar, será realizada a liquidação da sociedade com o pagamento de todo o seu passivo. E à luz do que restar, será paga a apuração de haveres para a massa falida.

Nas sociedades em conta de participação, a solução varia confirma a posição do falido (CC – art. 994, §§ 2º e 3º). Se o falido for o sócio ostensivo, haverá a dissolução da sociedade, com a liquidação da conta. Havendo saldo a receber pelo sócio oculto, este será crédito quirografário. De outro lado, se o falido for o sócio oculto, aplica-se a regra geral dos contratos bilaterais, cabendo a decisão ao administrador judicial.

Nas sociedades por ações não há um contrato a ser resolvido e, por isso, suas ações são arrecadadas no processo de falência, para posterior alienação[57]. Caso se trate de uma sociedade anônima de pessoas, deve-se admitir, diante da dificuldade de eventual venda, que se promova a dissolução parcial da sociedade, com o pagamento da parte que tocaria ao falido à massa falida. Esta última possibilidade se restringe a "sociedades anônimas de médio e pequeno porte, em regra, de capital fechado, que concentram na pessoa de seus sócios um de seus elementos preponderantes, como sói acontecer com as sociedades

57. SANTOS, Theóphilo de Azeredo. In: CORRÊA-LIMA, Osmar Brina; CORRÊA LIMA, Sérgio Mourão (Coord.). *Comentários à nova lei de falência e recuperação de empresas*. Rio de Janeiro: Forense, 2009, p. 881; NEGRÃO, Ricardo. *Manual de direito comercial e de empresa*. 4. ed. São Paulo: Saraiva, 2009, v. 3, p. 425; CAMPINHO, Sérgio. *Falência e recuperação de empresa*: o novo regime de insolvência empresarial. 3. ed. Rio de Janeiro: Renovar, 2008, p. 362.

ditas familiares, cujas ações circulam entre os seus membros, e que são, por isso, constituídas *intuitu personae*"[58].

11 Incorporação imobiliária

Na incorporação imobiliária, "determinada sociedade empresária obriga-se a promover a construção de edifícios e a transferir a propriedade das unidades autônomas aos adquirentes, os quais, em contrapartida, se obrigam a pagar o preço ajustado"[59]. Há, em última análise, a conjugação dos serviços de construção e de venda das unidades imobiliárias construídas. No caso das incorporações imobiliárias, a decretação da falência do incorporador extingue o contrato, mas ela não atinge os patrimônios de afetação constituídos para a realização do empreendimento.

Por uma questão de segurança, o incorporador poderá constituir um patrimônio de afetação para o referido empreendimento imobiliário. Neste caso,

> [...] o terreno e as acessões objeto de incorporação imobiliária, bem como os demais bens e direitos a ela vinculados, manter-se-ão apartados do patrimônio do incorporador e constituirão patrimônio de afetação, destinado à consecução da incorporação correspondente e à entrega das unidades imobiliárias aos respectivos adquirentes" (Lei n. 4.591/64 – art. 31-A).

Com isso, haverá uma boa garantia para os adquirentes.

Nessa situação, nos 60 dias que se seguirem à decretação da falência do incorporador, o condomínio dos adquirentes realizará assembleia geral, na qual instituirá o condomínio da construção, por instrumento público ou particular, e deliberará sobre os termos da continuação da obra ou da liquidação do patrimônio de afetação, com a alienação dos elementos componentes do patrimônio de afetação. Essa comissão poderá inclusive alienar as unidades que até a data da falência não tiverem sido alienadas pelo falido. Em suma, os promitentes-compradores é que decidirão o que fazer. Após a tomada da decisão e o uso do patrimônio de afetação, o administrador judicial arrecadará o saldo a favor da massa falida ou inscreverá na classe própria o crédito que contra ela remanescer.

12 Acordos para compensação e liquidação no sistema financeiro

O Sistema de Pagamentos Brasileiro (SPB) surgiu para dar mais segurança e agilidade a transações financeiras no Brasil. Dentro dessa perspectiva, a Lei n. 10.214 pre-

---

58. STJ – EREsp 111294/PR, Rel. Ministro CASTRO FILHO, SEGUNDA SEÇÃO, julgado em 28-6-2006, *DJ* 10-9-2007, p. 183; REsp 651.722/PR, Rel. Ministro CARLOS ALBERTO MENEZES DIREITO, TERCEIRA TURMA, julgado em 25-9-2006, *DJ* 26-3-2007, p. 233.

59. PENALVA SANTOS, Paulo. Os contratos na recuperação judicial e na falência. In: PAIVA, Luiz Fernando Valente de (Coord.). *Direito falimentar e a nova lei de falências e recuperação de empresas.* São Paulo: Quartier Latin, 2005, p. 427.

vê expressamente a possibilidade de celebração de contratos para a compensação e liquidação de obrigações no âmbito do Sistema Financeiro Nacional, admitindo inclusive a compensação multilateral de obrigações. Tais acordos devem ser firmados entre as instituições financeiras e pessoas físicas ou jurídicas, integrantes ou não do Sistema Financeiro Nacional, vedada a atuação de qualquer das partes como intermediadora nesses acordos.

Nos sistemas em que o volume e a natureza dos negócios, a critério do Banco Central do Brasil, forem capazes de oferecer risco à solidez e ao normal funcionamento do sistema financeiro, as câmaras e os prestadores de serviços de compensação e de liquidação assumirão, sem prejuízo de obrigações decorrentes de lei, regulamento ou contrato, em relação a cada participante, a posição de parte contratante, para fins de liquidação das obrigações, realizada por intermédio da câmara ou prestador de serviços. Neste caso, deverão contar com mecanismos e salvaguardas que permitam às câmaras e aos prestadores de serviços de compensação e de liquidação assegurar a certeza da liquidação das operações neles compensadas e liquidadas. Há uma boa margem de segurança nesses contratos.

Essa segurança é garantida mesmo em caso de falência de uma das partes envolvidas no acordo. Caso haja acordo para compensação e liquidação de obrigações no âmbito do sistema financeiro nacional, a parte não falida poderá considerar o contrato vencido antecipadamente, hipótese em que será liquidado na forma estabelecida em regulamento, admitindo-se a compensação de eventual crédito que venha a ser apurado em favor do falido com créditos detidos pelo contratante (Lei n. 11.101/2005 – art. 119, VIII). Em outras palavras, os acordos firmados com as câmaras de compensação e liquidação (*clearings*) serão normalmente cumpridos, afastando-se os credores de tais operações do processo de falência. Até a compensação, nesses casos, é expressamente assegurada, reduzindo o risco do crédito e dando mais confiança aos agentes que atuam no mercado.

13 Outros contratos

Embora não tratadas expressamente pela legislação, algumas outras relações contratuais merecem destaque, por sua importância no dia a dia do empresariado.

13.1 Abertura de crédito

O contrato de abertura de crédito é aquele contrato "pelo qual o Banco se obriga a colocar à disposição do cliente de terceiro certa importância pecuniária, facultando-lhe a utilização dessa soma no todo ou em parte, quer por meio de saque, de aceite, de aval ou de fiança até o montante convencionado"[60]. Nesse contrato, há a outorga ao direito de

60. COVELLO, Sérgio Carlos. *Contratos bancários*. 3. ed. São Paulo: Leud, 1999, p. 183.

utilização do crédito, isto é, o direito de dispor do crédito, podendo o beneficiário fazer uso ou não dele. Normalmente, esse contrato está ligado ao contrato de conta-corrente, sendo o crédito aberto por uma instituição financeira.

Se a falência é daquele que abre o crédito, não há que se cogitar de continuação do contrato, uma vez que não há sentido na atuação da massa falida como alguém que concede créditos. De outro lado, se a falência foi do beneficiado pela abertura do crédito, há duas situações distintas. Se o crédito já foi usado, não há que se cogitar de decisão sobre a continuação do contrato, mas apenas de habilitação do crédito. De outro lado, se o crédito ainda não foi utilizado, vale a regra geral dos contratos bilaterais, mesmo quando ele é ligado a uma conta-corrente, uma vez que se trata de contrato autônomo. Naturalmente, para aqueles que admitem a cláusula resolutória expressa, poderá haver a resolução automática do contrato, nesses casos.

13.2 Seguro

Nos termos do art. 757 do Código Civil: "Pelo contrato de seguro, o segurador se obriga, mediante o pagamento do prêmio, a garantir interesse legítimo do segurado, relativo à pessoa ou à coisa, contra riscos predeterminados." Trata-se da instituição de uma garantia contra o risco que pode sofrer uma pessoa ou coisa. Tal contrato é classificado como consensual, bilateral, oneroso e consensual.

Nas raras hipóteses de falência da seguradora, acreditamos que sempre haverá a extinção do contrato, uma vez que a atividade não pode mais ser exercida. Os eventuais créditos decorrentes de indenizações não pagas deverão se habilitar para recebimento no processo. De outro lado, no caso de não realização do sinistro, não há como se cogitar de vencimento antecipado, por tratar-se de obrigação condicional.

No que tange à falência do segurado, não há na legislação qualquer previsão da falência como causa de extinção do contrato seguro, aplicando-se, portanto, a regra geral dos contratos bilaterais[61]. Caberá ao administrador judicial decidir se continua ou não com o contrato. Decidindo pela continuação do contrato, com a autorização do comitê, a massa falida passa a assumir o dever de pagar o prêmio inerente a esse contrato. No caso de atraso no pagamento do prêmio, haverá a retirada da cobertura dos riscos[62]. No direito italiano, a falência não resolve o contrato, salvo pacto contrário ou no caso de agravamento do risco em razão da falência[63].

Naturalmente, para aqueles que admitem a cláusula resolutória expressa, poderá haver a resolução automática do contrato, nesses casos.

---

61. ALVIM, Pedro. *O contrato de seguro*. 3. ed. Rio de Janeiro: Forense, 1999, p. 462.

62. PENALVA SANTOS, J. A. *Obrigações e contratos na falência*. 2. ed. Rio de Janeiro: Renovar, 2003, p. 60.

63. DIMUNDO, Antonio. Gli effetti del fallimento sui rapporti giuridici preesistenti. In: DI PEPE, Giorgio Schiano (Coord.). *Il diritto fallimentare riformato*. Padova: CEDAM, 2007, p. 279.

13.3 *Alienação fiduciária em garantia*

A alienação fiduciária em garantia ocorre quando o devedor transmite ao credor a propriedade de um bem, sob a condição resolutiva do pagamento da obrigação garantida, reservando-se a posse direta. Em outras palavras, o devedor aliena para o credor um bem, que ele adquiriu ou que já constava do seu patrimônio, em garantia de determinada obrigação. Caso a obrigação seja paga, a propriedade plena retornará ao devedor. Caso a obrigação não seja paga, o credor poderá fazer recair os seus direitos sobre o bem, dado em garantia, que está na sua propriedade.

Atualmente, podemos falar em três tipos de alienação fiduciária: comum, especial e de imóveis[64]. A primeira é disciplinada pelo Código Civil (arts. 1.361 a 1.368-B) e terá por objeto qualquer bem móvel infungível. A segunda é a regida pela Lei n. 4.728/65 e pelo Decreto-lei n. 911/69, podendo abranger bens móveis fungíveis ou infungíveis, limitando-se, contudo, à garantia de operações realizadas no âmbito do mercado financeiro e de capitais, bem como em garantia de créditos fiscais e previdenciários. Por fim, a alienação fiduciária de imóveis é regida pela Lei n. 9.514/97, podendo ser utilizada em qualquer operação.

No caso de falência do credor fiduciante, a solução será dada pelo que for aplicável ao contrato garantido. Normalmente, o contrato garantido é um contrato de financiamento (mútuo), o qual é unilateral, uma vez que as prestações são exclusivamente estabelecidas em proveito do credor fiduciante. Neste caso, nada mais lógico do que o prosseguimento do contrato principal e do contrato de alienação fiduciária. Caso se trate de uma compra e venda, vale a regra geral dos contratos bilaterais, mas também é recomendável o prosseguimento do contrato.

De outro lado, no caso de falência do devedor fiduciário, vale também o regime do contrato garantido. Caberá ao administrador judicial decidir pela continuação ou não do contrato garantido, seja ele bilateral ou unilateral. Caso não haja prosseguimento do contrato, o credor fiduciante, por ter a propriedade do bem, poderá realizar o pedido de restituição para a retomada do bem e, obtendo a retomada, deverá promover sua alienação para a satisfação do seu crédito (Decreto-lei n. 911/69 – art. 7º). O eventual saldo positivo será remetido para a massa falida. Em caso de saldo negativo, deverá haver a habilitação do crédito. A mesma solução vale para os três tipos de alienação fiduciária.

Naturalmente, para aqueles que admitem a cláusula resolutória expressa, poderá haver a resolução automática do contrato nesses casos.

13.4 Leasing

Por meio do *leasing* "uma pessoa jurídica arrenda a uma pessoa física ou jurídica, por tempo determinado, um bem comprado pela primeira de acordo com as indicações

64. MARIANI, Irineu. *Contratos empresariais*. Porto Alegre: Livraria do Advogado, 2007, p. 46.

da segunda, cabendo ao arrendatário a opção de adquirir o bem arrendado findo o contrato, mediante o pagamento de um preço residual"[65]. Há, aqui, algo muito similar a uma locação com opção de compra do bem locado.

Não há regra especial em relação aos efeitos da falência sobre o contrato de *leasing*. Dentro dessa perspectiva, vale a regra geral dos contratos bilaterais, isto é, caberá ao administrador judicial a decisão, seja o falido arrendador, seja o falido arrendatário. Havendo falência do arrendatário e sendo deliberada a não continuação do contrato, caberá ao arrendante a restituição do bem que ainda lhe pertence. Contudo, no caso de falência do arrendante há alguma controvérsia.

Decidida a não continuação do contrato, se o falido for o arrendante, J. A. Penalva Santos entende que o devedor tem direito à aquisição do bem, uma vez que ele teria o "direito impostergável" de exercer a opção de compra[66]. Contudo, a nosso ver, esse direito não existe. No contrato de *leasing*, a propriedade se mantém com a arrendadora e, nessa condição, ela tem direito de reaver o bem que lhe pertence, no caso de não continuação do contrato. O máximo que se poderia admitir seria a restituição dos eventuais valores antecipadamente pagos a título de valor residual garantido[67].

Mais uma vez, reitere-se, para aqueles que admitem a cláusula resolutória expressa, poderá haver a resolução automática do contrato diante dessa cláusula.

13.5 Franquia

De acordo com o art. 2º da Lei n. 8.955/94, a

> Franquia empresarial é o sistema pelo qual um franqueador cede ao franqueado o direito de uso de marca ou patente, associado ao direito de distribuição exclusiva ou semiexclusiva de produtos ou serviços e, eventualmente, também ao direito de uso de tecnologia de implantação e administração de negócio ou sistema operacional desenvolvidos ou detidos pelo franqueador, mediante remuneração direta ou indireta, sem que, no entanto, fique caracterizado vínculo empregatício.

Em outras palavras, a franquia é o

> sistema de aproximação comercial, onde o franqueador permite através de licença de exploração de marca, de patente ou de ambos, e consequente transmissão do

---

65. MARTINS, Fran. *Contratos e obrigações comerciais*. 15. ed. Rio de Janeiro: Forense, 2000, p. 449.

66. PENALVA SANTOS, J. A. *Obrigações e contratos na falência*. 2. ed. Rio de Janeiro: Renovar, 2003, p. 80.

67. TJRJ – TERCEIRA CÂMARA CÍVEL – AP. 2001.001.13107 – DES. ANTONIO EDUARDO F. DUARTE – Julgamento: 26-3-2002.

> *know-how*, que terceira pessoa denominada franqueado, que se sujeita à mantença de padrões fixos, e de exploração do objeto do *franchising* em rede, pela colaboração horizontal para o escoamento de bens ou serviços[68].

De forma mais sintética, pode-se afirmar que a franquia é o "sistema de produção e/ou distribuição de bens e de prestação de serviços segundo formato dado pelo franqueador"[69].

Não havendo regra especial, aplica-se à franquia o regime geral dos contratos bilaterais[70]. Nesse sentido, a decisão caberá ao administrador judicial, nos moldes já mencionados. A decisão pela não continuação do contrato no caso de falência da franqueada é natural e raramente traz maiores problemas. Contudo, a decisão pela não continuação do contrato em caso de falência da franqueadora é problemática, especialmente no que tange às franqueadas. Assim, a decisão nesses casos envolve muitos interesses e, por isso, seu questionamento judicial é até natural.

Novamente, reitere-se, para aqueles que admitem a cláusula resolutória expressa, poderá haver a resolução automática do contrato.

13.6 Factoring

Nos termos do art. 15, § 1º, III, *d*, a Lei n. 9.249/95, o *factoring*, é a "prestação cumulativa e contínua de serviços de assessoria creditícia, mercadológica, gestão de crédito, seleção de riscos, administração de contas a pagar e a receber, compra de direitos creditórios resultantes de vendas mercantis a prazo ou de prestação de serviços". Pelo conceito legal, vê-se que o *factoring* é uma atividade empresarial que envolve a prestação de serviços e a compra de ativos financeiros (créditos). Todavia, nem sempre as duas atividades serão exercidas simultaneamente. Daí a doutrina diferenciar algumas modalidades do contrato.

Haveria o *factoring trustee*, no qual há apenas a prestação de serviços de gestão financeira e de negócios da empresa-cliente[71]. De outro lado, haveria o *maturity factoring*, no qual ocorreria a compra de créditos, mas sem antecipação de recursos, isto é, a empresa de *factoring* (faturizadora) garantiria apenas a adimplência ou pontualidade do pagamento. Nesta modalidade, haveria também a prestação de serviços comuns vinculados ao crédito. Entretanto, a modalidade mais usual é o *conventional factoring*, que envolve a compra de direitos creditórios, com o pagamento imediato dos valores a quem transferiu os créditos (faturizado).

---

68. SOUZA, Carlos Gustavo. *Contratos mercantis*. Rio de Janeiro: Freitas Bastos, 2006, p. 300.

69. MARIANI, Irineu. *Contratos empresariais*. Porto Alegre: Livraria do Advogado, 2007, p. 364.

70. NEGRÃO, Ricardo. *Manual de direito comercial e de empresa*. 4. ed. São Paulo: Saraiva, 2009, v. 3, p. 427.

71. MARIANI, Irineu. *Contratos empresariais*. Porto Alegre: Livraria do Advogado, 2007, p. 303.

No caso do *factoring trustee*, as partes se obrigam a prestar serviços de um lado e pagamentos do outro lado. Por tratar-se de contrato bilateral, vale a regra geral pela qual caberá ao administrador decidir pela continuação ou não do contrato.

No *maturity factoring*, haveria do lado do faturizado o dever de transferir os títulos e prestar informações e do lado da faturizador o dever de cobrar os títulos e pagar o seu valor no vencimento. No *conventional factoring*, as obrigações do faturizado seriam as mesmas e da faturizadora consistiriam no dever de cobrar o crédito e antecipar ao menos uma parte do seu valor.

Ocorre que, em ambas as modalidades, discute-se se haveria ou não a obrigação do faturizado de honrar o crédito transferido em razão do não pagamento pelo devedor original. Parte da doutrina reconhece a possibilidade de que exista uma convenção expressa no sentido da responsabilidade pela solvência do devedor na cessão de crédito[72]. Outros[73] afirmam, a nosso ver com razão, que não haveria responsabilidade do endossante ou do cedente, porquanto haveria uma compra do crédito e dos riscos.

A princípio, nessas modalidades também se aplica a regra geral dos contratos bilaterais, cabendo a decisão ao administrador judicial. Eventuais valores devidos pelo falido serão habilitados na classe própria e eventuais valores a serem recebidos pelo falido serão remetidos para a massa falida.

13.7 Securitização de recebíveis

A securitização de recebíveis representa uma oportunidade de captação de recursos junto ao público, com a emissão de novos títulos representativos de certos créditos (recebíveis) que foram adquiridos. Trata-se, em última análise, do uso de créditos futuros para emissão de valores mobiliários negociáveis no mercado.

---

72. DONINI, Antonio Carlos. Direito de regresso. *Revista do Factoring*, ano II, n. 12, abr./jun. 2005, p. 23-24; MARIANI, Irineu. *Contratos empresariais*. Porto Alegre: Livraria do Advogado, 2007, p. 330; GUERRA, Luiz Antônio; GONÇALVES, Valério Pedroso. *Contratos mercantis diferenciados*. Brasília: Brasília Jurídica, 2007, p. 81; SALOMÃO NETO, Eduardo. *Direito bancário*. São Paulo: Atlas, 2007, p. 264; MORAES, Mario Delphim de. A cessão de crédito, o título de crédito, o endosso, o aval, *factoring* e regresso. In: PEREIRA JÚNIOR, Antonio Jorge; JABUR, Gilberto Haddad (Coord.). *Direito dos contratos*. São Paulo: Quartier Latin, 2006, p. 432-433; LEITE, Luiz Lemos. *Factoring* no Brasil. 10. ed. São Paulo: Atlas, 2005, p. 227-230; STJ – REsp 820672/DF, Rel. Ministro HUMBERTO GOMES DE BARROS, TERCEIRA TURMA, julgado em 6-3-2008, *DJ* 1º-4-2008 p. 1; TJDF – 20060110041863APC, Relator ANA MARIA DUARTE AMARANTE BRITO, 6ª Turma Cível, julgado em 13-12-2006, *DJ* 1º-3-2007, p. 106.

73. COSTA, Wille Duarte. *Títulos de crédito*. Belo Horizonte: Del Rey, 2003, p. 178; RIZZARDO, Arnaldo. *Contratos*. 7. ed. Rio de Janeiro: Forense, 2007, p. 1386; GOMES, Orlando. *Obrigações*. 12. ed. Rio de Janeiro: Forense, 1999, p. 468; BERTOLDI, Marcelo; RIBEIRO, Márcia Carla Pereira. *Curso avançado de direito comercial*. 3. ed. São Paulo: Revista dos Tribunais, 2006, p. 755; COELHO, Fábio Ulhoa. *Curso de direito comercial*. 7. ed. São Paulo: Saraiva, 2007, v. 3, p. 143; MARTINS, Fran. *Contratos e obrigações comerciais*. 15. ed. Rio de Janeiro: Forense, 2000, p. 480; STJ – REsp 992.421/RS, Rel. Ministro HUMBERTO GOMES DE BARROS, Rel. p/ Acórdão Ministro JOÃO OTÁVIO DE NORONHA, TERCEIRA TURMA, julgado em 21-8-2008, *DJe* 12-12-2008.

A expressão *securitização* vem do termo *securities* do direito norte-americano, que significa "um termo geral que inclui não apenas valores mobiliários tradicionais como ações e debêntures, mas também uma variedade de participações que envolvem um investimento com um retorno primariamente ou exclusivamente dependente dos esforços de outra pessoa, que não o investidor"[74]. No Brasil, o melhor seria o uso do termo *titularização*[75] e não *securitização*, dada a ausência do uso da expressão *securities* no país.

A operação envolve três polos: a originadora, a securitizadora e o investidor[76].

A originadora é o empresário ou qualquer pessoa interessada na captação de recursos no mercado, mas que, por si só, não consegue ter acesso a tal mecanismo, apesar de possuir créditos a receber (recebíveis). Nessa situação, ela (originadora) transfere seus créditos à securitizadora, que é uma sociedade de propósito específico (SPE), ou seja, que se destina apenas ao exercício dessa atividade.

A securitizadora, tendo por lastro os créditos adquiridos, emitirá títulos e valores mobiliários, que serão oferecidos ao público (investidor) no mercado de capitais[77]. Com os recursos captados junto ao público (investidor), a securitizadora pagará à originadora o valor dos créditos transferidos, com um pequeno deságio[78], sem o qual a operação seria inviável. Tal pagamento poderá, convencionalmente, ser até antecipado. Os créditos passam a pertencer à própria securitizadora. Indiretamente, esses créditos também pertencem aos investidores, que terão seus rendimentos diretamente ligados a esses recebíveis[79].

Em última análise, a originadora conseguirá captar os recursos no mercado, por meio de uma antecipação de seus recebíveis. O custo dessa captação é menor porque a securitizadora é uma sociedade de propósito específico (SPE) e, nessa condição, não possui maiores passivos ou ativos. O risco para o investidor é relativamente baixo e consistirá no mesmo risco dos créditos recebíveis. Os títulos emitidos pela securitizadora são títulos de aceitação pelo mercado, pois não envolvem os mesmos riscos da originadora[80].

---

74. HAMILTON, Robert W. *The law of corporations*. 5. ed. St. Paul: West Group, 2000, p. 666, tradução livre de "*is a general term that includes not only traditional securities such as shares of stock, bonds, and debentures, but also a variety of interests that involve an investment with the return primarily or exclusively dependent on the efforts of a person other than the investor*".

75. CHAVES, Maria Cristina. *Direito empresarial*: securitização de créditos. Belo Horizonte: Del Rey, 2006, p. 47.

76. CHAVES, Maria Cristina. *Direito empresarial*: securitização de créditos. Belo Horizonte: Del Rey, 2006, p. 133-137.

77. GAGGINI, Fernando Schwarz. *Securitização de recebíveis*. São Paulo: LEUD, 2003, p. 19.

78. YAZBEK, Otávio. O risco de crédito e os novos instrumentos: uma análise funcional. In: WAISBERG, Ivo; FONTES, Marcos Rolim Fernandes (Coord.). *Contratos bancários*. São Paulo: Quartier Latin, 2006, p. 323.

79. GAGGINI, Fernando Schwarz. *Securitização de recebíveis*. São Paulo: LEUD, 2003, p. 20.

80. YAZBEK, Otávio. O risco de crédito e os novos instrumentos: uma análise funcional. In: WAISBERG, Ivo; FONTES, Marcos Rolim Fernandes (Coord.). *Contratos bancários*. São Paulo: Quartier Latin, 2006, p. 323; GAGGINI, Fernando Schwarz. *Securitização de recebíveis*. São Paulo: LEUD, 2003, p. 21.

Na falência da securitizadora, vale o regime geral dos contratos bilaterais. Isso também ocorre na falência da originadora. Contudo, neste último caso, não será declarada a ineficácia dos atos de cessão em prejuízo dos direitos dos portadores de valores mobiliários emitidos pelo securitizador. O terceiro, nesta situação, é extremamente protegido, mas isso é necessário para que o referido contrato tenha êxito no seu desenvolvimento.

13.8 Cartão de crédito

O cartão de crédito é "o documento comprobatório cujo titular goza de um crédito determinado perante certa instituição financeira, o qual o credencia a efetuar compras de bens e serviços a prazo e saques de dinheiro a título de mútuo"[81]. Tal instrumento de crédito tem origem em um contrato que envolve o serviço de intermediação que permite a aquisição de produtos ou serviços em estabelecimentos credenciados, mediante a comprovação de sua condição de usuário[82], e hoje permite até o saque de dinheiro.

Falindo a administradora de cartão de crédito, não há motivos para a continuação do contrato. Em razão disso, caberá ao portador do cartão habilitar seu eventual crédito decorrente de algum encontro de contas[83]. De outro lado, falindo o usuário do cartão, deve a administrador habilitar o seu crédito na falência. Estando presente a cláusula-mandato no referido contrato, cuja legalidade vem sendo reconhecida[84], a administradora poderá ter assumido débitos em nome do devedor perante uma instituição financeira e, neste caso, caberá à instituição financeira credora a habilitação do seu crédito na falência.

13.9 Contrato de trabalho

Por derradeiro, é oportuno ressaltar como ficam os contratos de trabalho firmados pelo falido. O art. 442 da CLT define o contrato de trabalho como "o acordo tácito ou expresso, correspondente à relação de emprego". Mais especificamente, pode-se dizer que "Contrato de trabalho é o negócio jurídico pelo qual uma pessoa física (empregado) se obriga, mediante o pagamento de uma contraprestação (salário), a prestar trabalho não eventual em proveito de outra pessoa, física ou jurídica (empregador), a quem fica juridicamente subordinada"[85]. Trata-se de contrato extremamente comum na vida de qualquer empresário.

---

81. ABRÃO, Nelson. *Direito bancário*. 10. ed. São Paulo: Saraiva, 2007, p. 186.

82. GUERRA, Luiz Antônio; GONÇALVES, Valério Pedroso. *Contratos mercantis diferenciados*. Brasília: Brasília Jurídica, 2007, p. 33.

83. PENALVA SANTOS, J. A. *Obrigações e contratos na falência*. 2. ed. Rio de Janeiro: Renovar, 2003, p. 147.

84. STJ – AgRg no Ag 748.561/RS, Rel. Ministro SIDNEI BENETI, TERCEIRA TURMA, julgado em 4-11-2008, *DJe* 26-11-2008.

85. SÜSSEKIND, Arnaldo. *Instituições de direito do trabalho*. 21. ed. São Paulo: Ltr, 2003, v. 1, p. 237.

Não há na CLT, nem na Lei n. 11.101/2005, qualquer dispositivo que diga expressamente o que ocorrerá com os contratos de trabalho em caso de falência. Em razão disso, é natural que se acredite que tal contrato deva obediência à regra geral dos contratos bilaterais, cabendo ao administrador judicial a decisão[86]. Contudo, acreditamos que a não continuação das atividades será motivo para extinção automática do contrato de trabalho[87]. Apenas no caso de continuação provisória dos negócios é que se pode falar em aplicação da regra geral dos contratos bilaterais, uma vez que nem sempre a atividade exigirá a manutenção de todos os empregados.

Não havendo continuação do contrato, o trabalhador deverá habilitar os seus créditos para recebimento na ordem estabelecida pela legislação falimentar. Pela necessária obediência ao concurso de credores, o TST (Súmula 388) afastou a exigibilidade da massa falida das multas previstas nos arts. 467 e 477, § 8º, da CLT que se referem ao não pagamento imediato das parcelas devidas em caso de rescisão.

Nessa linha de entendimento, Ricardo Negrão afirma que a extinção nesses casos será enquadrada como extinção do contrato por força maior, ensejando o pagamento da multa de apenas 20% sobre o saldo de FGTS. O TST[88], a nosso ver com razão, não considera a falência uma hipótese de força maior, especialmente porque ela não extingue, por si só, o contrato de trabalho e, por isso, a multa deveria ser de 40% do FGTS do empregado.

Havendo continuação do contrato, como no caso do prosseguimento dos negócios, os créditos posteriores à falência serão classificados como extraconcursais (Lei n. 11.101/2005 – art. 84, I).

---

86. NEGRÃO, Ricardo. *Manual de direito comercial e de empresa*. 4. ed. São Paulo: Saraiva, 2009, v. 3, p. 426.

87. COELHO, Fábio Ulhoa. *Curso de direito comercial*. 11. ed. São Paulo: Saraiva, 2010, v. 3, p. 315; CAMPINHO, Sérgio. *Falência e recuperação de empresa*: o novo regime de insolvência empresarial. 3. ed. Rio de Janeiro: Renovar, 2008, p. 358.

88. TST – RR – 177900-21.2006.5.02.0311, Relator Ministro: Antônio José de Barros Levenhagen, Julgamento: 26-9-2007, 4ª Turma, Publicação: 11-10-2007.

21 EFEITOS DA FALÊNCIA QUANTO AOS BENS DO FALIDO

1 Submissão dos bens do falido ao processo: formação da massa falida objetiva

O caráter coletivo da falência significa que ela abrange todos os credores do falido e também que ela deve abranger todos os seus bens. Para satisfazer coletivamente os credores, os bens do devedor devem ser reunidos e se submeter ao processo de falência. Todos os bens atuais do falido, ou que venham a ser adquiridos no curso da falência, ficam sujeitos ao procedimento falimentar.

Como o patrimônio do devedor responde por suas obrigações (CPC/2015 – art. 789) e na falência deverá se tentar pagar todas as obrigações do falido, a consequência natural é que todo o seu patrimônio deverá ser submetido ao processo de falência. Contudo, a referida regra admite que a lei estabeleça restrições, isto é, determinados bens podem ser excluídos do alcance dos credores. Nesse sentido, o art. 832 do CPC/2015 estabelece que "Não estão sujeitos à execução os bens que a lei considera impenhoráveis ou inalienáveis".

Diante disso, o efeito da submissão de todos os bens do falido ao processo de falência também admitirá exceções, isto é, não se submetem ao processo os bens absolutamente impenhoráveis, nem os patrimônios de afetação. O efeito automático da decretação da falência é, portanto, a segregação do patrimônio de devedor[1]. De um lado estará a massa falida objetiva, entendida como um patrimônio de afetação[2], um conjunto de bens vinculados ao processo, cuja gestão caberá ao administrador judicial. De outro lado estarão os bens não sujeitos ao processo, ainda administrados pelo próprio devedor.

1.1 Bens absolutamente impenhoráveis

Apesar da necessária tutela do crédito, há a necessidade de proteção de outros valores, em especial o direito à vida, ao trabalho, à sobrevivência, à proteção à família. Assim, em razão da proteção da sobrevivência e da dignidade dos devedores, a legislação exclui certos bens do alcance dos credores, estabelecendo sua impenhorabilidade. Trata-

---

1. MIRANDA, Pontes de. *Tratado de direito privado*. Campinas: Bookseller, 2004, v. 28, p. 289.
2. REQUIÃO, Rubens. *Curso de direito falimentar*. 17. ed. São Paulo: Saraiva, 1998, v. 1, p. 181.

-se da chamada impenhorabilidade, na qual os credores não terão a possibilidade de apreensão desses bens para a satisfação dos seus créditos.

A doutrina processualista, ao tratar da impenhorabilidade, apresenta algumas classificações. Araken de Assis fala em impenhorabilidade material absoluta, impenhorabilidade material relativa, impenhorabilidade processual absoluta e impenhorabilidade processual relativa[3]. Outros autores distinguem a impenhorabilidade absoluta e a relativa apenas[4]. Para os fins do presente trabalho, será adotada a última classificação, na qual são relativamente impenhoráveis os bens que podem ser penhorados na ausência de outros bens do devedor e absolutamente impenhoráveis aqueles que não podem responder por dívidas, salvo em condições excepcionais.

Especificamente para a falência, o art. 108, § 4º, determina que não serão arrecadados os bens absolutamente impenhoráveis. Dentro dessa ideia, devem ser entendidos aqueles bens que não podem responder por dívidas do falido, salvo em condições excepcionais. Assim, não devem se submeter aos efeitos da falência basicamente os bens elencados pelo art. 833 do CPC/2015 e pela Lei n. 8.009/90. Registre-se que a impenhorabilidade absoluta não poderá ser oposta no caso de execução de dívidas referentes à aquisição do próprio bem, nem nos casos do art. 3º da Lei n. 8.009/90 (IPTU, pensão alimentícia...).

O art. 833 do CPC/2015 elenca como bens absolutamente impenhoráveis os bens inalienáveis e os declarados, por ato voluntário, não sujeitos à execução, na medida em que são bens fora do comércio.

Também é absolutamente impenhorável o seguro de vida (CPC/2015 – art. 833, VI), na medida em que a indenização a ser paga por ocasião do sinistro não integra o patrimônio do devedor, mas sim do beneficiário. Quando os eventuais valores ingressarem no patrimônio do beneficiário, poderão ser penhorados por dívidas dele, mas enquanto se cogita apenas do seguro de vida, não se pode falar em penhora e, por conseguinte, em submissão ao processo falimentar. Da mesma forma, não são penhoráveis os materiais necessários para obras em andamento, protegendo a valorização da obra ainda concluída, a qual poderá ser objeto de penhora e, consequentemente, poderá ser submetida ao processo de falência (CPC/2015 – art. 833, VII).

Igualmente, também não são penhoráveis os recursos públicos recebidos por instituições privadas para aplicação compulsória em educação, saúde ou assistência social e os recursos públicos do fundo partidário recebidos, nos termos da lei, por partido político (CPC/2015 – art. 833, IX e XI). Em ambos os casos, protege-se a destinação necessária desses recursos públicos. Não se deve permitir sua vinculação ao pagamento de credores.

---

3. ASSIS, Araken de. *Manual do processo de execução*. 11. ed. São Paulo: Revista dos Tribunais, 2007, p. 211-215.

4. WAMBIER, Luiz Rodrigues; ALMEIDA, Flavio Renato Correia de; TALAMINI, Eduardo. *Curso avançado de processo civil*. 9. ed. São Paulo: Revista dos Tribunais, 2007, v. 2, p. 122-124; MARINONI, Luiz Guilherme; ARENHART, Sérgio Cruz. *Execução*. São Paulo: Revista dos Tribunais, 2007, p. 253-254; DIDIER JR., Fredie et al. *Curso de direito processual civil*. 2. ed. Salvador: Podivm, 2010, v. 5, p. 543; BUENO, Cassio Scarpinella. *Curso sistematizado de direito processual civil*. São Paulo: Saraiva, 2008, v. 3, p. 222.

Além do já exposto, também são bens absolutamente impenhoráveis os depósitos de caderneta de poupança até o limite de quarenta salários mínimos (CPC/2015 – art. 833, X). Para os fins desse limite, devem ser considerados todos os depósitos do mesmo tipo feitos pelo devedor, a fim de evitar a burla ao limite pela pulverização dos valores em várias cadernetas de poupança. Obedecido o limite, a ideia é incentivar e proteger a poupança privada, especialmente das pessoas de baixa renda. Ainda que ocorra uma falência, tais bens não poderão ser submetidos ao processo.

De forma similar, é estabelecida a impenhorabilidade absoluta dos vencimentos, subsídios, soldos, salários, remunerações, proventos de aposentadoria, pensões, pecúlios e montepios; as quantias recebidas por liberalidade de terceiro e destinadas ao sustento do devedor e sua família, os ganhos de trabalhador autônomo e os honorários de profissional liberal (CPC/2015 – art. 833, IV). Tal impenhorabilidade não se aplica ao caso de penhora para pagamento de prestação alimentícia, independentemente de sua origem, bem como às importâncias excedentes a 50 (cinquenta) salários mínimos mensais. Trata-se da mais clara proteção à dignidade da pessoa humana, na medida em que se protege a subsistência da família do devedor pessoa física. Para Araken de Assis[5], a partir do momento em que o devedor der uma destinação exclusivamente financeira aos valores (aplicação em fundos de investimento), a penhora seria possível. Contudo, o STJ, a nosso ver com razão, vem afastando essa possibilidade, mesmo no caso de aplicação em fundo de investimento para melhor aproveitamento dos depósitos[6].

Dentro da mesma perspectiva da proteção da dignidade da pessoa humana, estão excluídas da possibilidade de penhora as pequenas propriedades rurais, assim definidas em lei, desde que trabalhadas pela família (CPC/2015 – art. 833, VIII). Essa impenhorabilidade é consagrada pela própria Constituição Federal, no art. 5º, XXIV, reforçando a importância dessa proteção. Para os fins dessa impenhorabilidade, devem ser considerados os conceitos da Lei n. 9.393/1996 de pequena gleba rural. Mais uma vez, protege-se a subsistência do devedor e de sua família.

Dentro da mesma ideia, é protegido o bem de família como definido no art. 1º da Lei n. 8.009/90: "o imóvel residencial próprio do casal, ou da entidade familiar, é impenhorável e não responderá por qualquer tipo de dívida civil, comercial, fiscal, previdenciária ou de outra natureza, contraída pelos cônjuges ou pelos pais ou filhos que sejam seus proprietários e nele residam, salvo nas hipóteses previstas nesta lei". Para esses fins, tem-se admitido como entidade familiar, inclusive, a pessoa que vive sozinha[7], protegendo-se o direito à moradia e não apenas a ideia tradicional de família.

---

5. ASSIS, Araken de. *Manual do processo de execução*. 11. ed. São Paulo: Revista dos Tribunais, 2007, p. 229.

6. STJ – REsp 978.689/SP, Rel. Ministro LUIS FELIPE SALOMÃO, QUARTA TURMA, julgado em 6-8-2009, *DJe* 24-8-2009.

7. STJ – REsp 859937/SP, Rel. Ministro LUIZ FUX, PRIMEIRA TURMA, julgado em 4-12-2007, *DJ* 28-2-2008, p. 74.

Dentro dessa hipótese, a impenhorabilidade compreende o imóvel sobre o qual se assenta a construção, as plantações, as benfeitorias de qualquer natureza e todos os equipamentos, inclusive os de uso profissional, ou móveis que guarnecem a casa, desde que quitados. A extensão da impenhorabilidade aos móveis, pertences e utilidades domésticas que guarnecem a residência do executado não abrange aqueles de elevado valor ou que ultrapassem as necessidades comuns correspondentes a um médio padrão de vida (CPC/2015 – art. 833 – II). No mesmo sentido, excluem-se da impenhorabilidade os veículos de transporte, obras de arte e adornos suntuosos (Lei n. 8.009/90 – art. 2º).

Também são considerados absolutamente impenhoráveis os créditos oriundos de alienação de unidades imobiliárias, sob regime de incorporação imobiliária, vinculados à execução da obra, que guardam relação direta com a ideia do patrimônio de afetação, que também não é abrangido pela falência.

Por derradeiro, são considerados impenhoráveis os livros, as máquinas, as ferramentas, os utensílios, os instrumentos ou outros bens móveis necessários ou úteis ao exercício de qualquer profissão (CPC/2015 – art. 833, V). A ideia é a proteção do exercício profissional necessário para a posterior subsistência digna do devedor. Para o STJ, esta hipótese de impenhorabilidade abrange também "os bens úteis e/ou necessários às atividades desenvolvidas por pequenas empresas, onde os sócios atuam pessoalmente"[8].

Nessa impenhorabilidade das máquinas, ferramentas, utensílios, instrumentos ou outros bens móveis necessários ou úteis ao exercício de qualquer profissão, a intenção é permitir a continuação de uma atividade produtiva pelo devedor, para sua subsistência. No regime anterior havia previsão expressa de que tais bens se submeteriam à falência (Revogado Decreto-lei n. 7.661/45 – art. 41). A atual legislação não reproduziu o mesmo dispositivo e, por isso, alguns autores simplesmente cogitam da não submissão desses bens ao processo falimentar[9].

Todavia, um dos efeitos da falência é a inabilitação para o exercício da atividade empresarial até a extinção das obrigações do falido. Assim, não haveria sentido em proteger uma atividade que já não poderia ser exercida. Diante disso, alguns autores concluem que esses bens devem ser submetidos ao processo falimentar, pela falta de sentido da proteção absoluta dos referidos bens[10], salvo quando dizem respeito a outra profissão não ligada à atividade empresarial. A nosso ver, tal conclusão é a mais razoável, na medida em que se protege o exercício de profissões que ainda poderiam ser exercidas e não a atividade empresarial, para qual o devedor estará inabilitado.

---

8. STJ – REsp 864.962/RS, Rel. Ministro MAURO CAMPBELL MARQUES, SEGUNDA TURMA, julgado em 4-2-2010, *DJe* 18-2-2010.

9. PACHECO, José da Silva. *Processo de recuperação judicial, extrajudicial e falência*. 2. ed. Rio de Janeiro: Forense, 2007, p. 271.

10. CAMPINHO, Sérgio. *Falência e recuperação de empresa*: o novo regime de insolvência empresarial. 3. ed. Rio de Janeiro: Renovar, 2008, p. 328; NEGRÃO, Ricardo. *Manual de direito comercial e de empresa*. 5. ed. São Paulo: Saraiva, 2010, v. 3, p. 415.

1.2 Patrimônios de afetação

Além dos bens absolutamente impenhoráveis, também não se submeterão ao processo falimentar os patrimônios de afetação, dada sua vinculação específica ao cumprimento de certas obrigações. O art. 119, IX, da Lei n. 11.101/2005 é expresso ao afirmar que

> os patrimônios de afetação, constituídos para cumprimento de destinação específica, obedecerão ao disposto na legislação respectiva, permanecendo seus bens, direitos e obrigações separados dos do falido até o advento do respectivo termo ou até o cumprimento de sua finalidade, ocasião em que o administrador judicial arrecadará o saldo a favor da massa falida ou inscreverá na classe própria o crédito que contra ela remanescer.

A ideia é não quebrar a segurança dada aos credores de certos empreendimentos pela afetação de certa parcela do patrimônio do devedor.

O patrimônio de afetação nada mais é do que uma segregação patrimonial. Ele representa o "conjunto de bens segregados do patrimônio de um sujeito para o cumprimento de finalidades específicas, com direitos e obrigações próprios, o qual não se comunica com o patrimônio geral daquele sujeito"[11]. Embora o patrimônio seja uma universalidade, vem se admitindo para certos objetivos esse tipo de segregação patrimonial.

Assim, na incorporação imobiliária, o incorporador poderá constituir um patrimônio de afetação para o referido empreendimento imobiliário. Neste caso,

> o terreno e as acessões objeto de incorporação imobiliária, bem como os demais bens e direitos a ela vinculados, manter-se-ão apartados do patrimônio do incorporador e constituirão patrimônio de afetação, destinado à consecução da incorporação correspondente e à entrega das unidades imobiliárias aos respectivos adquirentes (Lei n. 4.591/64 – art. 31-A).

Com isso, haverá uma boa garantia para os adquirentes.

Nessa situação, nos sessenta dias que se seguirem à decretação da falência do incorporador, o condomínio dos adquirentes realizará assembleia geral, na qual instituirá o condomínio da construção, por instrumento público ou particular, e deliberará sobre os termos da continuação da obra ou da liquidação do patrimônio de afetação, com a alienação dos elementos componentes do patrimônio de afetação. Essa comissão poderá inclusive alienar as unidades que até a data da falência não tiverem sido alienadas pelo

---

11. BASTIDA, Cristiana Moreira. Considerações gerais sobre o patrimônio de afetação nas incorporações imobiliárias. In: ALVES, Alexandre Ferreira de Assumpção; GAMA, Guilherme Calmon Nogueira da. *Temas de direito civil-empresarial*. Rio de Janeiro: Renovar, 2008, p. 476.

falido. Em suma, os promitentes-compradores é que decidirão o que fazer. Após a tomada da decisão e o uso do patrimônio de afetação, o administrador judicial arrecadará o saldo a favor da massa falida ou inscreverá na classe própria o crédito que contra ela remanescer, não arrecadando o próprio patrimônio de afetação.

Outro exemplo de patrimônio de afetação é o das câmaras e prestadoras de serviços de compensação e liquidação financeira (*clearings*), integrantes do sistema de pagamentos brasileiro regido pela Lei n. 10.214/2001. Nos sistemas em que o volume e a natureza dos negócios, a critério do Banco Central do Brasil, forem capazes de oferecer risco à solidez e ao normal funcionamento do sistema financeiro, as câmaras e os prestadores de serviços de compensação e de liquidação assumirão, sem prejuízo de obrigações decorrentes de lei, regulamento ou contrato, em relação a cada participante, a posição de parte contratante, para fins de liquidação das obrigações, realizada por intermédio da câmara ou prestador de serviços. Neste caso, deverão contar com mecanismos e salvaguardas que permitam às câmaras e aos prestadores de serviços de compensação e de liquidação assegurar a certeza da liquidação das operações neles compensadas e liquidadas.

Há uma boa margem de segurança nesses contratos, normalmente com a afetação de um patrimônio ao cumprimento das obrigações ali assumidas. Nos termos da Lei n. 11.101/2005, os ativos financeiros, bens e direitos depositados como garantias junto às *clearings* dos mercados de renda fixa ou variável deverão ser liquidados segundo as regras contidas nos regulamentos próprios de cada câmara. Os acordos firmados com as câmaras de compensação e liquidação (*clearings*) serão normalmente cumpridos, afastando-se os credores de tais operações do processo de falência.

Outro exemplo é o patrimônio de afetação do regime fiduciário das Letras Imobiliárias Garantidas – LIG, na forma dos arts. 69 e 70 da Lei n. 13.097/2015. Há inclusive a previsão expressa de que os ativos vinculados ao regime fiduciário não serão abrangidos pelo processo de falência, não integrando a massa concursal.

2 Privação dos poderes de administração e disposição sobre os bens do falido

O processo de falência tem como objetivo primordial o pagamento do maior número possível de credores do falido de acordo com uma ordem legal de preferência. Para tanto, a lei impõe a arrecadação dos bens do falido e a criação de um sujeito de direitos (massa falida) para a administração desses bens, visando a preservar e otimizar a utilização produtiva dos bens, ativos e recursos produtivos, inclusive os intangíveis, da empresa (Lei n. 11.101/2005 – art. 75). Assim, após a decretação da falência não caberá mais ao falido a administração dos seus bens, a qual tocará à massa falida, que agirá por meio do administrador judicial.

O afastamento do devedor significa, em última análise, que o falido é privado dos poderes de administração e disposição de seus bens (Lei n. 11.101/2005 – art. 103). Essa privação normalmente é um efeito automático da decretação da falência, mas pode começar antes, a partir do eventual arresto[12] de bens do falido. Em todo caso, essa privação da administração perdura até o fim do processo de falência[13]. Neste período, caberá ao falido a fiscalização dessa administração, a requisição das providências necessárias para a conservação de seus direitos ou dos bens arrecadados e a intervenção como assistente nos processos em que a massa falida seja parte ou interessada.

Ao prever essa privação da administração, a Lei n. 11.101/2005 não quer apenas permitir a administração dos bens por outro sujeito, mas especialmente evitar atos de disposição ou de administração desses bens por parte do falido. Se o devedor foi considerado falido, ele presumidamente não foi um bom gestor dos seus bens e, por isso, não é mais ele o responsável pela eventual negociação desses bens. Dentro dessa perspectiva, qualquer ato de disposição ou administração praticado pelo falido será nulo de pleno direito (CC – art. 166, VI e VII)[14]. Tais atos de administração e disposição só poderão ser praticados no bojo do próprio processo de falência.

Registre-se, porém, que essa privação dos poderes de administração e disposição dos bens não significa uma interdição do falido, nem uma incapacidade e muito menos a perda da propriedade dos seus bens[15]. O falido, mesmo podendo administrar e dispor dos seus bens, continua a ser um sujeito plenamente capaz, sem perda da capacidade. Há apenas uma restrição nos seus poderes sobre tais bens. Outrossim, o falido não perde a propriedade desses bens, isto é, o falido continua a ser proprietário desses bens, mas sem os poderes de administração e disposição, em algo muito similar a uma penhora[16].

Por fim, é oportuno esclarecer que a privação dos poderes de administração de disposição atinge apenas os bens sujeitos ao processo de falência. Assim, bens absolutamente impenhoráveis, como o bem de família, poderão continuar sob a administração do devedor falido[17].

---

12. A lei n. 11.101/2005 refere-se a sequestro (art. 103), mas tecnicamente a medida prévia de apreensão de bens do devedor é o arresto, porquanto não se trata de coisa objeto de litígios. Nesse sentido: SOUZA, Bernardo Pimentel. *Direito processual empresarial*. 2. ed. Salvador: JusPodivm, 2010, p. 238.

13. FÉRES, Marcelo de Andrade. In: CORRÊA-LIMA, Osmar Brina; CORRÊA LIMA, Sérgio Mourão (Coord.). *Comentários à nova lei de falência e recuperação de empresas*. Rio de Janeiro: Forense, 2009, p. 775.

14. FÉRES, Marcelo de Andrade. In: CORRÊA-LIMA, Osmar Brina; CORRÊA LIMA, Sérgio Mourão (Coord.). *Comentários à nova lei de falência e recuperação de empresas*. Rio de Janeiro: Forense, 2009, p. 778. No direito italiano, prevê-se apenas a ineficácia desses atos: PROVINCIALI, Renzo. *Manuale di diritto fallimentare*. 3. ed. Milano: Giuffrè, 1955, p. 398; RONCO, Simonetta. Gli effetti del fallimento. In: DI PEPE, Giorgio Schiano (Coord.). *Il diritto fallimentare riformato*. Padova: CEDAM, 2007, p. 142.

15. ARAÚJO, José Francelino de. *Comentários à lei de falências e recuperação de empresas*. São Paulo: Saraiva, 2009, p. 230; PACHECO, José da Silva. *Processo de recuperação judicial, extrajudicial e falência*. 2. ed. Rio de Janeiro: Forense, 2007, p. 260.

16. PROVINCIALI, Renzo. *Manuale di diritto fallimentare*. 3. ed. Milano: Giuffrè, 1955, p. 397.

17. FÉRES, Marcelo de Andrade. In: CORRÊA-LIMA, Osmar Brina; CORRÊA LIMA, Sérgio Mourão (Coord.). *Comentários à nova lei de falência e recuperação de empresas*. Rio de Janeiro: Forense, 2009, p. 775; SZTAJN, Rachel; FRANCO, Vera Helena de Mello. *Falência e recuperação da empresa em crise*. São Paulo: Campus, 2008, p. 135.

22 A FASE FALIMENTAR DO PROCESSO

1 Início da fase falimentar

Além de produzir todos os já mencionados efeitos, a sentença que decreta a falência também dará início a uma segunda fase no processo, a fase falimentar propriamente dita. Tal fase está diretamente relacionada ao cumprimento dos objetivos do processo de falência.

Como já mencionado, pode-se afirmar que o objetivo mais amplo do processo de falência é o pagamento de todos os credores do devedor empresário de acordo com uma ordem legal de preferência. Dentro dessa ideia, a falência teria como objetivo principal assegurar a igualdade entre os credores de um devedor juridicamente insolvente, permitindo que eles tenham seus créditos satisfeitos de acordo com a ordem legal de preferência (importância para o legislador) e não pela sua agilidade. Nesse sentido, seria possível repartir os prejuízos entre os credores, proporcionalmente à importância de cada crédito.

No entanto, a Lei n. 11.101/2005 nos dá outro viés, ao afirmar expressamente, em seu art. 75, que "a falência, ao promover o afastamento do devedor de suas atividades, visa a preservar e otimizar a utilização produtiva dos bens, ativos e recursos produtivos, inclusive os intangíveis, da empresa". Em razão disso, Moacyr Lobato afirma que o objetivo da falência é a "preservação de bens e recursos, possibilitando a utilização do acervo patrimonial, no todo ou em parte, por terceiros que deem destinação adequada aos bens que serviam de instrumento ao exercício da atividade econômica mal sucedida"[1].

Não se pode mais vislumbrar apenas a satisfação dos credores como objetivo da falência[2]. Há, portanto, um objetivo mais específico, no sentido da maximização do valor dos recursos produtivos do devedor. Essa maximização atenderá aos interesses dos credores, na medida em que permitirá a obtenção de mais recursos e, consequentemente, o pagamento de mais credores. De outro lado, essa maximização poderá permitir a continuação da atividade com outro sujeito.

Portanto, não se busca apenas a eliminação de empresas arruinadas, mas sim a otimização dos recursos produtivos com a possível continuação da atividade com outros sujeitos. Atenta-se ao valor e à função social da empresa, bem como ao papel do crédito na economia moderna. Deve-se afastar o devedor da atividade, pois ele já demonstrou

---

1. LOBATO, Moacyr. *Falência e recuperação*. Belo Horizonte: Del Rey, 2007, p. 153-154.
2. FAZZIO JÚNIOR, Waldo. *Nova lei de falência e recuperação de empresas*. São Paulo: Atlas, 2005, p. 30.

não ter a aptidão necessária. Outrossim, devem-se liquidar os bens do devedor, a fim de pagar os credores e permitir que eles sejam aproveitados em melhores condições. Nada impede que a atividade continue, mas com outro sujeito e não com o devedor que não se mostrou capaz[3].

O cumprimento desses objetivos é feito na chamada fase falimentar propriamente dita. Nesta fase do processo, teremos providências tendentes à apuração do passivo, apuração do ativo, realização do ativo, pagamento dos credores e medidas complementares. A ideia é atender o objetivo geral de pagamento do maior número possível de credores, dentro da ordem legal de preferência, mas também o objetivo específico de maximizar os ativos do falido.

2 Apuração do passivo

Na falência, dentro da perspectiva da satisfação do maior número possível de credores, de acordo com a ordem legal de preferência, é essencial conhecer quem são os credores. Para tanto, desenvolve-se o procedimento da verificação de créditos, o qual, na falência, ocorre após a decretação da falência, isto é, dentro da fase falimentar propriamente dita. Não se poderia imaginar a verificação de créditos antes disso, pois até esse momento sequer se poderia falar em uma falência, em uma execução coletiva.

Em síntese, nesse procedimento de verificação dos créditos serão identificados o credor, a natureza e o valor dos créditos submetidos à falência, resguardando a igualdade entre esses credores. Neste particular, surge a eventual declaração de ineficácia de atos do falido para afastar a eventual desigualdade que foi indevidamente criada entre os credores[4]. Assim, de certa forma, as declarações de ineficácia e as ações revocatórias também se inserem na fase falimentar, na apuração do ativo.

2.1 Fase administrativa

O procedimento a ser usado para a identificação desses credores é basicamente o mesmo da recuperação judicial, com uma fase administrativa obrigatória, conduzida pelo administrador judicial. Ela terá início com a publicação da lista de credores fornecida pelo próprio devedor. Além disso, tal fase é composta pela apresentação de habilitações e divergências dirigidas ao administrador judicial, encerrando-se com a publicação da relação de credores elaborada também pelo administrador judicial.

A lista a ser publicada para dar início ao procedimento é elaborada e apresentada pelo próprio devedor. Na falência requerida pelo próprio devedor, tal documento também é essencial à propositura da ação (Lei n. 11.101/2005 – art. 105, II). Todavia, na falência

---

3. GUGLIELMUCCI, Lino. *Lezioni di diritto fallimentare*. 3. ed. Torino: Giappichelli, 2004, p. 9.

4. FERRARA, Francesco. *Il fallimento*. Milano: Giuffrè, 1959, p. 41.

requerida por terceiros, o devedor não é o autor da ação e não possui o dever de apresentar essa lista com a eventual defesa apresentada. De qualquer modo, será ônus do devedor tal apresentação, sob pena de configuração do crime de desobediência. Na hipótese da falência requerida por terceiros, caso a lista não conste dos autos, o juiz deverá determinar, na própria sentença de decretação da falência, que o falido a apresente no prazo máximo de 5 dias, sob pena de desobediência (Lei n. 11.101/2005 – art. 99, III).

Acreditamos ser recomendável que o juiz exija tal documento, mesmo antes da decretação, a fim de assegurar maior celeridade ao processo. No caso de recusa da apresentação, mesmo com a configuração da desobediência, tal lista deverá ser apresentada para que tenha início o procedimento da verificação de créditos. Neste caso, acreditamos que o próprio administrador judicial deverá elaborá-la. Em qualquer caso, a lista deverá ser publicada para que a fase administrativa da verificação de créditos efetivamente se inicie.

A partir da publicação da lista, abre-se o prazo de quinze dias para apresentação das habilitações e divergências. As primeiras são feitas por pessoas que não constam da lista, mas entendem que possuem a condição de credoras e, por isso, devam participar do processo. Já as últimas são feitas por quem consta da lista, mas discorda da classificação ou do valor atribuído ao seu crédito.

À luz da lista, das habilitações e das divergências, o administrador judicial elaborará uma relação de credores, que também deve ser publicada.

2.2 *Fase contenciosa e quadro geral de credores*

Para questionar decisões tomadas pelo administrador judicial na elaboração dessa relação, poderão ser ajuizadas impugnações de crédito, no prazo de 10 dias (Lei n. 11.101/2005 – art. 8º). Além disso, as pessoas que não participaram da fase administrativa podem requerer sua inclusão no processo por meio das habilitações retardatárias (Lei n. 11.101/2005 – art. 10). Tanto estas quanto aquelas são dirigidas ao juiz e serão julgadas por ele.

Diante da relação, das decisões do juiz nos processos de impugnação e de habilitação retardatária, das comunicações de outros juízos e das eventuais comunicações de créditos fiscais, será elaborado e consolidado o quadro geral de credores. O quadro geral, assinado pelo juiz e pelo administrador judicial, mencionará a importância e a classificação de cada crédito na data da decretação da falência, será juntado aos autos e publicado no órgão oficial, no prazo de 5 (cinco) dias, contado da data da sentença que houver julgado as impugnações. Tal quadro, embora tenha a pretensão de ser definitivo, pode sofrer alterações até o final do processo, por decisões tomadas em ações de inclusão e retificação do quadro (Lei n. 11.101/2005 – art. 19).

3 Apuração do ativo

Além de apurar o passivo, identificando os credores submetidos ao processo, a fase falimentar também cuidará da apuração do ativo entendida como a identificação e apreensão do patrimônio do falido que ficará vinculado ao processo. Como visto, um dos efeitos da decretação da falência é a submissão de todos os bens atuais e futuros do falido ao processo, salvo os bens absolutamente impenhoráveis e os patrimônios de afetação. Contudo, esse patrimônio precisa ser identificado e precisa ser apreendido de forma que possa ser gerido pelo administrador judicial.

Neste particular da fase falimentar se inserem as medidas de desapossamento que permitirão a formação da massa falida, bem como a guarda e conservação das referidas mercadorias. Incidentalmente, podem surgir questões relacionadas à ineficácia dos atos praticados pelo falido que eventualmente podem trazer novos bens para o processo. Assim, a ineficácia e a ação revocatória também compõem, de certa forma, a apuração do ativo. Na mesma perspectiva se insere a ação de responsabilidade dos sócios de responsabilidade limitada, controladores e administradores da sociedade falida. Além disso, podem surgir medidas para retirar bens que indevidamente foram apreendidos para a massa falida (pedidos de restituição) ou até impedir que os bens ingressem na massa falida (embargos de terceiro).

4 Realização do ativo

A simples apuração do ativo não é suficiente para a satisfação dos credores e, por isso, ela é um antecedente à realização do ativo, isto é, a transformação da massa falida em dinheiro para o pagamento dos credores ou o próprio pagamento direto dos credores. Ressalte-se, porém, que não há mais a necessidade de se aguardar o fim da apuração do ativo, para iniciar a sua realização. De qualquer modo, à medida que se realiza o ativo, surgem os recursos necessários para o pagamento do passivo de acordo com a ordem legal de preferência estabelecida para tanto, objetivo geral do processo falimentar.

5 Pagamento do passivo

À medida que for sendo realizado o ativo, o administrador judicial passará a ter recursos à sua disposição, os quais deverão ser utilizados para o pagamento dos credores. Neste ponto, é natural ter em mente que tais recursos não serão suficientes para pagar todos os credores e, por isso, há que se estabelecer uma ordem legal para o pagamento à luz da importância atribuída a cada crédito.

Em complemento às providências realizadas para pagamento dos credores, também são exigidas medidas complementares, como as prestações de contas e relatórios por parte do administrador judicial. À luz dessas medidas complementares, o juiz terá a segurança necessária para encerrar o processo e consequentemente a fase falimentar.

23 APURAÇÃO DO ATIVO

1 Arrecadação dos bens, livros e documentos do devedor

Assim que assinar o termo de compromisso, o administrador judicial deve passar a tomar as medidas necessárias para o cumprimento dos objetivos do processo falimentar. Dentro dessa perspectiva, o art. 108 da Lei n. 11.101/2005 impõe como primeira tarefa do administrador a arrecadação dos bens, livros e documentos do devedor. Trata-se de medida lógica, para evitar a dilapidação e o desaparecimento de bens. Seus objetivos são assegurar a preservação da massa falida, permitir sua avaliação e otimizar os procedimentos de realização do ativo[1].

O falido perde a administração dos bens que estão sujeitos ao processo e, por isso, é natural que o administrador judicial assuma essa administração. Assim, a arrecadação consiste no desapossamento do falido e na imissão do administrador judicial na posse dos bens, livros e documentos do falido. Trata-se de ato judicial de apreensão, muito similar à penhora, manifestando o caráter executivo[2] da falência. No caso dos bens corpóreos, deve haver sua apreensão física e, no caso dos incorpóreos, são exigidos apenas atos documentais.

Tal arrecadação será praticada pelo administrador judicial pessoalmente, ou por meio de cartas precatórias expedidas pelo juízo falimentar[3]. Caso haja necessidade, pode haver o auxílio de oficial de justiça e até o arrombamento do imóvel no qual os bens estão guardados, neste caso com autorização judicial específica[4].

A princípio, a atual legislação não exige que a arrecadação seja acompanhada pelo representante do Ministério Público, mas nada impede que ele a acompanhe. Da mesma forma, admite-se o acompanhamento da arrecadação pelo próprio devedor falido (Lei n. 11.101/2005 – art. 108, § 2º). Mesmo sem o seu comparecimento, para facilitar a atuação do administrador e o andamento do processo, impõe-se ao falido o dever de entregar,

---

1. MAMEDE, Gladston. *Direito empresarial brasileiro*: falência e recuperação de empresas. 2. ed. São Paulo: Atlas, 2008, v. 4, p. 473.

2. PROVINCIALI, Renzo. *Manuale di diritto fallimentare*. 3. ed. Milano: Giuffrè, 1955, v. 1, p. 394.

3. NEGRÃO, Ricardo. *Manual de direito comercial e de empresa*. 5. ed. São Paulo: Saraiva, 2010, v. 3, p. 493.

4. SZTAJN, Rachel; FRANCO, Vera Helena de Mello. *Falência e recuperação da empresa em crise*. São Paulo: Campus, 2008, p. 180.

sem demora, todos os bens, livros, papéis e documentos ao administrador judicial (Lei n. 11.101/2005 – art. 104, V).

Em todo caso, caberá ao juiz decidir se lacra ou não o estabelecimento do devedor[5]. Deverá ocorrer a referida lacração sempre que houver risco para a execução da etapa de arrecadação ou para a preservação dos bens da massa falida ou dos interesses dos credores (Lei n. 11.101/2005 – art. 109). Ao decidir pela lacração, o juiz também define sua extensão na medida em que ela pode ser total ou parcial.

1.1 Livros e documentos

A arrecadação deverá abranger, a princípio, todos os livros do falido. Sejam eles obrigatório, facultativos ou especiais, todos os livros do falido deverão ser entregues ao administrador judicial. Como não haverá continuação da atividade pelo falido, não há a necessidade de continuação da escrituração desses livros e, por isso, eles serão encerrados[6] e arrecadados. Outrossim, eles podem ser importantes fontes de informação para decisões atinentes à verificação de créditos, bem como para eventuais medidas visando à declaração de ineficácia de atos praticados pelo falido.

Do mesmo modo, devem ser arrecadados os documentos que estejam em poder do falido. A previsão legal é extremamente genérica para evitar maiores prejuízos. A ideia é obter o maior número possível de informações sobre o falido para o prosseguimento do processo. Na administração da massa falida, cabe ao administrador inclusive a abertura das correspondências dirigidas ao devedor, entregando a ele o que não for assunto de interesse da massa.

1.2 Bens

Também devem ser arrecadados bens do falido, os quais formarão um patrimônio de afetação[7] vinculado aos fins do processo. Os bens arrecadados formam a massa falida objetiva, uma universalidade de direito que já existe desde a decretação da falência, mas será corporificada com a arrecadação. Registre-se, porém, a existência também da chamada massa falida subjetiva, que seria o sujeito de direitos, sem personalidade, dirigido à consecução dos objetivos da falência.

A princípio, são arrecadados e entram para a massa falida os bens que estejam em poder do falido, mesmo que não lhe pertençam. Trata-se de medida de segurança, para evitar o desaparecimento de bens em detrimento dos interesses dos credores. Registre-se,

---

5. ABRÃO, Carlos Henrique. In: ABRÃO, Carlos Henrique; TOLEDO, Paulo F. C. Salles de (Coord.). *Comentários à lei de recuperação de empresas e falência*. São Paulo: Saraiva, 2005, p. 265.

6. SZTAJN, Rachel; FRANCO, Vera Helena de Mello. *Falência e recuperação da empresa em crise*. São Paulo: Campus, 2008, p. 183.

7. REQUIÃO, Rubens. *Curso de direito falimentar*. 17. ed. São Paulo: Saraiva, 1998, v. 1, p. 181.

de imediato, que os proprietários dos bens arrecadados têm à sua disposição o pedido de restituição para proteger os seus direitos, pois só o juiz e não o administrador judicial tem atribuição para lhes devolver os bens[8]. No direito italiano reformado, já se veda a arrecadação de bens sobre os quais terceiros possuam direitos claramente reconhecíveis[9].

Além disso, o falido também deverá indicar para serem arrecadados os bens que porventura tenha em poder de terceiros (Lei n. 11.101/2005 – art. 104, V), os quais também serão abrangidos pela arrecadação. Lembre-se de que a falência suspende o exercício do direito de retenção (art. 116) e, por isso, até os bens que poderiam ser retidos também serão arrecadados. Para tanto, o administrador deverá requer ao juiz as medidas necessárias. O administrador judicial não pode por si desapossar os terceiros desses bens, dependendo, para tanto, de uma autorização judicial.

Para os bens objeto de penhora ou outra forma de apreensão, a lei prevê que o seu produto será arrecadado. Diante dessa previsão, alguns autores asseveram que os bens sejam liquidados na ação original e que apenas os valores obtidos sejam remetidos para a massa falida[10], especialmente em razão dos princípios da celeridade e da economia processual. Outros autores[11] entendem que não seria viável essa alienação separada e que ela iria de encontro aos objetivos de preservação da empresa e maximização de ativos. Há ainda aqueles autores que entendem que tais bens deverão ser arrecadados[12] e caberá ao juiz decidir, no caso dos bens cuja hasta pública já esteja designada[13].

Ainda que penhorados ou apreendidos, os bens continuam a ser de propriedade do falido e, por isso, devem ser reunidos na massa falida. O produto será remetido para a massa falida, se houve a expropriação do bem. A atual legislação determina a suspensão das ações e execuções contra o falido, não excepcionando execuções, denotando que os bens penhorados ou apreendidos não poderão ter outro destino que não seja a sua arrecadação. As únicas exceções são as execuções fiscais.

---

8. BERTOLDI, Marcelo. In: CORRÊA-LIMA, Osmar Brina; CORRÊA LIMA, Sérgio Mourão (Coord.). *Comentários à nova lei de falência e recuperação de empresas*. Rio de Janeiro: Forense, 2009, p. 815.

9. COSTA, Alessandra. L'accertamento del passivo e dei diritti personali e reali dei terzi su beni mobili e immobili. In: DI PEPE, Giorgio Schiano (Coord.). *Il diritto fallimentare riformato*. Padova: CEDAM, 2007, p. 350.

10. SZTAJN, Rachel; FRANCO, Vera Helena de Mello. *Falência e recuperação da empresa em crise*. São Paulo: Campus, 2008, p. 182; ARAÚJO, José Francelino de. *Comentários à lei de falências e recuperação de empresas*. São Paulo: Saraiva, 2009, p. 240.

11. TEPEDINO, Ricardo. In: ABRÃO, Carlos Henrique; TOLEDO, Paulo F. C. Salles de (Coord.). *Comentários à lei de recuperação de empresas e falência*. 4. ed. São Paulo: Saraiva, 2010, p. 407; BERTOLDI, Marcelo. In: CORRÊA-LIMA, Osmar Brina; CORRÊA LIMA, Sérgio Mourão (Coord.). *Comentários à nova lei de falência e recuperação de empresas*. Rio de Janeiro: Forense, 2009, p. 817-818.

12. CAMPINHO, Sérgio. *Falência e recuperação de empresa*: o novo regime de insolvência empresarial. 3. ed. Rio de Janeiro: Renovar, 2008, p. 326; SIMÃO FILHO, Adalberto. In: DE LUCCA, Newton; SIMÃO FILHO, Adalberto (Coord.). *Comentários à nova lei de recuperação de empresas e de falências*. São Paulo: Quartier Latin, 2005, p. 475.

13. NEGRÃO, Ricardo. *Manual de direito comercial e de empresa*. 5. ed. São Paulo: Saraiva, 2010, v. 3, p. 500; MAMEDE, Gladston. *Direito empresarial brasileiro*: falência e recuperação de empresas. 2. ed. São Paulo: Atlas, 2008, v. 4, p. 476.

Especificamente no caso de hasta pública já designada, a questão precisa ser melhor detalhada. No regime anterior, havia a previsão de que as execuções com hasta pública já designada não seriam suspensas pela decretação da falência, revertendo-se o produto da venda dos bens para a massa falida (Revogado Decreto-lei n. 7.661/45 – art. 24, § 1º). Com essa previsão, os bens penhorados nessas execuções também não seriam objeto da arrecadação, mas apenas o eventual produto da venda. Contudo, a atual legislação não repete tal dispositivo.

Em razão dos princípios da economia e da celeridade processual, alguns autores[14] defendem o prosseguimento da execução nesses casos, com a reversão dos valores obtidos para o processo falimentar. Ora, os bens também terão que ser alienados na falência, assim sendo, se já tomadas as providências para essa alienação, seria natural que ela fosse realizada, evitando novos custos no processo de falência. Outros[15] afirmam, porém, que em tal situação deve prevalecer a regra geral da suspensão das ações. Há ainda quem afirme que a solução dependerá da decisão do juiz em cada caso concreto[16].

Com efeito, o aproveitamento da hasta pública já designada traz economia e celeridade ao processo de falência, evitando novas discussões, como sobre o valor do bem. Todavia, a nosso ver, a ideia da maximização do valor dos ativos do falido pode justificar a não realização da venda dos bens fora do processo de falência, ainda que a hasta já esteja designada. A alienação conjunta pode aumentar o valor dos bens que compõem a massa falida e, por isso, pode ser preferível essa alienação a uma eventual alienação isolada.

Assim, caberá ao juiz da falência, caso a caso, a decisão sobre a continuação ou não dos processos nessa situação[17]. Naturalmente, se todos os bens do falido já estiverem reunidos para a hasta pública em uma execução, é recomendável que ela seja realizada, pois não haverá qualquer benefício para o concurso de credores no atraso dessa alienação. No caso da decisão pela realização da hasta pública já designada, o produto obtido deverá ser arrecadado.

1.3 Não submissão à arrecadação

Apesar da universalidade inerente à falência, nem todos os bens do falido serão apreendidos pelo administrador judicial. Não serão arrecadados os bens que não se sub-

---

14. PERIN JÚNIOR, Écio. *Curso de direito falimentar e recuperação de empresas.* 3. ed. São Paulo: Método, 2006, p. 325; CAMPOS BATALHA, Wilson de Souza; RODRIGUES NETTO, Nelson; RODRIGUES NETTO, Sílvia Maria Labate Batalha. *Comentários à lei de recuperação judicial de empresas e falência.* 4. ed. São Paulo: LTr, 2007, p. 50.

15. VIGIL NETO, Luiz Inácio. *Teoria falimentar e regimes recuperatórios.* Porto Alegre: Livraria do Advogado, 2008, p. 246.

16. COELHO, Fábio Ulhoa. *Curso de direito comercial.* 8. ed. São Paulo: Saraiva, 2008, v. 3, p. 324; NEGRÃO, Ricardo. *Manual de direito comercial e de empresa.* 4. ed. São Paulo: Saraiva, 2009, v. 3, p. 327.

17. NEGRÃO, Ricardo. *Manual de direito comercial e de empresa.* 4. ed. São Paulo: Saraiva, 2009, v. 3, p. 330.

metam aos efeitos do processo, como os bens absolutamente impenhoráveis e os patrimônios de afetação. Também não serão arrecadados os bens objeto de condomínio indivisível e os bens já penhorados em execuções fiscais.

Em certos casos o falido não é o único proprietário de determinado bem, podendo haver a figura do condomínio. Se este condomínio for divisível, é natural que se promova a divisão do condomínio e a arrecadação do que toca ao falido. No entanto, em se tratando de um condomínio indivisível, deverá haver a venda do próprio, pagando-se primeiro os demais condôminos e remetendo o saldo para a massa falida (Lei n. 11.101/2005 – art. 123, § 2º). Nesta hipótese, os condôminos têm o direito de preferência e podem evitar essa venda, pagando os valores que caberiam ao falido nos termos da melhor proposta obtida.

No que tange aos bens do falido que já estejam penhorados em execução fiscal, não serão desconstituídos pela decretação da falência[18]. Prossegue-se até a fase de expropriação, mas o produto da venda será remetido para a massa falida, tendo em vista a possibilidade de existência de créditos mais privilegiados[19]. Apesar da continuação, não se pode cogitar nem de adjudicação pelo fisco, uma vez que esta desvirtuaria a ordem legal dos pagamentos na falência[20].

2 Inventário e avaliação dos bens, livros e documentos arrecadados

Ao fazer a arrecadação, o administrador judicial deverá elaborar uma relação de bens arrecadados, na medida do possível, com a respectiva avaliação. O auto de arrecadação, composto pelo inventário e pelo respectivo laudo de avaliação dos bens, será assinado pelo administrador judicial, pelo falido ou seus representantes e por outras pessoas que auxiliarem ou presenciarem o ato (Lei n. 11.101/2005 – art. 110). Tal auto de arrecadação deverá ser juntado aos autos do próprio processo de falência.

O inventário, que compõe o auto de arrecadação, nada mais é do que uma relação descritiva dos bens, livros e documentos que foram objeto de arrecadação. No caso dos livros, a lei determina que eles devem ser caracterizados com a indicação do estado em que se encontram, número e denominação de cada um, quantidade de páginas escrituradas, data do início da escrituração e do último lançamento, e se os livros obrigatórios estão revestidos das formalidades legais. Para os demais documentos, recomenda-se apenas sua descrição detalhada.

---

18. STJ – REsp 1013252/RS, Rel. Ministro LUIZ FUX, PRIMEIRA TURMA, julgado em 19-11-2009, *DJe* 9-12-2009.

19. STJ – AgRg no REsp 783.318/SP, Rel. Ministro HUMBERTO MARTINS, SEGUNDA TURMA, julgado em 19-3-2009, *DJe* 14-4-2009.

20. STJ – REsp 695.167/MS, Rel. Ministro MAURO CAMPBELL MARQUES, SEGUNDA TURMA, julgado em 7-10-2008, *DJe* 5-11-2008.

No caso dos bens, recomenda-se a sua individualização, bem como a indicação específica dos bens da massa falida em poder de terceiro, a título de guarda, depósito, penhor ou retenção. Também devem ser mencionados especificamente os bens indicados como propriedade de terceiros ou reclamados por estes, mencionando-se essa circunstância no inventário, a qual não impedirá, como já mencionado, a sua arrecadação. Em relação aos bens imóveis, o administrador judicial, no prazo de 15 (quinze) dias após a sua arrecadação, exibirá as certidões de registro, extraídas posteriormente à decretação da falência, com todas as indicações que nele constarem.

Na medida do possível, esses bens relacionados no inventário já devem ser avaliados pelo próprio administrador judicial. Tal avaliação poderá ser feita em bloco ou para cada bem isolado. Os eventuais bens objeto de garantia real deverão ser avaliados isoladamente em todo o caso (Lei n. 11.101/2005 – art. 108, § 5º), dada a importância dessa circunstância para a própria classificação do crédito. Na impossibilidade de realização imediata da avaliação, caberá ao administrador requerer ao juiz a concessão de prazo para apresentação do laudo de avaliação, que não poderá exceder 30 (trinta) dias, contados da apresentação do auto de arrecadação nos autos. Para elaborar esses laudos, admite-se inclusive a contratação de avaliadores, obviamente com autorização judicial (Lei n. 11.101/2005 – art. 22, III, *f*).

3 Guarda e conservação da massa falida

Além de relacionar e avaliar os bens, cabe ao administrador judicial a guarda e conservação dos bens arrecadados, até que seja possível promover a sua alienação. Em regra, pela própria simplicidade é normal que os bens fiquem depositados no próprio imóvel sede do devedor. Contudo, admite-se que os bens arrecadados sejam removidos, desde que haja necessidade de sua melhor guarda e conservação, hipótese em que permanecerão em depósito sob a responsabilidade do administrador judicial, mediante compromisso (Lei n. 11.101/2005 – art. 112).

Com ou sem remoção, pode ser necessária a contratação de terceiros (depósitos, armazéns, seguranças, vigilantes...) para essa guarda, sendo os créditos decorrentes de tais serviços classificados como extraconcursais, isto é, acima dos credores do falido (Lei n. 11.101/2005 – art. 84, III). Admite-se ainda designação do próprio falido ou os administradores da massa falida como depositários desses bens. Em suma, podem ser depositários dos bens arrecadados o próprio administrador judicial, o falido, os administradores da sociedade falida e terceiros contratados para esse fim. Em todo caso, a responsabilidade da guarda e conservação será sempre do administrador judicial. No caso da falência de estabelecimentos hospitalares, de pesquisa, de ensino ou congêneres, assim como nos serviços de saúde que produzirem, venderem, adquirirem, consumirem, prescreverem ou fornecerem drogas ou de qualquer outro em que existam essas substâncias ou produtos, a lacração é obrigatória, a guarda de tais substâncias caberá à autoridade sanitária (Lei n. 11.343/2006 – art. 69, II).

3.1 Continuação dos negócios

Naturalmente, pode não ser necessária a guarda e conservação dos bens arrecadados, quando for deferida pelo juiz a continuação da atividade. A princípio, o juiz deve decidir sobre a continuação ou não da atividade na própria sentença da falência, o que dará notícias imediatas sobre a guarda e conservação das mercadorias. Embora alguns autores sustentem que essa é a única oportunidade para analisar tal questão[21], acreditamos que mesmo posteriormente o juiz pode analisar a possibilidade de continuação da atividade, não havendo, portanto, força preclusiva na primeira decisão sobre o assunto[22].

O juiz poderá autorizar a continuação provisória dos negócios do falido quando essa continuação for capaz de trazer mais valores para o processo, atendendo melhor os interesses dos credores. A conveniência para os credores será o critério determinante[23]. Nessa eventual continuação, os negócios não serão tocados pelo devedor falido, mas pelo administrador judicial, que poderá eventualmente até contratar auxiliares para essa atividade. As despesas da continuação da atividade serão pagas pelo administrador com os recursos disponíveis em caixa.

Alguns autores entendem que essa continuação depende de requerimento pelo devedor no curso do processo[24]. Outros, a nosso ver com razão, entendem que o juiz deve se pronunciar até de ofício[25] sobre a continuação ou não das atividades. O art. 75 da Lei n. 11.101/2005 é claro ao afirmar que a falência "visa a preservar e otimizar a utilização produtiva dos bens, ativos e recursos produtivos, inclusive os intangíveis, da empresa". Assim sendo, não há dúvida de que o juiz tem o dever de analisar a viabilidade da continuação da atividade, independentemente de qualquer requerimento, para otimizar os ativos do falido, em benefício da massa de credores. Qualquer interessado poderá pleitear essa continuação das atividades[26].

---

21. LOBATO, Moacyr. *Falência e recuperação*. Belo Horizonte: Del Rey, 2007, p. 198.

22. CAMPINHO, Sérgio. *Falência e recuperação de empresa*: o novo regime de insolvência empresarial. 3. ed. Rio de Janeiro: Renovar, 2008, p. 298; MAMEDE, Gladston. *Direito empresarial brasileiro*: falência e recuperação de empresas. 2. ed. São Paulo: Atlas, 2008, v. 4, p. 370.

23. VILAS BOAS, Daniel Rivorêdo. A continuação dos negócios na falência: critérios e condições. In: AMARAL, Paulo Adyr Dias do; FLORIANO NETO, Alex. *Direito empresarial*: teorias, práticas e estratégias. Belo Horizonte: Del Rey, 2010, p. 88.

24. SZTAJN, Rachel; FRANCO, Vera Helena de Mello. *Falência e recuperação da empresa em crise*. São Paulo: Campus, 2008, p. 120.

25. CAMPINHO, Sérgio. *Falência e recuperação de empresa*: o novo regime de insolvência empresarial. 3. ed. Rio de Janeiro: Renovar, 2008, p. 297; MAMEDE, Gladston. *Direito empresarial brasileiro*: falência e recuperação de empresas. 2. ed. São Paulo: Atlas, 2008, v. 4, p. 368; BALBINO, Márcia De Paoli. In: CORRÊA-LIMA, Osmar Brina; CORRÊA LIMA, Sérgio Mourão (Coord.). *Comentários à nova lei de falência e recuperação de empresas*. Rio de Janeiro: Forense, 2009, p. 745; LOBATO, Moacyr. *Falência e recuperação*. Belo Horizonte: Del Rey, 2007, p. 198.

26. VILAS BOAS, Daniel Rivorêdo. A continuação dos negócios na falência: critérios e condições. In: AMARAL, Paulo Adyr Dias do; FLORIANO NETO, Alex. *Direito empresarial*: teorias, práticas e estratégias. Belo Horizonte: Del Rey, 2010, p. 88.

3.2 Produção de renda com os bens arrecadados

Além da continuação provisória, admite-se o arrendamento da massa falida, ou qualquer outro contrato relacionado ao uso. Com o intuito de racionalizar o processo, a Lei n. 11.101/2005, em seu art. 114, autoriza o administrador judicial a alugar ou celebrar outro contrato referente aos bens da massa falida, com o objetivo de produzir renda para a massa falida, mediante autorização do comitê de credores, se houver. Não tendo sido constituído o comitê, a autorização deverá ser dada pelo juiz.

A escolha dessa hipótese traz problemas no que tange à escolha da outra parte do contrato. A princípio, tal escolha caberá ao administrador judicial, uma vez que a lei dá a ele a possibilidade de efetuar tais contratos. Contudo, é recomendável que ele dê ampla publicidade a essa intenção, buscando a melhor oferta para os interesses da massa, procedendo de forma similar à prevista para a venda dos bens da massa falida, como ocorre no direito italiano[27].

Escolhido o arrendatário, será celebrado um contrato comum de locação, de arrendamento ou outro contrato que se adéque para fins previstos. Em todo caso, o contrato não poderá gerar direito de preferência ou qualquer disposição sobre os bens, mas permitirá que ingressem mais recursos para a massa falida, o que é extremamente interessante para a própria finalidade do processo. Além disso, não haverá qualquer prejuízo para o andamento do processo, pois o bem, objeto da contratação, poderá ser alienado a qualquer tempo, independentemente do prazo contratado, rescindindo-se, sem direito à multa, o contrato realizado. Obviamente, o adquirente do bem poderá anuir com a continuação do contrato, mas a decisão caberá exclusivamente a ele.

Embora tal hipótese seja extremamente similar à continuação provisória dos negócios, há grandes diferenças no que tange aos riscos da atividade[28]. No caso de continuação provisória, o risco da atividade será da própria massa falida e, consequentemente, dos credores. Já no caso do arrendamento da massa, o risco será do arrendatário. Assim, acreditamos que tal medida é preferível.

3.3 Possibilidade de venda imediata

Por questões de benefício para a massa falida, certos bens devem ficar guardados. Nesta situação encontram-se os bens perecíveis, os deterioráveis, os sujeitos à desvalorização, os de conservação arriscada e os de conservação dispendiosa[29]. Os bens

27. AMBROSINI, Stefano; CAVALLI, Stefano; JORIO, Alberto. *Trattato di diritto commerciale*. Padova: CEDAM, 2009, v. XI, t. 2, p. 538.

28. Idem, p. 535.

29. NEGRÃO, Ricardo. *Manual de direito comercial e de empresa*. 5. ed. São Paulo: Saraiva, 2010, v. 3, p. 500-501.

perecíveis são aqueles que perdem suas características e substância se não forem utilizados dentro de certo prazo. De outro lado, são bens deterioráveis aqueles que podem perder sua utilidade, como os outros produtos com prazo de validade quase encerrado. Além disso, são bens sujeitos à desvalorização aqueles que se tornam obsoletos rapidamente, como os computadores de uso pessoal. São bens de difícil guarda os bens que ensejarão muitas despesas na sua conservação, injustificáveis dentro da perspectiva de um processo falimentar. Por fim, são de conservação arriscada aqueles que trazem riscos de segurança (explosão, poluição...) ou mesmo que atraem a cobiça de marginais.

Pelas dificuldades inerentes a sua guarda, os referidos bens podem ser vendidos antecipadamente pelo administrador judicial com autorização judicial, ouvidos o comitê e o falido no prazo de 48 (quarenta e oito) horas (Lei n. 11.101/2005 – art. 113). Não há previsão de oitiva do Ministério Público, mas, pelas razões já expostas, acreditamos ser recomendável também a manifestação do *parquet*, dentro desse mesmo prazo.

A princípio, os bens em questão devem ser vendidos imediatamente, atendendo-se ao próprio objetivo de maximização dos ativos do falido, não ensejando maiores questionamentos. Contudo, o falido ou outros que devem se manifestar podem questionar a venda, alegando a instrumentalidade de tais bens, que poderão facilitar a continuação do negócio, seja pela reforma da decisão que decretou a falência, seja pela alienação em bloco da massa falida. Em todo caso, caberá ao juiz, atentando aos interesses da falência, a decisão sobre a venda imediata dos referidos bens, a qual obedecerá ao procedimento geral para venda de bens que compõem a massa falida[30].

Além da venda imediata dos referidos bens, o art. 111 da Lei n. 11.101/2005 também permite que o juiz autorize os credores, de forma individual ou coletiva, a adquirir ou adjudicar, de imediato, os bens arrecadados, pelo valor da avaliação, atendida a regra de classificação e preferência entre eles, ouvido o Comitê, se houver. Sem a constituição do comitê deverá ser ouvido o administrador judicial. Para essa autorização, o juiz deverá levar em conta os custos e o interesse da massa falida, evitando essa liquidação antecipada se houver a possibilidade de negociação mais vantajosa do conjunto de bens.

Tal hipótese ocorrerá normalmente no caso de poucos bens arrecadados, não havendo motivo para manter um processo de falência ou para promover a guarda desses bens. Neste caso, a adjudicação deverá abranger todos os bens arrecadados, sob pena de não haver sentido nessa antecipação[31]. De todo modo, há que se atentar para a ordem de preferência entre os credores, de forma que aqueles mais privilegiados não sejam prejudicados.

---

30. RIBEIRO, Márcia Carla Pereira. In: CORRÊA-LIMA, Osmar Brina; CORRÊA LIMA, Sérgio Mourão (Coord.). *Comentários à nova lei de falência e recuperação de empresas*. Rio de Janeiro: Forense, 2009, p. 835.

31. SZTAJN, Rachel; FRANCO, Vera Helena de Mello. *Falência e recuperação da empresa em crise*. São Paulo: Campus, 2008, p. 184.

Para Manoel Justino Bezerra Filho, tal hipótese raramente ocorrerá, porquanto ela dependeria do consentimento de todos os credores[32]. Outros autores[33], por sua vez, admitem a aquisição por um credor ou por um conjunto de credores. Acreditamos que esta última opinião é a correta, uma vez que o dispositivo fala em autorização aos credores de forma individual ou coletiva. De todo modo, os outros credores não serão prejudicados. Caso se trate de uma aquisição pura e simples, ele depositará os valores totais da avaliação. Além disso, caso a adjudicação seja feita por um credor ou por uma classe de credores que não seja a mais privilegiada, deverá ocorrer o pagamento por esse credor da parte que caberia a esses credores mais privilegiados.

4 Ação de responsabilidade

Além da arrecadação, podem ser tomadas outras medidas tendentes à formação da massa falida objetiva, isto é, medidas que visam ao aumento do conjunto de bens submetidos ao processo. Neste particular, se inserem boa parte das hipóteses de ineficácia de atos praticados pelo falido, que serão estudadas mais à frente[34]. Além disso, também se inserem na ideia da apuração do ativo o ajuizamento de ação de responsabilidade contra controladores, sócios de responsabilidade limitada ou administradores da sociedade falida (Lei n. 11.101/2005 – art. 82).

Dentro da perspectiva da busca do maior número possível de bens para compor a massa falida e, consequentemente, pagar o maior número possível de credores, há a previsão legal de uma ação de responsabilidade que poderá ser manejada contra os controladores, contra os sócios de responsabilidade limitada e contra os administradores da sociedade falida (Lei n. 11.101/2005 – art. 82). A ideia, nesse caso, é obter a condenação dos referidos sujeitos, nas hipóteses em que eles serão obrigados a responder perante a sociedade.

A referida medida que visa a integração da massa falida por novos bens não se confunde com a extensão da falência[35] nem com as hipóteses gerais de desconsideração da personalidade jurídica, apesar da opinião defendida por Mamede[36]. A ideia aqui é tão somente de uma responsabilidade pessoal dos administradores, sócios e controladores,

---

32. BEZERRA FILHO, Manoel Justino. *Lei de recuperação de empresas e falências comentada.* 6. ed. São Paulo: Revista dos Tribunais, 2009, p. 251.

33. TEPEDINO, Ricardo. In: ABRÃO, Carlos Henrique; TOLEDO, Paulo F. C. Salles de (Coord.). *Comentários à lei de recuperação de empresas e falência.* 4. ed. São Paulo: Saraiva, 2010, p. 413; RIBEIRO, Márcia Carla Pereira. In: CORRÊA-LIMA, Osmar Brina; CORRÊA LIMA, Sérgio Mourão (Coord.). *Comentários à nova lei de falência e recuperação de empresas.* Rio de Janeiro: Forense, 2009, p. 826.

34. VASSALI, Francesco. *Diritto fallimentare.* Torino: Giappichelli, 1997, v. 2, t. 1, p. 1.

35. KOCH, Deonísio. *Desconsideração da personalidade jurídica.* Florianópolis: Momento Atual, 2005, p. 137.

36. MAMEDE, Gladston. *Direito empresarial brasileiro*: falência e recuperação de empresas. 2. ed. São Paulo: Atlas, 2008, v. 4, p. 381.

não dependendo de qualquer uso indevido da pessoa jurídica. O próprio teor do dispositivo reforça tal conclusão, na medida em que não se fala, em nenhum momento, de superação da autonomia patrimonial. Ademais, trata-se de dispositivo praticamente equivalente ao da lei anterior, que indiscutivelmente não tratava de desconsideração da personalidade jurídica. Por fim, prevalece a orientação da desnecessidade de uma ação própria para a desconsideração[37], enquanto a ação aqui referida dependerá desse ajuizamento especial.

Tal ação poderá ser ajuizada por todos os interessados, em especial a própria massa falida representada pelo administrador judicial. Também têm legitimidade ativa os credores e o Ministério Público[38], uma vez que o art. 82, § 2º, da Lei n. 11.101/2005 menciona a possibilidade de requerimento dos interessados na ação de responsabilidade. Ademais, pela falta de uma previsão específica, deve usar como parâmetro a legitimidade ativa para ação revocatória (Lei n. 11.101/2005 – art. 132), que, em última análise, também é uma medida de recomposição da massa falida.

Obviamente, a referida ação será ajuizada contra os sócios, controladores ou administradores a serem responsabilizados. Também tal ação obedecerá ao procedimento comum e será processada e julgada pelo juízo falimentar, que tem competência absoluta[39] para tal ação, por se tratar de ação prevista na legislação específica. Para evitar postergações indefinidas, o prazo estabelecido para o ajuizamento dessa ação é de 2 (dois) anos, contados do trânsito em julgado da sentença de encerramento da falência. Tal prazo, por sua especialidade, prevalece sobre os prazos gerais fixados para ações de responsabilidade de administradores, como os três anos contados da data da publicação da ata que aprovar o balanço referente ao exercício em que a violação tenha ocorrido, fixados na Lei n. 6.404/76 (art. 287, II, *b*, 2)[40].

A fim de resguardar o resultado útil do processo, há a possibilidade de indisponibilidade de bens particulares dos réus, em quantidade compatível com o dano provocado, até o julgamento da ação de responsabilização. Trata-se de providência de caráter emi-

---

37. BRUSCHI, Gilberto Gomes. *Aspectos processuais da desconsideração da personalidade jurídica*. São Paulo: Juarez de Oliveira, 2004, p. 91; GONÇALVES, Oksandro. *Desconsideração da personalidade jurídica*. Curitiba: Juruá, 2004, p. 161; GUIMARÃES, Flávia Lefèvre. *Desconsideração da pessoa jurídica no Código de Defesa do Consumidor*: aspectos processuais. São Paulo: Max Limonad, 1998, p. 169; STJ – REsp 693.235/MT, Rel. Ministro LUIS FELIPE SALOMÃO, QUARTA TURMA, julgado em 17-11-2009, *DJe* 30-11-2009; REsp 418.385/SP, Rel. Ministro ALDIR PASSARINHO JUNIOR, QUARTA TURMA, julgado em 19-6-2007, *DJ* 3-9-2007, p. 178; REsp 920.602/DF, Rel. Ministra NANCY ANDRIGHI, TERCEIRA TURMA, julgado em 27-5-2008, *DJe* 23-6-2008; REsp 1034536/MG, Rel. Ministro FERNANDO GONÇALVES, QUARTA TURMA, julgado em 5-2-2009, *DJe* 16-2-2009.

38. TJDFT – 20090110353138APC, Relator FLAVIO ROSTIROLA, 1ª Turma Cível, julgado em 16-2-2011, *DJ* 1º-3-2011, p. 118.

39. STJ – CC 91.047/SP, Rel. Ministro MASSAMI UYEDA, SEGUNDA SEÇÃO, julgado em 25-11-2009, *DJe* 7-12-2009.

40. ZANINI, Carlos Klein. In: SOUZA JÚNIOR, Francisco Sátiro de; PITOMBO, Antônio Sérgio de A. de Moraes (Coord.). *Comentários à lei de recuperação de empresas e falência*. São Paulo: Revista dos Tribunais, 2005, p. 351.

nentemente cautelar[41], muito similar ao arresto. Ela poderá ser deferida de ofício pelo juiz ou a requerimento das partes nos próprios autos da ação de responsabilidade.

4.1 Cabimento da ação contra os sócios de responsabilidade limitada

Quase todas as sociedades empresárias atuais adotam as formas de sociedade limitada e de sociedade anônima, nas quais os sócios têm riscos limitados. Diante desse regime de responsabilidade, não se pode aplicar aos sócios das limitadas e das sociedades anônimas o art. 81 da Lei n. 11.101/2005, isto é, a decretação da falência das sociedades limitadas e anônimas não se estende automaticamente aos seus sócios ou acionistas. Apesar disso, há a possibilidade de uma ação de responsabilidade nos termos da legislação de regência de tais sociedades.

4.1.1 Responsabilidade dos sócios da sociedade limitada

O traço mais característico da sociedade limitada é a responsabilidade dos seus sócios, que é o motivo primordial da dispersão de tal sociedade pelo ordenamento jurídico nacional. A responsabilidade de cada sócio é restrita ao valor de suas quotas, havendo a solidariedade pela integralização do capital social (art. 1.052). Em outras palavras, cada sócio tem responsabilidade por sua parte no capital social, mas pode ser chamado a honrar a parte que falta ser paga pelos outros sócios nesse capital social, em virtude da solidariedade estabelecida entre todos os sócios. Uma vez pago todo o capital social, nada mais pode ser exigido dos sócios patrimonialmente, exceto em hipóteses excepcionais.

Diante disso, pode-se afirmar que a possibilidade de ação de responsabilidade contra os sócios se limitará às hipóteses de não integralização do capital social, respondendo todos os sócios solidariamente por essa integralização. A fim de proteger a integridade do capital social, o Código Civil afirma que os sócios respondem solidariamente pela exata estimação dos bens conferidos, pelo prazo de 5 anos (art. 1.055), vale dizer, se houve uma superavaliação de bens em prejuízo da efetividade do capital social, os sócios serão obrigados a desembolsar a diferença de seu patrimônio pessoal. "A superavaliação do bem para a integralização equipara-se à não integralização do valor devido à sociedade"[42].

Além disso, tal ação poderá ser ajuizada nos casos de distribuição fictícia de lucros com prejuízo do capital social (CC – art. 1.059) ou deliberação infringente do contrato social ou da lei (CC – art. 1.080). Fora desses casos, não se cogita da possibilidade do ajuizamento da referida ação de responsabilidade.

---

41. MARINONI, Luiz Guilherme; MITIDIERO, Daniel. In: CORRÊA-LIMA, Osmar Brina; CORRÊA LIMA, Sérgio Mourão (Coord.). *Comentários à nova lei de falência e recuperação de empresas.* Rio de Janeiro: Forense, 2009, p. 529.

42. WALD, Arnoldo. *Comentários ao novo Código Civil.* Rio de Janeiro: Forense, 2005, v. XIV, p. 364.

4.1.2 Responsabilidade dos acionistas da sociedade anônima

Uma característica das sociedades anônimas é que a responsabilidade dos acionistas é limitada ao preço de emissão da ação. A limitação de responsabilidade significa que os acionistas só assumem o risco de perder o valor investido, não pondo em risco o restante de seu patrimônio pessoal[43]. O valor investido é o que a lei convencionou denominar preço de emissão, isto é, o valor que se deve pagar para subscrever a ação.

Não se pode falar que a responsabilidade dos acionistas é limitada ao valor nominal da ação. Este guarda relação diretamente com o capital social, já o preço de emissão pode ser igual ou superior ao valor nominal (Lei n. 6.404/76 – art. 13), representando o valor exigido do acionista em função de diversas circunstâncias (oferta, procura, valorização...), tendo como patamar mínimo o valor nominal da ação. O que exceder o valor nominal deve ser destinado à formação de reserva de capital.

Não havendo a integralização do preço de emissão das ações, será cabível a ação de responsabilidade contra cada um dos que não integralizaram. Nesta sociedade, não se cogita de solidariedade entre os acionistas. Além disso, será possível usar a ação de responsabilidade contra o acionista que proferiu um voto abusivo (contra o interesse social) ou um voto conflitante (com interesse pessoal) que gerou danos para a sociedade (Lei n. 6.404/76 – art. 115, §§ 3º e 4º). Também será possível o ajuizamento da referida ação nos casos de problema na avaliação dos bens (Lei n. 6.404/76 – art. 8º, § 6º) e no caso de recebimento de lucros indevidos dos bens (Lei n. 6.404/76 – art. 201, § 2º).

4.2 Responsabilidade do controlador

O art. 116 da Lei n. 6.404/76 conceitua o acionista controlador como sendo a pessoa natural ou jurídica, ou grupo de pessoas vinculadas por meio de acordo de acionistas ou sob o controle comum, que possua direitos de acionista que assegurem, de modo permanente, a preponderância nas deliberações sociais e, consequentemente, o poder de eleger a maioria dos administradores, exercendo o domínio sobre o funcionamento da sociedade, em função do exercício desse poder. Tal conceito abrange tão somente o controle interno, uma vez que, na sua configuração, o fator fundamental é o exercício do direito de voto[44].

O conceito de controlador no direito brasileiro abrange pessoas físicas, jurídicas, ou grupos de pessoas ligadas por acordo de acionistas. Assim sendo, não é necessário que haja apenas um controlador, pode haver um grupo que exerça o controle em conjunto. Tal grupo pode estar ligado por um acordo de acionistas, ou pode usar de outros meios

---

43. GALGANO, Francesco. *Diritto civile e commerciale*. 3. ed. Padova: CEDAM, 1999, v. 3, t. 2, p. 3.

44. CARVALHOSA, Modesto. *Comentários à lei de sociedades anônimas*. São Paulo: Saraiva, 1997, v. 2, p. 431.

para exercer o controle por meio de intermediários, jungidos à orientação de um único controlador[45]. Nestes casos, despreza-se o intermediário, buscando a sociedade controladora em último grau[46].

O acionista controlador possui um grande poder na condução da companhia. Todavia, tal poder vem acompanhado de deveres, pois modernamente não mais se concebe o exercício irresponsável do direito de propriedade. Dessa forma, o poder de controle deve ser exercido tendo em vista a realização do objeto social, sem deixar de atentar para a função social da sociedade, respeitando e atendendo lealmente aos direitos e interesses de todos aqueles vinculados à empresa (empregados, acionistas minoritários, investidores e a comunidade em que atua)[47].

Diante dessa função do exercício do poder de controle, a Lei das S.A. pune o seu exercício abusivo, impondo ao controlador que age abusivamente o dever de indenizar os danos causados por sua atuação. Essa responsabilização do controlador decorre do não atendimento ao interesse social, bem como do desrespeito aos interesses dos minoritários, dos colaboradores e até da comunidade onde a sociedade atua.

O art. 117 da Lei n. 6.404/76 enumera exemplificativamente[48] as hipóteses de exercício abusivo do poder de controle:

- orientar a sociedade para fim estranho ao objeto social, ou lesivo ao interesse nacional;
- favorecer outra sociedade em detrimento dos minoritários;
- liquidar companhia rentável;
- cisão, fusão, incorporação ou transformação para obter vantagem indevida;
- praticar atos alheios ao interesse da companhia, em prejuízo aos minoritários, aos empregados ou investidores;
- eleger administrador que sabe inapto, moral ou tecnicamente;
- induzir os administradores à prática de atos ilegais, promovendo a sua ratificação;
- contratar com a companhia diretamente, ou por meio transverso, em condições de favorecimento, não estendidas a outros;
- aprovar contas irregulares;
- subscrever novas ações, com bens estranhos ao objeto social da companhia.

---

45. PAPINI, Roberto. *Sociedade anônima e mercado de valores mobiliários*. 3. ed. Rio de Janeiro: Forense, 1999, p. 155.

46. COMPARATO, Fábio Konder. *O poder de controle na sociedade anônima*. 3. ed. Rio de Janeiro: Forense, 1983, p. 65.

47. Exposição de motivos do art. 116 da Lei n. 6.404/76

48. CARVALHOSA, Modesto. *Comentários à lei de sociedades anônimas*. São Paulo: Saraiva, 1997, v. 2, p. 444.

Em qualquer caso, não há a necessidade de prova da intenção do acionista controlador, mas será sempre necessária a prova do dano causado à sociedade[49]. Nessas modalidades do exercício de abuso do poder pelo acionista controlador, vislumbra-se claramente a concepção institucionalista da lei e a prevalência do interesse social sobre o interesse do controlador[50]. Vale registrar que tal enumeração não é taxativa, podendo o juiz e as autoridades administrativas, como a Comissão de Valores Mobiliários (CVM), incluir outros atos lesivos na relação de abusos praticados pelo controlador[51].

No âmbito do Código Civil, não há regras específicas para a eventual responsabilização do controlador e a natureza contratual de tais sociedades afasta a aplicação das regras da Lei n. 6.404/76. A responsabilização do controlador das sociedades regidas pelo Código Civil se dará nas condições da responsabilização dos sócios dessas sociedades.

4.3 Responsabilidade dos administradores

Além da previsão de responsabilidade dos sócios de responsabilidade limitada e dos controladores, há a previsão da responsabilidade dos administradores das sociedades. Os administradores são órgãos da sociedade e, nessa condição, praticam atos por esta, que consequentemente é responsável por tais atos. Todavia, nem sempre o administrador age corretamente, podendo em determinadas circunstâncias extrapolar seus poderes ou violar seus deveres, ou ainda agir com dolo ou culpa. Nestes casos, é necessário que se responsabilize pessoalmente o administrador perante todos os que suportarem danos decorrentes de tal atuação, isto é, perante a sociedade e perante terceiros. Recomenda-se aqui uma responsabilização pelo erro na administração dos negócios, isto é, sem erro do administrador[52].

Nas sociedades limitadas em geral, os administradores, na estrutura que for definida pelo contrato social, têm poderes para gerir a sociedade, isto é, têm o poder de tomar as decisões necessárias à realização do objeto social que não sejam de competência privativa da assembleia ou reunião dos sócios[53]. No exercício desses poderes, os administradores podem causar danos à sociedade, assumindo responsabilidade pessoal, quando agirem com culpa (CC – art. 1.016) ou em desacordo com os deveres de diligência e de

---

49. STJ – REsp 798.264/SP, Rel. Ministro CARLOS ALBERTO MENEZES DIREITO, Rel. p/ Acórdão Ministra NANCY ANDRIGHI, TERCEIRA TURMA, julgado em 6-2-2007, *DJ* 16-4-2007, p. 189.

50. CARVALHOSA, Modesto. *Comentários à lei de sociedades anônimas*. São Paulo: Saraiva, 1997, v. 2, p. 441.

51. STJ – REsp 798.264/SP, Rel. Ministro CARLOS ALBERTO MENEZES DIREITO, Rel. p/ Acórdão Ministra NANCY ANDRIGHI, TERCEIRA TURMA, julgado em 6-2-2007, *DJ* 16-4-2007, p. 189

52. DOBSON, Juan Malcom. Los errores de gestión y la responsabilidad civil de administradores de sociedades comerciales. In: ROUILLON, Adolfo A. N. (Dir.). *Derecho concursal*. Buenos Aires: La Ley, 2004, p. 123-154.

53. LAURINI, Giancarlo. *La società a responsabilità limitata*: tra disciplina attuale e prospettive di riforma. Milano: Giuffrè, 2000, p. 144.

lealdade[54], que lhes tocam por sua condição de administrador, ou ainda quando violarem a proibição de não participarem direta ou indiretamente de atividade concorrente da sociedade (art. 1.171). Nessas circunstâncias, será cabível a ação de responsabilidade contra esses administradores, valendo a mesma ideia para as demais sociedades regidas pelo Código Civil.

Nas sociedades anônimas, se o administrador causar danos, agindo com dolo ou culpa, a responsabilidade passa a ser dele, pessoalmente falando perante a sociedade e perante terceiros. Também há a previsão de sua responsabilidade no caso de atos que violam a lei ou estatuto (Lei n. 6.404/76 – art. 158). Nesses casos é que será possível o ajuizamento da ação de responsabilidade contra os administradores das sociedades anônimas.

Nos casos de dolo ou culpa, estamos diante de um caso de responsabilidade civil subjetiva clássica, isto é, deve-se provar o dolo ou a culpa do administrador. De outro lado, quando o administrador extrapola seus poderes violando a lei ou o estatuto, presume-se *juris tantum* a existência de culpa[55]. A responsabilidade nesses casos é sempre subjetiva, todavia, com a inversão do ônus da prova, admite-se que o administrador comprove que não agiu com dolo ou culpa.

Não há que se cogitar de responsabilidade objetiva dos administradores, nem mesmo pela violação dos seus deveres legais, como pretende Modesto Carvalhosa[56]. A responsabilidade objetiva não se presume, devendo decorrer claramente da lei, o que não ocorre na espécie. Ademais, não há a possibilidade de o responsável pela indenização, em virtude da sua posição, repartir os ônus de tal indenização entre as pessoas expostas ao evento danoso, o que eventualmente justificaria a responsabilização[57].

Também não se enquadra a responsabilização dos administradores no esquema da responsabilidade civil clássica[58] nos casos de violação à lei ou aos estatutos. Nesse caso, a responsabilidade é subjetiva, mas com a inversão do ônus da prova, competindo ao administrador provar que não agiu com culpa[59]. O administrador poderá se eximir da responsabilidade se provar ao juiz que agiu de boa-fé e no interesse da sociedade. "Dir-se-á que a lei presume, nesses casos, a culpa do diretor pelo que a ele incumbirá provar que a violação da lei ou dos estatutos resultou de circunstâncias especialíssimas, por ele

---

54. COELHO, Fábio Ulhoa, *Curso de direito comercial*. 5. ed. São Paulo: Saraiva, 2002, v. 2, p. 440.

55. LACERDA, J. C. Sampaio de. *Comentários à lei das sociedades anônimas*. São Paulo: Saraiva, 1978, v. 3, p. 206.

56. CARVALHOSA, Modesto. *Comentários à lei de sociedades anônimas*. São Paulo: Saraiva, 1997, v. 3, p. 317.

57. COELHO, Fábio Ulhoa. *Curso de direito comercial*. São Paulo: Saraiva, 1999, v. 2, p. 257.

58. Idem, p. 250.

59. BORBA, José Edwaldo Tavares. *Direito societário*. 4. ed. Rio de Janeiro: Freitas Bastos, 1998, p. 363; TOLEDO, Paulo Fernando Campos Salles de. *O conselho de administração na sociedade anônima*. 2. ed. São Paulo: Atlas, 1999, p. 72; PAPINI, Roberto. *Sociedade anônima e mercado de valores mobiliários*, p. 213; PAES, P. R. Tavares. *Responsabilidade dos administradores de sociedades*. 2. ed. São Paulo: Revista dos Tribunais, 1997, p. 51.

não provocadas ou relativamente às quais não podia ele ter nenhuma influência, ou ainda, que os prejuízos verificados ocorreriam em qualquer hipótese."[60]

A chance de o administrador se exonerar da responsabilidade é uma decorrência lógica da sua relação com a companhia, isto é, ele só será responsabilizado se o ato lhe for imputado pessoalmente, e não à companhia. Se mesmo agindo corretamente, no interesse da companhia e de boa-fé, ele causou dano a alguém, não se lhe deve imputar tal responsabilidade. Esta será da companhia, pois na verdade quem causou dano a alguém foi a companhia, agindo regularmente.

60. VALVERDE, Trajano de Miranda. *Sociedades por ações*. 3. ed. Rio de Janeiro: Forense, 1959, v. 2, p. 329.

24 INEFICÁCIA DOS ATOS PRATICADOS PELO FALIDO

1 Ineficácia dos atos praticados pelo falido

Dentro da perspectiva ampla da apuração do ativo e formação da massa falida, devem ser buscados bens para a satisfação do maior número possível de credores. Nessa ideia estão inseridas a arrecadação e as ações de responsabilidade, mas também a declaração de ineficácia de certos atos praticados pelo falido. Trata-se do reconhecimento de que alguns atos têm uma conotação de desespero ou, ao menos, prejudicam o tratamento igualitário entre os credores e, por isso, não devem ser admitidos. Em termos gerais, pode-se afirmar que a ação revocatória e a declaração de ineficácia se inserem na categoria geral dos meios de conservação da garantia patrimonial dos credores[1].

Com efeito, o colapso patrimonial do devedor costuma ter um período de incubação[2], no qual a atividade é desenvolvida de modo anormal, dadas as dificuldades que começam a surgir. Com a decretação da falência, deve-se tentar reconstituir o patrimônio que foi consumido durante esse período de anormalidade ou ao menos restabelecer a igualdade entre os credores, a qual pode ter sido quebrada. Nesta perspectiva se inserem as medidas de declaração de ineficácia que visam ao retorno de bens que não deveriam ter saído do patrimônio do empresário, bem como ao restabelecimento da igualdade entre os credores.

Contudo, não se cogita de invalidação dos atos praticados, mas apenas de sua ineficácia em relação à massa falida. O sistema francês foi reformado para tratar tais casos, agora como nulidade[3]. No Brasil, porém, o ato não é nulo, nem anulável, mas apenas ineficaz em relação à massa, isto é, produz efeitos entre as partes e perante terceiros, mas não perante a massa. É como se o ato não existisse para a massa falida[4], vale dizer, trata-se de uma espécie de inoponibilidade[5], assim como no direito italiano[6].

---

1. PATTI, Adriano. Gli effetti del fallimento sugli atti pregiudizievoli per i creditori. In: DI PEPE, Giorgio Schiano (Coord.). *Il diritto fallimentare riformato*. Padova: CEDAM, 2007, p. 192.

2. PROVINCIALI, Renzo. *Manuale di diritto fallimentare*. 3. ed. Milano: Giuffrè, 1955,v. 1, p. 497.

3. JACQUEMONT, Andre. *Droit des entreprises en difficulté*. 6. ed. Paris: Litec, 2009, p. 303.

4. CLARO, Carlos Roberto. *Revocatória falimentar*. 4. ed. Curitiba: Juruá, 2008, p. 94.

5. SZTAJN, Rachel; FRANCO, Vera Helena de Mello. *Falência e recuperação da empresa em crise*. São Paulo: Campus, 2008, p. 168.

6. PATTI, Adriano. Gli effetti del fallimento sugli atti pregiudizievoli per i creditori. In: DI PEPE, Giorgio Schiano (Coord.). *Il diritto fallimentare riformato*. Padova: CEDAM, 2007, p. 179.

Não produzindo efeitos perante a massa falida, os eventuais bens ou valores que saíram devem retornar para a massa falida ou ao menos deve ser restabelecida a condição que os credores possuíam antes desse ato. Entre as partes ou perante terceiros, porém, o ato pode produzir efeitos, gerando direito a indenizações ou outras consequências jurídicas.

Para os fins dessa declaração de ineficácia, alguns autores mencionam a existência de ações revocatórias e outros[7] falam em ineficácia subjetiva e ineficácia objetiva. A nosso ver, a última classificação é a que melhor serve para a organização da matéria de forma mais didática.

2 Ineficácia objetiva

Dentro da ideia da ineficácia, certos atos praticados pelo falido são considerados objetivamente ineficazes (Lei n. 11.101/2005 – art. 129), isto é, devem ser declarados ineficazes independentemente da intenção das partes, da prova de má-fé ou mesmo de fraude. Ainda que praticado de boa-fé, os atos que se enquadram na ineficácia objetiva não produzirão efeitos perante a massa falida. Há uma espécie de presunção absoluta de fraude[8] ou, como diz o direito argentino, uma ineficácia de pleno direito[9]. A ideia aqui é assegurar o melhor tratamento possível à massa de credores, diante da decretação da falência, não se cogitando aqui de uma punição ao falido ou a terceiros. Registre-se ainda que atos praticados pelo falido após a decretação da falência são nulos e não são abrangidos por essa ineficácia, uma vez que ela se refere a atos do falido anteriores à decretação da falência.

A princípio, mesmo atos praticados com base numa decisão judicial poderão ser declarados ineficazes, como, por exemplo, uma dação em pagamento dentro do termo legal prevista em um acordo devidamente homologado em juízo[10]. Neste caso, a sentença que motivou o ato será rescindida, ou melhor, será ineficaz em relação à massa falida[11]. Não se trata aqui de uma violação à coisa julgada, mas apenas da proteção da igualdade entre os credores, uma vez que nenhuma sentença condenará o devedor a praticar os atos que possam ser considerados objetivamente ineficazes. Se o devedor praticar alguma dessas condutas, será algo que partiu da sua própria iniciativa, isto é, a rescisão aqui se refere a decisões que não tenham apreciado o mérito de qualquer pretensão[12].

---

7. COELHO, Fábio Ulhoa. *Curso de direito comercial*. 11. ed. São Paulo: Saraiva, 2010, v. 3, p. 294-295.

8. PROVINCIALI, Renzo. *Manuale di diritto fallimentare*. 3. ed. Milano: Giuffrè, 1955,v. 1, p. 523.

9. FAVIER-DUBOIS, Eduardo M. *Concursos y quiebras*. Buenos Aires: Errepar, 2003, p. 239.

10. TJDFT – 20070110639233APC, Relator FERNANDO HABIBE, 3ª Turma Cível, julgado em 9-6-2010, *DJ* 18-6-2010, p. 59.

11. VIGIL NETO, Luiz Inácio. *Teoria falimentar e regimes recuperatórios*. Porto Alegre: Livraria do Advogado, 2008, p. 269.

12. SANTOS, Francisco Cláudio de Almeida. A ação revocatória na nova lei de recuperação de empresas e de falências. In: SANTOS, Paulo Penalva (Coord.). *A nova lei de falências e de recuperação de empresas*: Lei 11.101/2005. Rio de Janeiro: Forense, 2006, p. 348.

Registre-se, porém, que nenhum dos atos referidos nos incisos I a III e VI do art. 129 desta lei que tenham sido previstos e realizados na forma definida no plano de recuperação judicial será declarado ineficaz (Lei n. 11.101/2005 – art. 131). Assim, os pagamentos antecipados, os pagamentos por meios diversos e a instituição ou reforço de garantia real, inclusive retenção, mesmo se praticados dentro do termo legal, não serão ineficazes se realizados nos termos do plano de recuperação judicial devidamente aprovado pelos credores. Da mesma forma, o trespasse previsto no plano de recuperação judicial devidamente aprovado não será declarado ineficaz. Outras condutas, mesmo que previstas no plano de recuperação, não ficam imunes à eventual declaração de ineficácia. Além disso, na recuperação extrajudicial não há qualquer imunidade dos atos praticados, ainda que tenha ocorrido a homologação judicial[13].

2.1 *Cabimento*

O rol dos atos considerados objetivamente ineficazes está inserido taxativamente na lei, mais especificamente no art. 129 da Lei n. 11.101/2005 e no art. 45, § 8º, da Lei n. 6.404/76. Basta o enquadramento em um desses casos para ser possível a declaração de ineficácia, independentemente da intenção das partes.

2.1.1 Atos praticados dentro do termo legal

Entre os atos que podem ser declarados ineficazes, três deles devem ter sido praticados dentro do termo legal, que é "o marco inicial, o *dies a quo* do estado (ainda que presumido) da insolvência empresária do devedor"[14]. Esse termo legal permitirá a determinação "do período anterior à decretação da quebra, que serve de referência para a auditoria dos atos praticados pela sociedade falida"[15]. O período investigatório terá início no termo legal e se encerrará com a decretação da falência. Nesse período, é possível e até provável que o falido tenha praticado atos em detrimento da massa de credores, cuja ineficácia deve ser declarada.

No Brasil, a fixação desse termo legal pelo juiz deve obedecer a certos parâmetros objetivos (Lei n. 11.101/2005 – art. 99, II). Assim, caso se trate de um pedido de falência baseado na impontualidade, o termo legal poderá ser fixado em até 90 dias antes do primeiro protesto por falta de pagamento, excluídos os que foram cancela-

---

13. THEODORO JÚNIOR, Humberto; FARIA, Juliana Cordeiro de. In: CORRÊA-LIMA, Osmar Brina; CORRÊA LIMA, Sérgio Mourão (Coord.). *Comentários à nova lei de falência e recuperação de empresas*. Rio de Janeiro: Forense, 2009, p. 941.

14. MAMEDE, Gladston. *Direito empresarial brasileiro*: falência e recuperação de empresas. 2. ed. São Paulo: Atlas, 2008, v. 4, p. 259.

15. COELHO, Fábio Ulhoa. *Comentários à nova lei de falências e recuperação de empresas*. São Paulo: Saraiva, 2005, p. 275.

dos. Nos casos de autofalência, ou de pedido de falência fundado na execução frustrada ou nos atos de falência, o termo legal poderá ser fixado em até 90 dias contados da distribuição do pedido. Por fim, no caso de recuperação judicial convolada em falência, o termo legal poderá retroagir até 90 dias contados da distribuição do pedido de recuperação judicial. A lei estabelece apenas o limite máximo para a fixação do termo legal, cabendo ao juiz verificar dentro desse limite qual deve ser considerado o termo legal.

Embora a falência só tenha início com a decretação da falência, presume-se que a partir do termo legal já existia a insolvência do devedor[16], trazendo uma suspeita sobre os atos praticados. Dentro dessa perspectiva, a lei houve por bem considerar objetivamente três tipos de atos praticados nesse período, a saber: o pagamento de dívidas não vencidas realizado pelo devedor dentro do termo legal, por qualquer meio extintivo do direito de crédito, ainda que pelo desconto do próprio título; o pagamento de dívidas vencidas e exigíveis realizado dentro do termo legal, por qualquer forma que não seja a prevista pelo contrato; e a constituição de direito real de garantia, inclusive a retenção, dentro do termo legal, tratando-se de dívida contraída anteriormente. Apenas esses três tipos de atos são considerados ineficazes, isto é, simples alienações realizadas nesse período não são atingidas pela ineficácia objetiva[17].

2.1.1.1 Pagamento antecipado

Inicialmente são considerados objetivamente ineficazes os atos praticados pelo falido, dentro do termo legal, que consistam no pagamento de dívidas antes do seu vencimento (Lei n. 11.101/2005 – art. 129, I). Ora, se a crise, ainda que presumidamente, já se instaurou, não é razoável que o devedor faça pagamentos antes mesmo de ser exigido. Ainda que sejam usadas outras formas de extinção da obrigação, como a dação em pagamento, é inesperado e suspeito que o devedor tome qualquer medida antes do vencimento. Por essas razões, a lei considera tais atos objetivamente ineficazes em razão da sua anormalidade e da preferência que se atribui a algum credor.

Pelo próprio teor do dispositivo, tende-se a fazer uma interpretação literal e declarar ineficazes todos os atos que se enquadrem nessa situação, devolvendo os valores pagos para a massa falida. Contudo, em certos casos, a antecipação traz benefícios para o devedor, como bons descontos e, por isso, há quem afaste a ineficácia[18]. Carvalho de Men-

16. VALVERDE, Trajano de Miranda. *Comentários à lei de falências*. 4. ed. Rio de Janeiro: Forense Universitária, 1999, v. 1, p. 183.

17. STJ – AgRg no Ag 928.962/SP, Rel. Ministro VASCO DELLA GIUSTINA (DESEMBARGADOR CONVOCADO DO TJ/RS), TERCEIRA TURMA, julgado em 10-8-2010, *DJe* 20-8-2010.

18. NEGRÃO, Ricardo. *Manual de direito comercial e de empresa*. 5. ed. São Paulo: Saraiva, 2010, v. 3, p. 523; MARTIN, Antonio. In: SOUZA JÚNIOR, Francisco Sátiro de; PITOMBO, Antônio Sérgio de A. de Moraes (Coord.). *Comentários à Lei de recuperação de empresas e falência*. São Paulo: Revista dos Tribunais, 2005, p. 466.

dença afasta a ineficácia nos casos de pagamento antecipado com benefício para o falido, em especial nos casos de liberação antecipada de garantias[19].

A nosso ver, não se pode admitir tal exceção porque acabaria ensejando a análise da boa-fé das partes, o que afastaria a objetividade da ineficácia. Ademais, o dispositivo afirma que mesmo o desconto do próprio título será considerado ineficaz se representar o pagamento antecipado pelo devedor dentro do termo legal.

Obviamente não são atingidos por essa ineficácia pagamentos feitos por terceiros[20], interessados ou não. O que é questionado são os atos do falido e, por isso, os atos de pagamento, ainda que antecipados, efetuados por terceiros, são imunes à declaração de ineficácia.

2.1.1.2 Pagamento por meios diversos

Também são considerados objetivamente ineficazes os pagamentos de dívidas vencidas e exigíveis realizados dentro do termo legal, por qualquer forma que não seja a prevista pelo contrato. Assim, a realização de uma dação em pagamento, como o pagamento de uma dívida de dinheiro com a transferência de um imóvel ao credor, será objetivamente ineficaz se praticada dentro do termo legal. Do mesmo modo, um contrato de locação utilizado como forma de pagamento de honorários advocatícios deve ser considerado ineficaz se celebrado dentro do termo legal[21].

Não haverá ineficácia, se o devedor emitiu um título de crédito (cheques, notas promissórias...), dada a natureza *pro solvendo* da emissão desses títulos, isto é, sua emissão não é causa extintiva da obrigação. Para Ricardo Tepedino, o pagamento de dívida de dinheiro com a transferência de títulos com liquidez imediata (ações cotadas em bolsa) também não seria ineficaz, na medida em que poderia haver a conversão imediata[22]. A nosso ver, mesmo nesses casos há a ineficácia decorrente do pagamento por meios diversos, uma vez que esse tipo de extinção por meios diversos, mesmo com a dívida vencida, seria uma espécie de execução antecipada[23], quebrando a igualdade entre os credores e, por isso, sua ineficácia deve ser objetivamente declarada.

Esse tipo de pagamento beneficia um credor em detrimento de outros, na medida em que independentemente de uma execução, ele terá o seu crédito satisfeito, enquanto

19. CARVALHO DE MENDONÇA, J. X. *Tratado de direito comercial brasileiro*. 7. ed. Rio de Janeiro: Freitas Bastos, 1964, v. VII, p. 516-517.

20. MAMEDE, Gladston. *Direito empresarial brasileiro*: falência e recuperação de empresas. 2. ed. São Paulo: Atlas, 2008, v. 4, p. 525.

21. STJ – REsp 1040715/DF, Rel. Ministro MASSAMI UYEDA, TERCEIRA TURMA, julgado em 4-5-2010, *DJe* 20-5-2010.

22. TEPEDINO, Ricardo. In: ABRÃO, Carlos Henrique; TOLEDO, Paulo F. C. Salles de (Coord.). *Comentários à lei de recuperação de empresas e falência*. 4. ed. São Paulo: Saraiva, 2010, p. 463.

23. NEGRÃO, Ricardo. *Manual de direito comercial e de empresa*. 4. ed. São Paulo: Saraiva, 2009, v. 3, p. 489.

outros credores não. Embora nem sempre haja a intenção de privilegiar um credor, o benefício que um dos credores terá nesse caso é suficiente para justificar a declaração de ineficácia. Reitere-se, mesmo se tal pagamento for feito de boa-fé, ele será declarado objetivamente ineficaz, com o retorno dos bens para a massa falida. A mesma ideia se aplica ao pagamento de obrigações condicionais, enquanto não implementada a condição que tornaria tal obrigação exigível[24].

Pagamentos parciais não representam obviamente pagamentos por meios diversos e, por isso, são imunes à declaração de ineficácia[25]. Da mesma forma, não é ineficaz o pagamento de obrigações alternativas dentro das opções previstas contratualmente também não será ineficaz[26]. Além disso, assim como na hipótese anterior, não são atingidos por essa ineficácia pagamentos feitos por terceiros[27], interessados ou não. O que é questionado são os atos do falido e, por isso, os atos de pagamento, ainda que antecipado, efetuados por terceiros, são imunes à declaração de ineficácia.

2.1.1.3 Instituição ou reforço de garantia real

Além dos dois casos já citados, a lei também considera objetivamente ineficaz a instituição ou reforço de direito real de garantia, inclusive de retenção que aqui é equiparada à garantia real, em relação a dívidas já existentes, se realizada dentro do termo legal. Não se impede a constituição pura e simples de garantias reais, como a hipoteca e o penhor. A mesma regra se aplica à instituição de um direito de retenção para dívidas que já existem. O que se impede é o favorecimento de algum credor que já exista por meio da instituição ou reforço da garantia real, uma vez que não há qualquer justificativa para tais medidas em relação a credores já existentes.

Constituições de garantias reais simultâneas à assunção da dívida, ou mesmo a substituição de uma garantia sem quaisquer benefícios adicionais, não são atingidas por essa ineficácia[28], mesmo dentro do legal. O que se quer evitar é a quebra da igualdade. Apenas se a dívida já existe e é beneficiada com a instituição dentro do termo legal desses benefícios é que se cogita da ineficácia.

Se a dívida já está constituída, não há nenhum motivo para alterá-la, em especial quando já instaurada a crise. Trata-se de uma distorção em um período anormal da

---

24. FAZZIO JÚNIOR, Waldo. *Nova lei de falência e recuperação de empresas*. São Paulo: Atlas, 2005, p. 316.

25. MAMEDE, Gladston. *Direito empresarial brasileiro*: falência e recuperação de empresas. 2. ed. São Paulo: Atlas, 2008, v. 4, p. 526.

26. TEPEDINO, Ricardo. In: ABRÃO, Carlos Henrique; TOLEDO, Paulo F. C. Salles de (Coord.). *Comentários à lei de recuperação de empresas e falência*. 4. ed. São Paulo: Saraiva, 2010, p. 464.

27. MAMEDE, Gladston. *Direito empresarial brasileiro*: falência e recuperação de empresas. 2. ed. São Paulo: Atlas, 2008, v. 4, p. 528.

28. SIMIONATO, Frederico A. Monte. *Tratado de direito falimentar*. Rio de Janeiro: Forense, 2008, p. 561-562.

atividade do devedor que deve ser corrigida[29]. O único efeito de tais atos é privilegiar certos credores no concurso. A instituição de uma garantia real eleva a classificação do credor para o segundo lugar dentro do quadro geral de credores (Lei n. 11.101/2005 – art. 83, II) e o reforço permite que todo o seu crédito seja mantido na referida posição, não havendo necessidade de enquadramento da parte não garantida como crédito quirografário.

Da mesma forma, a instituição do direito de retenção eleva a classificação do crédito para o quarto lugar do quadro de credores (Lei n. 11.101/2005 – art. 83, IV). Se isso é feito dentro do termo legal, paira sobre ele a suspeita de tentativa de benefício a algum credor e, por isso, deve ser considerado objetivamente ineficaz. Mais uma vez a ideia é resguardar a igualdade entre os credores, restabelecendo as condições anteriores ao ato praticado.

Acreditamos que tal dispositivo também se aplica às alienações fiduciárias em garantia[30], na medida em que têm o mesmo caráter de favorecimento de um credor, em um período de anormalidade. A alienação fiduciária em garantia ocorre quando o devedor transmite ao credor a propriedade de um bem, sob a condição resolutiva do pagamento da obrigação garantida, reservando-se a posse direta. Caso a obrigação seja paga, a propriedade plena retornará ao devedor. Caso a obrigação não seja paga, o credor poderá fazer recair os seus direitos sobre o bem, dado em garantia, que está na sua propriedade. Esse favorecimento é até maior do que o das garantias reais e, por isso, não pode ficar imune a eventual declaração de ineficácia.

2.1.2 Atos praticados nos dois anos anteriores à falência

Além dos mencionados atos praticados dentro do termo legal, a lei também inquina de ineficácia certos atos praticados dentro dos dois anos anteriores à falência. Alguns autores identificam esse segundo período como período suspeito, diferenciando-o do termo legal[31]. Para Ricardo Negrão[32], esse seria o período suspeito em sentido estrito. Outros autores[33], porém, identificam o período suspeito e o termo legal, não havendo,

---

29. COELHO, Fábio Ulhoa. *Curso de direito comercial*. 11. ed. São Paulo: Saraiva, 2010, v. 3, p. 296.

30. MAMEDE, Gladston. *Direito empresarial brasileiro*: falência e recuperação de empresas. 2. ed. São Paulo: Atlas, 2008, v. 4, p. 528.

31. CLARO, Carlos Roberto. *Revocatória falimentar*. 4. ed. Curitiba: Juruá, 2008, p. 49; FAZZIO JÚNIOR, Waldo. *Nova lei de falência e recuperação de empresas*. São Paulo: Atlas, 2005, p. 270; LACERDA, J. C. Sampaio de. *Manual de direito falimentar*. Atualizada por Jorge de Miranda Magalhães. 14. ed. Rio de Janeiro: Freitas Bastos, 1999, p. 92.

32. NEGRÃO, Ricardo. *Manual de direito comercial e de empresa*. 4. ed. São Paulo: Saraiva, 2009, v. 3, p. 310-311.

33. ALMEIDA, Amador Paes de. *Curso de falência e recuperação de empresas*. 25. ed. São Paulo: Saraiva, 2009, p. 110; VALVERDE, Trajano de Miranda. *Comentários à lei de falências*. 4. ed. Rio de Janeiro: Forense Universitária, 1999, v. 1, p. 180; CAMPINHO, Sérgio. *Falência e recuperação de empresa*: o novo regime de

portanto, uma uniformidade de tratamento. Independentemente do nome que se dê ao referido período, são considerados objetivamente ineficazes os atos a título gratuito e as renúncias a heranças ou legados, desde que realizadas nesse intervalo.

2.1.2.1 Atos a título gratuito

Os atos a título gratuito praticados nos dois anos anteriores à falência são ineficazes, porque representam uma diminuição do patrimônio do devedor sem uma contraprestação, como as doações, as obrigações sem causa, a constituição gratuita de usufruto, a renúncia a direitos, a remissão de dívidas e outros. A liberalidade será caracterizada pela falta de um sacrifício de caráter patrimonial do beneficiado[34]. Essa ausência, porém, deverá ser aferida de forma ampla, a fim de evitar benefícios diretos ou indiretos para o falido[35].

Nesses casos, o que se tem é um desfalque patrimonial em um período de anormalidade da atividade do devedor que, por isso, não deve ser tolerado. Quem se beneficiou desses atos nada gastou e, por isso, não terá nenhum prejuízo se houver a declaração de ineficácia. Privilegia-se a massa de credores, em detrimento de terceiros que não tiveram gastos com tais atos. Essa ineficácia não será aplicável se o ato foi praticado na época em que o renunciante não exercia qualquer atividade empresarial[36] ou era sócio de sociedades, na medida em que não há qualquer expectativa dos credores ligados à atividade empresarial em relação a esses valores.

O caso mais comum envolve a realização de doações pelo falido no referido período de dois anos. No caso de doações remuneratórias, deve-se analisar em que medida está a liberalidade e em que medida está a remuneração, para saber o que poderá ser considerado ineficaz. As gratificações pagas a diretores e empregados integram sua remuneração e, por terem esse caráter remuneratório, não se cogita de sua ineficácia[37], salvo nos casos de exagero ou má-fé[38]. Nas doações promocionais há uma contrapartida publicitá-

---

insolvência empresarial. 3. ed. Rio de Janeiro: Renovar, 2008, p. 296; SIMIONATO, Frederico A. Monte. *Tratado de direito falimentar*. Rio de Janeiro: Forense, 2008, p. 376; REQUIÃO, Rubens. *Curso de direito falimentar*. 17. ed. São Paulo: Saraiva, 1998, v. 1, p. 130.

34. VASSALI, Francesco. *Diritto fallimentare*. Torino: Giappichelli, 1997, v. 2, t. 1, p. 31.

35. PATTI, Adriano. Gli effetti del fallimento sugli atti pregiudizievoli per i creditori. In: DI PEPE, Giorgio Schiano (Coord.). *Il diritto fallimentare riformato*. Padova: CEDAM, 2007, p. 181.

36. SIMIONATO, Frederico A. Monte. *Tratado de direito falimentar*. Rio de Janeiro: Forense, 2008, p. 569.

37. COELHO, Fábio Ulhoa. *Curso de direito comercial*. 11. ed. São Paulo: Saraiva, 2010, v. 3, p. 297; PERIN JÚNIOR, Écio. *Curso de direito falimentar e recuperação de empresas*. 3. ed. São Paulo: Método, 2006, p. 283.

38. MARTIN, Antonio. In: SOUZA JÚNIOR, Francisco Sátiro de; PITOMBO, Antônio Sérgio de A. de Moraes (Coord.). *Comentários à lei de recuperação de empresas e falência*. São Paulo: Revista dos Tribunais, 2005, p. 467.

ria e, por isso, não se cogita de ineficácia[39] e da mesma forma os patrocínios[40] em si não podem ser declarados ineficazes.

No caso das doações com encargo, há divergência na doutrina. Para alguns autores, elas serão atingidas pela ineficácia, na medida em que o encargo não retira o caráter de liberalidade do ato[41]. Já Francesco Vassali afirma que a doação com encargo já não seria um ato gratuito, na medida em que haveria um sacrifício do donatário suscetível de avaliação em dinheiro e, por isso, afastaria a gratuidade[42]. A nosso ver, a questão se resolverá nos termos do art. 540 do Código Civil, que afirma que a doação com encargo não perde o caráter de liberalidade na parte excedente ao encargo. Essa parte que ainda mantém o caráter de liberalidade poderá ser declarada ineficaz.

Ainda no caso das doações, alguns autores entendem que são eficazes as doações praticadas em cumprimento de um dever moral ou de utilidade pública[43]. Embora não haja qualquer exceção legal, é certo que não devem ser declaradas ineficazes doações já devidamente consumidas para instituições de caridade ou em casos de desastres naturais, como enchentes. Não se quer permitir livremente atos a título gratuito, mas não se pode punir as pessoas que de boa-fé receberam tais doações e deram o destino devido a elas. A investigação é complicada, mas deve ser feita para evitar maiores injustiças. A mesma ideia valeria para as doações ínfimas, cuja definição deverá ser feita caso a caso[44].

Carvalho de Mendonça afirma que as garantias prestadas pelo devedor devem ser consideradas onerosas, na medida em que o beneficiado não se enriqueceria[45]. Todavia, a nosso ver, as garantias prestadas pelo devedor falido em favor de terceiros também devem ser consideradas atos gratuitos e, por isso, devem ser consideradas ineficazes desde que realizadas nos dois anos anteriores à falência[46]. Trata-se de uma liberalidade, porquanto há a assunção de uma obrigação, sem um correspondente sacrifício que possa ser avaliado patrimonialmente. Por isso, a ineficácia objetiva também deve atingir as garantias prestadas nesse período, desde que não tenha havido nenhuma vantagem correspondente para o falido. A mesma ideia vale para os pagamentos de débitos de

39. CAMPOS BATALHA, Wilson de Souza; RODRIGUES NETTO, Nelson; RODRIGUES NETTO, Sílvia Maria Labate Batalha. *Comentários à lei de recuperação judicial de empresas e falência*. 4. ed. São Paulo: LTr, 2007, p. 192.

40. VASSALI, Francesco. *Diritto fallimentare*. Torino: Giappichelli, 1997, v. 2, t. 1, p. 33.

41. PROVINCIALI, Renzo. *Manuale di diritto fallimentare*. 3. ed. Milano: Giuffrè, 1955, v. 1, p. 527; PEREIRA, Caio Mario da Silva. *Instituições de direito civil*. 14. ed. Rio de Janeiro: Forense, 2010, v. III, p. 208; NÁDER, Paulo. *Curso de direito civil*. 5. ed. Rio de Janeiro: Forense, 2010, v. 3, p. 240.

42. VASSALI, Francesco. *Diritto fallimentare*. Torino: Giappichelli, 1997, v. 2, t. 1, p. 32.

43. ABRÃO, Nelson. *Curso de direito falimentar*. 4. ed. São Paulo: Revista dos Tribunais, 1993, p. 127; ANDRADE, Jorge Pereira. *Manual de falências concordatas*. São Paulo: Atlas, 1996, p. 128.

44. COELHO, Fábio Ulhoa. *Curso de direito comercial*. 11. ed. São Paulo: Saraiva, 2010, v. 3, p. 297.

45. CARVALHO DE MENDONÇA, J. X. *Tratado de direito comercial brasileiro*. 7. ed. Rio de Janeiro: Freitas Bastos, 1964, v. VII, p. 537.

46. SIMIONATO, Frederico A. Monte. *Tratado de direito falimentar*. Rio de Janeiro: Forense, 2008, p. 566.

terceiro feitos pelo falido[47], cuja gratuidade poderá gerar a declaração de ineficácia, desde que realizado o pagamento nos dois anos anteriores à falência.

2.1.2.2 Renúncia à herança ou legado

De modo similar, também são objetivamente ineficazes as renúncias à herança ou legado desde que realizadas nos dois anos anteriores à decretação da falência. A renúncia à herança ou legado é faculdade legítima dos herdeiros ou legatários que deve ser feita em instrumento público ou termo judicial (CC – art. 1.806). Contudo, se essa renúncia for realizada nos dois anos anteriores à falência, o ato será objetivamente ineficaz. O próprio Código Civil admite, em seu art. 1.813, que os credores do herdeiro ou legatário aceitem a herança ou legado em nome dele com autorização judicial.

A ideia aqui é a mesma, isto é, trata-se de um desfalque patrimonial pela não entrada de valores no patrimônio do devedor em um período de anormalidade e, por isso, não deve ser tolerado. Por dizer respeito quase exclusivamente a pessoas físicas, esta hipótese é mais rara. Essa ineficácia não será aplicável se a renúncia foi feita na época em que o renunciante não exercia qualquer atividade empresarial[48] ou era sócio de sociedades, na medida em que os credores ligados à atividade empresarial não tinham qualquer expectativa em relação a esses valores que ingressariam em seu patrimônio pela aceitação da herança ou legado.

2.1.3 Trespasse ineficaz

No caso de falência do alienante, também é objetivamente ineficaz a alienação do estabelecimento do devedor, sem o pagamento ou o consentimento dos credores e sem a manutenção de bens suficientes para pagá-los. Tal ineficácia é prevista pela importância do estabelecimento na composição do patrimônio do devedor, uma vez que ele representa o complexo de bens que o empresário reúne para o exercício da empresa e, por isso, boa parte do seu patrimônio.

A alienação desse estabelecimento, chamada de trespasse, pode influenciar diretamente nos interesses dos credores do alienante. Diante disso, o Código Civil (art. 1.145) protege mais diretamente os credores do alienante, impondo como condição de eficácia da alienação o pagamento de todos os credores ou a concordância expressa ou tácita sobre alienação. Na mesma linha de entendimento, a Lei n. 11.101/2005 (art. 129, VI) considera objetivamente ineficaz o referido trespasse sem o pagamento ou sem o con-

---

47. PATTI, Adriano. Gli effetti del fallimento sugli atti pregiudizievoli per i creditori. In: DI PEPE, Giorgio Schiano (Coord.). *Il diritto fallimentare riformato*. Padova: CEDAM, 2007, p. 183.

48. SIMIONATO, Frederico A. Monte. *Tratado de direito falimentar*. Rio de Janeiro: Forense, 2008, p. 569.

sentimento dos credores. Em qualquer caso, será válida e eficaz a alienação se o empresário mantiver bens suficientes para o pagamento dos credores.

Pagos os credores, seus interesses deixarão de existir em relação ao trespasse. Mesmo sem o pagamento, o trespasse poderá ser eficaz, se os credores concordarem tácita ou expressamente com a alienação dentro do prazo de trinta dias após a sua notificação, demonstrando que seus interesses não serão prejudicados com o negócio. Neste particular, é oportuno ressaltar que não basta a publicidade normal do trespasse, é necessária uma notificação pessoal aos credores[49] (por meio do cartório ou judicial). Caso o alienante mantenha bens suficientes para o pagamento dos credores, acreditamos ser dispensável a notificação para a concordância dos credores, uma vez que seus interesses estarão protegidos[50].

Literalmente, a alienação do estabelecimento significa a alienação de todos os seus elementos, isto é, trata-se de uma alienação da universalidade. Contudo, mesmo nos casos de alienação parcial, se é transferida a funcionalidade do estabelecimento, devem ser aplicadas as regras inerentes ao trespasse[51]. Dentro dessa perspectiva, o STJ já afirmou que é objetivamente ineficaz, alienação de imóvel necessário ao desenvolvimento da atividade empresarial, uma vez que representaria o desmantelamento do estabelecimento[52]. Em contrapartida, a venda de certos bens sem o desmantelamento do estabelecimento não será atingida por essa hipótese de ineficácia.

Em todo caso, a lei não fixa prazo para o questionamento da eficácia desse trespasse e, por isso, entende-se que poderia ser feito a qualquer momento. De outro lado, Luiz Inácio Vigil Neto entende que deveria ser aplicado o prazo de dois anos, por meio da aplicação analógica do art. 1.003 do Código Civil[53]. A nosso ver, porém, a saída de sócios não pode ser equiparada ao trespasse e a ideia de uma condição de eficácia significa a possibilidade de questionamento a qualquer tempo.

2.1.4 Registros imobiliários

Por derradeiro, são objetivamente ineficazes os registros de direitos reais e de transferência de propriedade entre vivos, por título oneroso ou gratuito, ou a averbação relativa a imóveis realizados após a decretação da falência, salvo se tiver havido prenotação anterior. Qualquer registro imobiliário posterior à falência é considerado suspeito, na

---

49. CARVALHOSA, Modesto. *Comentários ao Código Civil*. São Paulo: Saraiva, 2003, v. 13, p. 642-643.

50. PIMENTA, Eduardo Goulart. O estabelecimento. In: RODRIGUES, Frederico Viana (Coord.). *Direito de empresa no novo Código Civil*. Rio de Janeiro: Forense, 2004, p. 106.

51. FÉRES, Marcelo Andrade. *Estabelecimento empresarial*. São Paulo: Saraiva, 2007, p. 54.

52. STJ – REsp 628.860/SP, Rel. Ministro CESAR ASFOR ROCHA, QUARTA TURMA, julgado em 6-4-2004, *DJ* 7-6-2004, p. 237.

53. VIGIL NETO, Luiz Inácio. *Teoria falimentar e regimes recuperatórios*. Porto Alegre: Livraria do Advogado, 2008, p. 267.

medida em que poderia ser uma tentativa de retirar bens do alcance dos credores ou mesmo beneficiar algumas pessoas. Por isso, a lei traz essa hipótese de ineficácia que atinge todos esses registros. O marco temporal aqui é a decretação da falência e não o termo legal, isto é, registros feitos dentro do termo legal são perfeitamente eficazes[54].

Tal dispositivo, a princípio, parece conflitar com o disposto no art. 215 da Lei n. 6.015/73, que inquina de nulidade os registros posteriores à falência. Nesse sentido, Rubens Requião tratava o dispositivo equivalente como revogado, caracterizando tal hipótese como nulidade à luz do disposto no art. 215 da Lei n. 6.015/73[55]. Em sentido contrário, Penalva Santos asseverava que o art. 215 da LRP se refere aos casos de atos praticados pelo falido após a falência[56], opinião esta sufragada também pelo STJ[57].

Com efeito, não se cogita aqui de ineficácia de negócio feito pelo falido posteriormente à falência, o qual será, na verdade, nulo, uma vez que o falido perde a administração dos seus bens. O que é ineficaz aqui é o registro imobiliário posterior à falência decorrente de negócio do falido anterior à falência. Imagine-se a situação de alguém que comprou um imóvel do falido antes da falência, mas jamais promoveu o registro dessa alienação. O registro posterior à falência traz suspeitas sobre o ato que implicarão a sua ineficácia. Pune-se aquele que não foi diligente na época. Apesar da punição, registre-se que os valores despendidos pelos terceiros de boa-fé no negócio declarado ineficaz deverão ser restituídos pela massa falida (Lei n. 11.101/2005 – art. 86, III), com preferência sobre os credores propriamente ditos do falido.

Obviamente, não se declarará a ineficácia se houve uma prenotação anterior, a qual mostraria uma diligência digna de proteção. Além disso, também está afastada a ineficácia se o negócio jurídico cujo registro é posterior à falência for uma expropriação judicial[58]. Neste caso, como não houve ato do falido que gerasse o registro, não há motivo para ineficácia. Ademais, deve-se proteger a boa-fé dos que participam das alienações judiciais.

Para Mamede[59], também não haverá ineficácia se a atividade empresarial do falido for a entrega de imóveis. Ousamos discordar desse entendimento, porquanto não vemos motivo para essa distinção. Mesmo nesse tipo de atividade, tais atos deverão ser consi-

---

54. STJ – REsp 681.798/PR, Rel. Ministro CARLOS ALBERTO MENEZES DIREITO, TERCEIRA TURMA, julgado em 12-5-2005, *DJ* 22-8-2005, p. 271.

55. REQUIÃO, Rubens. *Curso de direito falimentar*. 17. ed. São Paulo: Saraiva, 1998, v. 1, p. 234.

56. Nota em VALVERDE, Trajano de Miranda. *Comentários à lei de falências*. 4. ed. Rio de Janeiro: Forense Universitária, 1999, v. 1, p. 396.

57. STJ – REsp 246689/SP, Rel. Ministro WALDEMAR ZVEITER, TERCEIRA TURMA, julgado em 19-2-2001, *DJ* 2-4-2001, p. 290.

58. STJ – REsp 533.108/SP, Rel. Ministra NANCY ANDRIGHI, TERCEIRA TURMA, julgado em 2-12-2004, *DJ* 17-12-2004, p. 520; STJ – REsp 1662359/SP, Rel. Ministro MOURA RIBEIRO, TERCEIRA TURMA, julgado em 23-5-2017, DJe 1º-6-2017.

59. MAMEDE, Gladston. *Direito empresarial brasileiro*: falência e recuperação de empresas. 2. ed. São Paulo: Atlas, 2008, v. 4, p. 535.

derados ineficazes pela suspeita que eles trazem consigo. Quando o ato foi praticado pouco tempo antes da decretação da falência, o prejuízo ainda é menor, na medida em que será possível a restituição dos valores gastos pelos terceiros de boa-fé.

2.1.5 Reembolso de ações

Fora do art. 129 da Lei n. 11.101/2005, há mais uma hipótese de ineficácia objetiva prevista no art. 45, § 8º, da Lei n. 6.404/76, que se refere ao reembolso pago a acionistas. Em certos casos, será possível a declaração da ineficácia do reembolso efetuado, com o ressarcimento dos valores pagos para a massa falida. Embora a lei fale nesse caso de uma ação revocatória, acreditamos tratar-se de uma ineficácia objetiva, na medida em que não se discute a intenção das partes[60].

Quando o acionista exerce o direito de retirada, ele faz jus ao pagamento do reembolso de suas ações. E, em virtude de quaisquer problemas, pode ocorrer que a companhia não tenha valores disponíveis para efetuar tal reembolso, devendo fazê-lo às custas do capital social. Neste caso, a sociedade tem 120 dias, contados da ata da assembleia (art. 45, § 6º, da Lei n. 6.404/76), para substituir os acionistas que se retiraram, reintegrando o valor do capital social. Não havendo tal substituição, impõe-se a redução do capital social.

Se, neste caso de não substituição dos acionistas e redução do capital social, for decretada a falência e a massa não bastar para o pagamento dos créditos mais antigos, caberá a restituição do reembolso pago com redução do capital social, até a concorrência do que remanescer dessa parte do passivo. A restituição será havida, na mesma proporção, de todos os acionistas cujas ações tenham sido reembolsadas.

2.2 Declaração judicial de ineficácia

Como já mencionado, na ineficácia objetiva não há necessidade de provar má-fé ou fraude das partes, basta o enquadramento em uma das hipóteses previstas no referido art. 129 da Lei n. 11.101/2005. Assim, ocorrendo qualquer um dos casos mencionados, será declarada a ineficácia do ato, vale dizer, embora a ineficácia exista de pleno direito, ela precisa ser declarada judicialmente[61]. Contudo, pela desnecessidade de prova de fraude, não se exige uma ação própria para esse tipo de ineficácia, que poderá ser reconhecida de ofício pelo juiz, alegada em defesa, ou mediante ação própria ou incidentalmente no curso da falência. Há uma equiparação desses casos com a fraude à execução (CPC/2015 – art. 792), cujo reconhecimento também dispensa uma ação própria.

---

60. CAMPOS BATALHA, Wilson de Souza; RODRIGUES NETTO, Nelson; RODRIGUES NETTO, Sílvia Maria Labate Batalha. *Comentários à lei de recuperação judicial de empresas e falência*. 4. ed. São Paulo: LTr, 2007, p. 194.

61. FAVIER-DUBOIS, Eduardo M. *Concursos y quiebras*. Buenos Aires: Errepar, 2003, p. 242.

2.2.1 Ação declaratória de ineficácia

Embora não seja necessária, nada impede que se ajuíze uma ação específica para declarar a ineficácia objetiva. Nesse caso, tal ação poderá ser proposta pelo administrador judicial, por qualquer credor ou pelo Ministério Público, fazendo-se uma aplicação analógica do art. 132 da Lei n. 11.101/2005. Indiscutivelmente, poderão ser réus dessa ação as pessoas que participaram do ato, independentemente da sua boa-fé. A mesma ideia vale para os sucessores dessas pessoas que participaram do ato. Já no que tange aos terceiros adquirentes, a questão enseja maiores cuidados.

No regime anterior, tal ação era expressamente admitida contra os terceiros adquirentes, também independentemente da sua boa-fé. Apesar do silêncio da atual legislação, Sérgio Campinho afirma que a ação poderá abranger também os terceiros adquirentes, dada a objetividade da ineficácia[62]. Com efeito, a objetividade dessa declaração de ineficácia que independe de prova de fraude ou mesmo da ciência do estado de insolvência do devedor denota a possibilidade de alcançar mesmo terceiros. Contudo, acreditamos que o silêncio da lei deve ser interpretado em outro sentido. A nosso ver, os terceiros adquirentes a título gratuito serão sempre atingidos, mas os terceiros adquirentes a título oneroso não devem ser sacrificados, a menos que já tivessem a ciência do estado falimentar à época[63]. Não haverá prejuízo para a massa falida nessa exclusão, nem os terceiros que sequer guardaram relação com o falido.

Em todo caso, a ação será ajuizada perante o juízo falimentar, por se tratar de medida prevista na lei de falência e, por isso, atraída para o juízo universal e indivisível. Regulamente processada, a ação correrá pelo procedimento comum e raramente demandará a dilação probatória pela objetividade da ineficácia.

2.2.2 Prazo

Apesar do silêncio da legislação, alguns autores afirmam que para evitar inseguranças deve-se aplicar o mesmo prazo previsto para a ação revocatória do art. 130 da Lei n. 11.101/2005, isto é, um prazo decadencial de três anos contados da decretação da falência[64]. Outros autores afirmam, porém, que não há que se falar em decadência do direito de

---

62. CAMPINHO, Sérgio. *Falência e recuperação de empresa*: o novo regime de insolvência empresarial. 3. ed. Rio de Janeiro: Renovar, 2008, p. 381. No mesmo sentido: VASCONCELOS, Ronaldo. *Direito processual falimentar*. São Paulo: Quartier Latin, 2008, p. 338.

63. PAJARDI, Piero. *Manuale di diritto fallimentare*. 6. ed. Milano: Giuffrè, 2002, p. 355.

64. SZTAJN, Rachel; FRANCO, Vera Helena de Mello. *Falência e recuperação da empresa em crise*. São Paulo: Campus, 2008, p. 169; THEODORO JÚNIOR, Humberto; FARIA, Juliana Cordeiro de. In: CORRÊA-LIMA, Osmar Brina; CORRÊA LIMA, Sérgio Mourão (Coord.). *Comentários à nova lei de falência e recuperação de empresas*. Rio de Janeiro: Forense, 2009, p. 946; VASCONCELOS, Ronaldo. *Direito processual falimentar*. São Paulo: Quartier Latin, 2008, p. 338.

ajuizar tal ação[65], na medida em que a lei silencia sobre o tema. De fato, como a ação sequer é necessária, não se pode falar em um prazo fatal para tal pedido de ineficácia e, por isso, acreditamos que ela poderá ser requerida até a extinção das obrigações do falido[66].

Francesco Vassali afirma que a ação nesse caso não constitui um meio para fazer valer um direito, mas apenas para remover um obstáculo ao exercício do poder executivo e, por isso, não se deveria cogitar de prazo para o exercício da ação, salvo em situações excepcionais expressamente previstas pela legislação[67]. Não se pode cogitar sequer de uma aplicação analógica do prazo da ação revocatória, uma vez que a exceção não deve ser estendida para tais situações. Portanto, pela natureza da ação, pela impossibilidade da aplicação analógica e pelo silêncio da lei, pode-se concluir que não há prazo específico para o pedido de ineficácia objetiva, que poderá ser formulado até a extinção das obrigações.

2.2.3 A decisão declaratória de ineficácia

Com a declaração da ineficácia do ato, as partes deverão retornar ao estado anterior, com a restituição do que saiu do patrimônio do devedor, bem como deve ser restabelecida a situação anterior entre os credores. Por aplicação analógica do art. 135 da Lei n. 11.101/2005, deve-se dar ao terceiro a possibilidade de optar pela restituição em espécie ou pelo pagamento do valor atualizado do bem.

O terceiro de boa-fé terá direito à restituição dos bens ou valores gastos nos atos que forem declarados objetivamente ineficazes. Essa restituição se dá fora do quadro de credores, permitindo que os terceiros de boa-fé não sejam prejudicados. Ademais, configurada a boa-fé, o terceiro tem a possibilidade de pleitear perdas e danos contra o devedor e seus garantidores por meio de ação própria.

2.2.4 Recurso

No caso de ajuizamento da ação revocatória, da sentença em tal processo caberá recurso de apelação a ser recebido no efeito suspensivo (CPC/2015 – art. 1012), tendo

---

65. VIGIL NETO, Luiz Inácio. *Teoria falimentar e regimes recuperatórios*. Porto Alegre: Livraria do Advogado, 2008, p. 267; CAMPINHO, Sérgio. *Falência e recuperação de empresa*: o novo regime de insolvência empresarial. 3. ed. Rio de Janeiro: Renovar, 2008, p. 382; SIMIONATO, Frederico A. Monte. *Tratado de direito falimentar*. Rio de Janeiro: Forense, 2008, p. 560; SOUZA, Bernardo Pimentel. *Direito processual empresarial*. Salvador: JusPodivm, 2008, p. 234; PATTI, Adriano. Gli effetti del fallimento sugli atti pregiudizievoli per i creditori. In: DI PEPE, Giorgio Schiano (Coord.). *Il diritto fallimentare riformato*. Padova: CEDAM, 2007, p. 180.

66. BEZERRA FILHO, Manoel Justino. *Lei de recuperação de empresas e falências comentada*. 6. ed. São Paulo: Revista dos Tribunais, 2009, p. 281.

67. VASSALI, Francesco. *Diritto fallimentare*. Torino: Giappichelli, 1997, v. 2, t. 1, p. 15-17.

em vista a ausência de exceção ao regime geral do recurso de apelação[68]. Há quem, porém, pretenda manter o regime anterior com o recebimento do recurso apenas no efeito devolutivo[69], o que, a nosso ver, não encontra fundamento na atual legislação. Caso a declaração de ineficácia seja feita nos próprios autos da falência, acreditamos que deverá ser interposto o recurso de agravo de instrumento[70], similar ao que ocorre com a fraude à execução, uma vez que o processo não deve parar.

3 Ineficácia subjetiva

A par da ineficácia prevista no art. 129 da Lei n. 11.101/2005, o art. 130 da mesma lei prevê a possibilidade de declaração de ineficácia dos atos fraudulentos praticados pelo falido anteriormente à falência. Apesar de se falar em revogação, deve-se entender essa revogação como um caso de ineficácia[71] e não de nulidade[72] ou anulabilidade[73], uma vez

---

68. CAMPOS BATALHA, Wilson de Souza; RODRIGUES NETTO, Nelson; RODRIGUES NETTO, Sílvia Maria Labate Batalha. *Comentários à lei de recuperação judicial de empresas e falência*. 4. ed. São Paulo: LTr, 2007, p. 197; THEODORO JÚNIOR, Humberto; FARIA, Juliana Cordeiro de. In: CORRÊA-LIMA, Osmar Brina; CORRÊA LIMA, Sérgio Mourão (Coord.). *Comentários à nova lei de falência e recuperação de empresas*. Rio de Janeiro: Forense, 2009, p. 954; SANTOS, Francisco Cláudio de Almeida. A ação revocatória na nova lei de recuperação de empresas e de falências. In: SANTOS, Paulo Penalva (Coord.). *A nova lei de falências e de recuperação de empresas*: Lei 11.101/2005. Rio de Janeiro: Forense, 2006, p. 346.

69. PERIN JÚNIOR, Écio. *Curso de direito falimentar e recuperação de empresas*. 3. ed. São Paulo: Método, 2006, p. 289; MARTIN, Antonio. In: SOUZA JÚNIOR, Francisco Sátiro de; PITOMBO, Antônio Sérgio de A. de Moraes (Coord.). *Comentários à Lei de recuperação de empresas e falência*. São Paulo: Revista dos Tribunais, 2005, p. 472; SZTAJN, Rachel; FRANCO, Vera Helena de Mello. *Falência e recuperação da empresa em crise*. São Paulo: Campus, 2008, p. 170; SIMIONATO, Frederico A. Monte. *Tratado de direito falimentar*. Rio de Janeiro: Forense, 2008, p. 586; OLIVEIRA, Celso Marcelo de. *Comentários à nova lei de falências*. São Paulo: IOB, 2005, p. 519.

70. VASCONCELOS, Ronaldo. *Direito processual falimentar*. São Paulo: Quartier Latin, 2008, p. 336; CAMPINHO, Sérgio. *Falência e recuperação de empresa*: o novo regime de insolvência empresarial. 3. ed. Rio de Janeiro: Renovar, 2008, p. 383.

71. COELHO, Fábio Ulhoa. Comentários à nova lei de falências e de recuperação de empresas. São Paulo: Saraiva, 2005, p. 354; SPINELLI, Andréa Martins Ramos. Falência – disposições gerais – inovações e procedimento. In: MACHADO, Rubens Approbato. *Comentários à nova lei de falências e recuperação de empresas*. São Paulo: Quartier Latin, 2005, p. 211; TEPEDINO, Ricardo. In: TOLEDO, Paulo F. C. S. de; ABRÃO, Carlos Henrique (Coord.). *Comentários à lei de recuperação de empresas e falência*. São Paulo: Saraiva, 2005, p. 358; LOBATO, Moacyr. *Falência e recuperação*. Belo Horizonte: Del Rey, 2007, p. 252; PERIN JÚNIOR, Écio. *Curso de direito falimentar e recuperação de empresas*. 3. ed. São Paulo: Método, 2006, p. 275; THEODORO JÚNIOR, Humberto; FARIA, Juliana Cordeiro de. In: CORRÊA-LIMA, Osmar Brina; CORRÊA LIMA, Sérgio Mourão (Coord.). *Comentários à nova lei de falência e recuperação de empresas*. Rio de Janeiro: Forense, 2009, p. 903; NEGRÃO, Ricardo. *Manual de direito comercial e de empresa*. 5. ed. São Paulo: Saraiva, 2010, v. 3, p. 519; AMBROSINI, Stefano; CAVALLI, Stefano; JORIO, Alberto. *Trattato di diritto commerciale*. Pádova: CEDAM, 2009, v. XI, t. 2, p. 394.

72. BEZERRA FILHO, Manoel Justino. *Lei de recuperação de empresas e falências comentada*. 6. ed. São Paulo: Revista dos Tribunais, 2009, p. 270.

73. SZTAJN, Rachel; FRANCO, Vera Helena de Mello. *Falência e recuperação da empresa em crise*. São Paulo: Campus, 2008, p. 166.

que a intenção aqui é apenas evitar que tais atos produzam efeitos em face da massa falida. Apesar da diferença terminológica, nesta hipótese também se está diante da ineficácia de atos praticados pelo falido.

Nesse caso da ineficácia subjetiva, o ajuizamento da ação é essencial, não sendo possível a revogação de ofício dos atos praticados. Tal ação é chamada de ação revocatória e seu próprio nome reforça a ideia de se tratar apenas de um caso de ineficácia e não nulidade. A palavra *revocatória* tem sua origem não na palavra *revogar*, mas na palavra *revocar*, que significa chamar para trás, mandar voltar, denotando a ideia de uma simples ineficácia e não de uma invalidade[74].

3.1 Cabimento

Ao contrário da ineficácia objetiva, o cabimento da ineficácia subjetiva se dirige contra fraudes perpetradas pelo devedor. Pela necessidade de prova dessa fraude, torna-se essencial o ajuizamento de uma ação revocatória para reconhecer a ineficácia de tais atos. Carvalho de Mendonça enumera uma série de atos nos quais haveria esse elemento característico da fraude, como as alienações fraudulentas sem pagamento do preço, salvo se o dinheiro já estivesse com o devedor; as transações realizadas de má-fé, a quitação sem pagamento real; as transferências de bens para nomes de terceiros; a renúncia a direitos; o abandono de coisas, entre outros[75]. Em todo caso, exige-se a prova do conluio entre o devedor e o terceiro contratante (*consilium fraudis*), bem como o prejuízo da massa falida (*eventus damni*) para essa declaração de ineficácia.

O conluio aqui é caracterizado pela simples ciência de que os atos praticados podem causar danos. No caso do falido, essa ciência é comprovada pelo comportamento do devedor que cria ou agrava seu estado de insolvência. Já para o terceiro, o conluio é configurado pelo conhecimento efetivo ou presumido do estado de insolvência do devedor falido[76].

Obviamente, esse conhecimento normalmente é demonstrado apenas de forma indireta, dada a impossibilidade de aferir o real estado das partes. Carvalho de Mendonça apresenta indícios que denotariam a existência do conluio, como: a clandestinidade do ato; a continuação dos bens alienados na posse do devedor, quando deveriam passar para terceiro; a falta de causa; o preço vil; a proximidade da falência; a alienação de todo o patrimônio do devedor; a multiplicação de atos para encobrir a verdade; a compra de bens realizada por quem não está na livre administração do seu patrimônio; e o paren-

---

74. REQUIÃO, Rubens. *Curso de direito falimentar*. 17. ed. São Paulo: Saraiva, 1998, v. 1, p. 191.

75. CARVALHO DE MENDONÇA, J. X. *Tratado de direito comercial brasileiro*. 7. ed. Rio de Janeiro: Freitas Bastos, 1964, v. VII, p. 549.

76. AMBROSINI, Stefano; CAVALLI, Stefano; JORIO, Alberto. *Trattato di diritto commerciale*. Padova: CEDAM, 2009, v. XI, t. 2, p. 393; THEODORO JÚNIOR, Humberto; FARIA, Juliana Cordeiro de. In: CORRÊA-LIMA, Osmar Brina; CORRÊA LIMA, Sérgio Mourão (Coord.). *Comentários à nova lei de falência e recuperação de empresas*. Rio de Janeiro: Forense, 2009, p. 937.

tesco ou afinidade entre o devedor e o terceiro. Embora úteis, deve-se ter em mente que são apenas indícios do conluio, o qual deverá ser verificado no caso concreto.

Além do conluio, deve estar presente o prejuízo para que se possa buscar a ineficácia subjetiva. Esse prejuízo decorre da própria insolvência do devedor do falido e se presume absolutamente[77] com a decretação da falência. A existência da falência, por si, é capaz de demonstrar os prejuízos decorrentes de atos fraudulentos praticados pelo falido. A existência de credores insatisfeitos é suficiente para essa comprovação.

O STJ decidiu que ocorreu fraude na partilha levada a efeito em separação consensual com desequilíbrio nos bens atribuídos aos ex-cônjuges[78]. Em caso similar, o mesmo STJ reconheceu a fraude em uma separação na qual os ex-cônjuges acordaram uma partilha de bens visando exclusivamente a reservar os bens de real valor para que, posteriormente, ambos os réus pudessem deles usufruir[79]. Desistências de ações com o recebimento de valores muito baixos também foram consideradas fraudulentas para os fins dessa ineficácia[80].

3.2 Legitimidade e competência

Como a referida ação revocatória protege os interesses da massa falida, a princípio, ela deve ser ajuizada pela massa falida representada pelo administrador judicial e, na Itália, essa é a única legitimação atribuída[81]. Contudo, no Brasil, a lei atribui legitimidade ativa não só para o administrador judicial, mas também para os credores e para o Ministério Público que, neste caso, também defenderão os interesses da massa falida, numa espécie de substituição processual. Apesar disso, não há qualquer ordem de preferência entre eles, vale dizer, a legitimidade no atual regime é concorrente.

No polo passivo da ação revocatória, devem figurar todas as partes do ato, cuja ineficácia deve ser declarada. A princípio, falamos aqui do falido e da pessoa que participou diretamente do negócio cuja ineficácia será declarada. O STJ, porém, afirmou que, "com a decretação da quebra, há a perda da legitimação ativa e passiva do falido, para atuar na ação revocatória falimentar, como consequência lógica da impossibilidade de dispor de seus patrimoniais passam a ser geridos e representados pelo síndico da massa

77. TEPEDINO, Ricardo. In: ABRÃO, Carlos Henrique; TOLEDO, Paulo F. C. Salles de (Coord.). *Comentários à lei de recuperação de empresas e falência*. 4. ed. São Paulo: Saraiva, 2010, p. 474; CAMPINHO, Sérgio. *Falência e recuperação de empresa*: o novo regime de insolvência empresarial. 3. ed. Rio de Janeiro: Renovar, 2008, p. 372.

78. STJ – REsp 151.305/SP, Rel. Ministro BARROS MONTEIRO, QUARTA TURMA, julgado em 18-10-2005, *DJ* 12-12-2005, p. 386.

79. STJ – REsp 518.678/RJ, Rel. Ministra NANCY ANDRIGHI, TERCEIRA TURMA, julgado em 16-10-2007, *DJ* 29-10-2007, p. 216.

80. TJRS – Apelação Cível n. 70022670285, Quinta Câmara Cível, Relator: Leo Lima, Julgado em 13-5-2009.

81. AMBROSINI, Stefano; CAVALLI, Stefano; JORIO, Alberto. *Trattato di diritto commerciale*. Padova: CEDAM, 2009, v. XI, t. 2, p. 465.

falida"[82]. De fato, não há muito sentido no ajuizamento dessa ação contra o devedor, uma vez que seu objetivo é o benefício da própria massa falida[83].

Além das partes que figuraram no ato, também poderão ser réus da ação revocatória seus sucessores e as pessoas que se beneficiaram desse ato, independentemente de participação na fraude[84]. Os terceiros adquirentes também podem ser réus, se tinham conhecimento, ao se criar o direito, da intenção do devedor de prejudicar os credores (Lei n. 11.101/2005 – art. 133), ou seja, se prova sua má-fé, pois devem ser resguardados os interesses dos terceiros de boa-fé[85].

3.3 Prazo

A ação revocatória deve ser ajuizada no prazo decadencial[86] de três anos, contados da decretação da falência (Lei n. 11.101/2005 – art. 132). Manoel Justino Bezerra Filho afirma que um entendimento com grande probabilidade de prevalecimento é no sentido de que tal prazo correria a partir da ciência do ato fraudulento, salvo se já houvesse essa ciência no momento da decretação da falência[87]. A nosso ver, porém, tal interpretação não se justifica, porque se trata de uma questão de ineficácia e não de uma questão de anulação ou nulidade do ato.

Humberto Theodor Júnior e Juliana Cordeiro de Faria afirmam a imprestabilidade da ação revocatória, após o decurso do prazo da ação de anulação por fraude contra credores[88]. Contudo, reitere-se que a hipótese aqui discutida é uma hipótese de ineficácia e, por isso,

---

82. STJ – REsp 764.815/RJ, Rel. Ministro JOÃO OTÁVIO DE NORONHA, QUARTA TURMA, julgado em 5-11-2009, *DJe* 23-11-2009. No mesmo sentido, ARAÚJO, José Francelino de. *Comentários à lei de falências e recuperação de empresas.* São Paulo: Saraiva, 2009, p. 278; PACHECO, José da Silva. *Processo de recuperação judicial, extrajudicial e falência.* 2. ed. Rio de Janeiro: Forense, 2007, p. 322; TEPEDINO, Ricardo. In: ABRÃO, Carlos Henrique; TOLEDO, Paulo F. C. Salles de (Coord.). *Comentários à lei de recuperação de empresas e falência.* 4. ed. São Paulo: Saraiva, 2010, p. 480; CAMPINHO, Sérgio. *Falência e recuperação de empresa*: o novo regime de insolvência empresarial. 3. ed. Rio de Janeiro: Renovar, 2008, p. 381; AMBROSINI, Stefano; CAVALLI, Stefano; JORIO, Alberto. *Trattato di diritto commerciale.* Padova: CEDAM, 2009, v. XI, t. 2, p. 467.

83. CARVALHO DE MENDONÇA, J. X. *Tratado de direito comercial brasileiro.* 7. ed. Rio de Janeiro: Freitas Bastos, 1964, v. VII, p. 551.

84. MAMEDE, Gladston. *Direito empresarial brasileiro*: falência e recuperação de empresas. 2. ed. São Paulo: Atlas, 2008, v. 4, p. 538.

85. STJ – REsp 1567492/RJ, Rel. Ministro MOURA RIBEIRO, TERCEIRA TURMA, julgado em 25-10-2016, DJe 7-11-2016.

86. CAMPOS BATALHA, Wilson de Souza; RODRIGUES NETTO, Nelson; RODRIGUES NETTO, Sílvia Maria Labate Batalha. *Comentários à lei de recuperação judicial de empresas e falência.* 4. ed. São Paulo: LTr, 2007, p. 196.

87. BEZERRA FILHO, Manoel Justino. *Lei de recuperação de empresas e falências comentada.* 6. ed. São Paulo: Revista dos Tribunais, 2009, p. 280-281.

88. THEODORO JÚNIOR, Humberto; FARIA, Juliana Cordeiro de. In: CORRÊA-LIMA, Osmar Brina; CORRÊA LIMA, Sérgio Mourão (Coord.). *Comentários à nova lei de falência e recuperação de empresas.* Rio de Janeiro: Forense, 2009, p. 947. No mesmo sentido, SANTOS, Francisco Cláudio de Almeida. A ação revo-

tal prazo não se confunde com o prazo de 4 anos contados da celebração do negócio jurídico para anulação de atos fraudulentos (CC – art. 178, II). Mesmo se o ato foi convalidado pelo decurso do tempo sem impugnação, ele ainda pode ter sua ineficácia declarada, uma vez que o prazo de três anos é contado da decretação da falência e não da data do ato.

3.4 Processamento, decisão e recurso

Ajuizada a ação dentro do prazo, ela correrá pelo procedimento comum, com a citação dos legitimados passivos para apresentar defesa no prazo de 15 dias, seguindo-se da réplica e da produção de provas, se for o caso, não se cogitando de possibilidade de conciliação. Dessa forma, não há que se cogitar de citação para audiência de conciliação, pois se trata de causa que não admite autocomposição (CPC/2015 – art. 334, § 4º, II). Após a devida instrução, caberá ao juiz decidir a ação. Da sentença em tal processo, caberá recurso de apelação a ser recebido no efeito suspensivo (CPC/2015 – art. 1.012), tendo em vista a ausência de exceção ao regime geral do recurso de apelação.

Em caso de procedência, o juiz declarará a ineficácia do ato e determinará que as partes retornem ao estado anterior, com a restituição em espécie do que saiu do patrimônio do devedor ou o valor de mercado desses bens. A princípio, estabelece-se uma opção para o réu da ação, isto é, ele é quem decidirá se restitui o próprio bem ou o seu valor atual[89]. Por se tratar de uma ação de caráter pessoal, não é essencial a restituição em espécie. Em todo caso, deverá haver o acréscimo das perdas e danos causados à massa falida em razão do ato praticado.

O terceiro atingido pela declaração de ineficácia terá direito ao recebimento dos valores eventualmente gastos no ato declarado ineficaz[90]. Contudo, nesse caso, não se cogita aqui de pedido de restituição dos valores gastos pelos terceiros, uma vez que tal possibilidade depende da boa-fé do terceiro e, nesse caso, pela necessidade da prova de fraude, não há boa-fé a ser tutelada. Assim sendo, os valores gastos pelo terceiro deverão ser objeto de habilitação e inclusão no quadro de credores na classe correspondente, normalmente como credor quirografário, sem cogitar de perdas e danos em razão da má-fé inerente ao ato fraudulento.

4 Sequestro

Para assegurar o resultado útil da declaração de ineficácia, o juiz poderá determinar o sequestro dos bens retirados do patrimônio do devedor que estejam em poder de ter-

---

catória na nova lei de recuperação de empresas e de falências. In: SANTOS, Paulo Penalva (Coord.). *A nova lei de falências e de recuperação de empresas*: Lei 11.101/2005. Rio de Janeiro: Forense, 2006, p. 343.

89. SATTA, Salvatore. *Istituzioni di diritto falimentare*. 3. ed. Roma: Foro Italiano, 1949, p. 185; TEPEDINO, Ricardo. In: ABRÃO, Carlos Henrique; TOLEDO, Paulo F. C. Salles de (Coord.). *Comentários à lei de recuperação de empresas e falência*. 4. ed. São Paulo: Saraiva, 2010, p. 481.

90. SATTA, Salvatore. *Istituzioni di diritto falimentare*. 3. ed. Roma: Foro Italiano, 1949, p. 186.

ceiro (Lei n. 11.101/2005 – art. 137). Trata-se de medida eminentemente cautelar que visa a evitar o perecimento ou o desaparecimento de bens que retornariam à massa falida em caso de declaração de ineficácia. Aqui, trata-se efetivamente do sequestro cautelar previsto no art. 301 do CPC/2015, uma vez que se quer apenas proteger o bem de eventual perecimento.

Embora o dispositivo fale nesse sequestro como medida preventiva para a ação cautelar, acreditamos que nada impeça que tal medida seja também ajuizada de forma incidental no curso da ação revocatória. Outrossim, mesmo na ineficácia objetiva que independe de uma ação revocatória, o sequestro também é admissível, tendo em vista os próprios objetivos dessa medida.

5 Securitização de recebíveis

A fim de proteger a realização de certas operações, a nossa legislação afasta da incidência da ineficácia, seja objetiva, seja subjetiva, o ato de cessão de créditos para companhias securitizadoras, quando a ineficácia possa ser declarada em prejuízo dos direitos dos portadores de valores mobiliários emitidos pelo securitizador (Lei n. 11.101/2005 – art. 136, § 1º). Reitere-se que a ideia dessa imunidade é dar segurança a esse tipo de operação, que é extremamente importante na atual economia.

A expressão *securitização* vem do termo *securities* do direito norte-americano, que significa "um termo geral que inclui não apenas valores mobiliários tradicionais como ações e debêntures, mas também uma variedade de participações que envolvem um investimento com um retorno primariamente ou exclusivamente dependente dos esforços de outra pessoa, que não o investidor"[91]. No Brasil, o melhor seria o uso do termo *titularização*[92] e não securitização, dada a ausência do uso da expressão *securities* no país. Ela tem três funções fundamentais: mobilizar riquezas, dispersar riscos e desintermediar o processo de financiamento[93].

A securitização de recebíveis representa uma oportunidade de captação de recursos junto ao público, com a emissão de novos títulos representativos de certos créditos (recebíveis) que foram adquiridos. Trata-se, em última análise, do uso de créditos futuros para emissão de valores mobiliários negociáveis no mercado. A operação envolve três polos: a originadora, a securitizadora e o investidor[94].

---

91. HAMILTON, Robert W. *The law of corporations*. 5. ed. St. Paul: West Group, 2000, p. 666, tradução livre de "*is a general term that includes not only traditional securities such as shares of stock, bonds, and debentures, but also a variety of interests that involve an investment with the return primarily or exclusively dependent on the efforts of a person other than the investor*".

92. CHAVES, Maria Cristina. *Direito empresarial*: securitização de créditos. Belo Horizonte: Del Rey, 2006, p. 47.

93. CAMINHA, Uinie. *Securitização*. São Paulo: Saraiva, 2005, p. 38.

94. CHAVES, Maria Cristina. *Direito empresarial*: securitização de créditos. Belo Horizonte: Del Rey, 2006, p. 133-137.

A originadora é o empresário ou qualquer pessoa interessada na captação de recursos no mercado, mas que, por si só, não consegue ter acesso a tal mecanismo, apesar de possuir créditos a receber (recebíveis). Nessa situação, ela (originadora) transfere seus créditos à securitizadora, que é uma sociedade de propósito específico (SPE), ou seja, que se destina apenas ao exercício dessa atividade. Esse tipo de ato é imune à declaração de ineficácia.

A securitizadora, tendo por lastro os créditos adquiridos, emitirá títulos e valores mobiliários, que serão oferecidos ao público (investidor) no mercado de capitais[95]. Com os recursos captados junto ao público (investidor), a securitizadora pagará à originadora o valor dos créditos transferidos, com um pequeno deságio[96], sem o qual a operação seria inviável. Tal pagamento poderá, convencionalmente, ser até antecipado. Os créditos passam a pertencer à própria securitizadora. Indiretamente, esses créditos também pertencem aos investidores, que terão seus rendimentos diretamente ligados a esses recebíveis[97].

Em última análise, a originadora conseguirá captar os recursos no mercado, por meio de uma antecipação de seus recebíveis. O custo dessa captação é menor porque a securitizadora é uma sociedade de propósito específico (SPE) e, nessa condição, não possui maiores passivos ou ativos. O risco para o investidor é relativamente baixo e consistirá no mesmo risco dos créditos recebíveis. Os títulos emitidos pela securitizadora são títulos de aceitação pelo mercado, pois não envolvem os mesmos riscos da originadora[98].

Como a ideia da segregação de riscos e captação de recursos no mercado exige segurança, a legislação houve por bem afastar a possibilidade de declaração de ineficácia dos atos de cessão praticados nessa operação em prejuízo dos investidores. Registre-se que a imunidade dessa operação abrange tanto a ineficácia objetiva quanto a ineficácia subjetiva. A ideia é dar segurança ao mercado e, consequentemente, permitir que tal atividade possa ser desenvolvida com segurança.

---

95. GAGGINI, Fernando Schwarz. *Securitização de recebíveis*. São Paulo: LEUD, 2003, p. 19.

96. YAZBEK, Otávio. O risco de crédito e os novos instrumentos: uma análise funcional. In: WAISBERG, Ivo; FONTES, Marcos Rolim Fernandes (Coord.). *Contratos bancários*. São Paulo: Quartier Latin, 2006, p. 323.

97. GAGGINI, Fernando Schwarz. *Securitização de recebíveis*. São Paulo: LEUD, 2003, p. 20.

98. YAZBEK, Otávio. O risco de crédito e os novos instrumentos: uma análise funcional. In: WAISBERG, Ivo; FONTES, Marcos Rolim Fernandes (Coord.). *Contratos bancários*. São Paulo: Quartier Latin, 2006, p. 323; GAGGINI, Fernando Schwarz. *Securitização de recebíveis*. São Paulo: LEUD, 2003, p. 21.

25 PEDIDO DE RESTITUIÇÃO E EMBARGOS DE TERCEIRO

1 Ajustes na apuração do ativo

Tendo em vista a natureza executiva do processo falimentar, a fase mais importante sob o ponto de vista prático é a fase de apuração do ativo, na qual se inserem as ações de responsabilidade, a arrecadação e a ineficácia dos atos praticados pelo falido. Com o intuito de obter o melhor resultado possível nessa fase, a lei impõe certas medidas que podem exigir ajustes posteriores, a fim de não prejudicar terceiros. Em outras palavras, as medidas de apuração do ativo tendem a buscar o maior número possível de bens para compor a massa falida, contudo, os excessos decorrentes de tais medidas devem ser controlados.

Nesse intuito da melhor apuração do ativo, são arrecadados e entram para a massa falida todos os bens que estejam em poder do falido, mesmo que não lhe pertençam, a fim de evitar o desaparecimento de bens em detrimento dos interesses dos credores. De forma similar, são declarados ineficazes atos praticados pelo falido, independentemente da intenção das partes e dos valores despendidos por terceiros de boa-fé.

Naturalmente, os terceiros atingidos por tais medidas não podem ser prejudicados e, por isso, a legislação lhes protege, assegurando a possibilidade de ajuizamento do pedido de restituição e dos embargos de terceiro. Os pedidos de restituição representam ações com o objetivo de retirar bens, inclusive imóveis e dinheiro, da massa falida formada com a decretação da falência. Já os embargos de terceiro serão usados contra medidas de apreensão tomadas pelo administrador judicial, a fim de evitar que elas se concretizem.

2 Pedido de restituição

Como já mencionado, os pedidos de restituição representam ações judiciais para retirada de bens, inclusive dinheiro, da massa falida. Em outras palavras, trata-se de uma ação que visa a corrigir a formação da massa falida, retirando bens que ali não deveriam estar. A princípio, essa medida pode abranger bens móveis ou imóveis, corpóreos ou incorpóreos, fungíveis ou infungíveis, não havendo qualquer limite. No direito francês, a reivindicação se limita aos bens móveis[1], assim como no direito italiano

1. JANTIN, Michel; LE CANNU, Paul. *Droit commercial:* entreprises en difficulté. 7. ed. Paris: Dalloz, 2007, p. 453.

anteriormente à reforma[2]. Com a reforma, no direito italiano a restituição também pode abranger bens imóveis[3].

Não se trata de uma proteção especial a certos credores, mas apenas de correções na formação da massa falida, tanto que os titulares desses direitos não concorrem com os credores do falido. Os valores que sairão da massa falida serão pagos independentemente de os credores do falido receberem alguma coisa, porquanto reitere-se que os titulares desta não são credores[4].

2.1 Cabimento

Os pedidos de restituição sempre têm a mesma natureza e o mesmo objetivo. Contudo, o fundamento a ser utilizado para tal pretensão pode variar. Em razão disso, podemos falar em pedido de restituição geral, pedido de restituição especial e pedido de restituição em dinheiro.

2.1.1 Pedido de restituição geral

Naturalmente, o fundamento mais natural para o pedido de restituição é o direito de propriedade sobre o bem que compõe a massa falida. Ora, se é o patrimônio do devedor que responde por suas obrigações, os bens que não integram esse patrimônio, por pertencerem a terceiros, não devem responder por suas obrigações. A princípio, esse pedido abrange bens materiais e imateriais[5], embora haja alguma resistência de parte da doutrina[6]. Em todo caso, o pedido de restituição geral servirá para retirar esses bens da massa falida. Por questões didáticas, limitaremos o pedido de restituição geral aos bens em espécie, deixando a restituição em dinheiro para o tópico específico.

Assim, o terceiro de boa-fé nos atos declarados ineficazes terá direito à restituição dos bens que foram entregues ao falido em razão do ato declarado ineficaz (Lei n. 11.101/2005 – art. 136). Se o ato foi declarado ineficaz, os bens entregues pelo terceiro

---

2. GUGLIELMUCCI, Lino. *Lezioni di diritto fallimentare*. 3. ed. Torino: Giappichelli, 2004, p. 253.

3. COSTA, Alessandra. L´accertamento del passivo e dei diritti personali e reali dei terzi su beni mobili e immobili. In: DI PEPE, Giorgio Schiano (Coord.). *Il diritto fallimentare riformato*. Padova: CEDAM, 2007, p. 350.

4. SIMIONATO, Frederico A. Monte. *Tratado de direito falimentar*. Rio de Janeiro: Forense, 2008, p. 606.

5. REQUIÃO, Rubens. *Curso de direito falimentar*. 17. ed. São Paulo: Saraiva, 1998, v. 1, p. 282.

6. VALVERDE, Trajano de Miranda. *Comentários à lei de falências*. 4. ed. Rio de Janeiro: Forense Universitária, 1999, v. 2, p. 34; ANDRADE, Jorge Pereira. *Manual de falências e concordatas*. São Paulo: Atlas, 1996, p. 150-151; PACHECO, José da Silva. *Processo de falência e concordata*. 13. ed. Rio de Janeiro: Forense, 2004, p. 416; LACERDA, J. C. Sampaio de. *Manual de direito falimentar*. Atualizada por Jorge de Miranda Magalhães. 14. ed. Rio de Janeiro: Freitas Bastos, 1999, p. 168.

já não deveriam compor a massa falida e, por isso, são passíveis de restituição. A ideia é sempre a mesma, retirar da massa falida aqueles bens que não devem responder pelas obrigações do falido.

Do mesmo modo, os proprietários de bens que foram arrecadados ou que estavam em poder do falido no dia da decretação da falência têm o direito de pedir a restituição dos bens que lhes pertencem (Lei n. 11.101/2005 – art. 85, *caput*). Assim, se o falido é locatário de certo bem e ele foi arrecadado, caberá ao proprietário pedir a restituição desse bem, na medida em que ele não deve responder pelas obrigações do falido. Dessarte, nos contratos de arrendamento em geral, de compra e venda com reserva de domínio e de comodato, os bens que não pertencem ao falido devem ser restituídos. Também nos contratos de consignação é cabível a restituição, uma vez que a propriedade da coisa entregue para venda não é transferida ao consignatário[7]. Para os contratos de alienação fiduciária em garantia, *leasing* e para o depósito, faremos um detalhamento maior.

2.1.1.1 Alienação fiduciária em garantia

De forma similar, estão os proprietários dos bens objeto de alienação fiduciária em garantia, que ocorre quando o devedor transmite ao credor a propriedade de um bem, sob a condição resolutiva do pagamento da obrigação garantida, reservando-se a posse direta. Em outras palavras, o devedor aliena para o credor um bem, que ele adquiriu ou que já constava do seu patrimônio, em garantia de determinada obrigação. Caso a obrigação seja paga, a propriedade plena retornará ao devedor. Caso a obrigação não seja paga, o credor poderá fazer recair os seus direitos sobre o bem, dado em garantia, que está na sua propriedade.

Atualmente, podemos falar em três tipos de alienação fiduciária: comum, especial e de imóveis[8]. A primeira é disciplinada pelo Código Civil (arts. 1.361 a 1.368) e terá por objeto qualquer bem móvel infungível. A segunda é a regida pela Lei n. 4.728/65 e pelo Decreto-lei n. 911/69, podendo abranger bens móveis fungíveis ou infungíveis, limitando-se, contudo, à garantia de operações realizadas no âmbito do mercado financeiro e de capitais, bem como em garantia de créditos fiscais e previdenciários. Por fim, a alienação fiduciária de imóveis é regida pela Lei n. 9.514/97, podendo ser utilizada em qualquer operação.

No caso de falência do devedor fiduciário, vale também o regime do contrato garantido. Caberá ao administrador judicial decidir pela continuação ou não do contrato garantido, seja ele bilateral ou unilateral. Caso não haja prosseguimento do contrato, o credor fiduciante, por ter a propriedade do bem, poderá realizar o pedido de restituição

7. STJ – REsp 710.658/RJ, Rel. Ministra NANCY ANDRIGHI, TERCEIRA TURMA, julgado em 6-9-2005, *DJ* 26-9-2005, p. 373.

8. MARIANI, Irineu. *Contratos empresariais*. Porto Alegre: Livraria do Advogado, 2007, p. 46.

para a retomada do bem e, obtendo a retomada, deverá promover sua alienação para a satisfação do seu crédito (Decreto-lei n. 911/69 – art. 7º). O eventual saldo positivo será remetido para a massa falida. Em caso de saldo negativo, deverá haver a habilitação do crédito. A mesma solução vale para os três tipos de alienação fiduciária.

2.1.1.2 Cessão fiduciária de direitos creditórios

A alienação fiduciária em garantia também pode envolver a transferência de direitos creditórios, sendo chamada nesse caso de cessão fiduciária de direitos creditórios. Por meio desse contrato, "opera-se a transferência ao credor da titularidade dos créditos cedidos, até a liquidação da dívida garantida"[9]. Em outras palavras, "transfere-se a propriedade resolúvel dos títulos de crédito ao credor fiduciário (endossatário-fiduciário), até a liquidação da dívida por eles garantida"[10].

A ideia é a mesma da alienação fiduciária, apenas envolvendo a cessão de créditos em garantia. Na hipótese de falência do devedor cedente, é assegurado ao cessionário o direito de pedir a restituição dos títulos representativos dos créditos (Lei n. 9.514/97 – art. 20), se a propriedade ainda não havia sido transferida. Apesar do mesmo objetivo, essa hipótese não se confunde com o endosso-caução, o qual é um endosso especial que transfere a posse do título a uma pessoa, em garantia de alguma obrigação. Neste caso, não há transferência da propriedade, nem de forma fiduciária.

2.1.1.3 *Leasing*

Em situação similar à da alienação fiduciária, está o arrendador mercantil, vale dizer, o credor do *leasing*. Neste contrato, "uma pessoa jurídica arrenda a uma pessoa física ou jurídica, por tempo determinado, um bem comprado pela primeira de acordo com as indicações da segunda, cabendo ao arrendatário a opção de adquirir o bem arrendado findo o contrato, mediante o pagamento de um preço residual"[11].

Há, aqui, algo muito similar a uma locação com opção de compra do bem locado.

Não há regra especial em relação aos efeitos da falência sobre o contrato de *leasing*. Dentro dessa perspectiva, vale a regra geral dos contratos bilaterais, isto é, caberá ao administrador judicial a decisão, seja o falido arrendador, seja o falido arrendatário. Havendo falência do arrendatário e sendo deliberada a não continuação do contrato, caberá ao arrendante a restituição do bem que ainda lhe pertence.

9. CAMPINHO, Sérgio. *Falência e recuperação de empresa*: o novo regime de insolvência empresarial. 3. ed. Rio de Janeiro: Renovar, 2008, p. 391.

10. FERNANDES, Jean Carlos. *Cessão fiduciária de títulos de crédito*: a posição do credor fiduciário na recuperação judicial da empresa. 2. ed. Rio de Janeiro: Lumen Juris, 2010, p. 172.

11. MARTINS, Fran. *Contratos e obrigações comerciais*. 15. ed. Rio de Janeiro: Forense, 2000, p. 449.

No caso de falência do arrendante, também vale a regra geral dos contratos bilaterais, isto é, caberá ao administrador judicial a decisão. Decidida a não continuação do contrato, se o falido for o arrendante, J. A. Penalva Santos entende que o devedor tem direito à aquisição do bem, uma vez que ele teria o "direito impostergável" de exercer a opção de compra[12]. Contudo, a nosso ver, esse direito não existe. No contrato de *leasing*, a propriedade se mantém com a arrendadora e, nessa condição, ele tem direito de reaver o bem que lhe pertence, no caso de não continuação do contrato. O máximo que se poderia admitir seria a restituição dos eventuais valores antecipadamente pagos a título de valor residual garantido[13].

2.1.1.4 Depósito

No contrato de depósito, "recebe o depositário um objeto móvel, para guardar, até que o depositante o reclame" (CC – art. 627). A princípio, tal contrato não transfere a propriedade da coisa depositada e, por isso, em caso de falência do depositário, o depositante, enquanto proprietário da coisa depositada, teria direito à restituição dos bens depositados. Tal regra é incontroversa, apenas no que tange ao depósito de bens infungíveis. Já no caso de depósito de bens fungíveis, a questão encontra alguma controvérsia.

O depósito de bens fungíveis (dinheiro, grãos...) no qual o depositário se obriga a devolver não os mesmos bens depositados, mas bens da mesma quantidade e qualidade, é chamado pela doutrina de depósito irregular, uma vez que foge ao padrão do depósito. Sendo um depósito irregular, ele segue as regras do mútuo (CC – art. 645) e, pelas regras do mútuo, os bens mutuados passam a ser de propriedade de mutuário (CC – art. 587), não havendo que se falar que o depositante tem a propriedade dos bens depositados. Assim, apesar do fim econômico diferente, o depósito irregular será equiparado ao mútuo e, por isso, a propriedade se transfere ao depositário[14]. Todavia, no caso do depósito de bens ainda fungíveis em armazéns gerais, o depósito será considerado regular[15].

Especificamente para a falência, Waldemar Ferreira já afirmou que, "nessas condições, o contratante de depósito irregular se equipara ao mutuante, na falência do mutuário, e se habilitará como credor quirografário, que é"[16]. Assim, no caso do depósito bancário de dinheiro (bem fungível), não se cogitaria de possibilidade da restituição, mas de habi-

---

12. PENALVA SANTOS, J. A. *Obrigações e contratos na falência*. 2. ed. Rio de Janeiro: Renovar, 2003, p. 80.

13. TJRJ – TERCEIRA CÂMARA CÍVEL – AP. **2001.001.13107** – DES. ANTONIO EDUARDO F. DUARTE – Julgamento: 26-3-2002.

14. MARTINS, Fran. *Contratos e obrigações comerciais*. 16. ed. Rio de Janeiro: Forense, 2010, p. 353; GONÇALVES, Carlos Roberto. *Direito civil brasileiro*. 6. ed. São Paulo: Saraiva, 2009, v. III, p. 379.

15. STJ – EREsp 396.699/RS, Rel. Ministro ARI PARGENDLER, Rel. p/ Acórdão Ministro FERNANDO GONÇALVES, SEGUNDA SEÇÃO, julgado em 10-12-2003, *DJ* 3-5-2004, p. 91.

16. FERREIRA, Waldemar. *Tratado de direito comercial*. São Paulo: Saraiva, 1966, v. 15, p. 106.

litação do depositante no quadro geral de credores, na condição de quirografário[17]. Dentro dessa linha de argumentação, o STJ já pacificou a orientação de que não cabe pedido de restituição[18] no depósito bancário, porquanto tal depósito é um depósito irregular, por envolver bens fungíveis (dinheiro). Ainda que se tratasse o contrato como conta-corrente, não haveria o direito à restituição pelos mesmos motivos[19].

Especificamente para o depósito bancário, Sérgio Mourão Corrêa Lima afirma que a restituição seria cabível, uma vez que o próprio conceito de instituição financeira do art. 17 da Lei n. 4.595/64 fala em recursos de terceiros[20]. Assevera, ainda, o ilustre mestre mineiro que os recursos depositados por terceiros fariam parte de uma contabilidade específica, não integrando o patrimônio líquido da instituição. Por derradeiro, ele assevera que o depósito irregular não se transformaria em mútuo pelas próprias peculiaridades do depósito.

De fato, não se pode confundir o depósito bancário e o mútuo, pela própria finalidade distinta de ambos. Contudo, a lei é expressa ao afirmar que o depósito irregular segue as regras do mútuo e, por isso, transferiria a propriedade ao depositário. A restituição em dinheiro é possível quando a lei ou o contrato retira do falido a disponibilidade do dinheiro (STF – Súmula 417). No caso do depósito de bens fungíveis em geral, inclusive dinheiro, os arts. 645 e 587 do CC denotam que o depositário tem a disponibilidade, afastando o cabimento da restituição em dinheiro. Em todo caso, registre-se que o Fundo Garantidor de Créditos (FGC) garante um pagamento de R$ 250.000,00 (duzentos e cinquenta mil reais) por CPF/CNPJ no caso de falência ou liquidação extrajudicial de instituições financeiras associadas.

2.1.2 Pedido de restituição especial

Além do direito de propriedade, também pode ser pedida a restituição de coisa vendida a crédito e entregue ao devedor nos 15 (quinze) dias anteriores ao requerimento de sua falência, se ainda não alienada. Tal hipótese não protege o direito de propriedade, mas a boa-fé dos que negociaram com o falido nos dias mais próximos ao requerimento da falência. Trata-se, em última análise, de uma espécie de ineficácia de certos negócios realizados com o falido, retornando-se ao *status* anterior.

Para o cabimento desse pedido de restituição especial, exige-se, em primeiro lugar, que se coisas sejam vendidas a crédito ao falido, isto é, com algum prazo para que ele

---

17. MIRANDA, Pontes de. *Tratado de direito privado*. Campinas: Bookseller, 2004, v. 29, p. 126; CARVALHO DE MENDONÇA, J. X. *Tratado de direito comercial brasileiro*. 7. ed. Rio de Janeiro: Freitas Bastos, 1962, v. VIII, p. 288.

18. STJ – REsp 501401/MG, Rel. Ministro CARLOS ALBERTO MENEZES DIREITO, SEGUNDA SEÇÃO, julgado em 14-4-2004, *DJ* 3-11-2004, p. 130.

19. MIRANDA, Pontes de. *Tratado de direito privado*. Campinas: Bookseller, 2004, v. 29, p. 126.

20. CORRÊA LIMA, Sérgio Mourão In: CORRÊA-LIMA, Osmar Brina; CORRÊA LIMA, Sérgio Mourão (Coord.). *Comentários à nova lei de falência e recuperação de empresas*. Rio de Janeiro: Forense, 2009, p. 600.

efetue o pagamento. Vendas à vista com inadimplência do falido não seriam abrangidas por essa hipótese. É essencial que haja uma venda a crédito, na medida em que essa restituição especial visa a tutelar o crédito. O pagamento com títulos de crédito não solvidos de imediato também seria abrangido, pois são obrigações *pro solvendo*[21].

Exige-se também que as coisas vendidas tenham sido entregues nos 15 dias anteriores ao requerimento da falência. A maioria da doutrina faz uma interpretação restritiva do dispositivo, de modo a que esse pedido de restituição só será possível se a mercadoria foi efetivamente entregue entre o décimo quinto dia anterior e o dia do ajuizamento do pedido de falência[22]. A nosso ver, porém, o período da entrega vai desde o décimo quinto dia anterior ao pedido para frente[23], uma vez que em todo esse período há boa-fé dos vendedores a ser tutelada e é muito difícil ter a certeza da ciência do pedido de falência. Como afirma Mamede, o legislador fixou apenas o termo *a quo* dessa entrega, viabilizando a restituição das mercadorias entregues a partir desse dia[24]. Em todo caso, deve-se considerar o dia da entrega efetiva e não o dia da remessa (STF – Súmula 193).

Por fim, exige-se que as coisas ainda não tenham sido vendidas, porquanto a partir da entrega tais bens lhe pertencem e qualquer venda realizada é perfeitamente regular[25]. Se o falido vendeu tais mercadorias, o fez normalmente porquanto elas lhe pertenciam. Para Ricardo Negrão, a venda feita pela massa falida acarretaria a substituição da restituição do bem vendido por seu equivalente em dinheiro[26]. A nosso ver, porém, se a venda foi realizada pela massa falida[27], a venda também é regular, porquanto são bens que integram o patrimônio do devedor e, por isso, a princípio, respondem por suas obri-

---

21. ABRÃO, Nelson. *Curso de direito falimentar*. 4. ed. São Paulo: Revista dos Tribunais, 1993, p. 159; CAMPINHO, Sérgio. *Falência e recuperação de empresa*: o novo regime de insolvência empresarial. 3. ed. Rio de Janeiro: Renovar, 2008, p. 395.

22. BEZERRA FILHO, Manoel Justino. *Lei de recuperação de empresas e falências comentada*. 6. ed. São Paulo: Revista dos Tribunais, 2009, p. 201; ALMEIDA, Marcus Elidius Michelli de. O pedido de restituição e os embargos de terceiro. In: PAIVA, Luiz Fernando Valente de (Coord.). *Direito falimentar e a nova lei de falências e recuperação de empresas*. São Paulo: Quartier Latin, 2005, p. 310; COELHO, Fábio Ulhoa. *Comentários à nova lei de falências e recuperação de empresas*. São Paulo: Saraiva, 2005, p. 243; PACHECO, José da Silva. *Processo de recuperação judicial, extrajudicial e falência*. 2. ed. Rio de Janeiro: Forense, 2007, p. 217; CAMPINHO, Sérgio. *Falência e recuperação de empresa*: o novo regime de insolvência empresarial. 3. ed. Rio de Janeiro: Renovar, 2008, p. 396; CAMPOS BATALHA, Wilson de Souza; RODRIGUES NETTO, Nelson; RODRIGUES NETTO, Sílvia Maria Labate Batalha. *Comentários à lei de recuperação judicial de empresas e falência*. 4. ed. São Paulo: LTr, 2007, p. 140; LOBATO, Moacyr. *Falência e recuperação*. Belo Horizonte: Del Rey, 2007, p. 269; NEGRÃO, Ricardo. *Manual de direito comercial e de empresa*. 5. ed. São Paulo: Saraiva, 2010, v. 3, p. 512.

23. REQUIÃO, Rubens. *Curso de direito falimentar*. 17. ed. São Paulo: Saraiva, 1998, v. 1, p. 285.

24. MAMEDE, Gladston. *Direito empresarial brasileiro*: falência e recuperação de empresas. 2. ed. São Paulo: Atlas, 2008, v. 4, p. 502.

25. STJ – REsp 155.090/RJ, Rel. Ministro CARLOS ALBERTO MENEZES DIREITO, TERCEIRA TURMA, julgado em 16-3-1999, *DJ* 10-5-1999, p. 166.

26. NEGRÃO, Ricardo. *Manual de direito comercial e de empresa*. 5. ed. São Paulo: Saraiva, 2010, v. 3, p. 509.

27. STJ – REsp 57.036/RS, Rel. Ministro SÁLVIO DE FIGUEIREDO TEIXEIRA, QUARTA TURMA, julgado em 14-5-1996, *DJ* 10-6-1996, p. 20335.

gações. Ademais, a legislação exige que a coisa não tenha sido vendida, sem especificar por quem. Assim, se a mercadoria foi vendida pelo falido ou pelo massa, não cabe pedido de restituição. Nesses casos, o terceiro comprador não pode ser prejudicado e, por isso, não cabe o pedido de restituição.

No caso de transformação ou consumo da coisa, o STF afirmava que não haveria óbice à restituição (STF – Súmula 495), salvo se ela houvesse sido alienada. O STJ, porém, afastou o pedido de restituição pelo consumo da coisa vendida nas condições mencionadas[28]. A nosso ver, a razão está como o STJ, porquanto a restituição especial deve dizer respeito exclusivamente à própria coisa, não se cogitando da sua substituição pelo dinheiro equivalente. O art. 86 da Lei n. 11.101/2005 não prevê a restituição em dinheiro como sucedâneo da restituição especial, denotando que esta só poderá ocorrer em espécie.

2.1.3 Pedido de restituição em dinheiro

Além das restituições em espécie, admite-se também o pedido de restituição em dinheiro, isto é, a retirada de dinheiro da massa falida, fora do concurso de credores. A ideia é a mesma, mas o cumprimento da restituição se dará em dinheiro, de forma muito similar a um pagamento, porém, reitere-se, fora do concurso de credores. Em termos gerais, podemos afirmar que a restituição em dinheiro será possível como sucedâneo do pedido de restituição geral, para o adiantamento de contrato de câmbio à exportação, para o ressarcimento de dinheiro gasto por terceiro de boa-fé em atos declarados ineficazes e para o caso de dinheiro em poder do falido, sobre o qual ele não tenha disponibilidade (STF – Súmula 417).

2.1.3.1 Sucedâneo do pedido de restituição geral

No caso da procedência do pedido de restituição geral, o autor deveria receber o próprio bem de volta. Contudo, em razão da demora ou mesmo de outros fatores, pode ocorrer que o bem não esteja mais compondo a massa falida, haverá a substituição do bem a ser restituído por dinheiro (Lei n. 11.101/2005 – art. 86, I). Nestes casos, o requerente receberá o valor da avaliação do bem, ou, no caso de ter ocorrido sua venda, o respectivo preço, em ambos os casos no valor atualizado, a fim de evitar qualquer enriquecimento indevido da massa.

2.1.3.2 Adiantamento de contrato de câmbio

Outra hipótese na qual se admite a restituição em dinheiro é o caso do adiantamento a contrato de câmbio para exportação (Lei n. 11.101/2005 – art. 86, II). Pela própria

28. STJ – REsp 474.030/RS, Rel. Ministra NANCY ANDRIGHI, TERCEIRA TURMA, julgado em 28-9--2004, *DJ* 3-11-2004, p. 199.

natureza dos negócios realizados e pelo pagamento em moeda estrangeira, o recebimento dos valores pelas exportações costuma demorar, de modo que cabe ao exportador usar o adiantamento de contrato de câmbio. Nesse tipo de contrato, uma instituição financeira antecipa valores ao exportador que ele só receberia quando do pagamento das exportações realizadas. Trata-se de instrumento de crédito fundamental para o desenvolvimento do setor exportador.

Para incentivar e proteger esse tipo de operação, garante-se a quem adiantou a quantia a restituição dos valores antecipados, antes do pagamento dos próprios credores do falido (STJ – Súmula 307). Afasta-se esse tipo de fornecedor de crédito dos riscos da falência, independentemente da data da entrega do dinheiro (STJ – Súmula 133), por questões de política financeira e incentivo às exportações. Nesse caso, porém, a restituição só será possível se o prazo total da operação não ultrapassar o prazo de 750 dias previsto no art. 10 da Resolução n. 3.568/2008 do CMN.

2.1.3.3 Valores gastos por terceiros de boa-fé em atos declarados ineficazes

Além disso, é cabível o pedido de restituição em dinheiro dos valores pagos pelos terceiros de boa-fé, nos casos de declaração de ineficácia (Lei n. 11.101/2005 – art. 86, III). Nos casos de ineficácia previstos no art. 129 da Lei n. 11.101/2005, por não se exigir a prova de fraude, é certo que terceiros de boa-fé podem vir a ser afetados pelo reconhecimento da ineficácia do ato. Em casos como esse, colocar esse terceiro no quadro de credores seria extremamente injusto, por isso, optou-se por admitir para eles o pedido de restituição dos valores entregues nos atos cuja ineficácia venha a ser reconhecida. Se o ato é ineficaz, naturalmente os valores gastos não deveriam compor a massa falida e, por isso, serão objeto da restituição em dinheiro.

2.1.3.4 Dinheiro em poder do falido sobre o qual ele não tenha disponibilidade

Por derradeiro, deve-se mencionar o pedido de restituição nos casos de dinheiro em poder do falido sobre o qual ele não tenha disponibilidade. Em certos casos, por força da lei ou mesmo por força de um contrato, o falido tem em suas mãos dinheiro, mas não tem a disponibilidade sobre ele e, por isso, será cabível a restituição. Tal hipótese muito se assemelha ao pedido de restituição geral, mas por questões didáticas será tratada aqui no pedido de restituição em dinheiro.

Assim, será cabível a restituição em dinheiro das contribuições previdenciárias descontadas dos salários dos empregados e não repassadas pelo empregador falido (Lei n. 8.212/91 – art. 51, parágrafo único)[29]. Nesse caso, a lei estabelece a indisponibilidade do

---

29. STJ – AgRg no REsp 757.780/RS, Rel. Ministro MAURO CAMPBELL MARQUES, SEGUNDA TURMA, julgado em 17-12-2009, *DJe* 4-2-2010.

empregador sobre tais valores e, por isso, admite-se a restituição fora do quadro de credores. Registre-se, porém, que a restituição nessa situação se limita aos valores descontados, não abrangendo juros, multas e outros encargos que se sujeitarão à ordem de pagamento entre os credores[30]. Além disso, essa possibilidade não se estende a outras contribuições previdenciárias[31].

De forma similar, os valores recebidos pelas administradoras de consórcios também deverão ser objeto de restituição em dinheiro, fugindo do quadro de credores[32]. Nos termos do art. 5º, § 5º, da Lei n. 11.795/2008, os bens e direitos adquiridos pela administradora em nome do grupo de consórcio, inclusive os decorrentes de garantia, bem como seus frutos e rendimentos, não se comunicam com o seu patrimônio; não integram o ativo da administradora; não respondem direta ou indiretamente por qualquer obrigação da administradora; não compõem o elenco de bens e direitos da administradora, para efeito de liquidação judicial ou extrajudicial; e não podem ser dados em garantia de débito da administradora. Por isso, os valores serão objeto de restituição aos consorciados, na medida em que não devem compor a massa falida.

Esta última hipótese poderia pôr em discussão a orientação sobre a restituição no caso do depósito bancário. Porém, reitere-se que a restituição em dinheiro que se discute aqui é possível porque a lei ou o contrato retira do falido a disponibilidade do dinheiro. No caso do depósito de bens fungíveis em geral, inclusive dinheiro, os arts. 645 e 587 do CC denotam que o depositário tem a disponibilidade, afastando o cabimento da restituição em dinheiro. Em todo caso, registre-se que o Fundo Garantidor de Créditos (FGC) garante um pagamento de R$ 250.000,00 (duzentos e cinquenta mil reais) por CPF/CNPJ no caso de falência ou liquidação extrajudicial de instituições financeiras associadas.

Sérgio Mourão Corrêa Lima também estende o pedido de restituição aos valores recolhidos a entidades de previdência complementar[33]. Tais entidades se destinam essencialmente a executar planos de benefício de caráter previdenciário, nos termos da Lei Complementar n. 109/2001, a fim de complementar ou possibilitar uma renda àqueles que contribuíram. Elas se subdividem em abertas, quando acessíveis ao público em geral, ou fechadas, quando seu acesso é mais restrito. As últimas nem se submetem ao processo falimentar (Lei Complementar n. 109/2001 – art. 47). Já as primeiras (entidades abertas) podem vir a falir em condições excepcionais, configurando uma hipótese de exclusão relativa. Neste caso, não vemos a possibilidade da restituição, uma vez que o art. 50 da

---

30. STJ – REsp 666351/SP, Rel. Ministro LUIZ FUX, PRIMEIRA TURMA, julgado em 15-9-2005, *DJ* 26-9-2005, p. 207, *REPDJ* 6-3-2006, p. 180.

31. STJ – REsp 735.460/RS, Rel. Ministro JOSÉ DELGADO, PRIMEIRA TURMA, julgado em 18-10-2005, *DJ* 14-11-2005, p. 216.

32. STJ – REsp 410363/SP, Rel. Ministro HUMBERTO GOMES DE BARROS, TERCEIRA TURMA, julgado em 18-4-2006, *DJ* 22-5-2006, p. 190.

33. CORRÊA LIMA, Sérgio Mourão In: CORRÊA-LIMA, Osmar Brina; CORRÊA LIMA, Sérgio Mourão (Coord.). *Comentários à nova lei de falência e recuperação de empresas*. Rio de Janeiro: Forense, 2009, p. 618.

Lei Complementar n. 109/2001 estabelece que os créditos dos participantes têm preferências, mas não prevalecem sobre a preferência de créditos tributários e trabalhistas. Vale dizer, são credores e não titulares de direito à restituição.

2.2 *Procedimento*

Em qualquer uma das hipóteses de cabimento, o pedido de restituição será ajuizado pelo titular do direito de restituição perante o juízo falimentar. No direito francês, é estabelecido um prazo fatal de três meses contados da publicação da abertura do procedimento concursal para o pedido[34]. No Brasil, não há prazo especial para tal ação e, por isso, ela poderá ser ajuizada até o fim do processo de falência. Embora tenham resultados parecidos, o pedido de restituição e a habilitação de crédito não se confundem e o eventual pedido de habilitação de crédito, ainda que anterior, não representa uma preclusão da faculdade de pedir a restituição[35].

Na petição inicial, caberá ao requerente fundamentar o seu pedido e descrever a coisa reclamada, porquanto a partir do pedido fica suspensa a disponibilidade da coisa até o trânsito em julgado (Lei n. 11.101/2005 – art. 91). Regularmente ajuizado, o pedido será autuado em separado e seguirá um procedimento especial, com a intimação do falido, do Comitê, dos credores e do administrador judicial para que, no prazo sucessivo de 5 (cinco) dias, se manifestem, valendo como contestação a manifestação contrária à restituição. Não há previsão de oitiva do Ministério Público, o que, a nosso ver, é recomendável diante do interesse público envolvido no processo, no mesmo prazo de 5 (cinco) dias.

Pela falta de previsão expressa em sentido contrário, todos os que forem se manifestar poderão retirar os autos do cartório, dificultando o cumprimento estrito desses prazos. Os cinco dias devem ser efetivamente assegurados e, eventualmente, será recomendável uma intimação específica para cada um dos interessados, exceto no caso da manifestação dos credores, quando será inviável promover a intimação pessoal e a retirada dos autos do cartório. Em todo caso, a ausência de manifestação não implica revelia[36].

Decorrido o prazo para as manifestações, o juiz determinará a produção de provas, se for o caso. Não havendo necessidade de produção de provas, os autos serão conclusos ao juiz para decisão.

---

34. JANTIN, Michel; LE CANNU, Paul. *Droit commercial*: entreprises en difficulté. 7. ed. Paris: Dalloz, 2007, p. 455.

35. STJ – REsp 410363/SP, Rel. Ministro HUMBERTO GOMES DE BARROS, TERCEIRA TURMA, julgado em 18-4-2006, *DJ* 22-5-2006, p. 190.

36. TEIXEIRA, Sálvio de Figueiredo; TEIXEIRA, Vinícius de Figueiredo. In: CORRÊA-LIMA, Osmar Brina; CORRÊA LIMA, Sérgio Mourão (Coord.). *Comentários à nova lei de falência e recuperação de empresas*. Rio de Janeiro: Forense, 2009, p. 626.

2.3 Decisão, recurso e cumprimento

Regularmente processado o feito, cabe ao juiz proferir sentença decidindo a questão que lhe foi suscitada. Salvo no caso de extinção sem julgamento do mérito, a decisão do juiz deverá ser pelo deferimento da restituição ou pelo indeferimento. Nos casos de improcedência do pedido, há que se diferenciar uma improcedência pura e simples (improcedência total)[37] de uma improcedência qualificada (improcedência parcial)[38]. Na primeira, não se reconhece qualquer direito ao requerente da restituição. Na segunda, reconhece-se ao requerente um direito de crédito e não um direito de restituição e, por isso, em razão da economia e da celeridade processual, o juiz deverá mandar incluir o requerente na classe que lhe couber no quadro geral de credores (Lei n. 11.101/2005 – art. 89).

Não deferida a restituição, a sentença deverá condenar o requerente ao pagamento de honorários sucumbenciais. Nos casos de procedência do pedido, só deverá haver condenação em honorários no caso de contestação.

Numa interpretação mais literal do art. 88, parágrafo único, da Lei n. 11.101/2005, há quem afirme que a responsabilidade pelos honorários nesse caso será sempre da massa falida, mesmo que não tenha sido ela que contestou o pedido[39]. Outras afirmam que a massa será condenada apenas nos casos de manifestação contrária do administrador judicial ou do próprio falido[40]. A nosso ver, porém, a condenação atingirá apenas os que contestaram o feito. Embora o dispositivo se refira apenas à massa falida, acreditamos que o princípio da causalidade impõe a condenação em honorários àquele que deu causa à controvérsia[41] e, por isso, quem contestou é que deve ser condenado[42].

Qualquer que seja o seu conteúdo, a sentença é passível de recurso de apelação, a ser recebido apenas no efeito devolutivo (Lei n. 11.101/2005 – art. 90). Apesar do silêncio da legislação, acreditamos que a legitimidade recursal toca a todos os legitimados para mani-

---

37. SOUZA, Bernardo Pimentel. *Direito processual empresarial*. Salvador: JusPodivm, 2008, p. 243.

38. Idem, ibidem.

39. ALMEIDA, Marcus Elidius Michelli de. O pedido de restituição e os embargos de terceiro. In: PAIVA, Luiz Fernando Valente de (Coord.). *Direito falimentar e a nova lei de falências e recuperação de empresas*. São Paulo: Quartier Latin, 2005, p. 315; SALLES, Marcos P. de Almeida. In: SOUZA JÚNIOR, Francisco Sátiro de; PITOMBO, Antônio Sérgio de A. de Moraes (Coord.). *Comentários à lei de recuperação de empresas e falência*. São Paulo: Revista dos Tribunais, 2005, p. 386; NEGRÃO, Ricardo. *Manual de direito comercial e de empresa*. 5. ed. São Paulo: Saraiva, 2010, v. 3, p. 517.

40. PACHECO, José da Silva. *Processo de recuperação judicial, extrajudicial e falência*. 2. ed. Rio de Janeiro: Forense, 2007, p. 223.

41. STJ – REsp 160.054/SP, Rel. Ministro BARROS MONTEIRO, QUARTA TURMA, julgado em 17-10-2000, *DJ* 11-12-2000, p. 203.

42. BEZERRA FILHO, Manoel Justino. *Lei de recuperação de empresas e falências comentada*. 6. ed. São Paulo: Revista dos Tribunais, 2009, p. 208; MAMEDE, Gladston. *Direito empresarial brasileiro*: falência e recuperação de empresas. 2. ed. São Paulo: Atlas, 2008, v. 4, p. 520; VASCONCELOS, Ronaldo. *Direito processual falimentar*. São Paulo: Quartier Latin, 2008, p. 319.

festação no pedido[43], bem como ao próprio requerente. De qualquer modo, o prazo para o recurso será de 15 (quinze) dias, contados da publicação da decisão na imprensa oficial.

Com o trânsito em julgado da decisão, o credor não fica sujeito ao quadro de preferências, devendo receber o bem em 48 horas (art. 88 da Lei n. 11.101/2005), uma vez que ele não é credor do falido, mas proprietário do bem. Havendo recurso de apelação, é possível o recebimento imediato do bem, desde que seja prestada caução, nos moldes de uma execução provisória, diante da falta de efeito suspensivo. Em todo caso, o titular da restituição ressarcirá a massa falida ou o terceiro que tiver suportado as despesas com a conservação da coisa reclamada (Lei n. 11.101/2005 – art. 92). Em todo caso, reitere-se que, por se tratar de um processo de conhecimento, deve-se admitir a concessão de tutela antecipada nesse tipo de processo para a entrega imediata do bem[44].

Nos casos de restituição em dinheiro, também não há sujeição ao quadro de credores. Todavia, o pagamento só poderá ocorrer após o pagamento dos créditos trabalhistas vencidos nos três meses anteriores à decretação da falência, até o limite de 5 salários mínimos por trabalhador. Não se trata de inclusão do pedido de restituição no quadro de credores, mas de prevalência da dignidade da pessoa humana, privilegiando tais créditos. Outrossim, se os valores disponíveis não forem suficientes para pagar todas as restituições, deverá haver um rateio entre os credores.

Os valores restituídos devem ser devidamente atualizados[45], uma vez que a correção monetária não representa acréscimo, mas simples recomposição do poder aquisitivo da moeda corroído pela inflação (STJ – Súmula 36). Não haverá, porém, a incidência de juros nessa restituição, uma vez que os juros representariam um crédito que deverá se submeter ao concurso de credores. Em todo caso, não vemos a possibilidade de aplicação do art. 523, § 1º do CPC/2015, diante da especialidade da legislação falimentar[46].

3 Embargos de terceiro

Quando não couber pedido de restituição, os terceiros poderão lançar mão dos embargos de terceiro (Lei n. 11.101/2005 – art. 93), para impedir a apreensão de bens

---

43. ALMEIDA, Marcus Elidius Michelli de. O pedido de restituição e os embargos de terceiro. In: PAIVA, Luiz Fernando Valente de (Coord.). *Direito falimentar e a nova lei de falências e recuperação de empresas*. São Paulo: Quartier Latin, 2005, p. 317.

44. ALMEIDA, Marcus Elidius Michelli de. O pedido de restituição e os embargos de terceiro. In: PAIVA, Luiz Fernando Valente de (Coord.). *Direito falimentar e a nova lei de falências e recuperação de empresas*. São Paulo: Quartier Latin, 2005, p. 322; CAMPOS BATALHA, Wilson de Souza; RODRIGUES NETTO, Nelson; RODRIGUES NETTO, Sílvia Maria Labate Batalha. *Comentários à lei de recuperação judicial de empresas e falência*. 4. ed. São Paulo: LTr, 2007, p. 143.

45. NEGRÃO, Ricardo. *Manual de direito comercial e de empresa*. 5. ed. São Paulo: Saraiva, 2010, v. 3, p. 517.

46. TEIXEIRA, Sálvio de Figueiredo; TEIXEIRA, Vinícius de Figueiredo. In: CORRÊA-LIMA, Osmar Brina; CORRÊA LIMA, Sérgio Mourão (Coord.). *Comentários à nova lei de falência e recuperação de empresas*. Rio de Janeiro: Forense, 2009, p. 628.

pelo administrador judicial. Não se trata aqui de uma opção ao pedido de restituição, mas de uma ação especificamente para evitar a entrada de bens para a massa falida, similar à demanda de separação do direito italiano[47]. O caso mais usual dos embargos de terceiro será a defesa de um cônjuge que não quer ver sua meação arrecadada pela falência do outro.

A legislação prevê estranhamente a legitimidade para o ajuizamento dos embargos de terceiro pelos credores. Naturalmente, eles não são os únicos que podem pretender evitar medidas de apreensão de bens que lhe pertençam. Por isso, deve-se fazer uma interpretação extensiva admitindo a legitimidade ativa para todo aquele que possa ser prejudicado pelas medidas de apreensão[48]. De qualquer modo, os embargos deverão ser ajuizados contra a massa falida, perante o próprio juízo falimentar, em razão da força atrativa que lhe é atribuída com a decretação da falência. Podem impugnar os embargos os mesmos legitimados para se manifestarem no pedido de restituição[49].

Embora tenha um cabimento específico na falência, os embargos de terceiro deverão seguir o procedimento dos arts. 674 a 681 do CPC/2015, admitindo-se inclusive a concessão de uma tutela de urgência. Com ou sem a concessão da tutela provisória, deve haver uma sentença final nesse processo, a qual poderá ser impugnada por meio de recurso de apelação. A princípio, pelo silêncio da legislação, o recurso será recebido em ambos os efeitos. Todavia, por uma equiparação ao pedido de restituição, pode-se chegar à conclusão de que deve haver a atribuição apenas do efeito devolutivo ao recurso[50]. A nosso ver, o recebimento do recurso apenas no efeito devolutivo ocorrerá pela confirmação da liminar, ou no caso de concessão da liminar na própria sentença[51].

---

47. SATTA, Salvatore. *Istituzioni di diritto falimentare*. 3. ed. Roma: Foro Italiano, 1949, p. 243.

48. BEZERRA FILHO, Manoel Justino. *Lei de recuperação de empresas e falências comentada*. 6. ed. São Paulo: Revista dos Tribunais, 2009, p. 212.

49. TEIXEIRA, Sálvio de Figueiredo; TEIXEIRA, Vinícius de Figueiredo. In: CORRÊA-LIMA, Osmar Brina; CORRÊA LIMA, Sérgio Mourão (Coord.). *Comentários à nova lei de falência e recuperação de empresas*. Rio de Janeiro: Forense, 2009, p. 636.

50. BEZERRA FILHO, Manoel Justino. *Lei de recuperação de empresas e falências comentada*. 6. ed. São Paulo: Revista dos Tribunais, 2009, p. 212-213; ABRÃO, Carlos Henrique. In: ABRÃO, Carlos Henrique; TOLEDO, Paulo F. C. Salles de (Coord.). *Comentários à lei de recuperação de empresas e falência*. 4. ed. São Paulo: Saraiva, 2010, p. 330.

51. VASCONCELOS, Ronaldo. *Direito processual falimentar*. São Paulo: Quartier Latin, 2008, p. 325.

26 REALIZAÇÃO DO ATIVO

1 Alienação da massa falida

O principal objetivo a ser buscado no processo falimentar é a satisfação do maior número possível de credores dentro de uma ordem legal de preferências. Para alcançar esse objetivo, é natural e extremamente importante a busca de bens para vinculá-los ao pagamento dos credores. Nessa busca, estão inseridas as medidas de arrecadação, as ações de responsabilidade e mesmo as declarações de ineficácia, com os ajustes impostos pelos pedidos de restituição e pelos embargos de terceiros. Com isso, forma-se a massa falida objetiva que, embora não seja administrada pelo devedor falido, ainda lhe pertence.

Contudo, isso não basta; para o pagamento dos credores de acordo com uma ordem legal de preferência, deve-se promover a cobrança das dívidas que o falido tinha a receber e também a expropriação da massa falida. Esta expropriação será realizada com a transformação da massa falida em dinheiro a ser utilizado para o pagamento de credores ou mesmo com a adjudicação pelos próprios credores. Em todo caso, a expropriação terá como objetivo final o pagamento ou a permissão do pagamento dos credores do falido de acordo com a ordem legal de preferência.

Essa expropriação normalmente é sequencial à apuração do ativo. Ressalte-se, porém, que não há mais a necessidade de se aguardar o fim da apuração do ativo para iniciar a sua realização. Todavia, em alguns casos, recomenda-se o fim da apuração do ativo para que o conjunto de bens esteja devidamente formado. De qualquer modo, à medida que se realiza o ativo, surgem os recursos necessários para o pagamento do passivo de acordo com a ordem legal de preferência estabelecida para tanto, objetivo geral do processo falimentar.

Sérgio Campinho afirma que a alienação pode ser comum ou ordinária quando feita em estrita obediência aos termos dos arts. 140 e 142 da Lei n. 11.101/2005. De outro lado, a alienação seria extraordinária quando fugisse dessas regras[1]. Fábio Ulhoa Coelho também menciona a figura da venda ordinária nos mesmos termos e acrescenta a venda extraordinária e a venda sumária[2]. Embora tal organização seja bem esclarecedora, falaremos em forma da alienação de forma geral e trataremos de modalidades ordinárias, alternativas, sumária e imediata da venda.

---

1. CAMPINHO, Sérgio. *Falência e recuperação de empresa*: o novo regime de insolvência empresarial. 3. ed. Rio de Janeiro: Renovar, 2008, p. 426-428.

2. COELHO, Fábio Ulhoa. *Curso de direito comercial*. 11. ed. São Paulo: Saraiva, 2010, v. 3, p. 345.

2 Formas de alienação

Normalmente, a realização do ativo se dá pela venda da massa falida objetiva. Ocorre que a massa falida é normalmente composta de vários bens, que podem ser vendidos isoladamente ou em conjunto. Tendo em vista o princípio da preservação da empresa, nossa legislação dá preferência a formas de realização do ativo que possibilitem a continuação do exercício de atividades econômicas, isto é, nossa legislação dá preferência, mas não obriga, a manutenção da unidade de produção em funcionamento.

Nesse sentido, o art. 140 da Lei n. 11.101/2005 menciona quatro formas possíveis de realização, estabelecendo uma preferência entre elas, muito similar à existente no direito argentino[3]. A preferência é pela alienação da empresa em bloco ou em unidades produtivas. Não sendo possível a alienação dessa forma, poderá haver a venda dos bens individuais também em bloco ou, não sendo possível, separadamente.

Assim, a forma preferencial de realização do ativo é a "alienação da empresa, com a venda de seus estabelecimentos em bloco". A terminologia *alienação de empresa* é equivocada, na medida em que a empresa representa a atividade econômica organizada para a produção ou circulação de bens ou serviços para o mercado e não um conjunto de bens. Ela é trazida do direito francês[4] e representa a venda de toda a massa falida em bloco. A ideia é tentar manter a atividade funcionando, ainda que com outro titular. Ademais, a reunião dos bens pode trazer consigo alguma valorização nessa alienação, o chamado *going concern value*, que representa uma expectativa econômica da atividade em funcionamento[5].

Em segundo lugar, deve-se buscar a alienação da empresa, com a venda de suas filiais ou unidades produtivas isoladamente. Essa alienação da empresa (terminologia equivocada, a nosso ver) terá por objeto o conjunto de determinados bens necessários à operação rentável da unidade de produção, que poderá compreender a transferência de contratos específicos (Lei n. 11.101/2005 – art. 140, § 3º). A ideia, dessa forma, não é vender todos os bens, mas conjuntos de bens aptos a assegurar o exercício da atividade econômica, tentando manter a atividade, ainda que parcialmente[6]. As justificativas aqui são as mesmas.

Nas duas primeiras formas, é possível que, inclusive, haja a transferência de contratos. Acreditamos, porém, que neste particular valem as regras do art. 1.148 do Código Civil, que permitem a transferência apenas de contratos não personalíssimos. Outrossim, no caso da locação, acreditamos que a cessão dependerá do consentimento do locador (Lei n. 8.245/91 – art. 13). Especificamente no que tange aos contratos de trabalho, os

---

3. FAVIER-DUBOIS, Eduardo M. *Concursos y quiebras*. Buenos Aires: Errepar, 2003, p. 338.

4. JACQUEMONT, Andre. *Droit des entreprises en difficulté*. 6. ed. Paris: Litec, 2009, p. 429.

5. CAMPOS BATALHA, Wilson de Souza; RODRIGUES NETTO, Nelson; RODRIGUES NETTO, Sílvia Maria Labate Batalha. *Comentários à lei de recuperação judicial de empresas e falência*. 4. ed. São Paulo: LTr, 2007, p. 201.

6. JACQUEMONT, Andre. *Droit des entreprises em difficulté*. 6. ed. Paris: Litec, 2009, p. 429.

empregados do devedor contratados pelo arrematante serão admitidos mediante novos contratos de trabalho e o arrematante não responde por obrigações decorrentes do contrato anterior (Lei n. 11.101/2005 – art. 141, § 2º).

Em terceiro lugar, é prevista a alienação em bloco dos bens que integram cada um dos estabelecimentos do devedor. Dessa forma, não se quer manter a unidade produtiva, mas reunir os bens dos diversos estabelecimentos em grupos que facilitem sua negociação. Nesse caso, a ideia seria, por exemplo, vender todos os veículos das diversas unidades produtivas. Mais uma vez, o que se pretende aqui é a maximização do valor dos ativos para obter melhores resultados na sua realização.

Em quarto lugar, é prevista a alienação dos bens individualmente considerados. Nem sempre as primeiras formas são possíveis e, por isso, a lei admite expressamente que se promova a venda de bens isolados. Essa forma será usada quando não há qualquer benefício na reunião de bens, ou possibilidade de continuação das atividades.

Reitere-se que o que nossa legislação prevê é apenas uma ordem de preferência e, caso seja conveniente, pode haver mais de um tipo de realização do ativo. Para Écio Perin Júnior, a decisão seria do administrador judicial, ouvido o comitê, se foi constituído[7]. No direito italiano, o curador providenciará um plano de alienação que será aprovado pelo juiz[8]. A nosso ver, como não há nenhum dispositivo específico quanto à decisão sobre a forma de venda, a ausência de competência estabelecida para outros órgãos leva à conclusão de que a escolha será feita pelo juiz[9]. Assim, caberá sempre ao juiz decidir a forma ou formas a serem utilizadas. Recomenda-se, em todo caso, a oitiva do administrador judicial e do comitê de credores, se houver, para essa definição.

3 Modalidades ordinárias de alienação

Além de se definir a forma de alienação, há que se definir também a modalidade pela qual essa alienação vai se realizar. Qualquer que seja a modalidade de realização do ativo, ela será precedida de anúncio em jornal de ampla circulação (Lei n. 11.101/2005 – art. 145, § 2º), com 15 (quinze) dias de antecedência, em se tratando de bens móveis, e com 30 (trinta) dias na alienação da empresa ou de bens imóveis, facultada a divulgação por outros meios que contribuam para o amplo conhecimento da venda. A ideia é atrair o maior número possível de interessados para conseguir melhores resultados. Exige-se também a intimação pessoal do Ministério Público para qualquer uma dessas hipóteses (Lei n. 11.101/2005 – art. 142, § 7º).

---

7. PERIN JÚNIOR, Écio. *Curso de direito falimentar e recuperação de empresas.* 3. ed. São Paulo: Método, 2006, p. 178.

8. PROTO, Cesare. Della vendita dell'attivo fallimentare. In: DI PEPE, Giorgio Schiano (Coord.). *Il diritto fallimentare riformato.* Padova: CEDAM, 2007, p. 445.

9. MAMEDE, Gladston. *Direito empresarial brasileiro*: falência e recuperação de empresas. 2. ed. São Paulo: Atlas, 2008, v. 4, p. 586.

3.1 Opções legais

A princípio, nossa legislação prevê três modalidades para a realização do ativo: leilão, propostas e pregão (Lei n. 11.101/2005 – art. 142).

3.1.1 Leilão

O leilão por lances orais é a modalidade mais conhecida de expropriação de ativos em qualquer processo executivo e também é admitido no processo falimentar. Nessa modalidade, haverá uma convocação aberta ao público para os interessados comparecerem no dia e local determinados para fazer lances orais com o intuito de adquirir os bens ofertados. A própria legislação falimentar determina que devam ser obedecidas as regras do Código de Processo Civil sobre o assunto (Lei n. 11.101/2005 – art. 142, § 3º).

A determinação de aplicação das regras do CPC foi feita antes da reforma do processo de execução ocorrida em 2006. A partir dessa reforma, são admitidas duas espécies de leilão por lances orais, a chamada alienação em hasta pública e a alienação por iniciativa particular, denominadas no CPC/2015, respectivamente de leilão judicial eletrônico ou presencial e alienação por iniciativa particular (CPC/2015 – art. 879). A primeira, indiscutivelmente, pode ser aplicada ao processo falimentar, uma vez que é basicamente a mesma figura que existia antes da reforma. De outro lado, a possibilidade da alienação por iniciativa particular é discutível, uma vez que se trata de medida promovida pelo exequente (credor).

Euler da Cunha Peixoto[10] defende que não há propriamente um exequente na falência e, por isso, não se poderia cogitar dessa alienação por iniciativa particular. Ele assevera ainda que a indicação de eventual leiloeiro estaria dentro das competências do administrador judicial. Na falência, como há um concurso de credores, acredito que também se pode usar essa modalidade de realização do ativo, desde que aprovada em assembleia de credores devidamente convocada. A vontade dos credores expressada pela assembleia, a nosso ver, é suficiente para essa extensão.

3.1.2 Propostas

Além do leilão, há a possibilidade de uma realização do ativo por meio de propostas fechadas. Neste caso, os interessados entregarão envelopes lacrados no cartório, a serem abertos pelo juiz, no dia, hora e local designados. Diante das propostas apresentadas, o serventuário lavrará um auto, assinado pelos presentes, identificando o vencedor e juntando as propostas aos autos. Pela semelhança, acreditamos que também devem ser aplicadas as regras do CPC sobre a expropriação em processos de execução, no que couber.

---

10. PEIXOTO, Euler da Cunha. In: CORRÊA-LIMA, Osmar Brina; CORRÊA LIMA, Sérgio Mourão (Coord.). *Comentários à nova lei de falência e recuperação de empresas*. Rio de Janeiro: Forense, 2009, p. 986.

3.1.3 Pregão

Por fim, a legislação admite o pregão como uma modalidade híbrida entre as duas anteriores. Nesta modalidade, há uma primeira fase na qual são entregues propostas fechadas. A partir dessas propostas, serão selecionados aqueles que apresentarem proposta de pelo menos 90% da maior oferta para participar do leilão. O juiz ordenará a notificação dos ofertantes, cujas propostas atendam ao referido, para comparecer ao leilão, que será a segunda fase do pregão.

Selecionados e intimados os participantes, será realizado leilão por lances orais, tendo como lance mínimo a melhor proposta apresentada, que já é considerada como lance inicial do leilão. Se o autor desta oferta não comparecer e ela não for atingida pelos demais, ele será obrigado a indenizar a diferença entre o valor obtido no leilão e o valor ofertado, sendo a certidão de tal fato título executivo para cobrança dos valores pelo administrador judicial.

3.2 Escolha da modalidade

Entre as várias modalidades previstas pela legislação, não há qualquer ordem de preferência. A Lei n. 11.101/2005 determina que o juiz ouça o administrador judicial e atenda a orientação do comitê de credores, se houver (art. 142), para decidir. A nosso ver, pelo interesse social do processo falimentar, também há a necessidade de intimação pessoal do MP para se manifestar sobre o assunto e não apenas sobre a modalidade já escolhida. Embora a lei só preveja a intimação pessoal do MP sobre a realização da alienação em qualquer das modalidades (Lei n. 11.101/2005 – art. 142, § 7º), acreditamos ser recomendável a oitiva do MP para a decisão.

Para a maioria da doutrina, a decisão em todo caso caberá ao juiz, o qual deverá apenas ouvir o comitê e o administrador judicial[11]. Para Ricardo Negrão, essa menção significa que a decisão caberá ao comitê, que, após deliberar, orientará o administrador judicial sobre a modalidade escolhida e este, por sua vez, requererá ao juiz a autorização para o início do procedimento[12]. Não havendo comitê, deveria ser ouvida a assembleia

11. COELHO, Fábio Ulhoa. *Curso de direito comercial*. 11. ed. São Paulo: Saraiva, 2010, v. 3, p. 349; BERNARDI, Ricardo. In: SOUZA JÚNIOR, Francisco Sátiro de; PITOMBO, Antônio Sérgio de A. de Moraes (Coord.). *Comentários à lei de recuperação de empresas e falência*. São Paulo: Revista dos Tribunais, 2005, p. 486; SZTAJN, Rachel; FRANCO, Vera Helena de Mello. *Falência e recuperação da empresa em crise*. São Paulo: Campus, 2008, p. 193; PACHECO, José da Silva. *Processo de recuperação judicial, extrajudicial e falência*. 2. ed. Rio de Janeiro: Forense, 2007, p. 334; BEZERRA FILHO, Manoel Justino. *Lei de recuperação de empresas e falências comentada*. 4. ed. São Paulo: Revista dos Tribunais, 2007, p. 331.

12. NEGRÃO, Ricardo. *Manual de direito comercial e de empresa*. 5. ed. São Paulo: Saraiva, 2010, v. 3, p. 549; GONÇALVES NETO, Alfredo de Assis. Administração da falência, realização do ativo e pagamento dos credores. In: SANTOS, Paulo Penalva (Coord.). *A nova lei de falências e de recuperação de empresas*: Lei 11.101/2005. Rio de Janeiro: Forense, 2006, p. 266.

geral de credores. Para Écio Perin Júnior, a decisão seria do administrador judicial, ouvido o comitê, se foi constituído[13].

A nosso ver, no Brasil, a decisão caberá ao juiz. A menção a atender a orientação do comitê de credores não deve ser interpretada como vinculativa ao juiz, uma vez que a função do referido é meramente consultiva. Quando o papel do juiz é meramente homologatório, a lei é expressa ao afirmar esse papel meramente homologatório. Em suma, mesmo ouvindo o comitê, é o juiz quem vai decidir sempre sobre essas modalidades.

Por se tratar de questão de administração do processo, a princípio, a escolha do juiz será irrecorrível[14]. Todavia, não se pode esquecer que o art. 5º, XXXV, da Constituição Federal estabelece a inafastabilidade do controle jurisdicional. Por isso, deve-se admitir, no caso de alguma ilegalidade, a interposição de recurso de agravo de instrumento contra a decisão do juiz, o qual poderá ser interposto pelos credores, pelo devedor ou mesmo pelo Ministério Público, utilizando-se a legitimidade para as impugnações previstas no art. 143 da Lei n. 11.101/2005.

3.3 Pagamento e transferência dos bens

Em qualquer uma dessas modalidades, será vencedor aquele que ofertar o maior valor ainda que não atinja o preço da avaliação (Lei n. 11.101/2005 – art. 142, § 2º). Pela aplicação do CPC, não deve ser admitido apenas que a venda se dê por preço vil, isto é, por valor inferior a 50% da avaliação[15], ou, nos termos do CPC/2015, "Considera-se vil o preço inferior ao mínimo estipulado pelo juiz e constante do edital, e, não tendo sido fixado preço mínimo, considera-se vil o preço inferior a cinquenta por cento do valor da avaliação" (art. 891, parágrafo único). Feita a venda, os valores deverão ser pagos imediatamente (CPC/2015 – art. 892). O CPC/2015 prevê ainda que o interessado poderá apresentar proposta de pagamento parcelado com oferta de pagamento de pelo menos 25% (vinte e cinco por cento do valor do lance à vista e o restante parcelado em até 30 (trinta) meses, garantido por caução idônea, quando se tratar de móveis, e por hipoteca do próprio bem, quando se tratar de imóveis. Tal proposta, se for apresentada até o início do primeiro leilão, deverá oferecer valor não inferior ao da avaliação. Já se for apresentada até o início do segundo leilão, a proposta de aquisição do bem deve ser por valor que não seja considerado vil (CPC/2015 – art. 895). A nosso ver, em prol da maximização de

13. PERIN JÚNIOR, Écio. *Curso de direito falimentar e recuperação de empresas.* 3. ed. São Paulo: Método, 2006, p. 178.

14. BERNARDI, Ricardo. In: SOUZA JÚNIOR, Francisco Sátiro de; PITOMBO, Antônio Sérgio de A. de Moraes (Coord.). *Comentários à lei de recuperação de empresas e falência.* São Paulo: Revista dos Tribunais, 2005, p. 489; GONÇALVES NETO, Alfredo de Assis. Administração da falência, realização do ativo e pagamento dos credores. In: SANTOS, Paulo Penalva (Coord.). *A nova lei de falências e de recuperação de empresas* Lei 11.101/2005. Rio de Janeiro: Forense, 2006, p. 266.

15. STJ – AgRg nos EDcl no Ag 766.808/SC, Rel. Ministro VASCO DELLA GIUSTINA (DESEMBARGADOR CONVOCADO DO TJ/RS), TERCEIRA TURMA, julgado em 17-6-2010, *DJe* 29-6-2010.

ativos também deve-se admitir esse parcelamento. As quantias recebidas a qualquer título serão imediatamente depositadas em conta remunerada de instituição financeira, atendidos os requisitos da lei ou das normas de organização judiciária.

Para a transferência dos bens adquiridos, em qualquer modalidade de realização do ativo, é dispensada a apresentação de certidões negativas. No caso dos bens imóveis ligados ao exercício da atividade, é dispensada a outorga conjugal, nos termos do art. 978 do Código Civil. Para outros imóveis, Euler da Cunha Peixoto[16] mantém a exigência da outorga conjugal, a qual, a nosso ver, é incabível uma vez que se trata de alienação determinada por ordem judicial. Deve-se apenas intimar o cônjuge do falido (CPC/2015 – art. 842).

4 Modalidades alternativas de alienação

A princípio, a alienação da massa falida deve ser realizada por uma das modalidades mencionadas (leilão, propostas e pregão). Todavia, nem sempre as modalidades inicialmente colocadas à disposição terão os melhores resultados para os credores. Assim, tendo em vista os objetivos da própria falência e os interesses dos credores, podem ser admitidas outras modalidades para essa alienação.

4.1 Decisão dos credores

Poderão ser utilizadas modalidades alternativas de alienação quando os credores decidirem em assembleia geral, pela votação de dois terços dos créditos presentes (Lei n. 11.101/2005 – art. 46), utilizar outras modalidades. Neste caso, a decisão da assembleia de credores é soberana[17], vale dizer, cabe ao juiz apenas a homologação da decisão dos credores (Lei n. 11.101/2005 – art. 145). Naturalmente, o juiz não deverá homologar decisões dos credores que contrariem a legislação falimentar. Apesar do papel homologatório, a decisão do juiz nesse caso poderá ser impugnada por meio de agravo de instrumento[18].

4.2 Decisão do juiz

Além desse caso, havendo motivos justificados, o juiz poderá autorizar a realização de uma modalidade alternativa, diante de pedido fundamentado do administrador judi-

---

16. PEIXOTO, Euler da Cunha. In: CORRÊA-LIMA, Osmar Brina; CORRÊA LIMA, Sérgio Mourão (Coord.). *Comentários à nova lei de falência e recuperação de empresas*. Rio de Janeiro: Forense, 2009, p. 977.

17. MAMEDE, Gladston. *Direito empresarial brasileiro*: falência e recuperação de empresas. 2. ed. São Paulo: Atlas, 2008, v. 4, p. 594.

18. BERNARDI, Ricardo. In: SOUZA JÚNIOR, Francisco Sátiro de; PITOMBO, Antônio Sérgio de A. de Moraes (Coord.). *Comentários à lei de recuperação de empresas e falência*. São Paulo: Revista dos Tribunais, 2005, p. 492.

cial ou do comitê de credores (Lei n. 11.101/2005 – art. 144). Mesmo quando os credores não aprovarem a realização de uma modalidade alternativa, o juiz poderá deferi-la[19], uma vez que o art. 145, § 3º, diz que caberá ao juiz decidir a forma que será adotada, levando em conta a manifestação do administrador judicial e do Comitê. Em todo caso, a decisão será do juiz e deverá ser justificada.

A justificativa, aqui, deve atentar para os fins do processo falimentar, em especial para a maximização do valor dos ativos e para os interesses dos credores. Se não houver uma justificativa adequada, deve-se afastar a realização das modalidades alternativas nessa situação.

Contra tal decisão, Fábio Ulhoa Coelho[20] nega a possibilidade de interposição de recursos, uma vez que entende taxativas as possibilidades de interposição de recursos indicadas na lei. Euler da Cunha Peixoto, por sua vez, afirma que tal decisão é agravável, dado o seu cunho decisório[21]. Embora a decisão do juiz envolva uma questão de administração do processo, acreditamos que eventuais ilegalidades podem ser questionadas por via de agravo de instrumento. A nosso ver, a simples decisão nesse caso não é recorrível.

4.3 Constituição de uma sociedade de credores

Entre as possíveis modalidades alternativas de realização do ativo, a mais comum é a constituição de uma sociedade de credores ou dos empregados do próprio devedor, com a participação, se necessária, dos atuais sócios ou de terceiros. Nesse caso, a massa falida deverá compor o capital social da nova sociedade e os credores e/ou empregados passarão a ter uma participação nesse capital, proporcional a seu crédito. A situação nesse caso se assemelha à entrega da massa falida aos credores e à constituição subsequente de uma sociedade com os valores entregues. A eventual participação dos atuais sócios da sociedade falida ou de terceiros só deverá ser admitida se estes ingressarem com recursos nessa nova sociedade. Em muitos casos, essa modalidade é bem interessante, em especial para a preservação da atividade em funcionamento.

Todavia, há que se lembrar de que todas as sociedades são formadas a partir de uma manifestação de vontade de seus sócios, nem sempre todos os credores concordam com a formação da sociedade e, consequentemente, nem todos os credores manifestam sua vontade para ingressar nessa nova sociedade. Sem essa manifestação de vontade, eles não podem ser obrigados a se tornar sócios dessa sociedade. Ademais, ninguém pode ser obrigado a receber algo diferente do que lhe caberia, isto é, ninguém pode ser obrigado

19. PEIXOTO, Euler da Cunha. In: CORRÊA-LIMA, Osmar Brina; CORRÊA LIMA, Sérgio Mourão (Coord.). *Comentários à nova lei de falência e recuperação de empresas.* Rio de Janeiro: Forense, 2009, p. 997.

20. COELHO, Fábio Ulhoa. *Comentários à nova lei de falências e recuperação de empresas.* São Paulo: Saraiva, 2005, p. 189.

21. PEIXOTO, Euler da Cunha. In: CORRÊA-LIMA, Osmar Brina; CORRÊA LIMA, Sérgio Mourão (Coord.). *Comentários à nova lei de falência e recuperação de empresas.* Rio de Janeiro: Forense, 2009, p. 992.

a receber quotas ou ações quando seu direito era receber dinheiro. Assim, os dissidentes e os que não votaram não poderão ser compelidos a ingressar na sociedade[22].

Nessa situação, deverá ocorrer o pagamento, pela nova sociedade, do valor que caberia ao credor que não entrou na sociedade em caso de liquidação da massa falida[23]. Alguns autores negam tal possibilidade, na medida em que a lei prevê expressamente que nesse caso não haverá sucessão (Lei n. 11.101/2005 – art. 141, II, c. c. 145, § 1º)[24].

Trata-se de uma simples questão de evitar prejuízos para esses sujeitos, que não podem ser prejudicados, mesmo com a decisão da maioria. Contudo, negar esse pagamento é obrigar alguém a ingressar na sociedade, sob pena de ficar sem nada, contrariando o próprio art. 5º, XX, da Constituição Federal, que diz que ninguém será compelido a associar-se. Além disso, há credores, como os fiscais, que sequer podem ingressar na sociedade, sem uma lei que os autorize. Ademais, reitere-se que o pagamento se limitará ao valor a que o credor teria direito na liquidação ordinária da massa falida, vale dizer, trata-se do mesmo resultado do exercício do recesso por esse sócio.

5 Liquidação sumária: adjudicação e venda direta aos credores

Pela grande variedade de empresários que podem ser atingidos pela falência, em certas situações, a realização do ativo nem sempre deve ser realizada do modo explicado. Em algumas situações, poderá haver a adjudicação pelos credores, ou mesmo uma venda direta a eles. Para alguns autores, essa liquidação sumária só será possível se abranger todos os bens arrecadados[25]. A nosso ver, porém, essa realização imediata do ativo pode abranger a totalidade dos bens arrecadados, ou mesmo apenas alguns deles[26], na medida em que o interesse dos credores será determinante nesse caso.

Quando a massa falida arrecadada é muito pequena, não costuma ser razoável ter todo o trâmite processual normal, uma vez que o processo custaria muito mais do que o

---

22. BERNARDI, Ricardo. In: SOUZA JÚNIOR, Francisco Sátiro de; PITOMBO, Antônio Sérgio de A. de Moraes (Coord.). *Comentários à lei de recuperação de empresas e falência*. São Paulo: Revista dos Tribunais, 2005, p. 492.

23. NEGRÃO, Ricardo. *Manual de direito comercial e de empresa*. 5. ed. São Paulo: Saraiva, 2010, v. 3, p. 552; GONÇALVES NETO, Alfredo de Assis. Administração da falência, realização do ativo e pagamento dos credores. In: SANTOS, Paulo Penalva (Coord.). *A nova lei de falências e de recuperação de empresas*: Lei 11.101/2005. Rio de Janeiro: Forense, 2006, p. 272; PEIXOTO, Euler da Cunha. In: CORRÊA-LIMA, Osmar Brina; CORRÊA LIMA, Sérgio Mourão (Coord.). *Comentários à nova lei de falência e recuperação de empresas*. Rio de Janeiro: Forense, 2009, p. 995.

24. SZTAJN, Rachel; FRANCO, Vera Helena de Mello. *Falência e recuperação da empresa em crise*. São Paulo: Campus, 2008, p. 197.

25. SZTAJN, Rachel; FRANCO, Vera Helena de Mello. *Falência e recuperação da empresa em crise*. São Paulo: Campus, 2008, p. 184.

26. MAMEDE, Gladston. *Direito empresarial brasileiro*: falência e recuperação de empresas. 2. ed. São Paulo: Atlas, 2008, v. 4, p. 578.

benefício auferido. Nesta situação, o art. 111 da Lei n. 11.101/2005 afirma que o juiz poderá autorizar os credores a adquirir ou adjudicar, de imediato, os bens arrecadados, pelo valor da avaliação. Trata-se de uma espécie de liquidação sumária que se mostra extremamente razoável.

No direito espanhol reformado, admite-se a figura da liquidação antecipada exclusivamente a pedido do devedor[27]. No Brasil, não se identifica quem poderá requerer essa liquidação sumária, mas acreditamos que qualquer interessado poderá ter a iniciativa. Em todo caso, a decisão caberá ao juiz.

Para permitir essa liquidação sumária, o juiz deverá atentar aos interesses da massa falida e aos custos do processo, tentando fazer algo que seja o mais eficiente possível. Tal opção não deve gerar prejuízos, nem custos exagerados no processo. Todavia, não é só isso, o juiz também deverá atentar para o interesse dos credores na adjudicação ou eventualmente na compra direta dos bens. Em todo caso, a decisão do juiz pressupõe a oitiva do comitê, se houver, mas seria recomendável a abertura de prazo para os credores se manifestarem[28].

A lei determina ainda que o juiz atente para a regra de classificação e preferência entre os credores. Essa determinação não inviabiliza a realização da liquidação sumária, mas apenas tenta resguardar a igualdade entre os credores. Em outras palavras, essa liquidação sumária não poderá gerar resultados piores para os credores do que ocorreria com a alienação normal da massa falida.

Nos casos de venda direta, o credor interessado fará a proposta em juízo. Se houver concorrência entre vários credores, o juiz deverá dar preferência àquele que fez a melhor proposta, ou ao menos à classificação entre eles. De todo modo, deferida a venda direta, o credor adquirirá o bem e entregará para a massa falida o preço da avaliação. Esses valores serão empregados para o pagamento do passivo.

De outro lado, o dispositivo ainda prevê que o juiz poderá autorizar a adjudicação de bens pelos credores. Essa adjudicação significa a imediata transferência do bem aos credores pelo preço da avaliação. Se o valor do seu crédito for superior ao valor dos bens, ele não terá que pagar nada. Se o valor for inferior, ele terá que devolver a diferença para a massa falida. Em todo caso, esse credor não poderá ser beneficiado em detrimento de outros credores, isto é, a adjudicação só poderá ser deferida se nenhum credor melhor classificado ficar sem receber. Essa exigência, que muitas vezes vai inviabilizar a adjudicação, é necessária para que seja resguardada a igualdade entre os credores. Em suma, a adjudicação só será possível quando feita por todos os credores, ou ao menos pelos credores mais privilegiados ou ainda quando o adjudicante depositar em juízo os valores que seriam recebidos pelos credores mais privilegiados que ele.

---

27. GONZÁLEZ, José Antonio García-Cruces; SÁNCHEZ, Javier López. *La reforma de la ley concursal*: una primera lectura del Real Decreto-ley 3/2009. Madrid: Aranzadi, 2009, p. 145.

28. TEPEDINO, Ricardo. In: ABRÃO, Carlos Henrique; TOLEDO, Paulo F. C. Salles de (Coord.). *Comentários à lei de recuperação de empresas e falência*. 4. ed. São Paulo: Saraiva, 2010, p. 413.

6 Venda imediata

Além da aquisição imediata pelos credores, é possível também uma venda imediata aberta ao público. Por questões de benefício para a massa falida, certos bens podem ser alienados imediatamente. Nesta situação encontram-se os bens perecíveis, os deterioráveis, os sujeitos à desvalorização, os de conservação arriscada e os de conservação dispendiosa[29]. Os bens perecíveis são aqueles que perdem suas características e substância se não forem utilizados dentro de certo prazo. De outro lado, são bens deterioráveis aqueles que podem perder sua utilidade, como os outros produtos com prazo de validade quase encerrado. Além disso, são bens sujeitos à desvalorização aqueles que se tornam obsoletos rapidamente, como os computadores de uso pessoal. São bens de difícil guarda os bens que ensejarão muitas despesas na sua conservação, injustificáveis dentro da perspectiva de um processo falimentar. Por fim, são de conservação arriscada aqueles que trazem riscos de segurança (explosão, poluição...) ou mesmo que atraem a cobiça de marginais.

Pelas dificuldades inerentes a sua guarda, os referidos bens podem ser vendidos antecipadamente pelo administrador judicial com autorização judicial, ouvidos o comitê e o falido no prazo de 48 (quarenta e oito) horas (Lei n. 11.101/2005 – art. 113). Não há previsão de oitiva do Ministério Público, mas, pelas razões já expostas, acreditamos ser recomendável também a manifestação do *parquet*, dentro desse mesmo prazo.

A princípio, os bens em questão devem ser vendidos imediatamente, atendendo-se ao próprio objetivo de maximização dos ativos do falido, não ensejando maiores questionamentos. Contudo, o falido ou outros que devem se manifestar podem questionar a venda, alegando a instrumentalidade de tais bens, que poderão facilitar a continuação do negócio, seja pela reforma da decisão que decretou a falência, seja pela alienação em bloco da massa falida. Em todo caso, caberá ao juiz, atentando aos interesses da falência, a decisão sobre a venda imediata dos referidos bens, a qual obedecerá ao procedimento geral para venda de bens que compõem a massa falida[30].

7 Ausência de sucessão dos adquirentes

Em qualquer das modalidades de alienação da massa falida, os adquirentes não devem ter responsabilidade pelas obrigações do falido, sob pena de não atrair nenhum interessado para essa aquisição. A venda dos bens nesse caso é tornada mais atrativa, na medida em que elimina qualquer direito dos credores sobre os bens, havendo a sub-rogação desses direitos dos credores no produto da realização do ativo (Lei n. 11.101/2005 – art. 141). Eles só podem fazer recair seus direitos sobre esse resultado obtido.

---

29. NEGRÃO, Ricardo. *Manual de direito comercial e de empresa*. 5. ed. São Paulo: Saraiva, 2010, v. 3, p. 500-501.

30. RIBEIRO, Márcia Carla Pereira. In: CORRÊA-LIMA, Osmar Brina; CORRÊA LIMA, Sérgio Mourão (Coord.). *Comentários à nova lei de falência e recuperação de empresas*. Rio de Janeiro: Forense, 2009, p. 835.

Dentro dessa perspectiva, não haverá sucessão do adquirente em relação a quaisquer obrigações do falido, nem tributárias, nem trabalhistas, mesmo que a venda se refira apenas a bens isolados (Lei n. 11.101/2205 – art. 141, II). O Supremo Tribunal Federal, no julgamento da ADin 3.934, acabou concluindo pela perfeita constitucionalidade do referido dispositivo, asseverando que,

> Por essas razões, entendo que os arts. 60, parágrafo único, e 141, II, do texto legal em comento mostram-se constitucionalmente hígidos no aspecto em que estabelecem a inocorrência de sucessão dos créditos trabalhistas, particularmente porque o legislador ordinário, ao concebê-los, optou por dar concreção a determinados valores constitucionais, a saber, a livre iniciativa e a função social da propriedade – de cujas manifestações a empresa é uma das mais conspícuas – em detrimento de outros, com igual densidade axiológica, eis que os reputou mais adequados ao tratamento da matéria[31].

Cuida-se da mais clara aplicação dos princípios da função social e da preservação da empresa, na medida em que, com o estabelecimento de alguma sucessão, dificilmente a atividade poderia prosseguir. Outrossim, a sucessão diminuiria o número de interessados ou mesmo inviabilizaria a alienação. Assim, pelo interesse dos credores e da própria atividade é que se afasta a sucessão do adquirente. Todavia, para evitar que pessoas de má-fé se beneficiem dessa não responsabilização, haverá sucessão em todas as obrigações, no caso em que pairem suspeitas sobre a relação do adquirente com o falido.

Assim, haverá sucessão em todas as obrigações se o adquirente for sócio da sociedade falida, porquanto, embora seja uma pessoa distinta, há claro vínculo que põe suspeitas na aquisição. De modo similar, também haverá sucessão se o adquirente for sócio minoritário em sociedade controlada pelo falido, pelas mesmas razões. Nesses dois casos, há muita dificuldade em separar o falido desses adquirentes e, por isso, houve-se por bem estabelecer a sucessão, o que na prática representa uma medida proibitiva da aquisição por tais sujeitos.

Na mesma linha, também haverá sucessão se o adquirente for parente, em linha reta ou colateral até o 4º (quarto) grau, consanguíneo ou afim, do devedor ou de sócio da sociedade devedora. O parentesco pode dizer respeito ao próprio devedor falido ou a qualquer sócio, mesmo que minoritário da sociedade falida. O vínculo de parentesco traz consigo também a ideia de proximidade e consequentemente põe alguma suspeição sobre a aquisição e, por isso, é estabelecida a sucessão. Embora não se mencione expressamente o cônjuge, é natural que ele também seja atingido pela regra da sucessão, bem como o companheiro ou companheira[32].

---

31. STF – Pleno – ADI 3934, Relator(a): Min. RICARDO LEWANDOWSKI, Tribunal Pleno, julgado em 27-5-2009, *DJe*-208, Divulg. 5-11-2009, Public. 6-11-2009, Ement. V. 2381-02, p. 374.

32. MAMEDE, Gladston. *Direito empresarial brasileiro*: falência e recuperação de empresas. 2. ed. São Paulo: Atlas, 2008, v. 4, p. 591.

Por derradeiro, prevê-se a sucessão quando o adquirente for identificado como agente do devedor com o intuito de fraudar a sucessão. Obviamente, qualquer intuito fraudulento deve ser vedado e, por isso, é estabelecida a sucessão quando houver esse intuito. Todavia, a prova dessa intenção é muito difícil, logo, deve-se tentar identificar na postura do adquirente em que interesse ele está agindo. Se ele estiver agindo no interesse do próprio falido ou de qualquer um dos mencionados acima, deve-se considerá-lo um agente do falido e impor a sucessão nesse caso.

Nestes casos, o STJ[33] e o STF[34] têm reconhecido que a competência para decidir se há ou não sucessão é do juízo da falimentar, uma vez que o objeto da discussão são apenas os efeitos dessa alienação e não a eventual responsabilidade. Mesmo em obrigações trabalhistas, não se discute eventual responsabilidade, mas sim efeitos da alienação e, portanto, a competência será sempre do juízo falimentar.

8 Impugnações

Em qualquer uma das modalidades de realização do ativo, poderão ser apresentadas impugnações por quaisquer credores, pelo devedor ou pelo Ministério Público, apontando qualquer ilegalidade na alienação, como a aquisição por alguém que não poderá sequer participar da realização. Há quem admita a impugnação por qualquer interessado, como um licitante que não saiu vencedor[35]. Embora não conste expressamente essa possibilidade, acreditamos ser possível a impugnação desses terceiros apenas no que tange a matérias de ordem pública.

Tal impugnação deverá ser apresentada no prazo de 48 (quarenta e oito) horas da arrematação. Feita a impugnação, os autos serão conclusos ao juiz que, no prazo de 5 (cinco) dias, decidirá sobre as impugnações e, julgando-as improcedentes, ordenará a entrega dos bens ao arrematante, respeitadas as condições estabelecidas no edital. Da decisão do juiz nessas impugnações pode ser interposto recurso de agravo de instrumento, pelas regras normais do CPC.

---

33. STJ – CC 61272/RJ, Rel. Ministro ARI PARGENDLER, SEGUNDA SEÇÃO, julgado em 25-4-2007, *DJ* 25-6-2007, p. 213.

34. STF – Pleno – RE 583.955/RJ, Relator Ministro Ricardo Levandowsky, j. em 29-5-2009.

35. CAMPOS BATALHA, Wilson de Souza; RODRIGUES NETTO, Nelson; RODRIGUES NETTO, Sílvia Maria Labate Batalha. *Comentários à lei de recuperação judicial de empresas e falência*. 4. ed. São Paulo: LTr, 2007, p. 205.

27 PAGAMENTO DO PASSIVO

1 A ordem de pagamento

À medida que se realiza o ativo, o administrador judicial passa a ter recursos disponíveis para efetuar os pagamentos devidos. Todavia, os recursos obtidos com a realização do ativo dificilmente serão suficientes para pagar todos os credores. Assim, o pagamento deve obedecer a uma ordem de preferências legalmente estabelecida, com o intuito de privilegiar aqueles créditos que gozam de maior importância. Essa ordem, porém, é objeto de grandes controvérsias.

No direito italiano, a ordem será: (1) créditos extraconcursais (*predudicibili*); (2) créditos com garantias ou privilégios (*prelazione*); e (3) créditos quirografários[1]. No direito francês, a classificação dos credores é diferenciada em relação aos próprios bens que tenham sido alienados[2]. No Brasil, pelo teor literal do art. 149 da Lei n. 11.101/2005, a ordem de pagamento seria: (1) restituições em dinheiro; (2) extraconcursais (art. 84); e (3) concursais (art. 83). Apesar disso, surgem várias controvérsias.

Apesar do texto do referido dispositivo, Fabio Ulhoa Coelho, porém, entende que, pela necessidade do processo, os extraconcursais deveriam ser pagos em primeiro lugar, passando as restituições em dinheiro para o segundo lugar[3]. Ocorre que existem ainda pagamentos que devem ser antecipados, nos termos dos arts. 150 e 151 da Lei n. 11.101/2005. Amador Paes de Almeida coloca em igualdade de condições com os extraconcursais os créditos do art. 151[4].

Embora reconheça a existência dessas antecipações, João Bosco Cascardo Gouvêa dá prioridade total aos pedidos de restituição em dinheiro, ressaltando que os pagamentos dos créditos dos arts. 150 e 151 não poderão ser feitos em detrimento dessas restituições[5].

---

1. VIGOTTI, Franco. La ripartizione dell'attivo fallimentare. In: DI PEPE, Giorgio Schiano (Coord.). *Il diritto fallimentare riformato*. Padova: CEDAM, 2007, p. 465.

2. JACQUEMONT, Andre. *Droit des entreprises em difficulté*. 6. ed. Paris: Litec, 2009, p. 482.

3. COELHO, Fabio Ulhoa. *Comentários à nova lei de falências e recuperação de empresas*. São Paulo: Saraiva, 2005, p. 382.

4. ALMEIDA, Amador Paes de. *Curso de falência e recuperação de empresas*. 25. ed. São Paulo: Saraiva, 2009, p. 279.

5. GOUVEA, João Bosco Cascardo de. *Recuperação e falência*: Lei n. 11.101/2005 – comentários artigo por artigo. Rio de Janeiro: Forense, 2009, p. 318.

Francisco Sátiro de Souza Jr. e Sérgio Campinho[6] têm entendimento similar, mas eles condicionam as antecipações à existência de recursos suficientes para o pagamento das restituições em dinheiro e dos credores extraconcursais. De outro lado, alguns autores[7] afirmam que o pagamento do passivo deve começar pelo pagamento prioritário dos créditos previstos nos arts. 150 e 151 da Lei n. 11.101/2005, após o que deveriam ser pagas as restituições em dinheiro, os créditos extraconcursais na ordem do art. 84 e os créditos do quadro geral de credores na ordem prevista no art. 83 da mesma lei.

Para os fins deste trabalho, consideramos que em primeiro lugar devem ser efetuados os pagamentos dos créditos prioritários ou pagamentos antecipados. Estes são aqueles indicados pelos arts. 151 e 150 da Lei n. 11.101/2005, nessa ordem. Todavia, os créditos do art. 150 não poderão ser pagos em detrimento dos pedidos de restituição em dinheiro. Em ambos os casos, a lei determina que eles sejam pagos com os recursos disponíveis em caixa ou tão logo haja recursos disponíveis em caixa. Tais expressões denotam o caráter prioritário desses créditos na ordem de pagamento. Corroborando essa conclusão, o art. 86, parágrafo único, da mesma lei determina o pagamento das restituições em dinheiro após o pagamento previsto no art. 151.

Realizado o pagamento dos créditos prioritários, deve-se em seguida passar ao pagamento das restituições em dinheiro. O art. 149 da Lei n. 11.101/2005 é expresso ao determinar que o pagamento das restituições em dinheiro deverá preceder ao pagamento dos demais créditos. Tal medida é perfeitamente justificável, uma vez que os titulares do pedido de restituição não são propriamente credores e os valores a serem restituídos representam na verdade uma correção na apuração do ativo.

Pagas as restituições em dinheiro, o mesmo art. 149 da Lei n. 11.101/2005 determina o pagamento dos créditos extraconcursais na ordem prevista no art. 84 da mesma. Tais créditos representam, em última análise, obrigações assumidas pela própria massa falida e não pelo falido. Tais obrigações têm prioridade sobre as dívidas do falido para não inviabilizar a realização do processo. Elas não costumam ser muito grandes, mas ainda assim devem ter essa posição.

Por derradeiro, devem ser pagas as obrigações do falido consolidadas no quadro geral de credores, na ordem prevista no art. 83 da Lei n. 11.101/2005. A ordem de preferência estabelecida no referido artigo leva em conta a importância e a circunstância bastante usual de que o ativo não será suficiente para o pagamento de todos os credores.

---

6. SOUZA JR., Francisco Sátiro. In: SOUZA JÚNIOR, Francisco Sátiro de; PITOMBO, Antônio Sérgio de A. de Moraes (Coord.). *Comentários à lei de recuperação de empresas e falência*. São Paulo: Revista dos Tribunais, 2005, p. 502; CAMPINHO, Sérgio. *Falência e recuperação de empresa*: o novo regime de insolvência empresarial. 3. ed. Rio de Janeiro: Renovar, 2008, p. 435.

7. BEZERRA FILHO, Manoel Justino. *Lei de recuperação de empresas e falências comentada*. 6. ed. São Paulo: Revista dos Tribunais, 2009, p. 300; NEGRÃO, Ricardo. *Manual de direito comercial e de empresa*. 5. ed. São Paulo: Saraiva, 2010, v. 3, p. 556; VIGIL NETO, Luiz Inácio. *Teoria falimentar e regimes recuperatórios*. Porto Alegre: Livraria do Advogado, 2008, p. 289; SZTAJN, Rachel; FRANCO, Vera Helena de Mello. *Falência e recuperação da empresa em crise*. São Paulo: Campus, 2008, p. 199; MAMEDE, Gladston. *Direito empresarial brasileiro*: falência e recuperação de empresas. 2. ed. São Paulo: Atlas, 2008, v. 4, p. 597.

Caso seja possível o pagamento de todas as obrigações do falido, devem ser pagos os juros posteriores à decretação da falência (Lei n. 11.101/2005 – art. 124). Se ainda sobrar algum valor, esse saldo remanescente deverá ser devolvido ao falido.

2 Créditos prioritários

Conforme já exposto, acreditamos que em primeiro lugar devem ser pagos os créditos prioritários, na medida em que eles devem ser pagos com o dinheiro disponível em caixa. Os créditos prioritários estão previstos nos arts. 150 e 151 da Lei n. 11.101/2005. O primeiro se refere às despesas necessárias para o andamento do processo, inclusive no caso de continuação provisória dos negócios. O último se refere a créditos trabalhistas considerados dignos de pagamento imediato.

Para alguns autores[8], os créditos do art. 150 devem preferir aos do art. 151, na medida em que trata de despesas essenciais ao andamento do processo e, sem esse pagamento, o processo não poderia prosseguir. Adalberto Simão Filho[9] dá prioridade aos créditos do art. 150, ressaltando que devem ser pagas em primeiro lugar as despensas indispensáveis à administração da falência e em segundo lugar as despesas com a continuação provisória dos negócios, após o que seriam pagos os créditos do art. 151. Também dando prioridade ao art. 150, Sérgio Mourão Corrêa Lima afirma que os créditos do art. 151 só poderiam ser pagos após as restituições fundadas no direito de propriedade e após o pagamento das despesas extraconcursais que sejam indispensáveis à administração da falência[10]. Ele reconhece, porém, que as restituições em dinheiro devem ser feitas após o pagamento dos créditos do art. 151 da Lei n. 11.101/2005.

Todavia, outros autores invertem essa ordem asseverando o pagamento em primeiro lugar dos créditos previstos no art. 151[11]. A nosso ver, a razão está com os últimos, na medida em que o referido art. 151 menciona que o pagamento deve ser realizado tão logo haja

---

8. VIGIL NETO, Luiz Inácio. *Teoria falimentar e regimes recuperatórios*. Porto Alegre: Livraria do Advogado, 2008, p. 289; MAMEDE, Gladston. *Direito empresarial brasileiro*: falência e recuperação de empresas. 2. ed. São Paulo: Atlas, 2008, v. 4, p. 596; HUSNI, Alexandre. In: DE LUCCA, Newton; SIMÃO FILHO, Adalberto (Coord.). *Comentários à nova lei de recuperação de empresas e de falências*. São Paulo: Quartier Latin, 2005, p. 551.

9. SIMÃO FILHO, Adalberto. Fases falencial e pós falencial: uma visão generalista. In: PAIVA, Luiz Fernando Valente de (Coord.). *Direito falimentar e a nova lei de falências e recuperação de empresas*. São Paulo: Quartier Latin, 2005, p. 541.

10. CORRÊA LIMA, Sérgio Mourão. In: CORRÊA-LIMA, Osmar Brina; CORRÊA LIMA, Sérgio Mourão (Coord.). *Comentários à nova lei de falência e recuperação de empresas*. Rio de Janeiro: Forense, 2009, p. 536.

11. NEGRÃO, Ricardo. *Manual de direito comercial e de empresa*. 5. ed. São Paulo: Saraiva, 2010, v. 3, p. 557; GONÇALVES NETO, Alfredo de Assis. Administração da falência, realização do ativo e pagamento dos credores. In: SANTOS, Paulo Penalva (Coord.). *A nova lei de falências e de recuperação de empresas*: Lei 11.101/2005. Rio de Janeiro: Forense, 2006, p. 274; PERIN JÚNIOR, Écio. *Curso de direito falimentar e recuperação de empresas*. 3. ed. São Paulo: Método, 2006, p. 189; SIMIONATO, Frederico A. Monte. *Tratado de direito falimentar*. Rio de Janeiro: Forense, 2008, p. 642.

recursos disponíveis em caixa. O uso da expressão *tão logo*, ausente no art. 150, denota a prioridade desse pagamento. Outrossim, o valor da dignidade da pessoa humana protegido pelo art. 151 deve ser melhor protegido do que a própria continuidade do processo.

Assim, em primeiro lugar, deve ocorrer o pagamento dos créditos trabalhistas de natureza estritamente salarial vencidos nos três meses anteriores à decretação da falência, até o limite de 5 (cinco) salários mínimos por trabalhador. O pagamento aqui referido abrange apenas verbas de natureza salarial, isto é, remuneração por serviços prestados (importância fixada pelo empregador, comissões, gratificações, diárias e abonos), afastando o pagamento de verbas indenizatórias (ajudas de custo, diárias acima de certo valor). Outrossim, são verbas vencidas apenas nos três meses anteriores à decretação da falência, denotando a urgência desse pagamento. Por derradeiro, limita-se o valor desse pagamento prioritário a 5 (cinco) salários mínimos por trabalhador, por se considerar tal valor suficiente para atender as necessidades imediatas do trabalhador.

Para Manoel Justino Bezerra Filho, tais verbas podem decorrer de serviços prestados ou mesmo de acordos realizados nesse período, desde que o vencimento tenha ocorrido dentro do limite previsto na lei[12]. A nosso ver, porém, a intenção foi efetivamente remunerar os serviços realizados mais perto da falência, permitindo assim a subsistência do empregado. Os eventuais acordos ou condenações judiciais seriam créditos sujeitos ao concurso em geral.

Trata-se de uma clara proteção à dignidade da pessoa humana, na medida em que se quer resguardar o pagamento de valores que, presumidamente, se destinam à sobrevivência dos trabalhadores. A Constituição Federal de 1988 estabelece como um dos fundamentos da república a dignidade da pessoa humana, assegurando a esta um valor fundamental dentro do ordenamento constitucional. Assim, a dignidade da pessoa humana deve ser resguardada com tal pagamento da forma mais imediata possível.

Também são considerados créditos prioritários as despesas cujo pagamento antecipado seja indispensável à administração da falência, inclusive na hipótese de continuação provisória das atividades. São despesas cujo pagamento é necessário para a continuidade do processo. Trata-se, na verdade, de dívidas que dizem respeito à massa falida e, por isso, melhor enquadradas como créditos extraconcursais. Todavia, pela necessidade do próprio processo, há essa previsão de pagamento antecipado. Nesse caso, acreditamos que o pagamento antecipado só será possível se houver recursos suficientes para o pagamento das restituições em dinheiro, as quais preferem ao pagamento dos créditos extraconcursais.

3 Pedidos de restituição em dinheiro

Após o pagamento dos créditos prioritários, devem ser pagas as restituições em dinheiro, isto é, a retirada de dinheiro da massa falida, fora do concurso de credores. A

12. BEZERRA FILHO, Manoel Justino. *Lei de recuperação de empresas e falências comentada*. 6. ed. São Paulo: Revista dos Tribunais, 2009, p. 304.

ideia é a mesma da restituição em geral, uma vez que não se cogita propriamente de um direito de crédito. Todavia, nesse caso, o cumprimento da restituição se dará em dinheiro, de forma muito similar a um pagamento. Em termos gerais, podemos afirmar que a restituição em dinheiro será possível como sucedâneo do pedido de restituição geral, para o adiantamento de contrato de câmbio à exportação, para o ressarcimento de dinheiro gasto por terceiro de boa-fé em atos declarados ineficazes e para o caso de dinheiro em poder do falido, sobre o qual ele não tenha disponibilidade (STF – Súmula 417).

Embora não se trate propriamente de um credor, o pagamento só poderá ocorrer após o pagamento dos créditos trabalhistas de natureza estritamente salarial vencidos nos três meses anteriores à decretação da falência, até o limite de 5 salários mínimos por trabalhador. Não se trata de inclusão do pedido de restituição no quadro de credores, mas de prevalência da dignidade da pessoa humana, privilegiando tais créditos. Havendo recursos suficientes, as restituições também cederão lugar aos pagamentos antecipados do art. 150 da Lei n. 11.101/2005.

Os valores restituídos devem ser devidamente atualizados, uma vez que a correção monetária não representa acréscimo, mas simples recomposição do poder aquisitivo da moeda corroído pela inflação (STJ – Súmula 36). Não haverá, porém, a incidência de juros nessa restituição, uma vez que os juros representariam um crédito que deverá se submeter ao concurso de credores. Outrossim, se os valores disponíveis não forem suficientes para pagar todas as restituições, deverá haver um rateio entre os credores. Em todo caso, não vemos a possibilidade de aplicação do art. 523, § 1º do CPC/2015, diante da especialidade da legislação falimentar[13].

4 Créditos extraconcursais

Nos termos do art. 149 da Lei n. 11.101/2005, depois que forem pagas as restituições em dinheiro deverão ser pagos os chamados créditos extraconcursais, que representam as dívidas assumidas pela massa falida ao longo do processo. Há uma grande semelhança com os antigos encargos da massa e dívidas da massa. A expressão *extraconcursais* utilizada pela lei quer deixar claro que não são dívidas do falido, isto é, não são créditos submetidos ao concurso de credores, nem integram o quadro geral de credores.

Tais créditos hoje têm prioridade em relação aos credores do falido, uma vez que se inexistisse essa prioridade, o processo não conseguiria andar. De fato, ao longo do processo de falência precisam ser assumidas certas obrigações, sob pena de inviabilizar o andamento do processo. São essas obrigações que compõem os chamados créditos extraconcursais. Como podem existir vários créditos desse tipo, a própria Lei n. 11.101/2005, em seu art. 84, estabelece uma ordem de preferência entre os créditos extraconcursais.

---

13. TEIXEIRA, Sálvio de Figueiredo; TEIXEIRA, Vinícius de Figueiredo. In: CORRÊA-LIMA, Osmar Brina; CORRÊA LIMA, Sérgio Mourão (Coord.). *Comentários à nova lei de falência e recuperação de empresas*. Rio de Janeiro: Forense, 2009, p. 628.

4.1 Administrador judicial, seus auxiliares, empregados da massa

Nesta ordem, em primeiro lugar se encontram os créditos que se relacionam a serviços prestados à massa falida (remuneração ou indenização de acidente), que ocupam a primeira posição entre os créditos extraconcursais. A ideia aqui é apenas tentar garantir o bom andamento do processo e, por isso, os responsáveis por esse andamento devem ter essa preferência. Assim, aqui se inserem os créditos trabalhistas referentes a serviços prestados após a decretação, bem como as indenizações por acidentes de trabalho relacionados a esses serviços.

Também se inserem nesse primeiro lugar entre os extraconcursais as remunerações devidas ao administrador judicial e a seus auxiliares, como os advogados e contadores que sejam contratados. Especificamente, em relação ao administrador judicial, é importante ressaltar que 40% da sua remuneração só deverá ser paga ao final do processo, nos termos do art. 24, § 2º, da Lei n. 11.101/2005. Isso não significa que essa parcela terá uma classificação pior. Na verdade, esses valores deverão ser depositados em uma conta separada e entregues ao administrador judicial ao final do processo. Em todo caso, não há preferência entre esses créditos, isto é, se não houver recursos suficientes para pagar todos, deverá ser feito um rateio.

4.2 Quantias fornecidas pelos credores

O segundo lugar entre os extraconcursais é ocupado pelas quantias fornecidas pelos credores à massa falida pelos credores. Por vezes, o andamento do processo, em especial a busca de bens, depende de providências que precisam ser imediatamente pagas e nem sempre há recursos disponíveis. Neste caso, algum credor pode fornecer quantias para a massa falida para essas providências. Tais valores deverão ser restituídos aos credores no segundo lugar entre os extraconcursais.

4.3 Despesas do processo de falência

Em terceiro lugar entre os extraconcursais estão as despesas com arrecadação, administração, realização do ativo e distribuição do seu produto, bem como custas do processo de falência. Aqui se inserem as despesas com os atos do processo, em sentido estrito, desde as custas do processo até os custos dos atos de apreensão de bens, da administração da massa, da venda dos bens, bem como dos pagamentos efetuados. São exemplos desse grupo as despesas com as diligências de oficiais de justiça, com o pagamento de despesas de depósito dos bens e com a alienação. Também se inserem aqui os honorários de sucumbência do processo de falência[14], uma vez que não há mais a isenção.

---

14. NEGRÃO, Ricardo. *Manual de direito comercial e de empresa*. 5. ed. São Paulo: Saraiva, 2010, v. 3, p. 528; ARAÚJO, José Francelino de. *Comentários à lei de falências e recuperação de empresas*. São Paulo: Sa-

4.4 Custas das ações em que a massa falida seja vencida

Em quarto lugar estão custas judiciais relativas às ações e execuções em que a massa falida tenha sido vencida. Até para evitar demandas temerárias, impõe-se à massa falida a restituição das custas antecipadas pela outra parte, bem como o pagamento das custas finais do processo como créditos extraconcursais nos processos em que ela seja vencida. Os honorários de sucumbência nesses processos também se inserem nessa categoria. Se a massa falida foi parte de processos e foi derrotada, ela deverá arcar com esses pagamentos. A preferência aqui não diz respeito ao andamento do processo de falência, mas ao andamento de outros processos que também podem ser fundamentais na consecução dos objetivos da falência.

Obviamente, nada impede que a massa falida requeira a gratuidade de justiça[15], ficando dispensada desses pagamentos. Ocorre que, nesses casos, será necessária a prova da impossibilidade de fazer frente aos custos dos processos[16]. A simples decretação da falência não faz presumir a dificuldade. Nesse sentido, o STJ já afirmou que,

> [...] tratando-se de massa falida, não se pode presumir pela simples quebra o estado de miserabilidade jurídica, tanto mais que os benefícios de que pode gozar a 'massa falida' já estão legal e expressamente previstos, dado que a massa falida é decorrência exatamente não da 'precária' saúde financeira (passivo superior ao ativo), mas da própria 'falta' ou 'perda' dessa saúde financeira[17].

4.5 Outras dívidas da massa falida

Por derradeiro, em quinto lugar estão as obrigações resultantes de atos jurídicos válidos praticados durante a recuperação judicial ou após a decretação da falência. Durante o processo de recuperação judicial a atividade do devedor normalmente prossegue e, consequentemente, são assumidas obrigações, as quais são classificadas como extraconcursais, para não prejudicar as pessoas que mantiveram a negociação com o devedor em recuperação judicial. Pelos mesmos motivos, os atos válidos praticados pelo administrador judicial durante o processo de falência também terão essa classificação. Se não

---

raiva, 2009, p. 190; SZTAJN, Rachel; FRANCO, Vera Helena de Mello. *Falência e recuperação da empresa em crise*. São Paulo: Campus, 2008, p. 49.

15. CORRÊA LIMA, Sérgio Mourão. In: CORRÊA-LIMA, Osmar Brina; CORRÊA LIMA, Sérgio Mourão (Coord.). *Comentários à nova lei de falência e recuperação de empresas*. Rio de Janeiro: Forense, 2009, p. 577.

16. STJ – EREsp 388.045/RS, Rel. Ministro Gilson Dipp, Corte Especial, julgado em 1º-8-2003, *DJ* 22-9-2003.

17. STJ – AgRg no Ag 1292537/MG, Rel. Ministro LUIZ FUX, PRIMEIRA TURMA, julgado em 5-8-2010, *DJe* 18-8-2010.

fosse dado esse privilégio, ninguém praticaria tais atos. Neste caso, específico o STJ decidiu que

> A expressão "durante a recuperação judicial", gravada nos arts. 67, *caput*, e 84, V, da Lei de Falências e de Recuperação de Empresas, abrange o período compreendido entre a data em que se defere o processamento da recuperação judicial e a decretação da falência, interpretação que melhor harmoniza a norma legal com as demais disposições da lei de regência e, em especial, o princípio da preservação da empresa (LF, art. 47)[18].

Também ingressam nessa posição da classificação as obrigações tributárias relativas a fatos geradores ocorridos após a decretação da falência, porquanto a obrigação nesse caso é da massa falida e não mais do falido. Pela aplicação do art. 187 do CTN, deverão ser pagos primeiramente os tributos federais, depois os estaduais e por último os municipais. Havendo concorrência entre obrigações tributárias e atos válidos praticados na falência ou na recuperação judicial, deve ser respeitada a ordem estabelecida no art. 83 da Lei n. 11.101/2005, pela própria diversidade das obrigações aqui previstas.

5 Créditos concursais

Após o pagamento dos créditos extraconcursais, devem ser pagos os créditos incluídos no quadro geral de credores, na ordem prevista no art. 83 da Lei n. 11.101/2005.

5.1 Créditos decorrentes da legislação do trabalho até 150 salários mínimos e créditos decorrentes de acidente de trabalho

Em primeiro lugar, temos as indenizações devidas pelo empregador falido decorrentes de acidente de trabalho. Trata-se aqui de indenizações devidas por culpa do empregador falido (CF/88 – art. 7º, XXVIII), as quais independem dos benefícios devidos pelo INSS. O art. 19 da Lei n. 8.213/91 define o acidente de trabalho como aquele "que ocorre pelo exercício do trabalho, a serviço da empresa, provocando lesão corporal, perturbação funcional ou doença que cause a morte ou a perda ou redução, permanente ou temporária, da capacidade para o trabalho". Se nesses acidentes o empregador agiu com culpa, ele será obrigado a indenizar o acidentado e esse crédito ocupará o primeiro lugar no quadro geral de credores.

Em igualdade de condições com os créditos decorrentes de acidente de trabalho estão as obrigações trabalhistas, sejam as verbas de natureza salarial ou de natureza in-

18. STJ – REsp 1399853/SC, Rel. Ministra MARIA ISABEL GALLOTTI, Rel. p/ Acórdão Ministro ANTONIO CARLOS FERREIRA, QUARTA TURMA, julgado em 10-2-2015, *DJe* 13-3-2015.

denizatória. Tais créditos, porém, só ocuparão o primeiro lugar até o limite de 150 salários mínimos por trabalhador, descontando-se inclusive o pagamento prioritário do art. 151 da Lei n. 11.101/2005[19]. Assim, o que ultrapassar os 150 salários mínimos deverá ser classificado como crédito quirografário. O valor do salário mínimo para esse efeito será o do dia do efetivo pagamento[20].

Tal limite, embora taxado de injusto por alguns[21], foi considerado constitucional pelo Supremo Tribunal Federal, uma vez que

> [...] não há aqui qualquer perda de direitos por parte dos trabalhadores, porquanto, independentemente da categoria em que tais créditos estejam classificados, eles não deixam de existir nem se tornam inexigíveis. Quer dizer, os créditos trabalhistas não desaparecem pelo simples fato de serem convertidos em quirografários, mas apenas perdem o seu caráter preferencial, não ocorrendo, pois, nesse aspecto, qualquer afronta ao texto constitucional[22].

A ideia aqui é evitar fraudes que ocorriam no passado com a fabricação de créditos trabalhistas extremamente elevados que seriam pagos em primeiro lugar, inviabilizando o recebimento por outros credores[23]. Ademais, são muito raros os créditos que ultrapassem tal patamar.

5.1.1 Equiparados

Certas leis especiais preveem equiparações aos créditos trabalhistas. Nesse sentido, a Lei n. 8.844/94, em seu art. 2º, § 3º, afirma que os créditos da Caixa Econômica Federal relativos ao FGTS devido pelo empregador são equiparados aos créditos trabalhistas. Ora, tais créditos, em última análise, são verbas destinadas aos empregados. Assim, nem se precisaria falar na equiparação nesse caso.

---

19. PACHECO, José da Silva. *Processo de recuperação judicial, extrajudicial e falência*. 2. ed. Rio de Janeiro: Forense, 2007, p. 344.

20. COELHO, Fabio Ulhoa. *Comentários à nova lei de falências e recuperação de empresas*. São Paulo: Saraiva, 2005, p. 217.

21. SIMÃO FILHO, Adalberto. Fases falencial e pós falencial – uma visão generalista. In: PAIVA, Luiz Fernando Valente de (Coord.). *Direito falimentar e a nova lei de falências e recuperação de empresas*. São Paulo: Quartier Latin, 2005, p. 545; MAMEDE, Gladston. *Direito empresarial brasileiro*: falência e recuperação de empresas. 2. ed. São Paulo: Atlas, 2008, v. 4, p. 550; ROCHA, Marcelo Oliveira; ZAVANELLA, Fabiano; SILVA, Dones Manoel F. Nunes da. *Dos créditos trabalhistas na nova lei de falências*. Campinas: LZN, 2006, p. 128.

22. STF – ADI 3934, Relator(a): Min. RICARDO LEWANDOWSKI, Tribunal Pleno, julgado em 27-5-2009, *DJe*-208, Divulg. 5-11-2009, Public. 6-11-2009, Ement., V. 2381-02, p. 374.

23. CORRÊA LIMA, Sérgio Mourão. In: CORRÊA-LIMA, Osmar Brina; CORRÊA LIMA, Sérgio Mourão (Coord.). *Comentários à nova lei de falência e recuperação de empresas*. Rio de Janeiro: Forense, 2009, p. 538.

Também são equiparados os créditos referentes à remuneração dos representantes comerciais[24] (Lei n. 4.886/65 – art. 44), dada sua semelhança com as verbas trabalhistas. Tal equiparação é criticada por Sérgio Campinho, que afirma a necessidade de leis complementares para tais equiparações, dada a situação dos créditos tributários[25]. Embora o privilégio dos créditos trabalhistas efetivamente seja atribuído por lei complementar, a natureza de crédito trabalhista é fixada por lei ordinária. Por isso, entendemos perfeitamente lícita a equiparação, embora acreditemos que ela deveria ser revogada.

Também entram na mesma categoria os créditos referentes a pensões alimentícias, porque sua natureza alimentar permite a equiparação a salários. Especificamente, no que tange às pensões, o silêncio da Lei n. 11.101/2005 deve ser interpretado como a não repetição da orientação do revogado Decreto-lei n. 7.661/45, ou seja, tais obrigações passam a ser exigíveis, apesar das críticas[26]. Aqui, estamos falando não só das pensões decorrentes de vínculos familiares, mas também daquelas decorrentes de atos ilícitos. A condição de crise do devedor pode ensejar a redução ou a extinção da obrigação de pagar a pensão, mas apenas para o futuro. Os créditos de pensão alimentícia já existentes serão exigíveis e equiparados aos créditos trabalhistas.

5.1.2 Honorários advocatícios

Situação um pouco mais complicada é a dos honorários devidos a advogados. Embora não haja vínculo empregatício na situação, os honorários advocatícios também possuem natureza alimentar, sejam contratuais, sejam sucumbenciais[27]. O próprio STJ já reconheceu essa natureza alimentar, mesmo que os honorários sejam devidos a sociedades de advogados[28]. Em razão dessa natureza, Gladston Mamede[29] defende sua equiparação a salários, inclusive para fins de preferência em processo falimentar, o que é corroborado por julgados do STJ[30].

---

24. NEGRÃO, Ricardo. *Manual de direito comercial e de empresa*. 5. ed. São Paulo: Saraiva, 2010, v. 3, p. 561.

25. CAMPINHO, Sérgio. *Falência e recuperação de empresa*: o novo regime de insolvência empresarial. 3. ed. Rio de Janeiro: Renovar, 2008, p. 409.

26. COELHO, Fábio Ulhoa. *Comentários à nova lei de falências e recuperação de empresas*. São Paulo: Saraiva, 2005, p. 34.

27. STJ – EREsp 706331/PR, Rel. Ministro HUMBERTO GOMES DE BARROS, CORTE ESPECIAL, julgado em 20-2-2008, *DJe* 31-3-2008; STF – AI 732358 AgR, Relator(a): Min. RICARDO LEWANDOWSKI, Primeira Turma, julgado em 30-6-2009, *DJe*-157, Divulg. 20-8-2009, Public. 21-8-2009, Ement., v. 2370-15, p. 3134.

28. STJ – REsp 566190/SC, Rel. Ministra NANCY ANDRIGHI, TERCEIRA TURMA, julgado em 14-6--2005, *DJ* 1º-7-2005, p. 514.

29. MAMEDE, Gladston. *Direito empresarial brasileiro*: falência e recuperação de empresas. 2. ed. São Paulo: Atlas, 2008, v. 4, p. 553.

30. STJ – REsp 988.126/SP, Rel. Ministra NANCY ANDRIGHI, TERCEIRA TURMA, julgado em 20-4--2010, *DJe* 6-5-2010.

Todavia, há julgados no âmbito do mesmo STJ que afirmam que "o crédito decorrente dos honorários advocatícios não se equipara aos créditos trabalhistas"[31]. Nesta última linha, a maioria da doutrina afirma que os honorários advocatícios devem ser classificados entre os créditos dotados de privilégio geral[32]. A menção a privilégio sem especificar bens seria suficiente para o enquadramento na categoria do privilégio geral.

A divergência se refere à interpretação do art. 24 da Lei n. 8.906/94, que afirma que o crédito de honorários advocatícios constitui crédito privilegiado na falência. A definição dessa expressão *crédito privilegiado* é que enseja a dúvida na classificação dos honorários advocatícios. O melhor seria que a própria lei identificasse que tipo de crédito é esse, mas não o fez. Nesse caso, cabe ao intérprete classificar esse crédito.

O STJ pacificou seu entendimento, em sede de recurso repetitivo, no sentido de que os créditos resultantes de honorários advocatícios têm natureza alimentar e equiparam-se aos trabalhistas para efeito de falência. A natureza alimentar do crédito o tornaria equiparado aos trabalhistas em todos os aspectos, mas em especial na sua classificação para fins falimentares.

5.2 Créditos com garantia real

Em segundo lugar no quadro geral de credores estão os créditos dotados de garantia real até o limite do valor dos bens dados em garantia. Esse é o caso do penhor e da hipoteca, nos quais há respectivamente bens móveis e bens imóveis dados em garantia. Apesar do desuso, também se inserem nessa categoria os créditos por anticrese, nos quais a garantia dá ao credor o direito de perceber, em compensação da dívida, os frutos e rendimentos de um imóvel. A vinculação desses bens à satisfação da obrigação traz uma expectativa legítima de pagamento integral e, por isso, nesses casos há a classificação em segundo lugar.

---

31. STJ – REsp 874.309/PR, Rel. Ministro MAURO CAMPBELL MARQUES, SEGUNDA TURMA, julgado em 6-5-2010, *DJe* 27-5-2010. No mesmo sentido: REsp 1184770/SC, Rel. Ministro HERMAN BENJAMIN, SEGUNDA TURMA, julgado em 15-4-2010, *DJe* 19-5-2010; REsp 1068838/PR, Rel. Ministro MAURO CAMPBELL MARQUES, Rel. p/ Acórdão Ministra ELIANA CALMON, SEGUNDA TURMA, julgado em 24-11-2009, *DJe* 4-2-2010.

32. NEGRÃO, Ricardo. *Manual de direito comercial e de empresa*. 5. ed. São Paulo: Saraiva, 2010, v. 3, p. 575; ARAÚJO, José Francelino de. *Comentários à lei de falências e recuperação de empresas*. São Paulo: Saraiva, 2009, p. 185; CAMPOS BATALHA, Wilson de Souza; RODRIGUES NETTO, Nelson; RODRIGUES NETTO, Sílvia Maria Labate Batalha. *Comentários à lei de recuperação judicial de empresas e falência*. 4. ed. São Paulo: LTr, 2007, p. 136; COELHO, Fabio Ulhoa. *Comentários à nova lei de falências e recuperação de empresas*. São Paulo: Saraiva, 2005, p. 226; SZTAJN, Rachel; FRANCO, Vera Helena de Mello. *Falência e recuperação da empresa em crise*. São Paulo: Campus, 2008, p. 46; SOUZA JR., Francisco Sátiro. In: SOUZA JÚNIOR, Francisco Sátiro de; PITOMBO, Antônio Sérgio de A. de Moraes (Coord.). *Comentários à Lei de recuperação de empresas e falência*. São Paulo: Revista dos Tribunais, 2005, p. 363; CAMPINHO, Sérgio. *Falência e recuperação de empresa*: o novo regime de insolvência empresarial. 3. ed. Rio de Janeiro: Renovar, 2008, p. 416.

Reitere-se, porém, que essa classificação só abrange o valor do crédito que tenha equivalência aos bens dados em garantia. Assim, se o crédito é de R$ 1.000.000,00 (um milhão de reais) e o valor dos bens dados em garantia é de R$ 800.000,00, apenas esta última parte será classificada em segundo lugar. O valor do crédito que exceder a garantia será classificado como quirografário. Para tanto, será considerado como valor do bem objeto de garantia real a importância efetivamente arrecadada com sua venda, ou, no caso de alienação em bloco, o valor de avaliação do bem individualmente considerado, a qual sempre ocorrerá.

5.3 Créditos tributários

Em terceiro lugar no quadro geral de credores estão os créditos tributários, independentemente da sua natureza e do seu tempo de constituição, excetuadas as multas tributárias, que terão classificação à parte. Nos termos do art. 3º do CTN, "Tributo é toda prestação pecuniária compulsória, em moeda ou cujo valor nela se possa exprimir, que não constitua sanção de ato ilícito, instituída em lei e cobrada mediante atividade administrativa plenamente vinculada". São os créditos referentes a essas obrigações que terão essa classificação e não todos os créditos devidos a entidades públicas.

Um dos traços essenciais do conceito de tributo diz respeito à sua compulsoriedade, vale dizer, o tributo é uma exação obrigatória sobre a qual o contribuinte não tem poder de escolha. Giuliani Fonrouge afirma que o "elemento primordial do tributo é a coerção por parte do estado, já que é criado pela sua vontade soberana – com prescindência da vontade individual – circunstância que o distingue dos ingressos de tipo patrimonial"[33]. Na mesma linha, Geraldo Ataliba afirma que "a obrigação tributária nasce da vontade da lei, mediante a ocorrência de um fato (fato imponível) nela descrito. Não nasce, como as obrigações tributárias (*ex voluntate*), da vontade das partes. Esta é irrelevante para determinar o nascimento deste vínculo obrigacional"[34].

Apesar de divergências doutrinárias, o Supremo Tribunal Federal já possui orientação pacífica, no sentido de que são cinco as espécies tributárias:

> As diversas espécies tributárias, determinadas pela hipótese de incidência ou pelo fato gerador da respectiva obrigação (CTN, art. 4º) são as seguintes: a) os impostos (CF arts. 145, I, 153, 154, 155 e 156); b) as taxas (CF, art. 145, II); c) as contribuições, que podem ser assim classificadas: c.1. de melhoria (CF, art. 145, III); c.2. parafiscais (CF, art. 149), que são: c.2.1. sociais, c.2.1.1. de seguridade social (CF art. 195, I, II, III), c.2.1.2. outras de seguridade social (CF, art. 195, § 4º), c.2.1.3. sociais gerais (o FGTS, o salário-educação, CF, art. 212, § 5º, contribuições para o SESI, SENAI,

---

33. FONROUGE, Giuliani. *Conceitos de direito tributário.* Tradução de Geraldo Ataliba e Marco Aurélio Greco. São Paulo: LAEL, 1973, p. 20-21.

34. ATALIBA, Geraldo. *Hipótese de incidência tributária.* 5. ed. São Paulo: Malheiros, 1997, p. 52.

> SENAC, CF art. 240); c.3. especiais; c.3.1. de intervenção no domínio econômico (CF, art. 149) e c.3.2. corporativas (CF, art.149). Constituem, ainda, espécie tributária: d) os empréstimos compulsórios (CF, art. 148)[35].

Todas essas exações ocuparão o terceiro lugar no quadro geral de credores.

Caso haja concorrência entre diversos créditos tributários, a preferência ficará com os valores devidos à União Federal e suas autarquias. Após o que devem ser pagos os créditos devidos aos Estados e ao Distrito Federal conjuntamente e *pro rata*. Por fim, devem ser pagos os Municípios conjuntamente e *pro rata*. Bráulio Lisboa Lopes afirma que tal disposição é inconstitucional por afrontar ao pacto federativo[36]. A nosso ver, a inconstitucionalidade efetivamente existe, uma vez que não há nenhum motivo para privilegiar os créditos federais em detrimento dos demais entes federativos. Contudo, embora seja criticada[37], tal ordem de preferência foi considerada legítima pelo STF na Súmula 563.

5.4 *Créditos com privilégio especial*

Em quarto lugar no quadro geral de credores se inserem os créditos dotados de privilégio especial, isto é, os créditos que possuem uma preferência definida por lei em relação ao produto da venda de certos bens. Há uma grande semelhança com as garantias reais, mas nesse caso o privilégio é criado por lei[38]. Enquadram-se nessa categoria todos os créditos que dão direito de retenção, aqueles previstos no art. 964 do Código Civil e outros previstos em lei especial com esse tipo de privilégio.

O direito de retenção é "uma garantia que a lei concede ao credor e que consiste em conservar este, até que seja satisfeito seu crédito, determinadas coisas que se acham em seu poder em conexão com o mesmo crédito, mas que são devidas a outrem"[39]. Certos credores têm assegurado o direito de retenção, isto é, o direito de manter certos bens sob sua posse até o efetivo pagamento da obrigação. Trata-se, em certa medida, de uma forma de autotutela privada[40]. Tal direito é suspenso com a decretação da falência, restando a tais credores apenas a inclusão do quadro de credores com privilégio especial.

---

35. STF – RE 138284, Relator(a): Min. CARLOS VELLOSO, TRIBUNAL PLENO, julgado em 1º-7-1992, *DJ* 28-8-1992, p. 13456, Ement., v. 1672-03, p. 437, *RTJ* v. 143-01, p. 313.

36. LOPES, Bráulio Lisboa. *Aspectos tributários da falência e da recuperação de empresas*. São Paulo: Quartier Latin, 2008, p. 120.

37. HARADA, Kiyoshi. *Aspectos tributários da nova lei de falências*. Curitiba: Juruá, 2005, p. 94.

38. CAMPOS BATALHA, Wilson de Souza; RODRIGUES NETTO, Nelson; RODRIGUES NETTO, Sílvia Maria Labate Batalha. *Comentários à lei de recuperação judicial de empresas e falência*. 4. ed. São Paulo: LTr, 2007, p. 135.

39. ESPÍNOLA, Eduardo. *Garantia e extinção das obrigações*. Campinas: Bookseller, 2005, p. 272.

40. PROVINCIALI, Renzo. *Manuale di diritto fallimentare*. 3. ed. Milano: Giuffrè, 1955, v. 1, p. 477.

Assim, o locatário tem direito de retenção sobre a coisa locada até a indenização das benfeitorias úteis ou necessárias feitas com o consentimento do locador (CC – art. 578). O locatário também tem direito de retenção enquanto não foi indenizado das perdas e danos ocasionadas pela ruptura antecipada do contrato celebrado por prazo determinado (CC – art. 571). A mesma situação existe no contrato de depósito, no qual o depositário poderá reter o depósito até que se lhe pague a retribuição devida, o líquido valor das despesas ou dos prejuízos a que se refere o artigo anterior, provando imediatamente esses prejuízos ou essas despesas (CC – art. 644). De modo similar, o mandatário tem direito de retenção sobre a coisa de que tenha a posse em virtude do mandato, até se reembolsar do que no desempenho do encargo despendeu (CC – art. 681).

Do mesmo modo, para reembolso das despesas feitas, bem como para recebimento das comissões devidas, tem o comissário direito de retenção sobre os bens e valores em seu poder em virtude da comissão (CC – art. 708). De modo similar, o transportador, uma vez executado o transporte, tem direito de retenção sobre a bagagem de passageiro e outros objetos pessoais deste, para garantir-se do pagamento do valor da passagem que não tiver sido feito no início ou durante o percurso (CC – art. 742). Também possui direito de retenção o possuidor de boa-fé com direito à indenização das benfeitorias necessárias e úteis, direito este negado ao possuidor de má-fé (CC – art. 1.219). Há ainda o direito de retenção do credor pignoratício sobre a coisa empenhada para cobrir as despesas que tiver feito (CC – art. 1.433, II) e do credor anticrético no que tange ao imóvel relacionado à garantia (CC – art. 1.507, § 4º).

Os créditos previstos no art. 964 do Código Civil também possuem privilégio especial sobre a coisa salvada, no caso do credor por despesas de salvamento; sobre a coisa beneficiada, no caso do credor por benfeitorias necessárias ou úteis; sobre os prédios rústicos ou urbanos, fábricas, oficinas, ou quaisquer outras construções, no caso do credor de materiais, dinheiro ou serviços para a sua edificação, reconstrução, ou melhoramento; sobre os frutos agrícolas, no caso do credor por sementes, instrumentos e serviços à cultura, ou à colheita; sobre as alfaias (decorações) e utensílios de uso doméstico, nos prédios rústicos ou urbanos, o credor de aluguéis, quanto às prestações do ano corrente e do anterior, ressalvada a eventual impenhorabilidade desses bens (Lei n. 8.009/90); sobre os exemplares da obra existente na massa do editor, no caso do crédito do autor dela, ou seus legítimos representantes; sobre o produto da colheita, o credor que houver concorrido com o seu trabalho. O referido dispositivo ainda menciona o trabalhador agrícola e o credor de custas e despesas judiciais feitas com a arrecadação e liquidação da massa, os quais serão enquadrados respectivamente como trabalhistas e extraconcursais, fugindo, portanto, da classificação como credor dotado de privilégio especial, dada a prevalência da lei especial[41].

Com a Lei Complementar n. 147/2014, foram incluídos na categoria dos créditos com privilégio especial aqueles em favor dos microempreendedores individuais e das

41. CORRÊA LIMA, Sérgio Mourão. In: CORRÊA-LIMA, Osmar Brina; CORRÊA LIMA, Sérgio Mourão (Coord.). *Comentários à nova lei de falência e recuperação de empresas*. Rio de Janeiro: Forense, 2009, p. 546.

microempresas e empresas de pequeno porte. Trata-se de mais uma tentativa de privilegiar e tutelar o crédito detido por tais sujeitos.

Por derradeiro, também podem ser considerados credores com privilégio especial aqueles dotados por leis especiais deste privilégio. Estão inseridos nesses casos os créditos decorrentes das notas de crédito rural, industrial comercial e à exportação, as quais são protegidas pela legislação com um privilégio especial (Decreto-lei n. 167/67 – art. 28; Decreto-lei n. 413/69 – art. 17). Isto significa que os credores das notas possuem uma prioridade sobre os bens móveis do devedor, não sujeitos a direito real de outrem; os imóveis não hipotecados; o saldo do preço dos bens sujeitos a penhor ou hipoteca, depois de pagos os respectivos credores; e sobre o valor do seguro e da desapropriação[42]. Também possuem privilégio especial os créditos pelo salvamento de embarcações (Lei n. 7.203/84 – art. 13).

Em todos esses casos, o privilégio especial se limita ao produto dos bens sujeitos ao pagamento desse crédito (CC – art. 963). Apesar do silêncio da lei, o eventual excesso deverá ser classificado como quirografário, pela aplicação analógica das regras dos créditos dotados de garantia real[43]. Nos casos de venda em bloco da massa falida, tal regra trará problemas, uma vez que os bens não precisam ser avaliados individualmente. No entanto, não se pode estender o privilégio além do valor dos bens vinculados à satisfação do crédito.

5.5 *Créditos com privilégio geral*

Em quinto lugar no quadro geral de credores estão inseridos os créditos com privilégio geral, o que significa apenas uma prioridade em relação aos credores comuns (quirografários). O privilégio geral, portanto, representa apenas um enquadramento superior aos créditos quirografários, isto é, uma preferência na ordem de pagamento em relação aos quirografários.

O art. 965 do Código Civil elenca créditos dotados de privilégio geral, mas alguns dos créditos ali elencados possuem outro enquadramento na Lei n. 11.101/2005, o qual prevalecerá. Assim, o crédito pelos impostos devidos à Fazenda Pública, no ano corrente e no anterior, será enquadrado como fiscal ou extraconcursal, a depender do fato gerador. Os créditos pelos salários dos empregados do serviço doméstico do devedor, nos seus derradeiros seis meses de vida, serão enquadrados trabalhistas. Do mesmo modo, os créditos por custas judiciais, ou por despesas com a arrecadação e liquidação

42. Aplicação do revogado art. 1.563 do Código Civil de 1916, cujo conteúdo ainda deverá ser usado de referência para as notas de crédito.

43. CORRÊA LIMA, Sérgio Mourão. In: CORRÊA-LIMA, Osmar Brina; CORRÊA LIMA, Sérgio Mourão (Coord.). *Comentários à nova lei de falência e recuperação de empresas*. Rio de Janeiro: Forense, 2009, p. 547; ARAÚJO, José Francelino de. *Comentários à lei de falências e recuperação de empresas*. São Paulo: Saraiva, 2009, p. 184.

da massa, serão enquadrados como extraconcursais. Em todos esses casos, prevalece a lei especial[44].

Restam como dotados de privilégio geral o crédito por despesa de seu funeral, feito segundo a condição do morto e o costume do lugar; crédito por despesas com o luto do cônjuge sobrevivo e dos filhos do devedor falecido, se foram moderadas; o crédito por despesas com a doença de que faleceu o devedor, no semestre anterior à sua morte; e o crédito pelos gastos necessários à mantença do devedor falecido e sua família, no trimestre anterior ao falecimento. Embora raramente existam tais tipos de crédito na falência, se existirem tais créditos, eles serão enquadrados como dotados de privilégio geral e deverão ser pagos na ordem em que foram expostos.

Também estão inseridos nessa categoria os créditos das debêntures com garantia flutuante (Lei n. 6.404/76 – art. 58, § 1º), havendo preferência para o pagamento das que possuam data de emissão mais antiga em relação às mais recentes. Do mesmo modo, o crédito do comissário, relativo a comissões e despesas feitas, goza de privilégio geral (CC – art. 707). Ainda são considerados créditos com privilégio geral aqueles dos fornecedores de bens ou serviços, anteriores à recuperação judicial, que continuarem a prover o devedor de bens e serviços durante a recuperação judicial. Neste caso, o privilégio só surge se houver a convolação da recuperação em falência e se limita aos valores fornecidos durante o processo de recuperação judicial (Lei n. 11.101/2005 – art. 67, parágrafo único). E, como visto, os honorários advocatícios também se inserem nessa categoria.

5.6 Créditos quirografários

Em sexto lugar encontram-se os créditos quirografários, entendidos como aqueles créditos comuns, sem qualquer garantia ou privilégio. Trata-se de uma classificação residual, vale dizer, se o crédito não se enquadrar em outra categoria, ele será considerado quirografário. Para a Lei n. 11.101/2005, também entram nessa categoria os créditos trabalhistas na parte em que exceder aos 150 salários mínimos, os créditos com garantia real na parte em que exceder a garantia e os créditos trabalhistas que sejam cedidos.

5.7 Multas

Em sétimo lugar no quadro geral de credores estão as multas. O caráter punitivo é que as coloca numa classificação tão ruim no quadro geral de credores. Elas não representam o pagamento de uma obrigação assumida pelo falido ou imposta por lei, mas uma sanção pelo descumprimento da obrigação. Incluir as multas juntamente ao valor da

44. CORRÊA LIMA, Sérgio Mourão. In: CORRÊA-LIMA, Osmar Brina; CORRÊA LIMA, Sérgio Mourão (Coord.). *Comentários à nova lei de falência e recuperação de empresas*. Rio de Janeiro: Forense, 2009, p. 549.

obrigação seria punir os credores e comprometeria o próprio objetivo da falência[45]. Por isso é que se fez essa separação, deixando as multas nessa colocação. No regime anterior as multas não eram nem exigíveis e hoje são exigíveis, mas apenas no sétimo lugar no quadro geral de credores.

Nesta categoria entram as multas contratuais, isto é, as multas decorrentes de descumprimento de obrigações contratuais. Sérgio Campinho, porém, insere nesta categoria apenas as multas contratuais moratórias, afirmando que as compensatórias seriam quirografárias[46]. A nosso ver, porém, tal distinção não é possível, uma vez que o texto da lei se refere exclusivamente a multas contratuais, sem distinguir se são penalidades pelo atraso ou antecipação das perdas e danos. Não são exigíveis, porém, as multas de contratos unilaterais cujo vencimento se deu em virtude da falência.

Também se inserem nessa categoria as penalidades pecuniárias por infração das leis penais ou administrativas, inclusive as multas tributárias. Penas decorrentes de condenações criminais, de infrações de trânsito, decorrentes do exercício do poder de polícia pelo Estado e as tributárias serão classificadas nessa posição no quadro geral de credores. Especificamente para as multas tributárias, haverá a separação em relação ao crédito principal que será enquadrado como crédito tributário. Especificamente neste ponto, é oportuno esclarecer a revogação das Súmulas 192 e 565 do STF, que afirmavam que as multas tributárias não seriam exigíveis.

5.8 Créditos subordinados

Em oitavo lugar no quadro geral de credores estão os credores subordinados, entendidos como aqueles definidos por lei com essa condição, que significa uma posição inferior aos demais credores. Nessa condição encontram-se as debêntures subordinadas (Lei n. 6.404/76 – art. 58) e as letras financeiras que contêm a cláusula de subordinação (Lei n. 12.249/2010 – art. 40).

Também são considerados subordinados os créditos de acionistas ou administradores sem vínculo empregatício decorrentes dessa condição. Não é apenas a pessoa que definirá essa classificação, mas a própria origem do crédito que deverá ser da condição de sócio ou de administrador. São exemplos as remunerações devidas aos administradores ou mesmo os pagamentos de lucros devidos aos sócios. Contudo, não serão sequer classificados os valores decorrentes de direito de sócio ao recebimento de sua parcela do capital social na liquidação da sociedade (Lei n. 11.101/2005 – art. 83, § 2º). Em todo caso, créditos dos sócios ou dos administradores que não se fundem nessa relação jurídica terão a classificação que couber normalmente a esses créditos.

---

45. CORRÊA LIMA, Sérgio Mourão. In: CORRÊA-LIMA, Osmar Brina; CORRÊA LIMA, Sérgio Mourão (Coord.). *Comentários à nova lei de falência e recuperação de empresas*. Rio de Janeiro: Forense, 2009, p. 553.

46. CAMPINHO, Sérgio. *Falência e recuperação de empresa*: o novo regime de insolvência empresarial. 3. ed. Rio de Janeiro: Renovar, 2008, p. 416.

6 Realização dos pagamentos

À medida que se realiza o ativo, o administrador judicial deverá efetuar os pagamentos obedecendo à ordem mencionada. Não havendo possibilidade de pagamento integral de qualquer categoria e não havendo ordem estipulada dentro da categoria, deverá ser feito um rateio com o pagamento proporcional a todos os credores daquela classe. Os credores devem levantar os valores em juízo no prazo fixado pelo juiz. Não o fazendo, serão intimados, por via postal ou mediante publicação no caso de advogado constituído[47], para fazer o levantamento em 60 dias. Permanecendo inertes, os recursos destinados a tais credores serão objeto de novo rateio (Lei n. 11.101/2005 – art. 149, § 2º).

Para Mamede, estamos diante de um prazo decadencial que extinguiria o próprio direito de crédito[48]. A nosso ver, porém, não se deve entender que o credor perdeu seu direito, mas apenas que ele terá que aguardar um novo rateio para tentar receber alguma coisa[49]. Em nenhum momento, o dispositivo impõe uma penalidade tão grave. Além disso, tal decurso de prazo não é motivo para extinção das obrigações do falido, nos termos do art. 158 da Lei n. 11.101/2005.

Caso seja possível o pagamento de todos os credores, deverão ser pagos os juros exigíveis posteriormente à falência. Vale dizer, os juros posteriores à falência representarão a última categoria a ser paga, depois inclusive dos créditos subordinados. Mesmo os juros dos créditos tributários ocuparão essa posição, uma vez que não se trata de matéria afeta a lei complementar[50]. Tal efeito, porém, tem duas exceções: os juros das debêntures e as demais obrigações com garantia real, mas só respondem por esses juros o produto da venda dos bens dados em garantia. O excesso não coberto pelo produto das garantias seria classificado como crédito quirografário para alguns[51], mas, a nosso ver, o excesso entra na categoria geral dos juros.

Pagos todos os credores, inclusive os juros posteriores à falência, o que sobejar será devolvido ao falido. No eventual caso de pagamento indevido, os credores que receberam valores indevidamente serão obrigados a restituir os valores devolvidos em dobro, desde

---

47. CORRÊA LIMA, Sérgio Mourão. In: CORRÊA-LIMA, Osmar Brina; CORRÊA LIMA, Sérgio Mourão (Coord.). *Comentários à nova lei de falência e recuperação de empresas*. Rio de Janeiro: Forense, 2009, p. 1012.

48. MAMEDE, Gladston. *Direito empresarial brasileiro*: falência e recuperação de empresas. 2. ed. São Paulo: Atlas, 2008, v. 4, p. 600.

49. SIMÃO FILHO, Adalberto. Fases falencial e pós falencial: uma visão generalista. In: PAIVA, Luiz Fernando Valente de (Coord.). *Direito falimentar e a nova lei de falências e recuperação de empresas*. São Paulo: Quartier Latin, 2005, p. 540; HUSNI, Alexandre. In: DE LUCCA, Newton; SIMÃO FILHO, Adalberto (Coord.). *Comentários à nova lei de recuperação de empresas e de falências*. São Paulo: Quartier Latin, 2005, p. 556.

50. STJ – AgRg no REsp 1086058/PR, Rel. Ministro LUIZ FUX, PRIMEIRA TURMA, julgado em 4-8-2009, *DJe* 3-9-2009; MAMEDE, Gladston. *Direito empresarial brasileiro*: falência e recuperação de empresas. 2. ed. São Paulo: Atlas, 2008, v. 4, p. 428.

51. BEZERRA FILHO, Manoel Justino. *Lei de recuperação de empresas e falências comentada*. 4. ed. São Paulo: Revista dos Tribunais, 2007, p. 302.

que configurado o dolo ou a má-fé, na constituição do crédito. O prazo para pleitear essa restituição é de 3 anos, em razão da aplicação do art. 206, § 3º, do Código Civil[52].

7 Reservas de valores

Todos os pagamentos aqui mencionados só poderão ser realizados quando o crédito houver sido definitivamente incluído no quadro geral de credores. Para proteger os credores que ainda não ingressaram no quadro, é possível que seja feita uma reserva de valores para o futuro pagamento. Havendo reserva de importâncias, os valores a ela relativos ficarão depositados até o julgamento definitivo do crédito e, no caso de não ser este finalmente reconhecido, no todo ou em parte, os recursos depositados serão objeto de rateio suplementar entre os credores remanescentes.

A reserva pode ser determinada pelo juiz trabalhista ou pelo juiz que estiver apreciando ação que demanda quantia ilíquida. No caso das habilitações retardatárias, também poderão ser feitas reservas, nesse caso, pelo próprio juízo da falência. Do mesmo modo, nos casos de impugnações de créditos, o próprio juízo falimentar poderá determinar a reserva de valores. Por derradeiro, existe a reserva de 40% da remuneração do administrador judicial, a qual já é determinada pela própria legislação falimentar. Negada a reserva, o prejudicado poderá interpor agravo de instrumento visando à reforma da decisão do juiz.

QUADRO RESUMIDO DA ORDEM DE PAGAMENTOS

Posição	Classificação do crédito
1	Créditos trabalhistas de natureza estritamente salarial vencidos nos 3 (três) meses anteriores à decretação da falência, até o limite de 5 (cinco) salários mínimos por trabalhador (art. 151)
2	As despesas cujo pagamento antecipado seja indispensável à administração da falência, inclusive na hipótese de continuação provisória das atividades (art. 150)
3	Restituições em dinheiro (art. 86)
4	Remunerações devidas ao administrador judicial e seus auxiliares e créditos derivados da legislação do trabalho ou decorrentes de acidentes de trabalho relativos a serviços prestados após a decretação da falência (art. 84, I)

52. ARAÚJO, José Francelino de. *Comentários à lei de falências e recuperação de empresas*. São Paulo: Saraiva, 2009, p. 302; SOUZA JR., Francisco Sátiro. In: SOUZA JÚNIOR, Francisco Sátiro de; PITOMBO, Antônio Sérgio de A. de Moraes (Coord.). *Comentários à Lei de recuperação de empresas e falência*. São Paulo: Revista dos Tribunais, 2005, p. 503.

Posição	Classificação do crédito
5	Quantias fornecidas à massa pelos credores (art. 84, II)
6	Despesas com arrecadação, administração, realização do ativo e distribuição do seu produto, bem como custas do processo de falência (art. 84, III)
7	Custas judiciais relativas às ações e execuções em que a massa falida tenha sido vencida (art. 84, IV)
8	Obrigações resultantes de atos jurídicos válidos praticados durante a recuperação judicial ou após a decretação da falência e tributos relativos a fatos geradores ocorridos após a decretação da falência (art. 84, V)
9	Créditos derivados da legislação do trabalho, limitados a 150 (cento e cinquenta) salários mínimos por credor, e os decorrentes de acidentes de trabalho (art. 83, I)
10	Créditos com garantia real até o limite do valor do bem gravado (art. 83, II)
11	Créditos tributários, independentemente da sua natureza e tempo de constituição, excetuadas as multas tributárias (art. 83, III)
12	Créditos com privilégio especial (art. 83, IV)
13	Créditos com privilégio geral (art. 83, V)
14	Créditos quirografários (art. 83, VI)
15	Multas (art. 83, VII)
16	Subordinados (art. 83, VIII)
17	Juros posteriores à decretação da falência, excetuados os juros das debêntures e das obrigações com garantia real até o limite do valor da garantia (art. 124)

28 ENCERRAMENTO DO PROCESSO E EXTINÇÃO DAS OBRIGAÇÕES

1 Fim do processo falimentar

Promovida a realização do ativo e a distribuição do que foi apurado entre os credores, nada mais justifica a continuação do processo falimentar. Se não existem mais recursos disponíveis, não há sentido em manter em andamento um processo com o objetivo de pagar os credores. Assim, após a realização do último rateio, deve-se iniciar o procedimento para encerrar o processo de falência.

1.1 Prestação de contas

Pela própria finalidade da falência, o administrador judicial irá movimentar recursos que não lhe pertencem, cujo destino será o pagamento dos credores. Assim sendo, é natural que ele tenha dever de prestar contas da sua gestão ao juiz. A princípio, ele deverá apresentar ao juiz, para juntada aos autos, até o 10º (décimo) dia do mês seguinte ao vencido, conta demonstrativa da administração que especifique com clareza a receita e a despesa do período. Não se trata exatamente de uma prestação de contas, mas da prestação de informações constantes sobre a situação da falência. Todavia, após a realização do ativo e distribuição do produto apurado, surge a necessidade de uma prestação de contas formal, em autos apartados, como condição de encerramento do feito.

Nos termos do art. 154, da Lei n. 11.101/2005, após o último pagamento realizado, o administrador judicial terá um prazo de trinta dias para apresentar essa última prestação de contas, que será inclusive autuada em apartado. A eventual desobediência a esses prazos obrigará o administrador judicial a prestar contas no prazo de 5 dias, após a sua intimação, sob pena de configuração do crime de desobediência. Se ainda assim ele não prestar as contas, o juiz destituirá o administrador judicial e nomeará substituto para elaborar relatórios ou organizar as contas, explicitando as responsabilidades de seu antecessor (Lei n. 11.101/2005 – art. 23). O administrador judicial destituído nesse caso ainda deverá prestar contas, as quais servirão apenas para a apuração da sua responsabilidade, cabendo ao seu substituto a prestação de contas sobre a sua atuação e a organização das contas do seu antecessor para o encerramento do feito[1].

1. CORRÊA-LIMA, Osmar Brina In: CORRÊA-LIMA, Osmar Brina; CORRÊA LIMA, Sérgio Mourão (Coord.). *Comentários à nova lei de falência e recuperação de empresas*. Rio de Janeiro: Forense, 2009, p. 1029.

Nessa prestação de contas, o administrador judicial deverá detalhar toda a movimentação de recursos que ele fez, descrevendo as receitas obtidas e todos os pagamentos realizados ao longo do processo. Trata-se de um corolário da sua função, vale dizer, se ele geriu recursos alheios, deverá especificar o que ocorreu com esses recursos. No caso da falência, essa especificação envolverá o detalhamento de todo o ocorrido na fase falimentar, desde a apuração do ativo, passando pela realização do ativo, chegando até o pagamento do passivo.

Prestadas as contas, o juiz ordenará a publicação de aviso de que as contas foram entregues e se encontram à disposição dos interessados, que poderão impugná-las no prazo de 10 (dez) dias. A legitimidade para eventual impugnação será de qualquer interessado no feito, abrangendo o falido, seus sócios, os credores ou o comitê de credores, se houver. Apresentada a impugnação, a lei determina a realização das diligências necessárias à apuração dos fatos (Lei n. 11.101/2005 – art. 154, § 3º). Dentro dessa ideia, podem ser realizadas perícias contábeis ou prestados esclarecimentos pelo próprio administrador judicial[2] sobre os fatos que embasam a eventual impugnação.

Decorrido o prazo das impugnações e realizadas as eventuais diligências para apuração dos fatos relacionados a estas impugnações, o juiz deverá intimar o Ministério Público para se manifestar no prazo de 5 (cinco) dias. Aqui, independentemente de qualquer discussão sobre o interesse social do feito, é obrigatória a intervenção e a manifestação do Ministério Público (Lei n. 11.101/2005 – art. 154, § 3º). Tal manifestação se revestirá da forma de um parecer que deverá pugnar pela aprovação ou pela rejeição das contas conforme o caso.

Sem impugnação e sem parecer contrário do Ministério Público, as contas deverão ser julgadas por sentença imediatamente. Havendo impugnação ou parecer contrário do Ministério Público, a lei determina que o administrador judicial seja ouvido, no prazo fixado pelo juiz. Tal manifestação independe da existência de prévia manifestação do administrador judicial para esclarecimento de fatos colocados na impugnação. Trata-se aqui de assegurar a observância dos princípios da ampla defesa e do contraditório assegurados legalmente, uma vez que a decisão nesse processo pode influenciar diretamente nos interesses do administrador judicial. À luz de todas essas manifestações, pode ser necessária eventual produção de provas. Com ou sem a produção de provas, também deverá ocorrer o julgamento das contas do administrador judicial por sentença.

Caso o juiz verifique problemas nas contas prestadas, ele deverá rejeitá-las, por sentença, da qual será cabível recurso de apelação, a ser recebido no efeito suspensivo. Nessa sentença de rejeição, o juiz já deverá fixar as eventuais responsabilidades do administrador judicial (Lei n. 11.101/2005 – art. 154, § 5º). Trata-se de uma responsabilidade subjetiva do tipo clássico, como ocorre na Espanha[3], que obedece aos mesmos

2. CORRÊA-LIMA, Osmar Brina In: CORRÊA-LIMA, Osmar Brina; CORRÊA LIMA, Sérgio Mourão (Coord.). *Comentários à nova lei de falência e recuperação de empresas*. Rio de Janeiro: Forense, 2009, p. 1031.

3. BUITRAGO, Ramón Blanco. Notas sobre la responsabilidad de los administradores concursales. In: GRACIA, Juan Ignácio Peinado. *Estudios de derecho concursal*. Madri: Marcial Pons, 2006, p. 52.

princípios da responsabilidade dos mandatários[4]. Para responsabilizar o administrador judicial, é essencial provar que ele agiu com dolo ou culpa. De todo modo, é impositiva a fixação das responsabilidades do administrador no caso de rejeição das contas, sendo a sentença desse caso o título executivo para a indenização da massa falida. Para resguardar os resultados dessa eventual responsabilização, o juiz poderá determinar a indisponibilidade ou o sequestro de bens do administrador judicial.

Não havendo qualquer irregularidade, o juiz aprovará as contas do administrador judicial por sentença. Tal decisão é passível de recurso de apelação, a ser recebido em ambos os efeitos. Com o trânsito em julgado dessa decisão poderão ser tomadas as medidas subsequentes para extinção do processo falimentar.

1.2 Relatório final

Aprovadas as contas, o administrador judicial deverá apresentar um relatório final, para juntada aos autos da falência, no prazo de 10 dias, contados do trânsito em julgado da sentença de aprovação das contas[5]. Tal relatório deverá indicar o valor do ativo e o do produto de sua realização, o valor do passivo e o dos pagamentos feitos aos credores, e especificará justificadamente as responsabilidades com que continuará o falido. Trata-se de uma descrição geral de toda a fase falimentar do processo e da situação em que ainda se encontra o falido após o andamento do processo. Após a apresentação desse relatório, deverá ser liberado ao administrador o valor (40%) que ficou reservado da sua remuneração (Lei n. 11.101/2005 – art. 24, § 2º).

1.3 Sentença de encerramento

Com base no relatório final, o juiz deverá encerrar o processo falimentar por sentença, a qual é considerada essencial para a conclusão do processo[6] (Lei n. 11.101/2005 – art. 155). Eventualmente, tal sentença poderá ser proferida no caso de ausência de credores habilitados[7]. No Brasil, não se admite a reabertura do processo, ao contrário de outros países, como a Itália[8]. Em todo caso, a sentença deverá ser publicada por edital na imprensa oficial e, se a massa falida comportar, em jornal de grande circulação. De tal

---

4. GUYON, Yves. *Droit des affaires*. 2. ed. Paris: Economica, 1988, t. 2, p. 183.

5. CORRÊA-LIMA, Osmar Brina In: CORRÊA-LIMA, Osmar Brina; CORRÊA LIMA, Sérgio Mourão (Coord.). *Comentários à nova lei de falência e recuperação de empresas*. Rio de Janeiro: Forense, 2009, p. 1036.

6. PROVINCIALI, Renzo. *Manuale di diritto fallimentare*. 3. ed. Milano: Giuffrè, 1955, v. 2, p. 847.

7. ALVES, Marcos Lima. Encerramento da falência e extinção das obrigações do falido. In: SANTOS, Paulo Penalva (Coord.). *A nova lei de falências e de recuperação de empresas*: Lei 11.101/2005. Rio de Janeiro: Forense, 2006, p. 355.

8. AMBROSINI, Stefano; CAVALLI, Stefano; JORIO, Alberto. *Trattato di diritto commerciale*. Padova: CEDAM, 2009, v. XI, t. 2, p. 691.

sentença, é cabível o recurso de apelação, a ser recebido em ambos os efeitos, pela aplicação do regime geral do art. 1.012 do CPC/2015.

Seu conteúdo será eminentemente constitutivo negativo, mas também dotado de alta carga declaratória[9]. Esta eficácia se dá na medida em que a sentença irá declarar a realização de tudo que podia ser feito no processo. Todavia, prevalece o caráter constitutivo, uma vez que a referida sentença irá desconstituir o *status* de falido e encerrar alguns efeitos, mas não todos, da decretação da falência.

A princípio, com o trânsito em julgado dessa sentença a condição de falido desaparece, uma vez que sequer existe processo falimentar, embora a lei ainda use a denominação *falido* (Lei n. 11.101/2005 – art. 158). Além disso, uma série de restrições impostas ao falido desaparece, como a necessidade de comunicar ao juízo eventuais deslocamentos (Lei n. 11.101/2005 – art. 104, III). Do mesmo modo, o prazo prescricional, que havia sido suspenso com a decretação da falência, voltará a correr de onde parou. As eventuais ações suspensas também voltarão a correr de onde pararam. O falido voltará a ter capacidade processual plena[10] e não mais se cogitará da força atrativa do juízo falimentar.

Além de todos esses efeitos, eventualmente, tal sentença poderá extinguir as obrigações do falido, desde que presentes quaisquer das hipóteses do art. 158 da Lei n. 11.101/2005. Caso isso não ocorra, o devedor poderá requerer posteriormente a declaração da extinção das suas obrigações, como veremos a seguir.

2 Extinção das obrigações

No direito francês, o simples encerramento do procedimento de liquidação encerra os direitos dos credores contra o devedor, salvo algumas exceções[11]. No Brasil, assim como na Itália[12], o encerramento da falência não implica necessariamente a extinção das obrigações do falido, devendo inclusive ser mencionadas no relatório final do administrador judicial as obrigações que continuam com o falido. Nesse caso, a extinção dessas obrigações dependerá de pedido do devedor e de nova sentença do juízo falimentar.

2.1 Cabimento

Em primeiro lugar, será possível a extinção das obrigações do devedor pelo pagamento de todos os créditos. Dentro dessa ideia, cogitamos da entrega do dinheiro aos credores,

9. MIRANDA, Pontes de. *Tratado de direito privado*. Campinas: Bookseller, 2004, v. 29, p. 427; CORRÊA-LIMA, Osmar Brina In: CORRÊA-LIMA, Osmar Brina; CORRÊA LIMA, Sérgio Mourão (Coord.). *Comentários à nova lei de falência e recuperação de empresas*. Rio de Janeiro: Forense, 2009, p. 1041.

10. GRONDONA, Roberta. La chiusura del fallimento. In: DI PEPE, Giorgio Schiano (Coord.). *Il diritto fallimentare riformato*. Padova: CEDAM, 2007, p. 485.

11. JACQUEMONT, Andre. *Droit des entreprises em difficulté*. 6. ed. Paris: Litec, 2009, p. 492.

12. GRONDONA, Roberta. La chiusura del fallimento. In: DI PEPE, Giorgio Schiano (Coord.). *Il diritto fallimentare riformato*. Padova: CEDAM, 2007, p. 486.

mas também da eventual dação em pagamento. Além disso, também podemos enquadrar aqui as demais hipóteses de extinção das obrigações, como a compensação, a confusão, a remissão, a transação, o compromisso e a novação[13]. Do mesmo modo, nos eventuais casos de prescrição e decadência também poderia haver a extinção normal das obrigações. Em todos esses casos, as regras serão aquelas do Código Civil para tais institutos.

Como essa primeira hipótese é muito rara, também é considerada causa de extinção das obrigações do devedor falido o pagamento de mais de 50% dos credores quirografários habilitados, isto é, o rateio que abranja ao menos 50% do valor de cada crédito quirografário habilitado. Para se atingir tal percentual, o falido pode fazer um depósito complementar em relação à realização do ativo. Tal hipótese só poderá ocorrer se todos os créditos classificados acima dos quirografários forem integralmente pagos.

Por fim, também é possível a extinção das obrigações no caso do decurso do prazo de 5 anos após o trânsito em julgado da sentença do encerramento da falência, ou de 10 anos se o falido houver sido condenado por crime falimentar. Fernando Gonçalves e Gustavo Mourão afirmam tratar-se de verdadeira hipótese de remissão legal[14]. Para alguns autores, trata-se de prazo prescricional[15] e, para outros, trata-se de prazo decadencial[16]. A maioria da doutrina afirma que tais prazos são prescricionais e só se aplicam se o prazo prescricional original da obrigação ainda não tiver transcorrido[17].

A nosso ver, trata-se de prazo decadencial, uma vez que haverá a extinção do direito do credor e não apenas da pretensão. Outrossim, não vemos qual o sentido de estabelecer um prazo prescricional contado do encerramento da falência, uma vez que os prazos prescricionais voltarão a correr de onde pararam, tornando-se completamente inútil a contagem dos prazos de 5 ou 10 anos em quase todos os casos. Ademais, pelo

---

13. GONÇALVES, Fernando; MOURÃO, Gustavo César. In: CORRÊA-LIMA, Osmar Brina; CORRÊA LIMA, Sérgio Mourão (Coord.). *Comentários à nova lei de falência e recuperação de empresas.* Rio de Janeiro: Forense, 2009, p. 1062.

14. GONÇALVES, Fernando; MOURÃO, Gustavo César. In: CORRÊA-LIMA, Osmar Brina; CORRÊA LIMA, Sérgio Mourão (Coord.). *Comentários à nova lei de falência e recuperação de empresas.* Rio de Janeiro: Forense, 2009, p. 1062.

15. ALMEIDA, Amador Paes de. *Curso de falência e recuperação de empresas.* 25. ed. São Paulo: Saraiva, 2009, p. 288; GOUVEA, João Bosco Cascardo de. *Recuperação e falência*: Lei n. 11.101/2005 – comentários artigo por artigo. Rio de Janeiro: Forense, 2009, p. 327; LOBATO, Moacyr. *Falência e recuperação.* Belo Horizonte: Del Rey, 2007, p. 293; RAMALHO, Ruben. *Curso teórico e prático de falências e concordatas.* São Paulo: Saraiva, 1984, p. 259. No mesmo sentido: STJ – AgRg no REsp 442.523/SP, Rel. Ministro HUMBERTO GOMES DE BARROS, TERCEIRA TURMA, julgado em 14-6-2005, *DJ* 1º-7-2005, p. 510.

16. PERIN JÚNIOR, Écio. *Curso de direito falimentar e recuperação de empresas.* 3. ed. São Paulo: Método, 2006, p. 211; FERREIRA, Waldemar. *Tratado de direito comercial.* São Paulo: Saraiva, 1965, v. 15, p. 230.

17. MAMEDE, Gladston. *Direito empresarial brasileiro*: falência e recuperação de empresas. 2. ed. São Paulo: Atlas, 2008, v. 4, p. 603; ALVES, Marcos Lima. Encerramento da falência e extinção das obrigações do falido. In: SANTOS, Paulo Penalva (Coord.). *A nova lei de falências e de recuperação de empresas*: Lei 11.101/2005. Rio de Janeiro: Forense, 2006, p. 361; NEGRÃO, Ricardo. *Manual de direito comercial e de empresa.* 5. ed. São Paulo: Saraiva, 2010, v. 3, p. 593; VALVERDE, Trajano de Miranda. *Comentários à lei de falências.* 4. ed. Rio de Janeiro: Forense Universitária, 1999, v. 2, p. 223; REQUIÃO, Rubens. *Curso de direito falimentar.* 17. ed. São Paulo: Saraiva, 1998, v. 1, p. 392.

interesse na solução da situação do falido, acreditamos que tais prazos não devem ser suspensos ou interrompidos, o que só se coaduna com a decadência. Ressalte-se, porém, que acreditamos na possibilidade da extinção das obrigações pelo decurso do prazo prescricional, mas não a inserimos nesse dispositivo.

A fixação desses prazos é feita para não postergar indefinidamente a situação do falido. Se após esses prazos nada mais foi obtido, não há motivo para perpetuar tais obrigações. Registre-se, porém, que tais prazos não se aplicam aos créditos tributários[18], uma vez que haveria necessidade de lei complementar para tanto (STF – Súmula Vinculante 8), seja o prazo prescricional, seja ele decadencial.

2.2 Declaração da extinção das obrigações

Ocorrendo qualquer uma das hipóteses acima mencionadas, caberá ao devedor o requerimento ao juiz para que ele declare a extinção das obrigações. Ricardo Negrão admite o pedido pelos sócios solidários[19]. A nosso ver, pelo interesse que lhes é peculiar, também deve ser admitido o pedido por qualquer dos sócios[20]. Caso esse requerimento seja feito antes do fim do processo falimentar, o julgamento poderá ocorrer na própria sentença de encerramento. Caso ele seja posterior à extinção, deverá ser autuado em apartado, sendo instruído com as cópias do processo falimentar. Neste último caso, após o trânsito em julgados, os autos serão apensados ao processo de falência. Em todo caso, é o juízo falimentar que terá competência para essa extinção.

Recebido o pedido de extinção das obrigações, o juiz determinará a publicação de um edital na imprensa oficial e em jornal de grande circulação, fixando um prazo de 30 dias para eventuais oposições. Estas só poderão ser feitas pelos credores dentro do referido prazo, apontando a impossibilidade da extinção das obrigações. Caso haja oposição, apesar do silêncio da lei, acreditamos que deve ser dada a oportunidade de manifestação ao devedor. Também acreditamos ser recomendável a oitiva do Ministério Público, mesmo sem previsão legal específica, pelo interesse social na demanda. Com ou sem oposição, o juiz deverá proferir sentença no prazo de 5 dias, da qual cabe recurso de apelação, a ser recebido no efeito suspensivo.

O art. 191 do CTN condiciona a extinção das obrigações do falido à prova de quitação de todos os tributos. Para João Bosco Gouvêa tal exigência é inconstitucional, na

---

18. ALVES, Marcos Lima. Encerramento da falência e extinção das obrigações do falido. In: SANTOS, Paulo Penalva (Coord.). *A nova lei de falências e de recuperação de empresas*: Lei 11.101/2005. Rio de Janeiro: Forense, 2006, p. 361; GONÇALVES, Fernando; MOURÃO, Gustavo César. In: CORRÊA-LIMA, Osmar Brina; CORRÊA LIMA, Sérgio Mourão (Coord.). *Comentários à nova lei de falência e recuperação de empresas*. Rio de Janeiro: Forense, 2009, p. 1086.

19. NEGRÃO, Ricardo. *Manual de direito comercial e de empresa*. 5. ed. São Paulo: Saraiva, 2010, v. 3, p. 595.

20. GONÇALVES, Fernando; MOURÃO, Gustavo César. In: CORRÊA-LIMA, Osmar Brina; CORRÊA LIMA, Sérgio Mourão (Coord.). *Comentários à nova lei de falência e recuperação de empresas*. Rio de Janeiro: Forense, 2009, p. 1091.

medida em que representaria uma sanção política[21]. A nossos ver, tal exigência, a princípio, seria perfeitamente razoável dada a preferência atribuída aos créditos tributários. Todavia, em certos casos, a extinção das obrigações se dará pela decadência, a qual não atinge os créditos tributários. Neste caso, a exigência da quitação dos tributos poderia inviabilizar a declaração de extinção das demais obrigações. Para evitar uma postergação desnecessária dessa solução, acreditamos que em tais situações seja possível declarar a extinção das obrigações do falido, ressalvando as obrigações tributárias, as quais não se sujeitam ao concurso de credores, nos termos do art. 187 do CTN[22]. Registre-se, porém, que a maioria dos julgados entende necessário o cumprimento do art. 191 do CTN[23].

Superado qualquer questionamento, o juiz deverá declarar extintas as obrigações do falido. Para Pontes de Miranda, trata-se de sentença preponderantemente declaratória[24], uma vez que os fatos descritos no art. 158 da Lei n. 11.101/2005 produzem efeitos imediatos. Com efeito, tal sentença possui caráter declaratório, mas também constitutivo, na medida em que constitui nova situação jurídica para as obrigações do devedor falido[25]. A declaração da extinção das obrigações do falido não obsta a continuação de ações com avalistas ou outros codevedores solidários[26].

Proclamada a extinção das obrigações, deve-se promover a comunicação de tal a todos os que foram informados sobre a existência da falência. Além disso, a extinção das obrigações fará cessar a inabilitação empresarial (Lei n. 11.101/2005 – art. 102), salvo se a inabilitação decorre da condenação por crime falimentar. Neste caso, o encerramento da inabilitação só ocorrerá 5 (cinco) anos após a extinção da punibilidade, podendo, contudo, cessar antes pela reabilitação penal.

2.3 *Extinção dos créditos extraconcursais*

Os créditos extraconcursais devem ser pagos em caráter preferencial. Todavia, nem sempre isso é possível. Não sendo pagos, resta a dúvida quanto à possibilidade de extin-

---

21. GOUVEA, João Bosco Cascardo de. *Recuperação e falência*: Lei n. 11.101/2005 – comentários artigo por artigo. Rio de Janeiro: Forense, 2009, p. 337.

22. TJRJ – DÉCIMA PRIMEIRA CÂMARA CÍVEL – APELAÇÃO 45.2005.8.19.0001 (2008.001.36313) DES. JOSÉ C. FIGUEIREDO – Julgamento: 28-10-2009.

23. TMG – 1ª CÂMARA CÍVEL – APELAÇÃO CÍVEL n. 1.0024.08.970019-9/001 – Relator Desembargador Eduardo Andrade, julgado em 17-11-2009; TJRS – Apelação Cível n. 70022297295, Sexta Câmara Cível, Relator: Liege Puricelli Pires, Julgado em 5-6-2008.

24. MIRANDA, Pontes de. *Tratado de direito privado*. Campinas: Bookseller, 2004, v. 29, p. 436.

25. SZTAJN, Rachel; FRANCO, Vera Helena de Mello. *Falência e recuperação da empresa em crise*. São Paulo: Campus, 2008, p. 208; GONÇALVES, Fernando; MOURÃO, Gustavo César. In: CORRÊA-LIMA, Osmar Brina; CORRÊA LIMA, Sérgio Mourão (Coord.). *Comentários à nova lei de falência e recuperação de empresas*. Rio de Janeiro: Forense, 2009, p. 1095.

26. STJ – REsp 1104632/PR, Rel. Ministro RAUL ARAÚJO, QUARTA TURMA, julgado em 20-4-2017, DJe 1º-6-2017

ção desse tipo de crédito. Neste caso, tais obrigações poderão ser extintas pelas hipóteses normais de extinção das obrigações ou pelo decurso do prazo de 5 ou 10 anos contados do trânsito em julgado da sentença de encerramento do processo falimentar[27].

3 Dissolução da sociedade falida

No caso das sociedades empresárias (CC – arts. 1.044, 1.051 e 1.087; Lei n. 6.404/76 – art. 206, II, *c)*, qualquer que seja a forma adotada, a falência representa o marco inicial do processo de dissolução. A ausência de patrimônio suficiente para honrar o pagamento de todos os credores da companhia é um traço normalmente ligado à falência e, por isso, o fim do processo de falência leva ao fim do patrimônio social e, consequentemente, à inexequibilidade de qualquer objetivo a que se tenha proposto a sociedade. Por isso, com a decretação da falência, inicia-se o processo de dissolução da sociedade.

Contudo, a decretação da falência é apenas o marco inicial desse procedimento, não tendo o condão de extinguir a personalidade jurídica da sociedade falida. Encerrado o processo falimentar, Sérgio Campinho entende que a sociedade poderá ser extinta com a devida baixa no registro[28]. Para Osmar Brina Corrêa-Lima, a extinção só seria possível com a declaração dos sócios, desde que pagas todas as obrigações[29]. A nosso, ver, a baixa só será possível com a extinção das obrigações do falido[30].

A extinção do processo de falência não significa a extinção das obrigações do falido, as quais só serão extintas nos casos previstos no art. 158 da Lei n. 11.101/2005. Embora a existência de ações em curso não seja um óbice à extinção das sociedades, a presença de obrigações não solvidas ao fim do processo de falência impede essa extinção. Se as obrigações ainda existem, é sinal de que a pessoa jurídica ainda existe. Assim, apenas com a extinção das obrigações é que acreditamos ser possível a extinção da sociedade falida. Prova disso é a necessidade de comunicação dessa extinção a todas as pessoas comunicadas da falência. Ora, se a sociedade já houvesse sido extinta, não haveria necessidade de comunicação. Não vemos a necessidade de pagamento de todos os credores, uma vez que a extinção das obrigações é possível mesmo sem esse pagamento.

Ademais, a IN n. 10/2013 (DREI) prevê o arquivamento da notícia da extinção das obrigações. Nos casos em que todos os credores são pagos ou mesmo nos casos de extinção das obrigações, previstos pelo art. 158 da Lei n. 11.101/2005, nada impede que seja

---

27. GONÇALVES, Fernando; MOURÃO, Gustavo César. In: CORRÊA-LIMA, Osmar Brina; CORRÊA LIMA, Sérgio Mourão (Coord.). *Comentários à nova lei de falência e recuperação de empresas*. Rio de Janeiro: Forense, 2009, p. 1077.

28. CAMPINHO, Sérgio. *Falência e recuperação de empresa*: o novo regime de insolvência empresarial. 3. ed. Rio de Janeiro: Renovar, 2008, p. 439.

29. CORRÊA-LIMA, Osmar Brina In: CORRÊA-LIMA, Osmar Brina; CORRÊA LIMA, Sérgio Mourão (Coord.). *Comentários à nova lei de falência e recuperação de empresas*. Rio de Janeiro: Forense, 2009, p. 1047.

30. STJ – REsp 883.802/DF, Rel. Ministra NANCY ANDRIGHI, TERCEIRA TURMA, julgado em 27-4--2010, *DJe* 12-5-2010.

feita a opção pela saída do processo de dissolução e o retorno às atividades normais[31]. Contudo, isto é muito raro. De todo modo, para o retorno à atividade, também é exigida a reabilitação penal do falido, se for o caso.

31. CORRÊA-LIMA, Osmar Brina In: CORRÊA-LIMA, Osmar Brina; CORRÊA LIMA, Sérgio Mourão (Coord.). *Comentários à nova lei de falência e recuperação de empresas*. Rio de Janeiro: Forense, 2009, p. 1047.

29 DAS DISPOSIÇÕES PENAIS EM MATÉRIA DE FALÊNCIA E RECUPERAÇÃO DE EMPRESAS

1 Crimes falimentares

Como já mencionado, o direito empresarial hoje se justifica essencialmente pela tutela do crédito. Assim sendo, há uma grande preocupação com a inadimplência no meio empresarial e, por isso, surgiu o direito das empresas em crise para tentar lidar com situações efetivas ou potenciais de inadimplência. Neste âmbito, não podem ser toleradas condutas dolosas que afetem a própria ideia geral da proteção ao crédito.

Por isso, quando há condutas que colaboram com a frustração da tutela do crédito de modo doloso, há uma conduta que merece ser reprimida de forma grave, sendo tipificada como crime. São reprimidas essas condutas dolosas e não o simples fato da falência. Os crimes falimentares representam, portanto,

> toda e qualquer conduta típica, antijurídica e culpável, definida e sancionada no âmbito penal da legislação falimentar, que possa, efetiva ou potencialmente, agravar a situação de crise em que se encontra o devedor empresário e cuja punibilidade se encontra subordinada ao reconhecimento desta conjuntura econômico-financeira pelo Poder Judiciário, por meio da falência ou recuperação[1].

Atualmente, tais crimes podem dizer respeito tanto aos processos de falência, quanto aos processos de recuperação judicial ou extrajudicial. Em razão disso, a lei não utiliza mais a expressão *crimes falimentares*. Para Artur Migliari, o melhor seria a expressão *crimes falenciais*, mais consentânea com a língua portuguesa[2]. Apesar disso, ainda será costumeiro falar em crimes falimentares, uma vez que a lei também é de falências.

Como tais crimes são previstos na própria Lei n. 11.101/2005 e não no Código Penal, há alguma divergência no que tange a sua natureza, isto é, quanto ao bem jurídico protegido. Paulo Roberto Colombo Arnoldi menciona tais crimes como contra o patrimônio dos credores, em termos similares à rubrica do Direito português[3]. Nilo Batista aponta os crimes falimentares como crimes contra o patrimônio, visto a partir da sua função

---

1. PEREIRA, Alexandre Demetrius. *Crimes falimentares*: teoria, prática e questões de concursos comentadas. São Paulo: Malheiros, 2010, p. 60-61.

2. MIGLIARI JÚNIOR, Arthur. *Crimes de recuperação de empresas e de falências*. São Paulo: Quartier Latin, 2006, p. 35.

3. CAEIRO, Pedro. *Sobre a natureza dos crimes falenciais*. Coimbra: Coimbra, 2003, p. 15.

social[4]. Renzo Provinciali os enquadra como crimes contra o patrimônio e contra a administração da justiça[5].

Artur Migliari Júnior, por sua vez, entende tratar-se de crimes de natureza híbrida, uma vez que ferem a economia pública e o crédito público[6]. Andreucci afirma que são crimes contra o crédito público[7]. Ora, se é a ideia de tutela do crédito que deve pautar a compreensão dos crimes falimentares[8], o melhor enquadramento seria justamente entre os crimes contra o crédito público. Todavia, a diversidade de crimes nos faz concluir pela pluriobjetividade, ou seja, há mais de natureza no grupo dos crimes falimentares[9].

2 Dos crimes em espécie

Os crimes falimentares visam a punir condutas muito diversificadas, sendo oportuno especificar cada uma destas condutas com a análise de cada crime em espécie.

2.1 Fraude a credores

"Art. 168. Praticar, antes ou depois da sentença que decretar a falência, conceder a recuperação judicial ou homologar a recuperação extrajudicial, ato fraudulento de que resulte ou possa resultar prejuízo aos credores, com o fim de obter ou assegurar vantagem indevida para si ou para outrem.

Pena – reclusão, de 3 (três) a 6 (seis) anos, e multa."

Sujeito ativo – o devedor ou os agentes a ele equiparados (seus sócios, diretores, gerentes, administradores e conselheiros, de fato ou de direito). Também podem ser sujeitos ativos os contadores, técnicos contábeis, auditores e outros profissionais que, de qualquer modo, concorrerem para as condutas criminosas descritas neste artigo, na medida de sua culpabilidade.

Sujeito passivo – Manoel Justino Bezerra Filho coloca os credores sujeitos passivos mediatos, sendo a sujeição passiva imediata da administração da justiça[10]. Para Andreuc-

4. BATISTA, Nilo. *Lições de direito penal falimentar*. Rio de Janeiro: Revan, 2006, p. 65.

5. PROVINCIALI, Renzo. *Manuale di diritto fallimentare*. 3. ed. Milano: Giuffrè, 1955, v. 2, p. 1328-1329.

6. MIGLIARI JÚNIOR, Arthur. *Crimes de recuperação de empresas e de falências*. São Paulo: Quartier Latin, 2006, p. 53.

7. ANDREUCCI, Ricardo Antonio. Dos crimes em espécie. In: DAOUN, Alexandre Jean (Coord.). *Crimes falimentares de acordo com a Lei 11.101/2005*. São Paulo: Quartier Latin, 2006, p. 62.

8. CAEIRO, Pedro. *Sobre a natureza dos crimes falenciais*. Coimbra: Coimbra, 2003, p. 230.

9. PEREIRA, Alexandre Demetrius. *Crimes falimentares*: teoria, prática e questões de concursos comentadas. São Paulo: Malheiros, 2010, p. 64; SILVA, Jane. In: CORRÊA-LIMA, Osmar Brina; CORRÊA LIMA, Sérgio Mourão (Coord.). *Comentários à nova lei de falência e recuperação de empresas*. Rio de Janeiro: Forense, 2009, p. 1125.

10. BEZERRA FILHO, Manoel Justino. *Lei de recuperação de empresas e falências comentada*. 6. ed. São Paulo: Revista dos Tribunais, 2009, p. 334.

ci e Alexandre Demetrius Pereira, os sujeitos passivos desse crime são apenas os credores[11]. A nosso ver, a razão está com o último, uma vez que este crime pressupõe um prejuízo ou a possibilidade de prejuízo aos credores.

Tipo objetivo – praticar qualquer conduta fraudulenta de que resulte ou possa resultar prejuízo aos credores.

Elemento subjetivo – dolo direto associado ao elemento subjetivo do tipo, consistente na intenção de assegurar vantagem indevida para si ou para outrem.

Causa especial de aumento de pena – a pena é aumentada de 1/6 a 1/3 se o agente elabora escrituração contábil com dados inexatos, ou omite lançamento contábil, ou altera escrituração ou balanço verdadeiros, ou destrói total ou parcialmente os documentos contábeis ou registros contábeis informatizados, ou ainda simula composição do capital social (Lei n. 11.101/2005 – art. 168, § 1º).

A pena será aumentada de um terço, no caso de comprovação de caixa dois, isto é, de comprovação de elaboração de contabilidade paralela (Lei n. 11.101/2005 – art. 168, § 2º).

Concurso de pessoas – incorrem nas mesmas penas quaisquer colaboradores do empresário ou da sociedade empresária que pratiquem condutas previstas para este tipo penal.

Consumação – a consumação se dá com a prática do ato fraudulento, independentemente do resultado, por tratar-se de crime formal[12].

Redução ou substituição da pena – tratando-se de falência de microempresa ou de empresa de pequeno porte, e não se constatando prática habitual de condutas fraudulentas por parte do falido, poderá o juiz reduzir a pena de reclusão de 1/3 (um terço) a 2/3 (dois terços) ou substituí-la pelas penas restritivas de direitos, pelas de perda de bens e valores ou pelas de prestação de serviços à comunidade ou a entidades públicas (Lei n. 11.101/2005 – art. 168, § 4º).

2.2 Violação de sigilo empresarial

"Art. 169. Violar, explorar ou divulgar, sem justa causa, sigilo empresarial ou dados confidenciais sobre operações ou serviços, contribuindo para a condução do devedor a estado de inviabilidade econômica ou financeira:

Pena – reclusão, de 2 (dois) a 4 (quatro) anos, e multa."

---

11. ANDREUCCI, Ricardo Antonio. Dos crimes em espécie. In: DAOUN, Alexandre Jean (Coord.). *Crimes falimentares de acordo com a Lei 11.101/2005*. São Paulo: Quartier Latin, 2006, p. 95; PEREIRA, Alexandre Demetrius. *Crimes falimentares*: teoria, prática e questões de concursos comentadas. São Paulo: Malheiros, 2010, p. 136.

12. ANDREUCCI, Ricardo Antonio. Dos crimes em espécie. In: DAOUN, Alexandre Jean (Coord.). *Crimes falimentares de acordo com a Lei 11.101/2005*. São Paulo: Quartier Latin, 2006, p. 66.

Sujeito ativo – qualquer pessoa que propaga as informações[13]. Trata-se de crime comum.

Sujeito passivo – quem detenha o segredo empresarial, em especial o devedor submetido à falência ou à recuperação judicial ou extrajudicial. Alexandre Demetrius Pereira também inclui como sujeitos passivos a comunidade dos credores, a administração da justiça e o devedor conduzido à inviabilidade econômico-financeira[14].

Tipo objetivo – revelar a terceiros, fazer uso ou infringir segredo empresarial, sem justa causa. O segredo empresarial deve ser entendido como aquilo que dá alguma vantagem ao empresário sobre os demais agentes econômicos.

Elemento subjetivo – dolo direto.

Consumação – a consumação se dá com a prática, a divulgação, uso ou violação ao sigilo empresarial, independentemente do resultado, por tratar-se de crime formal.

2.3 Divulgação de informações falsas

"Art. 170. Divulgar ou propalar, por qualquer meio, informação falsa sobre devedor em recuperação judicial, com o fim de levá-lo à falência ou de obter vantagem:

Pena – reclusão, de 2 (dois) a 4 (quatro) anos, e multa."

Sujeito ativo – qualquer pessoa que propaga as informações. Trata-se de crime comum.

Sujeito passivo – para Andreucci, os credores seriam sujeitos passivos dessa conduta[15]. Alexandre Demetrius Pereira coloca como sujeitos passivos o devedor, a comunidade de credores e a administração da justiça[16]. Manoel Justino Bezerra Filho limita, a nosso ver com razão, a sujeição ao devedor submetido à recuperação judicial, porquanto se trata de crime que visa prejudicar tal devedor[17].

Tipo objetivo – revelar a terceiros informações falsas sobre o devedor, ou dar curso a informação falsa já divulgada.

Elemento subjetivo – dolo direto associado ao elemento subjetivo do tipo, consistente no intuito de levar o devedor ao estado de falência ou obter vantagem.

---

13. ANDREUCCI, Ricardo Antonio. Dos crimes em espécie. In: DAOUN, Alexandre Jean (Coord.). *Crimes falimentares de acordo com a Lei 11.101/2005*. São Paulo: Quartier Latin, 2006, p. 72.

14. PEREIRA, Alexandre Demetrius. *Crimes falimentares*: teoria, prática e questões de concursos comentadas. São Paulo: Malheiros, 2010, p. 162.

15. ANDREUCCI, Ricardo Antonio. Dos crimes em espécie. In: DAOUN, Alexandre Jean (Coord.). *Crimes falimentares de acordo com a Lei 11.101/2005*. São Paulo: Quartier Latin, 2006, p. 72.

16. PEREIRA, Alexandre Demetrius. *Crimes falimentares*: teoria, prática e questões de concursos comentadas. São Paulo: Malheiros, 2010, p. 167.

17. BEZERRA FILHO, Manoel Justino. *Lei de recuperação de empresas e falências comentada*. 6. ed. São Paulo: Revista dos Tribunais, 2009, p. 335.

Consumação – a consumação se dá com a prática, a revelação ou propagação das informações, independentemente do resultado, por tratar-se de crime formal.

2.4 Indução a erro

"Art. 171. Sonegar ou omitir informações ou prestar informações falsas no processo de falência, de recuperação judicial ou de recuperação extrajudicial, com o fim de induzir a erro o juiz, o Ministério Público, os credores, a assembleia-geral de credores, o Comitê ou o administrador judicial:

Pena – reclusão, de 2 (dois) a 4 (quatro) anos, e multa."

Sujeito ativo – qualquer pessoa que sonega, omite ou presta informações falsas nos processos de falência ou de recuperação de empresas.

Sujeito passivo – a administração da justiça é o sujeito passivo imediato[18]. Caso haja a intenção de lesar o patrimônio dos credores, eles serão os sujeitos passivos[19].

Tipo objetivo – deixar de prestar informações nos processos de falência ou recuperação, ou prestar informações falsas nos mesmos processos.

Elemento subjetivo – dolo direto associado ao elemento subjetivo do tipo, consistente no intuito de induzir a erro o juiz, o Ministério Público, os credores, a assembleia geral de credores, o Comitê ou o administrador judicial.

Consumação – a consumação se dá com a omissão ou com a prestação das informações falsas, independentemente do resultado, por tratar-se de crime formal[20].

2.5 Favorecimento de credores

"Art. 172. Praticar, antes ou depois da sentença que decretar a falência, conceder a recuperação judicial ou homologar plano de recuperação extrajudicial, ato de disposição ou oneração patrimonial ou gerador de obrigação, destinado a favorecer um ou mais credores em prejuízo dos demais:

Pena – reclusão, de 2 (dois) a 5 (cinco) anos, e multa."

Sujeito ativo – o devedor submetido a processo de falência ou de recuperação de empresas. Nas mesmas penas incorre o credor que em conluio se beneficiar do ato.

---

18. BEZERRA FILHO, Manoel Justino. *Lei de recuperação de empresas e falências comentada*. 6. ed. São Paulo: Revista dos Tribunais, 2009, p. 338.

19. ANDREUCCI, Ricardo Antonio. Dos crimes em espécie. In: DAOUN, Alexandre Jean (Coord.). *Crimes falimentares de acordo com a Lei 11.101/2005*. São Paulo: Quartier Latin, 2006, p. 76.

20. ANDREUCCI, Ricardo Antonio. Dos crimes em espécie. In: DAOUN, Alexandre Jean (Coord.). *Crimes falimentares de acordo com a Lei 11.101/2005*. São Paulo: Quartier Latin, 2006, p. 77.

Sujeito passivo – os credores prejudicados[21] e secundariamente a administração da justiça[22].

Tipo objetivo – praticar atos de disposição (vendas, doações...) ou oneração (direitos reais de garantia) patrimonial, ou ainda assumir obrigações antes ou depois da sentença nos processos de falência ou recuperação, com o intuito de favorecer certos credores.

Elemento subjetivo – dolo direto ou eventual associado ao elemento subjetivo do tipo, consistente no intuito de favorecer certos credores, em prejuízo dos demais.

Consumação – a consumação se dá com a prática do ato de disposição, oneração ou assunção de obrigações, independentemente do resultado, por tratar-se de crime formal[23].

2.6 Desvio, ocultação ou apropriação de bens

"Art. 173. Apropriar-se, desviar ou ocultar bens pertencentes ao devedor sob recuperação judicial ou à massa falida, inclusive por meio da aquisição por interposta pessoa:

Pena – reclusão, de 2 (dois) a 4 (quatro) anos, e multa."

Sujeito ativo – qualquer pessoa que se apropria, desvia ou oculta bens do devedor.

Sujeito passivo – a administração da justiça e os credores prejudicados[24].

Tipo objetivo – tomar para si bens, dar outro destino ou esconder bens do devedor em processo de falência ou recuperação judicial, inclusive por meio de terceiros.

Elemento subjetivo – dolo direto ou eventual.

Consumação – a consumação se dá com a prática dos atos de apropriação, desvio ou ocultação de bens. Trata-se de crime de mera conduta.

2.7 Aquisição, recebimento ou uso ilegal de bens

"Art. 174. Adquirir, receber, usar, ilicitamente, bem que sabe pertencer à massa falida ou influir para que terceiro, de boa-fé, o adquira, receba ou use:

---

21. BEZERRA FILHO, Manoel Justino. *Lei de recuperação de empresas e falências comentada*. 6. ed. São Paulo: Revista dos Tribunais, 2009, p. 339.

22. PEREIRA, Alexandre Demetrius. *Crimes falimentares*: teoria, prática e questões de concursos comentadas. São Paulo: Malheiros, 2010, p. 172.

23. ANDREUCCI, Ricardo Antonio. Dos crimes em espécie. In: DAOUN, Alexandre Jean (Coord.). *Crimes falimentares de acordo com a Lei 11.101/2005*. São Paulo: Quartier Latin, 2006, p. 78.

24. BEZERRA FILHO, Manoel Justino. *Lei de recuperação de empresas e falências comentada*. 6. ed. São Paulo: Revista dos Tribunais, 2009, p. 339; PEREIRA, Alexandre Demetrius. *Crimes falimentares*: teoria, prática e questões de concursos comentadas. São Paulo: Malheiros, 2010, p. 175.

Pena – reclusão, de 2 (dois) a 4 (quatro) anos, e multa."

Sujeito ativo – qualquer pessoa que adquire, recebe ou usa ilicitamente bens que deveriam estar na massa falida ou influi para que terceiro de boa-fé o faça.

Sujeito passivo – a administração da justiça e os credores[25].

Tipo objetivo – adquirir, receber ou usar ilicitamente bens que deveriam integrar a massa falida. Também se inclui na tipificação a influência para que terceiro de boa-fé incorra nas mesmas condutas.

Elemento subjetivo – dolo direto, exigindo-se a consciência de que bem deveria integrar a massa falida.

Consumação – a consumação se dá com a aquisição, recebimento, uso dos bens ou com a influência sobre terceiros.

2.8 Habilitação ilegal de crédito

"Art. 175. Apresentar, em falência, recuperação judicial ou recuperação extrajudicial, relação de créditos, habilitação de créditos ou reclamação falsas, ou juntar a elas título falso ou simulado:

Pena – reclusão, de 2 (dois) a 4 (quatro) anos, e multa."

Sujeito ativo – qualquer pessoa que apresente relação de créditos, habilitações ou reclamações falsas, ou junta documentos falsos em tais atos. Trata-se de crime comum.

Sujeito passivo – a administração da justiça[26]. Para Andreucci, os credores e o devedor também podem ser sujeitos passivos[27]. A nosso ver, efetivamente todos têm essa sujeição passiva, uma vez que o crime aqui mencionado prejudica o andamento do processo, mas também os demais credores e o devedor.

Tipo objetivo – apresentar relação de créditos, habilitações ou reclamações falsas, ou juntar documentos falsos em tais atos.

Elemento subjetivo – dolo direto, exige-se a consciência da falsidade.

Consumação – a consumação se dá com a apresentação da relação de créditos, habilitações ou reclamações falsas, ou com a juntada de documentos falsos em tais atos. Trata-se de crime de mera conduta.

---

25. ANDREUCCI, Ricardo Antonio. Dos crimes em espécie. In: DAOUN, Alexandre Jean (Coord.). *Crimes falimentares de acordo com a Lei 11.101/2005*. São Paulo: Quartier Latin, 2006, p. 81; PEREIRA, Alexandre Demetrius. *Crimes falimentares*: teoria, prática e questões de concursos comentadas. São Paulo: Malheiros, 2010, p. 180.

26. BEZERRA FILHO, Manoel Justino. *Lei de recuperação de empresas e falências comentada*. 6. ed. São Paulo: Revista dos Tribunais, 2009, p. 341.

27. ANDREUCCI, Ricardo Antonio. Dos crimes em espécie. In: DAOUN, Alexandre Jean (Coord.). *Crimes falimentares de acordo com a Lei 11.101/2005*. São Paulo: Quartier Latin, 2006, p. 83.

2.9 Exercício ilegal de atividade

"Art. 176. Exercer atividade para a qual foi inabilitado ou incapacitado por decisão judicial, nos termos desta Lei:

Pena – reclusão, de 1 (um) a 4 (quatro) anos, e multa."

Sujeito ativo – o devedor falido, ou os sócios, diretores, gerentes, administradores e conselheiros, de fato ou de direito, bem como o administrador judicial, que se equiparam ao devedor ou falido para todos os efeitos penais decorrentes desta Lei, na medida de sua culpabilidade (art. 179 da Lei n. 11.101/2005).

Sujeito passivo – a administração da justiça[28] e secundariamente o patrimônio dos credores[29].

Tipo objetivo – exercício de atividade para o qual ficou inabilitado ou incapacitado.

Elemento subjetivo – dolo direto.

Consumação – a consumação se dá com o exercício da atividade. Trata-se de crime de mera conduta.

2.10 Violação de impedimento

"Art. 177. Adquirir o juiz, o representante do Ministério Público, o administrador judicial, o gestor judicial, o perito, o avaliador, o escrivão, o oficial de justiça ou o leiloeiro, por si ou por interposta pessoa, bens de massa falida ou de devedor em recuperação judicial, ou, em relação a estes, entrar em alguma especulação de lucro, quando tenham atuado nos respectivos processos:

Pena – reclusão, de 2 (dois) a 4 (quatro) anos, e multa."

Sujeito ativo – o juiz, o representante do Ministério Público, o administrador judicial, o gestor judicial, o perito, o avaliador, o escrivão, o oficial de justiça ou o leiloeiro. Trata-se de crime próprio.

Sujeito passivo – a administração da justiça[30]. Para Andreucci, os sujeitos passivos são os credores e o devedor[31]. A nosso ver, todos esses são sujeitos passivos, uma vez que a violação a impedimento afeta todos esses interesses.

Tipo objetivo – adquirir bens do devedor em processo de falência ou recuperação judicial, ou ainda, praticar atos de especulação em relação a esses bens, quando atuaram no processo.

---

28. BEZERRA FILHO, Manoel Justino. *Lei de recuperação de empresas e falências comentada*. 6. ed. São Paulo: Revista dos Tribunais, 2009, p. 341.

29. PEREIRA, Alexandre Demetrius. *Crimes falimentares*: teoria, prática e questões de concursos comentadas. São Paulo: Malheiros, 2010, p. 187.

30. PEREIRA, Alexandre Demetrius. *Crimes falimentares*: teoria, prática e questões de concursos comentadas. São Paulo: Malheiros, 2010, p. 191.

31. ANDREUCCI, Ricardo Antonio. Dos crimes em espécie. In: DAOUN, Alexandre Jean (Coord.). *Crimes falimentares de acordo com a Lei 11.101/2005*. São Paulo: Quartier Latin, 2006, p. 86.

Elemento subjetivo – dolo direto.

Consumação – a consumação se dá com a aquisição do bem ou com a prática do ato de especulação. Trata-se de crime de mera conduta.

2.11 Omissão dos documentos contábeis obrigatórios

"Art. 178. Deixar de elaborar, escriturar ou autenticar, antes ou depois da sentença que decretar a falência, conceder a recuperação judicial ou homologar o plano de recuperação extrajudicial, os documentos de escrituração contábil obrigatórios:

Pena – detenção, de 1 (um) a 2 (dois) anos, e multa, se o fato não constitui crime mais grave."

Sujeito ativo – o devedor. Trata-se de crime próprio.

Sujeito passivo – a administração da justiça e os credores ou mesmo a coletividade[32].

Tipo objetivo – deixar de elaborar a escrituração contábil, ou deixar de autenticar documentos contábeis obrigatórios, após a decretação da falência, concessão da recuperação judicial ou homologação do plano de recuperação extrajudicial.

Elemento subjetivo – dolo direto ou eventual.

Consumação – a consumação se dá com a omissão. Trata-se de crime de mera conduta.

3 Condição objetiva de punibilidade

Pela descrição realizada, os crimes falimentares podem ocorrer antes ou depois da decretação da falência, da concessão da recuperação judicial ou da homologação da recuperação extrajudicial. No entanto, a sentença que decreta a falência, concede a recuperação judicial ou homologa o plano de recuperação extrajudicial é condição objetiva de punibilidade para tais crimes (Lei n. 11.101/2005 – art. 180). As condições objetivas de punibilidade representam condições exteriores à conduta, das quais depende a punibilidade, vale dizer, sem elas não pode haver punição para as condutas tipificadas como crimes falimentares. Trata-se aqui de uma questão de política criminal[33], na medida em que o legislador entendeu que, sem tal sentença, não haveria motivo para a punição do crime.

Para Heleno Cláudio Fragoso, "a condição objetiva de punibilidade somente pode ser um acontecimento futuro ou concomitante e incerto, pois de outra forma não teria

32. ANDREUCCI, Ricardo Antonio. Dos crimes em espécie. In: DAOUN, Alexandre Jean (Coord.). *Crimes falimentares de acordo com a Lei 11.101/2005*. São Paulo: Quartier Latin, 2006, p. 87.

33. BATISTA, Nilo. *Lições de direito penal falimentar*. Rio de Janeiro: Revan, 2006, p. 51.

sentido a sua disciplina jurídica"[34]. Nessa linha de entendimento, a sentença da decretação da falência, da concessão da recuperação judicial ou da homologação da recuperação extrajudicial seria condição de punibilidade apenas para os crimes anteriores à própria sentença[35]. Para os crimes posteriores à decretação, a sentença seria um pressuposto, um elemento do tipo. Contudo, a maioria da doutrina não faz essa distinção e impõe a referida sentença como condição de punibilidade para todos os crimes falimentares[36].

4 Prescrição

Preenchida a condição de punibilidade, os crimes falimentares poderão ser punidos enquanto não houver o decurso do prazo prescricional da pretensão punitiva. Alterando o regime anterior, a prescrição dos crimes falimentares passa a ser regida pelo Código Penal (art. 109), não havendo mais o prazo geral de 2 anos de prescrição, que ensejou a edição da Súmula 147 do Supremo Tribunal Federal, que deixa de ser aplicada. Em qualquer caso, o prazo prescricional terá como termo inicial a sentença que decretou a falência, concedeu a recuperação judicial ou homologou o plano de recuperação extrajudicial (Lei n. 11.101/2005 – art. 182). A decretação da falência do devedor interrompe a prescrição cuja contagem tenha iniciado com a concessão da recuperação judicial ou com a homologação do plano de recuperação extrajudicial.

5 Princípio da unicidade dos crimes falimentares

Nunca se negou a possibilidade de concurso entre crime falimentar e crime comum. Todavia, no que tange ao concurso entre crimes falimentares, a opinião majoritária é contrária à aplicação das regras do concurso. Desde o regime do revogado Decreto-lei n. 7.661/45, consagra-se o princípio da unicidade dos crimes falimentares, pelo qual, embora sejam várias as condutas delituosas, o agente só será punido com uma das

34. FRAGOSO, Heleno Cláudio. Pressupostos do crime e condições objetivas de punibilidade. In: *Estudos de direito e processo penal em homenagem a Nelson Hungria*. Rio de Janeiro: Forense, 1962, p. 158-179.

35. FRAGOSO, Heleno Cláudio. Pressupostos do crime e condições objetivas de punibilidade. In: *Estudos de direito e processo penal em homenagem a Nelson Hungria*. Rio de Janeiro: Forense, 1962, p. 158-179; SILVA, Jane. In: CORRÊA-LIMA, Osmar Brina; CORRÊA LIMA, Sérgio Mourão (Coord.). *Comentários à nova lei de falência e recuperação de empresas*. Rio de Janeiro: Forense, 2009, p. 1180; NOSTRE, Guilherme A. de Moraes, In: SOUZA JÚNIOR, Francisco Sátiro de; PITOMBO, Antônio Sérgio de A. de Moraes (Coord.). *Comentários à Lei de recuperação de empresas e falência*. São Paulo: Revista dos Tribunais, 2005, p. 557; GOUVEA, João Bosco Cascardo de. *Recuperação e falência*: Lei n. 11.101/2005 – comentários artigo por artigo. Rio de Janeiro: Forense, 2009, p. 391.

36. MIGLIARI JÚNIOR, Arthur. *Crimes de recuperação de empresas e de falências*. São Paulo: Quartier Latin, 2006, p. 91; PEREIRA, Alexandre Demetrius. *Crimes falimentares*: teoria, prática e questões de concursos comentadas. São Paulo: Malheiros, 2010, p. 80; PESTANA, Dênis. *Delitos falimentares na Lei 11.101/2005*. Curitiba: Juruá, 2007, p. 139.

penas, a mais grave, uma vez que seria única a lesão jurídica[37]. "O fato criminoso que, em última análise, se pune é a violação do direito dos credores pela superveniente insolvência do comerciante"[38].

Na nova legislação, Ricardo Negrão entende ser possível o concurso de crimes antefalimentares e crimes pós-falimentares, na medida em que não haveria o mesmo objeto nesses crimes[39]. Antonio Paulo C. O. Silva, Ricardo Andreucci e Adalberto Simão Filho entendem que não há qualquer novidade, mantendo-se o princípio da unicidade do crime falimentar[40], pelos mesmos motivos anteriormente expostos. O STJ também parece manter esse princípio, ao afirmar que

> O princípio da unicidade é ficção criada pela doutrina, a qual dispõe que, no caso de concurso de diversas condutas direcionadas ao cometimento de fraudes geradoras de prejuízos aos credores da empresa submetida ao processo de falência, deve-se entender como praticado um só tipo penal, com a aplicação ao agente somente da pena do mais grave deles[41].

Entretanto, a mudança da legislação traz à tona novamente o debate sobre a existência ou não desse princípio. Arthur Migliari Junior, Alexandre Demetrius Pereira, Jane Silva e Nilo Batista sustentam que no novo regime falimentar não há espaço para o princípio da unicidade, uma vez que nada impediria, pelo texto da lei, a aplicação das regras sobre o concurso de crimes[42]. A nosso ver, nada justifica a existência desse princípio. Em primeiro lugar, não se cogita mais da ideia da falência como crime, havendo a punição de crimes para a recuperação de empresas também. Em segundo lugar, não há qualquer dispositivo na legislação, do qual se possa inferir a inexistência de concurso entre crimes falimentares. Em terceiro lugar, não há mais um prazo prescricional unificado, o que

---

37. PROVINCIALI, Renzo. *Manuale di diritto fallimentare*. 3. ed. Milano: Giuffrè, 1955, v. 2, p. 1309.

38. STJ – RHC 10593/SP, Rel. Ministro JORGE SCARTEZZINI, QUINTA TURMA, julgado em 28-8-2001, *DJ* 8-4-2002, p. 229.

39. NEGRÃO, Ricardo. *Manual de direito comercial e de empresa*. 2. ed. São Paulo: Saraiva, 2007, v. 3, p. 571-573.

40. SILVA, Antonio Paulo C. O. *Comentários às disposições penais da lei de recuperação de empresas e falências*. São Paulo: Quartier Latin, 2005, p. 47-48; ANDREUCCI, Ricardo Antonio. Dos crimes em espécie. In: DAOUN, Alexandre Jean (Coord.). *Crimes falimentares de acordo com a Lei 11.101/2005*. São Paulo: Quartier Latin, 2006, p. 63; SIMÃO FILHO, Adalberto. In: ______. ; DE LUCCA, Newton (Coord.). *Comentários à nova lei de recuperação de empresas e falência*. Quartier Latin, 2005, p. 614.

41. STJ – HC 56.368/SP, Rel. Ministro GILSON DIPP, QUINTA TURMA, julgado em 24-10-2006, *DJ* 20-11-2006, p. 347.

42. MIGLIARI JÚNIOR, Arthur. *Crimes de recuperação de empresas e de falências*. São Paulo: Quartier Latin, 2006, p. 106; BATISTA, Nilo. *Lições de direito penal falimentar*. Rio de Janeiro: Revan, 2006, p. 101; PEREIRA, Alexandre Demetrius. *Crimes falimentares*: teoria, prática e questões de concursos comentadas. São Paulo: Malheiros, 2010, p. 125; SILVA, Jane. In: CORRÊA-LIMA, Osmar Brina; CORRÊA LIMA, Sérgio Mourão (Coord.). *Comentários à nova lei de falência e recuperação de empresas*. Rio de Janeiro: Forense, 2009, p. 1200.

reforça essa ideia da ausência de unidade. Por fim, não há qualquer motivo que justifique um privilégio para o agente que cometeu esses crimes. Ele deverá ser punido por todas as suas condutas e não apenas por uma delas.

6 Ação penal

Com ou sem aplicação do princípio da unicidade, a persecução penal dos crimes falimentares se dará por meio de ação penal pública incondicionada (Lei n. 11.110/2005 – art. 184). A princípio, a denúncia deverá ser oferecida com as informações constantes dos autos do próprio processo. Caso se entenda necessário, ao Ministério Público poderá ser requerida a instauração de inquérito policial para a investigação sobre a existência ou não dos crimes falimentares. Não existe mais no texto da lei o inquérito judicial, como ocorria no regime do revogado Decreto-lei n. 7.661/45. Apesar disso, a doutrina entende que nada impede a instauração de eventual inquérito judicial, se facilitar a apuração de eventual crime[43].

O prazo para oferecimento da denúncia será regido pelo art. 46 do Código de Processo Penal, isto é, estando o réu preso, será de 5 (cinco) dias, contado da data em que o órgão do Ministério Público receber os autos do inquérito policial, e de 15 (quinze) dias, se o réu estiver solto ou afiançado. No último caso, o órgão do Ministério Público pode decidir aguardar a exposição circunstanciada, e nessa hipótese o prazo de 15 dias se iniciará da apresentação da exposição (Lei n. 11.101/2005 – art. 187). O membro do Ministério Público poderá aguardar também a apresentação da exposição circunstanciada pelo administrador judicial, no prazo de quarenta dias, contados da assinatura do termo de compromisso (Lei n. 11.101/2005 – art. 22, III). Tal espera pode ser interessante, na medida em que já será feita uma análise das condutas que acabaram por acarretar a falência do devedor.

No caso de omissão do Ministério Público, admite-se a apresentação de ação penal subsidiária por parte de qualquer credor habilitado ou do administrador judicial, no prazo decadencial de 6 meses (Lei n. 11.101/2005 – art. 184, parágrafo único). Trata-se de ação penal privada subsidiária da ação penal pública. Caso o Ministério Público solicite diligências adicionais ou mesmo determine o arquivamento de eventual inquérito, não há omissão e, por isso, não surge essa legitimidade subsidiária[44].

7 Competência

A ação penal ajuizada pelo Ministério Público ou pelos legitimados subsidiários deverá ser promovida perante o juízo criminal da jurisdição onde tenha sido decretada

---

43. PEREIRA, Alexandre Demetrius. *Crimes falimentares*: teoria, prática e questões de concursos comentadas. São Paulo: Malheiros, 2010, p. 242.

44. DAOUN, Alexandre Jean. A iniciativa processual do credor habilitado e do administrador judicial; parágrafo único do art. 184 da Lei n. 11.101/2005. In: DAOUN, Alexandre Jean (Coord.). *Crimes falimentares de acordo com a Lei 11.101/2005*. São Paulo: Quartier Latin, 2006, p. 225.

a falência (Lei n. 11.101/2005 – art. 183). Diante desse dispositivo, surgiram dúvidas sobre a situação de estados como São Paulo e Distrito Federal, nos quais a competência é atribuída pela lei de organização judiciária à própria vara de falências.

José da Silva Pacheco, Waldo Fazzio Junior, Ricardo Andreucci, Roberto Podval, Paula Kahan Mandel Hakim, Marcelo Piacitelli, Leonardo Musumecci Filho, Antonio Sérgio Pitombo, Renato de Mello Jorge Silveira, Beatriz Vargas e Denis Pestana entendem que a ação penal não poderá ser processada no juízo da falência, mas no juízo criminal[45], revogando inclusive as normas de organização judiciária em sentido contrário. Embora não afirme taxativamente, Ricardo Berenguer parece concluir que o melhor seria o julgamento pelo juízo criminal[46]. A conclusão desses autores é que a lei de organização judiciária não poderia eliminar, nem alterar, a divisão entre jurisdição civil e penal.

Fabio Ulhoa Coelho afirma que tal dispositivo seria inconstitucional por invadir as competências dos entes federados sobre a organização judiciária[47]. Arthur Migliari Junior, Ricardo Negrão, Manoel Justino Bezerra Filho afirmam que apesar do texto da lei de falências, nada impede que a lei de organização judiciária atribua a competência à vara especializada[48]. A nosso ver, essa última opinião nos parece mais razoável, uma vez que a expressão *juízo criminal* não significa necessariamente uma vara especializada. Em muitos locais, há varas únicas de competência geral. Até por isso, nada impede que a lei de organização judiciária atribua essa competência ao juízo falimentar. O STF já reco-

---

45. PACHECO, José da Silva. *Processo de recuperação judicial, extrajudicial e falência.* 2. ed. Rio de Janeiro: Forense, 2008, p. 373; PESTANA, Dênis. *Delitos falimentares na Lei 11.101/2005.* Curitiba: Juruá, 2007, p. 207; ANDREUCCI, Ricardo Antonio. Dos crimes em espécie. In: DAOUN, Alexandre Jean. *Crimes falimentares de acordo com a Lei 11.101/2005.* São Paulo: Quartier Latin, 2006, p. 92; PODVAL, Roberto; HAKIM, Paula Kahan Mandel. Aspectos processuais penais da lei de falências. In: PAIVA, Luiz Fernando Valente de (Coord.). *Direito falimentar e a nova lei de falências e recuperação de empresas.* São Paulo: Quartier Latin, 2005, p. 618; PITOMBO, Antonio Sérgio A. de Moraes. In: ______.; SOUZA JÚNIOR, Francisco Sátiro de (Coord.). *Comentários à lei de recuperação de empresas e falência.* São Paulo: REVISTA DOS TRIBUNAIS, 2005, p. 559; SILVEIRA, Renato de Mello Jorge. As disposições penais da lei de recuperação de empresas e de falência: crimes em espécie e procedimento. In: MACHADO, Rubens Approbato (Coord.). *Comentários à nova lei de falências e recuperação de empresas.* São Paulo: Quartier Latin, 2005, p.295-296; PIACITELLI, Marcelo; MUSUMECCI FILHO, Leonardo. In: SIMÃO FILHO, Adalberto; DE LUCCA, Newton (Coord.). Comentários à nova lei de recuperação de empresas e falência. Quartier Latin, 2005, 635; VARGAS, Beatriz. In: CORRÊA-LIMA, Osmar Brina; CORRÊA LIMA, Sérgio Mourão (Coord.). *Comentários à nova lei de falência e recuperação de empresas.* Rio de Janeiro: Forense, 2009, p. 1204; FAZZIO JÚNIOR, Waldo. *Nova lei de falência e recuperação de empresas.* São Paulo: Atlas, 2005, p. 371.

46. BERENGUER, Ricardo. O processo penal nos crimes falimentares. In: DAOUN, Alexandre Jean (Coord.). *Crimes falimentares de acordo com a Lei 11.101/2005.* São Paulo: Quartier Latin, 2006, p. 194.

47. COELHO, Fábio Ulhoa. *Comentários à nova lei de falências e recuperação de empresas.* São Paulo: Saraiva, 2005, p. 412. No mesmo sentido: ARAÚJO, José Francelino de. *Comentários à lei de falências e recuperação de empresas.* São Paulo: Saraiva, 2009, p. 342.

48. MIGLIARI JUNIOR, Arthur. *Crimes de recuperação de empresas e de falências.* São Paulo: Quartier Latin, 2006, p. 194; NEGRÃO, Ricardo. *Manual de direito comercial e de empresa.* 2. ed. São Paulo: Saraiva, 2007, v. 3, p. 584; BEZERRA FILHO, Manoel Justino. *Nova lei de recuperação e falências comentada.* 3. ed. São Paulo: Revista dos Tribunais, 2005, p. 386-387.

nheceu a constitucionalidade de lei de organização judiciária que trata do assunto[49], decisão corroborada pelo STJ[50].

Qualquer que seja a definição do juízo competente, é certo que ela admitirá duas exceções: quando o agente tenha foro em razão de prerrogativa de função e quando o agente for menor de idade, quando as eventuais infrações serão apuradas no juízo da infância da juventude[51]. Havendo concomitância entre delito comum e crime falimentar, o juízo competente para o último também será competente para julgar o primeiro numa extensão de competência, desde que haja conexão ou continência[52]. No entanto, no caso de crimes da competência da justiça federal, como os crimes contra o sistema financeiro nacional, não haverá a extensão da competência para o juízo falimentar, uma vez que se trata de competência constitucionalmente definida[53].

8 Procedimento

Em qualquer caso, a lei determina que a ação penal obedecerá ao procedimento sumário previsto nos arts. 531 a 538 do Código de Processo Penal (Lei n. 11.101/2005 – art. 185). Alguns autores afirmam que tal dispositivo deve ser cumprido, mesmo que os crimes sejam apenados com reclusão, por tratar-se de determinação da lei especial[54]. Em sentido contrário, Antonio Sérgio Pitombo afirma que deverá ser seguido o procedimento comum ordinário, uma vez que apenas o crime de omissão de documentos obrigatórios tem pena de detenção[55]. A nosso ver, o juiz deverá analisar caso a caso a conveniência do feito, tendo em vista a eventual necessidade de dilação probatória (exemplo: perícia em livros), a qual seria incompatível com o rito sumário. A nosso ver, o juiz poderá optar pelo procedimento ordinário se entender mais compatível com o julgamento do crime em questão.

---

49. STF – RHC 63787, Relator(a): Min. RAFAEL MAYER, Primeira Turma, julgado em 27-8-1986, *DJ* 22-8-1986, p. 14520, Ement., v. 1429-2, p. 324.

50. STJ – HC 83.837/SP, Rel. Ministra JANE SILVA (DESEMBARGADORA CONVOCADA DO TJ/MG), QUINTA TURMA, julgado em 25-10-2007, *DJ* 12-11-2007, p. 261.

51. PEREIRA, Alexandre Demetrius. *Crimes falimentares*: teoria, prática e questões de concursos comentadas. São Paulo: Malheiros, 2010, p. 235.

52. STJ – HC 85.147/SP, Rel. Ministra JANE SILVA (DESEMBARGADORA CONVOCADA DO TJ/MG), QUINTA TURMA, julgado em 18-10-2007, *DJ* 5-11-2007, p. 334.

53. STJ – CC 29.658/SP, Rel. Ministro FELIX FISCHER, TERCEIRA SEÇÃO, julgado em 28-2-2001, *DJ* 26-3-2001, p. 363.

54. MIGLIARI JUNIOR, Arthur. *Crimes de recuperação de empresas e de falências*. São Paulo: Quartier Latin, 2006, p. 217; ANDREUCCI, Ricardo Antonio. Dos crimes em espécie. In: DAOUN, Alexandre Jean (Coord.). *Crimes falimentares de acordo com a Lei 11.101/2005*. São Paulo: Quartier Latin, 2006, p. 95; PODVAL, Roberto; HAKIM, Paula Kahan Mandel. Aspectos processuais penais da lei de falências. In: PAIVA, Luiz Fernando Valente de (Coord.). *Direito falimentar e a nova lei de falências e recuperação de empresas*. São Paulo: Quartier Latin, 2005, p. 624.

55. PITOMBO, Antonio Sérgio A. de Moraes. In: ______; SOUZA JÚNIOR, Francisco Sátiro de (Coord.). *Comentários à lei de recuperação de empresas e falência*. São Paulo: Revista dos Tribunais, 2005, p. 563.

Com a reforma do Código de Processo Penal, pela Lei n. 11.719/2008, o procedimento se iniciará com o oferecimento da denúncia pelo Ministério Público ou da ação penal subsidiária, sendo permitido arrolar até 5 (cinco) testemunhas. Na defesa, o acusado poderá arguir preliminares, alegar tudo que interessa à defesa, apresentar documentos, especificar provas e arrolar também até 5 (cinco) testemunhas. Não sendo caso de absolvição sumária, deve ser designada audiência de instrução e julgamento, a ser realizada no prazo máximo de 30 (trinta) dias. Nesta, proceder-se-á à tomada de declarações do ofendido e, se possível, à inquirição das testemunhas arroladas pela acusação e pela defesa, nesta ordem, bem como aos esclarecimentos dos peritos, às acareações e ao reconhecimento de pessoas e coisas, interrogando-se, em seguida, o acusado e procedendo-se, finalmente, ao debate. As alegações finais serão orais, concedendo-se a palavra, respectivamente, à acusação e à defesa, pelo prazo de 20 (vinte) minutos, prorrogáveis por mais 10 (dez), proferindo o juiz, a seguir, sentença.

Em todo caso, discute-se a possibilidade da suspensão condicional do processo nos termos da Lei n. 9.099/95 para os crimes previstos nos arts. 176 e 178 da Lei n. 11.101/2005, cuja pena mínima é de 1 ano. Contra a aplicação da suspensão do feito, poderia ser alegada a especialidade da legislação falimentar[56]. Todavia, o instituto deve ser aplicado a qualquer crime em que a pena mínima cominada for igual ou inferior a um ano[57], dada sua própria finalidade de evitar julgamentos para crimes de menor potencial ofensivo.

9 Efeitos da sentença condenatória

Devidamente processada, a ação penal pode culminar com a condenação do agente ao cumprimento das penas previstas na legislação. Tal condenação aumenta o prazo para a extinção das obrigações do falido, bem como faz surgir um impedimento para os pedidos de recuperação judicial ou extrajudicial. Além disso, é certo que tal condenação pode produzir efeitos secundários, em especial a inabilitação para o exercício de atividade empresarial, para a assunção de cargo de administração ou de conselho de sociedade empresária e ainda a impossibilidade de gerir empresa por mandato ou gestão de negócios (Lei n. 11.101/2005 – art. 181). Quem praticou tais crimes não mais inspira a confiança para exercer tais funções e, por isso, deve estar inabilitado para tanto. Contudo, tais efeitos não são automáticos, dependendo de decretação específica pela sentença condenatória. Além disso, é essencial a motivação para a determinação de tal efeito[58].

---

56. STJ – HC 10.667/SP, Rel. Ministro FERNANDO GONÇALVES, SEXTA TURMA, julgado em 8-2-2000, *DJ* 28-2-2000, p. 126.

57. STJ – REsp 674.200/DF, Rel. Ministro HAMILTON CARVALHIDO, SEXTA TURMA, julgado em 6-11-2007, *DJe* 4-8-2008.

58. DALL'ACQUA, Rodrigo. Dos efeitos da condenação por crime falimentar; art. 181 da Lei n. 11.101/2005. In: DAOUN, Alexandre Jean (Coord.). *Crimes falimentares de acordo com a Lei 11.101/2005*. São Paulo: Quartier Latin, 2006, p. 107.

Essa inabilitação decorrente da condenação por crime falimentar perdura até 5 anos após a extinção da punibilidade ou até a reabilitação penal, nos termos do Código Penal (arts. 93 a 95). A reabilitação poderá ser requerida, decorridos 2 (dois) anos do dia em que for extinta, de qualquer modo, a pena ou terminar sua execução, computando-se o período de prova da suspensão e o do livramento condicional, se não sobrevier revogação. Para esse requerimento, a legislação impõe certos requisitos, a saber: (a) manutenção do domicílio no país no prazo referido; (b) demonstração efetiva e constante de bom comportamento público e privado; e (c) ressarcimento do dano causado pelo crime ou demonstração da absoluta impossibilidade de o fazer, até o dia do pedido, ou exibição de documento que comprove a renúncia da vítima ou novação da dívida. No caso dos crimes falimentares, o último requisito é o que costuma ensejar a maior dificuldade de preenchimento, mas não poderá ser dispensado[59] e, nesse caso, é extremamente razoável que se exija a comprovação da extinção das obrigações[60].

Para evitar que tais efeitos secundários não sejam observados, após o trânsito em julgado da condenação, o registro público de empresas mercantis será notificado para não admitir o registro de atos que violem tais efeitos (Lei n. 11.101/2005 – art. 181, § 2º).

10 Desobediência falimentar

Além de todos os aspectos mencionados, a Lei n. 11.101/2005 menciona em diversos dispositivos (arts. 22, § 2º, arts. 23, 99, III, e 104, parágrafo único) a configuração do crime de desobediência que pode ser praticado tanto pelo devedor ou seus administradores, quanto pelo administrador judicial ou mesmo por credores. A configuração desse crime se dará basicamente pelo descumprimento de certos deveres legais. Assim, o administrador judicial praticará a desobediência se for intimado pessoalmente para prestar contas e não o fizer no prazo de 5 dias. Os credores, o devedor ou seus administradores praticarão tal crime quando não atenderem à intimação para que compareçam à sede do juízo para prestar informações ao administrador judicial. O devedor praticará tal crime quando for intimado pessoalmente e não apresentar, no prazo máximo de 5 (cinco) dias, relação nominal dos credores, indicando endereço, importância, natureza e classificação dos respectivos créditos ou quando descumprir seus deveres, sendo intimado pessoalmente para cumpri-los.

Não se trata exatamente do mesmo crime de desobediência previsto no Código Penal e, por isso, é recomendável chamá-lo de desobediência falimentar[61]. Essa diferenciação leva alguns autores a considerar tal tipificação inconstitucional, na medida em que

---

59. MIGLIARI JÚNIOR, Arthur. *Crimes de recuperação de empresas e de falências*. São Paulo: Quartier Latin, 2006, p. 112.

60. PEREIRA, Alexandre Demetrius. *Crimes falimentares*: teoria, prática e questões de concursos comentadas. São Paulo: Malheiros, 2010, p. 273.

61. FÉRES, Marcelo de Andrade. In: CORRÊA-LIMA, Osmar Brina; CORRÊA LIMA, Sérgio Mourão (Coord.). *Comentários à nova lei de falência e recuperação de empresas*. Rio de Janeiro: Forense, 2009, p. 797.

representaria uma prisão civil ou uma forma de coação[62]. Outros criticam profundamente essa previsão, mas reconhecem sua aplicação nos moldes do crime do art. 330 do Código Penal[63]. Apesar das críticas, acreditamos que a punição aqui é perfeitamente constitucional, na medida em que a própria lei fixou esse crime. Não se trata de prisão civil ou administrativa, mas de extensão da tipificação do crime de desobediência. Por se tratar de crime previsto na Lei n. 11.101/2005, acreditamos que as regras relacionadas aos demais crimes aplicam-se à desobediência falimentar, desde que sejam compatíveis com tal crime[64].

62. MIGLIARI JÚNIOR, Arthur. *Crimes de recuperação de empresas e de falências.* São Paulo: Quartier Latin, 2006, p. 228.

63. BATISTA, Nilo. *Lições de direito penal falimentar.* Rio de Janeiro: Revan, 2006, p. 235; SILVA, Antonio Paulo C. O. *Comentários às disposições penais da lei de recuperação de empresas e falências.* São Paulo: Quartier Latin, 2005, p. 284.

64. FÉRES, Marcelo de Andrade. In: CORRÊA-LIMA, Osmar Brina; CORRÊA LIMA, Sérgio Mourão (Coord.). *Comentários à nova lei de falência e recuperação de empresas.* Rio de Janeiro: Forense, 2009, p. 798.

30 REGIMES ESPECIAIS DE ENFRENTAMENTO DE CRISES

1 Necessidade de regimes especiais

A falência, a recuperação judicial e a recuperação extrajudicial são regimes gerais, a princípio, aplicáveis a todos os empresários e sociedades empresárias. Todavia, certas atividades merecem atenção especial do poder público, seja por sua importância, seja pela necessária segurança que devem inspirar. Rubens Requião afirma que

"em vista dessa importância, seja pela sua natureza, seja pela sua dimensão, veio a perceber-se que, em caso de seu insucesso econômico e financeiro, a sua ruína não constituía simples problema de ordem privada. Suas repercussões funestas no meio social econômico não poderiam deixar desatento e desinteressado o Estado"[1]. Em razão disso, foram criados regimes especiais de atuação da própria administração pública para lidar com as crises de tais entidades.

Embora possa parecer um privilégio, a instituição desses regimes especiais é uma necessidade para certas atividades. Para a maior parte dos empresários, o sistema concursal da Lei n. 11.101/2005 é perfeitamente suficiente. Todavia, em algumas atividades, há um interesse público na pronta e rápida solução das crises, exigindo, por conseguinte, a atuação direta da administração pública. Nesses casos, haverá uma fiscalização maior e, em razão disso, serão tomadas também certas providências administrativas para lidar com as crises. O grande exemplo dessa necessidade são as instituições financeiras, cujas crises podem prejudicar a economia do país como um todo. Porém, existem também outras atividades dignas dessa preocupação.

2 Regimes especiais para instituições financeiras

As instituições financeiras são legalmente conceituadas como "as pessoas jurídicas públicas ou privadas, que tenham como atividade principal ou acessória a coleta, intermediação ou aplicação de recursos financeiros próprios ou de terceiros, em moeda nacional ou estrangeira, e a custódia de valor de propriedade de terceiros" (Lei n. 4.595/64 – art. 17). Em outras palavras, são entidades que se dedicam profissionalmente a operações de crédito[2], isto é, a negociação do crédito é sua atividade

---

1. REQUIÃO, Rubens. *Curso de direito falimentar.* 14. ed. São Paulo: Saraiva, 1995, v. 2, p. 199-200.
2. MESSINEO, Francesco. *Manuale di diritto civile e commerciale.* 9. ed. Milano: Giuffrè, 1972, v. 5, p. 138.

principal[3]. São instituições financeiras os bancos, as distribuidoras e corretoras de títulos e valores mobiliários, as casas de câmbio, as operadoras de *leasing*, as cooperativas de crédito e as administradoras de consórcio (Lei n. 11.795/2008 – art. 39).

Pela importância do crédito para a economia, o Estado passou a dar uma atenção maior a tais instituições, especialmente para suas eventuais crises. Em razão disso, foram criados regimes especiais para as instituições financeiras em crise, a saber, a intervenção (Lei n. 6.024/74), a liquidação extrajudicial (Lei n. 6.024/74) e o Regime de Administração Especial Temporária (RAET) (Decreto-lei n. 2.321/87), além do Programa de Estímulo à Reestruturação e ao Fortalecimento do Sistema Financeiro Nacional (PROER) (Lei n. 9.447/97), que não constitui propriamente um regime especial, mas está relacionado ao tratamento das crises das instituições financeiras. A ideia em todos esses casos é evitar um risco sistêmico de prejuízo para todo o sistema financeiro[4]. A proteção à economia popular e ao sistema de pagamentos, bem como a manutenção da solvência e estabilidade do sistema financeiro, é que justifica essas medidas especiais[5].

2.1 Intervenção

Com a tentativa de superar eventual crise de instituições financeiras ou entidades equiparadas, poderá ser decretado o regime especial da intervenção. Esta pode ser conceituada como "uma medida administrativa de natureza cautelar, aplicada a empresas não federais, e que se lhes aplica em caso de sofrer prejuízos decorrentes de má administração, de reiteradas violações à lei ou em caso de comprovada insolvência"[6]. Em outras palavras, "a intervenção é medida de natureza cautelar, adotada com objetivo de sustar a continuidade da prática de irregularidades e afastar a situação de risco patrimonial, com a normalização dos negócios da instituição financeira"[7]. Trata-se de uma medida que visa a evitar que a instituição financeira ou entidade equiparada entre em uma situação de crise insuperável, isto é, é uma medida para manter a atividade em funcionamento.

2.1.1 Decretação

A intervenção pode ser decretada se a entidade sofrer prejuízo, decorrente da má administração, que sujeite a riscos os seus credores. Também é possível a decretação da intervenção se forem verificadas reiteradas infrações a dispositivos da legislação bancária

3. ABRÃO, Nelson. *Direito bancário*. 10. ed. São Paulo: Saraiva, 2007, p. 17.

4. SZTAJN, Rachel; FRANCO, Vera Helena de Mello. *Falência e recuperação da empresa em crise*. São Paulo: Campus, 2008, p. 289.

5. RODRIGUES, Frederico Viana. *Insolvência bancária*. Belo Horizonte: Mandamentos, 2004, p. 65-70.

6. REQUIÃO, Rubens. *Curso de direito falimentar*. 14. ed. São Paulo: Saraiva, 1995, v. 2, p. 201.

7. SZTAJN, Rachel; FRANCO, Vera Helena de Mello. *Falência e recuperação da empresa em crise*. São Paulo: Campus, 2008, p. 287.

não regularizadas após as determinações do Banco Central do Brasil, no uso das suas atribuições de fiscalização. Por derradeiro, pode ser decretada a intervenção nos casos de impontualidade injustificada, execução frustrada e atos de falência, desde que seja possível evitar a falência (Lei n. 6.024/74 – art. 2º).

Em qualquer um dos casos mencionados, a intervenção pode ser decretada *ex officio* pelo Banco Central ou a requerimento dos administradores da instituição, se investidos de poderes para tanto. No caso de pedido dos administradores eles deverão especificar as causas do pedido, ressaltando que tal medida não os exonera de eventual responsabilidade. Também é possível o pedido pela Bolsa de Valores em relação às corretoras a ela ligadas[8]. Em todo caso, a intervenção não excederá a 6 (seis) meses, podendo, por decisão do Banco Central do Brasil, ser prorrogada uma única vez, até o máximo de outros 6 (seis) meses.

A princípio, tal medida se aplica apenas a instituições financeiras públicas ou privadas, excetuadas as federais. Como o Banco Central integra a administração federal, seria estranha essa aplicação a instituições federais, uma vez que poderiam ser tomadas outras medidas inerentes a sua própria gestão. Outras instituições públicas de âmbito estadual podem se submeter perfeitamente à intervenção.

Como é extremamente comum a existência de diversas atividades ligadas a uma instituição financeira, o Banco Central poderá estender o regime de intervenção para as pessoas jurídicas que possuam regime de integração de atividade ou vínculo de interesse. Isso será possível quando as pessoas jurídicas forem devedoras da sociedade sob intervenção, quando seus sócios ou acionistas participarem do capital desta em importância superior a 10%, ou forem cônjuges ou parentes até o 2º grau dos membros da diretoria ou dos seus conselhos.

2.1.2 Efeitos da intervenção

A decretação da intervenção por si produz alguns efeitos, em especial aqueles indicados no art. 6º da Lei n. 6.024/74. Assim, ela determinará suspensão da exigibilidade das obrigações vencidas da instituição sob intervenção, de modo que os credores não poderão exigir o cumprimento das obrigações durante o período desse regime especial. Na mesma linha, ela determina a suspensão da fluência do prazo das obrigações vincendas anteriormente contraídas, também para evitar que novas obrigações possam ser exigidas durante o período da intervenção. Além disso, a decretação da intervenção gera a inexigibilidade dos depósitos já existentes à data de sua decretação. Outrossim, a decretação da intervenção implica a suspensão do mandato dos membros da administração da sociedade[9]. Não se trata de um afastamento definitivo, mas apenas de uma suspensão do mandato.

---

8. TZIRULNIK, Luiz. *Intervenção e liquidação extrajudicial das instituições financeiras*. 2. ed. São Paulo: Revista dos Tribunais, 2000, p. 47.

9. NEGRÃO, Ricardo. *Manual de direito comercial e de empresa*. 5. ed. São Paulo: Saraiva, 2010, v. 3, p. 720.

2.1.3 Interventor

Além dos efeitos acima mencionados, o Banco Central deverá nomear um interventor para assumir todas as funções inerentes à administração da instituição financeira. A escolha do interventor é livre e, uma vez nomeado, ele passará a ter competência para praticar todos os atos pela instituição financeira. Em relação aos atos de disposição ou oneração do patrimônio, depende de autorização do Banco Central.

O interventor nomeado deverá ainda promover a arrecadação de livros e documentos da instituição, bem como levantar o balanço geral e inventário de livros, documentos e bens da sociedade. Os ex-administradores da entidade deverão entregar ao interventor, em cinco dias, contados da posse deste, declaração, assinada em conjunto por todos eles, em que conste a indicação: (a) do nome, nacionalidade, estado civil e endereço dos administradores e membros do Conselho Fiscal que estiverem em exercício nos últimos 12 meses anteriores à decretação da medida; (b) dos mandatos que, porventura, tenham outorgado em nome da instituição, indicando o seu objeto, nome e endereço do mandatário; (c) dos bens imóveis, assim como dos móveis, que não se encontrem no estabelecimento; (d) da participação que, porventura, cada administrador ou membro do Conselho Fiscal tenha em outras sociedades, com a respectiva indicação.

Com base nessa documentação e nas informações obtidas, o interventor deverá, no prazo de 60 dias da sua posse, apresentar um relatório. Este deverá conter: (a) exame da escrituração, da aplicação dos fundos e disponibilidades e da situação econômico-financeira da instituição; (b) indicação, devidamente comprovada, dos atos e omissões danosos que eventualmente tenha verificado; e (c) proposta justificada da adoção das providências que lhe pareçam convenientes à instituição. Nada impede, porém, que mesmo antes desse relatório o interventor requeira ao Banco Central as medidas que julgar convenientes para a superação da crise.

2.1.4 Fim da intervenção

Verificando a possibilidade de superação da crise, o interventor deverá requerer ao Banco Central autorização para a adoção das medidas que julgar convenientes para tal finalidade. Superada a crise, o interventor deve propor o fim da intervenção, com o restabelecimento normal das atividades. Não sendo superada a crise, o interventor deverá requerer que o Banco Central decrete a liquidação extrajudicial ou mesmo que o autorize a pedir a falência da sociedade. O pedido de falência somente será autorizado quando o ativo da instituição não for suficiente para cobrir sequer metade do valor dos créditos quirografários, ou quando julgada inconveniente a liquidação extrajudicial, ou quando a complexidade dos negócios da instituição ou a gravidade dos fatos apurados aconselharem a medida.

2.2 Regime de administração especial temporária (raet)

Com objetivos similares aos da intervenção, o Decreto-lei n. 2.321/87 criou o regime de administração especial temporária (RAET), aplicável também a instituições financeiras públicas e privadas, exceto as federais. Esse regime também visa à superação da crise de instituições financeiras e poderá ser decretado nos mesmos casos da intervenção (Lei n. 6.024/74 – art. 2º) e se constatar a prática reiterada de operações contrárias às diretrizes de política econômica ou financeira traçadas em lei federal; ou a existência de passivo a descoberto; ou o descumprimento das normas referentes à conta de reservas bancárias mantida no Banco Central do Brasil; ou ainda a gestão temerária ou fraudulenta de seus administradores. Assim como a intervenção, trata-se de medida administrativa transitória[10].

O RAET não afeta o curso normal das atividades da instituição financeira, mas determina o imediato afastamento dos seus administradores e dos membros do conselho fiscal. Nesse caso, a atividade passará a ser conduzida por um conselho diretor, nomeado pelo Banco Central do Brasil, com plenos poderes de gestão, constituído de tantos membros quantos julgados necessários para a condução dos negócios sociais. Tal conselho terá os poderes ordinários de gestão da instituição, mas eventuais atos de disposição ou oneração do patrimônio dependerão da autorização do Banco Central. Poderá o Banco Central do Brasil atribuir, a pessoas jurídicas com especialização na área, a administração especial temporária da instituição.

Os membros do conselho diretor assumirão suas funções de imediato, independentemente de qualquer publicação. E a partir dessa posse nas funções, eles deverão escolher o presidente, dividir as atribuições e definir quais matérias estarão sujeitas à decisão colegiada. Além disso, eles deverão receber dos ex-administradores declaração, assinada em conjunto por todos eles, de que conste a indicação: (a) do nome, nacionalidade, estado civil e endereço dos administradores e membros do Conselho Fiscal que estiverem em exercício nos últimos 12 meses anteriores à decretação da medida; (b) dos mandatos que, porventura, tenham outorgado em nome da instituição, indicando o seu objeto, nome e endereço do mandatário; (c) dos bens imóveis, assim como dos móveis, que não se encontrem no estabelecimento; (d) da participação que, porventura, cada administrador ou membro do Conselho Fiscal tenha em outras sociedades, com a respectiva indicação.

Por remissão expressa ao texto da Lei n. 6.024/74, o conselho diretor deverá apresentar um relatório que contenha: (a) o exame da escrituração, da aplicação dos fundos e disponibilidades e da situação econômico-financeira da instituição; (b) a indicação, devidamente comprovada, dos atos e omissões danosos que eventualmente tenha verificado; e (c) a proposta justificada da adoção das providências que lhe pareçam convenientes à instituição. Trata-se da principal peça do RAET. É a partir desse relatório que serão determinados os rumos da instituição financeira submetida a tal regime.

À luz desse relatório, o Banco Central poderá autorizar a transformação, a incorporação, a fusão, a cisão ou a transferência do controle acionário da instituição, em face das condições de garantia apresentadas pelos interessados. Essa primeira medida obviamente deverá cumprir as regras societárias atinentes à operação, o que nem sempre será

10. RODRIGUES, Frederico Viana. *Insolvência bancária*. Belo Horizonte: Mandamentos, 2004, p. 85.

viável, uma vez que pode ser difícil a concordância dos sócios. Além disso, o Banco Central pode propor a desapropriação, por necessidade ou utilidade pública ou por interesse social, das ações do capital social da instituição. Ainda há a possibilidade de decretação da liquidação extrajudicial da instituição. Por fim, registre-se que o regime especial também cessará se houver normalização das atividades.

2.3 *Liquidação extrajudicial*

Caso não seja possível a superação da crise das instituições financeiras públicas ou privadas, exceto as federais, o Banco Central poderá decretar a liquidação extrajudicial, entendida como "uma forma de extinção da empresa determinada pelo Estado *ex officio*, ou a requerimento dela própria, quando ocorrerem graves indícios ou evidência de insolvência ou quando lhe for cassada a autorização para funcionar"[11]. Em outras palavras, a liquidação extrajudicial é "o procedimento liquidatório concursal que, assim como a falência, visa conferir tratamento paritário aos credores do devedor insolvente, mas que, por se tratar de medida administrativa voltada também à tutela de interesses públicos, é instaurado e conduzido fora da esfera judicial"[12].

Trata-se, em suma, de procedimento concursal similar à falência, mas conduzido na esfera administrativa. O objetivo da liquidação extrajudicial é o saneamento do mercado financeiro[13]. Tendo em vista esse objetivo, a decretação da liquidação extrajudicial produz efeitos similares aos da decretação da falência, todavia, ela será conduzida pela própria administração pública, visando a resguardar uma solução mais pronta e rápida para a crise com menores prejuízos. Há um presumido interesse público[14] nas atividades sujeitas a essa liquidação administrativa, como no caso brasileiro das instituições financeiras.

2.3.1 Decretação

A liquidação extrajudicial pode ser decretada *ex officio* em algumas hipóteses, a saber: ocorrências que comprometam sua situação econômica ou financeira especialmente quando deixar de satisfazer, com pontualidade, seus compromissos ou quando se caracterizar qualquer dos motivos que autorizem a decretação de falência; quando a administração violar gravemente as normas legais e estatutárias que disciplinam a atividade da instituição, bem como as determinações do Conselho Monetário Nacional ou do Banco Central do Brasil, no uso de suas atribuições legais; quando a instituição sofrer

11. REQUIÃO, Rubens. *Curso de direito falimentar.* 14. ed. São Paulo: Saraiva, 1995, v. 2, p. 201-202.

12. RODRIGUES, Frederico Viana. *Insolvência bancária.* Belo Horizonte: Mandamentos, 2004, p. 104.

13. TZIRULNIK, Luiz. *Intervenção e liquidação extrajudicial das instituições financeiras.* 2. ed. São Paulo: Revista dos Tribunais, 2000, p. 41.

14. PAJARDI, Piero. *Manuale di diritto fallimentare.* 6. ed. Milano: Giuffrè, 2002, p. 751.

prejuízo que sujeite a risco anormal seus credores quirografários; ou ainda quando, cassada a autorização para funcionar, a instituição não iniciar, nos 90 (noventa) dias seguintes, sua liquidação ordinária, ou quando, iniciada esta, verificar o Banco Central do Brasil que a morosidade de sua administração pode acarretar prejuízos para os credores (Lei n. 6.024/74 – art. 15, I).

Também poderá ser decretada a liquidação extrajudicial a requerimento dos administradores da instituição, se eles tiverem poderes para tanto. Além disso, é possível a decretação a pedido do interventor ou do conselho diretor, no caso do RAET. A Bolsa de Valores também tem legitimidade para requerer a liquidação em relação às corretoras a ela ligadas[15]. Em todos esses casos, o pedido deverá especificar os motivos para essa medida.

Em todos esses casos, a decretação será determinada por despacho do Presidente do Banco Central que muito se assemelhará a uma sentença de decretação da falência. Há a exigência inclusive de fixação de um termo legal, que não poderá ser superior a 60 (sessenta) dias contados do primeiro protesto por falta de pagamento ou, na falta deste, do ato que haja decretado a intervenção ou a liquidação. Embora fixado de forma diferente da atual legislação, o termo legal fixado desse modo tem o mesmo objetivo.

2.3.2 Efeitos

Decretada a liquidação extrajudicial, será produzida uma série de efeitos que visam a facilitar a conclusão do processo, da melhor maneira possível. Tendo em vista a semelhança de objetivos, os efeitos da decretação extrajudicial são muito parecidos com os efeitos da decretação da falência. Em outras palavras, tais efeitos visam a permitir o pagamento do maior número possível de credores, de acordo com uma ordem legal de preferência. Aqui não se quer reerguer a atividade, mas apenas promover a liquidação patrimonial.

O primeiro efeito da liquidação é a suspensão das ações e execuções iniciadas sobre direitos e interesses relativos ao acervo da entidade liquidanda. Não se podem permitir pagamentos fora da ordem de preferências e, por isso, as ações devem ser suspensas para que os pagamentos fiquem concentrados. Pelas semelhanças com a falência, acreditamos que não devem ser suspensas as ações que demandem quantia ilíquida (ações de conhecimento), ao menos até a apuração do valor devido, como já havia reconhecido o STJ[16]. Pela especificidade da legislação, também não devem ser suspensas as execuções fiscais[17].

---

15. TZIRULNIK, Luiz. *Intervenção e liquidação extrajudicial das instituições financeiras*. 2. ed. São Paulo: Revista dos Tribunais, 2000, p. 55.

16. STJ – REsp 92.805/MG, Rel. Ministro SÁLVIO DE FIGUEIREDO TEIXEIRA, QUARTA TURMA, julgado em 16-4-1998, *DJ* 25-5-1998, p. 121.

17. STJ – REsp 977.980/PR, Rel. Ministro LUIZ FUX, PRIMEIRA TURMA, julgado em 20-10-2009, *DJe* 6-11-2009; STJ – EREsp 757.576/PR, Rel. Ministro HUMBERTO MARTINS, PRIMEIRA SEÇÃO, julgado em 26-11-2008, *DJe* 9-12-2008.

As ações sem repercussão econômica poderão prosseguir normalmente[18], uma vez que não prejudicarão a liquidação. Naturalmente, essa suspensão só beneficia o devedor em liquidação extrajudicial, não se estendendo aos demais litisconsortes[19].

Também é colocada como efeito da liquidação extrajudicial a proibição de ajuizamento de novas ações, enquanto perdurar a liquidação (Lei n. 6.024/74 – art. 18, *a*). Embora possa até ser justificável tal efeito, não vemos sua compatibilidade com nosso ordenamento constitucional. O art. 5º, XXXV, da Constituição Federal assegura a inafastabilidade da tutela jurisdicional. Ora, nesse caso, nenhuma lei poderia afastar esse direito. Apesar disso, o STJ também já reconheceu a aplicação desse dispositivo[20].

Com objetivos similares, também é efeito da decretação da liquidação a interrupção da prescrição relativa a obrigações de responsabilidade da instituição. Dentro da perspectiva de uma execução coletiva, é razoável impor efeitos que tornem desnecessárias novas ações contra a liquidanda. Por isso, é prevista a interrupção, não a suspensão, como na falência, da prescrição das ações, de modo que ao final da liquidação, os prazos prescricionais se reiniciem do zero.

Outro efeito da decretação da liquidação extrajudicial é o vencimento antecipado das obrigações da liquidanda. Trata-se da uniformização temporal das obrigações, a fim de evitar que o fator tempo seja determinante na definição dos pagamentos. Se todos devem ser pagos na liquidação de acordo com a ordem legal de preferências, nada mais razoável do que afastar qualquer critério temporal e deixar todas as obrigações vencidas. Neste aspecto, porém, ressalte-se que não serão atendidas as cláusulas penais dos contratos unilaterais vencidos em virtude da decretação da liquidação extrajudicial.

A lei estabelece também como efeito da liquidação extrajudicial a não fluência de juros, mesmo que estipulados, contra a massa, enquanto não integralmente pago o passivo. Trata-se, assim como na falência, de uma suspensão da condição da exigibilidade dos juros posteriores à liquidação. Como na liquidação não haverá recursos para o pagamento de todos os credores, nada mais razoável do que dar prioridade total às obrigações principais. Os juros poderão ser exigidos se houver recursos suficientes para o pagamento de todos os credores.

No mesmo sentido, outro efeito da liquidação extrajudicial seria a não reclamação de correção monetária de quaisquer divisas passivas, nem de penas pecuniárias por infração de leis penais ou administrativas. No que tange às penalidades, não há maiores questionamentos, uma vez que se repete a mesma regra do regime falimentar anterior. Todavia, no que tange à correção monetária, o Decreto-lei n. 2.278/85 alterou o art. 1º

---

18. STJ – REsp 676.489/PE, Rel. Ministra ELIANA CALMON, SEGUNDA TURMA, julgado em 17-5-2005, *DJ* 20-6-2005, p. 226.

19. STJ – REsp 1025358/RS, Rel. Ministra NANCY ANDRIGHI, TERCEIRA TURMA, julgado em 13-4-2010, *DJe* 14-5-2010.

20. STJ – REsp 468.942/PA, Rel. Ministro ARI PARGENDLER, TERCEIRA TURMA, julgado em 13-9-2005, *DJ* 3-10-2005, p. 241.

do Decreto-lei n. 1.477/76 para estabelecer que "Incide correção monetária sobre a totalidade das obrigações de responsabilidade das entidades a que se aplica a Lei n. 6.024, de 13 de março de 1974, submetidas à regime de intervenção, liquidação extrajudicial ou falência". Posteriormente, o art. 46 do ADCT encerrou qualquer discussão, prevendo expressamente que a correção monetária é exigível nesses regimes[21].

2.3.3 Liquidante

Além dos efeitos acima mencionados, poderia ser indicado como efeito da liquidação extrajudicial o afastamento dos administradores da instituição, ou mesmo do interventor ou do conselho diretor. A partir da decretação da liquidação, será nomeado um liquidante, que será o responsável por todos os atos tendentes à liquidação da sociedade. Ele assumirá suas funções, independentemente de qualquer publicação. Em todo caso, o nome da instituição será acompanhado da expressão *em liquidação extrajudicial* (Lei n. 6.024/74 – art. 17).

Nesse procedimento, o liquidante desempenhará um papel muito similar ao administrador judicial, tendo inclusive direito a uma remuneração fixada pelo Banco Central, mas custeada pela massa liquidanda. Ele terá amplos poderes de administração e liquidação, especialmente os de verificação e classificação dos créditos, podendo nomear e demitir funcionários, fixando-lhes os vencimentos, outorgar e cassar mandatos, propor ações e representar a massa em juízo ou fora dele. Com prévia e expressa autorização do Banco Central do Brasil, poderá o liquidante, em benefício da massa, ultimar os negócios pendentes e, a qualquer tempo, onerar ou alienar seus bens, neste último caso através de licitações. Apesar desses poderes, as decisões tomadas pelo administrador judicial poderão ser revistas mediante recurso, no prazo de 10 dias, dirigido ao Banco Central, que decidirá em única instância administrativa.

2.3.4 Procedimento da liquidação

De forma similar à intervenção, os ex-administradores da entidade deverão entregar ao interventor, dentro de cinco dias, contados da posse deste, declaração, assinada em conjunto por todos eles, de que conste a indicação: (a) do nome, nacionalidade, estado civil e endereço dos administradores e membros do Conselho Fiscal que estiverem em exercício nos últimos 12 meses anteriores à decretação da medida; (b) dos mandatos que, porventura, tenham outorgado em nome da instituição, indicando o seu objeto, nome e endereço do mandatário; (c) dos bens imóveis, assim como dos móveis, que não se encontrem no estabelecimento; (d) da participação que, porventura, cada

---

21. TZIRULNIK, Luiz. *Intervenção e liquidação extrajudicial das instituições financeiras*. 2. ed. São Paulo: Revista dos Tribunais, 2000, p. 61; STJ – REsp 1646192/PE, Rel. Ministro RICARDO VILLAS BÔAS CUEVA, TERCEIRA TURMA, julgado em 21-3-2017, DJe 24-3-2017.

administrador ou membro do Conselho Fiscal tenha em outras sociedades, com a respectiva indicação.

Com base nessa documentação e nas informações obtidas, o liquidante deverá, no prazo de 60 dias da sua posse, apresentar um relatório. Este deverá conter: (a) exame da escrituração, da aplicação dos fundos e disponibilidades e da situação econômico-financeira da instituição; (b) indicação, devidamente comprovada, dos atos e omissões danosos que eventualmente tenha verificado; e (c) proposta justificada da adoção das providências que lhe pareçam convenientes à instituição.

À luz desse relatório, o Banco Central do Brasil poderá autorizar o liquidante a requerer a falência da entidade, quando o seu ativo não for suficiente para cobrir pelo menos a metade do valor dos créditos quirografários, ou quando houver fundados indícios de crimes falimentares. Outro caminho do Banco Central é autorizar o prosseguimento da liquidação extrajudicial, quando acreditar que esta trará menos resultados negativos que a falência. Independentemente disso, o Banco Central do Brasil poderá estudar pedidos de cessação da liquidação extrajudicial, formulados pelos interessados, concedendo ou recusando a medida pleiteada, segundo as garantias oferecidas e as conveniências de ordem geral.

2.3.4.1 Verificação de créditos

Prosseguindo a liquidação extrajudicial, deverá se proceder à apuração do passivo com a identificação dos credores da massa liquidanda. Para tanto, o liquidante fará publicar, no *Diário Oficial da União* e em jornal de grande circulação do local da sede da entidade, aviso aos credores para que declarem os respectivos créditos, dispensados desta formalidade os credores por depósitos ou por letras de câmbio de aceite da instituição financeira liquidanda. No referido aviso, o liquidante fixará prazos para a habilitação de, no mínimo, 20 e, no máximo, 40 dias.

As habilitações deverão ser apresentadas nos moldes do art. 9º da Lei n. 11.101/2005, com a identificação do credor, a qualificação do crédito, a descrição das garantias e a apresentação dos documentos comprobatórios da relação jurídica. Os credores têm o direito de obter do liquidante as informações, extratos de contas, saldos e outros elementos necessários à defesa dos seus interesses e à prova dos respectivos créditos. Aqueles que estão dispensados da habilitação poderão consultar relação que estará em poder do administrador.

Cada habilitação apresentada será respondida individualmente. O liquidante juntará a cada declaração a informação completa a respeito do resultado das averiguações a que procedeu nos livros, papéis e assentamentos da entidade, relativos ao crédito declarado, bem como sua decisão quanto à legitimidade, valor e classificação, podendo inclusive pedir informações dos administradores da instituição. Os credores serão notificados por escrito da decisão e, no prazo de 10 dias, poderão interpor recursos que serão apreciados pelo Banco Central.

Rubens Requião admite nesse procedimento a utilização de habilitação retardatária, pela aplicação subsidiária da lei de falências[22], apesar do silêncio da lei específica. A nosso ver, porém, nada poderá ser feito na esfera administrativa, a não ser nos prazos previstos em lei. A peculiaridade da habilitação retardatária exigiria previsão específica na Lei n. 6.024/74, o que não ocorre.

À luz das suas decisões, das decisões dos recursos e da relação de credores dispensados da habilitação, o liquidante deverá elaborar um quadro geral de credores que será publicado na imprensa oficial e em jornal de grande circulação. Nesta publicação, constará aviso de que o referido quadro e o balanço da entidade liquidanda estão fixados na sede e nas demais dependências da entidade para conhecimento.

Nem todos irão concordar com esse quadro elaborado pelo liquidante. Por isso, qualquer interessado poderá apresentar impugnações, no prazo de 10 dias contados da publicação do quadro. O titular do crédito impugnado será notificado e, no prazo de 5 dias, poderá apresentar as alegações que julgar convenientes. Após dar parecer sobre a impugnação, o liquidante a encaminhará para julgamento pelo Banco Central. Após o julgamento de todas as impugnações, o liquidante fará as alterações que forem determinadas no quadro geral de credores e publicará aviso sobre as eventuais modificações no quadro, que a partir de então será considerado definitivo. Após a definição do quadro geral de credores, aqueles que não se conformarem terão 30 dias para restabelecer as ações suspensas ou propor ações que entenderem cabíveis (Lei n. 6.024/74 – art. 27). Trata-se de prazo decadencial[23].

Apesar de pretender ser definitivo, é certo que o quadro geral dos credores poderá sofrer alterações até o final da liquidação. Admite-se a revisão dos créditos incluídos, até o final da liquidação, no caso de dolo, fraude, falsidade, simulação ou documentos ignorados à época da sua inclusão. Feito o pedido de revisão, o interessado terá o prazo de 5 dias para se manifestar, após o que o pedido será decidido pelo Banco Central. O credor prejudicado por essa nova decisão também terá o prazo de 30 dias, contados da ciência da decisão, para restabelecer ou ajuizar as ações que entender cabíveis.

2.3.4.2 Realização do ativo e pagamento do passivo

Mais uma vez de forma similar ao que ocorre na falência, na liquidação extrajudicial também deverá ocorrer a realização do ativo. Esta se dará por meio de procedimento licitatório, com autorização do Banco Central. Na busca de mais recursos, poderão ser tomadas medidas de responsabilização de administradores, bem como medidas para declaração de ineficácia dos atos praticados pela liquidanda, nos mesmos moldes da legislação falimentar. Apurado o ativo, deverão ser pagos os credores de acordo com a ordem legal de preferência estabelecida na atual lei de falências.

---

22. REQUIÃO, Rubens. *Curso de direito falimentar.* 14. ed. São Paulo: Saraiva, 1995, v. 2, p. 243.

23. Idem, p. 242.

2.3.5 Encerramento da liquidação

A princípio, o procedimento de liquidação será encerrado com a aprovação das contas finais do liquidante e baixa no registro público competente. Também será possível o encerramento pela transformação em liquidação ordinária, a ser conduzida pelos próprios sócios ou pelo poder judiciário. Além disso, a liquidação poderá ser encerrada a qualquer momento se o Banco Central acolher pedidos de cessação da liquidação extrajudicial, formulados pelos interessados, concedendo ou recusando a medida pleiteada, segundo as garantias oferecidas e as conveniências de ordem geral (Lei n. 6.024/74 – art. 21, parágrafo único). Ainda deverá haver o encerramento da liquidação, se os interessados, apresentando as necessárias condições de garantia, julgadas a critério do Banco Central, tomarem a si o prosseguimento das atividades econômicas da empresa. Por derradeiro, se autorizado o pedido de falência pelo liquidante, a liquidação extrajudicial também deverá ser encerrada.

2.4 Responsabilidade civil dos ex-administradores

Antes de todos esses regimes especiais, as instituições financeiras tiveram sua atividade conduzida por seus administradores. Estes, dada sua condição de presentantes, em regra, não respondem pelas obrigações da sociedade. Todavia, pela importância da atividade das instituições financeiras, a própria Lei n. 6.024/74 traz regras sobre a responsabilização de administradores e membros do conselho fiscal em todos esses regimes especiais. Mesmo no RAET, tais medidas se aplicam pela remissão expressa feita pelo art. 19 do Decreto-lei n. 2.321/87. Nada impede ainda que seja decretada a desconsideração da personalidade jurídica, desde que presentes os seus pressupostos, em especial o benefício daquele que será chamado a responder[24].

2.4.1 Natureza

Neste assunto, o art. 39 da Lei n. 6.024/74 diz que "os administradores e membros do Conselho Fiscal de instituições financeiras responderão, a qualquer tempo, salvo prescrição extintiva, pelos que tiverem praticado ou omissões em que houverem incorrido". Sobre o mesmo, o art. 40 da mesma Lei diz: "Os administradores de instituições financeiras respondem solidariamente pelas obrigações por elas assumidas durante sua gestão até que se cumpram". A diferença de conteúdo entre os dois artigos trouxe inúmeras divergências sobre a natureza dessa responsabilidade.

Para Rubens Requião, Modesto Carvalhosa e Fábio Ulhoa Coelho, tal responsabilidade depende da prova do dolo ou da culpa do administrador[25], alterando-se apenas o

---

24. STJ – REsp 1036398/RS, Rel. Ministra NANCY ANDRIGHI, TERCEIRA TURMA, julgado em 16-12-2008, *DJe* 3-2-2009.

25. REQUIÃO, Rubens. *Curso de direito falimentar*. 17. ed. São Paulo: Saraiva, 1998, v. 2, p. 251; COELHO, Fábio Ulhoa. A responsabilidade civil dos administradores de instituições financeiras. In: In: MOSQUERA,

modo de apuração de tal responsabilidade. De outro lado, para Luiz Tzirulnik, esta responsabilidade só é excluída pela prescrição, independendo da prova de dolo ou culpa do administrador[26]. Ricardo Negrão também considera tal responsabilidade objetiva, tendo em vista a necessária proteção ao crédito público[27].

Paulo Roberto Tavares Paes[28] afirma que a responsabilidade dos administradores de instituições financeiras será sempre subjetiva quando se tratar do art. 39 da Lei n. 6.024, de 3-3-1974, e responsabilidade objetiva, no caso do art. 40. O STJ já se pronunciou de forma similar, afirmando que "a responsabilidade dos administradores é de dupla natureza: pelo art. 39 da lei 6.024/74, é subjetiva; nos termos do art. 40, pelas obrigações assumidas durante a sua gestão, é objetiva (ARTS. 36, 39, 40, 43, 45, 46, PAR. ÚNICO E 47 DA LEI 6.024/74)"[29]. No mesmo sentido, Francisco José Siqueira afirma:

> E não se alegue a existência de qualquer antinomia entre as disposições dos arts. 39 e 40 da Lei 6.024, de 1974. Na realidade, os dois preceitos legais se complementam e devem ser interpretados conjuntamente. Um regula o vínculo interno da obrigação solidária, admitindo o elemento subjetivo ao tratar da responsabilidade dos administradores pelos atos que tiverem praticado ou omissões em que houverem incorrido. O outro regula o vínculo externo da obrigação solidária, prescrevendo objetivamente a responsabilidade dos administradores pelas dívidas contraídas em nome da instituição financeira durante a sua gestão[30].

Posteriormente, o STJ, a nosso ver com razão, alterou sua opinião afirmando que a responsabilidade é subjetiva, mas com inversão do ônus da prova, asseverando que "a Lei n. 6.024/1974, todavia, autoriza a inversão do ônus da prova, de modo que compete aos administradores da instituição demonstrar que atuaram com o devido zelo, impedindo sua responsabilização pelos prejuízos causados"[31]. No mesmo sentido, a 4ª Turma do STJ afirmou que:

Roberto Quiroga (Coord.). *Aspectos atuais do direito do mercado financeiro e de capitais.* São Paulo: Dialética, 1999, p. 112; CARVALHOSA, Modesto. *Comentários à lei de sociedades anônimas.* 4. ed. São Paulo: Saraiva, 2009, v. 3, p. 375.

26. TZIRULNIK, Luiz. *Intervenção e liquidação extrajudicial das instituições financeiras.* 2. ed. São Paulo: Revista dos Tribunais, 2000, p. 77.

27. NEGRÃO, Ricardo. *Manual de direito comercial e de empresa.* 5. ed. São Paulo: Saraiva, 2010, v. 3, p. 749.

28. PAES, P. R. Tavares. *Responsabilidade dos administradores de sociedades.* 2. ed. São Paulo: Revista dos Tribunais, 1997, p. 48. No mesmo sentido: SZTAJN, Rachel; FRANCO, Vera Helena de Mello. *Falência e recuperação da empresa em crise.* São Paulo: Campus, 2008, p. 304.

29. STJ – REsp 21245/SP, Rel. Ministro RUY ROSADO DE AGUIAR, QUARTA TURMA, julgado em 4-10-1994, *DJ* 31-10-1994, p. 29500.

30. SIQUEIRA, Francisco José. Instituições financeiras: regimes especiais no direito brasileiro. *Revista de direito bancário do mercado de capitais e da arbitragem,* ano 4, n. 12, abr./jun. 2001, p. 60-61.

31. STJ – REsp 447.939/SP, Rel. Ministra NANCY ANDRIGHI, TERCEIRA TURMA, julgado em 4-10--2007, *DJ* 25-10-2007, p. 166.

> O art. 39 da Lei n. 6.024/1974 trata de hipótese de responsabilidade subjetiva dos administradores e conselheiros fiscais de instituição financeira submetida aos regimes de intervenção, liquidação extrajudicial, falência e administração temporária. Respondem eles somente pelos atos que tiverem praticado ou omissões em que houverem incorrido com culpa ou dolo. O art. 40 também cuida de responsabilidade subjetiva e apenas complementa o dispositivo anterior, estabelecendo a solidariedade entre os administradores culposos e a instituição financeira em relação às obrigações por esta assumidas durante a gestão daqueles, até que sejam cumpridas. A Lei n. 6.024/1974, todavia, autoriza a inversão do ônus da prova, de modo que compete aos administradores da instituição demonstrar que atuaram com o devido zelo, a fim de não serem responsabilizados pelos prejuízos causados[32].

Nesse sentido, o art. 39 trataria da responsabilidade civil extracontratual, ao passo que o art. 40 trataria da responsabilidade contratual, na qual caberia ao administrador provar que não agiu com dolo ou culpa.

Com efeito, não há qualquer dispositivo da referida lei que determina uma responsabilização objetiva dos administradores. Quando foi prevista a responsabilização objetiva na matéria, a lei foi expressa (Decreto-lei n. 2.321/87 – art. 15). Ademais, a distinção de tratamento entre os arts. 39 e 40 da Lei n. 6.024/74 é perfeitamente explicada pela distinção entre responsabilidade contratual e extracontratual. Ademais, não se podem impor aos administradores os riscos das atividades financeiras. Isto seria ignorar a existência e a autonomia da pessoa jurídica. A desconsideração da personalidade jurídica é possível, mas nos termos da legislação de regência e não de forma absoluta.

2.4.2 Apuração da responsabilidade

Essa responsabilidade dos administradores é apurada num inquérito administrativo presidido pelo Banco Central, mesmo no caso de eventual falência. O inquérito será aberto imediatamente à decretação da intervenção ou da liquidação extrajudicial, ou ao recebimento da comunicação da falência, e concluído dentro de cento e vinte dias, prorrogáveis, se absolutamente necessário, por igual prazo. No inquérito, o Banco Central do Brasil poderá examinar documentos, tomar depoimentos, solicitar informações a qualquer autoridade e examinar processos.

A Lei n. 6.024/74 ainda autoriza o Banco Central a examinar a contabilidade e os arquivos de terceiros com os quais a instituição financeira tiver negociado, bem como a contabilidade e os arquivos dos ex-administradores, se comerciantes ou industriais sob firma individual, e as respectivas contas junto a outras instituições financeiras (art. 41, § 3º, *e*). A nosso ver, trata-se de regra efetivamente inconstitucional, por violação ao sigilo

32. STJ – REsp 962.265/SP, Rel. Ministro JOÃO OTÁVIO DE NORONHA, QUARTA TURMA, julgado em 14-6-2011, *DJe* 22-6-2011.

constitucionalmente assegurado, devendo o eventual exame limitar-se a informações não sigilosas. A quebra de sigilos deverá ser requerida em juízo.

Concluída a apuração, o Banco Central notificará os administradores investigados para apresentarem, em cinco dias, as alegações e documentos que entenderem necessários. Com ou sem tais informações, o inquérito será concluído com um relatório, do qual constarão, em síntese, a situação da entidade examinada, as causas de queda, o nome, a quantificação e a relação dos bens particulares dos que, nos últimos cinco anos, geriram a sociedade, bem como o montante ou a estimativa dos prejuízos apurados em cada gestão.

Se não for apurada nenhuma responsabilidade, o inquérito será arquivado no próprio Banco Central ou remetido ao juízo da falência. Apurando-se eventual responsabilidade, deverá ser ajuizada ação própria para apuração das responsabilidades, perante o juízo falimentar ou perante o juízo competente para eventual ação de falência. Tal ação poderá ser manejada pelo representante do Ministério Público ou por qualquer credor, mesmo sem a promoção do inquérito. Em caso de falência, naturalmente a legitimidade para tal ação também tocará ao administrador judicial. Por aplicação analógica da legislação de regência, tem se admitido a legitimação ativa também para os sócios ou acionistas da instituição[33].

O art. 46, parágrafo único, da Lei n. 6.024/74 prevê que o órgão do Ministério Público, nos casos de intervenção e liquidação extrajudicial proporá a ação obrigatoriamente dentro de trinta dias, a contar da realização do arresto, sob pena de responsabilidade e preclusão da sua iniciativa. Findo esse prazo, ficarão os autos em cartório, à disposição de qualquer credor, que poderá iniciar a ação, nos quinze dias seguintes. Tais prazos não são impeditivos da ação de responsabilidade, mas sua perda gera o levantamento do eventual arresto e a indisponibilidade[34].

2.4.3 Indisponibilidade de bens

Para resguardar o resultado útil de eventual ação de responsabilidade, os bens dos administradores ficam indisponíveis, com a decretação do regime especial, não podendo, por qualquer forma, direta ou indireta, aliená-los ou onerá-los, até apuração e liquidação final de suas responsabilidades. Não se incluem nas disposições deste artigo os bens considerados inalienáveis ou impenhoráveis, nem os bens objeto de contrato de alienação, de promessa de compra e venda, de cessão de direito, desde que os respectivos instrumentos tenham sido levados ao competente registro público, anteriormente à data da decretação da intervenção, da liquidação extrajudicial ou da falência.

---

33. STJ – REsp 1021919/PR, Rel. Ministro CASTRO MEIRA, SEGUNDA TURMA, julgado em 22-6-2010, *DJe* 3-8-2010.

34. STJ – REsp 640.201/RS, Rel. Ministro CARLOS ALBERTO MENEZES DIREITO, TERCEIRA TURMA, julgado em 14-12-2006, *DJ* 16-4-2007, p. 183.

De acordo com o STJ, "a hipoteca não está incluída entre as exceções ao regime de indisponibilidade incidente sobre os bens de ex-administradores de instituição financeira em liquidação extrajudicial"[35].

A indisponibilidade é automática para todos aqueles que tenham estado no exercício das funções nos doze meses anteriores. Por proposta do Banco Central do Brasil, aprovada pelo Conselho Monetário Nacional, a indisponibilidade poderá ser estendida aos bens de gerentes, conselheiros fiscais e aos de todos aqueles que, até o limite da responsabilidade estimada de cada um, tenham concorrido, nos últimos doze meses, para a decretação da intervenção ou da liquidação extrajudicial, e aos bens de pessoas que, nos últimos doze meses, os tenham, a qualquer título, adquirido de administradores da instituição, ou das pessoas referidas na alínea anterior desde que haja seguros elementos de convicção de que se trata de simulada transferência com o fim de evitar os efeitos desta lei.

A fim de evitar desvios, as autoridades competentes serão comunicadas para não aceitarem qualquer ato de dispositivo ou oneração dos bens objeto da indisponibilidade. No mesmo sentido, os atingidos pela indisponibilidade não podem se ausentar da circunscrição sem autorização do Banco Central ou do juízo da falência.

2.5 Responsabilização dos controladores

Apurada eventual responsabilidade dos ex-administradores nas condições já mencionadas, haverá a responsabilidade solidária daqueles que mantenham vínculo de controle com a instituição financeira, independentemente da prova de dolo ou culpa (Decreto-lei n. 2.321/87 – art. 15 c. c. art. 1º da Lei n. 9.447/97). Para essa finalidade, há vínculo de controle quando, alternativa ou cumulativamente, as pessoas jurídicas e a instituição financeira estão sob controle comum. Também há vínculo de controle quando sejam, entre si, controladoras ou controladas, ou quando qualquer delas, diretamente ou através de sociedades por ela controladas, é titular de direitos de sócio que lhe assegurem, de modo permanente, preponderância nas deliberações sociais e o poder de eleger a maioria dos administradores da instituição.

3 Seguradoras

As seguradoras possuem uma situação similar àquela das instituições financeiras, em razão do mercado específico em que atuam e do nível elevado de risco que acarretam para terceiros[36]. Como é intuitivo, a atuação das seguradoras deve ser capaz de dar segu-

---

35. STJ – REsp 264.787/SP, Rel. Ministro FERNANDO GONÇALVES, QUARTA TURMA, julgado em 16-4-2009, *DJe* 4-5-2009.

36. VERÇOSA, Haroldo Malheiros Duclerc. Das pessoas sujeitas e não sujeitas aos regimes de recuperação de empresas e ao da falência. In: PAIVA, Luiz Fernando Valente de (Coord.). *Direito falimentar e a nova lei de falências e recuperação de empresas*. São Paulo: Quartier Latin, 2005, p. 111.

rança aos segurados que contratam um seguro. As eventuais crises das seguradoras quebrariam essa confiança e, por isso, inviabilizariam a atuação no mercado de seguros, cuja importância para a economia do país também é reconhecida. Em razão disso, o Estado tem um acompanhamento mais próximo das atividades das seguradoras, criando regimes especiais para suas crises (Decreto-lei n. 73/66).

No caso de insuficiência de cobertura das reservas técnicas ou de má situação econômico-financeira da sociedade seguradora, a Superintendência de Seguros Privados (SUSEP) poderá determinar nomear por tempo indeterminado, a expensas da sociedade seguradora, um diretor-fiscal com as atribuições e vantagens que lhe forem indicadas pelo Conselho Nacional de Seguros Privados (CNSP) (Decreto-lei n. 73/66 – art. 89). Além disso, podem ser determinadas medidas de fiscalização especial ou quaisquer outras medidas que se fizerem necessárias para reerguer a atividade. Hoje, admite-se também o regime de administração especial temporária (Lei n. 10.190/2001 – art. 3º, parágrafo único), nos mesmos moldes das instituições financeiras.

Há ainda a possibilidade de decretação de uma intervenção, também para tentar superar a crise que assola a atividade securitária. Tal intervenção não possui regras especiais no âmbito do Decreto-lei n. 73/66, o qual remetia às regras sobre intervenção nas entidades de previdência privada da Lei n. 6.435/77, a qual foi revogada pela Lei Complementar n. 109/2001. Assim sendo, é nesta lei complementar que devem ser buscadas as regras sobre a intervenção nas seguradoras, as quais serão detalhadas no estudo da intervenção das entidades de previdência privada.

No caso de insucesso dessas medidas, a SUSEP encaminhará ao Conselho Nacional de Seguros Privados (CNSP) proposta de cassação da autorização para funcionamento das sociedades seguradoras. Caso seja acatada a proposta, será publicado ato de cassação da autorização no diário oficial, que decretará a liquidação extrajudicial, produzindo uma série de efeitos muito similares à decretação da falência. A ideia aqui se repete no sentido de dar à SUSEP condições necessárias para promover a liquidação da melhor forma possível, mas os efeitos são um pouco diferentes (Decreto-lei n. 73/66 – art. 98).

Assim, com a cassação haverá a suspensão das ações e execuções judiciais contra a seguradora, a fim de evitar que seja quebrada a ordem de preferência nos pagamentos. Ficam excetuadas desse efeito as ações anteriores ajuizadas por credores com garantia real ou privilégio especial. Todavia, quando existirem créditos trabalhistas pendentes, estas ações também serão suspensas, para resguardar o privilégio desses credores laborais.

Também haverá o vencimento antecipado de todas as obrigações da sociedade seguradora, incluídas as cláusulas penais dos contratos, a fim de uniformizar as obrigações sob o ponto de vista temporal. Haverá ainda a suspensão da incidência de juros, ainda que estipulados, se a massa liquidanda não bastar para o pagamento do principal. A massa liquidanda também não estará obrigada a reajustamentos salariais sobrevindos durante a liquidação, nem responderá pelo pagamento de multas, custas, honorários e demais despesas feitas pelos credores em interesse próprio. O Decreto-lei n. 73/66 também dispensa a massa liquidanda do pagamento de correção monetária aos créditos pela mora resultante de liquidação, o que não mais persiste no direito brasileiro, tendo em vista o disposto no art. 46 do ADCT. Além disso, fica interrompida a prescrição extintiva contra ou a favor da massa liquidanda.

No que tange à própria pessoa da seguradora, haverá o cancelamento dos poderes de todos os órgãos de administração da sociedade liquidanda. Quem praticará os atos pela seguradora será a própria SUSEP. Ela terá poderes para propor e contestar ações, inclusive para integralização de capital pelos acionistas; nomear e demitir funcionários; fixar os vencimentos de funcionários; outorgar ou revogar mandatos; transigir; e vender bens móveis e bens imóveis. No prazo de 90 dias, contados da cassação da autorização, a SUSEP levantará um balanço da sociedade liquidanda e organizará uma relação pormenorizada dos bens da liquidanda e dos credores.

No quadro geral de credores, deverão ser apresentados os credores por dívida de indenização de sinistro, capital garantidor de reservas técnicas ou restituição de prêmios, com a indicação das respectivas importâncias, bem como a relação dos créditos da Fazenda Pública e da Previdência e dos demais credores, com indicação das importâncias e procedência dos créditos, bem como sua classificação, de acordo com a legislação de falências. Eventuais prejudicados poderão impugnar o quadro de credores no prazo de 15 dias. A SUSEP examinará as impugnações e fará publicar, no *Diário Oficial da União*, sua decisão, dela notificando os recorrentes por via postal, sob AR. Da decisão da SUSEP, cabe recurso ao Ministro do Desenvolvimento, Indústria e Comércio no prazo também de 15 dias. Aqueles que ainda se sentirem prejudicados poderão retomar ações ou mesmo propor aquelas que entenderem cabíveis, devendo haver reserva de valores até o julgamento das ações.

Caberá à SUSEP a realização do ativo e o pagamento dos credores, observada a classificação legal. Ultimada a liquidação e levantado o balanço final, será o mesmo submetido à aprovação do Ministro do Desenvolvimento, Indústria e Comércio, com relatório da SUSEP. Pelo exercício das suas atividades, a SUSEP fará jus a uma remuneração de cinco por cento sobre o ativo apurado nos trabalhos de liquidação, competindo ao Superintendente arbitrar a gratificação a ser paga aos inspetores e funcionários encarregados de executá-los.

A liquidação poderá ser encerrada antecipadamente, nos casos de eventual pedido de falência, o qual só poderá ser formulado se, no curso da liquidação, ficar constatado que o ativo não é suficiente para o pagamento de pelo menos metade dos credores quirografários, ou quando houver fundados indícios da ocorrência de crime falimentar (Decreto-lei n. 73/66 – art. 26). Haroldo Malheiros Verçosa entende que no caso de omissão da SUSEP seria possível o pedido de falência pelos credores[37]. A nosso ver, con-

---

37. VERÇOSA, Haroldo Malheiros Duclerc. Das pessoas sujeitas e não sujeitas aos regimes de recuperação de empresas e ao da falência. In: PAIVA, Luiz Fernando Valente de (Coord.). *Direito falimentar e a nova lei de falências e recuperação de empresas*. São Paulo: Quartier Latin, 2005, p. 112.

tudo, a legislação especial deve prevalecer, não admitindo o pedido de falência pelos credores, mas apenas na situação especificamente indicada pela legislação[38].

As mesmas regras acima mencionadas se aplicam às chamadas sociedades de capitalização, cuja atividade consiste essencialmente na celebração de contratos, nos quais "ajustam as partes que uma delas se compromete a entregar uma prestação pecuniária mensal durante certo tempo para a outra, a qual, por seu turno, fica obrigada a pagar, no vencimento da estipulação ou em momento anterior, o total das prestações efetuadas, acrescido de juros e correção monetária"[39]. Por meio de remissão expressa do Decreto-lei n. 261/67 ao Decreto-lei n. 73/66, o regime de fiscalização das sociedades de capitalização é exatamente o mesmo das seguradoras, abrangendo inclusive as medidas especiais de fiscalização, a intervenção e a liquidação extrajudicial.

4 Operadoras de planos de saúde

Mais um caso de regimes especiais diz respeito às operadoras de planos privados de assistência à saúde, nos termos da Lei n. 9.656/98. A importância do atendimento à saúde da população justifica uma fiscalização mais próxima do Estado, a qual é realizada pela Agência Nacional de Saúde (ANS). A quebra da qualidade ou da continuidade de tais serviços pode causar prejuízos enormes, como a perda de vidas, e, por isso, há essa fiscalização.

Assim, sempre que detectadas nas operadoras de planos de saúde insuficiência das garantias do equilíbrio financeiro, anormalidades econômico-financeiras ou administrativas graves que coloquem em risco a continuidade ou a qualidade do atendimento à saúde, a ANS poderá determinar a alienação da carteira, o regime de direção fiscal ou técnica, por prazo não superior a trezentos e sessenta e cinco dias, ou a liquidação extrajudicial, conforme a gravidade do caso (Lei n. 9.656/98 – art. 24). A ANS, *ex officio* ou por recomendação do diretor técnico ou fiscal ou do liquidante, poderá, em ato administrativo devidamente motivado, determinar o afastamento dos diretores, administradores, gerentes e membros do conselho fiscal da operadora sob regime de direção ou em liquidação. No prazo que lhe for designado, o diretor-fiscal ou técnico procederá à análise da organização administrativa e da situação econômico-financeira da operadora, bem assim da qualidade do atendimento aos consumidores, e proporá à ANS as medidas cabíveis, inclusive a transformação do regime de direção em liquidação extrajudicial.

Poderá haver falência das operadoras de planos de saúde, desde que durante o curso da liquidação extrajudicial seja constatado que o ativo da liquidanda não é suficiente para o pagamento de pelo menos metade dos créditos quirografários, ou que o ativo realizável[40]

---

38. COELHO, Fábio Ulhoa. *Curso de direito comercial.* 8. ed. São Paulo: Saraiva, 2008, v. 3, p. 249.

39. RIZZARDO, Arnaldo. *Contratos.* 7. ed. Rio de Janeiro: Forense, 2007, p. 1393.

40. Por ativo realizável deve-se entender "todo ativo que possa ser convertido em moeda corrente em prazo compatível para o pagamento das despesas administrativas e operacionais da massa liquidanda" (Lei n. 9.656/98 – art. 23, § 2º).

da massa liquidanda não é suficiente, sequer, para o pagamento das despesas administrativas e operacionais inerentes ao regular processamento da liquidação extrajudicial ou que há fundados indícios de crimes falimentares (Lei n. 9.656/98 – art. 23). Nestes casos, a ANS autorizará o liquidante a requerer a falência. Ressalte-se que as operadoras de plano de saúde nem sempre são empresárias e, não sendo empresárias, não podem falir nem nos casos mencionados. Caso não se trate de uma sociedade empresária, os casos mencionados poderão ensejar o pedido de insolvência civil.

Para resguardar os eventuais prejuízos causados na gestão da operadora, a Lei n. 9.656/98 determina a indisponibilidade dos bens dos administradores dos últimos doze meses, até que sejam apuradas suas responsabilidades. Tal indisponibilidade poderá ser estendida, por determinação da ANS, às pessoas que houverem concorrido nos últimos doze meses para a crise da operadora ou para terceiros que houverem nesse período adquirido bens dessas pessoas. Não se incluem nessa indisponibilidade os bens absolutamente impenhoráveis ou inalienáveis, bem como os bens objeto de contrato de alienação, de promessa de compra e venda, de cessão ou promessa de cessão de direitos, desde que os respectivos instrumentos tenham sido levados ao competente registro público, anteriormente à data da decretação da direção fiscal ou da liquidação extrajudicial. A critério da direção da ANS, a indisponibilidade poderá ser afastada no caso do regime de direção fiscal.

5 Entidades de previdência complementar

Outras entidades sujeitas a regimes especiais são as entidade de previdência complementar, que se destinam essencialmente a executar planos de benefício de caráter previdenciário, a fim de complementar ou possibilitar uma renda àqueles que contribuíram nos termos da Lei Complementar n. 109/2001. Tais entidades se subdividem em abertas, quando acessíveis ao público em geral, ou fechadas, quando seu acesso é mais restrito. Para as primeiras, existe a determinação da aplicação da legislação relativa à intervenção e liquidação das instituições financeiras (Lei Complementar n. 109/2001 – art. 62). Para as últimas, a fiscalização é realizada pela Superintendência Nacional de Previdência Complementar (PREVIC), admitindo-se a intervenção, a liquidação extrajudicial e inclusive a administração especial de planos de benefício (Lei n. 12.154/2009 – art. 2º, VII). Apesar do silêncio da legislação, acreditamos que o regime especial de administração do plano de benefícios terá um regime similar ao da intervenção.

A intervenção, como em todos os outros casos, visa a superar a eventual crise da entidade de previdência complementar. Ela poderá ser decretada nos casos de irregularidade ou insuficiência na constituição das reservas técnicas, provisões e fundos, ou na sua cobertura por ativos garantidores; aplicação dos recursos das reservas técnicas, provisões e fundos de forma inadequada ou em desacordo com as normas expedidas pelos órgãos competentes; descumprimento de disposições estatutárias ou de obrigações previstas nos regulamentos dos planos de benefícios, convênios de adesão ou contratos dos planos coletivos; situação econômico-financeira insuficiente à preservação da liquidez e solvência de cada um dos planos de benefícios e da entidade no conjunto de suas atividades; situação atuarial desequilibrada; ou outras anormalidades definidas em regulamento.

Nesses casos, a PREVIC poderá decretar a intervenção, nomeando interventor pelo prazo necessário ao exame da situação da entidade e encaminhamento de plano destinado à sua recuperação. Durante o período de intervenção, os atos de alienação ou oneração do patrimônio dependerão de autorização expressa da PREVIC. A intervenção cessará quando aprovado o plano de recuperação da entidade pelo órgão competente ou se decretada a sua liquidação extrajudicial (Lei Complementar n. 109/2001 – art. 46).

A liquidação extrajudicial será decretada pela PREVIC quando a crise for insuperável. Neste caso, devemos entender por crise insuperável a inviabilidade de recuperação da entidade de previdência complementar ou pela ausência de condição para seu funcionamento (não atendimento às condições mínimas estabelecidas pelo órgão regulador e fiscalizador). Como nos demais casos, a decretação da liquidação extrajudicial produzirá efeitos muito similares aos da decretação da falência, objetivando assegurar o pagamento de todos os credores de acordo com uma ordem legal de preferências.

Assim, a decretação da liquidação extrajudicial gera suspensão das ações e execuções iniciadas sobre direitos e interesses relativos ao acervo da entidade liquidanda. Ela também gera o vencimento antecipado das obrigações da liquidanda, para uniformizá-las temporalmente. Não incidirão, porém, as penalidades contratuais contra a entidade por obrigações vencidas em decorrência da decretação da liquidação extrajudicial. Não serão exigíveis as penas pecuniárias por infrações de natureza administrativa. Além disso, a decretação da liquidação implica a não fluência de juros contra a liquidanda enquanto não integralmente pago o passivo. De forma até repetitiva, é prevista a suspensão de multa e juros em relação às dívidas da entidade. Também haverá a interrupção da prescrição em relação às obrigações da entidade em liquidação, a fim de evitar o ajuizamento de novas ações no curso da liquidação. Por fim, haverá a interrupção do pagamento à liquidanda das contribuições dos participantes e dos patrocinadores, relativas aos planos de benefícios.

Além desses efeitos, haverá a nomeação de um liquidante que conduzirá todo o processo de liquidação. Caberá a ele, imediatamente, o levantamento do balanço geral de liquidação e as demonstrações contábeis e atuariais necessárias à determinação do valor das reservas individuais. Além disso, ele deverá promover a realização do ativo e o pagamento do passivo, de acordo com a ordem legal de preferências. Os participantes, inclusive os assistidos dos planos de benefícios, ficam dispensados de se habilitarem a seus respectivos créditos, estejam estes sendo recebidos ou não, e terão privilégio especial sobre os ativos garantidores da reserva técnica. Além disso, os que já estiverem recebendo benefícios, ou que já tiverem adquirido este direito antes de decretada a liquidação extrajudicial, terão preferência sobre os demais.

A liquidação será encerrada pela constatação de fatos supervenientes que demonstrem a possibilidade de superação da crise e a possibilidade de retomada da atividade. Além disso, a liquidação poderá ser encerrada pela aprovação pela PREVIC das contas do liquidante com baixa no registro. No caso das entidades fechadas, não se cogita de pedido de falência (Lei Complementar n. 109/2001 – art. 47).

6 Aviação comercial

Outras entidades sujeitas a regimes especiais de enfrentamento das crises são as instituições de aviação comercial. Embora elas se submetam integralmente à Lei n. 11.101/2005, a Lei n. 7.565/86 (arts. 187 a 191) prevê a possibilidade de intervenção e liquidação extrajudicial de tais entidades. A importância de tais serviços efetivamente exige uma fiscalização estatal mais próxima e, por isso, são previstos os regimes especiais. A intervenção visa ao restabelecimento da normalidade dos serviços e durará enquanto necessária à consecução do objetivo. Sendo inviável o reerguimento da atividade e a superação da crise, poderá ser decretada a liquidação extrajudicial ou mesmo a falência. Tais medidas não têm sido muito usadas, havendo o uso mais frequente da recuperação judicial e da falência para tais entidades.

7 Concessionárias de energia elétrica

Outro grupo que passou a merecer um tratamento especial para superação da crise foi o grupo das concessionárias de energia elétrica (Lei n. 12.767/2012), mais uma vez em razão da importância da atividade para o país. No caso de tal atividade, como se trata de um setor regulado, a responsável pelas medidas de tentativa de superação da crise é a agência reguladora do setor (ANEEL – Agência Nacional de Energia Elétrica), em moldes similares aos regimes especiais já mencionados.

Sem um rol específico de comportamentos predefinidos, em qualquer caso de inadequação da prestação dos serviços de energia elétrica, será possível que a União (poder concedente), por meio da ANEEL, promova uma intervenção para a adequação do serviço. A princípio, tal intervenção terá a duração de um ano, admitindo uma prorrogação, por até mais dois anos. O ato que declarar a intervenção conterá a designação do interventor, o valor de sua remuneração (custeado com recursos da concessionária), o prazo da intervenção, os objetivos e os seus limites.

Declarada a intervenção na concessão de serviço público de energia elétrica, a ANEEL deverá, no prazo de 30 (trinta) dias, instaurar procedimento administrativo para comprovar as causas determinantes da medida e apurar responsabilidades, assegurado o direito de ampla defesa. Tal procedimento deve durar, no máximo, um ano. Havendo a comprovação de que a intervenção não observou os pressupostos legais e regulamentares, será declarada sua nulidade, e o serviço deve ser imediatamente devolvido à concessionária, sem prejuízo de seu direito à indenização, a ser apurado em processo próprio.

Durante a intervenção haverá a suspensão do mandato dos administradores e membros do conselho fiscal. Assim sendo, asseguram-se ao interventor plenos poderes de gestão sobre as operações e os ativos da concessionária e a prerrogativa exclusiva de convocar a assembleia geral nos casos em que julgar conveniente. Tais poderes de gestão, porém, não são tão amplos assim, na medida em que os atos do interventor que impliquem disposição ou oneração do patrimônio da concessionária, admissão ou demissão de pessoal dependerão de prévia e expressa autorização da ANEEL.

Ao lado dos poderes de gestão, o interventor tem alguns deveres. Assim que assumir suas funções, o interventor deverá arrecadar, mediante termo próprio, todos os livros da concessionária e os documentos de interesse da administração; e levantar o balanço geral e o inventário de todos os livros, documentos, dinheiro e demais bens da concessionária, ainda que em poder de terceiros, a qualquer título. Além disso, ele deve prestar contas à ANEEL sempre que requerido, respondendo civil, administrativa e criminalmente por seus atos.

Durante o período da intervenção, é razoável assegurar recursos ao interventor para que ele possa manter ou mesmo melhorar a qualidade dos serviços. Para tanto, admite-se a transferência de recursos financeiros do poder concedente para assegurar a continuidade e a prestação adequada do serviço concedido enquanto durar a intervenção. Ao fim da intervenção, tais recursos deverão ser devolvidos pela própria concessionária de serviço público de energia elétrica ou pela pessoa jurídica que assumir a concessão, no prazo de 90 (noventa) dias.

Embora tenha a gestão, o interventor não é responsável pela busca das medidas de recuperação da atividade da concessionária. Nos termos do art. 12 da citada Lei n. 12.767/2012, cabe aos acionistas a apresentação de "plano de recuperação e correção das falhas e transgressões que ensejaram a intervenção", no prazo de 60 dias. Tal plano de recuperação deverá indicar no mínimo: (a) a discriminação pormenorizada dos meios de recuperação a serem empregados; (b) a demonstração de sua viabilidade econômico-financeira; (c) a proposta de regime excepcional de sanções regulatórias para o período de recuperação; e (d) o prazo necessário para o alcance dos objetivos, que não poderá ultrapassar o termo final da concessão.

Ressaltadas as obrigações mencionadas, a princípio, qualquer medida pode ser proposta, podendo-se tomar como parâmetro o rol exemplificativo do art. 50 da Lei n. 11.101/2005. Todavia, o plano não pode afetar as garantias da Fazenda Pública aplicáveis à cobrança dos seus créditos nem alterar as definições referentes a responsabilidade civil, comercial ou tributária, em especial no que se refere à sucessão tributária, a que se refere o art. 133 do CTN.

Tal plano será apreciado pela ANEEL, que se o conceder, fará cessar a intervenção. Durante o período de execução do plano, a concessionária deverá adotar as medidas para correção das falhas e transgressões e apresentar certidão de regularidade fiscal com a Fazenda Federal e o Fundo de Garantia do Tempo de Serviço (FGTS), no prazo de 180 (cento e oitenta) dias; e enviar trimestralmente à ANEEL relatório sobre o cumprimento do plano de recuperação e correção das falhas e transgressões até a sua efetiva conclusão, sob pena de declaração de caducidade da concessão ou da aplicação das sanções contratuais previstas.

Não apresentado o plano no prazo, ou havendo o seu indeferimento, a própria ANEEL deve tomar as medidas que entender necessárias para o restabelecimento da qualidade dos serviços. Entre as medidas possíveis estão a declaração de caducidade, nos termos do art. 38 da Lei n. 8.987, de 13 de fevereiro de 1995; a cisão, incorporação, fusão ou transformação de sociedade, constituição de subsidiária integral, ou a cessão de cotas ou ações, respeitados os direitos dos sócios, nos termos da legislação vigente; a alteração do controle societário; aumento de capital social; ou a constituição de sociedade de propósito específico para adjudicar, em pagamento dos créditos, os ativos do devedor. Da decisão que indeferir o plano, cabe pedido de reconsideração à própria ANEEL no prazo de dez dias, cuja decisão definitiva deverá ser tomada em até 15 dias úteis.

Independentemente da solução, deve-se analisar as causas da crise, verificando o cabimento ou não da responsabilização dos administradores da concessionária, mediante inquérito conduzido no âmbito da ANEEL. Para tanto, a lei determina a responsabilidade equivalente aos administradores de uma sociedade anônima, isto é, nos casos de dolo, culpa, violação da lei ou do estatuto (Lei n. 6.404/76 – art. 158). Todavia, há uma previsão de solidariedade para com a companhia pelos atos de gestão praticados em tais hipóteses. Não há uma responsabilidade objetiva, mas uma previsão genérica de solidariedade entre o administrador e a companhia, nos casos de dolo, culpa, violação da lei ou dos estatutos. O melhor seria estender o regime dos administradores das instituições financeiras, mas esta não foi a opção do legislador.

Com o intuito de assegurar tal responsabilidade, os administradores da concessionária sob intervenção ou cuja concessão seja extinta, ficarão com todos os seus bens indisponíveis, não podendo, por qualquer forma, direta ou indireta, aliená-los ou onerá-los até a apuração e a liquidação final de suas responsabilidades. Tal indisponibilidade se estende a quem esteve no exercício das funções de administração da concessionária de serviço público de energia elétrica nos 12 (doze) meses anteriores ao ato que determinar a intervenção ou declarar a extinção. Naturalmente, excluem-se dessa indisponibilidade os bens considerados inalienáveis ou impenhoráveis pela legislação em vigor, e os objetos de contrato de alienação, de promessa de compra e venda e de cessão de direito, desde que o respectivo instrumento tenha sido levado a registro público até 12 (doze) meses antes da data de declaração da intervenção ou da extinção. Não havendo indiciamento, a ANEEL, de ofício ou a requerimento, pode suspender a indisponibilidade.

REFERÊNCIAS

ABRÃO, Carlos Henrique. O papel do Poder Judiciário na aplicação da Lei 11.101/05. In: OLIVEIRA, Fátima Bayma de (Org.). *Recuperação de empresas*. São Paulo: Pearson Prentice Hall, 2006, p. 51-55.

———; TOLEDO, Paulo F. C. Salles de (Coord.). *Comentários à lei de recuperação de empresas e falência*. 4. ed. São Paulo: Saraiva, 2010.

ABRÃO, Nelson. *Curso de direito falimentar*. 4. ed. São Paulo: Revista dos Tribunais, 1993.

———. *Direito bancário*. 10. ed. São Paulo: Saraiva, 2007.

ALDERMAN JR., Myles H. *Business reorganizations*. Denver: Outskirts, 2006.

ALEGRIA, Hector. Facultades del juez e interpretácion de las normas sobre acuerdo preventivo extrajudicial (ubicación sistemática y algunos efectos). In: ALEGRIA, Hector (Dir.). *Acuerdo preventivo extrajudicial*. Buenos Aires: La Ley, 2004, p. 49-62.

ALEXY, Robert. *Teoría de los derechos fundamentales*. Tradução de Ernesto Garzón Valdés. Madrid: Centro de Estudios Políticos y Constitucionales, 1993.

ALMEIDA, Amador Paes de. *Curso de falência e recuperação de empresas*. 25. ed. São Paulo: Saraiva, 2009.

ALMEIDA, Marcus Elidius Michelli de. O pedido de restituição e os embargos de terceiro. In: PAIVA, Luiz Fernando Valente de (Coord.). *Direito falimentar e a nova lei de falências e recuperação de empresas*. São Paulo: Quartier Latin, 2005, p. 305-322.

ALTEMANI, Renato Lisboa; SILVA, Ricardo Alexandre da. *Manual de verificação e habilitação de créditos na lei de falências e recuperação de empresas*. São Paulo: Quartier Latin, 2006.

ALVES, Marcos Lima. Encerramento da falência e extinção das obrigações do falido. In: SANTOS, Paulo Penalva (Coord.). *A nova lei de falências e de recuperação de empresas*: Lei 11.101/2005. Rio de Janeiro: Forense, 2006, p. 351-363.

ALVIM, Pedro. *O contrato de seguro*. 3. ed. Rio de Janeiro: Forense, 1999.

AMBROSINI, Stefano; CAVALLI, Stefano; JORIO, Alberto. *Trattato di diritto commerciale*. Padova: CEDAM, 2009, v. XI, t. 2.

ANDRADE, Jorge Pereira. *Manual de falências concordatas*. São Paulo: Atlas, 1996.

ANDREUCCI, Ricardo Antonio. Dos crimes em espécie. In: DAOUN, Alexandre Jean (Coord.). *Crimes falimentares de acordo com a Lei 11.101/2005*. São Paulo: Quartier Latin, 2006, p. 53-95.

APPENDINO, Fábio Diniz. Os meios de recuperação judicial. In: CASTRO, Rodrigo R. Monteiro de; ARAGÃO, Leandro Santos (Coord.). *Direito societário e a nova lei de falências e recuperação de empresas*. São Paulo: Quartier Latin, 2006, p. 335-354.

ARAGÃO, Leandro de Santos. Assembleia-Geral de credores: e agora? Um diálogo sobre a comunhão de credores e o direito societário. In: CASTRO, Rodrigo R. Monteiro de; ARAGÃO, Leandro Santos (Coord.). *Direito societário e a nova lei de falências e recuperação de empresas*. São Paulo: Quartier Latin, 2006, p. 269-307.

ARAÚJO, José Francelino de. *Comentários à lei de falências e recuperação de empresas*. São Paulo: Saraiva, 2009.

ARNOLDI, Paulo Roberto Colombo; RIBEIRO, Ademar. A revolução do empresariado. *Revista de direito privado*, n. 9, p. 216-226, jan./mar. 2002.

ASCARELLI, Túllio. *Corso di Diritto Commerciale*: introduzione e teoria dell'impresa. 3. ed. Milano: Giuffrè, 1962.

———. *Problemas das sociedades anônimas e direito comparado*. 2. ed. São Paulo: Saraiva, 1969.

ASQUINI, Alberto. Profili dell'impresa. *Rivista di Diritto Commerciale*, v. XLI – Parte I, p. 1-20, 1943.

ASSIS, Araken de. *Manual do Processo de Execução*. 11. ed. São Paulo: Revista dos Tribunais, 2007.

———. *Cumprimento de Sentença*. Rio de Janeiro: Forense, 2006.

ATALIBA, Geraldo. *Hipótese de incidência tributária*. 5. ed. São Paulo: Malheiros, 1997.

ATIENZA, Manuel; MANERO, Juan Ruiz. *Las piezas del Derecho*: teoría de los enunciados jurídicos. Barcelona: Ariel, 1996.

AULETTA, Giuseppe. L'impresa dal Códice di Commercio del 1882 al Codice Civile del 1942. *1882-1982 Cento Anni dal Codice di Commercio*. Milano: Giuffrè, 1984, p. 75-89.

AYOUB, Luiz Roberto; CAVALLI, Cássio. *A construção jurisprudencial da recuperação judicial de empresas*. Rio de Janeiro: Forense, 2013.

BAIRD, Douglas G. *Elements of bankruptcy*. 4. ed. New York: Foundation Press, 2006.

———; GERTNER, Robert H.; PICKER, Randal C. *Game theory and the law*. Cambridge: Harvard University Press, 2002.

BAPTISTA, Luiz Olavo. Concentração de empresas. *Revista de Direito Civil, Imobiliário, Agrário e Empresarial*, São Paulo, ano 3, n. 9, p. 183-201, jul./set. 1979.

BARRETO FILHO, Oscar. *Teoria do estabelecimento comercial*. São Paulo: Max Limonad, 1969.

BARROS, Suzana de Toledo. *O princípio da proporcionalidade e o controle da constitucionalidade das leis restritivas de direitos fundamentais*. Brasília: Brasília Jurídica, 1996.

BAS, Francisco Junyent; SANDOVAL, Carlos A. Molina. *Ley de concursos y quiebras comentada*. Buenos Aires: Depalma, 2003, 2 t.

BASTIDA, Cristiana Moreira. Considerações gerais sobre o patrimônio de afetação nas incorporações imobiliárias. In: ALVES, Alexandre Ferreira de Assumpção; GAMA, Guilherme Calmon Nogueira da. *Temas de direito civil-empresarial*. Rio de Janeiro: Renovar, 2008, p. 467-503.

BATISTA, Nilo. *Lições de direito penal falimentar*. Rio de Janeiro: Revan, 2006.

BENETI, Sidnei Agostinho. O processo da recuperação judicial. In: PAIVA, Luiz Fernando Valente de (Coord.). *Direito falimentar e a nova lei de falências e recuperação de empresas*. São Paulo: Quartier Latin, 2005, p. 221-243.

BENSOUSSAN, Fábio Guimarães. Aspectos da sucessão do falido e do empresário em recuperação judicial na Lei 11.101/2005. In: CARVALHO, William Eustáquio de; CASTRO, Moema A. S. de. *Direito falimentar contemporâneo*. Porto Alegre: Sérgio Antônio Fabris, 2008, p. 31-41.

BERCOVICI, Gilberto. A Constituição de 1988 e a função social da propriedade. *Revista de Direito Privado*, n. 7, p. 69-84, jul./set. 2001.

BERENGUER, Ricardo. O processo penal nos crimes falimentares. In: DAOUN, Alexandre Jean (Coord.). *Crimes falimentares de acordo com a Lei 11.101/2005*. São Paulo: Quartier Latin, 2006, p. 185-215.

BERTASI, Maria Odete Duque. Administrador judicial, comitê e assembleia de credores na Lei de Recuperação de Empresas e Falência. In: MACHADO, Rubens Approbato (Coord.). *Comentários à nova lei de falência e recuperação de empresas*. São Paulo: Quartier Latin, 2005, p. 119-151.

BEVILAQUA, Clóvis. *Teoria geral do direito civil*. Campinas: RED, 1999.

BEZERRA FILHO, Manoel Justino. *Lei de recuperação de empresas e falências comentada*. 6. ed. São Paulo: Revista dos Tribunais, 2009.

BLUM, Brian B. *Bankruptcy and debtor/creditor*. 4. ed. New York: Aspen, 2006.

BOITEUX, Fernando Netto. Contratos bilaterais na recuperação judicial e na falência. In: SANTOS, Paulo Penalva (Coord.). *A nova lei de falências e de recuperação de empresas*: Lei 11.101/2005. Rio de Janeiro: Forense, 2006, p. 281-332.

BORBA, José Edwaldo Tavares. *Direito societário*. 8. ed. Rio de Janeiro: Renovar, 2003.

BRUSCHI, Gilberto Gomes. *Aspectos processuais da desconsideração da personalidade jurídica*. São Paulo: Juarez de Oliveira, 2004.

BUENO, Cassio Scarpinella. *Curso sistematizado de direito processual civil*. São Paulo: Saraiva, 2008, v. 3.

BUITRAGO, Ramón Blanco. Notas sobre la responsabilidad de los administradores concursales. In: GRACIA, Juan Ignácio Peinado. *Estudios de derecho concursal*. Madri: Marcial Pons, 2006, p. 43-53.

BULGARELLI, Waldirio. *Concentração de empresas e direito antitruste*. 2. ed. São Paulo: Atlas, 1996.

CAEIRO, Pedro. *Sobre a natureza dos crimes falenciais*. Coimbra: Coimbra, 2003.

CALABRESI, Guido. *The costs of accidents*: a legal and economic analysis. New Haven: Yale, 1970.

CALMON DE PASSOS, J. J. *Comentários ao Código de Processo Civil*. 8. ed. Rio de Janeiro: Forense, 1998, v. III.

CÂMARA, Alexandre Freitas. *A nova execução de sentença*. 2. ed. Rio de Janeiro: Lumen Juris, 2006.

CAMINHA, Uinie. *Securitização*. São Paulo: Saraiva, 2005.

CAMIÑA MOREIRA, Alberto. Poderes da assembleia de credores, do juiz e a atividade do ministério público. In: PAIVA, Luiz Fernando Valente de (Coord.). *Direito falimentar e a nova lei de falências e recuperação de empresas*. São Paulo: Quartier Latin, 2005, p. 245-274.

CAMPINHO, Sérgio. *Falência e recuperação de empresa*: o novo regime de insolvência empresarial. 3. ed. Rio de Janeiro: Renovar, 2008.

———. *O direito de empresa à luz do novo Código Civil*. 4. ed. Rio de Janeiro: Renovar, 2004.

CAMPOS, Gabriel de Britto. *Curso de direito administrativo*. Brasília: Fórtium, 2006.

CAMPOS BATALHA, Wilson de Souza. *Comentários à lei das sociedades anônimas*. Rio de Janeiro: Forense, 1977.

———; RODRIGUES NETTO, Nelson; RODRIGUES NETTO, Sílvia Maria Labate Batalha. *Comentários à lei de recuperação judicial de empresas e falência*. 4. ed. São Paulo: LTr, 2007.

CANAS, Vitalino. O princípio da proibição do excesso na Constituição. In: MIRANDA, Jorge (Org.). *Perspectivas constitucionais nos 20 anos da Constituição de 1976*. Coimbra: Coimbra, 1997, v. 2.

CANOTILHO, J. J. Gomes. *Direito Constitucional e Teoria da Constituição*. 2. ed. Coimbra: Almedina, 1998.

CANTO, Jorge Luiz Lopes do. Os efeitos preponderantes do depósito judicial frente aos créditos sujeitos à recuperação judicial. *Revista de Direito Recuperacional e Empresa*, v. 3, jan./mar/ 2017.

CARMONA, Carlos Alberto. Títulos executivos extrajudiciais no processo civil brasileiro. In: WAMBIER, Tereza Arruda Alvim. *Processo de execução e assuntos afins*. São Paulo: Revista dos Tribunais, 1998.

CARVALHO, William Eustáquio de. Apontamentos sobre o princípio da preservação da empresa. In: CARVALHO, William Eustáquio de; CASTRO, Moema A. S. de. *Direito falimentar contemporâneo*. Porto Alegre: Sérgio Antônio Fabris, 2008, p. 171-200.

CARVALHO DE MENDONÇA, J. X. *Tratado de direito comercial brasileiro*. 7. ed. Rio de Janeiro: Freitas Bastos, 1964, v. VII.

———. *Tratado de direito comercial brasileiro*. 7. ed. Rio de Janeiro: Freitas Bastos, 1962, v. VIII.

———. *Tratado de direito comercial brasileiro*. Atualizado por Ruymar de Lima Nucci. Campinas: Bookseller, 2001, v. 2, t. 3.

CARVALHO FILHO, José dos Santos. *Manual de direito administrativo*. 15. ed. Rio de Janeiro: Lumen Juris, 2006.

CARVALHOSA, Modesto. *Comentários à lei de sociedades anônimas*. 4. ed. São Paulo: Saraiva, 2009, 4 v.

———. *Comentários ao Código Civil*. São Paulo: Saraiva, 2003, v. 13.

CASTRO, Carlos Alberto Farracha de. *Fundamentos do direito falimentar*. 2. ed. Curitiba: Juruá, 2006.

CAVALCANTI, Flávio de Queiroz Bezerra. *Títulos de capitalização*. São Paulo: MP, 2007.

CAVALIERI FILHO, Sergio. *Programa de responsabilidade civil*. 2. ed. São Paulo: Malheiros, 2000.

CHAVES, Maria Cristina. *Direito empresarial*: securitização de créditos. Belo Horizonte: Del Rey, 2006.

CHAVES, Natália Cristina. Novação ou inovação? In: CARVALHO, William Eustáquio de; CASTRO, Moema A. S. de. *Direito falimentar contemporâneo.* Porto Alegre: Sérgio Antônio Fabris, 2008, p. 147-168.

CHIOVENDA, Giuseppe. *Instituições de direito processual civil.* Campinas: Bookseller, 1998, 3 v.

CLARO, Carlos Roberto. *Revocatória falimentar.* 4. ed. Curitiba: Juruá, 2008.

COELHO, Fábio Ulhoa. *Curso de direito comercial.* 11. ed. São Paulo: Saraiva, 2010, v. 3.

————. *Comentários à nova lei de falências e recuperação de empresas.* São Paulo: Saraiva, 2005.

————. *Curso de direito comercial.* 6. ed. São Paulo: Saraiva, 2002, v. 1.

————. *A sociedade limitada no novo Código Civil.* São Paulo: Saraiva, 2003.

————. A responsabilidade civil dos administradores de instituições financeiras. In: MOSQUERA, Roberto Quiroga (Coord.). *Aspectos atuais do direito do mercado financeiro e de capitais.* São Paulo: Dialética, 1999, p. 85-112.

————. A trava bancária. *Revista do Advogado*, n. 105, ano XXIX, p. 61-65, set. 2009.

COLOMBO, Giuliano; COSTA, Patrícia Barbi. Da verificação e da habilitação de créditos. In: PAIVA, Luiz Fernando Valente de (Coord.). *Direito falimentar e a nova lei de falências e recuperação de empresas.* São Paulo: Quartier Latin, 2005, p. 137-165.

COMPARATO, Fábio Konder. *O poder de controle na sociedade anônima.* 3. ed. Rio de Janeiro: Forense, 1983.

COOTER, Robert; ULEN, Thomas. *Law and economics.* 3. ed. Berkeley: Addison-Wesley, 2000.

CORBO, Wallace; GARCIA, Rodrigo Saraiva Porto; SILVA, Jorge Luis da Costa. A criação de subclasses e a possibilidade de tratamento diferenciado entre credores na recuperação judicial. *Revista dos Tribunais*, v. 980, p. 279 – 294, Jun / 2017.

CORRÊA-LIMA, Osmar Brina; CORRÊA LIMA, Sérgio Mourão (Coord.). *Comentários à nova lei de falência e recuperação de empresas.* Rio de Janeiro: Forense, 2009.

COVELLO, Sérgio Carlos. *Contratos bancários.* 3. ed. São Paulo: Leud, 1999.

DALL'ACQUA, Rodrigo. Dos efeitos da condenação por crime falimentar; art. 181 da Lei n. 11.101/2005. In: DAOUN, Alexandre Jean (Coord.). *Crimes falimentares de acordo com a Lei 11.101/2005.* São Paulo: Quartier Latin, 2006, p. 97-120.

DAOUN, Alexandre Jean. A iniciativa processual do credor habilitado e do administrador judicial: parágrafo único do art. 184 da Lei n. 11.101/2005. In: DAOUN, Alexandre Jean (Coord.). *Crimes falimentares de acordo com a Lei 11.101/2005*. São Paulo: Quartier Latin, 2006, p. 217-231.

D'AVACK, Carlo. *La natura giuridica del fallimento*. Padova: CEDAM, 1940.

DE CUPIS, Adriano. *Istituzioni di diritto privato*. Milano: Giuffrè, 1978, v. 3.

DE FERRA, Giampaolo. *Manuale di diritto fallimentare*. 3. ed. Milano: Giuffrè, 2002.

DE LUCCA, Newton; SIMÃO FILHO, Adalberto (Coord.). *Comentários à nova lei de recuperação de empresas e de falências*. São Paulo: Quartier Latin, 2005.

DEMARTINI, Hernán. A recuperação extrajudicial: um novo ato negocial? In: BATTELO, Sílvio Javier. *Principais controvérsias na nova lei de falências*. Porto Alegre: Fabris, 2008, p. 73-93.

DERRIDA, Fernand; GODÈ, Pierre; SORTAIS, Jean-Pierre. *Redressement et liquidation judiciaires des entreprises*. 3. ed. Paris: Dalloz, 1991.

DI PEPE, Giorgio Schiano (Coord.). *Il diritto fallimentare riformato*. Padova: CEDAM, 2007.

DI PIETRO, Maria Sylvia Zanella. *Direito administrativo*. 20. ed. São Paulo: Atlas, 2007.

DI TULLIO, José Antonio. *Teoría y práctica de la verificación de créditos*. Buenos Aires: Lexis Nexis, 2006.

DÍAZ, Marta Zabaleta. *El principio de conservación de la empresa en la ley concursal*. Madri: Civitas, 2006.

DIDIER JR., Fredie; BRAGA, Paula Sarno; OLIVEIRA, Rafael. *Curso de direito processual civil*. Salvador: Podivm, 2007, v. 2.

———; ———; ———; CUNHA, Leonardo José Carneiro da. *Curso de direito processual civil*. 2. ed. Salvador: Podivm, 2010, v. 5.

DOBSON, Juan Malcom. Los errores de gestión y la responsabilidad civil de administradores de sociedades comerciales. In: ROUILLON, Adolfo A. N. (Dir.). *Derecho concursal*. Buenos Aires: La Ley, 2004, p. 123-154.

DOMINGOS, Carlos Eduardo Quadros. *As fases da recuperação judicial*. Curitiba: J. M. Livraria Jurídica, 2009.

DOMÍNGUES, Valentín Cortés e al. *Derecho procesal concursal*. Madrid: Marcial Pons, 2008.

DONINI, Antonio Carlos. Direito de regresso. *Revista do Factoring*, ano II, n. 12, p. 15-24, abr./jun. 2005.

DUGUIT, León. *Las transformaciones del derecho público y privado.* Tradução de Adolfo Posada, Ramón Jaén y Carlos G. Posada. Granada: Comares, 2007.

DWORKIN, Ronald. *Levando os direitos a sério.* Tradução de Nelson Boeira. São Paulo: Martins Fontes, 2002.

EPSTEIN, David G. *Bankruptcy and related law in a nutshell.* 6. ed. St. Paul: West Group, 2002.

ESCARRA, Jean; ESCARRA, Edouard; RAULT, Jean. *Traité théorique et pratique de Droit commercial.* Paris: Sirey, 1950.

ESPÍNOLA, Eduardo. *Garantia e extinção das obrigações.* Campinas: Bookseller, 2005.

FARIA, Mauro Teixeira de. Liberação de recebíveis por conta do desatendimento do requisito de especialização do bem objeto da garantia fiduciária. Sujeição do crédito garantido aos efeitos da recuperação judicial. *Revista de Direito Bancário e do Mercado de Capitais,* v. 75, p. 59-87, jan.-mar. 2017.

FAVIER-DUBOIS, Eduardo M. *Concursos y quiebras.* Buenos Aires: Errepar, 2003.

FAZZIO JÚNIOR, Waldo. *Nova lei de falência e recuperação de empresas.* São Paulo: Atlas, 2005.

FÉRES, Marcelo Andrade. *Estabelecimento empresarial.* São Paulo: Saraiva, 2007.

FERNANDES, Jean Carlos. *Cessão fiduciária de títulos de crédito*: a posição do credor fiduciário na recuperação judicial da empresa. 2. ed. Rio de Janeiro: Lumen Juris, 2010.

FERRARA, Francesco. *Il fallimento.* Milano: Giuffrè, 1959.

FERRARA JÚNIOR, Francesco; CORSI, Francesco. *Gli imprenditori e le società.* 11. ed. Milano: Giuffrè, 1999.

FERREIRA, Waldemar. *Tratado de direito comercial.* São Paulo: Saraiva, 1965, v. 14.

FIALE, Aldo. *Diritto fallimentare.* 11. ed. Napoli: Simone, 2003.

FISCHMANN, Gerson. *Comentários ao Código de Processo Civil.* São Paulo: Revista dos Tribunais, 2000, v. 14.

FONROUGE, Giuliani. *Conceitos de direito tributário.* Tradução de Geraldo Ataliba e Marco Aurélio Greco. São Paulo: LAEL, 1973.

FONSECA, Tiago Soares da. *O direito de exoneração do sócio no Código das sociedades comerciais.* Coimbra: Almedina, 2008.

FRAGOSO, Heleno Cláudio. Pressupostos do crime e condições objetivas de punibilidade. *Estudos de direito e processo penal em homenagem a Nelson Hungria.* Rio de Janeiro: Forense, 1962, p. 158-179.

FRANSCESCHELLI, Remo. *Corso di diritto commerciale*. Milano: Giuffrè, 1944.

FREITAS FILHO, Roberto. *Intervenção judicial nos contratos e aplicação dos princípios e das cláusulas gerais*: o caso do *leasing*. Porto Alegre: Sergio Antonio Fabris, 2009.

FÜHRER, Maximilianus Cláudio Américo. *Roteiro de falência e concordatas*. 15. ed. São Paulo: Revista dos Tribunais, 1998.

FURTADO, Lucas Rocha. *Curso de direito administrativo*. Belo Horizonte: Fórum, 2007.

GAGGINI, Fernando Schwarz. *Securitização de recebíveis*. São Paulo: LEUD, 2003.

GAGLIANO, Pablo Stolze; PAMPLONA FILHO, Rodolfo. *Novo curso de direito civil*. São Paulo: Saraiva, 2008, v. IV, t. 2.

————. *Novo curso de direito civil*. 2. ed. São Paulo: Saraiva, 2003, v. 1

GALGANO, Francesco. *Diritto civile e commerciale*. 3. ed. Padova: CEDAM, 1999, v. 3.

GARELLA, Mario. *Il concordato stragiudiziale*: strategie e metodi per il risanamento dell'impresa. Napoli: Sistema Editoriali, 2003.

GARRIGUES, Joaquín. *Curso de derecho mercantil*. 7. ed. Bogotá: Temis, 1987, 5 v.

GASPARINI, Diogenes. *Direito administrativo*. 13. ed. São Paulo: Saraiva, 2008.

GELLHORN, Ernest; KOVACIC, William E. *Antitrust law and economics*. 4. ed. St. Paul: West Group, 1994.

GOMES, Orlando. *Obrigações*. 12. ed. Rio de Janeiro: Forense, 1999.

————. *Contratos*. 18. ed. Rio de Janeiro: Forense, 1999.

GONÇALVES, Carlos Roberto. *Direito civil brasileiro*. 6. ed. São Paulo: Saraiva, 2009, v. III.

GONÇALVES, Oksandro. *Desconsideração da personalidade jurídica*. Curitiba: Juruá, 2004.

GONÇALVES NETO, Alfredo de Assis. Administração da falência, realização do ativo e pagamento dos credores. In: SANTOS, Paulo Penalva (Coord.). *A nova lei de falências e de recuperação de empresas*: Lei 11.101/2005. Rio de Janeiro: Forense, 2006, p. 241-280.

GONZÁLEZ, José Antonio García-Cruces; SÁNCHEZ, Javier López. *La reforma de la ley concursal*: una primera lectura del Real Decreto-ley 3/2009. Madrid: Aranzadi, 2009.

GOUVEA, João Bosco Cascardo de. *Recuperação e falência*: Lei n. 11.101/2005 – comentários artigo por artigo. Rio de Janeiro: Forense, 2009.

GRAU, Eros Roberto. *A ordem econômica na Constituição de 1988*. 4. ed. São Paulo: Malheiros, 1998.

GRECO FILHO, Vicente. *Direito Processual Civil Brasileiro.* 11. ed. São Paulo: Saraiva, 1996, v. 2.

GUERRA, Glauco Martins; CASTRO, Rodrigo R. Monteiro de. Intervenção do Estado no domínio econômico e recuperações judicial. In: CASTRO, Rodrigo R. Monteiro de; ARAGÃO, Leandro Santos (Coord.). *Direito societário e a nova lei de falências e recuperação de empresas.* São Paulo: Quartier Latin, 2006, p. 241-268.

GUERRA, Luiz Antônio. *Falências e recuperações de empresas*: crises econômico-financeiras. Comentários à Lei de Recuperações e de falências. Brasília: Guerra Editora, 2011, 4 v.

GUGLIELMUCCI, Lino. *Lezioni di diritto fallimentare.* 3. ed. Torino: Giappichelli, 2004.

GUIMARÃES, Leonardo. Documentos a serem acostados, obrigatoriamente, à petição inicial da recuperação judicial. In: CARVALHO, William Eustáquio de; CASTRO, Moema A. S. de. *Direito falimentar contemporâneo.* Porto Alegre: Sérgio Antônio Fabris, 2008, p. 221-259.

GUIMARÃES, Flávia Lefèvre. *Desconsideração da pessoa jurídica no Código de Defesa do Consumidor*: aspectos processuais. São Paulo: Max Limonad, 1998.

GUIMARÃES, Márcio Souza. O Ministério Público no novo sistema de insolvência empresarial: a habilitação e a impugnação de créditos. In: SANTOS, Paulo Penalva (Coord.). *A nova lei de falências e de recuperação de empresas*: Lei 11.101/2005. Rio de Janeiro: Forense, 2006, p. 31-63.

GUIMARÃES, Maria Celeste Morais. As alterações do Código de Processo Civil em matéria de execução e suas repercussões na nova lei de falências. In: CARVALHO, William Eustáquio de; CASTRO, Moema A. S. de. *Direito falimentar contemporâneo.* Porto Alegre: Sérgio Antônio Fabris, 2008, p. 201-219.

GUYON, Yves. *Droit des affaires.* 2. ed. Paris: Economica, 1988, t. 2.

HAMILTON, Robert W. *The Law of corporations.* 5. ed. St. Paul: West Group, 2000.

HARADA, Kiyoshi. *Aspectos tributários da nova lei de falências.* Curitiba: Juruá, 2005.

HENN, Harry G.; ALEXANDER, John R. *Law of corporations.* 3. ed. St. Paul: West Group, 1983.

HENTZ, Luiz Antonio Soares. *Manual de falência e recuperação de empresas.* São Paulo: Juarez de Oliveira, 2005.

HIN, Vanilda Fátima Maioline. Responsabilidade tributária na falência e na recuperação judicial e a Lei Complementar n. 118/2005. In: SANTOS, Paulo Penalva (Coord.). *A nova lei de falências e de recuperação de empresas*: Lei 11.101/2005. Rio de Janeiro: Forense, 2006, p. 433-502.

JACQUEMONT, André. *Droit des entreprises em difficulté*. 6. ed. Paris: Litec, 2009.

JAEGER, Pier Giusto; DENOZZA, Francesco. *Appunti di diritto commerciale*. 5. ed. Milano: Giuffrè, 2000.

JANTIN, Michel; LE CANNU, Paul. *Droit commercial:* entreprises en difficulté. 7. ed. Paris: Dalloz, 2007.

JOSSERAND, Louis. *Del abuso de los derechos y otros ensayos*. Bogotá: Temis, 1999.

JUSTEN FILHO, Marçal. *Comentários à lei de licitações e contratos administrativos*. 9. ed. São Paulo: Dialética, 2002.

KOCH, Deonísio. *Desconsideração da personalidade jurídica*. Florianópolis: Momento Atual, 2005.

KOURY, Suzy Elizabeth Cavalcante. *A desconsideração da personalidade jurídica (disregard doctrine) e os grupos de empresas*. 2. ed. Rio de Janeiro: Forense, 1997.

LACERDA, J. C. Sampaio de. *Manual de direito falimentar*. 14. ed. Atualizada por Jorge de Miranda Magalhães. Rio de Janeiro: Freitas Bastos, 1999.

————. *Comentários à lei das sociedades anônimas*. São Paulo: Saraiva, 1978, v. 3.

LARENZ, Karl. *Metodología de la ciencia del derecho*. Tradução e revisão de Marcelino Rodríguez Molinero. Barcelona: Ariel, 1994.

————. *Derecho civil* – parte general. Tradução e notas de Miguel Izquierdo y Macías-Picavea. Madri: Editoriales de Derecho reunidas, 1978.

LATTIN, Norman D. *Lattin on corporations*. Brooklyn: The Foundation Press, 1959.

LAURINI, Giancarlo. *La società a responsabilità limitata*: tra disciplina attuale e prospettive di riforma. Milano: Giuffrè, 2000.

LAZZARINI, Alexandre Alves. Reflexões sobre a recuperação judicial de empresas. In: DE LUCCA. Newton: DOMINGUES, Alessandra de Azevedo (Coord.). *Direito recuperacional*. São Paulo: Quartier Latin, 2009, p. 123-136.

LÉH, Tibor Nicolas. *La faillite dans le droit européen continental*. Paris: Marcel Giard, 1932.

LEHMANN, Michael; FRANCESCHELLI, Vincenzo. Superamento della personalità giuridica e società collegate: sviluppi di diritto continentale. *Responsabilità limitata e gruppi di società*. Milano: Giuffrè, 1987. p. 71-134.

LEITE, Harrison Ferreira. O entrave do artigo 191-A da Lei complementar 118/2005 para a concessão da recuperação judicial. In: PEIXOTO, Marcelo Magalhães (Coord.). *Reflexos tributários da nova lei de falência*: comentários à LC 118/2005. São Paulo: MP, 2005, p. 31-38.

LEITE, Luiz Lemos. Factoring no Brasil. 10. ed. São Paulo: Atlas, 2005.

LIEBMAN, Enrico Tullio. *Processo de execução*. São Paulo: Bestbook, 2003.

LISBÔA, Lisandra Coletti. A nova lei de falências e os atos falenciais. In: BATTELO, Sílvio Javier. *Principais controvérsias na nova lei de falências*. Porto Alegre: Fabris, 2008, p. 181-221.

LOBATO, Moacyr. *Falência e recuperação*. Belo Horizonte: Del Rey, 2007.

LOBO, Jorge. *Direito concursal*. 2. ed. Rio de Janeiro: Forense, 1998.

———. Recuperação judicial da empresa. In: OLIVEIRA, Fátima Bayma de (Org.). *Recuperação de empresas*. São Paulo: Pearson Prentice Hall, 2006, p. 21-24.

———. *Grupo de sociedades*. Rio de Janeiro: Forense, 1978.

———. *Sociedades limitadas*. Rio de Janeiro: Forense, 2004, v. 1.

LOPES, Bráulio Lisboa. *Aspectos tributários da falência e da recuperação de empresas*. São Paulo: Quartier Latin, 2008.

LUCENA, José Waldecy. *Das sociedades por quotas de responsabilidade limitada*. 2. ed. Rio de Janeiro: Renovar, 1997.

MACCORMICK, Neil. *Argumentação jurídica e teoria do direito*. Tradução de Waldéa Barcelos. São Paulo: Martins Fontes, 2006.

MAIA, Felipe Fernandes Ribeiro. Recuperação judicial vs. fisco: a sucessão tributária, a exigência de certidão negativa de débito e o parcelamento. In: CARVALHO, William Eustáquio de; CASTRO, Moema A. S. de. *Direito falimentar contemporâneo*. Porto Alegre: Sérgio Antônio Fabris, 2008, p. 43-84.

MAMEDE, Gladston. *Direito empresarial brasileiro*: falência e recuperação de empresas. 2. ed. São Paulo: Atlas, 2008, v. 4.

———. *Direito empresarial brasileiro*. São Paulo: Atlas, 2004, v. 2.

MANDEL, Júlio Kahan. Das disposições comuns. In: PAIVA, Luiz Fernando Valente de (coordenador). *Direito falimentar e a nova lei de falências e recuperação de empresas*. São Paulo: Quartier Latin, 2005, p. 119-136.

MANGE, Renata. O administrador judicial, o gestor judicial e o comitê de credores na Lei n. 11.101/05. In: SANTOS, Paulo Penalva (Coord.). *A nova lei de falências e de recuperação de empresas*: Lei 11.101/2005. Rio de Janeiro: Forense, 2006, p. 65-74.

MARIANI, Irineu. *Contratos empresariais*. Porto Alegre: Livraria do Advogado, 2007.

MARINONI, Luiz Guilherme; ARENHART, Sérgio Cruz. *Execução*. São Paulo: Revista dos Tribunais, 2007.

MARTINS, Fran. *Contratos e obrigações comerciais*. 16. ed. Rio de Janeiro: Forense, 2010.

MARTINS, Glauco Alves. Efeitos da decretação da falência sobre as obrigações do devedor. In: PAIVA, Luiz Fernando Valente de (Coord.). *Direito falimentar e a nova lei de falências e recuperação de empresas*. São Paulo: Quartier Latin, 2005, p. 441-482.

MARZAGÃO, Lídia Valéria. A recuperação judicial. In: MACHADO, Rubens Approbato (Coord.). *Comentários à lei de falências* e recuperação de empresas. São Paulo: Quartier Latin, 2005, p. 73-118.

MELARÉ, Márcia Regina Machado. A recuperação extrajudicial. In: MACHADO, Rubens Approbato (Coord.). *Comentários à nova lei de falência e recuperação de empresas*. São Paulo: Quartier Latin, 2005, p. 153-162.

MELLO, Celso Antônio Bandeira de. *Curso de direito administrativo*. 21. ed. São Paulo: Malheiros, 2006.

MELO, Luciana Rocha de. A influência dos créditos tributários na recuperação judicial empresas. 2008, 79 f. Monografia (graduação) – Uniceub, Brasília.

MENEZES LEITÃO, Luís Manuel Teles de. *Código da insolvência e da recuperação de empresas anotado*. 3. ed. Coimbra: Almedina, 2006.

MESSINEO, Francesco. *Manuale di diritto civile e commerciale*. 9. ed. Milano: Giuffrè, 1972, v. 5.

———. *Manuale di diritto civile e commerciale*. Milano: Giuffrè, 1957, v. 1

MEYER, José Alexandre Corrêa. A sociedade de economia mista e sua exclusão da nova lei de falências. In: SANTOS, Paulo Penalva (Coord.). *A nova lei de falências e de recuperação de empresas*: Lei 11.101/2005. Rio de Janeiro: Forense, 2006, p. 19-29.

MIGLIARI JÚNIOR, Arthur. *Crimes de recuperação de empresas e de falências*. São Paulo: Quartier Latin, 2006.

MILANI, Mario Sérgio. *Lei de recuperação judicial, recuperação extrajudicial e falência comentada*. São Paulo: Malheiros, 2011.

MILMAN, David. *National corporate law in a globalised market*: the UK experience in perspective. Cheltenham: Edward Elgar, 2009.

MIRANDA, Jorge. *Manual de direito constitucional*. 2. ed. Coimbra: Coimbra, 1998, t. IV.

MIRANDA, Pontes de. *Tratado de direito privado*. Campinas: Bookseller, 2004, v. 29.

———. *Tratado de direito privado*. Campinas: Bookseller, 2004, v. 30.

———. *Tratado de direito privado*. Campinas: Bookseller, 2004, v. 28.

———. *Tratado de direito privado*. Campinas: Bookseler, 1999, v. 1.

MIRETTI, Luiz Antonio Caldeira. Os créditos tributários no processo de recuperação de empresas e falência. In: MACHADO, Rubens Approbato. *Comentários à nova lei de falências e recuperação de empresas*. São Paulo: Quartier Latin, 2005, p. 243-265.

MONTEIRO, Washington de Barros. *Curso de direito civil*. 29. ed. São Paulo: Saraiva, 1997, v. 4.

MONTEIRO JÚNIOR, Ney Caminha. O administrador judicial e a fiscalização do plano de recuperação. In: BATTELO, Sílvio Javier. *Principais controvérsias na nova lei de falências*. Porto Alegre: Fabris, 2008, p. 153-179.

MONTENEGRO FILHO, Misael. *Curso de direito processual civil*. 4. ed. São Paulo: Atlas, 2007, v. 2.

MORO, Carlos Emilio. Cramdown. In: ROUILLON, Adolfo A. N. (Dir.). *Derecho concursal*. Buenos Aires: La Ley, 2004, p. 529-554.

MUNHOZ, Eduardo Secchi. Anotações sobre os limites do poder jurisdicional na apreciação do plano de recuperação judicial. *Revista de Direito Bancário e Mercado de Capitais*, ano 10, n. 36, p. 184-199, abr./jun. 2007.

NÁDER, Paulo. *Curso de direito civil*. 5. ed. Rio de Janeiro: Forense, 2010, v. 3.

NAHAS, Tereza Christina. *Desconsideração da personalidade jurídica*: reflexos civis e empresariais nas relações de trabalho. São Paulo: Atlas, 2004.

NAVARRINI, Umberto. *Il fallimento*. Torino: Fratelli Bocca, 1926.

NEGRÃO, Ricardo. *Manual de direito comercial e de empresa*. 5. ed. São Paulo: Saraiva, 2010, v. 3.

———. *Aspectos objetivos da lei de recuperação de empresas de falências*. São Paulo: Saraiva, 2005.

———. *Manual de direito comercial e de empresa*. 3. ed. São Paulo: Saraiva, 2003, v. 1.

NERILLO, Lucíola Fabrete Lopes. *Manual da sociedade limitada no novo Código Civil*. Curitiba: Juruá, 2004.

NERY JÚNIOR, Nelson. Princípios do processo civil da Constituição Federal. 5. ed. São Paulo: Revista dos Tribunais, 1999.

NOGUEIRA, Alécio Silveira. Intervenção do Ministério Público segundo a nova lei de falências. Disponível em: <http://www.mp.rs.gov.br/civel/doutrina/id347.htm>. Acesso em: 24 dez. 2008.

NUÑEZ LOZANO, Pablo Luis. Consideraciones sobre la profesionalidad de administración concursal. In: GRACIA, Juan Ignácio Peinado. *Estudios de derecho concursal*. Madri: Marcial Pons, 2006, p. 113-148.

OLIVEIRA, Celso Marcelo de. *Comentários à nova lei de falências*. São Paulo: IOB, 2005.

OPPO, Giorgio. *Princípi*. Torino: Giappichelli, 2001.

PACHECO, José da Silva. *Processo de recuperação judicial, extrajudicial e falência*. 2. ed. Rio de Janeiro: Forense, 2007.

———. *Processo de falência e concordata*. 13. ed. Rio de Janeiro: Forense, 2004.

PAES, P. R. Tavares. *Responsabilidade dos administradores de sociedades*. 2. ed. São Paulo: Revista dos Tribunais, 1997.

PAIVA, Luiz Fernando Valente de. Da recuperação extrajudicial. In: PAIVA, Luiz Fernando Valente de (Coord.). *Direito falimentar e a nova lei de falências e recuperação de empresas*. São Paulo: Quartier Latin, 2005, p. 559-594.

PAJARDI, Piero. *Manuale di diritto fallimentare*. 6. ed. Milano: Giuffrè, 2002.

PAPINI, Roberto. *Sociedade anônima e mercado de valores mobiliários*. 3. ed. Rio de Janeiro: Forense, 1999.

PARAÍSO, Anna Luiza Prisco. *O direito de retirada na sociedade anônima*. 2. ed. Rio de Janeiro: Lumen Juris, 2000.

PENALVA SANTOS, J. A. *Obrigações e contratos na falência*. 2. ed. Rio de Janeiro: Renovar, 2003.

PENALVA SANTOS, J. V. *Recuperação judicial de empresas*. Rio de Janeiro: Espaço Jurídico, 2007.

PENALVA SANTOS, Paulo. Os contratos na recuperação judicial e na falência. In: PAIVA, Luiz Fernando Valente de (Coord.). *Direito falimentar e a nova lei de falências e recuperação de empresas*. São Paulo: Quartier Latin, 2005, p. 413-439.

PENTEADO, Mauro Rodrigues. *Dissolução e liquidação de sociedades*. 2. ed. São Paulo: Saraiva, 2000.

PEREIRA, Alexandre Demetrius. *Crimes falimentares*: teoria, prática e questões de concursos comentadas. São Paulo: Malheiros, 2010.

PEREIRA, Caio Mário da Silva. *Instituições de direito civil*. 3. ed. Rio de Janeiro: Forense, 1993, v. II.

———. *Instituições de direito civil*. 14. ed. Rio de Janeiro: Forense, 2010, v. III.

PEREZ, Viviane. Função social da empresa: uma proposta de sistematização do conceito. In: ALVES, Alexandre Ferreira de Assumpção; GAMA, Guilherme Calmon Nogueira da (coord.). *Temas de direito civil-empresarial*. Rio de Janeiro: Renovar, 2008, p. 197-221.

PERIN JÚNIOR, Écio. *Curso de direito falimentar e recuperação de empresas*. 3. ed. São Paulo: Método, 2006.

————. O administrador judicial e o comitê de credores. In: PAIVA, Luiz Fernando Valente de (Coord.). *Direito falimentar e a nova lei de falências e recuperação de empresas*. São Paulo: Quartier Latin, 2005, p. 169-196.

PERUGINI, Gian Mario; MASSEI, Umberto. *La riforma della legge falimentare*. Napoli: Simone, 2006.

PESTANA, Dênis. *Delitos falimentares na Lei 11.101/2005*. Curitiba: Juruá, 2007.

PIMENTA, Eduardo Goulart. *Recuperação de empresas*. São Paulo: IOB, 2006.

————. O estabelecimento. In: RODRIGUES, Frederico Viana (Coord.). *Direito de empresa no Novo Código Civil*. Rio de Janeiro: Forense, 2004, p. 95-118.

PINHEIRO, Hélia Marcia Gomes. A recuperação da microempresa e das empresas de pequeno porte. In: SANTOS, Paulo Penalva (Coord.). *A nova lei de falências e de recuperação de empresas*: Lei 11.101/2005. Rio de Janeiro: Forense, 2006, p. 157-182.

PINTO, Carlos Alberto da Mota. *Teoria geral do direito civil*. 3. ed. Coimbra: Almedina, 1999.

PIPIA, Umberto. *Del fallimento*. Torino: UTET, 1931.

PODVAL, Roberto; HAKIM, Paula Kahan Mandel. Aspectos processuais penais da Lei de Falências. In: PAIVA, Luiz Fernando Valente de (Coord.). *Direito falimentar e a nova lei de falências e recuperação de empresas*. São Paulo: Quartier Latin, 2005, p. 611-640.

PORFIRIO CARPIO, Leopoldo José. *La junta de acreedores*. Madrid: Civitas, 2008.

PORTANOVA, Rui. *Princípios do processo civil*. 4. ed. Porto Alegre: Livraria do Advogado, 2001.

POSNER, Richard. *Economic analysis of law*. 5. ed. Boston: Little, Brown and Company, 1998.

POTHIER, Robert Joseph. *Tratado das obrigações*. Tradução de Witt Batista e Douglas Dias Ferreira. Campinas: Servanda, 2001.

PROENÇA, José Marcelo Martins. Disposições preliminares: aplicação da legislação, competência e intervenção do Ministério Público. In: MACHADO, Rubens Approbato (Coord.). *Comentários à nova lei de falência e recuperação de empresas*. São Paulo: Quartier Latin, 2005, p. 47-72.

———. *Concentração empresarial e o direito da concorrência*. São Paulo: Saraiva, 2001. 2 v.

———. *Concordato preventivo e stragiudiziale*. Roma: Ianua, 1999.

PULGAR EZQUERRA, Juana. La personalidad jurídica de las sociedades como criterio de sumetimiento al concurso de acreedores. In: GRACIA, Juan Ignácio Peinado. *Estudios de derecho concursal*. Madri: Marcial Pons, 2006, p. 211-242.

PURIFICAÇÃO, Carlos Alberto da. *Recuperação de empresa e falência comentada*. São Paulo: Atlas, 2011.

QUEIROZ, Jorge. Prevenção de crises e recuperação de empresas. In: OLIVEIRA, Fátima Bayma de (Org.). *Recuperação de empresas*. São Paulo: Pearson Prentice Hall, 2006, p. 7-20.

RAMALHO, Ruben. *Curso teórico e prático de falências e concordatas*. São Paulo: Saraiva, 1984.

RAMELLA, Agostino. *Trattato del fallimento*. Milano: Società Editrice Libreria, 1903, 2 v.

RAMOS, Tony Luiz. *Plano especial de recuperação das micros e pequenas empresas*. São Paulo: Iglu, 2006.

REQUIÃO, Rubens. *Curso de direito falimentar*. 17. ed. São Paulo: Saraiva, 1998, 2 v.

RESTIFFE, Paulo Sérgio. *Recuperação de empresas*. Barueri: Manole, 2008.

RIBEIRO, Renato Ventura. O regime da insolvência das empresas estatais. In: CASTRO, Rodrigo R. Monteiro de; ARAGÃO, Leandro Santos (Coord.). *Direito societário e a nova lei de falências e recuperação de empresas*. São Paulo: Quartier Latin, 2006, p. 109-127.

RICCI, Edoardo F. *Lezioni sul fallimento*. 2. ed. Milano: Giuffrè, 1997.

RIPERT, Georges; ROBLOT, René. *Traité élémentaire de droit commercial*. 5. ed. Paris: Librairie Générale de droit e jurisprudence, 1963.

RIZZARDO, Arnaldo. *Contratos*. 7. ed. Rio de Janeiro: Forense, 2007.

———. *Contratos de crédito bancário*. 7. ed. São Paulo: Revista dos Tribunais, 2007.

ROCCO, Alfredo. *Il fallimento*. Torino: Fratelli Bocca, 1917.

ROCCO, Ugo. *De la naturaleza del proceso de quiebra y de la sentencia que declara la quiebra*. Tradução de Jorge Guerrero. Bogotá: Themis, 2000.

ROCHA, Marcelo Oliveira; ZAVANELLA, Fabiano; SILVA, Dones Manoel F. Nunes da. *Dos créditos trabalhistas na nova lei de falências*. Campinas: LZN, 2006.

RODRIGUES, Frederico Viana. *Insolvência bancária*. Belo Horizonte: Mandamentos, 2004.

SADDI, Jairo. Assembleia de credores: um ano de experiência da nova lei de falências. Uma avaliação. *Revista de Direito Bancário e Mercado de Capitais*, ano 10, n. 36, p. 214-223, abr./jun. 2007.

———. Suspensão e invalidação da assembleia de credores na nova lei de falências. In: CASTRO, Rodrigo R. Monteiro de; ARAGÃO, Leandro Santos (Coord.). *Direito societário e a nova lei de falências e recuperação de empresas*. São Paulo: Quartier Latin, 2006, p. 26-55.

———; PINHEIRO, Armando Castelar. *Direito, economia e mercados*. Rio de Janeiro: Elsevier, 2005.

SALANDRA, Vittorio. *Curso de derecho mercantil*. Tradução de Jorge Barrera Graf. México: Jus, 1949.

SALOMÃO, Luis Felipe. A nova lei de recuperação de empresas: a declaração judicial da falência e a quebra requerida pelo próprio devedor (Lei 11.101, de 9 de fevereiro de 2005). In: SANTOS, Paulo Penalva (Coord.). *A nova lei de falências e de recuperação de empresas*: Lei 11.101/2005. Rio de Janeiro: Forense, 2006, p. 183-203.

SALOMÃO NETO, Eduardo. *Direito bancário*. São Paulo: Atlas, 2007.

SANTORO PASSARELLI, Francesco. *Saggi di diritto civile*. Napóli: Jovene, 1961, v. 2.

SANTOS, Elenise Peruzzo dos. Os princípios clássicos e atuais da lei de falências e recuperação de empresas. In: BATTELO, Sílvio Javier. *Principais controvérsias na nova lei de falências*. Porto Alegre: Fabris, 2008, p. 13-36.

———. Reflexos da lei de falências e recuperação de empresas nas relações com as instituições financeiras. In: BATTELO, Sílvio Javier. *Principais controvérsias na nova lei de falências*. Porto Alegre: Fabris, 2008, p. 95-113.

SANTOS, Francisco Cláudio de Almeida. A ação revocatória na nova lei de recuperação de empresas e de falências. In: SANTOS, Paulo Penalva (Coord.). *A nova lei de falências e de recuperação de empresas*: Lei 11.101/2005. Rio de Janeiro: Forense, 2006, p. 333-349.

SANTOS, Paulo Penalva. A recuperação extrajudicial na nova lei de falências. In: SANTOS, Paulo Penalva (Coord.). *A nova lei de falências e de recuperação de empresas*: Lei 11.101/2005. Rio de Janeiro: Forense, 2006, p. 365-388.

SATTA, Salvatore. *Istituzioni di diritto falimentare*. 3. ed. Roma: Foro Italiano, 1949.

———; PUNZI, Carmine. *Diritto processuale civile*. 12. ed. Padova: CEDAM, 1996.

SERICK, Rolf, *Apariencia y realidad en las sociedades mercantiles*: el abuso de derecho por medio de la persona jurídica. Tradução e comentários de direito espanhol por José Puig Brutau. Barcelona: Ariel, 1958.

SERRA, Catarina. *Falências derivadas e âmbito subjetivo da falência*. Coimbra: Coimbra, 1999.

SHIMURA, Sérgio. *Título executivo*. São Paulo: Saraiva, 1997.

SHIRAI, Rodrigo. Hipóteses excepcionais de sujeição de operações garantidas por alienação fiduciária à recuperação judicial. *Crise Econômica e Soluções Jurídicas*, n. 59, Dez/2015.

SILVA, Alexandre Couto. *A aplicação da desconsideração da personalidade jurídica no Direito Brasileiro*. 2. ed. Rio de Janeiro: Forense, 2009.

SILVA, Antonio Paulo C. O. *Comentários às disposições penais da lei de recuperação de empresas e falências*. São Paulo: Quartier Latin, 2005.

SILVA, Osmar Vieira. *Desconsideração da personalidade jurídica*: aspectos processuais. Rio de Janeiro: Renovar, 2002.

SILVEIRA, Renato de Mello Jorge. As disposições penais da lei de recuperação de empresas e de falência: crimes em espécie e procedimento. In: MACHADO, Rubens Approbato (Coord.). *Comentários à nova lei de falências e recuperação de empresas*. São Paulo: Quartier Latin, 2005, p. 284-298.

SIMÃO FILHO, Adalberto. Fases falencial e pós falencial: uma visão generalista. In: PAIVA, Luiz Fernando Valente de (Coord.). *Direito falimentar e a nova lei de falências e recuperação de empresas*. São Paulo: Quartier Latin, 2005, p. 515-558.

————. Interesses transindividuais dos credores nas assembleias gerais e sistemas de aprovação do plano de recuperação judicial. In: DE LUCCA, Newton; DOMINGUES, Alessandra de Azevedo (Coord.). *Direito recuperacional*. São Paulo: Quartier Latin, 2009, p. 32-64.

SIMIONATO, Frederico A. Monte. *Tratado de direito falimentar*. Rio de Janeiro: Forense, 2008.

SIQUEIRA, Francisco José. Instituições financeiras: regimes especiais no direito brasileiro. *Revista de Direito Bancário do Mercado de Capitais e da Arbitragem*, ano 4, n. 12, p. 44-71, abr./jun. 2001.

SOUZA, Bernardo Pimentel. *Direito processual empresarial*. Salvador: JusPodivm, 2008.

SOUZA, Carlos Gustavo. *Contratos mercantis*. Rio de Janeiro: Freitas Bastos, 2006.

SOUZA JÚNIOR, Francisco Sátiro de; PITOMBO, Antônio Sérgio de A. de Moraes (Coord.). *Comentários à lei de recuperação de empresas e falência*. São Paulo: Revista dos Tribunais, 2005.

STANTON, Márcia Silva. A exigência da certidão de regularidade fiscal para a concessão do plano de recuperação judicial. In: BATTELO, Sílvio Javier. *Principais controvérsias na nova lei de falências*. Porto Alegre: Fabris, 2008, p. 117-152.

SÜSSEKIND, Arnaldo. *Instituições de direito do trabalho*. 21. ed. São Paulo: Ltr, 2003, v. 1.

SZTAJN, Rachel; FRANCO, Vera Helena de Mello. *Falência e recuperação da empresa em crise*. São Paulo: Campus, 2008.

TABB, Charles Jordan. *The law of bankruptcy*. New York: Foundation Press, 1997.

TOLEDO, Paulo Fernando Campos Salles de. *O conselho de administração na sociedade anônima*. 2. ed. São Paulo: Atlas, 1999.

———. Extensão da falência sócios ou controladores de sociedades falidas. *Revista do Advogado*, n. 105, ano XXIX, p. 153-158, set. 2009.

TZIRULNIK, Luiz. *Direito falimentar*. 7. ed. São Paulo: Revista dos Tribunais, 2005.

———. *Intervenção e liquidação extrajudicial das instituições financeiras*. 2. ed. São Paulo: Revista dos Tribunais, 2000.

VALERI, Giuseppe. *Manuale di diritto commerciale*. Firenze: Carlo Cya, 1950, v. 1.

VALVERDE, Trajano de Miranda. *Comentários à lei de falências*. 4. ed. Rio de Janeiro: Forense Universitária, 1999, 3 v.

VAMPRÉ, Spencer. *Tratado elementar de direito comercial*. Rio de Janeiro: F. Briguiet, 1925, v. III.

———. *Sociedades por ações*. 3. ed. Rio de Janeiro: Forense, 1959, v. 2.

VASCONCELOS, Ronaldo. *Direito processual falimentar*. São Paulo: Quartier Latin, 2008.

VASSALI, Francesco. *Diritto fallimentare*. Torino: Giappichelli, 1997.

VEDOVE, Giampaolo dalle. *Nozioni di diritto d'impresa*. Padova: CEDAM, 2000.

———. *Dalle concentrazioni e gruppi nel diritto antitrust*. Padova: CEDAM, 1999.

VERÇOSA, Haroldo Malheiros Duclerc. Das pessoas sujeitas e não sujeitas aos regimes de recuperação de empresas e ao da falência. In: PAIVA, Luiz Fernando Valente de (Coord.). *Direito falimentar e a nova lei de falências e recuperação de empresas*. São Paulo: Quartier Latin, 2005, p. 61-118.

VERRUCOLI, Piero. *Il superamento della personalità giuridica delle società di capitali nella Common Law e nella Civil Law*. Milano: Giuffrè, 1964.

VIGIL NETO, Luiz Inácio. *Teoria falimentar e regimes recuperatórios*. Porto Alegre: Livraria do Advogado, 2008.

VILAS BOAS, Daniel Rivorêdo. A continuação dos negócios na falência: critérios e condições. In: AMARAL, Paulo Adyr Dias do; FLORIANO NETO, Alex. *Direito empresarial*: teorias, práticas e estratégias. Belo Horizonte: Del Rey, 2010, p. 81-95.

WALD, Arnoldo. *Comentários ao novo Código Civil.* Rio de Janeiro: Forense, 2005, v. XIV.

WAMBIER, Luiz Rodrigues; ALMEIDA, Flavio Renato Correia de; TALAMINI, Eduardo. *Curso avançado de processo civil.* 9. ed. São Paulo: Revista dos Tribunais, 2007, v. 2.

WAMBIER, Teresa Arruda Alvim. Sobre a incidência dos recursos especial e extraordinário retidos e "interlocutórias" que são sentenças. In: NERY JR., Nelson; WAMBIER, Teresa Arruda Alvim (Coord.). *Aspectos polêmicos e atuais dos recursos cíveis*: de acordo com a Lei 10.352/2001. São Paulo: Revista dos Tribunais, 2002, p. 525-532.

WARAT, Luis Alberto. *Abuso del derecho y lagunas de la ley.* Buenos Aires: Abeledo-Perrot, 1969.

WORMSER, I. Maurice. *Disregard of corporate fiction and allied corporation problems.* Washington: Beard Books, 2000.

XAVIER, José Tadeu Neves. A teoria da desconsideração da pessoa jurídica no Código Civil de 2002. *Revista de Direito Privado*, ano 3, n. 10, p. 69-85, abr./jun. 2002.

YAZBEK, Otávio. O risco de crédito e os novos instrumentos: uma análise funcional. In: WAISBERG, Ivo; FONTES, Marcos Rolim Fernandes (Coord.). *Contratos bancários.* São Paulo: Quartier Latin, 2006.